합스부르크

세계를 지배하다

합스부르크
세계를 지배하다

마틴 래디

박수철 옮김

까치

THE HABSBURGS

by Martyn Rady

역자 박수철(朴秀哲)
고려대학교 서양사학과를 졸업했으며, 현재 번역 에이전시 엔터스코리아에서
출판기획 및 전문 번역가로 활동하고 있다. 옮긴 책으로는 『메트로폴리스』, 『맥
락으로 읽는 새로운 한국사』, 『역사를 바꾼 위대한 장군들』, 『합리적 보수를 찾
습니다』, 『창조성, 신화를 다시 쓰다』, 『5분 철학 : 누구나 궁금해하지만 답할 수
없는 80가지 이야기』, 『1434 : 중국의 정화 대함대, 이탈리아 르네상스의 불을 지
피다』, 『문자의 역사』, 『언어의 역사』, 『목욕, 역사의 속살을 품다』, 『미국의 아킬레
스건』, 『사담 후세인 평전』, 『불가능한 변화는 없다』, 『시카고학파』, 『사진으로 기
록된 20세기 전쟁사』, 『신뢰의 힘』, 『죽음을 다시 쓴다』, 『하우스 스캔들』, 『대통령
은 없다』 등 다수가 있다.

편집, 교정_김미현(金美炫)

합스부르크, 세계를 지배하다

저자/마틴 래디
역자/박수철
발행처/까치글방
발행인/박후영
주소/서울시 용산구 서빙고로 67, 파크타워 103동 1003호
전화/02 · 735 · 8998, 736 · 7768
팩시밀리/02 · 723 · 4591
홈페이지/www.kachibooks.co.kr
전자우편/kachibooks@gmail.com
등록번호/1-528
등록일/1977. 8. 5
초판 1쇄 발행일/2022. 7. 13
　　　5쇄 발행일/2024. 3. 25
값/뒤표지에 쓰여 있음
ISBN 978-89-7291-774-8 93920

하워드와 메리에게 이 책을 바친다.

차례

합스부르크 가계도   009

서론 황제의 도서관   015

제1장   합스부르크 성과 포틴브라스 효과 • 031

제2장   신성 로마 제국과 황금의 왕 • 046

제3장   입지 상실과 과거 날조 • 061

제4장   프리드리히 3세 : 토성과 화성 • 077

제5장   막시밀리안과 색깔로 분류된 왕들 • 093

제6장   카를 5세 : 세계의 통치자 • 111

제7장   헝가리와 보헤미아, 그리고 개신교의 도전 • 130

제8장   펠리페 2세 : 신대륙, 종교적 이견, 황실의 근친결혼 • 144

제9장   돈 후안과 레판토의 갤리 선들 • 161

제10장   루돌프 2세와 프라하의 연금술사들 • 176

제11장   이단자들의 승리 • 190

제12장   페르디난트 2세, 거룩한 집, 그리고 보헤미아 • 205

제13장   30년간의 "세계대전" • 222

제14장   비정상 제국과 빈 전투 • 238

제15장   스페인의 보이지 않는 주권과 광인왕의 죽음 • 255

제16장   바로크 양식의 연극 • 271

제17장   마리아 테레지아, 자동인형, 관료들 • 286

제18장   무역상과 식물학자, 그리고 프리메이슨 • 301

제19장   흡혈귀 미신, 계몽주의, 위로부터의 혁명 • 316

제20장   여대공과 합스부르크령 저지대 국가 • 332

제21장   검열관, 자코뱅파, 「마술피리」 • 348

제22장   메테르니히와 유럽의 지도 • 364

제23장   1848년 : 폰 노이만의 일기와 「라데츠키 행진곡」• 385

제24장   프란츠 요제프의 제국, 시시, 그리고 헝가리 • 403

제25장   막시밀리안, 멕시코, 그리고 왕가의 죽음 • 424

제26장   불만의 정치와 1908년 축하 행사 • 439

제27장   탐험가들, 유대인들, 그리고 전 세계의 지식 • 456

제28장   사냥꾼과 사냥감 : 프란츠 페르디난트와 보스니아 • 472

제29장   세계대전과 해체 • 491

결론 509

감사의 말 517

화보 출처 521

더 읽어볼 만한 책들 523

주 533

인명 색인 573

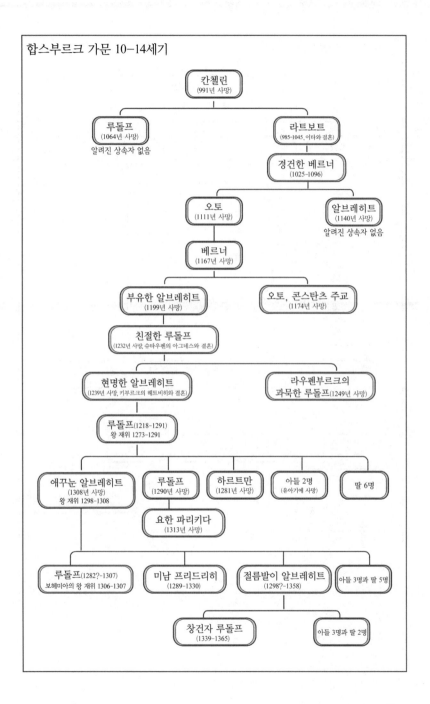

합스부르크 가문 10-14세기

칸첼린 (991년 사망)

루돌프 (1064년 사망) — 알려진 상속자 없음

라트보트 (985-1045, 이타와 결혼)

경건한 베르너 (1025-1096)

오토 (1111년 사망)

알브레히트 (1140년 사망) — 알려진 상속자 없음

베르너 (1167년 사망)

부유한 알브레히트 (1199년 사망)

오토, 콘스탄츠 주교 (1174년 사망)

친절한 루돌프 (1232년 사망, 슈타우펜의 아그네스와 결혼)

현명한 알브레히트 (1239년 사망, 키부르크의 헤트비히와 결혼)

라우펜부르크의 과묵한 루돌프 (1249년 사망)

루돌프 (1218-1291) 왕 재위 1273-1291

애꾸눈 알브레히트 (1308년 사망) 왕 재위 1298-1308

루돌프 (1290년 사망)

하르트만 (1281년 사망)

아들 2명 (유아기에 사망)

딸 6명

요한 파리키다 (1313년 사망)

루돌프 (1282?-1307) 보헤미아의 왕 재위 1306-1307

미남 프리드리히 (1289-1330)

절름발이 알브레히트 (1298?-1358)

아들 3명과 딸 5명

창건자 루돌프 (1339-1365)

아들 3명과 딸 2명

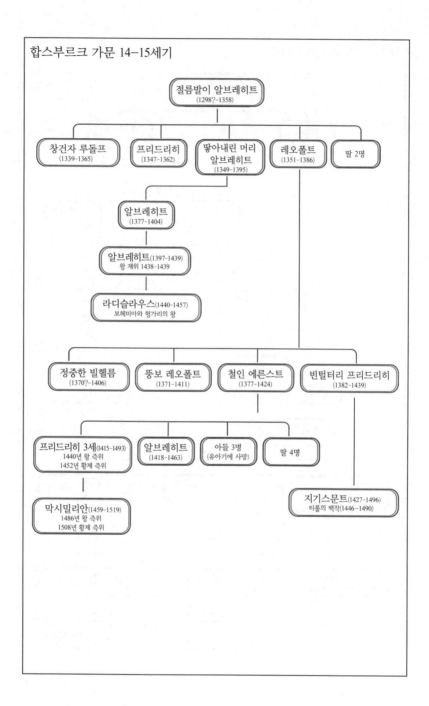

합스부르크 가문 14-15세기

절름발이 알브레히트
(1298?-1358)

창건자 루돌프
(1339-1365)

프리드리히
(1347-1362)

땅아내린 머리
알브레히트
(1349-1395)

레오폴트
(1351-1386)

딸 2명

알브레히트
(1377-1404)

알브레히트(1397-1439)
왕 재위 1438-1439

라디슬라우스(1440-1457)
보헤미아와 헝가리의 왕

정중한 빌헬름
(1370?-1406)

뚱보 레오폴트
(1371-1411)

철인 에른스트
(1377-1424)

빈털터리 프리드리히
(1382-1439)

프리드리히 3세(1415-1493)
1440년 왕 즉위
1452년 황제 즉위

알브레히트
(1418-1463)

아들 3명
(유아기에 사망)

딸 4명

막시밀리안(1459-1519)
1486년 왕 즉위
1508년 황제 즉위

지기스문트(1427-1496)
티롤의 백작(1446-1490)

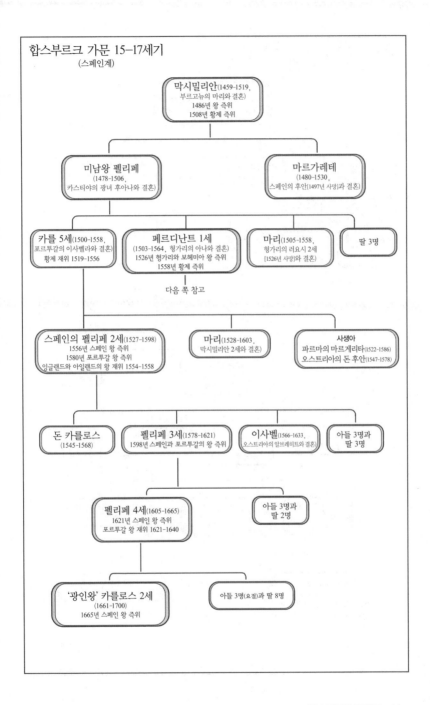

합스부르크 가문 15-17세기
(스페인계)

막시밀리안(1459-1519,
부르고뉴의 마리와 결혼)
1486년 왕 즉위
1508년 황제 즉위

미남왕 펠리페
(1478-1506,
카스티야의 광녀 후아나와 결혼)

마르가레테
(1480-1530,
스페인의 후안[1497년 사망]과 결혼)

카를 5세(1500-1558,
포르투갈의 이사벨라와 결혼)
황제 재위 1519-1556

페르디난트 1세
(1503-1564, 헝가리의 아나와 결혼)
1526년 헝가리와 보헤미아 왕 즉위
1558년 황제 즉위

마리(1505-1558,
헝가리의 러요시 2세
[1526년 사망]와 결혼)

딸 3명

다음 쪽 참고

스페인의 펠리페 2세(1527-1598)
1556년 스페인 왕 즉위
1580년 포르투갈 왕 즉위
잉글랜드와 아일랜드의 왕 재위 1554-1558

마리(1528-1603,
막시밀리안 2세와 결혼)

사생아
파르마의 마르게리타(1522-1586)
오스트리아의 돈 후안(1547-1578)

돈 카를로스
(1545-1568)

펠리페 3세(1578-1621)
1598년 스페인과 포르투갈의 왕 즉위

이사벨(1566-1633,
오스트리아의 알브레히트와 결혼)

아들 3명과
딸 3명

펠리페 4세(1605-1665)
1621년 스페인 왕 즉위
포르투갈 왕 재위 1621-1640

아들 3명과
딸 2명

'광인왕' 카를로스 2세
(1661-1700)
1665년 스페인 왕 즉위

아들 3명(요절)과 딸 8명

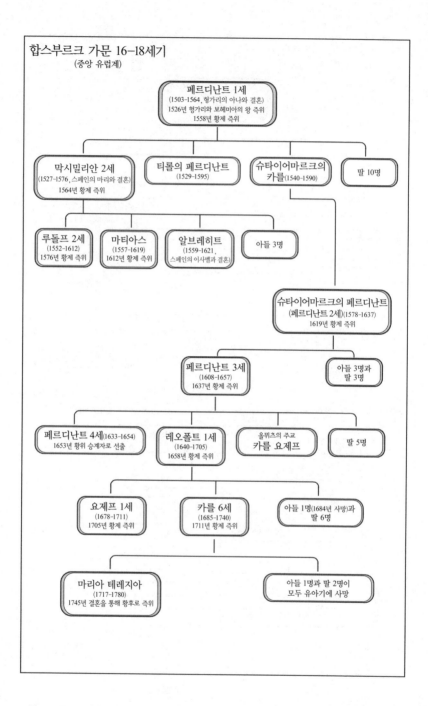

합스부르크 가문 16-18세기
(중앙 유럽계)

페르디난트 1세
(1503-1564, 헝가리의 아나와 결혼)
1526년 헝가리와 보헤미아의 왕 즉위
1558년 황제 즉위

막시밀리안 2세
(1527-1576, 스페인의 마리와 결혼)
1564년 황제 즉위

티롤의 페르디난트
(1529-1595)

슈타이어마르크의
카를(1540-1590)

딸 10명

루돌프 2세
(1552-1612)
1576년 황제 즉위

마티아스
(1557-1619)
1612년 황제 즉위

알브레히트
(1559-1621,
스페인의 이사벨과 결혼)

아들 3명

슈타이어마르크의 페르디난트
(페르디난트 2세)(1578-1637)
1619년 황제 즉위

페르디난트 3세
(1608-1657)
1637년 황제 즉위

아들 3명과
딸 3명

페르디난트 4세(1633-1654)
1653년 황위 승계자로 선출

레오폴트 1세
(1640-1705)
1658년 황제 즉위

올뮈츠의 주교
카를 요제프

딸 5명

요제프 1세
(1678-1711)
1705년 황제 즉위

카를 6세
(1685-1740)
1711년 황제 즉위

아들 1명(1684년 사망)과
딸 6명

마리아 테레지아
(1717-1780)
1745년 결혼을 통해 황후로 즉위

아들 1명과 딸 2명이
모두 유아기에 사망

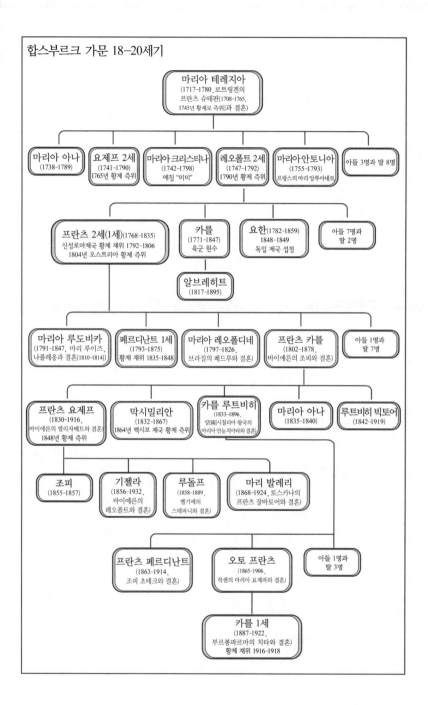

합스부르크 가문 18–20세기

마리아 테레지아
(1717-1780, 로트링겐의
프란츠 슈테판[1708-1765,
1745년 황제로 즉위]과 결혼)

마리아 아나
(1738-1789)

요제프 2세
(1741-1790)
1765년 황제 즉위

마리아 크리스티나
(1742-1798)
애칭 "미미"

레오폴트 2세
(1747-1792)
1790년 황제 즉위

마리아안토니아
(1755-1793)
프랑스의 마리 앙투아네트

아들 3명과 딸 8명

프란츠 2세(1세)(1768-1835)
신성로마제국 황제 재위 1792-1806
1804년 오스트리아 황제 즉위

카를
(1771-1847)
육군 원수

요한(1782-1859)
1848-1849
독일 제국 섭정

아들 7명과
딸 2명

알브레히트
(1817-1895)

마리아 루도비카
(1791-1847, 마리 루이즈,
나폴레옹과 결혼[1810-1814])

페르디난트 1세
(1793-1875)
황제 재위 1835-1848

마리아 레오폴디네
(1797-1826,
브라질의 페드루와 결혼)

프란츠 카를
(1802-1878,
바이에른의 조피와 결혼)

아들 1명과
딸 7명

프란츠 요제프
(1830-1916,
바이에른의 엘리자베트와 결혼)
1848년 황제 즉위

막시밀리안
(1832-1867)
1864년 멕시코 제국 황제 즉위

카를 루트비히
(1833-1896,
양[兩]시칠리아 왕국의
마리아 안눈치아타와 결혼)

마리아 아나
(1835-1840)

루트비히 빅토어
(1842-1919)

조피
(1855-1857)

기젤라
(1856-1932,
바이에른의
레오폴트와 결혼)

루돌프
(1858-1889,
벨기에의
스테파니와 결혼)

마리 발레리
(1868-1924, 토스카나의
프란츠 잘바토어와 결혼)

프란츠 페르디난트
(1863-1914,
조피 초테크와 결혼)

오토 프란츠
(1865-1906,
작센의 마리아 요제파와 결혼)

아들 1명과
딸 3명

카를 1세
(1887-1922,
부르봉파르마의 치타와 결혼)
황제 재위 1916-1918

황제의 도서관

호프부르크 궁전은 합스부르크 가문의 겨울 궁전이었고, 지금은 빈의 주요 관광 명소이다. 관광객들을 태운 마차는 호프부르크 궁전의 홍예문을 통과하고, 주변 구도심의 좁은 거리를 지나간다. 좁은 골목에 가득한 관광객들은 리피자너트리에스테 근처의 리피자에 있는 오스트리아 황실 종마 사육장에서 이름을 딴 말의 품종/역주의 하얀 코가 눈에 띄면 사육장으로 허겁지겁 모여든다. 19세기에 지어진 녹색 반구형 지붕이 씌워진 성 미하엘의 익부翼部를 제외하면, 호프부르크 궁전의 외관은 인상적이지 않다. 궁전의 외부에는 지금은 주차장으로 쓰이는 마당이 이어져 있고, 대체로 절제된 바로크 양식의 파사드에 둘러싸여 있다.

적어도 오늘날의 호프부르크 궁전은 정비가 잘 되어 있지만, 이곳이 "집무 궁전"으로 쓰이던 1918년 이전에 촬영된 사진과 슬라이드slide에는 무너진 석조물과 갈라진 벽, 부서진 창문이 담겨 있다. 호프부르크 궁전에서는 걸핏하면 공사가 진행되었다. 역대 황제들은 익부를 추가했고, 방해물을 무너트려 건물을 개조했으며, 목재 대신 석재로 재건축을 시도했다. 보루를 갖춘 빈의 여러 성벽들 중 하나로 보호받던 호프부르크 궁전은 17세기 말엽까지 빈을 방어하는 요긴한 수단이었다. 1683년 오스만 튀르크인들이 마지막으로 빈을 포위했고, 전쟁에서 이긴 합스부르크 가문의 황제들은 마침내 호프부르크 궁전을 요새형 거주지가 아니라 궁전과 의식용 무대로 생각할 수 있게 되었다.

호프부르크 궁전의 중심부에는 이른바 구왕궁Alte Burg이 있다. 구왕궁이 가지고 있던 원래 구조의 흔적은 17세기 말엽과 18세기에 진행된 궁전 개축 공사 때문에 오늘날에는 거의 찾아볼 수 없다. 13세기 전반기에 지어진 구왕궁은, 각각 높은 박공지붕과 꼭대기 장식을 갖춘 4개의 탑이 딸린 50제곱미터 넓이의 대규모 석조 아성牙城이었다. 그 규모에도 불구하고 구왕궁의 실내는 을씨년스러웠다. 방문객들은 안뜰이 좁아서 짐마차의 방향을 바꾸기가 불편하고, 회의장이 갑갑하며, 계단에서 곰팡내가 나고, 벽에 태피스트리 공예품이 걸려 있지 않다고 불평했다. 그러나 구왕궁은 호화로운 시설로 감동을 선사하기 위해서 세워진 건물이 아니었다. 구왕궁은 빈과 그 주변의 농촌을 위압하고, 권력이라는 메시지를 전달하기 위한 성이었다.[1]

구왕궁은 합스부르크 가문의 첫 상징이 되었다. 원래 오스트리아를 심장부로 둔 중앙 유럽의 왕가였던 합스부르크 가문은 16세기와 17세기에 이르러 스페인, 저지대 국가오늘날의 벨기에, 네덜란드, 룩셈부르크 그리고 프랑스 북부 지역 일부와 독일 서부 지역 일부를 가리키는 용어/역주, 이탈리아, 그리고 신대륙 등지의 스페인 영토까지 지배하게 되었다. 그 무렵 구왕궁은 군사적 쓸모를 잃었지만, 그 구조는 합스부르크 가문이 스페인의 톨레도와 마드리드에서 공사를 의뢰했거나 개축한 대규모 성채에서 재현되었고, 아메리카 대륙으로 건너가기도 했다. 탑 4개가 딸린 요새는 멕시코에서 초창기 총독들이 휘두르는 권력의 증거였다. 총독보다 힘이 약한 자들은 탑 2개에 만족해야 했다. 합스부르크 가문이 황제로서 통치했던, 대체로 오늘날의 오스트리아와 독일, 체코 공화국에 해당하는 신성 로마 제국에서도 야심만만한 제후들이 위세를 드러내고자 4개의 탑이 딸린 아성을 지었다.[2]

합스부르크 가문은 전 세계로 힘을 뻗친 최초의 통치자들이었다. 그들은 운과 힘으로 위대한 업적을 쌓았다. 16세기 당시 탑이 4개 딸린 아성은 유럽의 일부분에 그들이 행사하는 물리적 지배력의 표현이었고, 이후 해외에서 재현되면서 전 세계에 대한 지배력의 증거가 되었다. 하지만 탑이 4개 딸린 아성은 그들이 활용한 여러 상징들 가운데 하나일 뿐이었다. 합스부르크 가문은 본인들이 누리는 권력을 운명적인 것으로, 또 이 세상이 돌아가는 거룩한 질서의 일부분으로 생각했기 때문이다. 따라서 석재를 통한 힘의 과시보다 더 미묘한 상징화 작업이 필요했다.

18세기 초반에 호프부르크 궁전이 개축되면서 구왕궁이 자취를 감추고 제국 도서관이 들어섰다. 그전에는 빈의 어느 버려진 탁발 수도원에, 어느 개인 저택의 익부에, 구왕궁 옆의 목조 구조물(오늘날의 요제프 광장 자리)에 도서관이 자리를 잡고 있었다. 사서들은 습기와 거리에서 날아오는 먼지, 부실한 조명, 화재 위험 따위에 대해서 불평을 하고는 했다. 제국 도서관이 구왕궁 터의 바로 남쪽에 상설 보금자

리를 마련한 시기는 카를 6세재위 1711-1740가 오랫동안 권좌를 지키고 있을 때였다.[3]

카를 6세가 의도했던 대로 오늘날에도 거의 옛 모습 그대로인 이 새로운 도서관은 1720년대에 만들어졌다. 약 20만 권의 책과 필사본이 길이 75미터짜리 서고 단 한 곳에 보관되어 있었는데, 당시 소장 도서로는 신학, 교회사, 법학, 철학, 과학, 수학에 관한 저작들과 그리스어, 라틴어, 시리아어, 아르메니아어, 콥트어 등으로 작성된 제책본 등이 있었다. 카를 6세는 도서관을 학자들에게 개방했다. 학자들이 도서관 이용 허가를 신청해야 하는 데다가 아침에만 이용할 수 있었지만 말이다. 그는 본인이 베푼 넉넉한 아량의 대가로 신문에 세금을 매겼다. 원래는 건축 비용을 충당하기 위한 임시세였지만, 얼마 지나지 않아서 이 세금도 표면적으로는 신규 도서를 구입하는 데에 쓰이는 경상세로 탈바꿈했다. 인쇄업자들은 자신들이 찍어내는 모든 책의 사본을 도서관에 제공해야 했는데, 그들 중에는 외설 도서도 취급하는 사람들이 많았기 때문에 사본 제공의 의무는 종종 지켜지지 않았다.[4]

도서관 정중앙에는 뮤즈들을 이끄는 헤라클레스로 표현된 카를 6세의 실물 크기 대리석 조각상이 서 있다. 반구형 천장은 그의 신성이나 승천을 묘사하고, 우화적인 형상을 통해서 그의 업적을 기리고 있다. 미국 국회의사당의 원형 홀에서 신격화되는 조지 워싱턴과 달리, 카를 6세는 천장에서 우리를 내려다보지 않는다. 프레스코화를 그린 화가가 작업을 시작했을 때, 카를 6세가 살아 있었기 때문에 아직 하늘의 영광으로 받아들여지지 않은 것이다. 그러나 월계관을 지닌 채 공중에 떠 있는 인물이 그를 기다리는 장면에 비추어볼 때, 카를 6세는 틀림없이 삶의 마지막 순간에 천사들과 함께 하늘로 올라가 구름 속에서 천사들 사이에서 자리 잡을 것으로 보인다.

도서관에는 카를 6세의 대리석 조각상 외에 13세기의 왕 루돌프재위 1273-1291부터 1700년에 세상을 떠난 스페인의 카를로스 2세1661-1700에 이르는 합스부르크 가문의 여러 황제와 왕, 대공의 조각상 16개도 서 있었다. 대리석 조각상은 제작을 의뢰하는 데에 많은 비용이 들기 때문에 그 조각상들의 대부분은 호프부르크 궁전의 저장실과 정원에서 가져온 것이었다. 이후 세월이 흐르면서 조각상이 새로 추가되었고, 원래의 조각상이 그밖의 황실 궁전에 있는 조각상과 교환되기도 했다. 제국 도서관을 가장 먼저 연구한 역사학자는 제국 도서관에 배치된 조각상들을 비판적으로 바라보았다. 연구나 학문에 특별한 관심을 드러내지 않은 합스부르크 가문의 통치자들에 비해서 16개라는 조각상의 개수가 너무 많다고 생각했기 때문이다. 확실히 그는 도서관은 책이나 학문과 관계가 있어야 한다고 보았다. 그러나 그곳은 제국 도서관이었고, 제국 도서관이 세워진 목적은 여타의 도서관과 달랐다. 제국 도서관은 합스부르크 가문에 대해, 그리고 우주의 거룩한 질서에서 그 가문이 차지하는 위치에 대해 의사를 표명하기 위한 건물이었다.[5]

천장과 벽화와 가구를 비롯한 도서관 전체의 장식은 합스부르크 가문의 위대함과 무한한 권력을 웅변한다. 반구형 천장 아래에 있는 4개의 커다란 지구의와 천구의는 합스부르크 가문이 품은 야심의 범위를 은유한다. 각 책장 옆에는 한 쌍의 기둥이 서 있고, 쌍둥이 기둥이라는 주제는 도서관의 구조물 곳곳에서, 특히 도서관 건물의 파사 드뿐 아니라 서고 양쪽 끝의 흰 대리석과 금박을 입힌 기둥에서 뚜렷하게 드러난다. 쌍둥이 기둥은 헤라클레스의 기둥Pillars of Hercules : 지브롤터 해협 어귀 부분의 낭떠러지에 있는 바위산/역주과 합스부르크 가문의 좌우명인 "더 멀리"를 의미한다. 즉, 쌍둥이 기둥은 물리적 지리에 얽매이지 않는 지배력을 가리킨다. 신격화를 시도한 천장의 프레스코화에는 3명의 전형적인 여신이 등장한다. 여신들은 AEIOU라고 적힌 깃발을 들고 있다. 그 이합체시離合體詩 : 각 구의 첫 글자를 조합하면 다른 뜻의 말이 나타나는 시/역주는 여러 가지를 뜻할 수 있다. 학자들에 따르면 무려 300개의 서로 다른 해답과 조합이 있을 수 있다고 한다. 하지만 그 모든 해답과 조합은 오스트리아의 합스부르크 가문의 위대함을 가리킨다. 그러므로 가장 일반적인 해답은 다음과 같다. "오스트리아가 전 세계를 지배한다Austria Est Imperatre Orbi Universae(라틴어), Alles Erdreich Ist Österreich Untertan(독일어)."[6]

그러나 이것은 정치 권력의 행사와 물리적 강제에 근거한 세속적 지배력의 미래상이 아니었다. 제국 도서관에서 카를 6세는 정복에 열중하는 전사가 아니라 과학과 예술의 후원자로 등장한다. 관대함, 명성, 웅대함, 확고함 같은 카를 6세의 미덕은 신격화에 힘입어 찬미된다. 그가 전쟁에서 거둔 승리는 머리가 3개 달린 개 케르베로스가 헤라클레스의 발에 밟히는 모습을 통해서 암시된다. 그 장면이 없다면 그의 군사 업적은 간과될 것이다. 전쟁을 주제로 삼은 프레스코화조차 자제력을 발휘하면서 조화, 질서, 지식 등 전쟁과 상반되는 개념을 칭송한다. 카를 6세는 다른 무엇보다 평화의 창조자로, 학문의 후원자로 찬양받기를 바랐다. 원형 홀 아래의 진짜 같은 입체화에는 대화를 나누는 여러 인물들이 나오는데, 각 무리는 카를 6세가 소생시킨 지식의 분과들(해부학, 고고학, 식물학, 수역학, 문장학紋章學, 화폐학, 해시계 제작술) 중 하나를 대표한다.

도서관의 중심이 책이라고 본, 앞에서 언급한 역사학자는 제국 도서관의 원형 홀과 프레스코화를 도서관에 대한 풍유라고 생각하기도 했다. 그럴지도 모르지만, 바로크 시대의 풍유에는 흔히 몇 가지 숨은 메시지가 담겨 있었다. 합스부르크 가문의 황제들과 그 대변자들의 조각상, 곳곳에서 눈에 띄는 쌍둥이 기둥, 교묘하게 배치된 지구의와 천구의 등에서 짐작할 수 있듯이, 제국 도서관은 합스부르크 왕가의 무한하고 영원한 지배력에 대한 풍유이기도 하다. 그러나 프레스코화는 합스부르크 왕가가 추구하는 세상이 현실 세계뿐 아니라 지식과 학문적 노력이라는 초월적 세계에서도 이루어질 것이라고 웅변한다. AEIOU라는 이합체시가 그렇듯이, 그 어떤 해답으로도 합스부르크 가문의 복잡한 사명을 설명하거나 그것의 가능성을 남김없이 규명할 수는 없었다.[7]

이 세상에서 본인들이 차지하는 역할에 대한 합스부르크 가문 사람들의 관념은 합스부르크 왕가의 역사에 담긴 다양한 일화를 통해서 점진적으로 확립되면서 새로운 포부로 이어졌다. 그 새로운 갈망은 서로 복잡하게 뒤엉키면서 한 덩어리의 이념적 가정을 이루었다. 13세기에 합스부르크 가문의 루돌프 왕은 교회 약탈자이자 수녀원 강탈자로 알려져 있었다. 그러나 루돌프 왕이 세상을 떠나고 나서 불과 20-30년 만에, 언젠가 그가 죽음을 앞둔 사람에게 영성체領聖體를 베풀기 위해서 길을 서두르는 성직자와 우연히 마주쳤을 때, 자신의 말을 건네주었다는 이야기가 퍼졌다. 그 이야기는 이후 여러 세기를 거치면서 회자되고 윤색되었다. 덕분에 루돌프 왕은 말을 건네준 대가로 세속적 왕권을 얻었고, 대관식에서 빵과 포도주를 통해서 왕으로 성별聖別되었다. 『구약 성서』에서 최초로 설명된 거룩한 계획에 따라서 루돌프의 후계자들이 영성체의 축복을 받으리라는 점을 보여주기 위해서 『성서』의 구절까지 동원되었는데, 이는 루돌프 왕이 영성체를 빨리 베풀도록 도와준 보답이었다.[8]

영성체를 향한 경외심은 합스부르크 왕가가 거행한 종교 의식의 핵심에 자리 잡고 있었고, 행렬 의식과 성지 순례, 교회 축제에서 발휘되었다. 길을 서두르던 중에 합스부르크 가문 사람들과 마주치는 모든 성직자는 말이나 마차를 잡아탔을 것이다. 16세기와 17세기의 종교 전쟁 기간에 신교도들은 영성체의 의미와 취지를 의심했다. 합스부르크 가문의 역대 통치자들이 보여준 영성체에 대한 과장된 존경심은 가톨릭 교회에 대한 헌신의 상징이자 세속의 거룩한 도구로서 변함없이 신을 섬기는 자세의 상징이었다. 심지어 합스부르크 제국의 황혼기에도 합스부르크 왕가와 영성체의 관계는 지속되었고, 종교 의식뿐만 아니라 세속적인 맥락에서도 소환되었다. 1912년 스위스의 어느 사격 클럽에 트로피를 하사해달라는 부탁을 받았을 때, 황제 프란츠 요제프재위 1848-1916는 길을 재촉하는 성직자에게 말을 건네주려고 타고 있던 말에서 내리는 루돌프 왕의 모습을 묘사한 작은 조각상을 보냈다.[9]

1273년 이후 합스부르크 가문은 신성 로마 제국을 간간이 통치했고, 1438년부터 제국이 멸망한 1806년까지는 거의 끊임없이 통치했다. 신성 로마 제국은 800년에 카롤루스 대제가 창건했지만, 고전고대 로마 제국의 후신으로 평가되었다. 처음에는 "로마 제국"으로 알려질 정도였다. 13세기에 "신성"이라는 수식어가 추가되었지만, 그다지 일관성 있게 쓰이지는 않았다. 대체로 독일 제국 중심으로 재편되었던 10세기에도 신성 로마 제국은 황제라는 칭호와 단단히 연결된 위신을 잃지 않았다. 황제는 여전히 고대 로마 제국 황제들의 직접 계승자로, 어떤 의미에서는 로마 교황의 상대자로, 그리고 나머지 모든 군주를 능가하는 권한을 가진 존재로 여겨졌다. 또한 천사들과 악마의 제자인 적그리스도 간의 임박한 전쟁과 신이 다스리는 천년왕국으로 인도하는 "마지막 황제"를 언급한 중세의 예언에 힘입어 더욱 빛을 발했다. 합스부르크 가문은 이를 발판으로 삼았고, 일촉즉발의 대참사에서 본인들이 맡을 역할을 찬미했다. 황제 막시밀리안 1세^{국왕} ^{재위 1486-1508, 황제 재위 1508-1519}는 중세의 예언에 나오는 마지막 황제의 "우뚝한 이마, 높이 솟은 눈썹, 부릅뜬 눈, 매부리코" 같은 유명한 생김새를 자신의 초상화에 반영하게 하기도 했다.[10]

마지막 황제란 적그리스도와 맞설 뿐 아니라 튀르크인들을 무찌르고, 그들이 장악한 이스탄불(콘스탄티노폴리스)을 해방하고, 무슬림의 손아귀에서 성도聖都 예루살렘을 되찾으리라고 기대되는 인물이었다. 역대 황제들은 자신들이 이교도와의 성전에 투신한다며 선전했다. 그들에게 성전이란 예언을 실현할 뿐만 아니라 기독교 세계에 대한 자신들의 통솔력과 기독교 기사도의 이상에 대한 헌신을 입증하는 수단이었다. 16세기 합스부르크 가문의 머릿속에서는 불신자들에 맞선 전쟁이 잘못된 믿음을 품은 자들에 맞선 전쟁과 연결되었다. 합스부르크 가문의 역대 황제들과 통치자들은 가톨릭 교회의 권위에 도전하는 신교 교리의 확산을 단속했다. 스페인계 합스부르크 가문의 종교 의식에서, 신앙을 정화해야 한다는 사명은 영성체를 향한 과시적인 헌신과 안무를 통해서 연출된 이교도 화형 장면으로 골고루 드러났다.

15세기와 16세기에는 학문과 예술의 총체적 재생을 가리키는 르네상스의 일환으로 고전 원문 연구가 활발하게 이루어졌다. 르네상스 문예학자들과 인문주의자들은 영감과 지침을 얻고자 고대 로마로 눈길을 돌렸다. 그들 가운데 많은 사람들이 황제가 맨 윗자리를 차지하는 위계질서를 둘러싼 믿음을 고대 로마의 유산으로부터 차용했다. 그들이 보기에 황제의 임무는 여러 통치자들을 중재하고 평화의 치세로 안내하는 것이었다. 인문주의자들은 합스부르크 가문 사람들을 황제직에 힘입어 질서와 조화를 복원할 수 있는 유일한 존재로 생각하는 경우가 많았다. 따라서 그들은 합스부르크 가문의 통치자들이 이끄는 "세계 제국"과 "보편 군주국"을 언급했고, 고대 그리스와 로마의 서사시를 개작하여 합스부르크 가문의 황제들을 로마의 황제들처럼 표현했다. 그들은 합스부르크 가문의 운명을 언급한 그리스와 로마 신들의 미묘한 발언을 인용하고, 합스부르크 가문 통치자들이 이미 알려진 세계 전체의 지도가 있는 방패를 부여받은 과정을 묘사함으로써 메시지를 강화했다.[11]

가장 위대한 르네상스 인문주의자인 로테르담의 에라스뮈스는 그 터무니없는 학술적 행위에 가담할 시간이 없었다. 그는 "왕들과 바보들은 만들어지는 것이 아니라 태어나는 것이다"라고 평하며 보편 군주는 보편 폭군일 것이라고 예견했다. "만인의 적이고, 만인이 그의 적들이다." 그러나 합스부르크 가문은 에라스뮈스가 두려워한 "세계 군주국"을 실현할 뻔했다. 선출직이었던 황제는 신성 로마 제국의 주요 제후 7명에 의해서 뽑혔다. 하지만 합스부르크 가문은 신성 로마 제국의 황제인 동시에 세습권을 통해서 제국 내부의 여러 지방과 영지도 다스렸다. 그것은 황제이기 때문에 그들의 지배력 아래에 있는 소유물이 아니라 그들의 개인적 재산이었다. 조상에게 물려받은 그 개인적 영토는 원래 라인 강 상류 지역에 있었다. 그런데 13세기가 되자 중앙 유럽에서 대략 오늘날의 오스트리아와 슬로베니아에 해당하는 거대한 땅덩어리에까지 이르렀다. 이후 합스부르크 가문의 땅은 1470년대부터 불과 반세기 만에 폭발적으로 확장되었고, 결국 저지대 국가, 스페인, 보헤미아, 헝가리 전역으로, 그리고 이탈리아 대부분의 지역으로 뻗어갔다. 합스부르크 가문의 권력은 헝가리에 힘입어 동쪽으로 700킬로미터까지 뻗어 오늘날의 우크라이나에 이르렀다. 당시 독자적인 왕국이었던 헝가리는 보헤미아와 달리 신성 로마 제국의 일부분이 아니었다. 그러나 스페인은 훨씬 더 귀중한 땅이었다. 스페인이 신대륙을, 그리고 태평양과 아시아 방면의 식민 사업을 노릴 수 있는 통로였기 때문이다. 합스부르크 가문의 영토는 해가 지지 않는 최초의 제국이었다.[12]

1521년, 황제 카를 5세황제 재위 1519-1556는 다음과 같은 공식 칭호로 불렸다. 이는 당시 합스부르크 가문이 얼마나 많은 영지를 가지고 있었는지를 짐작할 수 있게 한다.

카를, 신의 은총으로 선출된 신성 로마 제국 황제, 제국의 영원한 영토 확장자 등, 독일, 카스티야, 아라곤, 레온, 양兩시칠리아, 예루살렘, 헝가리, 달마티아, 크로아티아, 나바라, 그라나다, 톨레도, 발렌시아, 갈리시아, 발레아레스 제도, 세비야, 사르데냐, 코르도바, 코르시카, 무르시아, 하엔, 알가르브, 알헤시라스, 지브롤터, 카나리아 제도, 동인도 제도와 서인도 제도, 대서양의 본토 등의 왕 / 오스트리아 대공, 부르고뉴, 로트링겐, 브라반트, 슈타이어마르크, 케른텐, 크라인, 림뷔르흐, 룩셈부르크, 헬데를란트, 뷔르템베르크, 칼라브리아, 아테네, 네오파트리아스 등의 공작 / 플랑드르, 합스부르크, 티롤, 고리치아, 바르셀로나, 아르투아, 부르고뉴의 백작 / 에노, 홀란트, 제일란트, 페헤트, 키부르크, 나무르, 루시용, 세르다뉴, 쥣펀의 궁정백宮庭伯 / 알자스의 방백方伯 / 오리스타노, 고체아노, 신성 로마 제국의 변경백邊境伯 / 슈바벤, 카탈루냐, 아스투리아스 등의 제후 / 프리슬란트, 빈디셰 마르크, 포르데노네, 비스카야, 몰랑, 살랑, 트리폴리, 메헬런 등의 영주.[13]

뒤죽박죽인 이 칭호에는 당시 합스부르크 가문의 영지가 더 이상 아니거나 아예 영지인 적이 없었는데도 계속 소유권을 주장한 곳들(예루살렘과 아테네 등)이 포함되어 있다. 남들과 소유권을 다투는 대상이라는 이유로 추가된 곳들도 있지만, "등"이라는 표현이 잇따라 등장하는 점에서 짐작할 수 있듯이 훨씬 더 많은 지명들이 생략된 상태이다. 그럼에도 항목별로 배열되었다는 점에서는 대체로 19세기와 20세기까지 지속된 합스부르크 가문 치세의 특징이 엿보인다. 제국의 각 부분이 하나로 통합되지 않은 채 독자적인 정부, 법률, 귀족, 명문가, 의회 등을 갖추고 있었던 것이다. 그러므로 각 부분은 통치자 개인에 의해서만 한데 모인, 거의 독립적인 나라들이었다. 각 부분 간의 거리를 감안하면 이러한 부조화 현상은 어느 정도 필연적이었지만, 서로 큰 차이점이 있는 여러 민족들이 부재하는 주권자에 의한 지배를 감수하도록 유도하려는 의도적 정책의 소산이기도 했다. 스페인의 어느 법학자가 카를 5세에게 설명했듯이, 여러 영토의 충성심을 유지하기 위해서는 "마치 그 영토들을 한데 모아둔 왕이 각 영토의 왕에 불과한 듯이" 서로 분리해서 다루어야 했다.[14]

합스부르크 가문은 "종교 예배와 기독교인들 간의 평화, 그리고 불신자들과의 전쟁에 전념하는 단일 주권자의 영묘한 지배력 아래에 하나로 통합된 세계"라는 방대하고 포괄적인 목표를 가지고 있었다. 그러나 그것은 합스부르크 가문이 통치하는 영토 안에서조차 결코 정치적 계획으로 전환되지 못했다. 역사적으로 모든 군주국은, 나중에 하나로 결합해 균일해지는 다양한 영토로 구성된 합성 국가composite state : 왕가의 이익을 대표하는 중앙정부가 다수의 영역들에 통치권을 행사하는 정치 체계/역주로 출발했다. 몇 개의 왕국을 바탕으로 세워진 국가들조차 세월의 흐름에 따라서 구성 요소들의 특이성이 차츰 희박해져 원래의 독자적 성격과 제도가 사라지면서 지방보다 중앙으로 저울추가 기울기 마련이었다. 합스부르크 가문은 그 목표를 결코 이루지 못했다. 사실, 짧은 막간을 제외하면, 목표를 이루려고 애쓰지도 않았다. 18세기와 19세기에 행정 및 법률 기관을 일부 통합했지만, 합스부르크 가문의 영토는 주권자가 무한한 권력을 지닌 초超군주가 아니라 각 영토의 영주에 불과한 듯이 통치되었다. 18세기 프랑스의 주권자는 그저 "프랑스와 나바라의 왕"으로 불렸을 뿐 아키텐과 브르타뉴의 공작, 툴루즈의 백작, 노르망디의 공작 등으로는 불리지 않은 반면, 20세기까지 합스부르크 가문 황제들의 칭호에는 전체 영토의 각 부분이 개별 단위로 열거되었다.

역사학자들에게는 결과를 알고 나서 서술하는 이점이 있다. 중앙집권적 국민 국가의 출현을 알고 있는 역사학자들의 관점에서, 분권화와 차이라는 원리에 기대는 정치적 복합체는 실패할 수밖에 없다. "취약", "시대착오적", "돌발적" 같은 용어는 역사학자들이 말년의 합스부르크 가문과 그들의 제국을 묘사할 때에 가장 자주 쓰는 말이다. 그러나 합스부르크 가문을 그런 식으로만 판단할 수는 없다. 합스부르크 가문의 목표는 여러 영지와 위협적인 아성 너머를 바라보는 여러 개의 가닥으로 엮여 있었다. 카를 6세의 도서관에서 엿볼 수 있듯이, 그것은 상호보완적 이상과 포부에서 비롯된 목표였다. 역사와 승계에서, 황제들과 가톨릭 신앙으로 대변되는 로마 제국에서, 인정 많은 지도력에서, 지식과 불변성과 하늘의 영광을 향한 탐색에서 비롯된 목표였다.

물론 정치가 개입해서 합스부르크 군주국의 신비로움을 벗겨냈고, 종종 그 신비로움의 징후를 불필요하고 진부한 것으로 만들어버렸다. 그러나 지금으로부터 불과 1세기 전에 합스부르크 가문이 치세의 말년에 이르렀을 때조차 그들의 목표에는 아직 무엇인가가 남아 있었다. 이 책의 목표는 그들의 제국, 그들의 상상력과 우리가 그들을 상상한 방식, 그들의 의도, 계획, 실패 등을 설명하는 것이다. 15세기부터 20세기까지의 500년 동안 합스부르크 가문은 유럽에서 가장 중요한 왕가 가운데 하나로 꼽혔고, 그들의 영토는 몇 세기에 걸쳐 신대륙과 그 너머로 뻗어나갔으며, 그들의 제국은 최초의 세계적 기획으로 우뚝 섰다. 앞으로 펼쳐질 내용의 일부분은 합스부르크 가문에 관한 이야기이지만, 다른 일부분은 합스부르크 가문의 일원이 세상을 통치한다는 것이 과연 무엇을 의미하는가에 대한 숙고이기도 하다.

제1장

합스부르크 성과 포틴브라스 효과

20세기 초반, 유별나게 부지런한 어느 연구자가 황제 프란츠 요제프의 후계자인 프란츠 페르디난트 대공의 계보를 확정하는 작업에 나섰다. 그가 16세기까지 거슬러 올라 완성한 가계도에는 무려 33개의 일람표가 등장했고, 프란츠 페르디난트의 조상이 4,000명 이상 열거되어 있었다. 하지만 여기에는 근친혼 때문에 서로 겹치는 인물들이 너무 많았다. 사촌끼리 부부의 연을 맺은 경우도 많고 몇 촌수 건너뛴 조카를 아내로 맞은 경우도 심심찮게 있었기 때문이다. 따라서 그가 확인한 선조들의 수는 1,500명으로 줄어들었다. 프란츠 페르디난트는 100명 이상의 직계 및 방계 조상을 통해서 16세기의 신성 로마 제국 황제 페르디난트 1세와 끈이 닿았고, 25명의 조상을 거쳐 페르디난트 1세의 먼 친척인 로트링겐의 레나타(인상적이지는 않지만 매우 독실한 인물)와 이어졌다.[1]

프란츠 페르디난트의 혈통을 조사하는 데에 매진한 그 연구자는 과거에 유럽의 모든 통치 가문들이 하나같이 근친상간을 저질렀다는 사실을 통계학적으로 입증함으로써 합스부르크 가문의 근친혼 빈도를 얼버무렸다. 아울러 조사 범위를 중세까지 확대하지 못한 점을 사과하기도 했다. 하지만 만약 그가 프란츠 페르디난트의 혈통을 11세기까지 추적했다면 무려 수십만 명에 이르는 조상들의 이름을 채워 넣어야 했을 것이다. 한 세대를 거슬러 오를 때마다 조상의 수가 2배로 늘어나기 때문이다. 그래도 어떤 면에서는 과거로 거슬러 오를수록 작업이 수월해지기도 했을 텐데, 이는 더 아득한 과거를 파헤칠수록 문서 기록이 희박해지고 공백이 늘어나기 때문이다. 이론적으로 보았을 때, 10세기로 거슬러 오르면 합스부르크 가문 조상들의 수는 수십만 명이어야 하지만, 실제로는 정체가 불분명한 몇 사람으로 줄어든다.

합스부르크 가문의 초기 역사를 다룬 책들은 마치 미스터리 스릴러물 같다. 그 책들은, 알자스 지방의 에티호넨 가문에 속한 정체불명의 백작들부터 프랑크족 메로빙거 가문의 왕들(5세기에 메로빙거 가문을 개창한 시조는 퀴노타우루스, 즉 뿔이 다섯 개 달린 괴물 황소였다고 한다)에 이르기까지 합스부르크 가문의 혈통을 따라가며 마주치는 온갖 추측들로 가득하다. 그러나 실제로 우리가 찾을 수 있는 가장 이른 시기의 합스부르크 가문 사람들은 10세기 말엽에 활동한 인물들이다. 10세기 말엽, 그들은 라인 강 상류 지역과 오늘날의 프랑스와 독일의 국경 지대인 알자스, 그리고 오늘날의 스위스 북부 지방인 아르가우에서 살았다. 신성 로마 제국의 일부분에 해당하는 그 모든 영토는 슈바벤 공작령에 속했고, 자치적 성격이 짙은 백작령伯爵領, 즉

"가우gau"로 나뉘었으며, 각각의 가우에는 몇 명의 백작이 있었다. 가장 이른 시기의 합스부르크 가문 사람들 가운데 우리가 명확하게 파악하고 있는 인물은 칸첼린(이따금 란첼린으로 불리기도 한다)이다. 이후의 기록에 따르면, 그는 오늘날의 스위스 아르가우의 소도시인 브루그 근처에 있는 알텐부르크의 작은 요새와 관계가 있다.[2]

990년경, 칸첼린이 세상을 떠나자 그의 두 아들, 라트보트985-1045와 루돌프는 아버지의 영지를 나눠 가졌다. 라트보트가 물려받은 땅에는 알텐부르크에서 남쪽으로 25킬로미터 떨어진 무리라는 마을이 있었다. 라트보트는 이타(이다로 불리기도 한다)와 혼인하면서 그 마을을 선물로 주었고, 1027년에 이타는 그곳에 베네딕토회 소속의 무리 대수도원을 세웠다. 이타는 자신의 독실한 신심 덕분에 훗날 무리 대수도원 부속 교회의 제단 옆에 묻힐 수 있었다. 1531년에 베른의 신교도들이 무리 대수도원을 약탈했지만, 이타의 무덤은 오늘날까지 남아 있다. 그녀가 그곳에 묻히고 나서 한참 뒤, 합스부르크 가문의 마지막 황제인 카를과 황후 치타의 심장이 제단 옆 예배당의 유골 단지에 안치되었다. 제1차 세계대전 이후 카를은 오스트리아로의 귀국을 허락받지 못했다. 이에 따라 1922년 그가 포르투갈의 마데이라 섬에서 세상을 떠났을 때, 심장을 제외한 그의 시신은 마데이라에 안치되어 지금까지 그곳에 남아 있다. 한편, 치타의 나머지 시신은 오스트리아 빈에 있는 카푸친 교회의 황실 봉안당에 안치되었다.

무리 대수도원은 신자들과 설립자들의 관대함에 힘입어 번창했다. 40개가 넘는 인근 마을들을 통해서 재산을 늘렸을 뿐 아니라 100명 이상의 성인들과 순교자들의 유골, 성십자가True Cross : 예수가 십자가형을 당한 실제 십자가의 유물을 일컫는 말/역주의 파편, 십계명이 적힌 석판의 파편, 본디오 빌라도가 그리스도를 심판했던 자리 근처의 기둥 파편 같은 성유물도 차곡차곡 쌓아갔다. 그러나 라트보트와 이타의 후손들은 그 모든 재산과 유물을 자신들의 소유라고 생각했다. 그들 가문 덕택에 설립되어 부유해진 무리 대수도원은 "사설 수도원"(설립자 가문이 수도원장을 골라서 임명하는 수도원)으로 간주되었다. 그곳은 가족 묘지이자 설립자 가문의 선조들을 위한 미사가 열리는 장소이기도 했다. 그들은 무리 대수도원을 수입원으로 삼는 대가로 포크트 Vogt(가끔 "재산 관리인"이나 "대변자"로 표현되기도 한다), 즉 보호자의 임무를 맡았다.[3]

라트보트의 아들, 그러니까 훗날 "경건한"이라는 수식어가 붙은 베르너1025-1096는 순종과 끊임없는 기도, 속세로부터의 은둔을 선호하는 클뤼니 대수도원과 히르사우 대수도원에서 퍼져 나오는 수도 생활의 새로운 경향에 촉각을 곤두세웠다. 베르너는 자신들의 마음대로 왔다 갔다 (했다고) 하는 무리 대수도원의 평수사들에게 실망한 나머지 슈바르츠발트 출신의 규율을 잘 지키는 수도사들을 영입해서 본보기로 삼도록 했다. 그러나 베르너의 그 경건한 조치는 역풍을 불러왔다. 당시의 수도원 개혁 운동은 수도사들의 도덕에만 주목하는 대신 수도원을 감독할 고위 성직자들의 권리도 강조했고, 평신도들이 수도원을 사유재산으로 여기는 관행에도 반대했다. 이러한 개혁 운동의 취지는 베르너의 이해관계에 직접 영향을 미쳤고, 그는 자기 가문이 투자하여 설립한 수도원의 통제권을 완전히 상실할지도 모른다고 생각하게 되었다.[4]

1080년대 중엽, 베르너는 특허장을 위조했다. 그는 삼촌(혹은 큰할아버지)인 스트라스부르 주교 베르너 1세가 60년 전에 그것을 작성했다는 식으로 조작했다. 그 특허장에는 무리 대수도원의 설립자가 베르너 1세이고, 베르너 일가가 영원히 포크트 직책을 맡는다는 내용이 적혀 있었다. 이 가짜 특허장은 아르가우 지역 유지들의 모임에서 문서로 기록되었고, 나중에 로마의 추기경단에게서 승인을 받았다. 베르너에게 충성을 바친 수도사들은 이야기의 신뢰성을 더하기 위해서 미사를 올려야 하는 망자들의 명단을 작성했다. 그 명단에서는 베르너 1세의 이름이 붉은색으로 강조되어 있었지만, 이타의 이름은 찾아볼 수 없었다. 그렇게 무리 대수도원의 설립 과정은 이타가 아니라 베르너 1세와 연관되기에 이르렀고, 은연중에 가짜 특허장에서 열거된 여러 가지 권리와도 연결되었다.[5]

베르너가 조작한 특허장의 조항들은 1114년에 신성 로마 제국의 황제 하인리히 5세에 의해서 인가되었다. 하지만 황제는 무리 대수도원의 보호자들이 포크트 직책을 무기로 이익을 취하지도, 대수도원의 운영에 개입하지도 말라는 단서를 덧붙였다. 그때부터 줄곧 베르너의 상속자들은 무리 대수도원에 대한 장악력을 차츰 잃게 되었다. 수도사들은 당분간 상속자들이 수도원의 재산을 마음대로 하지 못하도록 부속 토지의 상세한 목록을 작성했고, 귀중한 유물을 항목별로 정리했다. 그리고 무리 대수도원의 초창기 역사 기록도 편찬했다. 그 기록에 의하면 설립자 가문은 약탈자이자 도적이었는데, 양심의 가책을 덜고자 토지를 대수도원에 기증했다고 한다. 무리 대수도원의 수도사들이 남긴 기록에도 약간의 진실은 담겨 있을 것이다. 그러나 "말을 타고 시골을 누비며 살인과 노략질을 일삼은" 같은 오늘날의 어느 글귀에서 짐작할 수 있듯이, 수도사들의 역사 편찬 작업은 초창기 합스부르크 가문 사람들이 노상강도 귀족들이나 다름없었다는 믿음을 조장했다.[6]

지주들은 수도원을 세웠지만, 그들에게 수도원이란 자신의 영혼이 재빨리 연옥을 통과하도록 비는 미사가 끊임없이 되풀이될 일종의 기도 공장이었다. 현세에서 그들이 한 일은 자신을 지키기 위한 성채를 세우는 것이었다. 과거의 요새는 대체로 흙으로 지어졌는데, 11세기부터는 목재와 석재로 이루어진 아성이 유행하기 시작했다. 아성의 목적은 주변의 농촌을 방어하고 지배하고 위압하는 것이었지만, 성채는 차츰 독립적 성격을 띠는 백작들과 영주들의 권력을 상징하게 되었다. 당시 스위스의 아르가우는 중세 유럽에서 여러 성채들이 가장 촘촘하게 모여 있는 곳들 가운데 하나였다. 19세기 말엽의 어느 고고학자는 불과 1,400제곱킬로미터 넓이의 땅에 무려 70개의 석조 요새가 있으며, 그중 대다수는 1300년 이전에 지어졌다는 사실을 밝혀냈다. 아르가우 지방에는 성채들이 필요했다. 비옥한 목초지가 펼쳐져 있고 알프스 산맥으로 이어지는 도로가 있어 주변의 적들이 호시탐탐 노리는 지역이었기 때문이다.[7]

전설에 의하면 어느 날 라트보트가 사냥을 나섰다가 평소 가장 아끼던 매를 잃어버렸다고 한다. 매를 찾아 헤매던 그는 아레 강 근처의 자기 소유지 가장자리에 이르렀고, 그곳에서 우연히 어느 암석 노출지를 발견했다. 그곳은 요새를 세우기에 이상적인 장소로 보였다. 라트보트는 그곳에 세운 요새를 하비히츠부르크Habichtsburg, 즉 매의 성

(매를 가리키는 고대 고지 독일어는 Habicht나 Habuh이다)이라고 불렀다. 하비히츠부르크(줄여서 합스부르크)는 그 요새의 이름이 되었고, 이후 세월이 흐르면서 라트보트의 상속자들이 기꺼이 쓰는 지명이 되었다. 몇 세기 뒤에도 라트보트의 매와 그 요새의 유래를 둘러싼 이야기는 사람들의 낭만적 상상력을 자극했다. 합스부르크 가문을 가장 먼저 다룬 영국의 역사학자 아치디컨 윌리엄 콕스1748-1828는 합스부르크 성의 모습에서 영감을 얻어 자신을 포로 로마노의 유적지를 조사하는 에드워드 기번에 비유했다.[8]

가파른 경사면 위의 합스부르크 성은 지금은 식당으로 탈바꿈했고 흉벽에는 파라솔이 늘어서 있지만, 여전히 눈길을 끈다. 하지만 라트보트의 매에 관한 이야기는 분명히 다른 곳에서 빌려온 것이다. 하비히츠부르크라는 이름이 처음 나타난 시기는 1080년대이다. 본래 하비히츠부르크는 매와 무관했을 것이고, 대신에 얕은 여울이나 항구를 가리키는 독일어인 Hafen과 관계가 있었을 것이다. 실제로 그 성은 아래 강을 건널 수 있는 지점 가까운 곳에 있었다. 더구나 초기에 하페히스부르크, 하픽스베르크, 하페스보르크 같은 다양한 이름으로 불린 "합스부르크"는, 합스부르크 가문이 좋아한 호칭 목록에서 언급된 몇몇 장소들 가운데 하나일 뿐이었다. 합스부르크 가문이 다른 곳에서 소유지를 늘리기 시작하자 합스부르크라는 이름은 호칭들의 목록에서 점점 밀려났고, 결국 이 가문의 다른 소유지와 영지에 가려지고 말았다. 합스부르크라는 이름은 조상의 뿌리를 기억하는 일이 유행하던 18세기가 되어서야 비로소 다시 나타났고, 실러의 유명한 역사 담시譚詩「합스부르크 백작」1803에 힘입어 널리 통용되었다. 그때까지 합스부르크라는 이름을 시종일관 썼던 가문은 잉글랜드 워릭셔 출신인 덴비의 백작들뿐이었다. 벼락출세한 그들은 가문의 명성을 높이고 싶은 욕심에 거창한 혈통을 날조하고 외국 가문의 이름을 도용했다.[9]

합스부르크 성은 "강도들의 소굴"이 아니라 요새 겸 주거지 용도로 만들어진 곳이었다. 본래 성의 중심부는 가로 18미터, 세로 13미터 이상의 직사각형 석조 아성이었다. 성벽의 기단부는 두께가 약 2미터였다. 이후 그 위에 4층짜리 주택이 들어섰는데, 그 주택은 북동쪽의 장방형 탑과 연결되었다. 12세기 말엽 아성과 탑이 기다란 측벽에 에워싸이자 안뜰이 생겼다. 그 무렵 아성 서쪽에 두 번째 탑이 건설되었고, 아성은 나중에 홀과 거주 구역이 딸린 복합 용도 건물의 핵심으로 자리 잡았다. 오늘날 관광객들이 찾는 곳은 비교적 최근에 만들어진 이 부분이고, 나머지 부분은 돌 더미로 이루어져 있다.

13세기 후반기에 합스부르크 가문은 그 성채를 포기했다. 남쪽으로 10킬로미터 떨어진 곳에 위치한 렌츠부르크가 더 좋았기 때문이다. 그들은 브루그에도 근거지를 마련했는데, 베르너의 증손자인 부유한 알브레히트[1199년 사망]는 그곳에 검은 탑(오늘날에도 남아 있다)을 세우고 나중에는 인근의 바덴에서 언덕 꼭대기에 성채(지금은 폐허로 남아 있다)를 지었다. 브루그와 바덴 둘 다 시장이 가까웠기 때문에 합스부르크 성보다 살기가 더 좋았다. 한편 합스부르크 성은 합스부르크 가문의 봉신들에게 양도되어 훗날 2개의 사각형 요새로 분리되었고, 결국 1415년에 베른 시 당국의 소유로 넘어갔다.

합스부르크 가문의 심장부는 아레 강과 리마트 강, 로이스 강의 합류점 주변 지역에 있었는데, 중세에도 3개의 강 모두 배를 타고 도달할 수 있었다. 그 지역은 스위스 내륙의 산악 지대와 평원의 저지대를 이어주는 교차점이기도 했다. 13세기 초엽에 알프스 산맥의 생고타르 고갯길이 열리자, 북부 이탈리아의 상인들은 루체른과 아르가우를 거쳐 샹파뉴와 플랑드르의 대규모 정기 시장으로 향했다. 합스부르크 가문은 양모와 옷감, 금속과 생선을 주요 품목으로 하던 그 교역에서 단물을 빨아먹는 통행료 징수소를 수십 개 가지고 있었다. 아르가우의 기름진 토지는 농사에도 적합했고, 들판을 일구는 농민들은 방앗간 및 목초지 이용료와 소작료를 현금과 현물로 합스부르크 가문에 지불했다. 14세기 초엽에 작성된 합스부르크 성 인근 어느 마을의 기록부에 따르면, "빈디슈의 소작인 2명은 해마다 소작료로 각각 호밀 1/2부셸씩 도합 1부셸을, 그리고 돼지 2마리(1마리는 8실링짜리, 다른 1마리는 7실링짜리), 새끼 양 2마리(각각 18페니짜리), 암탉 4마리, 달걀 40개를 내야 한다." (12페니는 1실링이고, 1부셸은 65파인트나 35리터이다.)[10]

아르가우에 있는 합스부르크 가문의 다른 사유지에 거주하는 농민들의 의무 중에는 초야권初夜權을 행사하지 않는 영주에게 3실링을 지불해야 한다는 항목도 있었다. 민족주의 역사학자들에게는 악역이 필요한 법인데, 스위스인들의 역사 서술에서는 전통적으로 합스부르크 가문이 그 역할을 맡았다. 스위스 역사학자들은 문제의 3실링을 과거에 스위스인들을 통치했던 합스부르크 가문의 영주들이 저급한 성관계 권리 대신에 부과한 꼴사나운 세금으로 취급했고, 훗날 이를 바탕으로 아주 많은 내용을 꾸며냈다. 그러나 초야권은 후대인들

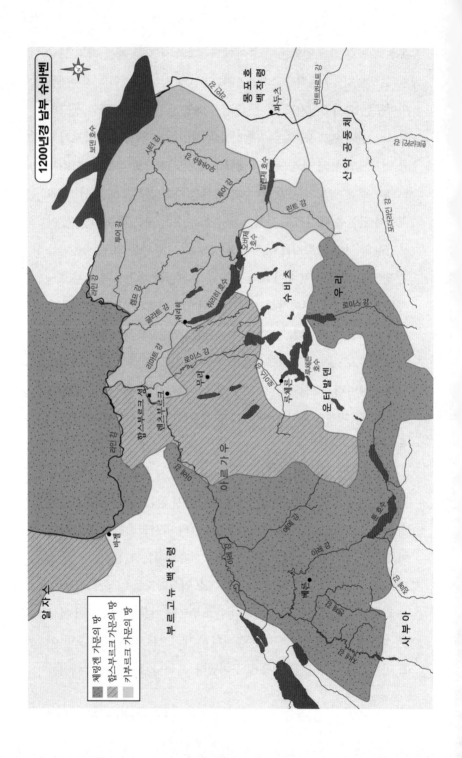

1200년경 남부 슈바벤

의 외설적인 날조의 결과물이다. 실제로 3실링은 결혼에 부과되는 세금이었을 뿐이고, 사육제의 종료를 알리는 사순절 선물과 다를 바 없었다. 그것은 스위스의 다른 지역들에서도 흔히 찾아볼 수 있었다. 사실 합스부르크 가문은 농민들에게 매우 적극적으로 의무를 부과하지는 않았다. 세월이 흐르면서는 여러 의무들이 사라지기도 했다. 따라서 빈디슈의 소작인들은 거의 부담을 느끼지 않았다.[11]

13세기에 이르러, 합스부르크 가문은 대부분 통행료, 특히 바덴과 브루그에 설치된 다리들에서 모은 요금으로 수입을 거두었다. 그밖의 수입원은 사법 행정이었다. 14세기에 작성된 합스부르크 가문의 재산 및 수입 기록부에서 흔히 가장 먼저 열거된 권리는 "벌금을 매기고 강제하고, 절도와 폭력을 심판할 수 있는 권리"였다. 벌금과 몰수 재산은 보통 영주의 몫이었기 때문에 이러한 권리는 중요한 재원이었다. 그렇게 확보한 재력을 통해서 합스부르크 가문은 다른 지주들의 복종을 이끌어냈다. 봉신이 되는 대가로 지주들은 성채를 하사받거나 성채를 지을 권리를 얻었고, 합스부르크 가문의 주군들을 대신해서 성채를 보유했다. 14세기에 합스부르크 가문은 보덴 호수에서 시작해 라인 강 서안과 알자스 지방에 이르기까지 마을과 장원, 농장이 딸린 성채를 약 30채 보유하고 있었다. 일부 역사학자들의 상상과 달리 합스부르크 가문은 결코 "가난한 백작들"이 아니었다.[12]

처음에 합스부르크 가문은 스위스 아르가우 지방의 여러 귀족 가문들 가운데 하나에 불과했다. 역사학자들은 일반적으로 합스부르크 가문이 정치적 요인 때문에 부상했다고 본다. 12세기에 합스부르크 가문은 슈타우펜 가문의 정적들에 맞서는 황제 로타르 3세재위

1125-1137를 지지했고, 그 대가로 로타르 3세는 합스부르크 가문에게 방백이라는 품격 있는 칭호뿐 아니라 남부 알자스의 여러 새로운 소유지도 하사했다. 이후 12세기 중엽에 합스부르크 가문은 슈타우펜 가문의 편에 섰다. 1167년, 경건한 베르너의 손자인 베르너 2세는 슈타우펜 가문의 황제 붉은 수염 프리드리히 1세재위 1155-1190를 위해서 싸우다가 로마 근처에서 사망했다. 베르너 2세의 아들인 부유한 알브레히트와 늙은 루돌프친절한 루돌프나 선한 루돌프로 불리기도 한다, 1232년 사망는 각각 슈타우펜 가문의 상속자들인 슈바벤의 필리프와 슈타우펜의 프리드리히를 지지했다. 훗날, 늙은 루돌프는 프리드리히에게 군자금을 지원했다. 프리드리히는 1211년에 신성 로마 제국의 권력을 잡았고, 이후 황제 프리드리히 2세로 등극했다. 그리고 보답이 따랐다. 늙은 루돌프는 슈타우펜 가문의 여인과 결혼했고, 프리드리히 2세는 늙은 루돌프의 손자의 대부가 되었으며, 신성 로마 제국 남서쪽 영토의 한 구역을 떼어주었다.

그러나 합스부르크 가문이 부상한 데에는 이른바 "포틴브라스 효과"의 영향이 더 컸다. 셰익스피어의 희곡 『햄릿Hamlet』의 마지막 장면에서 모든 주인공들이 죽어 쓰러져 있을 때, 노르웨이의 포틴브라스 왕자가 나타나 "어떤 기억의 권리"를 되새기며 빈 옥좌를 차지하려고 한다. 포틴브라스처럼 합스부르크 가문도 경쟁자들이 모두 죽은 뒤의 공백을 틈타서 득세했다. 12세기와 13세기에 그들은 주변의 귀족 가문들, 그러니까 오늘날의 스위스와 남서부 독일에 해당하는 지역의 귀족 가문들과 혼인관계를 맺었다. 그 가문들의 영향력이 약해지자 합스부르크 가문은 기억의 권리를 주장했고, 주인이 없는 렌츠부르크, 풀렌도르프, 홈부르크 등 여러 가문의 사유지를 모조리, 혹은 일부분 취득했다. 처음에는 렌츠부르크 가문의 상속 재산 가운데 일부분만을 인수했지만, 1170년대에는 토지를 취득하면서 백작 칭호도 함께 얻었다. 그전까지 합스부르크 가문 사람들은 단지 존칭으로서의 백작 칭호를 지녔을 뿐이었다.[13]

그러나 신성 로마 제국 남서쪽 영토의 일부분에 자리한 합스부르크 가문의 소유지가 가장 현저하게 넓어진 시기는 체링겐 가문과 키부르크 가문의 혈통이 각각 끊어진 1218년과 1264년이었다. 체링겐 가문은 슈타우펜 가문의 숙적이었는데, 슈바르츠발트에서 사부아에 이르는 그들의 영지는 실로 방대했다. 체링겐 가문의 마지막 공작 베르톨트 5세가 상속자 없이 세상을 떠나자 체링겐 가문의 소유지는 분할되었고, 그중 상당 부분은 키부르크 가문의 손에 넘어갔다. 이미 베르톨트 5세의 누이가 키부르크 가문의 남자와 결혼한 상태였기 때문이다. 그러나 1264년에 키부르크 가문도 남자의 씨가 말라버렸다. 취리히에서 보덴 호수에 이르는 세습 재산의 대부분을 차지한 사람은 늙은 루돌프의 손자인 합스부르크 가문의 루돌프 백작1218-1291이었다. 어머니가 키부르크 가문 출신인 그는 체링겐 가문의 토지와 키부르크 가문의 사유지를 획득했고, 1세기 전에 합스부르크 가문이 놓쳤던 렌츠부르크 가문의 상속 재산도 일부분 차지했다.

합스부르크 가문이 지닌 권력의 영토적 토대는 새로 취득한 토지 목록이 암시하는 것보다는 약했다. 그 가문의 소유지와 영지는 서로 이어지지 않고 교회의 토지, 다른 귀족 가문의 사유지, 그리고 여러 도시와 자유 촌락에 의해서 단절되어 있었다. 어떤 사유지는 담보로 잡혀 있었고, 또 어떤 사유지는 하인들과 관리들의 수입원으로 넘어갔다. 소작지와 그밖의 이용료를 받던 토지나 시설도 일시불을 대가로 임대되거나 처분되었다. 합스부르크 가문의 토지는 아주 작은 부분에도 복잡한 사정과 변경이 있었던 데다가 토지마다 주인이 따로 있었기 때문에, 일정하고 통일된 소유권을 떠올리기는 힘들다. 그렇지만 13세기 중엽에 합스부르크 가문은 슈바벤 공작령에서 가장 강력한 가문이었다. 그들의 사유지는 스트라스부르에서 보덴 호수까지, 아레 강에서 알프스 산맥의 울창한 계곡까지 뻗어 있었다. 다시 말해 그들의 영토는 오늘날의 동부 프랑스에서 오스트리아의 서쪽 국경까지, 그리고 북부 스위스까지 아울렀다. 훗날 늙은 루돌프의 손자인 루돌프 백작이 합스부르크 가문의 가장 야심만만한 사업, 즉 신성 로마 제국 자체를 차지하는 계획에 착수할 때의 기반은 바로 이 넓은 띠 모양의 영토였다.[14]

합스부르크 가문의 심장부는 운 좋게도 북부 이탈리아와 프랑스로 이어지는 여러 도로와 통행료 징수소를 아우르고 있었다. 합스부르크 가문은 정치적 동맹의 측면에서도 운이 좋았다. 그러나 초창기에 합스부르크 가문의 권력이 강해진 데에는 혈통의 지속성도 한몫했다. 프란츠 페르디난트의 혈통을 파고든 연구자가 깨달았듯이, 합스부르크 가문 사람들은 생존자들이었다. 그들은 대대로 상속자를 낳았다. 아들이 없을 때면 사촌과 조카가 대를 이었다. 그렇게 끈질기게 대를 잇다 보니 혼인관계를 맺은 가문의 대가 끊어질 때 그 재산을 차지할 기회가 생겼다. 이후 몇 세기를 거치는 동안에도 합스부르크 가문은 생물학적 행운과 또 다른 포틴브라스 효과의 순간을 만나게 되었다. 오스트리아의 시인 라이너 마리아 릴케1875-1926는 "생존이 전부인 때에 누가 승리를 이야기하는가?"라고 물었다. 초창기의 합스부르크 가문이 승리할 수 있었던 비결은 바로 생존이었다.

제2장

신성 로마 제국과 황금의 왕

1184년, 붉은 수염 프리드리히 1세 황제는 라인 강을 왕래하는 사람들에게 세금을 더 부과할 목적으로 카이저스베르트에 통행료 징수용 탑을 세웠다. 그는 그 탑에 다음과 같은 비문을 남겼다. "황제 프리드리히가 만인에게 평화를 안겨주고 정의를 베풀고자 제국의 이 멋진 구경거리를 만들었노라." 현대인이라면 그렇게 오만한 느낌을 풍기며 세금을 부과하려는 태도를 비웃겠지만, 프리드리히 1세가 남긴 비문은 당대인들이 신성 로마 제국을 바라본 시각과 관련해서 시사하는 바가 크다. 신성 로마 제국은 결코 통일된 왕국으로 생각되지 않았고, 나름의 "권리와 자유"를 지닌 채 독자적인 성격을 띠어가는 영토들과 도시들의 연합으로 여겨졌다. 제국은 당대의 정의에 따라서 "각자 받아야 할 몫을 받도록" 권리와 자유를 보호하는 기제와 맥락을 제공하기 위해서 존재했다. 공정한 통치자가 공정하게 거두는 통행료는 그가 장려하리라고 기대되는 질서정연함을 확대했다. 파렴치한

영주들이 거두는 불법 통행료가 개탄의 대상이듯, 공정한 통행료는 찬양의 대상이었다.[1]

문제는 신성 로마 제국에 각 영토 및 도시의 권리와 자유를 지켜줄 정부가 없다는 점이었다. 제국에는 중앙 행정 기관이 없었고, 정기적인 세입도 없었으며, 수도도, 통치자가 위임한 법을 집행하는 법원의 위계 구조도 없었다. 권력의 향방은 대영주들과 대제후들에게 달려 있었는데, "로마인의 왕"을 군주로 선출하는 사람들이 바로 그들이었다. 군주는 교황에게서 황제의 관을 받아야만 황제가 되었다. 이른바 "궁정 의회"에 간헐적으로 모인 영주들과 성직자들, 도시의 대표자들은 좀처럼 합의에 이르지 못했다. 그들은 여전히 통치자의 지도력을 기대했지만, 통치자에게는 강제력이 없었다. 통치자는 상대방을 설득하기 위해서 자주 양보해야 했고, 얼마 남지 않은 영향력마저 조금씩 갉아먹는 타협을 해야 했다. 13세기 말엽의 어느 생생한 기록에서, 황제는 더 이상 문장紋章에 새겨진 독수리가 아니라 썩은 나무 위의 딱따구리로 묘사되었다.[2]

해법은 통치자가 공권력을 행사할 목적으로 사유재산을 축적하는 것이었다. 역사학자들은 여전히 그 해법을 비판하면서, 역대 황제들이 사적 권력의 기반을 마련하고 그보다 더 폭넓은 필요들을 무시했음을 지적한다. 하지만 슈타우펜 가문의 통치자들이 영향력을 행사할 수 있었던 비결은 붉은 수염 프리드리히 1세를 필두로 하는 황제들이 슈바벤에서 그토록 방대한 소유지를 확보했다는 데에 있다. 슈타우펜 가문 혈통의 황제들은 이에 더해 이탈리아에서도 족적을 남기고 싶어했고, 그곳에서 영토적 기반을 마련하고자 했다. 그 결과 그들은 교황들, 그리고 풍요로운 이탈리아의 부를 탐내는 경쟁자들과 싸워야 했다. 황제로서 보낸 마지막 10여 년 동안, 붉은 수염 프리드리히 1세의 손자인 프리드리히 2세는 교황에게 일단 파문되었다가 나중에 폐위되었다. 프리드리히 2세가 1250년에 세상을 떠난 이후 20년 동안, 그의 아들과 서자인 그의 상속자, 그의 맏손자는 모두 이탈리아에서 죽었고, 특히 그의 맏손자는 나폴리 광장의 단두대에서 참수되었다.

1250년부터 1273년까지 이어진 대공위 시대독일 국왕 겸 신성 로마 제국의 황제가 추대되지 않아 황제직이 공석으로 남아 있던 기간/역주에는 정부 비슷한 것이 모두 사라져버렸다. 누가 프리드리히 2세를 계승해야 하는지 합의가 이루어지지 않았기 때문에 가망 없는 외부인들이 억지로 끼어들었다. 가장 최근에 그의 전기를 쓴 작가조차 이유를 충분히 설명하지 못하지만, 어쨌든 스페인의 알폰소 10세가 제국의 통치자를 자처했다. 그러나 그는 결코 제국을 몸소 방문하지 않았다. 1257년에 왕으로 선택을 받은 사람은 알폰소 10세의 경쟁자이자, 3명의 대주교와 10여명의 평신도 영주들에게서 폭넓은 지지를 받던 콘월의 리처드(잉글랜드의 존 왕의 작은 아들)였다. 그러나 그의 관심사는 시칠리아에 대한 잉글랜드의 근거 없는 권리를 실현하기 위해서 슈타우펜 가문의 마지막 후손의 의표를 찌르는 데에 있었다. 리처드는 제국을 네 차례 방문하여 일정한 성과를 올렸지만, 항구적인 족적을 남기기에는 방문 기간이 너무 짧았다.[3]

프리드리히 2세가 1250년에 세상을 떠나자 슈바벤에 있는 슈타우펜 가문의 토지와 집무실, 수입원들이 대대적으로 파괴되었다. 슈타우펜 가문은 외부인들에게 영지를 침입당했고, 심지어 자기 가문의 통치자들이 가문의 일원이 아니라 황제로서 보유했던 황실 토지도 빼앗겼다. 그나마 남은 토지들도 프리드리히 2세의 상속자들이 압력에 못 이겨 종종 외부인들에게 넘겨주었다. 약탈이 있고 얼마 지나지 않아 전리품을 둘러싼 다툼이 일어나면서 반목이 찾아왔다. 치열한 난투의 와중에 그동안 슈타우펜 가문의 세습 재산이었던 적이 없는 재산들의 주인이 바뀌었고, 불법 통행료가 징수되었으며, 여러 소규모 지주들이 토지를 빼앗겼다. 1270년경의 어느 연대기 작가는 "재앙의 날이 다가오고, 악이 득세하고 있다"라고 썼다. 약탈을 당한 농촌 곳곳에서, 신의 격노를 달래고자 자신을 채찍질하고 오래되고 이단적인 말들을 복창하는 참회자들의 행렬이 지나갔다.[4]

슈타우펜 가문의 몰락으로 가장 큰 혜택을 챙긴 인물들 중에는 합스부르크 가문의 루돌프 백작이 있었다. 늙은 루돌프의 손자인 루돌프 백작은 1239년에 아버지인 현명한 알브레히트가 세상을 떠나면서 합스부르크 가문의 주요 토지들을 물려받았다. 그는 적법성의 탈을 쓴 채 많은 재산을 차지했고, 프리드리히 2세의 상속자들을 설득해서 토지와 수입원, 권리를 나누어 받았다. 게다가 키부르크 가문의 마지막 후손이 사망한 뒤에는 그의 아내가 결혼할 당시 가져왔던 지참금까지 빼앗으려고 권위의 붕괴라는 상황을 이용했다. 루돌프는 탐욕 때문에 적들이 생겼고, 경쟁자들과 무려 8건의 싸움에 휘말렸다. 싸움을 멈춘 날과 약자를 향한 적절한 배려에서 짐작할 수 있듯이 싸움은 예절을 지키며 치러야 했지만, 본인도 인정했듯이 루돌프는 만족을 모르는 전사였다. 당대의『바젤 연대기*Basler Annalen*』에는 그의 싸움 행각에 관한 실마리가 담겨 있다. 1269년, 그는 스트라스부르에서 기사 몇 명을 죽였다. 1270년에는 바젤을 3일간 포위했다. 1271년에는 전례 없는 액수의 세금을 거두었고, 수도원을 잿더미로 만들었으며, 여러 마을을 강탈했다. 1272년에는 티펜슈타인 성을 파괴했고, 프라이부르크로 행군하는 길에 농작물을 망치고 불태웠다. 1273년에는 클링겐이라는 마을을 쑥대밭으로 만들었다.[5]

1272년에 콘월의 리처드가 세상을 떠나자 선제후들은 다시 모여 최소한의 질서 회복을 고려할 기회를 얻었다. 리처드는 1257년에 사람들이 많이 모인 가운데 군주로 선출되었지만, 이번에는 반드시 7명의 선제후가 군주를 선출해야 한다는 것이 중론이었다. 그러나 누가 선제후가 되어야 할지는 불투명했다. 교황 그레고리우스 10세로부터 강한 압박을 받은 제국의 주요 영주들은 투표가 만장일치로 이루어져야 한다는 데에 미리 합의했다. 표가 갈리면 내전에 휩싸일 우려가 있었기 때문이다. 문제는 황위에 오를 만한 확실한 후보가 없다는 점이었다.

당시 신성 로마 제국에서 가장 막강한 제후는 보헤미아의 왕 오타카르 2세[1232?-1278]였다. 그는 신성 로마 제국의 통치자가 되고자 했고, 보헤미아는 제국의 일부분이었기 때문에 차기 로마인의 왕을 뽑는 투표에 자신이 참여해야 한다고 생각했다. 그러나 오타카르를 불신하는 사람들이 많았고, 그들은 오타카르가 슬라브계 혈통이라는 점을 결격 사유로 들었다. 따라서 바이에른 공작이 오타카르 대신 선제후가 되었다. 다른 대영주들은 옥좌에 그다지 관심이 없었다. 2세기가 넘는 세월 동안 주권자의 자리는 슈바벤 공작령과 그 근처에 있는 프랑코니아 공작령의 정치적 책략에 좌우되었다. 이제 슈바벤 공작령과 프랑코니아 공작령이 황실의 문제를 해결한다고 여겨질 정도였다. 브란덴부르크 공작령과 작센 공작령은 권력의 심장부로부터 멀리 떨어져 있었고, 그 두 공작령의 통치자들은 각자의 문제와 동쪽으로의 영토 확장에 몰두하고 있었다. 바이에른의 비텔스바흐 가문 공작들과 팔츠의 비텔스바흐 가문 공작들은 형제 지간이었지만, 서로의 일을 방해할 만큼 사이가 나빴다.[6]

따라서 선제후들 중에는 만장일치에 관심이 있거나 만장일치를 이끄는 데에 필요한 지지를 확보한 사람이 아무도 없었다. 합스부르크 가문의 루돌프가 그 틈을 파고들었다. 그의 관심사는 바로 연관성, 즉 합스부르크 가문이 이미 진출한 신성 로마 제국의 남서쪽 영토와 황위 사이의 연관성이었다. 연관성이 있으면 다른 후보들을 단념시킬 수 있었기 때문이다. 그러나 그의 야심에는 단순히 영토를 활용하는 정치적 책략을 뛰어넘는 요소가 있었다. 루돌프는 황제 프리드리히 2세의 대자代子인 자신을 다음 황제로 생각했다. 프리드리히 2세의 모든 상속자들이 이미 죽고 없었기 때문이다. 더구나 그는 슈타우펜 가문 통치자들의 고향인 슈바벤에서 가장 강력한 영주였고, 그러므로 황위를 승계할 자격을 갖춘 유일한 인물이었다. 따라서 그는 국외자가 아니라 "연속성 있는 후보"였다.[7]

선제후들의 입장에서 볼 때 루돌프는 훌륭한 선택이었다. 그는 이미 55세였기 때문에 장기적인 위협으로 작용할 우려가 크지 않았다. 이전에 슈타우펜 가문의 토지를 가로챈 전과가 있는 루돌프가 다른 대영주들이 차지한 땅을 돌려달라고 요구할 것 같지는 않았다. 냉소적 고려를 차치하더라도 루돌프는 정말 그렇게 보였다. 그는 키가 컸고(어느 기록에 따르면 그는 키가 7피트213센티미터였는데, 당시 독일의 1피트는 영국의 1피트30.48센티미터보다 약간 더 길었다), 외모가 독특했다. 그를 조롱하는 어느 농담에 의하면 그의 코는 사람들의 통행을 방해할 정도로 길었다고 한다. 게다가 대다수의 제후들이 말로만 십자군에 가담했을 때 루돌프는 실제로 십자군에 참여했고, 과거에 수녀원을 불태운 데에 대한 참회의 차원이기는 했어도 1250년대에는 발트 해 연안의 요새에서 이교도들인 프로이센인들과 싸웠다. 루돌프는 1273년 9월 29일에 아헨에서 군주로 선출되었고, 그다음 달에 열린 대관식에서 왕관을 썼다.[8]

당대인들은 루돌프의 재치와 용기, 신심에 관한 일화를 수십 편 남겼다. 틀림없이 그중 다수는 루돌프를 선전할 목적에서 만들어졌겠지만, 그 일화들에서는 루돌프의 부하들이 남긴 "먹고 마실 때, 그리고 매사에 절도를 지킨다"라는 표현과 정반대인 그의 활발한 성격을 엿볼 수 있다. 하지만 그가 전투와 약탈을 통해서 배운 가장 값진 교훈은 인내와 전략이 필요하다는 것이었고, 따라서 그가 체스를 즐겼다는 사실은 우연이 아닐 것이다. 아헨에서 대관식을 치른 직후 루돌프가 행한 연설은 꾸며낸 겸손의 걸작이었다. "오늘, 나는 내게 가해진 모든 잘못을 용서하고, 내 감옥에서 고생하는 죄수들을 풀어주고, 지금까지 만족을 모르는 전사였듯이 앞으로는 이 땅에서 평화의 수호자가 될 것을 약속하노라."[9]

그때까지 루돌프는 왕에 불과했다. 황제가 되려면 로마에서 교황에게 황제의 관을 받아야 했다. 그런데도 루돌프는 "우리와 제국"이라는 고상한 표현을 썼고, 19세기까지 통치자 호칭의 일부분을 차지할 문구인 "제국의 영원한 영토 확장자"를 자신의 칭호에 추가했다. 루돌프는 대관식 연설의 내용을 대부분 실천하기도 했다. 자신에게 유리한 조건이기는 했어도 경쟁자들과의 불화를 청산했고, 라인 강 유역의 산적 소굴을 소탕하기 위해서 라인란트 지역의 도시들과 동맹을 맺었다. 19세기의 고딕 복고 양식으로 일부분 개축되었지만, 오늘날 뤼데스하임 인근의 조네크 성의 유적지에는 그가 회복한 질서의 흔적이 남아 있다. 루돌프가 라이헨슈타인 근처의 도적 기사들을 교수형에 처한 뒤, 교수대에 쓰인 나무를 재활용해서 예배당을 세우고 그들의 영혼을 달래는 미사를 올렸다는 전설도 내려온다.[10]

루돌프가 질서를 확립하고자 행정 조직을 재편했다는 점도 중요했다. 과거에 많은 통치자들도 모든 폭력을 금지하는 "땅의 평화"를 선포했고, 모든 위반 행위에 대한 가혹한 처벌을 규정해놓았다. 하지만 위반 행위를 단속할 수 있는 적합한 체제를 확립한 통치자들은 드물었고, 얼마 지나지 않아서 다시 싸움과 "주먹의 법칙"이 횡행했다. 반면 루돌프는 군사적 수단으로 질서를 유지할 책임이 있는 "땅의 수호자", 즉 란트포크트Landvogt를 임명함으로써 땅의 평화를 꾀했다. 1274년, 루돌프는 란트포크트들에게 현금을 지급하기 위해서 제국의 모든 도시에 일반세를 부과했고, 그로부터 8년 뒤에 다시 동일한 조치를 시행했다. 제국은 여러 지역들로 나뉘어 있었고, 각 지역에는 해당 지역의 평화를 유지할 책임이 있었다. 제국을 여러 지역들로 분할한 그 조치는, 1500년부터 19세기까지 지속될 사법 제도와 "제국 관구" 체계의 예고편이었다.[11]

란트포크트에게는 질서를 유지할 뿐만 아니라 1245년 이후에 넘어간 황실의 토지를 되찾을 책임도 있었다. 무력으로 뒷받침된 그 정책은 슈바벤과 인근의 프랑코니아에서 어느 정도 성공적으로 이행되었다. 그렇게 되찾은 땅은 곧장 루돌프의 차지가 되었다. 국왕인 그가 합법적인 소유자로 여겨졌기 때문이다. 하지만 루돌프는 자신의 사유지로 합병한 황실 토지를 포기하지도, 불법적으로 빼앗은 다른 영토를 양도하지도 않았다. 그렇다고 바이에른의 비텔스바흐 가문 공작들과 팔츠의 비텔스바흐 가문 공작들이 차지한 소유지를 게워내도록 강요하지도 않았다. 굳이 그들과 척질 필요가 없다고 판단했기 때문이다.[12]

잃어버린 황실 토지를 되찾는 정책은 법적 권리와 자격의 영역으로 확대되었다. 보헤미아의 왕 오타카르 2세보다 법적 권리와 자격을 심하게 위반한 사람은 없었다. 분명히 그는 보헤미아 왕좌의 상속자였지만, 1246년에 바벤베르크 가문의 마지막 후손인 오스트리아 공작 프리드리히 2세가 사망하자 주인이 없어진 오스트리아 공작령까지 차지해버렸다. 오타카르는 오스트리아의 귀족들이 자신을 초대했음을 근거로 권리를 주장했고, 오스트리아 공작령에서 상당한 지지를 얻은 듯하다. 오타카르는 통치권을 강화하기 위해서 프리드리히 공작의 누이인 마르가레테와 결혼했다. 마르가레테는 결혼을 한 적이 있는 여인이었다. 그녀는 예전에 황제 프리드리히 2세의 아들 하인리히 7세와 결혼했고 남편이 죽자 수녀가 되었지만, 오스트리아 공작령에 대한 권리를 주장하기 위해서 수도원 생활을 포기한 바 있었다. 거의 50세에 가까운 그녀는 오타카르보다 약 30년을 더 살았다. 두 사

람 사이에서 상속자가 태어날 수 없으리라는 문제 말고도 오타카르
는 또 다른 어려움을 안고 있었다. 제국의 봉토인 오스트리아는 바벤
베르크 가문의 혈통이 끊어졌을 때 다시 통치자의 수중으로 돌아가
야 했고, 통치자가 선택하는 사람에게 할당되어야 했다. 오스트리아
공작령 귀족들의 지지를 이끌어내고 마르가레테와 결혼까지 했지만,
오타카르는 오스트리아 공작령을 차지하지 못했다.

이후 수십 년 동안, 오타카르는 과거에 헝가리의 왕이 차지했던 슈
타이어마르크로, 인근의 케른텐 공작령과 크라인 공작령으로 통치권
을 확대했다. 그는 케른텐 공작령과 크라인 공작령에 대한 상속권을
주장했지만, 근거는 불분명했다. 1253년, 아버지가 세상을 떠나면서
오타카르는 보헤미아의 왕이 되었다. 하지만 바벤베르크 가문의 상
속 문제는 여전히 해결되지 않은 상태였다. 1262년에 콘월의 리처드
가 오타카르를 합법적인 상속자로 인정했지만 리처드의 통치권에 대
한 이의가 제기되었고, 그의 미약한 영향력조차 1269년에 그가 잉글
랜드로 완전히 떠난 뒤 사라지고 말았다. 더구나 오타카르는 결혼한
지 몇 년 뒤에 마르가레테를 버리고 16세의 헝가리 왕녀 쿠니군다를
아내로 맞이했다. 관능적인 쿠니군다는 오타카르가 바라던 상속자를
안겨주었지만, 오스트리아에 대한 그의 권리를 실현하는 데에는 아
무런 가치가 없었다.

오타카르는 찬탈자일 뿐만 아니라 위험한 인물이기도 했다. 영토
의 측면에서 볼 때, 그는 제국에서 가장 주목할 만한 인물이었다. 그
는 제국의 동쪽에 펼쳐진 광활한 땅덩어리를 다스렸고, 엄청난 재산
을 보유했다. 오타카르의 재산은 대부분 보헤미아의 여러 광산과 그

가 소유한 화폐 주조소에서 비롯되었다. 당대의 기록에 의하면, 그의 재산은 동전과 접시, 그리고 보석으로 뒤덮인 손잡이 없는 술잔의 형태로 네 곳의 튼튼한 성채에 쌓여 있었는데, 액수로 치면 무려 20만 마르크 은화와 800마르크 금화에 이르렀다. 오타카르가 보헤미아에서 해마다 거둬들인 수입은 약 10만 마르크 은화로 추산된다. 그는 오스트리아 영지에서도 10만 마르크 은화에 맞먹는 수입을 올렸을 것이다. 비교하자면, 당시 쾰른 대주교의 총수입은 5만 마르크 은화였고, 바이에른 공작의 총수입은 2만 마르크 은화였다. 그 무렵 황실의 총수입은 7,000마르크 은화에 불과했다. 가짜 동전 5실링밖에 없어서 굳이 재무관을 고용할 필요가 없다는 루돌프의 유명한 말도, 그리고 오타카르를 "황금의 왕"으로 묘사한 당대의 기록도 전혀 근거가 없지는 않았다.[13]

루돌프가 그랬듯이 오타카르도 십자군에 가담했고(그것도 한 번이 아니라 두 번), 북쪽의 튜턴 기사단은 발트 해 연안에 도시를 짓는 데에 기여한 그의 공적을 기리기 위해서 그 도시를 쾨니히스베르크("왕의 산"이라는 뜻으로, 오늘날의 러시아 도시인 칼리닌그라드)라고 불렀다. 오타카르가 보기에 루돌프는 국왕이라는 칭호에 어울리지 않는 보잘것없는 자였고, 실제로 교황에게 주저 없이 그렇게 말하기도 했다. 그는 루돌프가 왕으로 선출되는 데에 반대했고, 자신이 투표에 참여할 기회가 차단되었다는 이유를 내세우며 루돌프의 국왕 선출 과정이 불법이라고 계속 주장했다. 또한 서신 양식에서 황제의 필체를 모방하고 황실 문장의 독수리를 자신의 것인 양 쓰면서 공공연하게 야심을 드러냈다. 보헤미아 역시 오스트리아처럼 제국의 봉토였지만, 오타카르는 그 점을 무시했다. 그는 자신이 통치자의 권력이 아니라 "왕들이 다스리고 제후들이 통치하도록 하는 신의 은총에 따른" 권력을 가지고 있다고 선언했다.[14]

루돌프는 오타카르의 의표를 찔렀다. 그는 딸들을 적들과 결혼시켜 적들과 화해했다. 그러고도 결혼시키지 않은 딸이 6명이나 더 있었다. 그는 오타카르의 행동이 자신에 대한 모욕이 아니라 신성 로마 제국의 위엄에 대한 모욕으로 보이도록 유도하기도 했다. 왕으로 뽑힌 직후, 루돌프는 제국 소유의 땅을 차지하고 있는 오타카르를 규탄하도록 궁정 의회를 설득했다. 의회의 결정을 따르지 않은 오타카르는 법적 보호를 받을 수 없게 되었다. 당대의 기록에 의하면 그는 법적 보호 범위 밖의 존재로, 즉 아무에게도 보살핌을 받지 못하고, 어쩔 수 없이 숲에서 살아야 하며, 심지어 마음대로 죽여도 되는 포겔프라이Vogelfrei 신세로 전락했다. 방점을 찍기 위해서 마인츠의 대주교는 오타카르를 파문했고, 그를 향한 신민들의 충성 서약을 면제했으며, 보헤미아에서의 성사聖事 의식을 금지했다. 오타카르의 왕국 곳곳에서는 종교 생활이 중단되었다.[15]

루돌프는 동맹의 수를 늘렸다. 그러고는 교황도 황금의 왕을 파문했다는, 오타카르가 열 살 먹은 자신의 딸이 루돌프의 아들과 결혼하지 못하도록 강제로 수녀원에 보냈다는, 그리고 어느 은둔자의 꿈에 나타난 스핑크스가 오타카르의 임박한 패배를 예언했다는 내용의 소문을 퍼트리며 때를 기다렸다. 1276년 늦여름, 루돌프는 급기야 도나우 강을 따라 내려가며 공격을 개시했다. 보헤미아로 곧장 쳐들어오리라는 오타카르의 예상과는 다른 움직임이었다. 왕국 내부에서 반란이 일어난 데다가 이미 적들이 빈을 장악한 상태였기 때문에 오타카르는 항복할 수밖에 없었다. 당대의 어느 연대기에는 눈부시게 화려한 옷을 입고 있던 오타카르가 어떻게 루돌프에게 굴복했는지가 묘사되어 있다. 루돌프는 싸구려 옷을 입은 채 황금의 왕을 맞이하는 자리에서 "내 회색 망토를 비웃었으니 지금도 비웃도록 내버려둬라!"라고 말했다. 오타카르는 등받이 없는 의자에 앉은 루돌프 앞에 엎드렸고, 보헤미아 왕국을 봉토로 돌려받았다. 그러나 이미 루돌프가 차지한 오스트리아 영지는 되찾지 못했다.[16]

초라한 차림새의 적 앞에서 자신을 낮추는 막강하고 복장이 화려한 왕의 모습은 루돌프의 겸손함을 보여주기 위한 중세의 수사적 도구이다. 그러나 분명히 오타카르는 루돌프와의 신의를 지킬 생각이 없었다. 보헤미아로 돌아온 뒤, 그는 루돌프의 옛 동맹들을 매수하고 합스부르크 가문의 오스트리아 통치에 대한 불만을 조장하려고 재산을 털어넣었다. 1278년 여름, 전투가 다시 시작되었다. 루돌프가 이끄는 군대의 주력은 헝가리에서 확보한 병력이었다. 양쪽 군대는 빈으로부터 북동쪽으로 40킬로미터 떨어진 뒤른크루트에서 만났다. 루돌프의 병사들은 약 1만 명으로 수적으로 우세했지만, 대다수가 경기병과 보병이었다. 그래서 루돌프는 속임수를 썼다. 싸움터에서 계략을 펴는 행위를 치욕으로 여기는 기병의 전통을 깨고 수백 명의 무장 기사들로 구성된 예비대를 숨겨둔 것이다. 예비대는 결정적인 순간에 적군의 측면으로 돌진하여 오타카르의 군대를 격파하고 보헤미아의 왕인 오타카르를 사살했다. 루돌프의 병사들은 오타카르의 화려한 갑옷을 벗겨 시체를 난도질하며 그를 욕보였다.

오타카르를 참칭하는 자가 나타나지 않도록 하기 위해서 루돌프는 그의 유해에서 내장을 꺼내 부패를 늦추도록 했다. 오타카르의 시체는 6개월이 넘게 빈의 거리에서 구경거리가 되었다. 이듬해인 1279년 그의 시신은 보헤미아로 운반되었고, 마침내 프라하의 성 비투스 대성당에 매장되어 오늘날까지 그곳에 남아 있다. 오타카르의 시신은 14세기에 만든 그의 제웅 아래에 안치되어 있는데, 그 제웅은 독일의 예술사가들 사이에서 "살아 있는 듯한 덩어리Dumpf-Erregt"라는 은어로 통한다. 그러나 루돌프는 보헤미아 왕국의 영지를 혼란의 덫으로 여겨 차지하지 않았고, 대신 그때까지 결혼하지 않은 마지막 딸을 오타카르의 아들 겸 상속자인 바츨라프 2세와 결혼시켰다.[17]

그때부터 1291년까지 이어진 루돌프의 치세는 실패로 점철되었다. 그는 교황에게서 황제의 관을 받지 못했고, 국왕 칭호에 머물렀다. 모든 전임자들과 마찬가지로 그 역시 신성 로마 제국에서 세습 군주제를 확립하지 못했다. 대신 혼인관계를 통해서 자기 가문의 편이 되었다고 여겨지는 제후들로 선거인단을 채우는 데에 만족해야 했다. 상속자들을 위해서 슈바벤 공작령을 재건하려던 시도 역시 물거품이 되었다. 여러 원인들이 있었지만, 4명의 아들 중 1명을 빼고 모두 그보다 먼저 죽었다는 사실이 가장 컸다.[18]

14세기 초엽에 단테가 쓴 『신곡La Comedia』의 연옥편에서, 루돌프와 오타카르는 세속의 영광에 빠져 자신의 영혼을 외면한 군주들이 모여 있는 "태만한 제후들의 계곡"에 머문다. 그곳에서 오타카르는 루돌프를 위로한다. 하지만 루돌프와 황금의 왕 사이의 대충돌은 두 사람의 운명보다 더 많은 것을 결정했다. 오스트리아 영지를 획득한 루돌프는 중앙 유럽의 대부분을 차지하게 되었고, 그 결과 합스부르크 가문의 운명을 바꾸었다. 슈바벤의 가문 영지에 추가할 땅을 동쪽에서 확보한 합스부르크 가문은 사적 자원을 공적 권력으로 전환하고 통치 수단을 제공하면서 신성 로마 제국을 탈바꿈시킬 채비를 갖춘 듯했다. 하지만 그것은 신성 로마 제국과 합스부르크 가문 모두에게 헛된 꿈이었다.[19]

제3장

입지 상실과 과거 날조

합스부르크 가문은 14세기를 주름잡았어야 했다. 중앙 유럽 도처에서 왕들과 제후들의 혈통이 위기를 맞았기 때문이다. 1301년, 헝가리의 아르파드 가문의 혈통이 끊어졌다. 5년 뒤에는 오타카르 2세가 속한 보헤미아의 프르셰미슬 가문이 종말을 맞았다. 1320년에는 브란덴부르크의 아스카니에 가문의 마지막 변경백이 사망했다. 그러나 합스부르크 가문은 다른 가문의 생물학적 불행에 따른 이익을 챙기는커녕 오히려 신성 로마 제국에서 누리고 있던 관직에서 밀려나고 명성도 잃었다. 적어도 잠시 동안은 바이에른의 비텔스바흐 가문의 통치자들과 새로 등장한 보헤미아의 룩셈부르크 가문의 왕들이 득세할 듯했다.

1291년에 세상을 떠난 루돌프는 슈타우펜 왕가의 전임 황제들이 묻혀 있는 슈파이어 대성당의 지하실에 매장되었다. 그러나 선제후들은 합스부르크 가문이 슈타우펜 가문을 대신하지도, 신성 로마 제국을 자기들 것으로 삼지도 말아야 한다고 생각했다. 그들은 처음에는 루돌프의 아들이자 상속자인 알브레히트1255-1308가 왕위를 계승하지 못하도록 하려고 힘을 모았다. 그러자 알브레히트는 자신의 편인 몇 명의 제후들을 시켜 꼭두각시 후보인 테크의 콘라트를 왕으로 선출하도록 했다. 왕으로 뽑힌 지 48시간 만에 콘라트는 익명의 암살자에 의해서 해골이 쪼개진 채 사망했다. 이후 콘라트와 알브레히트의 경쟁자인 나사우의 아돌프가 왕이 되었다. 선제후들 대부분은 아돌프를 지지했다. 자기 소유의 땅이 없는 아돌프를 위협적인 존재로 여기지 않았기 때문이다. 그러나 아돌프는 일단 권좌에 오르자 야심을 드러냈다. 선제후들은 알브레히트에게 도움을 구했다. 알브레히트는 아돌프와의 싸움에서 이겼고, 결국 그를 죽였다. 1298년, 선제후들은 알브레히트를 왕으로 선출했다.[1]

지금까지 역사학자들은 알브레히트 1세를 부정적으로 평가해왔다. 그의 적들이 퍼트린 다음과 같은 허위 주장을 너무 쉽게 받아들였기 때문이다. 그는 "눈이 하나밖에 없고, 구역질 나는 용모를 지녔으며, 촌스러운 사람······남에게 돈을 쓸 줄 모르고, 여러 명의 자녀들 외에는 제국에 아무것도 베풀지 않은 구두쇠"였다. 확실히, 알브레히트는 한쪽 눈을 잃었다. 1295년에 질병을 독극물 중독으로 오인한 의사들이 독을 빼내겠다며 그를 천장에 거꾸로 매달았는데, 두개골에 압력이 쏠려서 눈알 하나가 빠져나오고 만 것이다. 알브레히트는 무려 21명의 자녀를 두었고, 그 가운데 11명이 유년기를 넘기고 살아남았다. 이후 그의 자녀들은 프랑스, 아라곤, 헝가리, 폴란드, 보헤미아, 사부아, 로트링겐 등지의 왕가나 제후 가문으로 장가나 시집을 갔고, 그것

은 알브레히트의 위신과 그가 이끄는 가문의 품격을 가리키는 지표였다.[2]

아버지와 마찬가지로 알브레히트 역시 로마에서 황제의 관을 받고자 애를 썼다. 교황 보니파키우스 8세는 오만한 태도로 알브레히트의 사절단을 맞이했고, 황제 칭호를 내리는 것이 자신의 권한이라고 선언했다. 220개의 귀금속이 박힌 커다랗고 무거운 황금관을 쓴 채 성베드로 옥좌에 앉은 교황 보니파키우스는 "짐은 로마인의 왕이고, 짐은 황제이다"라고 자랑스럽게 말했다. 그러나 알브레히트를 파멸로 이끈 것은 교황이 아니라 가족 간의 불화였다. 루돌프 왕은 작은아들 루돌프에게 알브레히트에 맞먹는 규모의 재산과 권리를 물려주겠다고 말해놓고 약속을 지키지 않았다. 작은아들 루돌프의 상속자인 요한은 "땅 없는 공작"이라는 조롱에 시달렸고, 자기 몫의 세습 재산을 달라고 간청했다. 그러나 알브레히트는 물려받은 칭호와 재산을 조카가 아니라 자식들에게 물려주려고 했다. 1308년 5월 1일, 요한은 기사 몇 명과 함께 알브레히트를 습격해 살해했다. 그 무의미한 짓 때문에 요한은 피사의 어느 수도원에 평생 유폐되었고, "파리키다Parricida : 존속 살해자"라는 꼬리표를 달았다.[3]

알브레히트가 사망하자, 선제후들은 룩셈부르크 가문의 하인리히를 선택했다. 십수 년 전에 나사우의 아돌프를 왕으로 뽑았을 때와 같은 목적, 즉 그들의 이익을 위협할 만큼의 힘이 없는 통치자를 선택함으로써 합스부르크 가문의 권력 승계를 방지하기 위함이었다. 그러나 아돌프처럼 하인리히도 곧장 나름의 권력 기반을 마련하는 작업에 착수했고, 아들을 통해서 보헤미아의 왕관을 차지했다하인리히는 아들 요한(체코어 이름 얀)을 보헤미아의 국왕으로 즉위하게 하여 룩셈부르크 가문이 보헤미아 왕위를 겸하게 만들었다/역자. 1312년에 하인리히는 교황에게서 황제의 관을 받기 위해서 로마로 향했다. 국왕의 그 같은 처신은 약 1세기 만에 처음 있는 일이었다. 그러나 하인리히는 이듬해에 말라리아에 걸려 사망했다. 그 무렵 독일의 연대기 작가들은 통치자들이 살해되는 경우가 워낙 많았기 때문에 하인리히가 교황의 지시로 독을 탄 영성체용 포도주를 마시고 살해되었다고 썼다.[4]

1314년, 프랑크푸르트에 모인 선제후들은 하인리히의 아들인 용감무쌍한 룩셈부르크 가문의 요한을 선뜻 왕으로 뽑지 못했다. 대신 알브레히트의 아들인 합스부르크 가문의 미남 프리드리히1289-1330와 바이에른의 비텔스바흐 가문의 공작 루트비히를 두고 표가 갈렸다. 10년 동안 두 사람은 왕위를 놓고 전쟁을 벌였다. 미남 프리드리히의 운명은 빈곤, 패배, 투옥, 불리한 화해로 점철되었고, 결국 1330년에 비너노이슈타트 서쪽에 있는 구텐슈타인 성의 외로운 도피처에서 일찌감치 생을 마감하고 말았다. 미남 프리드리히의 두 아들은 서둘러 루트비히와 화해하고 그를 합법적인 왕으로 인정했다. 그 무렵, 합스부르크 가문의 몰락은 명백해 보였다. 불과 한 세대 전에 그들은 유럽의 여러 왕실과 혼인관계를 맺었지만, 이제는 폴란드의 이름 없는 공작 가문이나 프랑스의 소귀족 가문에서 배우자를 물색하는 처지가 되었다.

스위스인들에게 당한 패배도 합스부르크 가문의 쇠락을 상징하는 사건이었다. 1291년 스위스 삼림 지대의 3개 주인 우리와 슈비츠, 운터발덴이 하나로 뭉쳐서 방어 동맹을 결성했는데, 그 방어 동맹이 재빨리 합스부르크 가문을 겨냥한 공격 동맹으로 탈바꿈한 것이다. 3개의 주가 하나로 뭉친 주원인은 합스부르크 가문이 알프스 산맥 골짜기로 진출하여 키부르크 가문의 땅을 차지한 뒤, 영지와 통행료 징수소, 영주로서의 권리를 넘겨받았다는 사실이었다. 미남 프리드리히에 맞선 투쟁의 일환으로, 루트비히 왕은 3개의 주를 자신의 편으로 끌어들였다. 1315년 말, 미남 프리드리히의 동생인 레오폴트는 자신의 권리를 주장하고자 알프스 산맥의 골짜기로 진군하다가 우리와 슈비츠의 동맹군에게 기습을 받아서 패배했다. 모르가르텐 전투는 스위스인들이 기병을 상대로 치명적인 미늘창을 처음으로 사용한 주요 교전이었다. 스위스인들은 미늘창에 달린 갈고리로 말에 탄 기사들을 끌어내린 다음 뾰족한 창끝으로 찔렀다. 미늘창은 오늘날 바티칸 궁전을 지키는 스위스 근위병들의 의식용 무기로 남아 있다.

합스부르크 가문의 위신을 무너트린 결정타는 1356년에 찾아왔다. 그해에 루트비히 왕의 후계자인 룩셈부르크 가문의 카를 4세는 로마에서 황제의 관을 받은 직후 금인칙서金印勅書(해당 문서에 찍힌 인장이 금색이라서 붙은 이름이다)를 반포했다. 금인칙서에는 통치자 선출과 관련한 새로운 계획이 담겨 있었다. 이제 7명의 선제후들은 라인란트의 대주교 3명과 세속 영주 4명으로 고정되었고, 상속권에 의해서 선제후직을 맡게 되었다. 합스부르크 가문은 과거에 왕을 선출하는 과정에 몇 번 참가했었지만, 새로 정해진 선거인단에서 빠지면서 신성 로마 제국 역사상 가장 중요한 헌정 문서에서 누락되었다. 카를 4세는 의회의 향후 회합에 대비하여 직접 마련한 좌석 배치도에서 합스부르크 가문 사람들을 선제후들과 고위 성직자들, 제국의 고관

대작들 다음인 두 번째 열에 배치함으로써 합스부르크 가문의 지위가 강등되었다는 사실을 분명히 했다. 합스부르크 가문은 관념적 파탄을 겪었고, 자아상과 본인들의 역사적 역할에 대한 시각이 영원히 바뀌게 되었다. 그들은 카를 4세의 모욕적인 처사에 대항하기 위해서 슈바벤을 둘러싼 과거를 내던졌고, 오스트리아인과 로마인으로 탈바꿈했다.[5]

오스트리아 공작으로 책봉된 후 50여 년 동안, 합스부르크 가문 사람들은 오스트리아 공작령을 슈바벤의 전통적 심장부보다 중요성이 낮은 곳으로 간주했다. 그들은 오스트리아를 쥐어짜서 다른 영토를 방어하는 데에 필요한 자금을 마련했고, 오스트리아를 보헤미아 원정의 출발점으로 삼았다. 오스트리아보다 보헤미아를 더 탐냈기 때문이다. 그들이 오스트리아에 지속적인 관심을 나타낸 것은 미남 프리드리히의 동생이자 관절염 환자인 절름발이 알브레히트[1298?–1358]가 가문의 주도권을 잡은 1330년 이후의 일이었다. 알브레히트는 궁정을 오늘날 빈의 호프부르크 궁전 중심부에 위치한 구왕궁으로 옮겼다. 스위스인들이 아르가우에 있는 합스부르크 가문의 토지와 거점을 계속 압박했기 때문이다. 또한 그는 니더외스터라이히 지방의 가밍에 가족 영묘靈廟를 만들기 시작했고, 과거에 그의 할아버지가 남들에게 담보로 맡긴 케른텐 공작령과 크라인 공작령을 되찾았다. 알브레히트가 오스트리아에 장기간 머문 덕분에 합스부르크 가문은 당시의 어느 연대기 작가로부터 "오스트리아인들"로 묘사되었다. 그것은 오스트리아인들이라는 용어가 합스부르크 가문을 가리키는 데에 쓰인 첫 번째 사례였다. 과거에 합스부르크 가문은 섭정을 통해서 오

스트리아를 다스렸지만, 이제는 슈바벤의 영지 덕분에 총독을 임명할 수 있었다.[6]

당초 합스부르크 가문은 오스트리아를 통해서 무엇을 할 수 있는지 몰랐겠지만, 오스트리아는 합스부르크 가문을 통해서 무엇을 할 수 있는지 알고 있었다. 원래는 "동쪽 영역"(오스타리히. 이 명칭은 996년에 처음 등장했다)이라고 불리던 국경 지대인 오스트리아의 초창기 통치자들은 바벤베르크 가문 소속이었다. 바벤베르크 가문 사람들은 청운의 꿈을 품은 채 신성 로마 제국과 비잔티움 제국 황제들의 피를 물려받은 사람들과 결혼했고, 이를 구실로 삼아서 자신들이 고대 로마 제국의 상속권을 위탁받은 존재라고 자부했다. 신앙에 대한 그들의 각별한 열정은 곳곳에 세워 그물처럼 연결한 여러 수도원들에서 드러났다. 바벤베르크 가문의 평판은 걸출한, 독실한, 영예로운, 막강한, 거룩한 같은 수식어에서 엿볼 수 있다. 딱 한 명, 바벤베르크 가문의 마지막 자손인 프리드리히 2세1246년 사망에게만 "싸움꾼"이라는 불쾌한 별명이 있었다.[7]

바벤베르크 가문을 둘러싼 계보학적 서술에는 이따금 농촌과 도시에 관한 고풍스러운 묘사가 있었다. 하지만 그 통치 가문을 각별한 존재로 여기는 예외주의적 태도는 점점 그들이 다스리는 땅과 신민들이 특별하다는 확신과 뒤섞이기 시작했다. 오스트리아인들을 고전고대의 고트족의 후손으로 바라보거나 그보다 훨씬 더 뛰어난 그리스와 로마 영웅들의 후손으로 여기는 문학적 전통이 나타났다. 헤라클레스의 아들이자 아르메니아 일대 출신인 노릭스가 오스트리아를 세운 다음 상속자들에게 각각 오스트리아와 바이에른을 물려주었을지도 모른다는 가능성이, 오스트리아를 가리키는 라틴어 명칭인 노리쿰Noricum을 통해서 제기되었다. 바벤베르크 가문의 땅은 서사시『니벨룽겐의 노래Der Nibelunge liet』의 발상지이기도 했다.『니벨룽겐의 노래』의 초기본은 게르만 신화에서 비롯된 이야기들과 그 지배 왕가의 역사에서 나온 일화를 짝지은 것이었다.[8]

합스부르크 가문 사람들은 그 모든 요소들을 흡수하며 하일리겐크로이츠와 툴른에서 바벤베르크 가문의 종교적 토대를 자신의 가문에 추가했고, 연대기 작가들과 시인들을 동원해서 자신들의 독실한 신심을 선전했다. 바벤베르크 가문의 역사와 합스부르크 가문의 역사는 차츰 하나로 합쳐졌고, 바벤베르크 가문은 합스부르크 가문의 조상이 되었다. 그 증거 가운데 하나는 합스부르크 가문이 바벤베르크 가문의 세례명인 레오폴트를 자주 빌려 썼다는 사실이다. 이는 레오폴트라는 이름이 생전에는 성자가 아니었으나 사후에 성자의 자격을 갖출 만한 기적을 행했다고 하는 바벤베르크 가문의 레오폴트 3세를 상기시킨다는 점에서 중요했다. 종교적 고결함이 가문의 위신을 높여주던 시절, 합스부르크 가문은 하마터면 적합한 조상들이 부족할 뻔했다.

합스부르크 가문은 자신들이 이른바 원로원 가문인 콜론나 가문의 혈통을 물려받았다고 선전하면서 로마 시대로 거슬러 올라 일종의 신원보증서를 찾아내기도 했다. 연대기 작가들은 고대 로마에서 추방된 두 형제가 알프스 산맥의 북쪽으로 향한 뒤에 그중 한 사람이 합스부르크 성을 발견했다는 이야기를 추가했다. 상상력이 훨씬 더 돋보이는『쾨니히슈펠덴 연대기Königsfeldener Chronik』의 작가는 합스부르크 가문에 대한 서술과 로마 시대로부터 내려오는 유산과 숭고함, 그리고 예언을 뒤섞었다. 그는 아우구스투스에서 프리드리히 2세까지 로마 황제들의 계보를 열거한 뒤 합스부르크 가문의 루돌프 왕의 생애를 서술했고, 이어서 루돌프의 손녀인 아그네스의 생애를 언급했다. 아그네스는 헝가리의 왕비 노릇을 잠시 하다가 브루그 인근의 쾨니히슈펠덴 대수도원 옆에서 살기 위해서 속세를 저버렸다고 한다. 하지만 연대기 작가는 무엇보다 스페인에서 발견된 어느 돌 속에 숨겨진 커다란 책에 대한 옛이야기를 되풀이했다. 그 이야기에 따르면 모든 낱장이 나무로 만들어진 그 책에는 미래와 최후의 심판을 비롯한 세상의 모든 역사가 라틴어와 그리스어와 히브리어로 적혀 있었다. 이 옛이야기의 의미는 분명했다. 아그네스의 헌신에 힘입어 거룩해진 합스부르크 가문이 로마 제국 황제로서 세상을 통치할 운명이며 그렇게 예고되어 있다는 뜻이었다.[9]

예외주의적 태도는 1350년대에 정치적 기획으로 전환되었다. 카를 4세의 금인칙서 때문에 지위가 강등되어 분노한 합스부르크 가문의 루돌프1339-1365는 가문의 위신을 회복하는 데, 그리고 경쟁 가문들을 압도하는 영방 국가신성 로마 제국에 속한 준독립국 지위의 제후국을 가리키는 용어/역주를 만드는 데에 열중했다. 그는 어린 나이에도 불구하고 경쟁자들이 당황할 만큼의 활력과 속도와 상상력을 발휘했다. 1358년, 아버지인 절름발이 알브레히트가 세상을 떠나고 몇 개월 만에 어린 루돌프는 서기관들을 시켜 5개의 가짜 특허장을 만들었다. 5개 특허장의 목적은 합스부르크 가문의 전통을 오스트리아, 로마와 뒤섞어 합스부르크 가문 사람들을 신성 로마 제국의 주요 제후들로 만드는 것이었다. 루돌프는 교황을 기독교 세계의 궁극적인 통치자 반열에 올려놓은 8세기의 콘스탄티누스 기증장 이래 중세 유럽에서 가장 야심만만한 위조 행위를 감행했고, 심지어 더 능숙하게 처리했다.[10]

5개의 특허장 중에서 3개는 나머지 2개의 내용을 승인하는 것들로, 전체적인 가짜 이야기를 짜맞추는 역할을 맡았다. 위조 행위는 각각 "가짜 하인리히"와 "대大특권"으로 알려진 나머지 2개의 특허장에서 이루어졌다. 가짜 하인리히라는 위조 특허장을 만든 장본인은 루돌프의 비서로 추정된다. 루돌프의 비서는 그 특허장이 바벤베르크의 에른스트 공작이 보관한 서신 2편의 내용을 기록하기 위해서 작성되었다가 1054년에 황제 하인리히 4세에 의해서 반포되었던 것처럼 날조했다. 첫 번째 서신은 율리우스 카이사르가 오스트리아를 확실히 의미하는 "동쪽 땅"의 민족에게 보낸 것으로 추정되었다. 율리우스 카이사르는 자신의 삼촌을 통치자로 받아들이도록 동쪽 사람들, 즉 오스트리아인들에게 명령했고, 카이사르의 삼촌은 "봉건 영주"로서의 절대 권력을 부여받았다. 그 가짜 서신에 힘입어 카이사르의 삼촌은 "모든 중요한 문제나 소송이 그가 모르는 상태에서 해결되는 일이 없도록" 로마 제국의 가장 내밀한 협의체에 참석할 권리를 얻었다. 가짜 하인리히 특허장에 포함된 두 번째 서신에서는 네로 황제도 동쪽의 민족에게 비슷한 뜻을 전했다. 네로는 동쪽의 민족이 로마 제국의 다른 모든 민족을 능가하기 때문에, 원로원의 권고에 따라서 그들에게 제국의 모든 세금을 면제해주고 영원한 자유를 선사한다고 선포했다.

가짜 하인리히 특허장과는 대조적으로, 대특권 특허장은 1156년에 붉은 수염 프리드리히 1세가 부여한 특허장의 원본(오스트리아를 공작령으로 격상시켰다)을 근거로 삼았다는 점에서 적어도 일부분은 진짜였다. 그렇지만 원본에 많은 내용이 추가되었다. 오스트리아는 신성 로마 제국의 "방패와 심장"으로 인정되었고, 덕분에 오스트리아 공작은 공작령 내부에서 전권을 누리게 되었다. 오스트리아 공작은 "궁정 대공"이라는 칭호를 얻었고, 특별한 관을 쓰고 홀笏을 들 권리, 그리고 서열상 선제후들과 동등하게 황제의 오른쪽에 앉을 권리를 획득했다. 오스트리아 공작은 본인의 지배권을 강화하는 차원에서 장남에게, 아들이 없으면 딸에게 공작령을 고스란히 물려줄 수 있게 되었다. 후대인들은 그 가짜 특허장을 1156년에 부여된 진짜 특허장과 구별하기 위해서 "대특권"이라고 불렀고, 진짜 특허장은 "소小특권"이라고 불렀다.

가짜 하인리히 특허장과 대특권 특허장의 내용을 승인해주는 나머지 3개의 특허장에는 몇 가지 사항이 추가되어 있었다. 공식 행렬 의식에서 오스트리아 대공과 수행원들은 늘 선두에 설 수 있었고, 오스트리아 대공은 일반적으로 왕이 왕관 안에 두르는 머리띠를 착용하도록 허용되었다. 오스트리아에서 일어나는 종교 문제의 책임자들인 잘츠부르크 대주교와 파사우 주교는 오스트리아 대공에게 복종해야 했다. 일반적인 주장과 달리, 다른 2개의 특허장과 마찬가지로 보조적 성격의 3개의 특허장에서도 루돌프가 1356년에 발표된 카를 4세의 금인칙서에 대한 원망에 의해서만 움직이지는 않았으며, 이득을 챙기는 데에 주로 열중했음을 엿볼 수 있다. 오스트리아 대공이 오스트리아에서 절대 권력을 휘두르고, 성직자들이 그에게 복종하고, 그가 대공직을 세습할 수 있다는 점을 강조하는 5개의 가짜 특허장은, 궁정 예절과 오스트리아 대공의 머리 장식을 둘러싼 영향력 행사만큼이나 오스트리아 대공의 내부적 권력 강화도 의도하는 것이었다.

율리우스 카이사르와 네로의 서신이 포함된 가짜 하인리히 특허장은 거의 곧바로 비난에 시달렸다. 1361년, 이탈리아의 학자 페트라르카는 황제 카를 4세에게 보낸 편지를 바탕으로 가짜 하인리히 특허장에 드러난 잘못된 연대나 날짜를 지적하고 그것을 "공허하고 허황되고 진실이 없는 것, 누구인지는 모르지만 틀림없이 문필가는 아닌 자가 생각해낸 것, 우스꽝스러울 뿐 아니라 구역질 나게 하는 것"으로 치부했다. 그러나 대특권 특허장은 더 오래 버텼다. 대특권 특허장은 1740년에 세상을 떠난 아버지 카를 6세에 뒤이어 마리아 테레지아가 오스트리아 대공직을 계승했다는 사실을 둘러싸고 정당성을 따지는 문제가 불거진 19세기 중엽에야 비로소 위작으로 판명되었다. 반면, 콘스탄티누스 기증장은 15세기에 가짜임이 드러났다.[11]

1360년, 루돌프는 5개의 가짜 특허장 사이사이에 7개의 진짜 문서를 끼워 넣은 뒤에 황제 카를 4세에게 보내서 승인을 얻고자 했다. 카를 4세는 몇몇 세부 사항을 문제 삼았지만, "조항이 합법적인 한"이라는 단서를 달며 마지못해 승인했다. 하지만 루돌프의 의도와 달리 카를 4세는 선거인단 구성이나 의회의 좌석 배치를 변경하지는 않았다. 그래도 루돌프는 이제 대공이라는 칭호를 썼고, 본인이 고안한 대공의 관을 뽐내게 되었다. 약간의 망설임 끝에 대공의 관과 대공이라는 칭호는 루돌프의 후계자들 고유의 양식으로 자리 잡았고(관보다는 칭호를 쓰는 데에 시간이 더 걸렸다), 적어도 15세기 중엽에는 합스부

르크 가문의 모든 고위인사들이 사용하게 되었다.[12]

슈타이어마르크, 케른텐, 크라인 등의 인접 공작령들처럼 오스트리아 공작령도 경계가 뚜렷한 영토라기보다는 한 묶음의 권리로 구성되어 있었다. 어떤 소유지들은 오스트리아 대공의 땅이었지만, 다른 소유지들은 군주가 따로 하사한 토지, 즉 오스트리아 대공과는 무관한 땅이었다. 대특권에 의해서 오스트리아 대공은 오스트리아 내부에서 절대 권력을 누릴 수 있었고, 이제 루돌프는 자신의 소유권을 실현하고자 했다. 군주 소유의 모든 땅이 오스트리아 대공 소유의 땅으로, 오직 그만이 분배할 권리가 있는 땅으로 탈바꿈한 것이다. 크라인 공작령에서 황실 토지를 가장 많이 보유한 사람 중 한 명인 아퀼레이아 총대주교(6세기의 잔재인 총대주교직은 미약한 권한에 어울리지 않는 거창한 칭호였다)가 완고한 태도를 보이자, 루돌프는 그의 땅으로 쳐들어가 복종을 이끌어내기도 했다. 알자스는 대특권과 전혀 무관한 지역이었지만, 루돌프는 동일한 원칙을 내세우며 "모든 권리와 자유의 주인"임을 자처했다.[13]

잘츠부르크 대주교와 파사우 주교는 골칫거리였다. 빈을 중심으로 하는 오스트리아 공작령의 주교 관할구를 설치하고자 한 루돌프와 달리 그들은 각자의 교구를 줄이려고 하지 않았다. 그러나 루돌프는 아랑곳하지 않고 마치 교구 성당이 아니라 대성당이라는 듯 빈의 성 슈테판 성당 재건에 착수하여 로마네스크 양식의 신도석을 거대한 고딕 양식의 신도석으로 교체했고, 탑 2개를 건설할 계획을 세웠다(실제로는 1개만 만들어졌다). 그는 성 슈테판 성당에 그때까지 주교가 없어서 구성할 수 없었던 참사회를 두었고, 참사회 의원들에게 추기경이 쓰는 주홍색 사각모와 가슴에 다는 금빛 십자가를 하사했다. 성당을 새롭게 단장하는 데에는 합스부르크 가문을 찬양하려는 의도도 있었기 때문에, 루돌프는 본인과 선조들의 조각상을 신도석 주변에 배치하고 지하실을 후손들을 위한 묘지로 만들었다. 이에 더해서 그는 카를 4세가 프라하에 세운 대학교를 의식하여 성 슈테판 성당 옆에 대학교를 세웠다. 성 슈테판 성당을 재건한 덕분에 루돌프는 후대인들에게 "창건자"로 불렸다. 그는 친히 창건자라는 별명을 골랐고, 그 별명을 성 슈테판 성당의 북쪽 성가대석에 설치된 자신의 석관石棺에 신비한 룬 문자로 새기도록 했다.[14]

속임수 기술의 측면에서 루돌프에 버금가는 곳은 티롤 백작령이었다. 그곳은 금광과 은광에 힘입어, 그리고 이탈리아와 브렌네르 고갯길 건너편의 독일 도시들을 이어주는 도로에서 거두는 통행료를 바탕으로 부를 축적했다. 티롤 백작령은 1360년대 초엽에 "허풍선이"라는 별명으로 불린 과부 마르가레테의 소유였다(허풍선이는 그녀의 여러 별명들 중에서 가장 공손한 별명이었다). 그녀는 처음에는 룩셈부르크 가문의 제후와, 나중에는 비텔스바흐 가문의 제후와 결혼했고, 1363년 초엽에 그때까지 생존해 있던 유일한 아들을 잃었다. 무주공산이나 다름없어진 티롤을 두고 적지 않은 사람들이 군침을 흘렸다. 그러나 마르가레테는 결코 쉬운 먹잇감이 아니었다. 그녀는 첫 번째 남편을 내쫓고, 이혼 이후 아무 일 없다는 듯이 재혼하고, 파문을 견뎌내고, 새 남편뿐 아니라 최근에 죽은 아들까지 학대한 전력이 있었다.

마르가레테는 루돌프와 거래했다. 그녀는 자신이 살아 있는 동안에 티롤 백작령을 보유하는 대가로 그 땅을 루돌프에게 미리 양도하겠다고 약속했다. 그러나 1363년 1월, 티롤 백작령의 주요 지주들이기도 한 대신들이 외국 제후들과의 모든 조약은 자신들의 동의를 얻어야 한다고 주장했다. 마르가레테는 토지와 뇌물로 그들을 포섭하고자 했지만 실패했다. 루돌프가 친히 티롤 백작령의 수도인 인스부르크를 방문해서 모습을 드러내도 효과는 없었다. 대신들을 설득하기 위해서 마르가레테와 루돌프는 가짜 특허장을 함께 만들었다. 위조된 그 특허장에는 4년 전에 이미 마르가레테가 티롤을 루돌프에게 양도하기로 엄숙하게 약속했고 그 약속은 철회할 수 없다는 내용이 담겨 있었다. 그 가짜 특허장은 잘못된 인장이 쓰였는데도 불구하고 진짜 특허장으로 받아들여졌다. 이로써 1363년 1월에 마르가레테와 대신들이 맺은 합의는 원칙상 무효가 되었고, 대신들은 무릎을 꿇을 수밖에 없었다. 대신들은 도합 14개에 이르는 그들의 인장이 찍힌 서신을 통해서 동의의 뜻을 나타냈다. 그해 말엽에 루돌프는 마르가레테에게 빈에서 풍족한 말년을 보내도록 제안했고, 퇴위를 설득하는 데에 성공했다. 드디어 티롤이 그의 수중으로 넘어온 것이다. 훗날 마르가레테의 먼 친척 가문 소유인 아드리아 해의 고리치아 백작령도 1500년에 대가 끊어지면서 합스부르크 가문의 차지가 되었다.[15]

1365년, 루돌프가 겨우 25세의 나이로 세상을 떠났다. 한여름인 데다가 빠르게 부패하고 있었기 때문에 사람들은 그의 시신을 끓는 물에 넣어 살점을 분리했다. 하지만 뼈는 그의 계획과 달리 성 슈테판 성당 성가대석의 석관이 아니라 지하실에 안치되었다. 대공의 관을 쓴 실물 크기의 제웅이 놓여 있고 룬 문자가 새겨진 그 텅 빈 무덤은 허황되고 과시적일 뿐 아니라 공허하기도 했던 그의 치세에 대한 은유로 볼 수 있다. 루돌프는 살아생전에 본인의 이름을 떨치지도, 오스트리아 공작령의 명성을 드높이지도 못했다. 주교 관할구를 설치하지도 선제후와 맞먹는 존재로 인정받지도 못했다. 그가 세운 대학교는 당시 불과 몇 개의 교실로 이루어져 있었다. 훗날 교수들을 모집하고 적절한 수용 시설을 갖춘 장본인은 그의 형제였다. 그나마도 속임수로 차지한 티롤이 그의 중요한 전리품이었다.[16]

그러나 루돌프의 업적은 한층 더 미묘한 것이었다. 루돌프는 합스부르크 가문의 일원들에게 역사의식과 자신감을 심어주었고, 덕분에 그들은 단순한 혈족 집단을 뛰어넘게 되었다. 로마 제국과 오스트리아를 둘러싼 과거를 상상으로 꾸며내고 대공의 관과 대공이라는 칭호를 창안한 데에 힘입어 후계자들 사이에서 연대감과 목적의식이 생겼고, 연대감과 목적의식은 각 세대를 거치는 동안 그들의 마음에 더 깊숙이 각인되었다. 다른 가문 사람들은 당대의 황제 덕택에 선제후의 반열에 오를 수 있었겠지만, 합스부르크 가문 사람들은 율리우스 카이사르에 힘입어, 그리고 역대 황제들이 몇 세기에 걸쳐 인정해준 특권에 힘입어 높은 지위에 올랐다. 심지어 그들은 죽어서도 성 슈테판 성당의 지하실에 마련된 가족 영묘에서 하나가 되었다. 텅 빈 그의 무덤에 새겨진 별명에서 드러나듯이, 합스부르크 가문이 왕가로 자리 잡는 과정에서 루돌프는 그야말로 "창건자"였다.

제4장

프리드리히 3세

토성과 화성

13세기부터 합스부르크 가문의 문제들은 "가문 조례"를 통해서 규제되었고, 가문의 웃어른이 조례에 따라서 아들들과 친척들 사이의 관계를 정해주었다. 가문 조례에 의하면 아들들이 가문의 세습 재산을 공동으로 보유해야 하고, 세습 재산의 다양한 부분에 대한 잠정적 책임을 함께 져야 했다. 루돌프는 대특권을 통해서 가문의 모든 재산을 장남에게 물려주는 장자 상속권의 원칙을 도입하고자 했다. 그러나 이내 포기했고, 공동 상속과 "하나의 공동 소유권"이라는 원칙으로 회귀했다.[1]

아버지가 다른 친척들을 등한시한 채 아들에게 되도록 많은 재산을 물려주려고 애쓰면서 긴장은 고조될 수밖에 없었다. 1365년에 루돌프가 세상을 떠난 뒤 그의 두 형제는 가문 조례에 따르기를 거부했고, 그로부터 10년 뒤에 가문의 토지를 분할했다. 1406년, 합스부르크 가문의 토지가 세 부분으로 나뉘었다. 이후 1450년대에는 오스트리아 공작령의 핵심 영지가 엔스 강을 기준으로 양분되어 각각 오버외스터라이히와 니더외스터라이히가 되었다. 서로 다른 공작에게 할당된 그 땅들은 처음에는 "엔스 강 이쪽의 오스트리아"와 "엔스 강 저쪽의 오스트리아"로 불렸다. 땅을 똑같이 나누기 위해서 빈의 구왕궁도 양분되어 서로 다른 상속자들에게 할당되었다.

이처럼 합스부르크 가문 사람들은 그들의 영지를 마음대로 분배하고 분할할 수 있는 사유 재산으로 다루었을지도 모르지만, 신민들의 생각은 달랐다. 영주의 통치권은 정치적 공동체 의식을 유발했고, 합스부르크 가문의 각 영지에서 피지배자들의 이익을 대변하는 조직이 출현했다. 이러한 정치 공동체들은 14세기 말엽부터 의회를 열어서 통치자와 정책을 토론했고, 증세를 둘러싼 권리를 증진시켜달라고 요구했다. 상속권 문제를 둘러싼 다툼이 일어나면 의회는 합의를 종용했고, 당사자들의 주장을 중재하기 위한 위원들을 임명했다.

일반적으로 의회는 4개의 "신분 집단"(악당을 처벌할 권리가 있는 대영주들 겸 대지주들, 대영주보다 상대적으로 약한 권력과 적은 토지를 보유한 귀족들, 성직자 대표들, 도시 대표들)으로 구성되었다. 각 지방의 의회는 서로 다르게 발전했다. 가령 15세기 중엽 케른텐의 의회에서는 귀족 신분 집단이 단 2명이었지만, 다른 곳에서는 대체로 10여 명으로 구성되었다. 티롤에서는 농민들이 의회에 참석했다. 합스부르크 가문의 알자스 영지에서는 원래 도시와 소(小)귀족 계층에만 대표자가 있었다. 도시 사람들과 농민들이 귀족의 재산을 사들인 뒤 귀족으로 행세하는 것은 고질적인 문제였다. 때때로 몇몇 지방의 의회가 통합되기도 했다. 반면 오스트리아 공작령에서는 공작령 자체

가 양분되면서 의회도 2개로 나뉘었다.[2]

영토가 분할되면서 합스부르크 가문은 세력이 약해졌고, 영토를 침범하는 스위스인들에게 효과적으로 저항할 수 없게 되었다. 1386년, 창건자 루돌프의 동생인 레오폴트가 젬파하에서 스위스인들과 싸우다 전사했다. 그때 합스부르크 가문의 기병들은 또다시 숲에 갇히는 바람에 말에서 내려와 싸워야 했는데, 말에서 내려온 기사들은 우선적과 싸운 다음 도망치기 위해서 발가락 끝부분의 멋지고 기다란 장식을 잘라내야 했다. 그로부터 약 30년 뒤, 레오폴트의 아들인 티롤의 프리드리히(빈털터리 프리드리히)는 콘스탄츠 공의회에서 강간, 남색, 근친상간, 살인, 약탈 등의 혐의로 폐위된 전임 교황인 요한 23세(대립교황)를 부추겨 콘스탄츠를 떠나도록 하는 바람에 지기스문트 왕(훗날 황제로 등극한다)의 분노를 샀다. 무법자라는 낙인이 찍힌 프리드리히는 스위스에 남아 있는 합스부르크 가문의 영지를 지키는 데에 필요한 지지 세력을 모으지 못했다. 1415년 아르가우가 유린되었고, 바덴의 요새가 스위스인들에 의해서 폐허로 전락했다. 합스부르크 성도 이 시기에 스위스 동맹군들의 수중으로 떨어졌다. 슈바벤에 남아 있는 합스부르크 가문의 땅은 외지 오스트리아로 재편되었고, 인스부르크의 관할권에 속하게 되었다.

합스부르크 가문의 운명은 1411년에 오스트리아 공작령의 통치권을 넘겨받은 알브레히트 공작1397-1439이 두각을 드러내면서 바뀌었다. 알브레히트는 독실하고 정력적인 교회 개혁가이자 유능한 행정가, 무적의 군인이었고, 어느 모로 보아도 상냥한 벗이었다. 그리고 무식하고 잔인한 인물이기도 했다. 1420년, 그는 오스트리아의 유대인들을 보호해온 합스부르크 가문의 전통을 깨고 교황이 불만을 토로할 정도로 심하게 유대인들을 박해하기 시작했다. 그는 오로지 유대인들의 돈을 강탈하는 데에만 관심이 있었고, 그렇게 빼앗은 돈으로 보헤미아의 후스파 이단자들과 싸우는 지기스문트 왕을 지원했다. 모라비아에 대한 지휘권을 부여받은 알브레히트는 그곳에서 다시 유대인을 박해했다. 알브레히트는 1433년에 황제의 관을 받은 지기스문트를 지지한 덕분에 지기스문트의 딸인 엘리자베트와의 결혼을 승낙받았다. 아들이 없는 지기스문트는 알브레히트를 보헤미아와 헝가리의 왕위를 물려받을 후계자로 지명했다.

1437년에 지기스문트가 세상을 떠나자 알브레히트는 어렵지 않게 헝가리 왕위를 물려받았다. 그는 보헤미아 의회의 결정에 따라서 왕으로 선택되기도 했다. 그 무렵, 신성 로마 제국의 선제후들은 과거에 자신들이 유약한 통치자를 권좌에 앉힌 것이 실수였음을 깨달았다. 그들이 보기에 당시 상황은 너무 심각했다. 몇몇 교황들이 서로의 정통성을 주장하면서 교회 제도가 혼란에 휩싸였고, 보헤미아에서는 이단이 횡행했으며, 튀르크인들이 서쪽에서 압박을 해오는 동시에 보스니아에 구축한 요새들을 근거지로 삼아 제국의 경계선을 침범하고 있었다. 1438년 3월, 선제후들은 알브레히트가 후보로 나서지 않았는데도 만장일치로 그를 지기스문트의 후계자로 선택했다. 이로써 신성 로마 제국, 오스트리아 공작령, 보헤미아 왕국, 헝가리 왕국 등이 하나로 뭉쳤고, 단 한 사람의 통치자가 다스리게 되었다. 그로부터 18개월 뒤, 알브레히트는 이질에 걸려 죽었다. 그에게는 남성 상속자가 전혀 없었고, 부인인 엘리자베트는 임신한 상태였다. 점쟁이들과 산

파들은 딸을 낳을 것으로 확신했지만, 당혹스럽게도 엘리자베트는 사내아이를 낳고 말았다.[3]

그때 합스부르크 가문의 최연장자는 슈타이어마르크와 케른텐, 크라인의 공작인 프리드리히[1415~1493]였다. 그는 알브레히트의 육촌이었고, 두 사람의 증조부는 절름발이 알브레히트였다. 프리드리히, 즉 프리드리히 3세는 1440년에 왕으로(나중에는 황제로) 선출되었다. 어머니인 침부르가의 체격을 물려받은 그는 통치자다워 보였다. 폴란드 출신인 그의 어머니는 맨주먹으로 참나무 판자에 못을 박을 수 있는 능력과 미모로 유명했다. 키가 크고 몸매가 호리호리하고, 긴 금발을 휘날리는 프리드리히는 위인의 모든 자격을 갖춘 듯했다. 그는 예루살렘의 성묘를 방문하여 그곳에서 기사로 불린 적이 있었고, 여러 유력한 기사 단체의 일원이었다. 게다가 그는 이름도 프리드리히였다. 그 무렵, 프리드리히라는 막강한 황제가 참된 신앙으로 세상을 통일하고, 예루살렘으로 건너가고, 그곳에서 권좌를 포기함으로써 심판의 날을 알릴 것이라는 내용의 예언이 널리 나돌았다. 상상력을 동원한 『성서』 해석과 밀교 문서를 토대로 변형된 동일한 주제의 예언도 많았다(「다니엘」과 「요한묵시록」은 숨은 의미를 찾아내려는 자들에게 짓밟혔다). 프리드리히는 본인이 문제의 프리드리히가 아니라는 점을 예언의 신봉자들에게 굳이 밝히지 않았다. 사실, 슈타이어마르크는 종말론적 문서를 확산시키는 주요 거점이었다.[4]

그런 헛된 기대에 힘입어 프리드리히는 주권자로 선출될 수밖에 없었고, 기대에 어긋날 수밖에 없었다. 이후 여러 해가 지나면서 그의 긴 머리카락은 숱이 적어지고 희끗희끗해졌고, 몸집은 뚱뚱해졌다. 그는 당뇨병에 걸렸고, 끊임없는 갈증을 달래기 위해서 멜론을 빨아 먹었다. 마침내 70대에 이르자 혈전 때문에 한쪽 발에 괴저 증상이 나타났고, 아편성 마취제를 써서 절단 수술을 받아야 했다. 린츠에서 공개적으로 진행된 수술은 프리드리히의 주치의들의 지시에 따라서 이발 겸업 외과의사들이 집도했다. 수술은 어느 모로 보아도 대성공이었다. 10주일 뒤에 환자인 프리드리히가 사망하자 멜론이 죽음의 원흉으로 꼽혔다.[5]

당대인들의 실망은 프리드리히의 육체적 쇠약보다는 그의 나태한 행실을 향했다. 25년이 넘는 세월 동안1444-1471, 프리드리히는 슈타이어마르크와 오스트리아를 과감히 벗어나서 신성 로마 제국의 다른 지역을 방문한 적이 없었다. 프랑스 대사는 "게으르고, 시무룩하고, 생각에 잠겨 있으며, 실쭉하고, 우울하고, 인색한 데다, 쩨쩨하고, 불안정한" 태도를 보이는 통치자를 묘사할 최적의 단어를 찾으려고 애썼다. 프리드리히의 측근이자 참모인 에네아 실비오 피콜로미니(훗날의 교황 피우스 2세)는 그를 신성 로마 제국의 "잠꾸러기"라고 폄하했고, 헝가리의 페치 주교는 프리드리히의 성격을 나쁜 별의 탓으로 돌렸다.

일찍이 파비우스는 지연 전술로 로마를 구했네
그러나 프리드리히, 그대의 지연 전술은 로마를 파멸로 몰았다
늘 의논할 뿐 결코 행동하지 않는 그대
한 번쯤 행동하고, 그 모든 고민을 중단할 수 없는가?
그대는 가장 차갑게 얼어붙은 별인 토성에 귀 기울이지

황제들이 화성을 길잡이로 삼는다면 훨씬 좋을 것을.[6]

얼어붙은 토성과 붉은 화성의 대비는 익숙한 문학적 수사였다. 확실히 프리드리히는 내성적이고 침울했고, 여행할 때 달걀 값을 아끼려고 닭둥우리를 가지고 다닐 정도로 인색했다. 하지만 결코 나태하지는 않았다. 먼저 그가 오스트리아와 슈타이어마르크에만 머문 것은 그 영토들이 위태로운 상황인 데다가 통치권이 불완전했기 때문이다. 그는 알브레히트 2세의 사후에 태어난 아들인 라디슬라우스의 후견인 역할을 진지하게 수행했고, 보헤미아와 헝가리에 대한 라디슬라우스의 권리를 뒷받침하려고 가까이 머물 수밖에 없었다. 라디슬라우스가 세상을 떠난 해인 1457년 이전에도 프리드리히의 동생인 알브레히트는 오스트리아에 대한 프리드리히의 통치권에 노골적으로 도전했다. 그는 프리드리히가 행사하는 후견권과 오스트리아 공작령에 대한 통치권이 불법이라고 주장했다. 오스트리아가 엔스 강을 따라 양분되었어도 알브레히트의 야심은 가라앉지 않았다. 합스부르크 가문 장남의 독점권을 강조하는 대특권 특허장을 승인한 프리드리히의 조치도 효과가 없었다.

둘째로 프리드리히는 무기력하지 않았다. 물론 1년 내내 린츠나 비너노이슈타트에만 머무른 적도 있었지만, 두 차례 이탈리아로 향하기도 했다. 1452년에 포르투갈 출신의 신부와 결혼식을 올리고 로마에서 교황에게 황제의 관을 받기 위해서 이탈리아로 떠났고, 1468-1469년에 다시 로마 교황청을 방문했다. 그는 두 번째 로마 여행을 빈의 성 슈테판 성당에 주교가 주재하도록 해달라고 설득하는 기회로 삼았고, 덕분에 큰할아버지인 루돌프의 꿈을 이루어줄 수 있었다. 그는 여기에서 한 걸음 더 나아갔다. 일찌감치 크라인 공작령의 류블랴나를 주교 관할구로 만드는 데에 대한 교황의 동의를 확보한 그는 비너노이슈타트를 비롯한 4개 도시를 주교 관할구로 승격하도록 교황을 설득하여 뜻을 이루었고, 10여 년 뒤에는 그 무렵에 합스부르크 가문의 조상으로 인정된 바벤부르크의 선량한 레오폴트를 성자의 반열에 올리도록 설득하는 데에 성공했다.[7]

멀리 여행을 떠나는 경우가 아닐 때에도 프리드리히는 활동적이었다. 하지만 그는 화성형 인간이 아니라 토성형 인간으로서 활기를 띠었다. 토의가 오후 늦게부터 한밤중까지 이어질 수 있는데도 프리드리히는 매일 자문 회의에 참석했다. 50년이 살짝 넘는 치세 동안 프리드리히 휘하의 상서국은 약 5만 건의 서신과 특허장을 발행했고, 그 가운데 여러 서신과 특허장에는 프리드리히의 직접적인 지시에 따라서 작성되었다는 표시가 있었다. 프리드리히는 신성 로마 제국의 행정적 결함을 만회하고자 지방 행정관들을 임명했고, 그들에게 부당한 처사에 대한 사람들의 불만을 처리하고 통치자의 결정을 집행할 책임을 부여했다. 프리드리히가 서류나 지방 행정관들을 통해서 개입한 문제들 중에는 "통치자 근처"의 지역들(슈바벤 공작령, 라인란트 지방, 그리고 지도자가 없는 동쪽의 프랑코니아 공작령)과 관련된 사안이 많았다. 그러나 프리드리히의 대리인들은 더 멀리 떨어진 현장에서도, 즉 작센, 발트 해 연안, 그리고 신성 로마 제국과의 관계가 가장 느슨한 저 아득한 북쪽의 변경인 리보니아(오늘날의 라트비아와 에스토니아)에서도 분쟁 해결에 개입하며 적극적으로 활동했다.[8]

프리드리히는 건설자이기도 했다. 그의 치세에는 빈의 성 슈테판 성당의 신도석에 궁륭형의 석조 천장이 설치되었고, 높이 137미터로 당시 유럽 대륙에서 가장 높았던 첫 번째 첨탑과 짝을 이루기 위한 두 번째 첨탑이 세워지기 시작했다(성 슈테판 성당보다 더 높은 런던의 옛 세인트폴 대성당과 링컨 대성당은 각각 150미터와 160미터였다). 하지만 프리드리히는 늘 만족을 몰랐던 동생 알브레히트에 의해서 1462년 빈에서 밀려났다. 그는 빈으로부터 남쪽으로 60킬로미터 떨어진 비너노이슈타트로 후퇴했고, 그곳에 있는 성 게오르크 예배당에 그의 가장 유명한 기념물을 남겼다. 장인들은 공작의 성 옆에 위치한 게오르크 예배당의 서쪽 파사드에 100개가 넘는 문장紋章으로 이루어진 16미터짜리 돋을새김 작품을 새겼다. 기단부에는 긴 머리카락을 휘날리고 대공의 관을 쓴 젊은 시절의 프리드리히가 서 있었다. 그의 오른쪽에는 천사 한 명이 방패를 들고 있었고, 방패에는 AEIOU라는 글자가 적혀 있었다.

AEIOU는 프리드리히가 직접 생각해낸 것이었다. 아마 원래는 그의 생일을 가리키는 암호였겠지만, 그런 식의 모든 이합체시가 그렇듯이 AEIOU도 여러 가지 뜻으로 해석될 수 있었다. 1437년에 프리드리히의 비망록에 처음으로 기록된 이 이합체시는 수백 가지의 뜻으로 해석될 수 있다. 그중에서 가장 흔히 거론되는 해석은 "오스트리아가 전 세계를 지배한다"로, 라틴어로도 독일어로도 의미가 통하는 해석이다(이 책의 "서론"을 참고하라). 그러나 "선택된 독수리가 마땅히 모든 것을 정복한다Aquila Electa Iuste Omnia Uincat"나 "최고의 황제가 모든 예술을 장려한다Artes Extollitur Imperator Optimus Universas"라고 해석할 수도 있다.

프리드리히가 원래 의미했던 바는 무엇이었을까? 이 질문에 대한 해답은 성 게오르크 예배당의 서쪽 벽에 새겨진 돌을새김 작품에 일부분 담겨 있다. 총 107개의 문장 중에서 19개만이 당시 합스부르크 가문의 영지와 관계가 있었고, 나머지 88개는 기원전으로 거슬러 오르는 오스트리아의 모든 통치자들이 지녔다는 상상 속의 문장이었다. 성 게오르크 예배당의 서쪽 파사드 공사를 맡은 건축가는 합스부르크 가문의 땅에서 나돌던 가장 유명한 연대기이자 프리드리히가 영감을 얻은 자료인『영주 95인의 연대기*Österreichische Chronik von den 95 Herrschaften*』의 내용을 차용했다. 14세기 말엽에 작성된 이 연대기는 노아의 홍수가 일어난 지 810년쯤 뒤(『성서』를 토대로 계산해보면 대략 기원전 1500년)에 전설적인 탄복의 땅에서 왔다고 하는 유대인 기사인 테모나리아(터무니없는 장소이다)의 아브라함이 오스트리아를 세웠다는 내용으로 시작되었다.『영주 95인의 연대기』는 프리드리히 3세의 큰할아버지인 95번째 영주에서 끝났다. 연대기에서는 상상 속의 여러 유대인 장로들부터 바벤베르크 가문의 오스트리아 통치자들을 거쳐 합스부르크 가문으로 이어지는 통치 경로와 교황의 유구한 역사가 제시되었다. 각 영주의 문장도 창의적으로 묘사되었다. 연대기의 작가는 중간에 로마 황제들을 열거한 뒤, 그들의 계보를 합스부르크 가문 통치자들의 역사와 통합했다.[9]

계보 중심의 기사 이야기는 귀족과 왕족의 혈통을 당대의 지명이나 인어, 여성 전사들과 거인들, 용이 가득했던 전설상의 과거와 연결하려는 중세 말엽의 문학 장르였다. 그러나『영주 95인의 연대기』는

『성서』의 역사와 황실의 역사, 오스트리아의 역사를 뒤섞었다는 점에서, 그리고 공상을 문장학이나 전기와 조합했다는 점에서 특별하다. 15세기에 작성된 필사본 50권이 오늘날까지 전해져 내려오는 데에서 짐작할 수 있듯이, 『영주 95인의 연대기』는 인기를 끌었고 이후의 저자들에 의해서 내용이 덧붙여지고 부풀려졌다. 그들은 그 연대기의 원문을 헤라클레스의 아들인 노릭스가 오스트리아를 세운 이야기와 뒤섞었고, 율리우스 카이사르가 빈을 세웠다고 썼으며(카이사르는 빈에 2년 동안 머물렀고, "2년 동안"이라는 뜻의 라틴어 비엔니움 biénnium에서 빈이라는 지명이 유래했다고 한다), 카이사르와 네로의 가짜 편지를 집어넣었다. 일부 저자들은 4개 제국(아시리아 제국, 페르시아 제국, 그리스-마케도니아 제국, 로마 제국)의 역사를 모은 야심만만한 "세계 연대기"에 나름의 새로운 내용을 집어넣었고, 합스부르크 가문의 가장 탁월한 통치자들의 생애를 덧붙였다.

AEIOU라는 두문자어와 성 게오르크 예배당 서쪽 벽의 문장, 그리고 급성장세의 연대기 문학은 모두 동일한 주제를 가리켰다. 오스트리아는 그저 하나의 지역이 아니었다. 오스트리아의 통치자들은 위대해질, 그리고 사람들을 다스릴 운명을 타고난 자들이었다. 오스트리아는 바로 그런 땅이었다. 사실, 오스트리아는 땅이 아니라 제국, 사명, 상속, 운명 같은 여러 주제들이 한데 모인 후천적 구성물이었다. 브란덴부르크나 작센처럼 다른 통치자들이 속한 가문의 이름은 주요 영토의 지명에서 비롯되었다. 그러나 오스트리아는 달랐다. 오스트리아는 지리적 요인과는 별개로 성립된 통치 가문을 향한 일련의 믿음이 특징인 곳이었다. 그러므로 훗날 부르고뉴로 떠나버리거나 스페인의 왕위를 물려받은 합스부르크 가문의 제후들은, 오스트리아 공작령과의 물리적 관계가 멀어지더라도 여전히 오스트리아 가문의 일원임을 자처했다. 합스부르크 가문 사람들이 바라보는 오스트리아는 공간이면서 동시에 이념이었다.

오스트리아와 오스트리아의 통치자들이 실현해야 할 사명이 있다는 확신은 프리드리히의 참모이자 당대의 가장 영향력 있는 역사학자인 에네아 실비오 피콜로미니가 중점적으로 다룬 주제였다. 1440년대 초엽에 프리드리히의 덕성을 함양할 목적으로 지어낸 가상의 대화에서, 피콜로미니는 황제의 권력을 수호하고 격상하기, 이탈리아에 질서를 확립하기, 기독교 세계의 범위를 확장하기, 신민들의 행복을 증진하기 같은 오스트리아 통치자들의 책무를 강조했다. 몇 년 뒤, 피콜로미니는 바젤 공의회에서의 연설을 통해서 오스트리아를 신의 뜻에 따라 모든 일의 방향이 정해지는 곳으로 칭송했고, 오스트리아가 국왕들과 황제들을 배출한 방식을 그 증거로 꼽았다. 그는 『영주 95인의 연대기』의 내용을 차용했고, 그 연대기의 작가가 엮은 전설적인 계보를 학문적으로 승인하고 합스부르크 가문의 위대한 신화를 찬양하기도 했다.[10]

프리드리히는 사람들이 그에게 걸었던 기대를 오랫동안 저버렸다. 하지만 그는 예언의 확고한 신봉자였다. 프리드리히는 점성술사들을 궁정으로 불러들였고, 후대인들이 찻잎을 살펴보며 운세를 알아보았듯이 쥐똥을 지켜보며 점을 쳤다. 혜성의 모양에 마음이 움직였든 (1468년과 1471년에 각각 혜성이 하나씩 관찰되었다) 아니면 성향 변화의 결과였든 간에, 프리드리히는 1470년 무렵 차갑게 얼어붙은 토성의 관복을 벗고 화성의 망토를 입었다. 1468년, 그는 자신의 영토에 땅의 평화를 선포했고, 영토를 침범하는 행위를 반역으로 간주했으며, 빚을 갚으라며 군사를 일으켜 대항한 슈타이어마르크의 용병 대장을 감금했다. 또한 그때까지 명목상으로만 합스부르크 가문의 통치를 받던 트리에스테를 실질적인 통치권 아래에 두기도 했고, 이를 발판으로 삼아서 아드리아 해까지 영토를 넓혀나갔다. 실패로 돌아가기는 했지만 3년 뒤인 1471년에는 레겐스부르크로 가서 "기독교 제후들"의 회합에 참석하여 동쪽에서 준동하는 튀르크인들에 맞서기 위한 정책을 조율하고자 하기도 했다. 프리드리히가 서신과 특허장을 발행하고 지방 행정관들을 임명한 결과는 차곡차곡 쌓여갔고, 궁정의 구성비도 그가 지닌 권력의 폭넓은 범위를 더 충실히 반영하게 되었다. 이제 그를 보좌하는 고문단의 절반가량은 합스부르크 가문의 영지 밖 출신인 사람들이었다.[11]

1470년대부터 프리드리히는 부르고뉴 공작인 담대한 샤를과 외교적으로 긴밀하게 접촉했다. 두 사람에게는 서로가 필요했다. 샤를은 얼기설기 퍼져 있는 자신의 영지를 하나로 묶고 개인적 신분도 높일 수 있는 국왕 칭호를 몹시 탐냈다. 프리드리히는 샤를에게 국왕 칭호를 내려주는 대가로 남서쪽에 남아 있는 영지의 안전을 확보하고 싶어했다. 그 여러 군데의 영지들을 하나로 모아서 독자적인 공작령으로 만들 심산이었기 때문이다. 그러나 프리드리히는 샤를의 야심에 어울리는 칭호를 내려줄 형편이 되지 않았고, 그로 인해서 두 사람의 관계는 틀어졌다. 1473년에 그들이 만났을 때, 샤를은 사치스러운 선물과 너무 화려한 복장으로 예절을 어겼다(그가 입은 옷에는 수천 개의 진주와 루비가 붙어 있었다). 이후 논의가 전쟁으로 변질되었고, 전쟁은 다시 협상으로 전환되었다. 결국 프리드리히와 샤를은 오스트리아 가문과 부르고뉴 가문의 동맹을 맺기로 합의했다. 두 가문의 동맹은 훗날 프리드리히의 아들 막시밀리안1459-1519과 샤를의 딸 마리가 결혼하면서 굳건해졌다.[12]

샤를이 부르고뉴 공작으로서 보유한 영지는 크게 두 부분으로 나뉘었고, 그 둘 모두 프랑스와 신성 로마 제국의 경계에 걸쳐 있었다. 남쪽 부분은 각각 디종과 브장송을 근거지로 삼은 부르고뉴 공작령과 샤롤레 백작령으로 이루어져 있었다. 북쪽 부분에는 룩셈부르크와 저지대 국가(오늘날의 벨기에와 네덜란드), 그리고 프랑스의 칼레 남쪽의 한 구역이 포함되었다. 두 영지를 하나로 합치기 위해서 샤를은 1475년에 로트링겐 지방으로 쳐들어갔고, 이후 스위스의 서부 지방인 보에 주목했다. 그 무렵, 샤를의 적들이 공동 전선을 구축했다. 2년 뒤, 샤를은 전투 중에 미늘창으로 무장한 스위스 병사의 손에 죽임을 당했다.[13]

샤를이 남성 상속자를 남기지 않은 채 세상을 떠나자 프리드리히는 샤를의 땅이 황제 소유로 되돌아온 재산이라고 주장했다. 샤를이 죽고 8개월 뒤에 막시밀리안이 그의 딸 마리와 결혼하면서 부르고뉴 가문의 땅은 합스부르크 가문의 영지가 되었다. 막시밀리안은 틈을 비집고 부르고뉴 공작령을 점령한 프랑스의 왕 루이 11세의 권리 주장을 물리쳐야 했지만, 그래도 저지대 국가와 부르고뉴 백작령(프랑슈콩테 지방)과 샤롤레를 비롯한 샤를의 땅 대부분을 계속 보유할 수 있었다. 한편, 프리드리히는 오스트리아를 침공하여 빈을 점령한 헝가리의 왕 마티아스 코르비누스재위 1458-1490와 싸우고 있었다. 그러나 프리드리히가 헝가리군을 자신의 영토 밖으로 내쫓은 것은 마티아스가 사망한 1490년 이후의 일이었다.

프리드리히는 장수의 덕을 톡톡히 보았다. 그는 친척들과 적들보다 오래 살았고, 덕분에 여러 개로 나뉜 합스부르크 가문의 세습 재산을 단일 단위로 재편할 수 있었다. 1463년에는 그의 동생 알브레히트가 상속자 없이 형보다 먼저 죽었고, 이후 프리드리히가 오버외스터라이히의 소유권을 되찾았다. 1490년에는 티롤에 있는 합스부르크 가문의 땅을 다스리던 프리드리히의 사촌 지기스문트가 막시밀리안에게 통치권을 넘겼다. 그리고 니더외스터라이히는 1457년에 조카의 아들인 라디슬라우스가 상속자 없이 세상을 떠나는 바람에 프리드리히의 수중으로 떨어졌다. 그의 경쟁자였던 마티아스 코르비누스도 담대한 샤를도 프리드리히보다 먼저 세상을 떠났다(한 사람은 뇌졸중으로 죽었고, 다른 사람은 전사했다). 게다가 프리드리히는 왕위 승계 문제도 마무리했다. 1486년에 선제후들을 설득해서 막시밀리안을 로마인의 왕으로 뽑도록 한 덕분이었다. 아버지가 살아 있는 동안에 아들을 왕으로 선출하는 데에 선제후들이 동의한 것은 거의 3세기만에 처음 있는 일이었다.

프리드리히 3세는 빈의 성 슈테판 대성당의 남동쪽 모퉁이에 설치된 거대한 석관에 묻혔다. 석관 설치 공사에는 대리석 9톤이 쓰였는데, 빈까지 대리석을 옮기기 위해서는 교량을 보강해야 했다. 석관에는 프리드리히의 제웅이 놓여 있고, AEIOU라는 글자가 적혀 있다. 그러나 큰할아버지인 루돌프와 달리, 그것은 공허한 치세의 은유가 아니다. 프리드리히의 시신은 실제로 석관 안에 있고, 토성과 화성 모두를 섬기며 이룩한 그의 업적은 루돌프보다 더 크기 때문이다. 15세기 초엽에 합스부르크 가문은 황제의 옥좌에 도전할 가문으로 보이지 않았다. 그러나 1493년에 프리드리히가 세상을 떠났을 때, 이미 55년 동안 신성 로마 제국의 통치자들로 군림한 합스부르크 가문은 황실처럼 보였다. 그들은 역사를 자신들의 편으로 만들었을 뿐 아니라 바야흐로 오스트리아 합스부르크 가문의 전통과 신화의 일부분으로 자리 잡은 위대함을 향한 열망을 품고 있었다. 1437년, 프리드리히가 세계 제패의 뜻을 담아 비망록에 남긴 AEIOU는 허영심이 묻어날 뿐 아니라 어리석어 보이기도 했다. 하지만 1490년대에 이르러 그것은 믿을 만했고, 실현을 앞두고 있었다.

제5장

막시밀리안과 색깔로 분류된 왕들

프리드리히의 아들 막시밀리안은 1486년에 왕으로 선출되었고, 그로 부터 7년 뒤에 아버지가 세상을 떠나자 무난하게 권력을 잡았다. 여행의 측면에서 그는 아버지인 프리드리히 3세와 전혀 달랐다. 그는 좀처럼 한 장소에 몇 주일 이상 머물지 않고 늘 이동했다. 하지만 전임 국왕들이나 황제들과 마찬가지로 그의 이동 경로는 전통적으로 통치자와 밀접한 지역들인 슈바벤, 프랑코니아, 라인란트와 그 무렵에 새로 획득한 저지대 국가에 국한되었다. 그는 작센과 브라운슈바이크를 브란덴부르크를, 그리고 발트 해 남부 연안의 공국들을 한 번도 방문하지 않았다. 독일 역사학자들은 독일이 프랑스나 스페인 같은 국민 국가로 통일되지 못한 이유를 심사숙고한다. 여러 가지 이유가 있겠지만, 신성 로마 제국의 거대한 땅덩어리가 주권자가 여행하기에 적합하지 않았다는 점을 한 가지 확실한 이유로 들 수 있다. 가령 독일 북동부의 포메른 지방은 1712년에야 비로소 황제의 방문을 받을 수 있었는데, 그 황제는 다름 아닌 러시아 황제였다.

막시밀리안의 통치 방식은 인품과 친림親臨에 의존했고, 그 두 가지로 부족할 때에는 이미지로 만족해야 했다. 자신의 얼굴이 유럽에서 가장 유명한 얼굴로 통하도록 하려는 막시밀리안의 확고한 의지는 현존하는 수천 점의 초상화를 통해서 드러난다. 그의 이미지와 업적을 한층 더 극적인 방식으로 전달하기 위해서 화가들이 동원되었다. 알브레히트 뒤러와 알브레히트 알트도르퍼, 그리고 그들보다는 덜 유명한 판각가들은 막시밀리안의 조상들과 그의 업적을 선전하는 2점의 대형 목판화 연작인 「막시밀리안 황제의 개선 행렬」과 「개선문」의 도안을 내놓았다. 서로 맞물린 여러 장의 판화 용지로 이루어진 두 작품은 수백 명의 영주들과 그들이 파견된 도시들의 궁전 및 회의실 벽에 바를 벽지 용도로 제작되었다.

막시밀리안은 시인들에게 자신을 기리는 시를 짓도록 의뢰하여 본인의 명성을 널리 알리기도 했다. 그리고 르네상스 학자인 콘라트 첼테스를 계관 시인으로 임명하고 빈 대학교에 신설된 시인 및 수학자 단체의 책임자 역할을 맡겨 그를 자신의 편으로 끌어들였다. 첼테스는 막시밀리안을 위대한 사냥꾼이자 전사로 격찬하고 고전고대와 독일 역사상의 영웅들에 비유하는 찬사를 지어 바쳤다. 막시밀리안은 첼테스 외에도 약 40명의 시인을 계관 시인으로 임명했는데, 그들 모두 그의 치세를 칭송하는 시를 썼다. 막시밀리안은 그들이 쓴 시를 인쇄하도록 지시했을 뿐만 아니라 가장 이른 시기의 특권인 저작권을 그들의 작품에 부여했다. 하지만 타키투스의 1세기 저서인 『게르마니아Germania』에 막시밀리안의 업적을 추가한 첼테스의 『게르마니아

Germania』는 저작권을 무시한 다른 사람들에 의해서 널리 재간행되었고, 덕분에 통치자의 명성은 저 멀리까지 퍼졌다.[1]

막시밀리안은 친히 자기 선전에 나서기도 했다. 그는 자신을 기사도와 가장 잘 어울리고 뛰어난 기사로 묘사한 우화적인 자서전 3권의 편찬 작업을 감독했다. 『토이어당크*Theuerdank*』에서, 막시밀리안은 그 작품의 제목과 이름이 같은 영웅 토이어당크("고귀한 생각"이라는 뜻)가 용감하게 본거지 밖으로 나가 에렌라이히("영예로운"이라는 뜻) 부인과 결혼했다는 내용의 완전히 꾸며낸 이야기를 펼쳐놓았다(에렌라이히 부인은 막시밀리안의 부인인 부르고뉴의 마리를 가리킨다). 그녀를 만날 때까지 토이어당크는 적들의 계략으로 무너진 계단, 눈사태, 독약을 탄 음식 같은 숱한 시련을 겪는다. 에렌라이히 부인에게 결혼 승낙을 얻어낸 뒤, 토이어당크는 십자군에 가담하기 위해서 길을 나선다. 실제로 막시밀리안이 빈을 떠나 헨트에서 결혼식을 치를 때까지의 여정은 대규모 환영회와 축하연이 열리는 바람에 3개월이나 걸렸지만, 그는 은제 갑옷 차림으로 결혼식을 올렸다.[2]

『토이어당크』에는 무려 118점의 목판화가 삽화로 실렸고, 본문에는 훗날 독일 고딕체, 즉 프락투어Fraktur의 토대로 자리 잡은 흑자체 black-letter가 쓰였다. 막시밀리안이 1517년에 개인적으로 나눠줄 목적으로 펴낸 『토이어당크』는 2년 뒤부터 일반 독자들에게도 판매되었다. 그러나 막시밀리안이 『토이어당크』와 함께 의뢰한 『프라이달 *Freydal*』("공정하고 예의 바르다"라는 뜻)은 인쇄되지 못했고, 오늘날 5점의 삽화를 제외하고는 원고 형태로만 남아 있다. 『프라이달』에는 막시밀리안이 200명이 넘는 적들을 상대로 치른, 그리고 흔히 감탄하

는 관중 앞에서 가면무도회와 더불어 진행된 마상 창시합과 전투에서 거둔 업적이 기록되어 있었다.[3]

막시밀리안의 자전적 기사 이야기 중에서 가장 유명한 것은 『백색 왕Weißkunig』이다. 막시밀리안의 사후에 간행된 『백색 왕』에는 그가 어려서 받은 교육과 성인이 되어 백색 왕이라는 우화적인 이름으로 펼친 여러 군사 활동들이 묘사되어 있다. 그 이야기에는 백색 왕의 교육 수준이 열거되어 있는데, 이에 따르면 그는 어릴 적에 자유7과(문법, 수사, 논리, 산술, 기하, 음악, 천문)를 금방 이해하고, 계보학, 광산학, 음창吟唱, 회화, 새소리 알아듣기 같은 온갖 학문과 지식을 습득하는 단계로 나아갔다고 한다. 그러나 실제로 막시밀리안은 훌륭한 학생이 아니었고, 9세 때까지 선택적 함구증특정 장소나 상황에서 말을 하지 못하는 증상/역주을 앓았다. 그럼에도 『백색 왕』에서 막시밀리안의 분신인 백색 왕은 새로운 언어를 손쉽게 터득하고 7개 언어를 유창하게 구사한다. 심지어 흑마술까지 파고들지만, 자신의 영혼을 위험에 빠트릴 정도로 너무 깊게 파고들지는 않는다.[4]

통치자로서 백색 왕은 평화만을 바라지만, 다른 사람들의 교활한 잔꾀에 끊임없이 시달린다. 그들은 색상이나 도안을 기준으로 다음과 같이 열거된다. 녹색 왕(헝가리 왕), 청색 왕(프랑스 왕), 홍백색 왕(잉글랜드 왕), 물고기의 왕(베네치아 총독), 왕관의 왕(교황), 흑색 왕(아라곤), 쇳물의 왕(부르고뉴) 등등. 막시밀리안은 너무 열중한 나머지 가끔 색깔을 혼동하여 몇몇 왕들의 색깔을 바꾸기도 했다. 색깔로 분류된 왕들과 싸우지 않을 때면, 백색 왕은 오랫동안 그의 통치권에 도전하는 저지대 국가의 여러 도시들이 일으킨 군대와 전쟁을 벌인다. 그는 갈색 군대와 회색 군대, 진회색 군대를 상대로 백색 군대를 동원하는데, 실제로 소속 군인들은 흉악한 용병들이었다. 몇 군데에서 막시밀리안은 색깔과 도안을 잊어버리기도 했다. 그래서 스위스인들은 그냥 "시골뜨기 농민들"이고, 백색 왕(막시밀리안)의 아들인 펠리페는 "아름다운 왕"이며, 부르고뉴의 마리에게 결혼 승낙을 얻으려고 겨루지만 실패하는 프랑스 왕세자는 "납작하고 주름진 얼굴"의 소유자이다.

1509년에 간행된 『백색 왕』의 장별 제목에서는 다양한 색깔이 사라진 본문의 단색화적 성격이 드러난다.

· 백색 왕이 물고기의 왕에 맞서 동맹을 맺은 이야기
· 왕관의 왕과 청색 왕이 물고기의 왕을 상대로 전쟁을 벌인 이야기
· 청색 왕이 물고기의 왕을 공격하고 싸움터에서 그를 압도한 이야기
· 백색 왕이 물고기의 왕에 맞서 싸우고 여러 도시들과 많은 땅을 정복한 이야기[5]

투사들과 그 적들을 색깔로 분류하는 일은 독창적인 것이 아니었다. 그 무렵에 간행된 토머스 맬러리 경의 『아서 왕의 죽음Le Morte d'Arthur Tirant lo Blanch』에는 청색 기사, 홍색 기사, 녹색 기사, 흑색 기사, 황색 기사 등이 대거 등장하고, 15세기 후반의 가장 탁월한 기사 이야기인 발렌시아의 『티란테 엘 블랑코Tirant lo Blanch』의 제목은 흰옷을 입은 어느 기사의 이름을 따서 지은 것이기도 하다. 그러나 『백색 왕』에서는 『아서 왕의 죽음』의 도덕적 모호성과 얼룩진 환희, 암담한 운명

이 엿보이지 않고, 『티란테 엘 블랑코』의 서사적 복잡성과 활력도 전혀 눈에 띄지 않는다. 『백색 왕』은 본문을 장식하는 250점의 목판화에 의해서만 빈틈을 보충하는 단순한 자비 출판물이다.

막시밀리안은 3편의 자서전적 우화를, 개별 지식 분과의 정수를 뽑아내서 여러 권의 백과사전을 만들기 위한 대규모 편찬 사업의 출발점으로 삼고자 했다. 백과사전의 각 부에는 요리, 승마술, 매 훈련법, 원예학, 포술砲術, 펜싱, 도덕률, 성채와 도시, 마술(흑마술도 포함된다), 연애 기술 등과 관계있는 모든 지식이 요약될 예정이었다. 그는 총 130개 이상의 표제를 계획했지만 그중에서 완성된 것은 2개 표제의 본문뿐이었다. 티롤과 고리치아에서 사냥과 낚시를 즐기기에 최고인 장소들이 열거된 본문에서는 그물을 던지고 강둑을 살펴보며 사냥꾼들과 대화를 나누는 막시밀리안의 모습이 등장한다. 즉, 그 방대한 편찬 사업의 주제는 막시밀리안 자신이었다. 백과사전 편찬 사업의 모든 측면은 막시밀리안의 통치와 업적을, 그리고 인간의 모든 경험을 집대성한 그의 대가적 기교를 찬미하기 위한 것이었다.[6]

막시밀리안이 역사와 계보학에까지 손을 뻗칠 때에도 자기 선전용 브리콜라주손에 닿는 대로 아무것이나 이용해서 작품을 창작하는 예술 기법/역주가 동원되었다. 대다수의 통치자들이 트로이아 혈통에서 본인의 뿌리를 찾는 데에서 만족하던 시절에 막시밀리안은 훨씬 더 위로 올라가 노아를 시조로 삼았고, 빈 대학교의 신학 교수단을 협박해서 『구약 성서』와 관련한 자신의 뿌리를 확정하도록 했다. 교수들은 핑계를 대며 얼버무렸고, 그의 혈통을 "증명하는" 작업은 훗날의 어느 학자가 맡게 되었다. 막시밀리안은 혼인과 친척 관계를 발판으로 가문의 족보를 『구약 성서』의 선지자들, 그리스와 이집트의 신들, 100명의 교황들, 약 200명의 성자들(123명은 시성식을, 47명은 시복식을 거쳤다), 그리고 유럽의 모든 통치 가문들과 연결하면서 밖으로도 손을 뻗쳤다. 1502년에 짓기 시작한 막시밀리안의 검은 대리석 무덤 주변에는 선지자들과 신들, 교황들과 성자들 중 일부의 제웅이 자리를 잡았다. 원래 비너노이슈타트의 궁전 예배당에 설치될 예정이었던 그 무덤은 규모가 너무 커지는 바람에 공사 도중 인스부르크의 궁정 교회로 옮겨야 했다. 그 웅장한 기념물 주변에는 알브레히트 뒤러와 파이트 슈토스를 비롯한 유수의 예술가들이 조각한 28개의 커다란 청동 인물상이 서 있었다. 인물상의 주인공들로는 막시밀리안의 선조들뿐 아니라 프랑크족의 왕들, 예루살렘의 첫 번째 왕, 그리고 잉글랜드의 아서 왕도 있었다. 그밖에도 청동상 10여 개와 로마 황제들의 흉상 34개, 성자들의 조각상 100개를 만들 계획이었으나, 실제로 그렇게 하지는 못했다.[7]

「개선문」으로 알려진 목판화 모음은 서로 모순된 다양한 암시를 통해서 그와 같은 계보학적 환상을 한곳에 모았다. 개선문 꼭대기의 이른바 성막聖幕 안에는 이집트의 신 오시리스의 혈통임을 나타내는 신성 문자로 치장한 막시밀리안이 앉아 있다. 그 아래에는 합스부르크 가문이 트로이아와 옛 프랑스 왕국, 시캄브리아(트로이아의 헥토르가 정착했다고 짐작되는 오스트리아와 헝가리의 땅들)를 계승했음을 상징하는 나이 지긋한 여인 3명이 있다. 그 옆의 탑에는 카이사르와 네로가 오스트리아에 주는 선물을 상기시키는 황제의 관과 대공의 관이 놓여 있다. 양쪽 옆 부분은 막시밀리안의 업적을 설명하고 그의 선조들을 열거하는 시와 더불어 진짜 조상들과 상상 속의 조상들, 그리고 막시밀리안이 통치자로서 쌓은 공적에 할애되어 있다. 고풍스러운 갑옷 차림의 기사 2명은 고대 로마의 군기軍旗를 의미하는 독수리와 용 문장, 그리고 황제들의 혈통을 나타내는 문장을 높이 들고 있다. 막시밀리안은 가장 최근의 황제였고, 개선문 옆에 새겨진 비문에서 알 수 있듯이, 전임 황제들과 함께 있기에 가장 적합한 인물이었다.[8]

「개선문」은 제국의 주제와 왕가의 주제를 함께 엮으면서 합스부르크 가문의 상속권과 고대 로마의 유산을 뒤섞었다. 또 다른 목판화인 「개선 행렬」은 그런 자기 과대평가에 완전히 새로운 영토 개념을 추가했다. 「개선 행렬」은 130개 이상의 개별 목판화로 구성되었고, 각각의 목판화를 모두 합치면 길이가 54미터에 이른다. 알브레히트 뒤러의 길이 2.4미터짜리 작품 「개선 마차」는 「개선 행렬」과는 별도로 인쇄되었지만, 처음부터 「개선 행렬」에 콜라주할 목적으로 제작되었다. 「개선 마차」에는 로마군의 승리를 토대로 상상한 장면이 묘사되어 있다. 여기에서는 북을 치는 사람들과 어릿광대들, 기사들이 행렬을 이끈다. 뒤이어 마차들이 나온다. 마차에는 막시밀리안의 땅을 상징하는 깃발이 꽂혀 있고, 그의 정복 활동이 묘사되어 있으며, 그의 조상들이 타고 있다.

각 목판화들의 내용은 예측이 가능하지만, 행렬 끝부분을 묘사한 목판화는 예상 밖이다. 여기에서는 코끼리 한 마리가 앞장을 서고, 그 뒤를 터번을 쓴 아시아인이나 깃털로 만든 전투모를 쓴 인디언 같은 차림새의 사람들이 몇 개의 무리를 지어 대열을 이룬 채 따라온다. 비문의 내용에 의하면, 그들은 얼마 전에 막시밀리안의 제국이 정복한 남부 인도의 "저 멀리 떨어진 캘리컷 사람들"이다. 행렬 끝부분을 담당한 목판화가인 한스 부르크마이어는 신대륙이나 인도양에 가본 적이 없었기 때문에 이 부분은 이전 화가들의 표현을 혼성 모방한 작품으로 볼 수 있다. 사실, 막시밀리안의 제국에는 저 멀리 떨어진 민족이나 영지가 전혀 포함되지 않았다. 그러나 「개선 행렬」을 제작하는 화가들을 꼼꼼하게 감독한 막시밀리안에게 그 점은 상관이 없었다. 그의 상상 속에서 자신의 제국은 로마 제국과 합스부르크 제국이었을 뿐 아니라, 지리적으로 무한하게, 지구 전체를 망라하기도 했다. 따라서 막시밀리안은 자신의 아버지가 곰곰이 생각해낸 우화적인 이합체 시 AEIOU를 저 아득한 곳의 민족들도 신민에 포함되는 세계 제패라는 미래상으로 바꿔놓았다.[9]

막시밀리안의 미래상은 현실과 동떨어졌고, 그럴듯하지도 않았다. 그는 치세 내내 야심에 비해서 수입이 부족했다. 프랑스의 왕들이 매년 수백만 두카트의 수입을 올리던 시절, 막시밀리안은 그의 중앙 유럽 영지에서 겨우 약 60만 두카트를 거둬들였다. 저지대 국가의 각 지방 의회들과 도시들이 납세 요구에 저항하는 바람에 그는 화폐를 주조해서 거두는 수익에 기댈 수밖에 없었고, 상황이 좋지 않았던 시기로 널리 인정되는 1480년대의 총수익은 20만 두카트에 불과했다. 신성 로마 제국에서 그가 해마다 거둬들인 수입은 평균적으로 2만 두카트에 불과했다. 세상을 떠날 때, 막시밀리안은 거의 500만 두카트에 이르는 부채를 남겼다.[10]

막시밀리안은 재정 상태를 개선하려고 노력했다. 그는 저지대 국가에서 가장 먼저 활용하기 시작한 국가 재정과 통치 수단을 오스트리아와 슈타이어마르크, 티롤 등지에 도입했다. 또한 각 지역의 정부를 개별 분과(정청政廳, 회계국, 상서국)로 나누어 합스부르크 가문에 통치 기반을 제공했고, 그 제도적 기반은 18세기까지 유지되었다. 하지만 의회의 영향력으로부터 회계 기관을 떼어놓으려는 그의 시도는 특별한 성과를 거두지 못했다. 의회가 세금과 관련한 투표를 실시하고 징세를 책임졌기 때문에 의원들은 지방 회계국을 관할하는 평의회에 참여할 권리를 주장했다. 그럼에도 막시밀리안은 지방의 모든 회계국이 티롤의 인스부르크에 있는 오스트리아 회계국에 종속되도록 하는 개혁을 관철할 수 있었다.

인스부르크를 회계국 소재지로 삼은 막시밀리안의 선택은 인상적이다. 티롤의 금광과 은광에 인접한 그 중앙 회계국은 금과 은을 채굴해서 얻을 수 있는 미래의 수익을 담보로 아우크스부르크의 푸거 가문과 벨저 가문 같은 은행 가문에게 현금을 융통하기에 최적의 장소에 자리 잡고 있었다. 막시밀리안은 푸거 가문과 벨저 가문의 고금리 대출에 힘입어 겨우 파산을 면할 수 있었다. 새롭게 부각된 인스부르크의 중요성을 보여주듯이, 막시밀리안은 그곳에 궁전을 재건했다. 궁전 한쪽에는 그가 소유한 여러 땅을 가리키는 문장으로 장식된 "문장 탑"을 세웠다. 다른 쪽에는 인스부르크의 중심 광장을 내려다보고, 마상 창시합과 승마술 공연을 구경할 수 있는 개랑loggia을 만들었다. 그 개랑은 "황금 지붕"으로 덮여 있었고, 금 아말감에 힘입어 환하게 빛난 황금 지붕의 구리 기와는 지금도 인스부르크의 중심 광장을 굽어보고 있다.

1480년대에 막시밀리안은 주로 저지대 국가에 대한 자신의 권한을 각인시키는 작업에 몰두하고 있었다. 1482년에 부인인 부르고뉴의 마리가 사망한 뒤, 저지대 국가의 플랑드르 지방과 몇몇 도시들이 부인이 세상을 떠났기 때문에 막시밀리안의 권한이 무효가 되었다고 주장하며 반란을 일으켰다. 1488년, 헨트의 시민들이 막시밀리안을 사로잡았고, 그의 아버지가 아들을 석방시키고 반란을 진압하고자 군대를 동원하기까지 몇 달 동안 포로로 잡아두었다. 그로부터 몇 년 뒤에는 홀란트에서 민중 봉기가 일어났다. 시골과 도시의 주민들이 빵과 치즈를 그려놓은 깃발 아래 막시밀리안의 과세 조치에 격렬히 항의했다. 그러나 반란은 맥주잔을 그려놓은 깃발을 휘날리며 진격해온 독일 용병들에 의해서 진압되고 말았다.

1494년 막시밀리안은 저지대 국가에서 합스부르크 가문의 권한을 유지하기 위해서 아들인 펠리페1478-1506에게 부르고뉴 공작직을 물려주어야 했다. 펠리페는 어머니가 부르고뉴 가문의 마지막 여공작이었기 때문에 저지대 국가의 도시들과 귀족들이 비교적 쉽게 받아들일 만한 인물이었음에도 불구하고 주요 귀족들로 구성된 평의회와 협조하며 그곳을 다스려야 했다. 그러나 1506년에 펠리페가 사망했고, 막시밀리안이 펠리페의 젖먹이 아들인 헨트의 카를을 대신해서 섭정에 나섰다. 반대를 무마하기 위해서 막시밀리안은 섭정권을 딸인 마르가레테에게 넘겼지만, 손자의 후견인으로서 수입을 차지할 권리가 있다고 주장했다.

네덜란드에 평화가 찾아오기 무섭게 이탈리아 북부에서 새로운 전선이 펼쳐졌다. 1494년 프랑스의 왕 샤를 8세가 이탈리아 반도를 침공해서 잠시 나폴리 왕국을 점령한 것이다. 얼마 뒤 그는 막시밀리안이 가담한 동맹군에게 쫓겨났지만, 샤를의 대담한 원정은 이탈리아의 도시 국가들이 얼마나 외침에 취약한지를 드러냈다. 이후 수십 년 동안 이탈리아의 자원은 안팎으로 약탈에 시달렸다. 1498년, 막시밀리안은 친프랑스적 성향의 도시 피렌체를 무찌르고자 하는 밀라노의 루도비코 스포르차의 부탁을 받고 이탈리아 북부를 침공했다. 10년 뒤 그는 캉브레 동맹에 가담했고, 교황 및 프랑스의 루이 12세와 연합하여 베네치아와 전쟁을 치렀다. 그러고는 그로부터 불과 몇 년 뒤에 태도를 바꿔서 베네치아를 지원했고, 교황과 손을 잡고 프랑스 왕에게 대항했다.

이와 같은 책략은 『백색 왕』의 줄거리를 짜는 데에는 큰 밑거름이 되었지만, 막시밀리안 본인에게는 전혀 도움이 되지 않았다. 1508년 막시밀리안은 비안카 스포르차와 결혼했지만, 아내의 삼촌을 밀라노의 권좌로 복귀시키지 못했다. 그러기는커녕 이탈리아 북부 지역은 밀라노 공작을 자처한 프랑스 왕과, 잠시 막시밀리안의 군대에 점령되었던 파도바를 되찾은 베네치아가 나눠 가지게 되었다. 한편, 아라곤의 페르난도는 나폴리 왕국을 차지했고, 나폴리 왕국을 이미 아라곤 왕국에 흡수된 시칠리아와 합병했다.

막시밀리안이 스스로 헤아려본 결과, 그는 17번의 군사 활동에 나섰고, 그가 펼친 각각의 군사 활동은 「개선 행렬」에서 깃발을 통해서 찬미되었다. 그는 전쟁 자금을 마련하기 위해서 신성 로마 제국의 미개발 자원으로 눈길을 돌리기도 했다. 그때 개혁가들은 이미 50여 년 전부터 신성 로마 제국의 구조 재편을 고려하고 있었다. 하지만 그들

중 아무도, 후대의 일부 역사학자들이 거론한 국가 진화나 연방화의 관점에서 생각하지 않았고, 심지어 "비非국가성non-statehood"과 "비국가성이 아닌 특성non-non-statehood"을 조화시키되 후자에 무게를 싣는 방식도 생각하지 않았다. 개혁가들은 대부분 신화적 과거를 되돌아보았고, 통치자와 제후들의 공동 지휘 아래에 정의가 지배하는, 신이 정해놓은 상태가 재확립되기를 꿈꾸었다. 반면 막시밀리안은 군대 양성과 자금 확보라는 관점에 입각한 조율에 관심이 있었고, 개혁가들이 꿈꾸는 방식의 권력 분점을 꺼렸다.[11]

막시밀리안은 당시 "그의 전쟁"으로 이해된 여러 전쟁의 비용을 신성 로마 제국이 부담하도록 하는 데에 실패했다. 그는 전쟁 자금을 뜯어내려고 하다가, 마인츠 대주교가 이끄는 개혁가들의 압력으로 잠시 선제후들과 그밖의 제후들로 구성된 평의회와 권력을 나눌 수밖에 없었다. 또한 제국 사법실로 알려진 중앙 재판소 설립에도 동의해야 했다. 제국 사법실은 평화 위반 행위를 기소하는 기관이었지만, 그 구성원들은 주로 제국의 영주들과 제후들이 임명했으므로 막시밀리안은 빈에 별도의 재판소를 두었다. 그가 설치한 재판소의 사법권은 프랑크푸르트에 있는 제국 사법실의 사법권을 침해했다. 사실상 서로 경쟁하는 2개의 사법 체계가 확립된 것이다. 1508년, 통치자의 권한을 강화하기 위해서 막시밀리안은 신성 로마 제국의 왕이 "선출된 황제"로 자처할 수 있게 해달라고, 그리고 아직 로마에서 황제의 관을 받지 않았어도 황제 칭호를 쓸 수 있도록 해달라고 교황에게 요청했고, 교황으로부터 승인을 받았다. 그때부터 로마인의 왕이라는 칭호는 전임 황제가 살아 있을 때에 안정적인 황위 승계를 위해 선출되어

관을 받은 "차기 황제"를 가리키는 용어로 쓰이기 시작했다.

1500년에 재판소의 판결 집행에 필요한 병력을 파견할 목적으로 구획한 몇 개의 영토인 "제국 관구"가 도입되자, 제국의 국정에 질서가 조금씩 잡히기 시작했다. 제국 관구는 13세기에 합스부르크 가문의 루돌프 왕이 확립한 란트포크트 제도의 후신이었지만, 통치자가 임명한 자들을 대신하여 지역 영주들과 제후들로 구성된 위원회가 관리한다는 점에서 차이가 있었다. 개혁가들도 성과를 거두었다. 그들은 제국 의회를 비공식적 기관에서 구속력 있는 법을 제정하는 기관으로 탈바꿈시켰다. 그러나 막시밀리안은 여전히 전체적인 사무 관리권을 누렸다. 의회를 열기 위해서는 그가 필요했다. 또한 그는 의제를 내놓았고, 거부권을 보유하고 있었다. 의회의 결정이 입법화되려면 의회의 3개 "집단"인 선제후들과 제후들과 도시들의 지원뿐 아니라 황제의 승인도 필요했다. 오전 4시부터 한밤중까지 이어진 회기에도 불구하고, 의회는 종종 합의 없이 막을 내렸다.

막시밀리안과 제후들은 서로를 효과적으로 견제했다. 어느 쪽도 중앙의 강력한 정부를 원하지 않았다. 본인들의 영향력이 줄어들까 봐 염려했기 때문이다. 그 결과 신성 로마 제국은 기껏해야 과도한 폭력을 제어하기 위해서 존재하는 치안 기관으로 남았다. 대영주들과 제후들이 그들의 영토 안에서 이전처럼 일상적 권력을 행사했다. 광범위한 영지를 보유한 합스부르크 가문도 예외는 아니었다. 그러므로 제후들과 영토 위에 존재하는 신성 로마 제국은 19세기 독일 이론가들이 거론한 "야경 국가" 같은 최후의 보안 조직으로 작동하면서 가장 기본적인 역할만 수행했다.

막시밀리안은 아예 불가능하거나 주의를 기울이지 않아서 흐지부지되는 계획을 자주 내놓았다. 그는 종종 십자군에 가담하겠다고 선언했고, 1494년에는 예루살렘 탈환 작전을 일원화하고자 성 게오르크 기사단을 창설했지만 결국 성전에 나서지는 않았다. 오스트리아의 유대인을 처리하는 방식에도 일관성이 없었다. 1495년에는 슈타이어마르크의 유대인들을 추방하도록 명령했지만, 나중에는 그들이 니더외스터라이히로 피난할 수 있도록 허락했다. 또한 유대교 신비주의 사상인 카발라에 관심을 쏟다가 모든 유대교 저작을 금지해놓고는 곧바로 명령을 뒤집기도 했다. 1511년, 두 번째 부인이 사망한 뒤에는 교황이 되려고 마음먹었다. 막시밀리안의 계획은 추기경들을 매수할 비용을 마련할 만큼 충분히 진척되었다. 푸거 가문을 설득해서 교황으로 선출되는 데에 필요한 자금을 확보한 것이다. 딸인 마르가레테에게 보낸 편지에서 그는 "다시는 벌거벗은 여인들을 탐하지 않겠다"라며 금욕을 약속했고, "너의 좋은 아버지이자 미래의 교황, 막시"라고 서명했다. 하지만 말뿐이었다. 몇 년 뒤에 그는 부르고뉴 가문의 땅을 옛 프랑크 왕국의 한 지역명을 본떠 아우스트라시아 왕국으로 만들려는 계획을 세웠지만 역시나 성과가 없었다.[12]

야심만만하기로는 막시밀리안의 결혼 정책도 마찬가지였다. 그러나 그의 결혼 정책은 자칫 운이 나빴다면 상속자들을 파멸로 몰아넣었을 것이다. 1496년과 1497년에 그는 두 자녀를 모두 스페인 왕족의 혈통과 결혼시켰다. 막시밀리안의 아들인 펠리페는 아라곤의 페르난도와 카스티야의 이사벨 사이에서 태어난 딸인 우울한 성격의 소유자 후아나(훗날 "광녀"로 불렸다)와 결혼했고, 막시밀리안의 딸인 마르가레테는 페르난도와 이사벨의 유일한 아들인 후안과 결혼했다. 후안과 마르가레테의 결혼은 중대한 이해관계가 걸린 도박이나 다름 없었다. 만약 후안과 마르가레테가 아들을 낳으면 나중에 그 아들이 스페인의 왕자로서 막시밀리안이 소유한 영지의 적어도 일부분에 대한 권리를 주장할 우려가 있었기 때문이다. 그런데 공교롭게도 후안이 먼저 죽었다. 전해져 내려오는 이야기에 의하면 그는 신부의 성적 요구에 너무 시달려 기력을 잃어버렸다고 하는데, 훗날 그의 운명은 금욕의 중요성을 널리 알리는 소재가 되었다. 반면 펠리페와 후아나의 결혼은 종종 찾아오는 후아나의 우울증에도 불구하고 풍성한 열매를 맺었다. 후아나는 1506년에 펠리페가 일사병으로 사망하기 전에 6명의 자녀를 낳았다. 장남인 헨트의 카를은 스페인 왕국 전체뿐 아니라 막시밀리안의 칭호도 물려받게 될 듯했다. 하지만 그것은 확실히 보장된 미래가 아니었다. 1505년에 재혼한 아라곤의 페르난도는 후처인 푸아의 제르맨이 아들을 낳으면 그 아들에게 왕국을 물려주려고 했다. 그러나 1509년에 제르맨이 낳은 아들은 몇 시간 만에 죽고 말았다.[13]

프리드리히 3세도 막시밀리안도 헝가리를 합스부르크 세력권으로 끌어들이려고 오랫동안 애썼지만, 헝가리의 왕 마티아스 코르비누스와의 결혼 동맹은 마티아스에게 적출인 상속자가 없었기 때문에 무산되고 말았다. 마티아스의 후계자이자 보헤미아의 왕이기도 한 야기에우워 가문의 브와디스와프 2세[1456-1516]를 상대로 진행한 협상은 1515년에 이중 약혼이라는 열매를 맺었다. 막시밀리안의 손주들인 마리와 페르디난트가 각각 브와디스와프 2세의 아들인 러요시, 딸인 아나와 약혼한 것이다. 페르디난트와 아나는 1521년에, 마리와 러요시는 1522년에 결혼식을 올렸다. 이러한 이중 결혼으로 오스트리아는 또다시 야기에우워 가문에 넘어갈 위기에 처했다. 그러나 나중에 밝혀졌듯이, 합스부르크 가문이 헝가리와 보헤미아를 집어삼키면서 결과는 정반대로 이어졌다.[14]

막시밀리안이 스페인 왕실과 야기에우워 가문을 상대로 성공시킨 두 차례의 이중 결혼은 모두 도박이었다. 헨트의 카를이 훗날 카를 5세가 되어 말했듯이, 결혼 외교는 성과를 보장할 수 없기 때문에 불확실하고 위험했다. 그렇지만 나중에 드러났듯이, 막시밀리안의 도박은 성공했다. 그의 상속자들은 유럽뿐 아니라 세계의 주인이 되었다. "남들은 전쟁을 벌일 때 행복한 오스트리아는 결혼을 한다"라는 17세기의 어느 낙서처럼 말이다.[15]

현대인들은 막시밀리안의 터무니없는 망상, 과시적인 행동, 어설픈 예술적 취향 따위를 비웃을지도 모른다. 그러나 그는 거창한 계획을 통해서 백색 왕의 우화를 합스부르크 가문을 위한 정치적 현실로 탈바꿈시키는 데에 성공했고, 덕분에 그의 상속자들은 유럽의 대부분을, 그리고 스페인과의 연줄을 통해서 신대륙의 대부분을 호령하게 되었다. 막시밀리안이 세상을 떠난 지 수십 년 만에, 「개선 행렬」의 "저 멀리 떨어진 캘리컷 사람들"조차 합스부르크 가문의 신민이 되었다. 앞선 2세기 동안 합스부르크 가문이 겪었던 굴욕과 분열과 패배를 고려하면 막시밀리안의 업적은 한층 더 위대해 보이고, 그의 자기 강화적 상상 또한 근거가 전혀 없지는 않아 보인다. 그는 행운과 결혼과 전쟁을 통해서 합스부르크 가문을 중앙 유럽의 중위권 왕가에서 프랑스에 버금가는 유럽 최고의 세력으로 변모시켰다. 그의 뒤를 이어서 황제로 등극한 손자 카를 5세의 치세에 합스부르크 가문은 한 걸음 더 나아가 세계적 강자로 군림하게 된다.

제6장

카를 5세
세계의 통치자

막시밀리안은 1519년에 세상을 떠났다. 그를 보살피던 의사들이 황달, 대장염이나 복막염, 담석, 늑막염, 이질 같은 온갖 질병에 걸린 것으로 진단했기 때문에 정확한 사인은 알 수 없다(사실 그는 매독에 걸려 사망했을 가능성이 가장 크다). 그러나 막시밀리안은 생전에 인스부르크에 만들도록 명령한 호화로운 무덤이 아니라 비너노이슈타트의 성 게오르크 예배당에서 제단으로 쓰인 평범한 대리석 덩어리 속에 묻혔다. 그는 참회자로서 그곳에 누웠다. 그의 시신은 자신이 미리 정해둔 의례에 따라서 매장되기 전에 매질을 당했고, 머리카락이 잘렸으며, 치아가 부서졌다. 막시밀리안은 죽어서도 본인의 의사를 거창하게 표현하는 솜씨를 잃지 않았다.[1]

세상을 떠나기 몇 년 전, 막시밀리안은 화가인 베른하르트 슈트리겔에게 자신이 첫 번째 부인과 아들, 손주들과 함께 있는 장면을 담은 가족 초상화를 그리도록 지시했다. 그 작품은 합스부르크 가문의 역사에서 동일한 구도를 가진 작품들 가운데 가장 유명하다. 그러나 작품 속 배경은 전적으로 꾸며낸 것이다. 막시밀리안은 건강한 중년의 모습으로 묘사되어 있지만, 그 초상화가 그려질 당시 그는 관을 준비한 채 여행에 나설 정도로 병마에 시달리고 있었다. 게다가 얼굴에는 희끗희끗한 수염이 나 있었다. 그림 속에서 그의 옆에 서 있는 부인과 아들은 둘 다 세상을 떠난 지 오래였다. 부인인 부르고뉴의 마리가 하늘을 쳐다보는 모습은 죽음을 암시한다. 더구나 초상화 속의 세 아이들은 서로 만난 적이 없었다. 할아버지의 팔을 껴안고 있는 페르디난트는 스페인에서 자랐고, 한가운데에 그려진 헨트의 카를은 저지대 국가에서 성장했다. 긴 금발인 세 번째 아이는 합스부르크 가문의 일원이 아니라 야기에우워 가문 출신의 헝가리 국왕 러요시이다. 러요시는 1515년의 이중 약혼에 힘입어 합스부르크 가문과 인연을 맺었다. 그는 이듬해에 아버지인 브와디스와프 2세가 세상을 떠나는 바람에 고아가 되었는데, 막시밀리안을 여러 후견인들 중 한 사람으로 받아들였기 때문에 가족 초상화에 등장할 수 있었다.

슈트리겔은 미래의 황제 카를 5세인 헨트의 카를을 묘사할 때에 아량을 베풀었다. 사실, 그가 초상화를 그릴 무렵 카를의 턱은 너무 흉해 보였다. 위쪽 부분과 아래쪽 부분이 서로 맞물리지 않았기 때문이다. 카를은 예전에 마차 사고를 당해 앞니가 빠지고 말았다(아마 그 후 틀니를 꼈던 것 같다. 훗날 안경을 쓴 것처럼 말이다). 그리고 임파선이 비대해져 늘 입이 벌어져 있었을 것이다. 훗날 스페인 궁정의 눈치 없는 어느 조신은 무례하기로 악명 높은 카스티야의 검정파리들이 목구멍으로 들어가지 않도록 조심해야 한다고 카를에게 조언했다.

역사학자들도 카를을 평범하고 재능 없는 인물로, 그리고 중세의 유물로 묘사하는 등 신랄한 평가를 내렸다. 18세기 스코틀랜드의 철학자 데이비드 흄은 카를 5세에 대해서 "별로 흥미롭지 않다"라는 가혹한 평가를 내렸다. 우울증은 그다지 많은 공감을 얻지 못하기 마련이므로, 카를이 1550년대에 맞이한 정신적 쇠약과 뒤이은 그의 퇴위는 실패를 가리키는 은유로 자리를 잡았다.[2]

어린 카를은 1516년에 외할아버지인 아라곤의 페르난도가 세상을 떠나면서 스페인 왕위를 물려받았다. 카를이 왕위 승계로 확보한 영지에는 시칠리아와 남부 이탈리아, 사르데냐가 포함되었고, 1510년과 1520년 사이에 북아프리카 해안의 고립 영토들(오늘날에도 일부분은 스페인 영토에 속한다), 그리고 이후에 튀니스가 추가되었다. 카를이 국왕으로 통치하던 시기에는 신대륙의 상당 부분이 스페인의 영토가 되기도 했다. 멕시코는 1519년 이후에, 페루를 중심으로 한 옛 잉카 제국은 1529년 이후에, 오늘날의 칠레는 1530년대 후반에 각각 스페인의 차지가 되었다. 더 멀리 떨어진 필리핀은 1521년에 탐험가 마젤란에 의해서 스페인 영토로 선포되었고, 훗날 카를의 아들인 펠리페의 이름을 따서 필리핀으로 불렸다. 광활한 영지를 보유한 카를은 당대인들이 보기에 "세계의 지배자"였고, 멕시코를 정복한 에르난 코르테스의 말을 빌리자면 "왕 중의 왕", 그리고 "우주의 군주"였다. 멕시코의 신민들이 보기에 카를은 "지진의 지배자"이기도 했다. 땅 밑에서 굴을 파고 살며 땅을 뒤흔드는 거대한 동물인 아르마딜로에게도 그의 권력이 미친다고 생각했기 때문이다.[3]

1517년에 카를이 처음으로 스페인을 방문한 직후, 그의 통치에 저항하는 반란이 일어났다. 반란의 주원인은 일찌감치 스페인의 국고를 강탈하기 시작했던 플랑드르 출신 조신들의 탐욕이었다. 반란은 진압되었고, 카를은 교훈을 얻었다. 그때부터 카를은 스페인에서든 다른 곳에서든 기존의 권력자들이나 중추 세력과 협력하며 그들의 특권을 존중하고 합의를 모색하는 통치 방식을 선호했다. 스페인의 대귀족들에게 실질적인 통치 업무를 분담하지는 않았지만, 해외의 총독권과 군사 지휘권은 부여했다. 또한 대귀족들에게 황금양모 기사단에 가입할 자격을 주기도 했다. 황금양모 기사단의 뿌리는 단원들이 회의에서 군주와 대등한 조건으로 협의할 수 있는 부르고뉴의 기사단이었다. 황금양모 기사단의 회의가 열릴 때면 카를은 그의 미적거리는 버릇, 세부 사항에 집착하는 태도, 채무 상태 따위를 둘러싼 기사들의 불평을 경청하고 개선을 약속했지만, 말뿐이었다.[4]

협의를 좋아하는 카를의 취향은 카스티야 의회와 아라곤 의회를 대하는 방식에서 가장 명백하게 드러났다. 그는 대략 3년마다 카스티야 의회와 회담했고, 아라곤 의회와는 약 5년에 한 번씩 회담했다. 카를은 통치자가 스페인 의회의 요구를 들어줄 때에만 통치자의 신규 과세가 허용된다는 원칙을 결코 따르지 않았다. 그럼에도 카스티야 의회와 아라곤 의회의 청원을 경청하고 종종 그것을 입법화함으로써 군주와 신민이 맺은 계약이 있다는, 그리고 왕권이 무제한적인 것이 아니라 어느 정도 입헌적 제약을 받는다는 관념은 강화했다.

카를은 재정적 절박성을 정치적으로 활용했다. 그는 돈이 필요했고, 카스티야의 군주로서 의회의 동의 없이 다양한 세금을 징수할 권리가 있었다. 그렇게 거둬들이는 세금은 그의 모험을 뒷받침하는 데에 할당되거나 대출의 담보로 제공될 첫 번째 수입원이었다. 세금 다음으로 그가 기댄 것은 카스티야 의회가 특별히 통과시키는 자금이었는데, 그 돈을 이용하려면 일단 의회를 소집해야 했다. 1530년대에 카스티야 의회는 국부가 고갈되었고 너무 많은 돈이 해외에서 낭비된다고 항의하면서 카를의 추가 과세안에 저항했다. 하지만 그 무렵 카를은 신대륙에서 확보된 수입이라는 새로운 재원을 활용했고, 얼마 지나지 않아서 그 재원에 볼리비아의 은광을 통해서 올리는 수익이 추가되었다. 그러나 스페인과 신대륙에서 마련한 자금으로는 여전히 부족했기 때문에 그는 독일과 이탈리아의 은행업자들에게 종종 매우 높은 금리로 돈을 빌릴 수밖에 없었다(1550년대 초엽에는 금리가 100퍼센트에 이르렀다). 자칫 논의를 잘못된 방향으로 이끌 소지가 있지만, 주요 적수들과 비교해보면 카를이 스페인과 해외의 영지로부터 얻은 수입은 프랑스 국왕이 활용할 수 있는 재원의 절반에 조금 못 미쳤고, 오스만 제국의 술탄이 올린 수입의 25퍼센트보다 적었다.[5]

재정적 어려움은 카를의 야심을 꺾지 못했다. 그는 약 40년의 치세 중 절반 동안 프랑스를 상대로 전쟁을 벌였고, 이탈리아, 피레네 산맥, 그리고 신성 로마 제국의 서쪽 변경에서 싸웠다. 또한 도나우 강에서 오스만 제국의 군대와 교전을 벌였고, 오스만 제국의 북아프리카 동맹들을 상대로 함대를 이끌었으며, 신성 로마 제국 내부에서 군사 활동을 펼쳤다. 승부의 대차대조표는 엇갈린다. 카를은 1477년에 프랑스에 빼앗긴 부르고뉴 가문의 땅을 되찾지 못했지만, 경쟁자인 프랑스의 프랑수아 1세를 이탈리아 반도에서 몰아냄으로써 자신의 주장을 관철시켰다. 반면 신성 로마 제국에서는 교회의 적들에 맞선 싸움을 추진하지 못했다. 1535년에는 북아프리카의 튀니스를 차지하여 그곳의 요새를 이후 40년간 스페인군의 주둔지로 썼지만, 1541년에는 그의 함대가 알제 앞바다에서 난파되었다.

브뤼셀에서 열린 퇴위식에서, 카를은 청중들에게 자신의 여행지를 나열했다.

나는 독일에 아홉 번, 스페인에 여섯 번, 그리고 이탈리아에 일곱 번 갔다. 이곳 플랑드르에는 열 번 왔고, 전시와 평시에 프랑스를 네 번, 잉글랜드를 두 번, 아프리카를 두 번 방문했다.……그보다 덜 중요한 다른 여행은 언급하지 않겠다. 지중해는 여덟 번, 스페인의 바다는 세 번 항해했다.[6]

(카를은 1520년과 1522년에 헨리 8세와 동맹을 맺고자 잉글랜드를 방문했다. 그는 영국 해협을 건넌 합스부르크 가문 유일의 현직 황제였다.) 카를이 개인 문장으로 가지고 있던 도안인 헤라클레스의 기둥과 가문의 좌우명인 "더 멀리Plus Ultra"는, 대부분 말을 타거나 치질과 통풍 때문에 가마를 탄 채 보낸 그의 치세를 가리키기도 했다. 나중에 헤라클레스의 기둥은 합스부르크 가문이 가장 좋아하는 상징이 되었고, 그들의 세계적 판도를 상징했다. 헤라클레스의 기둥은 가문의 좌우명인 "더 멀리"와 함께 오늘날까지 스페인 국기에서 주연을 맡고 있다.[7]

세르반테스는 어느 정도 카를 5세를 원형으로 삼아 방랑하는 돈키호테를 만들어냈지만, 카를이 펼친 활동을 감안하면 그는 흘러간 시대의 유물이 아니었다. 스페인에서 카를은 전임자들의 업적을 발전시켰을 뿐만 아니라 부르고뉴의 금융 관행을 차용하여 제도 개혁 또한 모색했다. 하급 귀족 출신과 도시 출신 위주의 법률가들과 유능한 비서들이 참여하는 평의회와 위원회는 토의록 요약본을 준비하고 카를에게 진언하면서 정부의 업무를 감독했다. 그럼에도 정부의 규모는 여전히 작았다. 지방과 도시에서 정부 문서는 간신히 효력을 발휘했고, 소란스러운 아라곤 왕국에서는 왕의 의지가 관철되지 않을 때가 자주 있었다. 신대륙의 경우 스페인의 항구 도시 카디스까지 왔다가 돌아가는 데에 평균적으로 네다섯 달이 걸렸기 때문에, 왕의 지시는 설령 신대륙에 전달된다고 해도 여러 사건들에 묻힐 수밖에 없었다. 얼마 지나지 않아서 식민지 정부는 "죽음이 스페인에서 온다면 우리는 죽지 않을 것이다"를 금언으로 여기게 되었다.[8]

1519년 카를은 그가 참석하지 않은 자리에서 신성 로마 제국의 황제로, 그리고 할아버지인 막시밀리안의 후계자로 선출되었다. 하지만 아직 안심하기는 일렀다. 프랑스의 프랑수아 1세도 만만찮은 후보였기 때문이다(프랑수아 1세보다는 손쉬운 상대이기는 했으나 잉글랜드의 헨리 8세도 무시할 수 없었다). 그러나 카를은 독일 남부의 은행업자들에게 지지를 받고 있었다. 카를이 황제로 선출되는 경우에만 현금화할 수 있는 앞수표의 형태로 선제후들에게 건넨 뇌물이 결정적인 역할을 했다. 카를은 급히 독일로 향하던 길에 아헨에서 로마인의 왕으로서 관을 받았다. 곧바로 그는 보름스에서 제국 의회의 회합을 주관했고, 그곳에서 이미 신학 이론 문제로 교황에게 파문을 당한 마르틴 루터를 만났다. 루터가 제국 의회에서도 자신의 믿음을 다시 천명하자 카를은 그의 믿음을 이단으로 확정했고, 루터의 가르침을 금지하고 그를 무법자로 판결했다.

그러나 그 중대한 순간에도 어린 카를은 기꺼이 타협하려는 태도를 보였다. 루터는 수도사일 뿐만 아니라 비텐베르크 대학교의 교수이기도 했는데, 그 대학교의 창립자는 당시 활동하고 있던 작센 선제후인 현명한 프리드리히였다. 프리드리히는 독실한 가톨릭 신자였고, 약 2만 점의 성유골聖遺骨과 그밖의 유물을 소장하고 있었다(당대인들은 참회자들이 뉘우치는 마음으로 그 유물을 바라보면 연옥에서의 형기를 190만2,202년 270일 감면받을 수 있다고 생각했다). 그런데도 프리드리히는 자신이 설립한 대학교의 교수인 루터를 중심으로 지지했고, 카를은 프리드리히와 대립하지 말아야 한다는 사실을 알고 있었다. 따라서 그는 프리드리히에게 루터의 활동을 금지하는 명령을 전하지 않았다. 대신에 그 종교 개혁가가 처벌과 박해를 당하지 않도록 보호하라는 신호를 프리드리히에게 보냈고, 프리드리히는 카를의 뜻에 따랐다.[9]

제국 의회가 막을 내린 뒤 스페인으로 돌아온 카를은 동생 페르디난트를 신성 로마 제국의 섭정으로 임명하고 그에게 오스트리아의 합스부르크 가문 땅을 양도했다. 그러나 페르디난트는 루터가 촉발한 프로테스탄트 개혁의 확산을 막지 못했다. 신성 로마 제국의 제후들과 대영주들 대부분이 확실히 프로테스탄트 개혁의 편에 서기까지는 아직 수십 년이 더 흘러야 했다. 그러나 많은 제후들과 대영주들은 휘하의 봉신들을 자극하지 않으려고 했고, 루터의 새로운 가르침이 일찌감치 발판을 마련한 도시들과의 관계 악화도 우려했기 때문에 관용적인 태도를 보였다. 그 새로운 신앙의 더 극단적인 여러 형태들도 널리 퍼져나갔다. 흔히 종말론적 가르침과 결합된 그 다양한 형태의 신앙은 사회적 혁명 사상의 밑거름이 되었고, 1525년에 독일에서 일어난 대규모 민중 봉기인 농민 전쟁에 영향을 미쳤다. 한편 오스만 튀르크인들은 신성 로마 제국의 방어력을 시험했는데, 1529년 가을에는 빈을 잠시 포위할 정도였다. 페르디난트는 약 10년에 걸쳐 홀로 그러한 도전들에 직면해야 했다.

그러는 동안 카를은 연약하지만 아름다운 포르투갈의 이사벨라와 결혼했다. 이 결혼은 원래 외교적 방편이었기 때문에 당사자들은 결혼식 당일에야 처음 만났다. 그러나 카를은 금세 이사벨라와 사랑에 빠졌고, 자신이 국외에 나가 있을 때에는 스페인의 섭정을 맡길 만큼 그녀를 신뢰하게 되었다. 이사벨라는 아이를 유산한 뒤 1539년에 세상을 떠났지만, 이미 카를에게 자식 5명을 안겨준 뒤의 일이었다. 카를은 애인들을 둘 만큼 사별의 아픔에서 충분히 벗어난 후에도 티치아노1488?-1576에게 이사벨라의 초상화를 그리도록 하고, 종종 악사들에게 그녀를 추모하는 의미로 프랑스 샹송 "1,000가지 후회"를 연주하도록 지시하는 등 부인의 죽음을 꾸준히 애도했다.

1529년, 카를은 이사벨라를 스페인에 남겨둔 채 바르셀로나에서 출발해 제노바를 거쳐 신성 로마 제국에 도착했다. 불과 2년 전인 1527년에 그의 군대는 프랑스 국왕과 교황의 연합군을 격파하고 로마를 약탈한 바 있었다. 카를은 병사들의 잔인함을 개탄하면서도 그것을 정치적으로 활용했다. 교황 클레멘스 7세는 사실 카를의 포로나 다름없었기 때문에 카를은 그가 자신에게 황제의 관을 씌우도록 압박할 수 있었다. 하지만 페르디난트가 재촉하는 바람에 여정이 단축되었고, 그는 1530년 2월에 로마가 아니라 볼로냐에서 교황으로부터 황제의 관을 받았다. 대관식에 이어 축제가 벌어졌고, 대리석과 돌로 만든 것처럼 보이지만 실제로는 나무와 회반죽으로 세운 개선문을 지나가는 행렬이 등장했다. 개선문에는 로마 황제들의 온갖 자랑거리가 지구의, 천구의와 함께 묘사되어 있었다. 카를은 베르길리우스가 서사시 『아이네이스Aeneis』에서 예언한 황금시대의 도래를 알릴 새로운 아우구스투스로 찬양되었다. 반인반어半人半魚의 해신들과 반인반조半人半鳥의 바다 요정들, 그리고 해마들과 함께 보이는 넵투누스의 형상은 점점 확대되는 카를의 해외 영지와 그의 제해권에 이목을 집중시켰다.[10]

카를의 전임자들은 고전시대의 암시를 계보학적 환상이나 개인적인 성취와 무차별적으로 혼합하여 황제의 숙명이라는 이미지를 겹겹이 쌓았다. 카를의 참모들은 에라스뮈스와 단테로부터 차용한, 통일된 기독교 국가에 속한 기독교인들 간의 평화라는 개념과 단일 군주가 이끄는 세계라는 개념을 상세히 나열하며 그런 식의 자기 과대평가에 가세했다. 카를의 지근거리에 있던 인물들 가운데 한 사람인 스페인의 인문주의자 알폰소 데 발데스는 다음과 같은 열렬한 글귀를 남겼다. "지구 전체가 바로 이 기독교 군주 아래에 놓이고 우리의 신앙을 받아들일 것이다. 그러므로 우리 구세주의 말씀인 '한 양떼와 한 목자가 있게 하라'가 이루어질 것이다." 그는 학문을 장려하고, 철인왕哲人王의 책임을 맡아 새로운 솔로몬이 될 수 있도록 하라고 카를에게 조언했다.[11]

다른 측근들은 "세계의 지배자"인 카를이 예루살렘에 주목하여 성지를 수복하도록, 그리고 "신이 확립하고, 선지자들이 예언하고, 사도들이 설파하고, 구세주께서 몸소 출생과 삶과 죽음을 통해서 증명한" 운명을 발전시키도록 권했다. 카를의 재상 메르쿠리노 디 가티나라는 중세의 예언과 『신약 성서』의 신학 이론, 그리고 이탈리아의 법이론을 혼합하여 카를을 부드러운 패권을 행사하는 "세계 통치자"로 그려냈고, 그의 자비로운 통치에 힘입어 각 지역의 제후들과 특권과 풍습이 계속 번영을 누리는 세상을 꿈꿨다. 그는 "뱀처럼 생긴 팔다리를 가진" 벌들의 왕과 "거인 성직자들"과 "당나귀 떼"에 분노하는 카를이 "새로운 다윗"으로서 무너진 "시온의 제단을 다시 세우기 위해서 올 것"이라고 예견하는 등 정교한 우화로 본인의 평가를 치장했다. 인문주의자 에라스뮈스는 카를에게 "영원한 힘의 본보기에 따라서 통치 이론"을 실천하도록 명확하게 권고했다.[12]

어릴 적 카를은 저명한 인문주의자인 위트레흐트의 아드리안(훗날의 교황 하드리아누스 6세)에게 사사했다. 그러나 카를은 훌륭한 학생이 아니었다. 그는 우아한 라틴어 산문을 짓기보다는 궁정 연애소설을 읽는 편을 더 좋아했다. 어른이 되었을 때, 카를은 고상한 명상, 우화적인 자기 과대평가, 그리고 통치 이론을 무시했다. 참모들의 심사숙고에도 불구하고, 그가 생각하는 황제의 역할은 대단히 실질적이었다. 그는 가문의 계보와 혈통이 자신에게 의무를 부과한다는 점을 인식했고, 그가 보기에 가장 중요한 의무는 가톨릭 신앙을 장려하고 이 세상에 신의 은총이 내리도록 하는 것이었다. 카를이 친히 (프랑스어로) 작성한 첫 번째 판결문은 아마 1521년에 열린 보름스 제국

의회에서 루터를 심판할 때에 쓴 판결문일 것이다. 그 판결문에서 카를은 독일과 오스트리아와 스페인과 부르고뉴 출신의 전임자들 모두가 "평생 로마 교회의 충실한 아들"이고, "언제나 가톨릭 신앙과 그것의 신성한 의식과 명령, 규정과 관례의 수호자들"이라고 단언했다. 카를이 볼 때 "그들은 언제나 신앙의 전파와 영혼의 구원에 관심이 있었다." 카를은 "우리 조상들의 진정한 신봉자"로서 이단의 죄를 가혹하게 물을 수밖에 없었다.[13]

카를은 혈통을 통해서 책임을 물려받았고, 자신이 행사하는 통치권의 세계적 범위를 통해서도 책임을 떠안게 되었다. 카를은 위대한 기독교인 지도자가 "기독교인들 간의 평화"를 위해서 일해야 한다는 관념을 수용했지만, 그 관념을 실질적인 차원에서 다시 바라보았다. 그는 결혼으로 통치자들을 연결하여 그들이 서로 협력하도록 하고자 했다. 그래서 누이를 프랑스의 프랑수아 1세와 결혼시켰다. 카를의 아들인 펠리페는 처음에는 포르투갈의 공주와, 나중에는 잉글랜드의 여왕과 결혼했고, 카를의 또 다른 누이는 포르투갈의 왕과 결혼함으로써 동맹을 공고히 했다. 카를은 이탈리아 반도를 합스부르크 가문과 더 밀착시키겠다는 기대를 안고 조카딸들을 잇달아 이탈리아의 공작들과 결혼시켰다. 그의 치세 말기에, 합스부르크 가문의 얽히고설킨 결혼 동맹의 실타래는 폴란드와 스칸디나비아 반도에서 출발해서 잉글랜드와 바이에른을 거쳐 지중해에 이르렀다. 그것은 그의 할아버지가 시도했던 다른 사람들의 생물학적 생존 여부를 둘러싼 도박이 아니라 평화를 위해서 "세계 재편"을 모색하는 왕가 차원의 정책이었다. 자신이 기대한 프랑스와의 평화가 이루어지지 않자 카를은 한층 더 직접적인 접근법을 선택했지만, 프랑스의 왕은 그의 도전을 개인적인 다툼의 차원으로 격하시켰다.[14]

 "기독교인들 간의 평화"는 세계 평화의 동의어가 아니었다. 협력은 오스만 제국을 무찌르기 위한, 그리고 알본소 데 발데스에 따르면 "우리가 저지른 죄의 대가로 이교도들의 손아귀에 들어간" 콘스탄티노폴리스와 예루살렘을 해방하기 위한 종교 전쟁의 서곡일 뿐이었다. 카를의 상상 속에서 그 종교 전쟁은 할아버지인 막시밀리안의 수사적 표현뿐만 아니라 스페인 왕실의 정책에, 그리고 그가 읽은 기사도 이야기에 예전부터 스며들어 있던 십자군 개념과 어울리는 투쟁이었다. 바로 그런 정신적 기조에서 1535년 카를은 얼마 전 오스만 제국의 해군 제독 바르바로사에게 빼앗겼던 튀니스를 공격해서 성공을 거두었다. 튀니스 원정에는 카를이 이탈리아에서 확보한 재산뿐 아니라 스페인과 포르투갈, 제노바와 몰타의 군대도 활용되었고, 교황은 가담자들을 면죄를 받을 자격이 있는 십자군으로 축복해주었다.

 승리의 증거를 남기기 위해서, 카를은 합스부르크 가문 출신의 통치자를 위한 역사상 가장 큰 크기의 태피스트리를 만들도록 명령했다. 12개의 커다란 구획으로 나뉘는 600제곱미터 크기의 그 태피스트리는 카를이 바르셀로나에서 군대를 사열하는 모습에서 시작하여 군대가 튀니스를 점령한 뒤에 다시 배에 오르는 장면으로 마무리되었다. 카를에게 튀니스 원정은, 이교도들에 맞선 전쟁을 위해서 자신의 지도력으로 기독교인 제후들을 평화로운 상태로 통합하겠다는 황제로서의 실현 가능한 야심을 구체적으로 표현하는 일이었다. 훗날 그 태피스트리는 브뤼셀의 궁전 알현실과 마드리드의 궁전 알현실 사이

를 오가게 되었고, 복제품들은 카를의 누이인 마리에게, 그리고 리스본의 궁정으로 보내졌다.[15]

카를은 기독교인 제후들과 평화로운 관계를 맺기 위해서 기꺼이 협상하고 타협할 태세를 갖추었다. 그런 정신적 기조에 따라서 그는 가톨릭교와 개신교 간의 차이를 극복할 신학적 방책을 모색했다. 그리고 그것이 실패로 돌아가자 여러 세대에 걸친 교황들에게 교회 개혁에 나서도록 압박했다. 교회 개혁을 통해서 가톨릭교가 소생하고 악습이 사라지기를 기대한 것이다. 카를은 공의회가 교회 개혁을 수행하기 위한 최적의 수단이라고 믿었지만, 교황들은 자칫 공의회를 계기로 특권을 빼앗길까봐 경계했다. 1545년에 비로소 열린 트리엔트 공의회는 대다수 개신교도들의 여망에 반하는 가톨릭교 교리를 신속히 지지했다.

오늘날의 어느 역사 서술에 따르면, 제국 내부에서의 군사적 대결을 예측한 카를은 1545년에 "도심의 위치뿐 아니라 도심 간의 거리, 그리고 강과 산"을 보여주는 상세한 「채색 지도」를 준비했다. 지금은 소실되었지만, 그 지도는 독일 땅 전체를 포괄하는 최초의 지도였다. 카를은 정치적 기반도 미리 준비해두었다. 종교 전쟁을 선포하는 대신, 차지할 자격이 없는 영토를 점령하고 있다며 개신교 제후들을 압박한 것이다. 그러자 적들 사이에서 내분이 일어났고, 덕분에 카를은 1547년에 뮐베르크 전투에서 주요 개신교 제후들을 상대로 놀라운 승리를 거둘 발판을 마련했다.[16]

그러나 승리에도 불구하고 카를은 절제의 미를 보여주었다. 우격다짐으로 가톨릭을 강요하는 대신에 교황의 우월성을 인정하는 대가로 개신교 숭배의 몇몇 요소들을 허용하고 개신교도와 가톨릭교도 모두에게 해당하는 내용의 임시적인 종교 합의를 받아들이도록 압박한 것이다. 사실상 로마 교황의 명목상의 지도력을 인정하는 수준이기는 했어도, 그는 신성 로마 제국을 위한 별도의 신앙 계획도 수립했다. 그러나 가톨릭교 세력과 개신교 세력 어느 쪽도 양보하지 않으려고 했고, 두 세력 모두 뮐베르크 전투의 승리를 통해서 카를이 차지한 권력에 불안을 느꼈다. 결과적으로, 임시 합의는 카를이 군사적으로 점령한 영토에서만 수용되었다. 1552년, 카를의 군대는 "해방과 자유"를 위해서 뭉쳤으면서도 가톨릭교도인 프랑스 왕의 지지를 등에 업은 개신교도 세력의 한 동맹에게 패배했다. 적들의 계략에 속고 같은 편인 가톨릭 동맹에게 버림받은 카를은 저 멀리 떨어진 케른텐으로 황망히 달아났다.

카를은 동생인 페르디난트에게 제국의 평화 협상을 넘겼고, 제국의 제후들과 영주들은 1555년에 아우크스부르크에서 열린 협상을 거쳐 가톨릭교와 루터파 중 하나를 선택할 권리를 얻게 되었다. 그 무렵, 카를의 육체적, 정신적 기력은 종착점을 향하고 있었다. 그는 허탈함과 슬픔 사이를 오락가락했고, 시계를 분해한 뒤 하인들에게 다시 조립해서 작동시키도록 하면서 말년을 보냈다. 1555년부터는 통치권을 단계별로 양도했고, 퇴위 후에는 카스티야의 유스테 수도원 근처에서 지냈다. 일설과 달리 그는 수도사가 되지 않았고, 50명의 시중을 받으며 정치를 논하거나 종교 생활에 전념하거나 굴, 장어, 멸치 같은 음식을 마음껏 먹고 맥주를 잔뜩 마시면서 시간을 보냈다. 카를의 주치의들은 1558년에 그가 사망한 원인을 과식으로 지목했지만, 더 그

럴듯한 사인은 말라리아열이다.[17]

카를은 치세 내내 해외에서 자신의 이름하에 이루어지는 새로운 발견들에 촉각을 곤두세웠다. 그는 멕시코에서 활동하는 정복자들 conquistador과 서신을 주고받았고, 그들이 본국으로 보내온 전리품들을 전시했으며, 지도를 살펴보면서 그들의 탐험 경로를 추적했다. 또한 신대륙에 정착한 최초의 합스부르크 가문 사람인 헨트의 페터르 수도사페드로 드 간테, 1480?-1572의 진척 상황도 지켜보았다. 막시밀리안의 사생아인 페터르는 멕시코에 프란치스코회 학교와 교회를 100곳 이상 세운 인물이다. 1520년 카를은 브뤼셀에서 생전 처음으로 아메리카 원주민과 마주쳤는데, 아메리카 원주민 남자가 벌벌 떨자 그에게 망토를 주라고 지시했다. 이후 카를은 원주민들에게 꾸준히 관심을 드러냈고, 그들을 공정하게 대우했으며, 한데 모아서 노예 노동을 시키지 말고 친절한 본보기를 통해서 그들에게 기독교를 소개하라고 명령했다.[18]

신대륙을 향한 카를의 관심은 결코 신대륙에서 구대륙으로 유입되는 전리품에 좌우되지 않았다. "저 멀리 떨어진 캘리컷 사람들"은 카를의 세계 제국의 일부였고, 아들인 펠리페에게 설명했듯이 "신의 영광과 정의를 위해서" 책임져야 할 대상이었다. 그러나 카를의 영지가 대서양을 훨씬 뛰어넘어 태평양으로까지 뻗어갔을 때조차 보편 군주국은 종파 간의 분열 때문에 반으로 갈라져 있었다. 기독교인들 간의 평화라는 희망에도 불구하고 카를은 더 이상 기독교인들의 종교가 자신의 종교와 동일하다고 믿을 수 없게 되었다. 아우크스부르크 화의에 따라서 신성 로마 제국은 루터파를 신봉하는 제후들이 주로 통

치하는 영토와 기존의 신앙을 고수하는 소수파가 통치하는 영토로 나뉘게 되었다.[19]

1555년, 카를은 브뤼셀에서의 퇴위 연설을 통해서 울먹이며 조신들에게 사과했다. 그는 할 수 있는 것은 다했다고 설명했고, 더 잘하지 못해서 유감이라고 덧붙였다. 연설을 하는 동안에도 그의 광활한 영토는 나뉘고 있었다. 동생인 페르디난트는 황제 자리를 카를의 아들인 펠리페에게 양보할 생각이 없었다. 페르디난트는 이미 1531년에 로마인의 왕으로 선출되었고, 카를에게 황제직을 물려받을 기대에 부풀어 있었다. 따라서 그는 1명의 통치자가 스페인과 신성 로마 제국을 한꺼번에 다스린다는 발상에 반대했다. 하지만 카를은 일단 아들인 펠리페가 스페인과 신성 로마 제국의 군주 자리에 오른 뒤에 나중에 페르디난트의 아들인 막시밀리안(훗날의 황제 막시밀리안 2세 재위 1564-1576)이 그 자리를 이어받는 방식을 고집했다. 그 결과 합스부르크 가문의 영향력이 최고로 커졌을 때조차 가문의 판도는 양분되었고, 스페인 쪽은 카를의 아들인 펠리페가, 중앙 유럽 쪽은 카를의 동생인 페르디난트가 통치하게 되었다.[20]

그럼에도 카를의 업적은 명백했다. 이후에도 합스부르크 가문은 끊임없이 신화를 수집하고, 영묘를 만들고, 옛 로마인의 방식으로 승리를 과시했지만, 그런 활동은 더 이상 무의미한 자기 선전이 아니었다. 오히려 거기에는 카를이 보름스 제국 의회에서 말한 바와 동일한 목적(왕가 차원에서 신앙을 수호하는 것)이 점점 더 많이 스며들었다. 그렇게 하는 데에는 시간이 걸렸고, 초반에는 스페인보다 중앙 유럽에서 더 많은 시간이 필요했다. 펠리페의 열정이 한계를 모른 반면, 페

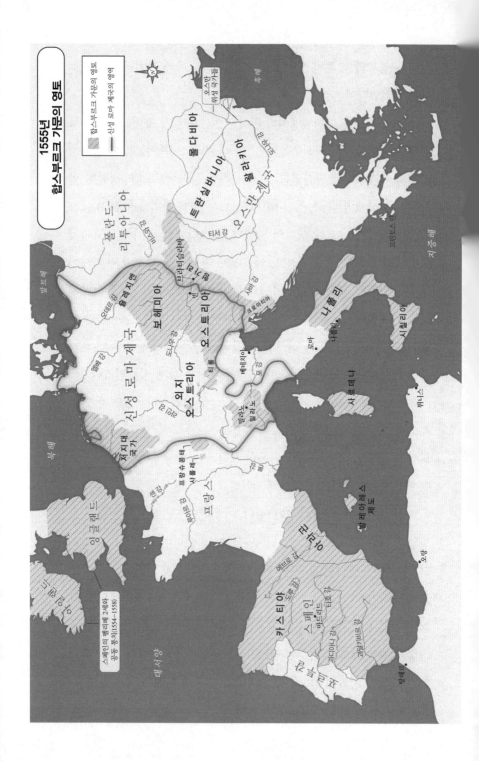

1555년 합스부르크 가문의 영토

함스부르크 가문의 영토
신성 로마 제국의 영역

스페인의 펠리페 2세와 공동 통치(1554~1558)

오스만 위성 국가들

몰다비아

트란실바니아

왈라키아

오스만 제국

폴란드-리투아니아

슐레지엔

보헤미아

오스트리아

위지 오스트리아

신성 로마 제국

자치매 국가

잉글랜드

아일랜드

네덜란드

프랑스

사부아

스페인

카스티야

포르투갈

아라곤

나폴리

롬바르디아

밀라노
피에몬테

시칠리아

사르데냐

발레아레스 제도

베네치아

로마

포로

뫼즈강

라인강

엘베강

오데르강

비스와강

드네스트르강

부르고뉴

센강

루아르강

돈강

도나우강

티서강

사바강

드라바강

에브로강

두로강

타호강

과디아나강

과달키비르강

론강

발트해

북해

대서양

지중해

흑해

아이슬란드

티레니아해

발레아레스 안

튀니스

오랑

탕헤르

마드리드

세비야

리스본

빈
브라티슬라바

르디난트와 그의 상속자들은 협상과 거래를 흔쾌히 수용했던 카를의 태도를 본받는 경향이 있었기 때문이다. 페르디난트와 상속자들은 가톨릭교에 대한 자신들의 책임을 외면할 정도였다. 그래도 각각의 조각들은 차츰 맞물렸고, AEIOU라는 두문자어에는 가톨릭 교회를 섬겨야 하는 합스부르크 왕가라는 카를의 미래상이 추가되었다.

제7장

헝가리와 보헤미아, 그리고 개신교의 도전

1526년 8월 29일 저녁, 헝가리 왕국군이 모하치 벌판에서 오스만 제국군과 싸웠고 두 시간도 채 되지 않아서 대패했다. 그 전투로 헝가리 왕국의 주요 유력자들 가운데 약 절반, 그리고 친히 분견대를 이끌고 싸움에 뛰어든 주교들과 대주교들 7명이 사망했다. 헝가리 왕국과 보헤미아 왕국의 어린 왕 러요시 2세(슈트리겔이 그린 초상화 속 아이)는 싸움에서 패배하고 달아나다가 목숨을 잃었다. 그때 나이 겨우 20세였다. 러요시가 사망하자 합스부르크 가문에게는 헝가리 왕국과 보헤미아 왕국을 차지할 길이 열렸다. 슈트리겔의 초상화에서 왼쪽에 있는 소년, 즉 막시밀리안의 작은손자인 오스트리아의 페르디난트1503-1564가 바로 러요시의 후계자였기 때문이다. 합스부르크 가문에게 그 순간은 "포틴브라스 효과"가 가장 크게 나타난 때였을 것이다. 훗날 페르디난트와 그의 후계자들은 헝가리와 보헤미아를 다스렸던 야기에우워 가문의 폐허 위에, 역사학자들이 합스부르크 제국으로 부르는 중앙 유럽의 거대한 영토 집합체를 만들게 되었다.

야기에우워 가문의 러요시는 합스부르크 가문과 이중으로 얽혀 있었다. 그의 누이 아나는 페르디난트 1세와 결혼했고, 러요시 자신은 1522년에 페르디난트 1세의 누이 마리와 결혼했다. 튀르크인들이 헝가리에서 물러나자 마리는 즉각 국정을 맡았고, 죽은 남편에게 직계 상속자가 없었기 때문에 헝가리 왕국과 보헤미아 왕국을 모두 오빠 페르디난트에게 넘겨주려고 애썼다. 그 무렵 페르디난트는 이미 카를 5세의 섭정으로서 신성 로마 제국을 다스리고 있었고, 카를 5세로부터 중앙 유럽의 합스부르크 가문 영지에 대한 통치권도 양도받은 상태였다. 슈트리겔의 초상화에 등장한 소년 페르디난트는 이제 욱하기 쉬운 성질의 젊은이가 되었다. 그는 스페인에서 자랐고, 스페인에서 유행한 검은색 옷을 좋아했다. 광대뼈가 튀어나오고 얼굴이 갸름하며 팔다리가 가냘픈 그는 마치 거미 같아 보였다.

역사학자들은 페르디난트에 앞서서 보헤미아와 헝가리를 통치한 전임자들의 일방적인 주장에 끊임없이 현혹된다. 외국으로부터 군대와 자금을 지원받기 위해서 러요시도, 그의 아버지 브와디스와프 2세도 보헤미아와 헝가리가 빈곤에 허덕이기 때문에 오스만 튀르크인들의 도전에 효과적으로 대응할 수 없다는 점을 외국 대사들에게 납득시켰는데, 역사학자들이 바로 그 재정적 곤궁 상태에 관한 당대 외교관들의 보고를 통해서 주로 정보를 얻기 때문이다. 그러나 보헤미아의 경우 재정적으로 궁핍하다는 왕실의 주장은 보헤미아 왕국의 의회가 통치자의 추가 세금 요구를 일상적으로 저지했다는 점에서만 진실이었다. 사실 보헤미아 왕국의 군주는 화폐 주조와 광산업에 따른 수익과 상업적 통행료에 대한 국왕의 권리라는 형태로 상당한 양의 사유 재산을 소유하고 있었다. 한편 헝가리의 경우 재정적 궁핍은 새빨간 거짓말이었다. 대부분의 왕실 수입은 그 출처에서 곧장 분배되었고, 결코 회계국의 장부를 거치지 않았다. 그럼에도 헝가리의 왕실 수입은 1년에 약 60만 플로린 금화 또는 두카트 금화였다고 추정된다. 헝가리 왕실 금고에서 돈을 횡령한 사실이 밝혀진 어느 주교는 석방 조건으로 40만 플로린을 납부해야 했다.[1]

러요시가 헝가리에서 거두는 수입은 페르디난트 대공이 자신의 오스트리아 영지에서 얻는 수입보다 많았다. 게다가 그 수입 덕에 헝가리 군대는 유럽에서 가장 좋은 장비를 갖춘 최신식 군대 중 하나가 될 수 있었다. 만약 헝가리 군대가 이탈리아에 배치되었다면, 통합 전투 계획에 따라 움직이는 창병과 화승총병, 포병대와 혼성 기병대가 확실히 이탈리아 반도를 점령했을 것이다. 그러나 모하치에서 헝가리군은 오스만 제국군을 만났다. 그리고 아무리 장비를 잘 갖추고 지휘관이 뛰어나다고 해도 2만5,000명의 병력으로는 7만5,000명의 적군에게 승리를 거두기는 어려울 것이다. 병력이 3배나 많았는데도 술탄 술레이만재위 1520-1566의 참모들은 헝가리 군대를 만만찮은 적수로 판단했고, 헝가리 왕을 "이교도들의 위대한 통치자들" 가운데 한 명으로 평가했다. 따라서 술레이만은 아나톨리아(터키 본토) 분견대와 발칸 반도 분견대로 구성된 "이중 군대"로 헝가리군을 상대했다.[2]

페르디난트가 보헤미아와 헝가리의 왕이 되려고 애쓰는 데에는 합당한 이유가 있었다. 두 왕국 모두 비교적 부유한 나라들이었기 때문이다. 하지만 합스부르크 가문과 보헤미아 및 헝가리 통치자 가문이 맺은 이중 혼인관계만으로는 권력을 넘겨받으리라고 쉽게 장담할 수 없었다. 두 왕국에는 모두 강력한 귀족 세력이 있었고, 귀족들은 의회를 통해서 정책과 왕위 승계를 결정할 권리를 주장했다. 헝가리 의회보다 보헤미아 의회가 더 조직적이었다. 약 30개 도시의 대표자들이 참석하는 보헤미아 의회는 1년에 서너 번씩 열렸고, 16세기 초엽에는 주요 관리를 임명할 정도로 국정을 좌지우지했다.

그러나 더 위협적인 존재는 헝가리 의회였다. 헝가리 의회는 보통 1년에 한 번 열렸지만 참석자들로 북적일 때가 많았다. 헝가리 왕국의 모든 귀족들이 의회에 참석할 자격이 있었기 때문이다. 때로는 최대 1만 명의 귀족들이 직접 참석할 수도 있었다. 의회는 페스트 옆의 라코시 평원에서 자주 열렸다. 무장한 집시들이 회의장 주변을 순찰하는 상황에서, 울타리를 두른 야외 회의장 안에 모인 귀족들은 연단에 앉아 있는 왕과 관리들에게 비난을 퍼부었다. 귀족들은 전투 복장으로 의회에 참석했을 뿐 아니라 가끔은 반역자들을 향한 경고의 의미로 단두대나 교수대를 설치하기도 했다. 그들은 가차 없이 단두대나 교수대를 가리켰고, 많은 관리들은 일찌감치 도망을 쳤다. 그처럼 긴장된 분위기 속에서 군주가 안을 내놓으면 귀족들은 "불평"을 터트렸다. 따라서 양쪽을 화해시키고 양쪽 모두 동의할 만한 내용으로 협상하도록 하는 것이 과제였다. 그러나 타협에 이르지 못하는 경우가 많았고, 국정은 점차 불안정해졌다.[3]

모하치 전투에서 러요시가 전사하자 보헤미아 왕국과 헝가리 왕국은 차지하기 쉬운 곳처럼 보였다. 페르디난트는 두 왕국 중에서 보헤미아를 더 큰 선물로 보았고, 보헤미아의 왕관을 쓰려고 재빨리 움직였다. 페르디난트의 대리인들과 죽은 러요시의 아내 마리는 페르디난트가 혼인관계를 통해서 러요시 왕의 친척이 되었다는 사실을 강조했다. 하지만 체코인들의 땅은 여러 부분들로 이루어져 있었다. 보헤미아 외에도 모라비아, 슐레지엔, 상부 루사티아와 하부 루사티아 같은 지역들이 있었고, 각 지역에는 독자적인 의회와 법률이 있었다(오늘날 슐레지엔은 대부분 폴란드에 속해 있고, 상하부 루사티아는 폴란드와 독일 사이에 걸쳐 있다). 이 지역의 사람들은 비록 죽은 왕의 누이인 페르디난트의 부인을 거쳐서 간접적으로 양도되는 것이기는 해도 그의 상속권을 기꺼이 인정했다. 하지만 여러 의회들 가운데 가장 강력한 곳은 보헤미아 의회였다. 보헤미아 의회는 왕을 선출직으로 여겼고, 군주의 정체성에 관한 결정을 내리는 주체도 바로 이들이었다.

페르디난트 말고도 최소한 9명의 후보자들(독일의 여러 제후들과 야심만만한 체코의 몇몇 영주들, 그리고 프랑스의 프랑수아 1세)이 보헤미아의 왕위를 노리고 있었다. 7년 전에 황제로 선출되지 못했음에도 프랑수아 1세의 야심은 사그라들지 않았다. 보헤미아 의회의 위원회는 각 후보자들의 장점을 평가한 끝에 페르디난트를 왕으로 낙점했다. 오직 그만이 헝가리 북서쪽으로 진군할지도 모르는 튀르크인들에 맞서서 보헤미아 왕국을 지키는 데에 필요한 자산을 가지고 있다고 판단했기 때문이다. 페르디난트가 야기에우워 가문 출신의 전임 국왕들이 떠안은 부채를 갚아주겠다고 약속한 점도 도움이 되었다. 그러나 페르디난트는 왕으로 확실히 선출되기 위해서 군주가 선출직이라는 점을 인식하고, 보헤미아 귀족의 권리를 승인하며, 체코의 양형영성체파兩形領聖體派의 종교적 자유를 인정하는 등 몇 가지 양보를 해야 했다.

양형영성체파는 1415년에 이단으로 몰려 화형을 당한 프라하의 설교자 얀 후스를 추종하는 사람들로, 보헤미아에서 가장 큰 교파를 이루고 있었다. 그들은 두 가지 형상의 성체로 미사를 올렸다(양형영성체파라는 명칭은 여기에서 유래되었다). 다시 말해서 그들은 아기를 비롯한 성체 배령자들에게 빵과 포도주를 둘 다 나눠주었는데, 비판자들은 그런 영성체 의식을 특히 혐오했다. 당시 가톨릭 교회의 미사에서 포도주는 대체로 성직자들만 마시는 것이었기 때문이다. 양형영성체파는 독자적인 교회 위계질서도 갖추고 있었고, 그 위계질서의 정점에는 가톨릭교의 프라하 대주교를 대신하는 집행 위원회가 있었다. 양형영성체파는 교황의 권한에 문제를 제기하는 동시에 교황이 "신학적으로 필요한" 존재임은 인정했지만, 자파 소속의 성직자들이 가톨릭교 주교들에 의해서 사제로 임명되어야 한다고 주장했다. 1433년에 바젤에서 열린 공의회는 양형영성체파의 활동을 허용하는 데에 합의했지만, 이후 교황은 양형영성체파를 이단으로 선고했다. 페르디난트는 보헤미아 양형영성체파 교회의 권리를 인정했기 때문에 이단을 인정한 셈이었다.[4]

1527년 초엽, 페르디난트는 프라하의 성 비투스 대성당에서 올뮈츠 주교에게 왕관을 받았다(당시 프라하 주교좌는 공석이었다). 그때 페르디난트는 가톨릭 교회를 유지할 뿐 아니라 양형영성체파 교회도 보호하겠다고 맹세했다. 맹세를 지키기 위해서 그는 결코 양형영성체파를 억압하지 않았고, 마지못한 행동이기는 했지만, 체코의 수교자

얀 후스를 기리는 의식을 비롯한 양형영성체파의 이단적 의례와 신학을 수호하는 인물로 자리매김했다. 그것은 합스부르크 가문 출신의 통치자로서는 어쩔 수 없이 서야 하는 흥미로운 위치였다.[5]

헝가리의 왕위 승계 절차에는 명확한 규칙이 없었고, 후계자는 세습권에 의해서, 그리고 해당 시기의 정치적 균형이 정확히 반영되는 의회의 선거에 의해서 결정되었다. 러요시가 죽은 지 3개월 뒤, 의회는 서포여이 야노시를 후계자로 선출했다. 서포여이는 당시 헝가리 왕국에서 가장 동쪽에 자리 잡은 지역인 트란실바니아의 총독 혹은 사령관이었다. 그에게는 왕족의 피가 한 방울도 흐르지 않았지만, 헝가리의 이름 높은 귀족들 중에 그를 따르는 사람들이 꽤 많았다. 서포여이는 수도 부더의 남서쪽에 위치한 세케슈페헤르바르에서 열린 대관식을 통해서 니트라 주교에게 정식으로 왕관을 받았다. 니트라 주교는 그의 머리에 성 이슈트반 왕관을 씌워주었다. 헝가리 최초의 기독교인 왕으로 11세기 초엽에 헝가리를 다스렸던 인물의 이름을 딴 그 왕관은 사실 나중에 2개의 작은 관을 용접한 다음 맨 위에 십자가를 고정시킨 것이었다. 하지만 어떤 통치자든 성 이슈트반 왕관을 써야만 헝가리의 진정한 군주로 인정될 수 있었다.[6]

러요시의 누이인 아나의 남편이라는 사실에 힘입어 옥좌에 앉을 권리를 주장할 수 있었던 페르디난트는 금품과 직함을 마구 나눠주며 헝가리로 진격해서는 서포여이 야노시 왕을 동쪽으로 몰아냈다. 다시 소집된 의회는 페르디난트를 왕으로 선택했다. 서포여이가 왕관을 쓴 지 겨우 한 달 만에 페르디난트도 옥좌에 오른 것이다. 그는 서포여이와 똑같은 도시에서, 똑같은 주교가 씌워주는 똑같은 왕관을 썼다. 한편 12세기에 헝가리에 합병된 크로아티아 왕국(오늘날 아드리아 해 연안의 북부 달마티아 지역)의 귀족 의회도 페르디난트를 왕으로 선출했다. 크로아티아의 귀족들은 아무 조건도 달지 않은 채 크로아티아 왕위에 대한 페르디난트의 세습권을 승인하고, 그의 상속자들의 권리도 전적으로 인정했다. 크로아티아 의회는 그토록 고분고분히 페르디난트에게 굴복함으로써, 앞으로 다시는 왕을 스스로 선택하지 않을 것이고 합스부르크 가문이 천거하는 인물이라면 누구든 왕으로 모실 것임을 분명히 했다.[7]

정당한 절차에 따라서 성 이슈트반 왕관을 쓴 2명의 경쟁자들이 서로 자신이 왕임을 주장하자, 헝가리에서는 내전이 발발하고 말았다. 군사적 우위를 점한 사람은 페르디난트였다. 1529년, 서포여이 야노시는 마지못해 오스만 튀르크인들과 동맹을 맺고 술탄 술레이만의 봉신이 되었다. 양측의 동맹은 모하치 전투가 벌어진 현장이자 망자들의 유골이 묻혀 있는 전쟁의 폐허에서 체결되었다. 술탄은 서포여이를 지원하기 위해서 페르디난트의 영토를 침공했고, 같은 해에 빈을 포위했다. 서포여이와 튀르크인들의 어색한 동맹이 한 축을 맡고, 페르디난트가 다른 축으로 맡으면서 세 사람의 투쟁이 시작되었다. 서포여이는 페르디난트와 화해함으로써 술탄을 배신하려다가 1540년에 사망했고, 이듬해에 튀르크인들은 헝가리 왕국의 한가운데 지역을 점령한 뒤 수비대를 배치했다. 튀르크인들은 그 지역에 계속 머물겠다는 뜻을 강조하기 위해서, 이름 높은 이슬람교 수도승들의 시신을 헝가리 땅의 예배당으로 옮겼다.

헝가리 국토는 조금씩 조금씩 3개(트란실바니아 중심의 동부 지역,

아드리아 해 연안에서 북동쪽까지 뻗어 있는 초승달 모양의 지대, 중앙의 드넓은 회랑 지대)로 쪼개졌다. 동부 지역은 서포여이의 어린 아들인 야노시 2세 지그몬드1540-1571의 땅이었고, 독자적인 법률과 의회를 갖추고 있었다. 초승달 모양의 지대는 페르디난트가 다스리고 있었다. 한편 중앙의 드넓은 회랑 지대는 튀르크인들이 차지하고 있었다. 수도인 부더는 튀르크 총독의 부임지가 되었고, 부더 제1의 교회인 마차시 성당은 이슬람 사원으로, 마차시 성당의 첨탑은 이슬람 사원 양식의 첨탑으로 바뀌었다. 튀르크인들은 이후 140년 넘게 헝가리의 중앙 지역에 주둔했다.

1520년대부터 프로테스탄트 개혁의 물결이 중앙 유럽으로 밀려오자 정치적 불확실성이 커지고 분열이 심화되었다. 보헤미아에서는 루터파의 영향으로 급진화된 양형영성체파가 온건 세력과 개혁 세력으로 분열했다. 루터파는 성인 세례와 사회적 혁명을 기꺼이 수용하는 재세례파, 종교적 황홀경에 빠져 미친 듯이 날뛰는 부마자귀신 들린 사람들을 가리키는 가톨릭교 용어/역주들, 나체 상태와 난교로 에덴동산의 순수함을 되찾을 수 있다고 가르치는 아담파, 그리스도의 신격을 부정하는 일신론자들 같은, 한층 더 극단적인 태도를 보이는 열혈 신자들에게도 영향을 끼쳤다. 한편 헝가리에서는 루터파가 일찌감치 궁정을 장악하고 있었다. 이미 모하치 전투 이전부터 왕비 마리는 교황 대사가 그녀를 "루터파의 암사자"라는 별명으로 불렀을 만큼 개신교에 호의적이었으며, 왕인 러요시의 주요 참모 중 한 사람인 브란덴부르크의 게오르크는 휴가를 내고 슐레지엔에 있는 자신의 영지에서 프로테스탄트 개혁을 시도한 바 있었다.[8]

루터파는 독일인들이 인구의 과반수를 차지하는 곳에서, 즉 그들이 상인 계급을 이루고 있는 헝가리의 주요 도시들에서, 그리고 전설 속 피리 부는 사람에게 이끌려온 그들이 12세기부터 상업과 농업에 종사하며 정착한 트란실바니아에서 번창했다. 그러나 1530년대 말엽부터 헝가리의 농촌을 휩쓴 것은 장 칼뱅의 보다 엄격한 개혁 신앙이었다. 신의 섭리를 강조하는 칼뱅파는 국토가 튀르크인들과 합스부르크 가문에게 점령된 비참한 상태를 설명해주었기 때문에 헝가리인들에게 딱 들어맞았다. 칼뱅파 설교자들은 헝가리인들의 고난이 『구약 성서』에서 이스라엘인들이 겪는 고난과 어떤 점에서 비슷한지 가르쳤고, 헝가리인도 신이 선택한 백성이라고 주장했다. 칼뱅파와 더불어 특이하게도 일신론 역시 엄격하면서도 "독실한" 귀족들과 도시 명문가의 보살핌을 받으며 트란실바니아에서 번창했다. 트란실바니아의 클루지에 위치한 대규모 본당 성 미하이 교회는 약 1세기 반에 걸쳐 일신론자들의 예배 장소로 쓰였다.[9]

가톨릭교와 루터파 신자들과 달리, 칼뱅파 신자들과 일신론자들은 그리스도가 육체적으로, 혹은 실질적으로 영성체 의식에 쓰이는 빵과 포도주에 존재한다는 사실을 부정하는 바람에 박해의 표적이 되었다. 하지만 그 새로운 신앙은 지역 지주들의 비호 아래에 번창했고, 왕국 동쪽의 트란실바니아에서는 의회를 통해서 공식 종교로 인정되었다. 한편 튀르크인들이 점령한 지역에서는 종교 관례를 둘러싼 통제가 전혀 없었다. 부더의 총독은 1548년에 "모든 헝가리인들과 슬라브인들은 아무런 위험 없이 신의 말씀을 듣고 받아들일 수 있어야 한다"라고 단언했다. 16세기 말엽 3개로 나뉜 헝가리 왕국에 있는 교구

의 4분의 3이 이런저런 형태로 개신교에 속하게 되었다.[10]

1527년, 이단이 확산되자 페르디난트는 보름스 제국 의회에서 결정되었던 루터의 가르침에 대한 금지령이 자신의 모든 땅과 왕국에 적용될 것이고, 금지령을 위반하면 사형에 처하겠다고 선언했다. 하지만 그 무렵 루터파는 오스트리아도 장악한 상태였다. 이듬해에 교구와 수도원을 조사하거나 "시찰한" 끝에 심각한 부패가 드러났다. 아일랜드의 수도사들이 빈의 중심부에 설립한 스코틀랜드 수도원에는 수도사가 7명만 남아 있었고, 대학교의 학생 수는 불과 30명으로 줄어 있었다. 소명을 저버린 채 여기저기 떠돌아다니거나 결혼을 하는 수녀들에 관한 보고도 있었다. 슈타이어마르크 지방의 아드몬트에서는 수녀들이 개신교 서적을 간직하고 있을 뿐 아니라 수녀원의 금고를 털었던 것으로 밝혀졌다.[11]

페르디난트는 "거룩한 기독교 내부의 분열과 충격적인 오류 덩어리와 악을 무겁고 안타까운 심정으로" 개탄했겠지만, 경고를 실천할 힘이 없었다. 1530년대에 개신교도들은 오버외스터라이히 의회와 니더외스터라이히 의회에서 과반수를 차지하고 있었다. 페르디난트 치세 말기에 지방 귀족들은 페르디난트가 요청하는 즉시 세금을 수백만 두카트까지 거둘 수 있었다. 그러나 만일 페르디난트가 루터파 신자들을 상대로 무력을 사용했다면 이길 수 없는 내전을 초래했을 뿐 아니라 튀르크인들과 전쟁을 치르는 데에 필요한 재원을 낭비했을 것이다. 더구나 귀족들을 비롯해서 너무 많은 사람들이 개신교를 선택하면서 페르디난트 휘하의 행정 기관과 왕실에는 일을 할 가톨릭교 신자들이 부족한 상황이었다. 페르디난트는 개신교 신자들을 추밀원에 영입하는 등 그들의 힘을 빌려서 통치 기구를 가동했다. 가장 특이한 점은 종교 정책을 담당한 페르디난트의 주요 참모가 기혼 성직자였다는 사실이다.[12]

헝가리에서도 비슷한 상황이 전개되었다. 페르디난트는 헝가리에서도 개신교를 믿는 참모들과 유력 인사들에 의존했다. 그의 주요 동지이자 1554년부터는 재상으로 활동한 터마시 나더시디는 헝가리 서부의 샤르바르에 있는 자신의 인쇄소에서 최초의 헝가리어판 『신약성서』를 비롯한 개신교 서적을 대량으로 찍어냈다. 보헤미아에서는 체코 형제단이 받아들인, 보다 극단적인 후스파 교리의 변종(신학적으로 루터파와 칼뱅파의 중간이었고, 평화주의가 가미되어 있었다)이 산발적인 박해에 시달릴 뿐이었다. 그러나 페르디난트는 사정이 허락하는 한 가톨릭교도들을 정치적으로 우대했다. 1541년에 프라하의 왕립 문서고가 불타고 귀족들을 비롯한 많은 사람들의 증서가 소실된 뒤, 페르디난트는 가톨릭교를 믿는 지지자들의 권리는 인정했지만 개신교도들에게 이미 부여된 특권은 부정했다. 1547년에 프라하에서 일어났다가 진압된 봉기를 계기로, 그에게는 개신교를 믿는 반역자들을 희생시킴으로써 가톨릭교를 믿는 귀족들에게 보상을 베풀기회가 생겼다.

페르디난트의 치세에 이어진 상대적 관용은 편의주의의 결과만이아니었다. 페르디난트는 종교적 사안에서 중용이 가능하다고 확신했고, 가톨릭교도와 개신교도 간의 화해가 이루어질 수 있다고 믿었다. 그런 측면에서 볼 때, 그는 최상의 해법이 서로 경쟁하는 종파 간의타협이라고 믿은 에라스뮈스와 비슷했다. 따라서 대결을 피했고, 화해의 수단으로서 성직자의 결혼과 양형영성체를 허용하도록 교황을 압박했다. 가톨릭 신앙을 위해서 그가 주도한 계획(프라하 대주교구를 재설치하기, 양형영성체파의 카렐 대학교와 겨루기 위해서 프라하에 가톨릭 클레멘티눔 대학교 설립하기, 예수회로 알려진 신생 가톨릭 선교회의 교육 사업을 후원하기, 난감한 상황에 놓인 빈 교구에 훌륭한 주교들이 임명되도록 적극적으로 활동하기)도 온건했고, 대체로 논쟁의 여지가 없었다.

페르디난트는 중앙 유럽의 넓은 띠 모양의 땅을 차지하고 있었다. 게다가 그는 형 카를 5세를 대신하는 신성 로마 제국의 섭정이기도 했고, 1558년에는 형의 뒤를 이어 황제가 되었다. 자주 자리를 비웠던 그는 헝가리와 보헤미아의 통치권을 섭정 평의회에 넘겼다. 두 왕국의 섭정 평의회는 하급 재판소에서 올라온 탄원을 듣고 각종 청원에 관심을 쏟는 데에 많은 시간을 할애했다. 정책 조율은 추밀원이라는 단 하나의 기관을 통해서만 이루어졌다. 1527년에 설립된 추밀원은 페르디난트가 여행할 때면 동행하는 불과 10여 명의 참모들로만 구성되었다.

정치적 복잡성과 지역별 이해관계는 협력적 통치의 걸림돌이었다. 추밀원과 마찬가지로 1527년에 창설된 황실 회계국은 오스트리아 영지에 있는 통치자의 사유지를 살폈고, 이따금 세입 할당 문제를 맡았다. 그렇지만 대부분의 수입은 인스부르크에 있는 별도의 회계국으로 곧장 이전되거나 프라하에 있는 보헤미아 왕국의 회계국에 의해서 철저히 보관되었다. 헝가리 왕국의 회계국은 헝가리에서 유일하게 작동하는 행정 기관이었기 때문에 헝가리에서 처리해야 하는 대부분의 통치 업무를 맡았다. 1556년에 설치된 제국 군사 평의회는 주로 튀르크인들과 대치 중인 국경 지대의 아군에게 식량을 공급하고 군사 전략을 구상하는 역할을 했지만, 오스트리아 영지에서는 경쟁관계에 있던 다른 군사 평의회들 때문에 권한이 제한되었다. 페르디난트는 시간을 아끼기 위해서 자신의 중앙 유럽 영토에 있는 여러 의회들을 한곳에서 여는 방안을 제안하기도 했지만, 각 의회의 귀족들이 반대하는 바람에 뜻을 이루지 못했다.[13]

페르디난트는 일률적인 통치를 강요할 수 없었고, 종교적 일치성도 강제할 수 없었다. 그가 다스린 땅과 왕국들에는 강력한 귀족 세력과 사사건건 방해하는 의회, 시끄럽고 개신교를 믿는 다수파가 버티고 있었다. 따라서 그는 여건이 허락할 때에는 이익을 취하고, 반드시 필요할 때에는 타협하며 조금씩 전진할 수밖에 없었다. 심지어 루터파의 득세를 허용하고 양형영성체파의 이단적 주장을 옹호하겠다고 맹세할 정도였다. 페르디난트의 유산은 법적 권한이 바뀌는 잡다한 직위의 조각보와 서로 복잡하게 얽힌 지역적 양보의 거미줄이었다. 이런 단점에도 불구하고 그의 유산은 실행 가능한 해법으로 귀결되었지만, 이는 일시적일 수밖에 없었다.

제8장

펠리페 2세

신대륙, 종교적 이견, 황실의 근친결혼

1555년에 카를 5세가 퇴위하자 아들 펠리페가 스페인의 권좌를 계승했다. 그는 스페인과 더불어 신대륙의 스페인 영지, 저지대 국가, 프랑슈콩테(부르고뉴 백작령), 나폴리, 시칠리아, 밀라노, 발레아레스 제도, 사르데냐 등도 물려받았다. 펠리페 2세는 다른 것도 물려받았다. 아버지로부터 합스부르크 가문의 통치자들이 가톨릭 신앙을 수호하고 장려해야 하며, 그것이 가문의 기본적 책무라는 확신도 이어받았다. 그런 정신적 기조에 따라서 펠리페는 마드리드 외곽에 에스코리알 궁전을 지었다. 원래 카를 5세를 기리기 위해서 만들어진 에스코리알 궁전은 왕가와 종교적 사명의 융합을 상징했다. 그곳에는 카를 5세와 부인인 포르투갈의 이사벨라를 위한 지하 납골당이 따로 마련되어 있었는데, 그 납골당은 나중에 다른 가족들의 시신을 안치할 영묘로 확대되었다. 펠리페는 고모인 헝가리의 마리의 시신과 자신의 부인 4명 중 3명의 시신을 그곳으로 옮겼다(그의 두 번째 부인인 메리

튜더는 웨스트민스터 사원에 묻혀 있다). 에스코리알 궁전을 둘러싼 장방형 벽의 네 모퉁이는 그 궁전과 합스부르크 왕가의 연관성을 강조하고자 탑으로 장식되었는데, 이는 빈에 있는 구왕궁의 구조를 연상시킨다. 훨씬 더 야심만만한 느낌을 풍기는 성벽 안쪽은 솔로몬의 성전을 모사하고, 에스코리알 궁전의 수호성인인 3세기의 성 라우렌시오를 죽음으로 몰아넣은 고문 도구인 석쇠를 재현할 목적으로 구획되었다.[1]

에스코리알 궁전에는 왕실 거주지와 납골당만 있지는 않았다. 그 건물은 16개의 안뜰 주변에 4,000개의 방이 있고, 복도의 총길이는 160킬로미터에 달했는데, 그중 4분의 1만이 왕실 거주지에 해당했다. 나머지 부분은 바실리카 양식의 성당, 수도사 50명이 머무는 수도원, 그리고 소규모 학교로 이루어져 있었다. 에스코리알 궁전은 총 7,422점의 유물을 소장한 펠리페의 박물관에 힘입어 더욱 신성해 보였다. 그 박물관에는 성십자가와 그리스도의 가시 면류관의 파편 외에도 성자들의 온전한 시신 12구, 머리 144점, 그리고 무려 3,500명에 이르는 순교자들의 온갖 신체 부위들이 보관되어 있었다. 펠리페는 이미 고인이 된 친척들의 영혼을 달래기 위해서 거의 쉴 새 없이 미사가 이어지는 성당의 제단을 자기 침실의 창문을 통해서 바라볼 수 있었을 것이다. 무엇보다, 에스코리알 궁전은 스페인계 합스부르크 가문을 위한 기도 공장이었다.[2]

에스코리알 궁전에는 여러 개의 정원과 1만2,000그루의 수입 소나무로 만든 숲이 있었다. 그 너머에는 거의 1년 내내 구름 한 점 없는 날씨에 바짝 마른 황량한 풍경이 펼쳐져 있었다. 그 풍경은 펠리페의 단호한 태도와 견줄 만했다. 최근 들어 역사학자들은 펠리페의 인품 중에서 비교적 가벼운 측면(춤, 마상 창시합, 투우, 여자와의 육체적 관계 따위를 좋아한 점, 그리고 어릿광대들이나 난쟁이들과 어울리며 즐거워한 점)에 대한 관심을 환기해왔다. 그러나 펠리페는 그가 자신의 처신을 두고 몇 차례 내놓은 해명을 근거로 판단하는 편이 더 낫다. "종교에 대한 모욕을 조금이라도 감수하느니 차라리 내 모든 신분을, 그리고 만약 있다면 100개의 목숨을 잃겠다. 이단자들을 통치하고 싶은 마음은 없기 때문이다." 그의 개인적 좌우명인 "현세만으로는 부족하다"에도 지상의 지배권이 하늘의 영광보다 덜 중요하다는 뜻이 담겨 있었다.[3]

펠리페는 자신의 정책이 신의 뜻에 부합한다고 확신했다. 그는 자신을 섬기는 일이 하느님을 섬기는 것이나 다름없다고 대신들에게 몇 번 설명했다. 넘기 힘든 장애물을 만났을 때에는 신이 기적을 일으켜서 장애물을 없애주리라고 확신했다. "우리가 신을 위해서 마땅히 품고 있어야 하는 기독교인으로서의 확신과 자신감이 장애물을 없애주고, 우리가 장애물을 뛰어넘도록 용기와 힘을 줄 것"이기 때문이었다. 역대 교황들을 상대할 때 그는 교황들보다 자신이 신의 뜻을 더 깊이 이해한다고 믿어 의심치 않았고, 심지어 개신교 사상을 퍼트린다는 이유로 어느 교황을 비난하기도 했다. 사실, 그는 계보학적 조사를 통해서 막시밀리안의 전설적 혈통을 입증했을 뿐 아니라 막시밀리안이 『구약 성서』에 나오는 사제왕들과 멜기세덱의 후손이라는 점도 증명했다.[4]

신의 계획을 수행하고 있다는 절대적 확신에 사로잡힌 펠리페는 비현실적인 결정을 내렸을 뿐만 아니라 그에 대해서 양심의 가책도 느끼지 않았다. 본인의 선택이 그리스도의 선택과 일치한다고 믿었기 때문에 무슨 일을 저질러도 무방하다고 생각했다. 그는 자신의 양심은 의심의 여지가 없다고 여긴 채 가톨릭교에 대한, 그리고 자신을 향한 충성심이 미심쩍어 보이는 모든 사람들을 박해했다. 잉글랜드의 왕1554-1558이자 여왕 메리 튜더의 배우자 신분이었던 몇 년 동안 그는 약 300명의 개신교도들에 대한 사법 살인에 가담했고, 16세기 유럽에서 일어난 가장 극심한 종교적 박해 가운데 하나를 주도했다. 스페인으로 돌아온 뒤에는 바야돌리드와 세비야의 개신교 공동체들을 소탕하며 약 100명을 불태워 죽였고, 프랑스의 개신교도들인 위그노파가 신대륙의 플로리다 해안에 세운 식민지를 파괴하려고 원정대를 파견하기도 했다(당시 위그노파는 원주민들에게 개신교 교리를 가르치고 있었고, 플로리다 해안에 도착한 원정대는 위그노 정착민 143명을 도륙했다).[5]

그러나 펠리페의 심기를 건드린 것은 루터파의 이단적 주장만이 아니었다. 당시 스페인의 총인구 700만 명 가운데 약 50만 명이 무슬림이었다. 그처럼 많은 무슬림 인구는 이베리아 반도의 대부분이 무슬림의 지배를 받던 몇 세기에 걸쳐 쌓인 유산이었다. 예전부터 스페인의 가톨릭 통치자들은 지속적으로 자국 내의 이슬람교도들을 들볶았고, 개종을 통해서 이른바 신新기독교인으로 거듭나도록 강요했다. 하지만 이슬람교도들은 표면적으로만 개종한 채 비밀리에 원래의 믿음을 따르는 경우가 많았다. 펠리페는 그들을 배교자일 뿐만 아니라 잠재적 반역자로 여기며 끊임없이 탄압했다. 그가 느낀 두려움에는 근거가 있었다. 스페인의 일부 "비밀 이슬람교도들"이 동맹인 북아프리카의 튀르크인들과 손을 잡고 반란을 꾀했기 때문이다. 펠리페가 이슬람 고유의 복장과 식단, 아랍어, 그리고 이슬람식 목욕탕을 불법화하자, 1568-1569년에 스페인 남부에서는 대규모의 반란이 일어났다. 반란이 진압된 뒤 무슬림 인구는 절반 정도가 추방되거나 분산되었다.[6]

스페인에는 약 30만 명의 유대인들도 있었다. 유대인들 역시 무슬림처럼 억지로 가톨릭에 귀의해야 했다. 16세기 중엽 대부분의 유대인들은 스페인 문화에 잘 적응한 상태였고, 원래의 종교적 관습은 은밀히 치르는 의식의 수준으로 전락했다. 하지만 본모습을 잃게 되자 유대계 신기독교인들은 두려움의 대상이 되어버렸다. 이제 그들이 얼마나 많이 있는지, 또 어떤 활동을 펼치고 있는지가 분명하게 드러나지 않았기 때문이다. 의심의 눈길은 스페인의 유대인 장로들과 콘스탄티노폴리스의 랍비들이 주고받았다고 하는 비밀 편지가 펠리페의 치세 초기에 "발견되면서" 더욱 불타올랐다. 그 볼품없는 속임수는 19세기 말엽에 제정 러시아의 비밀경찰이 러시아계 유대인 탄압을 정당화하려고 위조한 「시온 장로 의정서」의 예고편이었다. 그 편지 내용에 의하면 콘스탄티노폴리스의 랍비들은 가톨릭 사회에 침투해서 그들을 타도하도록 스페인의 유대인들을 부추겼다. "당신들이 말했듯이, 그들이 당신들을 죽인다면 당신들도 그들을 죽일 수 있도록 아들들을 의사와 약제사로 키우고……그들의 교회를 부술 수 있도록 성직자와 신학자로 키우기 바랍니다." 편지에는 법조인이나 관료가 되어서 사법부와 정부를 타도하도록 권하는 내용도 있었다.[7]

그러나 이제 유대인들을 찾아내기가 너무 힘든 나머지 숨어 있는 유대인의 정체를 밝히기 위해서는 새로운 방법이 필요했다. 이에 따라 16세기에는 동업 조합, 수도회, 기사단 등의 단체들이 가입 조건으로 혈통 증명을 요구하는 관행이 점점 일반화되었다. 펠리페 2세는 단체들이 조사를 실시하고 유대인 조상이나 무슬림 조상 때문에 혈통이 오염된 자들을 배제할 권리를 옹호함으로써 그런 관행을 지지했다. "피의 순수성limpieza de sangre"을 확립하기 위해서 스페인 사회 곳곳에서 계보학에 집착하는 분위기가 형성되었고, 문서 위조가 신종 산업으로 자리 잡았다.

모험가들이 펠리페를 위해서 새로운 땅을 정복하고 선교사들이 원주민들에 대한 종교적 영향력을 강화함에 따라서 신대륙의 스페인 영지는 펠리페의 치세에 점점 확장되었다. 각각 멕시코시티와 리마를 근거지로 삼은 누에바에스파냐와 페루의 부왕副王들 밑에는 총독, 총감, 행정관 등이 있었다. 그들은 순회 판사와 순회 재판소, 궁극적으로는 마드리드에 있는 서인도 제도 평의회의 감독을 받았다. 하지만 실제로 신대륙에 대한 스페인 본토의 통제력은 약했다. 서인도 제도 평의회가 해외 상황을 제대로 파악하지 못하자, 1569년 펠리페는 현지에서 일하는 모든 중간급 관료들에게 설문지를 보내서 신대륙의 스페인 영지에 대한 통계 조사를 지시했다. 그 결과 주목할 만한 정보를 얻기는 했지만, 그런 식의 모든 조사가 으레 그렇듯이 질서에 대한 환상이 생기는 부작용이 따랐다. 대부분의 라틴아메리카 농촌 지역은 아직 미지의 땅이었고, 나머지 지역들은 이미 변절한 군인 패거리들과 농장에서 탈출하여 도망 노예 국가를 세운 흑인 노예 무리들이

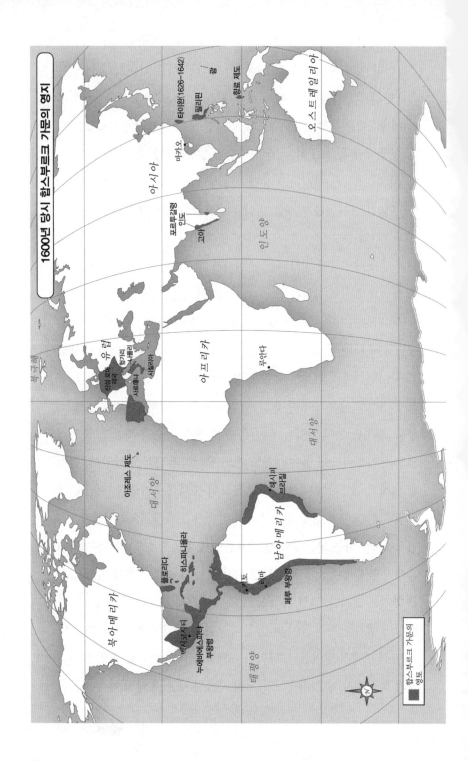

1600년 당시 합스부르크 가문의 영지

오스트레일리아

아시아

타이완(1626~1642)
필리핀
유큐 제도
마카오

포르투갈령 인도
고아
인도양

유럽
신성 로마 제국
헝가리
나폴리
사르데냐
시칠리아

아프리카
루안다

북극해

아조레스 제도
대서양

남아메리카
에스파뇰라(?)
카라칼

대서양

북아메리카
플로리다
히스파니올라
멕시코시티
누에바에스파냐 부왕령

키토
리마
페루 부왕령

태평양

N

합스부르크 가문의
영토

장악한 상태였다. 파나마 지협을 지나는 중요한 육로는 도망 노예 출신의 도적들 때문에 이용할 수 없는 경우가 많았다.[8]

1560년대부터 스페인령 신대륙은 대서양적 현상일 뿐 아니라 태평양적 현상이기도 했다. 볼리비아에서 채굴된 은은 이제 (동쪽이 아니라) 아카풀코를 거쳐 서쪽으로, 그러니까 1571년에 스페인이 건설한 필리핀의 마닐라 항구로 운반되어 그곳에서 비단이나 도자기와 교환되었다. 페루와 멕시코에서 주조된 스페인의 8레알 은화는 수십 년 만에 세계적으로 인정을 받는 화폐가 되었다. 마닐라의 갤리언 선들은 금과 은뿐 아니라 일본 무사의 갑옷을 만들 때에 쓰이는 고급 재료인 사슴 가죽도 운반했다. 1580년, 포르투갈의 엔히크 왕이 세상을 떠났다. 추기경이기도 했던 그는 금욕을 서약했기 때문에 상속자가 없었다. 펠리페는 어머니 이사벨라의 아들이라는 자격으로 포르투갈의 왕위를 요구하며 경쟁자들을 포르투갈 왕국 밖으로 쫓아냈다. 포르투갈 왕위에 오른 덕분에 펠리페 2세는 브라질뿐 아니라 인도의 고아, 중국 해안의 마카오, 그리고 (잠시) 일본 최남단의 나가사키도 차지하게 되었다. 스페인 군주국은 이제 태평양과 대서양에서 가장 막강한 세력이었다.[9]

그러나 스페인의 통치력은 드넓은 태평양에서 드문드문 미쳤을 뿐이다. 1580년대에는 필리핀의 모든 섬을 통틀어 스페인인이 700명밖에 없었고, 마닐라에는 스페인인 가정이 80호뿐이었다. 중국 본토와 동남아시아에 있을 기회에 관심을 유도하는 관료들 때문에 펠리페의 야심은 더 불타올랐다. 수십 년 동안, 펠리페는 중국의 해안 지방을 침략한 다음 각 지역의 지지를 이끌어내면서 내륙으로 진격하는 "중국 사업"을 고민했다. 에르난 코르테스가 불과 수백 명의 병력으로 멕시코를 정복했기 때문에 중국을 정복하는 데에는 6,000명만 있어도 넉넉할 것 같았다. 한편 펠리페는 보르네오 섬의 사라왁과 태국, 캄보디아의 통치자들을 끌어내린 뒤 북쪽으로 전진하여 중국을 공격하는 대안도 고려했다. 그의 참모들은 사라왁에서 획득한 전리품을 잉글랜드 침공 자금으로 활용할 수도 있다고 조언했다. 나중에 밝혀졌듯이, 펠리페의 세계 정복 계획은 실현은커녕 시도되지도 않았고, 1588년에 그가 잉글랜드를 침공하도록 보낸 무적함대는 북해에서 침몰하고 말았다.[10]

신대륙 여행은 법적으로 금지되어 있었지만, 어쨌든 신기독교인들은 기회를 잡을 겸 피신할 겸 신대륙으로 향했다. 멕시코에 "상스럽고, 비도덕적이고, 신뢰할 수 없는 사람들이 너무 많다"라고 불평한 어느 연대기 작가는 "스페인에서는 그들이 이곳으로 떠나지 못하도록 막는다. 따라서 나는 우리가 그들을 쫓아내지 못하도록 하는 어떤 명분이 있는지 모르겠다"라고 썼다. 신기독교인들을 박해하는 주요 수단은 펠리페가 1570-1571년에 리마와 멕시코시티에 도입한 스페인 종교 재판소였다. 원래 왕이 임명한 최고 심문관이 관장하는 정부 기관으로서 15세기 말엽에 카스티야에 설립된 스페인 종교 재판소는 대체로 왕의 통제 범위 밖에서 운영되었고, 법을 공부한 성직자들이 배치되었다. 애초 종교적 타락이나 변절과 맞서 싸울 목적으로 도입된 종교 재판소는 얼마 지나지 않아서 이단, 신성 모독, 결혼 계율 위반, 성범죄 같은 문제도 다루게 되었다. 종교 재판소는 온갖 형벌을 집행할 권한도 있었다. 사형이 선고된 사람들은 설교를 듣고 굴욕적인 복장으로 행진한 뒤 신앙 판결auto-da-fe로 알려진 종교 의식에서 공개적으로 화형을 당하는 경우가 많았다.[11]

게다가 종교 재판소는 서적을 검열할 권한과 불온한 사상에 물들지 않도록 학생들의 외국 대학교 유학을 제한할 권한도 있었다. 이렇듯 종교 재판소는 스페인과 신대륙을 지적 측면에서 격리하고자 했고, 완전한 정설이 아닌 모든 문헌을 제거함으로써 대체로 격리에 성공했다. 스페인을 방문한 한 대사는 검열로 초래된 상상력의 공백을 언급했다. 그가 불평했듯이, 스페인의 귀족들은 지적 경험의 범위가 워낙 좁아서 마치 색깔을 묘사하는 장님처럼 발언했다. 신대륙에서 종교 재판소는 멕시코시티와 리마의 인쇄소를 엄격히 통제했는데, 그 결과 16세기에 현지의 인쇄소에서 찍어낸 출판물은 200종에 불과했고, 그나마도 대부분은 정말 지루한 내용의 교육 자료였다. 종교 재판소는 인쇄물뿐 아니라 문신과 낙인도 검열했다.[12]

신대륙에서 종교 재판소는 유대인 배교자를 추포하는 원래의 역할로 거의 복귀했다. 1589년부터 1596년까지 멕시코시티의 종교 재판소에서 200명이 배교 혐의로 재판을 받았고, 그 가운데 9명이 처형되었다. 이에 따라서 누에바에스파냐의 유대인 공동체는 사실상 파괴되었다. 유대인 공동체는 이후 포르투갈에서 건너온 이민자들에 의해서 재건되었지만, 1640년대에 다시 붕괴되었다. 유대인 30명이 화형을 당했고, 이미 감옥에서 죽었거나 탈옥한 100명은 그들의 모습을 본떠 만든 인형이 대신 화형을 당했다. 리마에서는 1570년대에 박해가 시작되었고, 17세기에는 유대인이 대부분 소탕되었다.[13]

종교 재판소에 끌려온 사람들 중에서 사형을 당한 것은 극소수뿐이었다(전체의 1퍼센트 내지 2퍼센트). 그러나 사형은 목숨을 없애는 유일한 방법이 아니었다. 누에바에스파냐와 페루의 유대인들은 재산을 몰수당해 파산했고, 종교 재판소는 고문과 가혹한 체벌을 일상적으로 자행했다. 16세기 중엽 스페인령 시칠리아의 자료에 의하면, 종교 재판소에서 유죄가 선고된 660명 가운데 22명만 처형되었고, 274명은 갤리 선에서 노를 젓는 노예로 팔리거나 물고문이나 날개 꺾기 고문, 인대 찢기 고문에 시달렸다. 종종 수만 명이 구경한 신앙 판결에는 종교적 신봉을 각인시키려는 의도가 담겨 있었다. 스페인의 어느 법학자가 설명했듯이, 공개 처형의 목적은 "피고인들의 영혼을 구제하는 것이 아니라 공익을 꾀하고 사람들에게 공포와 조심성을 심어주는 것"이었다.[14]

펠리페는 무력으로 본인들의 광활한 영토를 개척한 지나치게 강력한 신민들이 신대륙에 있다는 사실을 감수해야 했다. 사실, 16세기 후반에 13만 제곱킬로미터의 땅을 소유한 마르틴 코르테스(에르난 코르테스의 아들)는 아마 세계에서 가장 부유한 개인이었을 것이다. 펠리페는 인력이 부족할 뿐 아니라 협동심도 부족한 현지의 관료 사회도 상대해야 했다. "복종하지만 동의하지는 않는다"라는 문구는 여러 식민지 행정관들의 좌우명이었다. 하지만 신대륙에서는 왕권을 제약하는 유서 깊은 자유 때문에 골머리를 앓거나, 관직을 달라고 졸라대는 귀족들과 지체 높은 자들을 상대하거나, 주권의 공유를 요구하는 의회와 다툴 필요가 없었다. 그러므로 그의 통치권은 신대륙에서 상대적으로 더 완벽했다고 볼 수 있다. 마르틴 코르테스조차 체포되고 추방될 수 있었다.[15]

스페인의 신대륙과 구대륙은 서로 달랐다. 전자는 마드리드에서 일률적으로 운영하는 식민 사업의 대상이었고, 후자는 복합 군주국이었다. 다시 말해 스페인의 구대륙은 합스부르크 가문의 단일 통치자 아래에 모여 있지만, 각 부분은 여전히 개별적인 특권과 제도, 대표단을 보유하는 여러 땅들과 왕국들의 집합이었다. 카를 5세는 항상 그들에게 특권과 제도와 대표단을 유지하도록 권했다. "오랫동안 익숙해진 고유의 관습에 따라서 각각의 땅을 다스리는 것이 중요하다"라고 생각했기 때문이다. 펠리페의 입장에서는 아버지의 충고를 무시할 이유가 전혀 없었다. 어떤 영지를 물려받거나 처음 방문할 때 그는 그곳의 특별한 권리를 유지하겠다고 약속했다. 실제로도 에노 지방과 브라반트 지방에 대해서 "모든 법령과 특권, 인가장, 면제권 및 면책 특권을, 모든 사법권과 장원의 권리를, 모든 도시법과 토지법과 용수법을, 그리고 모든 신구 풍습"을 유지하겠다고 서약했다. 포르투갈의 왕관을 쓴 1581년에도(다른 곳에서는 계승 선언만으로 충분했기 때문에 포르투갈에서 치른 대관식은 그의 첫 대관식이었다), 그는 포르투갈 왕국의 전통적인 자유를 유지하겠다고 엄숙히 약속했다.[16]

펠리페는 대부분의 약속을 지켰다. 각각의 부분들이 전체를 움직이는 데에 필요한 자금을 세금으로 충분히 제공하는 한 그는 정부가 나름의 방향을 정하도록, 그리고 지방 귀족들이 자유를 누리도록 기꺼이 허용했다. 그 결과 시칠리아와 나폴리에서는 그 지역의 고질병인 부패 문제를 해결하고 산적 떼를 소탕하려는 움직임을 전혀 보이지 않는 귀족 중심의 정권이 유지되었다. 프랑슈콩테에 대해서 펠리페는 현지의 귀족을 부왕으로 임명하고 돌에 소재한 의회에 폭넓은 권한을 부여함으로써 충성심을 이끌어냈다. 다른 곳에서는 대체로 암살과 경고, 위협만으로도 복종을 강제할 수 있었다.

펠리페는 집요한 저항으로 뜻을 이루지 못할 때면 내키지는 않아도 무력을 썼다. 가령 1580년대에는 스페인 북동부의 아라곤 왕국에서 저항의 움직임이 감지되었다. 아라곤 왕국 의회는 마드리드의 중앙 정부가 국정에 부당하게 개입한다며 점점 분노를 드러냈다. 아마 그 무렵이 의원들이 오래된 원문을 토대로 군주에 대한 그들의 유명한 「충성 서약문」을 만든 시기일 것이다. "전하와 다를 바 없는 저희는 저희와 마찬가지인 전하께 맹세합니다. 만약 전하께서 저희의 모든 자유와 법을 지켜주신다면 전하를 저희의 왕과 주권자로 받아들이고, 그렇지 않으면 받아들이지 않을 것입니다." 1591년에 아라곤 왕국의 도시 사라고사가 카스티야 출신의 도망자를 종교 재판소에 넘기지 않은 아라곤 왕실을 지지하며 봉기하자 펠리페는 군대를 보냈다. 봉기의 주모자들은 검거되었고, 아라곤 왕국 의회의 권한은 축소되었다.[17]

저지대 국가는 더 힘든 골칫거리였다. 1560년대 초엽, 펠리페는 저지대 국가의 지도급 귀족들이 정부 공직과 교회의 최고위 공직을 맡을 권리를 축소하는 개혁안을 내놓았고, 그들이 저항하자 정부 공직에서 내쫓아버렸다. 1566년 그들이 떠들썩한 소수파인 개신교도들과 손잡고 종교적 관용을 요구했을 때, 펠리페는 양보를 거부했다. 그러나 불만이 넘쳐흘러 반란이 일어나고 성당이 파괴되자 당황한 펠리페는 저항의 물결이 퍼지도록 방치하다가 1567년 가을에야 군대를 보냈다. 그가 파견한 장군인 알바 공작은 가장 큰 불만을 품은 귀족들을 비롯해서 1,000명 이상의 이단자와 반역자들을 처형했다. 펠리페의 사촌인 슈타이어마르크의 카를 대공은 평소 개신교를 지지하지 않았지만, 펠리페에게 "친절함과 동정심"으로 신민들을 끌어안도록 간청했다. 그러나 펠리페는, 알바 공작이 말했듯이 "모든 사람이 멀쩡한 밤이나 아침에도 자기 집이 무너질 수 있다고 느끼도록" 하는 통치 방식을 선호했다.[18]

다른 지역들이 군대에 현금을 충분히 조달할 수 없게 되자, 펠리페는 저지대 국가의 도시들에 과세했다. 하지만 그 도시들은 이 조치가 현지 의회의 동의를 구하지 않은 불법적 처사라며 세금 징수를 거부했다. 그러자 급료를 받지 못한 펠리페의 군대가 폭동을 일으켜 여러 도시들을 휩쓸어버렸고, 1576년에 안트베르펜을 약탈했다. 남부 주들(대략 오늘날의 벨기에와 룩셈부르크에 해당하는 지역)의 귀족 지도자들과 협상을 진행한 끝에 펠리페는 저지대 국가의 일부분은 계속 움켜쥐고 있을 수 있었지만, 나머지 부분은 영원히 잃고 말았다. 1581년 이후 저지대 국가의 북부 7개 주는 네덜란드 연방 공화국이라는 독립적인 개신교 공화국을 수립했다. 펠리페는 그후 수십 년 동안 그 공화국을 무너트리려고 용병 군대(매번 규모가 커졌다)를 보냈지만 허사였다. 저지대 국가에서 벌어진 전쟁에 들어가는 비용은 스페인의 국고를 축냈다. 신대륙에서 금과 은이 유입되었지만, 펠리페는 개인 채무를 이자만 내면 되는 국채로 전환하여 네 차례에 걸쳐 탕감해야 했다.

실제로는 실현되지 못했지만, 만일 1568년에 펠리페가 친히 저지대 국가를 방문했더라면 분노를 가라앉힐 수 있었을지도 모른다. 하지만 그는 같은 해에 일어난 이슬람교도들의 반란 때문에, 그리고 비극적인 가족사 때문에 스페인에 발이 묶여 있었다. 펠리페의 아들이자 상속자인 카를로스 왕자는 신체장애를 안고 태어났을 뿐만 아니라 정신병과 망상에도 시달렸다. 사람들은 미라화된 성자의 유해와 같은 침대에서 자도록 함으로써 카를로스 왕자를 치료하고자 했지만, 그의 상태는 전혀 호전되지 않았고 점점 더 폭력적으로 변했다. 결국 1568년 펠리페는 아들을 감옥에 가둘 수밖에 없었다. 펠리페의 적들은 그가 아들을 독살했다고 주장했지만, 모든 측면에서 볼 때 카를로스는 스스로 곡기를 끊고 굶어 죽은 듯하다.[19]

돈 카를로스의 광기는 십중팔구 근친결혼의 결과였을 것이다. 근친결혼으로 인해서 그의 증조부모의 수는 보통 경우의 절반에 불과했다. 카스티야의 광녀 후아나는 4명인 그의 조부모 중 2명의 어머니였고, 그의 어머니인 포르투갈의 마리아 마누엘라는 그의 육촌이기도 했다. 프로테스탄트 개혁의 여파 때문에 결혼 상대로 적합한 가문들이 피해를 입자, 합스부르크 가문 내부의 근친결혼은 훨씬 더 흔해졌다. 스페인계 합스부르크 가문과 중앙 유럽계 합스부르크 가문 사이에서는 각 세대마다 근친결혼이 이루어졌다. 1450년부터 1750년까지 스페인계 합스부르크 가문과 중앙 유럽계 합스부르크 가문이 맺은 총 73건의 혼인관계 가운데 4건은 삼촌과 조카딸, 11건은 사촌, 4건은 오촌, 8건은 육촌, 나머지는 그보다 먼 친척이 맺어진 경우였다. 교회법에서는 이를 금지했기 때문에 그 모든 결혼에는 교황의 특면 조치가 필요했다.[20]

결혼은 한때 합스부르크 가문에 큰 도움이 되었다. 그러나 이제는 근친성으로 인해서 기형과 정신장애가 초래되었다. 일찍이 카를 5세의 신체적 특징으로 자리 잡은 주걱턱과 늘어진 아랫입술은 이후 기형 수준으로 악화되었고, 합스부르크 가문의 한 통치자는 그런 입술 때문에 "포첸포이들Fotzenpoidl"(대략 "멍청이 얼굴"로 번역할 수 있다)이라는 별명이 붙기도 했다. 근친결혼은 정신병, 뇌전증, 사산, 유아 질병의 원인이었다. 1527년과 1661년 사이에 스페인 왕위 혈통으로 태어난 34명의 어린이 가운데 10명이 1세가 되기 전에, 또 17명이 10세가 되기 전에 사망함으로써 유아사망률 80퍼센트를 기록했다(80퍼센트는 당시의 평균 유아 사망률보다 4배 높은 수치였다).[21]

16세기 말엽 외국의 선동가들은 스페인 종교 재판소와 그곳에서 자행된 고문, 피지배자들에 대한 지배자들의 학대, 스페인 군대의 약탈 행위 따위를 함께 엮어 후대에 "암흑 전설"(사실 21세기의 용어이다)로 알려진 문학 장르를 만들어냈다. 1598년에 펠리페가 숙환으로 맞이한 죽음과 그가 말년에 겪은 육체적 고통은, 그 군주가 저지른 범죄에 대한 신의 징벌 같아 보인다는 점에서 외국 선동가들이 꾸민 음모의 좋은 먹잇감이었다. 잔인함에 대한 그런 문학적 표현에는 왕가에서 벌어진 아버지와 딸 사이의 타락한 성적 교접과 기형아 출산(부패와 도덕적 붕괴를 가리키는 은유)에 관한 이야기들이 뒤이어 추가되었다.[22]

개신교 선전자들(과 유대인들)이 볼 때, 펠리페 2세의 치세는 군주정이 얼마나 쉽게 폭정과 종교적 박해를 자행할 수 있는지를 보여주는 경고였다. 사실, 1649년에 잉글랜드의 찰스 1세가 재판을 받을 당시에 쓰인 몇 가지 수사적 표현은 원래 펠리페 2세를 겨냥한 비난에서 차용한 것이었다. 그러나 스페인의 저술가들과 극작가들이 볼 때, 스페인은 펠리페의 판도 확장과 가톨릭교를 향한 그의 단호한 헌신에 힘입어 신앙을 수호할 사명을 지닌 제국, 고대 로마 제국의 운명만큼 혹은 그보다 더 위대한 운명을 타고난 제국이었다. 새로운 형식의 "영성체 축제"가 왕궁뿐 아니라 도심의 광장과 촌락에서도 거행되었고, 스페인은 영성체의 상징물과 국가 및 지배 왕가의 표상이 결합된 감사 예배를 통해서 확산 일로의 가톨릭교와 동일시되었다. 당시의 어느 저명한 저자는 동포들에게 다음과 같은 글을 남겼다. "신이 그대들을 특별한 백성으로 선택했다. 오, 스페인이여! 신이 그대들을 선택했노라! 그대들이 거룩한 로마 가톨릭 교회를 보호하고 수호하는 보편적이고 완전한 가톨릭 신자들이라고, 우리 주 예수 그리스도를 섬기며 가톨릭 교회를 세계 곳곳으로 확대하는 신자들이라고 여기시기 때문이다." 바야흐로 신앙에 복무하는 세계 제국을 향한 야심이 스페인에 단단히 뿌리를 내린 것이다.[23]

호프부르크 궁전의 제국 도서관, 빈 ▶

▼ 뮤즈들을 이끄는 헤라클레스로
표현된 카를 6세, 호프부르크 궁전
의 제국 도서관.

▲ 스위스의 아르가우 주에 있는 합스부르크 성.

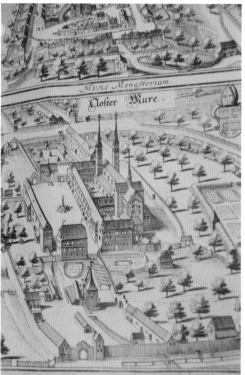

◀ 무리 대수도원, 1650년경.

▶ 오스트리아의 역사를 생생히 예시하는 여러 문장紋章과 기단부의 프리드리히 3세 조각상이 보이는 성 게오르크 예배당의 문장 벽, 비너노이 슈타트.

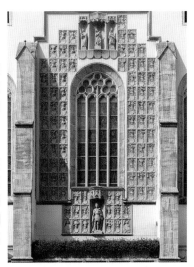

▼ 베른하르트 슈트리겔이 그린 황제 막시밀리안 1세의 가족 초상화, 1516년경. 뒷줄에는 막시밀리안의 아들인 미남왕 펠리페와 막시밀리안의 첫 번째 부인인 부르고뉴의 마리가 있다. 앞줄에는 훗날의 카를 5세와 페르디난트 1세, 헝가리의 러요시 2세가 있다.

◀ 잡은 물고기의 양을 살펴보는 막시밀리안, 그가 의뢰한 어로기술漁撈技術에 관한 책에서 발췌.

◀ 황제 막시밀리안 1세의 묘, 인스부르크. 막시밀리안은 비너노이슈타트에서 매장되었기 때문에 현재 이 묘는 비어 있다.

▲ 알브레히트 뒤러의 목판화 「막시밀리안 1세의 개선 행렬」의 "저 멀리 떨어진 캘리컷 사람들".

▶ 황제 카를 5세, 1550년경, 티치아노의 작풍을 모방한 초상화.

◀ 스페인의 에스코리알 궁전, 1563년 착공하여 1584년 완공.

◀ 피터르 사우트만이 그린 황제 루돌프 2세의 초상화.

주세페 아르침볼도가 황제 루돌프 2세를 로마 신화에 나오는 계절과 정원과 과수원의 신인 베르툼누스로 묘사한 초상화, 1590–1591년경.

▲ 알브레히트 뒤러의 목판
화 「멜랑콜리아 1」, 1514년.

◀ 스페인인들이 타이완의 신
베이에 지은 산토도밍고 요
새, 1637년.

제9장

돈 후안과 레판토의 갤리 선들

1559년 가을, 헤로민이라는 이름의 12세 소년이 보호자의 손에 이끌려 바야돌리드에서 약 32킬로미터 떨어진 삼림 지대의 시토회 수도원으로 향했다. 마침 펠리페 2세가 사냥을 하려고 근처에 머물고 있었다. 펠리페가 다가오자 소년은 무릎을 꿇었다. 소년이 무릎을 꿇자마자 펠리페는 소년을 일으켜 세웠고, 아버지가 누구인지 아느냐고 물었다. 소년이 부끄러워하며 모른다고 대답하는 순간 펠리페는 소년을 끌어안았다. 펠리페는 자신과 소년의 아버지가 같은 사람이라고 말했다. 즉, 두 사람은 형제였다. 물론 어머니는 달랐지만, 두 사람은 모두 고인이 된 황제 카를 5세의 아들이었다.

왕자의 감춰진 정체성을 둘러싼 이야기는 스페인 황금시대의 전형적인 각본이지만, 헤로민의 사례는 최소한 본질적으로 진실인 듯하다. 헤로민은 1547년에 카를 5세가 레겐스부르크의 바르바라 블롬베르크라는 여인과 가볍게 즐기다가 낳은 아이였다. 통설과 달리 바르바라는 가수가 아니라 언젠가 카를 5세가 묵은 여인숙의 심부름꾼이었다. 헤로민은 유아기에 강제로 어머니의 품을 떠나 처음에는 저지대 국가에서, 나중에는 스페인에서 자랐다. 훗날 헤로민 모자의 행방을 수소문한 카를은 아들을 만나려고 애썼고, 바르바라를 브뤼셀의 관리 중 한 사람과 결혼시켰다. 치세 말년에 이르러 카를은 결국 자신이 헤로민의 아버지임을 인정했고, 그때 펠리페는 처음으로 이복형제가 있다는 사실을 알았다. 카를은 헤로민을 적절한 성직에 앉혀주고 이름을 자신의 어머니인 후아나를 기리는 의미에서 후안으로 바꾸도록 지시했다. 그런 연유로 헤로민은 훗날 돈 후안으로 알려지게 되었다. 이 돈 후안은 영국과 유럽 대륙의 희곡과 운문에 등장하는 호색한 돈 후안과 동일인이 아니다.[1]

처음에 펠리페는 돈 후안을 마드리드 인근의 알칼라 대학교에 보내는 등 아버지의 지시를 따랐다. 알칼라 대학교는 성직자 양성소였지만, 펠리페는 곧 이복형제인 돈 후안에게 정치적 역할을 맡길 필요가 있다고 생각했다. 저지대 국가의 귀족들은 합스부르크 가문의 일원에게 통치를 받기를 기대했다. 아버지 카를은 첫 번째 총독으로 고모인 마르가레테를 보냈고, 그녀가 1530년에 사망한 뒤에는 누이인 헝가리의 마리에게 총독직을 맡겼지만, 펠리페에게는 가까운 친척 중에 적임자가 별로 없었다. 그래서 마리가 1555년에 은퇴한 뒤에도 그녀에게 총독직을 지켜달라고 압박했다. 마리가 거절하자 펠리페는 이복누이인 파르마의 마르게리타에게 총독직을 맡겼다.

돈 후안처럼 마르게리타도 카를 5세의 사생아였다. 플랑드르 지방의 어느 하녀에게서 태어난 그녀는 어릴 적에 이탈리아로 건너가서 두 번 결혼했다. 저지대 국가의 충독으로서 그녀는 권위를 풍기기 위해서 깔끔한 콧수염을 길렀고, 자신을 여전사처럼 표현한 메달을 주조하도록 명령했다. 하지만 그녀의 능력은 저지대 국가의 험악한 정치 상황을 감당하기에는 역부족이었기 때문에 펠리페는 그녀를 대신할 인물을 물색했다. 돈 후안도 선택지 중 하나였지만, 아직 어렸기 때문에 가능성이 낮았다. 그럼에도 펠리페는 미래를 내다보았고, 1566년에 어린 돈 후안이 황금양모 기사단에 가입할 수 있도록 했다. 황금양모 기사단의 소속 기사들은 펠리페가 자신의 정책에 대한 비판을 싫어한다며 더는 그와 동석하지 않았지만, 유럽에서 가장 이름 높은 기사단으로 평가받고 있었다.[2]

돈 후안은 야망이 컸다. 그는 잉글랜드의 엘리자베스 1세와 결혼해서 그녀의 신민들을 다시 가톨릭 신앙으로 이끌 생각이었고, 엘리자베스에게 붙잡혀 있는 스코틀랜드 여왕 메리를 탈출시키고자 계획을 세웠다. 메리의 초상화를 보고 나서는 그녀를 자신의 아내로 삼으려고 작정하기도 했다. 펠리페는 돈 후안을 스페인의 고위직에 임명했지만, 그의 고집이 너무 세서 어떤 일도 혼자 책임지고 처리하도록 맡길 수 없다고 판단했다. 이에 따라서 돈 후안에게 저지대 국가의 최종 지휘권을 맡기고자 했던 본래의 계획을 변경해서 더 노련한 정치가이자 군인인 루이스 데 레케센스와 협력하며 일하도록 했다. 돈 후안은 레케센스와 함께 1568-1569년에 무슬림 반란을 진압했고, 1571년에는 원정에 가담하여 명성을 떨쳤다. 지중해에서 오스만 튀르크인들을 상대로 치른 그 전쟁은 레판토에서 기독교인들의 승리로 막을 내렸다.

오스만 제국의 역사는 흔히 술탄 10명이 차례로 통치한 초반의 급성장기와 술레이만 대제 치세의 전성기, 이후 술탄 26명이 다스린 후반 400여 년의 쇠퇴기로 구분된다. 사실 중세 후기에 오스만 제국이 이룩한 경이로운 영토 확장은 주변국들의 취약성에 힘입은 바가 컸다. 심지어 술레이만의 치세에도 오스만 제국의 팽창은 한계에 다다르고 있었다. 동쪽으로 향하는 길은 페르시아의 사파비 제국과 남진하는 모스크바 대공국에 가로막혔다. 서쪽 국경에서는 페르디난트 1세가 헝가리 곳곳에 구축한 방어선이 기독교 세계인 유럽을 지키고 있었다. 인도양에서는 포르투갈인들이 유럽 시장을 먹여 살리는 향신료 무역을 장악하고 있었고, 희망봉을 경유하는 항로를 향신료 무역에 이용하기도 했다.

오스만 제국은 신대륙을 발견하는 데에 상당한 관심이 있었다. 콜럼버스가 그린 지도 가운데 하나가 오스만 제국의 항해자들이 만든 사본의 사본을 통해서 오늘날까지 전해지는데, 그 사본의 몇몇 판본은 재상의 요청으로 술탄인 술레이만에게 직접 제출된 것이다. 그러나 오스만 제국의 조정이 아메리카 대륙에 품었을 법한 그 어떤 관심도, 부족한 해운 역량과 선박 수, 그리고 북서 아프리카 쪽으로 세력을 넓히려는 튀르크인들에 맞서서 오스만 제국 선박들의 대서양 진출을 차단하는 모로코의 사드 왕조 통치자들 때문에 실질적인 성과로 이어지지 못했다. 오스만 제국의 조정은 고립을 타개할 방법을 깊이 고민했다. 그 결과 수에즈뿐만 아니라 돈 강과 볼가 강 사이에도 운하를 건설하여 중앙아시아로 나아갈 길을 열자는 식의 헛된 계획이 수립되었고, 인도양에 자국 세력의 거점을 구축하려는 여러 작업들이 진행되었다. 1560년대에는 포르투갈인들과 싸우는 현지의 술탄을 돕기 위해서 대포와 주물공들을 실은 소함대를 수마트라 섬의 아체로 파견했지만, 이렇다 할 성과는 없었다. 술탄은 600마리의 전투용 코끼리를 훨씬 더 신뢰했고, 대포는 방치되어 녹슬었다.[3]

그러나 유럽의 기독교인 통치자들은 오스만 제국이 유럽을 포위하고 있다고 확신했다. 선원들은 인도양과 태평양에서 마주친 이슬람교도들을 오스만 제국 술탄의 부하들로 오해했다. 그러나 그 이슬람교도들은 금요일 기도를 드릴 때에 지나가는 말로만 "서쪽의 위대한 왕"을 인정할 뿐이었다. 게다가 그들 중 일부는 스페인어를 할 줄 알았다. 원래 스페인계 무슬림이었기 때문이다. 일찍이 1521년에 페르디난드 마젤란은 필리핀에서 스페인 출신 망명자들을 마주친 적이 있었다. 그러나 그들은 이스탄불의 대리인들이 아니었고, 지구 반대편의 이슬람교도들과 공모하는 자들은 더더욱 아니었다. 그들은 단지 박해를 피해서 부득이하게 동쪽으로 1만2,000킬로미터나 표류한 자들이었다.[4]

16세기 내내 북아프리카에서는 오스만 제국과 스페인의 세력 다툼이 벌어졌다. 지중해 연안을 따라서 여러 전략적 거점에 스페인 수비대가 주둔했다. 수비대의 주요 목적은 오스만 제국의 해군과 손잡는 경우가 많은 현지의 해적들과 싸우는 것이었다. 무슬림 해적들의 행동반경은 엄청났다. 그들은 스페인에서 남부 이탈리아의 스페인 영지까지 이어진 해로를 위협했을 뿐만 아니라 대서양으로 과감히 진출하여 신대륙과의 무역을 방해하기도 했다. 해적들은 잉글랜드 해안과 아일랜드, 아이슬란드도 습격해 노예 사냥을 벌였다. 그들은 1년

에 유럽인 노예들이 최대 10만 명까지 거래된 오스만 제국 노예 시장의 공급원이었다.[5]

16세기 중엽 술탄 술레이만 대제는 스페인 수비대를 소탕하여 점령한 방어 요새를 휘하의 관리들이나 꼭두각시 제후들에게 맡기면서 (후자에게 맡기는 경우가 더 일반적이었다) 북아프리카에 대한 지배권을 강화했다. 1560년대에는 오랑과 인근의 항구인 메르스엘케비르 정도만이 기독교 세계의 일부분으로 남았고, 스페인의 해안선은 위험에 노출되어 있었다. 하지만 술레이만과 그의 후계자인 셀림 2세재위 1566-1574가 간절히 원한 것은 키프로스와 몰타 같은 지중해의 섬들이었다. 두 섬 모두 상선뿐 아니라 해로를 이용해서 성지로 향하는 순례자들까지 약탈하는 해적들의 소굴이었다. 1564년, 몰타 기사단은 이스탄불의 최고 환관 소유의 상선 몇 척을 나포했고, 술탄의 여자들이 쓰도록 운반 중이던 값비싼 비단 화물을 빼앗았다. 이듬해에 앙갚음에 나선 술레이만은 몰타 섬을 포위했지만, 기사들을 섬 밖으로 내쫓지는 못했다.

1570년, 베네치아에 파견된 오스만 제국의 대사는 키프로스를 할양하라는 술탄의 최후통첩을 전달했다. 베네치아가 이를 거절하자 셀림 2세는 키프로스를 점령할, 무려 7만 명의 해상 부대 병력을 운반하도록 해군에게 명령했다. 오스만 제국 군대의 엄청난 공격 규모에 놀란 지중해의 가톨릭 세력들은 서로 단합했다. 그 지중해의 열강들은 모스크바 대공국에 대한 예비 교섭을 비롯한 베네치아의 활발한 외교에서 자극을 받았다. 하지만 그렇게 결성된 연합의 중심에는 펠리페 2세와 교황 피우스 5세재위 1566-1572가 맺은 동맹이 있었다. 두 사람은 로마가 스페인 내정에 어느 정도 개입할 수 있는지를 둘러싼 다툼을 잠시 중단했고, 스페인, 베네치아, 제노바, 몰타 등으로 구성된 연합체는 피우스 5세가 주창한 데에 힘입어 신성 동맹으로 자처할 수 있었다. 그러나 함대에 필요한 자금 대부분과 전체 함선 수의 4분의 1을 제공한 사람은 펠리페 2세였기 때문에, 그는 총사령관을 지명할 권리를 주장했다.[6]

펠리페는 돈 후안을 사령관으로 선택했지만, 그에게 보낸 임명장을 통해서 레케센스의 의견을 존중하고 노련한 베네치아와 제노바 함장들의 조언을 따르도록 지시했다. 아울러 돈 후안이 맡은 정치적 역할의 중요성도 강조했다. 그렇게 편성된 함대가 서부 지중해를 강화하고 오스만 제국 세력의 추가적인 진출을 억제하는 데에 쓰일 수 있었기 때문이다. 따라서 키프로스에 있는 베네치아의 마지막 요새가 1571년 여름에 함락되고, 승리한 튀르크인들이 그 요새 지휘관의 살가죽을 벗겨냈는데도 신성 동맹의 준비는 중단되지 않았다. 그해 9월 중순, 기독교 함대가 오스만 제국의 해군과 해상 부대를 추토하기 위해서 시칠리아의 항구 메시나를 떠났다. 그것은 키프로스를 겨냥한 공격의 사전 단계였다.

양쪽의 함대는 모두 갤리 선으로 구성되었다. 지중해에서 산들바람이 불면 노꾼들이 갤리 선을 움직였다. 길이가 40미터이고 폭이 6미터인 튀르크인들의 갤리 선이 물속에 더 깊이 잠겼지만, 양쪽의 함선들은 대체로 크기가 비슷했다. 단갑판의 좌우 측면을 따라 늘어선 수십 개의 기다란 좌판 위에는 노 1개당 노꾼 3명이 배치되었다. 각 좌판 끝에서 노꾼들을 통솔하는 자들은 경험이 풍부한 자유민이 다수였던 반면, 대부분의 노꾼들은 노예였다. 갤리 선들은 약 500미터 떨어져 있어도 정체가 들통났는데, 위생 설비가 없고 폐기물이 배의 밑바닥에 모여 있어 특유의 악취를 풍겼기 때문이다. 하지만 갤리 선의 크기는 무척 다양했고, 특히 대형 상선에서 유래한 갈레아스 선은 노 1개당 5명의 노꾼들이 30여 개의 기다란 좌판에 배치되는 경우가 많았다. 군사용으로 개조된 갈레아스 선은 선체가 높아져서 뱃머리뿐 아니라 좌우 측면에도 대포를 장착할 수 있었다. 그렇지 않은 갤리 선의 주요 화력은 뱃머리에 장착된 1개의 커다란 대포였고, 장약하고 사격할 때마다 대포가 궤도를 따라서 앞뒤로 움직여야 했다.[7]

각각 약 200척의 함선으로 구성된 양쪽의 함대는 이오니아 해의 코린토스 만의 입구에 있는 나프팍토스 근처, 즉 레판토에서 마주쳤다. 돈 후안이 기독교 함대를 배치하는 데에 얼마나 기여했는지 말하기는 불가능하다. 그는 절친한 친구인 제노바의 제독 조반니 안드레아 도리아(돈 후안은 도리아에게 자신의 애정사와 여러 가지 질병을 상세히 털어놓았다)에게 조언을 구했으므로, 전투 계획을 수립할 때에 도리아에게서 큰 영향을 받았을 것이다. 돈 후안은 오스만 제국의 함대가 아군의 측면을 공격하리라는 점을 알았기 때문에 아군 함대를 좌우로 길게 일렬로 배열했고, 좌익이 육지에 바싹 다가붙도록 했다. 전열 맨 앞에는 갈레아스 선 6척을 배치했는데 튀르크인들은 그 함선들을 보급선으로 오해했다. 10월 7일 오전 11시경, 오스만 제국의 제독이 전투태세를 알리기 위해서 공포탄을 발사했다. 눈부시게 빛나는 갑옷을 입은 돈 후안은 쇠 포탄으로 응사했다. 쇠 포탄이 일으키는 물보라를 근거로 포병들은 대포를 조준할 수 있었다.

오스만 제국의 함대가 가까이 다가오자 갈레아스 선들은 접근하는 적군에게 현측 대포로 일제 사격을 가하며 본색을 드러냈다. 일제 사격이 한 차례씩 끝날 때마다 갈레아스 선들은 한쪽 대포를 재장전하고 반대쪽 대포를 쏠 수 있도록 제자리에서 방향을 바꾸었다. 갈레아스 선 사이로 지나가던 오스만 제국의 함선들은 갈레아스 선의 뱃머리에 장착된 대포의 맹공격에 시달렸다. 갈레아스 선의 높은 갑판에서는 화승총병들이 적선의 노꾼들과 선원들을 겨냥해 사격을 하고 있었다. 오스만 제국 함선의 3분의 1은 기독교 함대와 교전을 벌이기 전에 이미 침몰하거나 기능이 마비되었다. 어느 이탈리아인이 그 전투를 칭송하며 썼듯이, 제자리에서 회전하는 갈레아스 선의 파괴력은 "믿을 수 없는" 수준이었다.[8]

아직 그 이유가 분명히 밝혀지지는 않았지만, 기독교 함대의 우익이 전열에서 이탈하는 바람에 잠시 오스만 제국의 함선 몇 척이 그 틈을 파고들었다. 그러나 기독교 함대의 좌익과 중앙은 굳건히 버티면서 적들과 백병전을 벌였다. 백병전은 신성 동맹 함대에 유리했다. 튀르크인 병사들은 할리우드 영화처럼 적군의 갤리 선에 밧줄을 던져야 했던 반면, 스페인 함선들은 병사들 여러 명이 한꺼번에 올라탈 수 있는 그물과 멍석을 갖추고 있었다. 적선 갑판으로 건너간 스페인 병사들은 장방형을 이룬 채 창으로 적군을 밀어내고 아군 화승총병을 지원하면서 전진했다. 배와 함께 가라앉지 않도록 족쇄를 풀어주자 튀르크 측의 노예들도 기독교군에 가담하여 주인들에 맞서 싸웠다. 그날 초저녁 무렵, 기독교군은 완승을 거두었다. 적들은 전의를 상실한 채 자기들끼리 오렌지와 레몬을 던지는 장난을 쳤다. 오스만 제국군의 갤리 선 100척 이상이 나포되었고, 50여 척이 침몰했다. 당시 오스만 제국군의 전사자는 3만5,000명(십중팔구 과장된 수치이다), 신성동맹군의 전사자는 7,500명으로 집계되었다.[9]

레판토 해전에서 기독교군이 거둔 승리는 유럽 곳곳에서 뜨거운 환영을 받았다. 로마에서 교황 피우스 5세는 복음서의 구절("하느님께서 보낸 사람이 있었는데 그의 이름은 요한이었다")을 인용하며 돈 후안을 칭찬했고, 10월 7일을 승리의 성모 마리아 축일(오늘날의 묵주 기도의 복되신 동정 마리아 기념일)로 정하도록 명령했다. 그렇지 않았다면 레판토 해전의 승리는 영속성을 거의 얻지 못했을 것이다. 오스만 제국 함대가 신속히 재건되는 동안 기독교 동맹은 포획한 함선들과 노예들을 나누는 문제로 다투었다. 펠리페 2세의 모순된 지시 때문에 돈 후안은 신성 동맹의 목적을 고수하고 키프로스와 그 너머를 공격해야 할지, 아니면 스페인 함선들을 서쪽으로 철수시켜야 할지 결정하지 못했다. 메시나에서 쉬는 동안 그는 깊은 우울감에 빠졌다. 한편 베네치아인들은 크레타 섬, 코르푸 섬, 그리고 아드리아 해에 남아 있는 자국의 영지를 보장받는 조건으로 술탄과 강화했다.

1573년, 펠리페 2세는 돈 후안을 위해서 미리 길을 닦아주는 의미에서 레케센스를 저지대 국가의 총독으로 임명했다. 레케센스는 능숙한 외교관이자 중재인이었지만, 종교 문제에서는 절대 양보하지 말라는 펠리페의 지시를 받은 상태였다. 한편 돈 후안은 스페인 함대를 이끌고 튀니스로 향했고, 튀니스는 그가 도착하자마자 항복했다. 돈 후안은 펠리페에게 튀니스 왕이라는 칭호를 내려달라고 애원했다. 그러나 펠리페는 함대를 이끌고 이탈리아로 돌아가라고 명령했고, 튀니스는 다시 오스만 제국의 통치를 받게 되었다. 돈 후안이 처음부터 그의 몫이었던 저지대 국가의 총독직에 오른 것은 레케센스가 죽은 1576년의 일이었다. 그러나 전임자들처럼 돈 후안도 펠리페가 그곳의 반역자들이 가톨릭 신앙으로 복귀해야 한다고 고집하는 한 상황을 호전시킬 수 없었다.

돈 후안은 좌절로 점철된 운명을 저주했고, 자신이 "세상에서 가장 무시받는 기사"라며 한탄했다. 그는 외교 무대에서나 싸움터에서나 반란 지도자들에게 늘 패배를 맛보았고 저지대 국가의 온건파 가톨릭 귀족들의 지지도 잃었다. 그들은 오스트리아의 대공 마티아스에게 돈 후안을 대신하여 총독을 맡아달라고 간청했다. 심신이 무너진(매독을 앓은 결과일 가능성이 있다) 돈 후안은 1578년 10월 열병으로 사망했다. 북유럽에서 스페인이 드러낸 군사적 취약성을 고려할 때, 해로를 통해서 돈 후안의 시신을 본국으로 송환하기는 위험하다고 판단되었다. 자칫 네덜란드 반역자 무리의 선박이나 잉글랜드 선박에 나포될 수 있기 때문이었다. 대신 그의 시신은 네 부분으로 절단되어 안낭鞍囊에 담긴 채 비밀리에 육로로 프랑스를 거쳐 마드리드로 운반되었고, 마드리드에서 다시 합쳐져 에스코리알 궁전에 묻혔다.[10]

에스코리알 궁전에 안장되는 영예를 입은 것은 합스부르크 가문의 사생아들 가운데 돈 후안이 유일했고, 이는 전적으로 그가 레판토 해전에서 얻은 명성 덕택이었다. 당시 레판토 해전은 기독교인들이 통과한 신의 시험 같은 것으로 간주되었지만, 당대인들은 보다 더 큰 의미를 알아내려고 애썼다. 얼마 지나지 않아서 오스만 튀르크인들의 해군력과 군사력이 약해지지 않았다는 사실이 드러났기 때문이다. 비평가들은『성서』뿐 아니라 고전에도 눈길을 돌렸다. 그러나 그들이 가장 열심히 파고든 것은 기원전 40년경에 베르길리우스가 펴낸 시집『목가Eclogae』에 나오는 쿠마에의 무녀가 내놓은 예언이었다.

이제 쿠마에의 예언의 시대가 찾아왔다.

잇따른 위대한 세기들이 새롭게 태어났다.

이제 동정녀도 돌아온다. 사투르누스의 치세가 돌아온다.

이제 하늘 높은 곳에서 새로 태어난 아이가 내려온다.

순결한 루시나여, 축복하며 그 사내아이를 보라.

태어나 마침내 철의 종족을 없애고

세상 곳곳에서 황금의 종족을 일으켜 세울 그 사내아이 말이다.……[11]

(사투르누스는 풍요의 신이고, 루시나는 출산의 여신이다.)

펠리페 2세의 선전자들은 신앙에 대한 헌신과 동정녀 마리아의 은총이 어떻게 이 세상 전체를 황금빛으로 다시 물들일 수 있는지 보여주고자 그리스도의 탄생을 둘러싼 명백한 예언과 동정녀가 분명히 언급된 이 짧은 운문을 포착했다. 그 은밀한 계획을 수행하는 과정에서 레판토 해전은 하나의 일화이면서 합스부르크 왕가를 둘러싼 예술적, 문학적 표현이 파고들 수 있는 우화이기도 했다. 레판토 해전은 그리스 신화 속 이아손이 차지한 보물을 떠올리게 했고, 합스부르크 가문의 황금양모 문장을 둘러싼 자기 과대평가를 유발했다(이 부분에서는 레판토 해전에 나선 돈 후안의 기함 이름이 그리스 신화 속의 이아손이 타고 떠난 배인 아르고의 이름을 따서 아르고 호로 정해졌다는 사실이 도움이 되었다). 그 전투에서 휘날린 기독교 문장, 즉 십자가와 "이 표지로In Hoc Signo"라는 뜻을 나타내는 약어 IHS는 로마 제국 최초의 기독교 황제인 콘스탄티누스 대제재위 306-337의 승전 문장과 비슷하다. 티치아노의 1573-1575년 작품 「레판토 해전의 우화」 에서 펠리페는 새로 태어난 아들인 페르난도(얼마 뒤 죽었다)를 마치 영성체용 빵처럼 들어올려 신에게 바치고 있는데, 이는 그 그림의 배경에서 펼쳐지고 있는 레판토 해전을 영성체 의식에 대한 합스부르크 왕가의 헌신적 태도와 결부시킨다.[12]

그런 표현들은 모두 펠리페와 그의 측근들이 의뢰한 것이었다. 그러나 찬란한 상징적 표현은 레판토 해전을 묘사한 외국의 인기 있는 작품들에도 담겨 있었다. 프랑스 작가들은 레판토 해전을 새로운 악티움 해전으로, 펠리페 2세를 새로운 아우구스투스(훗날 아우구스투스로 불린 옥타비아누스는 기원전 31년에 마르쿠스 안토니우스와 클레오파트라를 상대로 악티움 해전에서 승리를 거두었다)로 묘사했다. 스페인 작가들처럼 그들도 오스만 튀르크인들에 대한 스페인의 전투를 이단에 대한 가톨릭의 투쟁과 연결지었고, 군인 성자들을 숭배하는 새로운 유행을 만들어냈다. 1585년 스코틀랜드의 제임스 6세는 롤런드 지방에서 레판토 해전에 관한 서사시를 지었고, 그 서사시는 금세 라틴어, 프랑스어, 네덜란드어, 독일어 등으로 번역되었다. 소금 그릇과 잉크병 같은 물건에도 레판토 전투를 묘사한 부조가 새겨졌을 것이다. 오늘날 스위스의 도시인 로카르노에 있는 파찰리노의 성 마리아 성당에서, 한 화가는 성모 마리아가 아기 예수에게 튀르크 군함에 포탄을 던지도록 하는 모습을 담은 프레스코화를 그리기

도 했다.[13]

페르디난트 1세의 아들이자 후계자인 황제 막시밀리안 2세는 신성 동맹에 가담하라는 피우스 5세와 펠리페 2세의 제안을 외면했고, 레판토 해전으로 이어지는 여러 사건들에서 아무런 역할을 하지 않았다. 막시밀리안이 설명했듯이, 독일의 개신교 제후들은 교황이 주도하는 동맹을 지지하지 않으려고 했다. 그러나 막시밀리안의 소극적 처신 이면에는 협상을 통해서 차이점을 좁히기를 선호하는 태도(그의 아버지로부터 물려받은 것이었다)와 가톨릭교에 대한 미온적 태도(그의 개인적 의심과 정신적 성찰에서 기인한 것이었다)도 자리 잡고 있었다. 이탈리아의 신학자 아콘티우스1520?-1566의 열렬한 독자였던 막시밀리안은 피상적인 차이 이면에 감춰진 진정한 종교가 있고, 튀르크인들과 심지어 유대인들조차 기독교인의 사명을 상기시키는 역할을 할지도 모른다는 관념을 받아들였다. 그는 박해에 나서지 않았고, 1568년에는 셀림 2세와 강화를 맺었으며, 그때부터는 태엽 장치로 움직이는 군함인 네프nef : 음악을 울리며 움직이는 배 모양의 기계식 시계/역주를 보여주며 저녁 식사 손님들을 접대할 때에만 군사적 색채를 드러냈다.[14]

화가 티치아노는 말년에 "종교의 구원자"라는 주제로 회화 2점을 그렸다. 두 작품은 각각 펠리페 2세와 막시밀리안 2세에게 보내졌다. 막시밀리안에게 바쳐진 그림은 이미 소실되었지만, 판화를 바탕으로 원작을 재현할 수 있을 것이다. 그 그림에서는 종교가 똬리를 튼 뱀에게 위협을 받으며 괴로워하는 처녀로 묘사되어 있고, 보석을 박은 관을 쓴 채 얇고 가벼운 웃옷을 입은 여전사가 황제의 깃발을 높이 휘날

174

리며 처녀를 도우러 오는 모습이 그려져 있다. 여전사의 발 주변에는 버려진 무기들이 흩어져 있다. 한편 펠리페에게 바쳐진 그림에서는 등장인물들이 미묘하게 바뀌어 있다. 종교를 구하러 온 여전사는 갑옷 차림이고, 스페인의 왕실 문장으로 장식된 창과 칼과 방패를 들고 있다. 그림의 배경에서는 터번을 쓴 튀르크인이 넵투누스로 묘사되어 있지만, 그의 바다 전차는 밑으로 가라앉고 있다. 거의 똑같은 이 2점의 그림에서 티치아노는 중앙 유럽계 합스부르크 가문과 스페인계 합스부르크 가문이 가톨릭 신앙에 취한 서로 다른 접근법을 극명하게 보여준다. 전자는 평화와 타협이라는 선물을 들고 오는 반면, 후자는 이제 막 레판토에서 승리를 거둔 호전적인 스페인의 칼을 가지고 온다.[15]

제10장

루돌프 2세와 프라하의 연금술사들

15세기부터 17세기까지 대부분의 통치자들은 취미 삼아서 연금술과 마법에 손을 댔다. 펠리페 2세의 에스코리알 궁전에도 국왕이 진액의 증류 과정과 연금술 실험을 친히 감독하는 연구실이 몇 개 있었다. 연금술과 비술秘術은 통치자의 직분에서 벗어난 것으로 여겨지지 않았고, 오히려 통치자의 직분에서 핵심적인 역할을 맡았다. 이 세상을 우주의 질서와 일치시키는 방법을 둘러싼 해답이 마법과 숨겨진 진실이라는 영역에 존재한다고 생각했기 때문이다. 연금술과 비술은 왕실 소장품을 구성하는 일과 예술 작품을 의뢰하는 일을 비롯한 국왕의 다른 활동에도 영향을 미쳤다. 초자연적인 지식은 감질날 정도로 불명료하면서도 논리적으로 구축된 자기 봉쇄적 지식 체계였고, 그 논리적 토대는 미심쩍은 제1원리들이었다. 막시밀리안 2세의 아들 루돌프 2세재위 1576-1612는 초자연적 지식의 덫에 갇혔고, 우울증과 자발적 고립의 늪에 빠졌다.

근대 초기 유럽인들이 상상한 초자연적 세계의 내용은 『녹옥판 *Tabula Smaragdina*』에 가장 잘 소개되어 있다. 루돌프 2세의 궁정에서 체코어로 번역되었고, 이후 아이작 뉴턴 경이 영어로도 번역한 이 라틴어 문헌은 다음과 같이 시작한다.

그것은 거짓 없는 진실이고, 확실하고 가장 참되다.

아래에 있는 것은 위에 있는 것과 같고,

위에 있는 것은 단 하나의 기적을 행하고자 아래에 있는 것과 같다.

그리고 만물이 하나로부터, 하나의 중재로 비롯되고 생겨났듯이

만물은 이 하나로부터, 적응을 거쳐 태어났다.

해는 그것의 아버지, 달은 그것의 어머니이고,

바람은 그것을 뱃속에 품었고, 땅은 그것의 유모이다.

온 세상의 모든 완벽함의 아버지가 여기 있다.

그것의 힘이나 능력은 그것이 땅으로 바뀌면 온전해지리라.

불에서 땅을 떼어내고, 조잡함에서 미묘함을

부드럽게, 아주 열심히 떼어내어라.

그것은 땅에서 하늘로 올라가고,

다시 땅으로 내려와 높은 것과 낮은 것의 힘을 얻는다.

이렇게 그대는 온 세상의 영광을 얻을 것이고,

그리하여 모든 막연함이 그대에게서 사라지리라.[1]

『녹옥판』에 담긴 내용은 원래 알렉산드로스 대왕이 헤르메스 트리스메기스투스("세 번 위대한 헤르메스"라는 뜻)의 묘에서 발견한 옥

석판에 새겨져 있었다고 여겨졌다. 사실, 『녹옥판』은 아마 8세기에 시리아어로 처음 작성되었다가 아랍어와 라틴어로 번역되었을 것이다. 13세기 중엽 『녹옥판』은 유럽의 기독교 세계에 널리 유포되었고, 그만큼 모호한 내용의 다른 글귀들과 함께 전해지고는 했다.

1460년대에는 그리스어로 작성된 14편의 서신 다발이 이스탄불에서 이탈리아로 전해졌는데, 그 서신들은 『녹옥판』과 출처가 비슷하고 『녹옥판』의 저자인 헤르메스 트리스메기스투스가 썼다고 판단되었다. 그래서 학자들은 헤르메스가 실존했으며, 모세의 동시대인이거나 심지어 대홍수 이전의 인물이라고, 또한 이집트의 신 토트와 동일한 존재일 가능성이 있다고 확신하게 되었다(헤르메스를 실존 인물로 믿은 데에는 성 아우구스티누스가 헤르메스를 상세히 다루었다는 사실이 영향을 끼쳤다). 그 서신들과 이후에 추가로 알려진 서신 3편은 사실 2세기에 이집트에서 작성되었고, 이집트 신화와 마법을 플라톤 철학의 변종과 접목한 것이었다. 그 편지들은 금세 그리스어에서 라틴어로 번역되었고, 거의 동일한 지적 환경에서 탄생한 『녹옥판』의 내용을 부연한 데에 힘입어 큰 반향을 일으켰다.

헤르메스 문서로 알려진 그 편지들에는 부적과 액막이, 그리고 그것들의 신통력뿐 아니라 주술과 주문呪文에 관한 내용도 담겨 있었다. 본문을 양분하는 긴 대화들에서는 천사와 악마의 존재가 전제되고, 연금술사들이 상상한 방식대로 물질의 성질이 바뀔 수 있다고 가정되었다. 그 서신들의 일관된 주제는 하늘, 즉 대우주가 이 땅의 소우주에서부터 개개의 바위와 식물에 이르기까지 소우주의 비교적 작은 온갖 단위들과 통합되어 있다는 것이었다. 이에 따르면 모든 것은 우주의 기운으로 채워지고, 따라서 우주의 기운과 융화한다. "만물의 충만함은 하나이고, 하나 안에 있기" 때문이다. 혹은 『녹옥판』의 한 구절처럼, "아래에 있는 것은 위에 있는 것과" 같기 때문이다.[2]

헤르메스의 가르침에서는 하늘과 땅에 있는 모든 것이 하나의 기운으로 채워지고, 하나의 기운에서 영향을 받기 때문에 조화를 이루는 우주가 제시되었다. 아울러 모든 현상의 단일성이 강조되었고, 외부적 차이 이면에 단일한 실체나 본질, 이른바 "원질原質"이 있다는 관념이 부각되었다(때때로 원질은 현자의 돌과 동일시되었지만, 현자의 돌이라는 용어는 여러 현상을 가리키는 표현이었다). 그러나 헤르메스의 저작에는, 기도와 비밀 의례를 통해서 도달한 고차원의 영적 상태가 지식의 전제 조건이라고 가르친 2세기 그리스의 영지주의靈智主義도 반영되어 있었다. 우주와 우주의 감춰진 조화를 이해하려면 전념, 그리고 『녹옥판』을 읽어보면 짐작할 수 있듯이 모종의 절차가 필요했고, 그래야 영광을 누리고 막연함을 떨쳐버릴 수 있었다.

헤르메스의 사상은 모든 물질이 사실상 같은 것이기 때문에 만물의 재료인 원질 또한 금으로 바뀔 수 있을 법하다는 원리를 확증함으로써 연금술 관행의 밑바탕이 되었다. 헤르메스의 사상에 심취한 학자들은 우주의 통일성을 나타낼 만한 상징, 즉 "단자monad"를 찾아 나섰고, 별을 연구해서 하계下界에 대한 새로운 통찰을 얻는 방법을 발견하고자 했다. 루돌프 2세를 비롯한 유럽 전역의 제후들은 불가사의하고 놀라운 물건들을 수집했고, 종종 그것들을 호기심 방Wunderkammer, Kunstkammer에 무작위로 전시했다. 서로 무관한 대상을 심사숙고함으로써 만물의 통일성이 이해될 수도 있었기 때문에 천산갑과 솔방울이

한자리에 놓이기도 했다. 화가들과 음악가들은 작품을 통해서 헤르메스의 가르침을 전달하거나 작품이 그의 가르침에 부합되도록 노력했고, 의사들도 모든 고통을 치유할 우주의 "제5원소"를 찾고자 애썼다. 모든 분과의 지식이 『녹옥판』과 헤르메스 문서로 모여들기 시작한 셈이었다.[3]

종교의 정치학도 마찬가지였다. 믿음에 차이가 있다는 생각은 만물이 질서정연한 화합 속에서 존재하는 우주의 조화로운 배열을 전제한 헤르메스의 가르침과 상반되었다. 그런 기준으로 볼 때 신학자들의 논쟁은 피상적이었고, 그들 모두가 공유하는 더 크고 더 앞서는 진리를 간과한 것이었다. 헤르메스의 가르침은 기독교인들이 분쟁에서 벗어나야 하고 서로 다투는 신앙 사이의 중도中道를 모색해야 한다는 인문주의적 입장을 강화했다. 황제 막시밀리안 2세가 아콘티우스의 저작을 읽고 깨달은 바는 틀림없이 바로 그런 철학적 원리였을 것이다. 가톨릭교도인지 개신교도인지 밝히라는 요구가 있었을 때, 그는 그저 기독교인이라고 대답했다. 막시밀리안에게 두 종파의 차이는 기독교적 메시지에 새겨진 진리보다 덜 중요했다.[4]

막시밀리안 2세와 루돌프 2세는 종교적 확신이 결코 뚜렷하지 않았다. 많은 사람들은 종교적 사안을 둘러싼 막시밀리안의 수상쩍은 태도 이면에 개신교를 향한 집착이 숨어 있다고 확신했다. 스페인의 펠리페 2세는 조신인 아담 폰 디트리히슈타인을 시켜 막시밀리안이 종교 의식을 잘 지키는지 염탐하도록 했고, 결과를 알고 나서 실망했다. 1571년에 디트리히슈타인이 보고한 바에 의하면 막시밀리안은 심장 발작을 겪고도 영성체를 받지 않았고, 오히려 그 얼마 전에 기혼인

루터파 목사를 궁정에 영입했다. 몇 년 뒤 막시밀리안은 임종을 맞이할 때에도 미사를 거절했다.[5]

종교적 확신이 뚜렷하지 않기는 루돌프도 마찬가지였다. 그는 가톨릭적 열정에 휩싸인 적이 있기는 했지만, 오랫동안 미사를 거부하기도 했다. 하지만 아무도 황제인 그가 개신교를 믿는다고 책망하지 않았다. 오히려 많은 사람들이 더 심각한 무엇인가를 떠올렸다. 1606년에 그의 남자 조카들은 다음과 같이 우려했다. "이제 폐하는 아예 신을 저버린 지경에 이르렀다. 앞으로 폐하는 신의 말씀을 듣지도 말하지도, 신의 기적을 겪지도 않으실 것이다.……폐하는 장래에 다른 주인을 섬기려고, 언제나 신을 완전히 없애려고 몸부림치신다." 루돌프 역시 죽을 때 고해 성사를 하지 않았다.[6]

루돌프는 10대 시절을 스페인에서 보냈다. 펠리페 2세의 아들인 돈 카를로스가 죽고 한동안 펠리페의 가장 가까운 남자 친척으로 여겨졌기 때문이다. 1571년에 빈으로 돌아온 뒤에도 루돌프는 스페인어를 즐겨 썼고, 스페인 왕실 양식의 옷차림을 선호했다. 그는 "까마귀 날개"라고 불리는 멕시코산 염료로 만든 짙은 검은색 반바지와 더블릿르네상스 시대의 유럽에서 유행한 남자용 윗옷/역주을 입었고, 그런 복장과 뚜렷하게 대비되는 금박을 한 널따란 흰색 주름 옷깃을 목에 둘렀다. 예의범절도 마찬가지였다. 스페인에 머무는 동안 현지의 예의범절에 익숙해진 루돌프는 딱딱한 태도를 취하고 격식을 따지게 되었다. 잉글랜드의 엘리자베스가 외교관 자격으로 보낸 필립 시드니 경은 1577년에 루돌프를 만난 뒤 그를 다음과 같이 평가했다. "말이 거의 없고, 무뚝뚝하고, 무척 비밀스럽고 단호하며, 그의 아버지가 사람들의 호감을 살 때 보였던 태도를 전혀 보이지 않는다."[7]

그러나 관찰자들이 진정으로 염려한 것은 루돌프의 우울한 기분이었다. 오랫동안 루돌프는 왕실 의례와 국정을 멀리한 채 프라하의 왕성王城에 틀어박혀 있었다(그는 1580년대 초엽에 수도를 빈에서 프라하로 옮겼다). 스페인 대사조차 2년이 넘도록 그를 알현하지 못했다. 당시의 어느 관찰자는 "그는 어떤 흑담즙병기원전 4세기에 등장한, 우울증을 가리키는 용어/역주으로 마음이 심란해져 고독을 즐기기 시작하고, 마치 감옥에 갇힌 죄수인 양 궁전 안에 틀어박혀 있기 시작했다"라고 말했다. 그 관찰자가 이렇게 언급할 무렵, 그러니까 루돌프의 치세가 저물 무렵 남들은 루돌프를 미친 사람이나 심지어 악마에 사로잡힌 사람으로 진단했다.[8]

루돌프를 정신이상자로 여기는 주장은 그럴듯하지만 진단의 정확성이 부족하다. 그는 결혼하지 않았고, 오래 사귄 1명의 연인과 매달 갈아치운 여러 명의 내연녀로 만족했다. 연인과 내연녀들은 모두 합쳐 최소한 6명의 자식을 루돌프에게 안겨주었다. 그중에서 맏이인 돈 훌리오는 이름 모를 어느 남작 부인과 맺은 순간적 밀통관계의 산물이었다. 돈 훌리오는 확실히 정신이상자였다. 평생 잔인한 행위에 몰두한 그가 마지막으로 저지른 짓은, 여자친구를 살해하고 시신을 잘라 상자에 넣어 못질한 뒤 자살한 것이었다. 하지만 아들의 행동을 통해서 아버지의 정신장애를 추론하는 것은 의학적 오류일 뿐만 아니라 루돌프의 나머지 자식 5명의 평범함을 간과하는 행위이다. 나머지 5명은 폭력과 관련이 있든 없든 아무런 흔적도 남기지 않았다.[9]

그러나 루돌프가 의도적으로 우울한 느낌을 풍겼다고 추정할 수도 있다. 여러 가지 측면에서 우울증은 15세기 말엽의 발명품으로 볼 수 있다. 그 이전에는 우울증이 대체로 수도사 공동체에 국한된 고통으로 생각되었기 때문이다. 그때까지 흑담즙병은 곧장 나태와 무기력 같은 죄로 이어졌기 때문에 좋다고 여겨지지 않았다. 그러나 1500년경 이후에 이르자 우울증은 역설적이게도 지적 노력의 징후로, 그리고 고전시대의 전통에 따라서 심지어 천재의 징후로 평가되기도 했다. 우울증은 차원 높은 지식으로 상승하는 단계로 평가되었기 때문에 철학자들은 그런 증세에 빠지기 가장 쉬운 사람들로 간주되었다. 알브레히트 뒤러의 목판화 「멜랑콜리아 1」에 나오는 중성적인 느낌의 천사는 음울한 분위기를 풍기며 기하학적, 수학적 형태의 지식(다면체 바위, 구체, 그리고 1,232개의 조합을 통해서 34라는 합계에 이르는 마방진)에 대해서 골똘히 생각한다. 내해內海 너머의 저 멀리 우주에서 사건들이 일어나고, 천사의 발 옆에는 진리를 이해하기 위한 인간의 도구들이 버려져 있다. 박쥐는 밤늦도록 일에 몰두하는 데에 따르는 위험을 더 단조로운 방식으로 경고한다.[10]

그러나 천사는 기하학자일 뿐만 아니라 연금술사이기도 하다. 천사 뒤쪽에서는 불꽃이 도가니를 삼키고 있고, 근본적인 원소와 부차적인 7개 원소를 상징하는 7개의 가로대가 달린 사다리가 있다. 천사의 옷에 매달려 있는 열쇠와 지갑은 연금술사의 전설적인 부와 권력을 암시한다. 야윈 모습의 개는 사투르누스를 상징하는데, 이 목판화에서는 우울함을 유발하고 신성한 저작을 수호하는 자로 묘사된다. 여기에서 글쓰기에 열중하는 지천사智天使는 우울함이 반드시 무기력으로 이어지지는 않는다는 점을 나타낸다고 볼 수 있다. 다면체는 우주의 물질, 즉 연금술사가 금을 만들려고 할 때에 사용하는 근본적인 재료를 상징하므로, 단순한 기하학적 형태를 뛰어넘는다. 다면체의 불규칙적인 모양에서는 그것이 아직 완벽한 경지에 도달할 만큼의 적응 과정을 거치지 않았음을 짐작할 수 있다.[11]

뒤러는 우울함과 연금술의 연관성을 인지한 유일한 사람이 아니었다. 당시 그 연관성은 익숙한 수사적 표현이었기 때문이다. 철학자처럼 연금술사도 우울증과 절망에 빠질 것으로 여겨졌고, 그것은 영적 상승의 필수적인 첫 단계로 생각되었다. 아울러 연금술사의 여정은 그가 종사하는 직업과 유사하다고 간주되었다. 자신이 다루는 물질처럼 연금술사도 불순물이 제거되고 영적으로 재구성되어야 했다. 한 당대인이 썼듯이 "우울함에 빠지지 않고 사투르누스를 숙고하지 않으면 금을 얻을 수 없기" 때문이었다. 당시에는 무미건조하고 메마른 상태로 규정되었던 우울감을 한바탕 겪고 나서야 비로소 연금술사는 "자연적 열기에 의해서나 아니면 불타오르는 마음의 움직임에 의해서 얼굴이 붉어지고, 뜨거워지고, 빛나며" 물질의 성질을 바꿀 능력이 생겼을 것이다.[12]

루돌프가 정말 우울증을 앓았을 수도, 아니면 그의 조신들 가운데 한 사람이 의심했듯이 힘든 정치적 결정을 내리기 싫어서 우울증을 앓는 척했을 수도 있다. 그러나 분명한 사실은 루돌프가 수도로 삼은 프라하가 유럽을 대표하는 연금술 관행과 헤르메스의 신비한 마법의 중심지가 되었고, 프라하에 무려 200명의 연금술사들이 모여들었다는 점이다. 궁전 정원의 꽃밭 사이에 가열로forge를 설치할 정도로 연금술사들이 넘쳐났다. 루돌프도 친히 연금술에 손을 댔고, 실험이 잘

못되어서 턱수염이 타버린 적도 있었다. 하지만 그는 오각성五角星으로 장식된 검은색 망토를 입지는 않았다. 그것은 이른바 다미아노의 일기라는 최근에 조작된 출처에서 비롯된 낭설일 뿐이다.[13]

루돌프의 궁정으로 몰려든 연금술사들과 마법사들은 다양한 부류로 나눌 수 있었다. 이쪽 끝에는 후원을 노리는 협잡꾼들이 있었다. 그런 협잡꾼으로는 에드워드 켈리를 꼽을 수 있다. 그는 프라하로 건너오기 전에 이미 위조죄를 저질러 양쪽 귀가 잘리는 형벌을 받은 자였다. 한편 저쪽 끝에는 전문 연금술사들이 있었는데, 그들이 관찰과 실험 방법에서 견지한 엄밀성은 근대 과학의 기초가 되었다. 대표적인 인물로는 1599년부터 1601년까지 프라하에 잠시 머무는 동안 항성의 운행을 관측하기 위한 천문대를 지은 튀코 브라헤, 그리고 1600년부터 1612년까지 루돌프 휘하의 대표적인 점성술사로 일한 요하네스 케플러를 들 수 있다. 케플러의 관측 결과는 행성이 태양의 중력장 안에서 움직이는 방식에 관한 최초의 통찰로 이어졌다. 그는 직접 개량한 망원경으로 목성에도 위성이 있다는 사실을 알아냈다.

그밖의 인물들은 나름의 비밀스러운 지식을 헤르메스의 불가사의한 마법에 덧붙였다. 영국의 마술사로 일찍이 단자를 가리키는 하늘의 상징물에 관한 논문을 막시밀리안 2세에게 헌정했던 존 디는 1580년대에 루돌프의 환심을 사려고 했지만, 루돌프는 존 디의 연구 결과를 이해하지 못한다고 털어놓았다. 그래서 존 디는 천사를 불러내어 거울이나 수정 구슬에 가둔 뒤에 예언을 이끌어낼 수 있다는 주장으로 루돌프의 흥미를 유발하려고 했다. 그는 심지어 천사들과 의사소통하기 위해서 에녹어라는 특별한 언어를 창안하기도 했다. 그러나 천사들의 모습과 말은 존 디의 진실성을 의심한 에드워드 켈리만 보고 들을 수 있었다. 천사들은 점점 심술을 부리며 존 디가 아내를 에드워드 켈리에게 넘겨야 한다고 요구했고, 존 디는 실제로 천사들의 요구에 응했다. 천사들은 가톨릭 사제단의 임박한 파멸도 예언했는데, 존 디와 에드워드 켈리는 무심코 그 예언을 교황의 사절에게 알려주었다. 망자를 불러냈다는 비난을 받자, 존 디는 1586년에 프라하를 떠났다. 에드워드 켈리는 계속 프라하에서 머물다가 결국 옥중에서 사망했다.[14]

루돌프의 동생들은 황제 주변에 "마술사, 연금술사, 히브리 신비주의자 등"이 모여 있다고 불평했다. 하지만 당시 루돌프의 궁정과 연관된 사람들의 명단에는 박식가인 조르다노 브루노, 훗날 진흙으로 인간을 닮은 괴물인 골렘을 만든 사람으로 (잘못) 알려진 히브리 신비주의자 랍비 유다 뢰브, 그리고 폴란드의 야금학자인 센디보기우스(미하우 셍지부이) 같은 16세기 말엽의 주요 철학자들 여러 명도 포함되어 있었다. 루돌프는 사람뿐만 아니라 물건도 모았는데, 수집품은 프라하의 왕성 익부를 따라 지은 미술관에 전시되었다. 그곳에는 뒤러, 브뤼헐, 라파엘로, 티치아노, 코레조를 비롯한 16세기의 대표적인 몇몇 화가들의 작품, 조각상과 흉상, 태엽 장치로 움직이는 자동인형, 영구운동장치(기압의 변화를 이용해서 움직였다) 등이 있었다. 그 미술관에서는 해외 탐험을 통해서 입수된 화석과 특이한 암석, 그리고 각종 자연물을 소재로 그린 삽화 같은 진기한 수집품도 관람할 수 있었다.[15]

루돌프의 호기심 방은 사람들에게 깊은 인상을 남길 목적으로 설계되었다. 그가 외국 사절들을 맞이한 곳이 바로 호기심 방이었다. 당시 "세계의 극장"으로 알려진 그의 호기심 방은 자연과 예술이 한데 모여 있는 소우주의 역할도 맡았다. 그곳의 소장품들은 흔히 헤르메스와 연금술의 분위기를 풍겼다. 자연물을 이용해서 사람의 얼굴을 표현한 아르침볼도의 초상화 작품은 일부 당대인의 생각과 달리 단순한 장난이 아니었다. 막시밀리안과 루돌프에게서 의뢰를 받은 이 초상화는, 대우주의 다양한 자연이 인간적 차원의 소우주로 정제될 수 있는 방법을 보여주기 위한 작품이었다. 최고의 찬사를 누린 사람은 루돌프였다. 아르침볼도가 과일과 채소로 그의 얼굴을 표현한 초상화에서 루돌프는 계절과 풍요의 신이자 헤르메스 트리스메기스투스의 형제인 베르툼누스로 묘사되었기 때문이다.[16]

이후 루돌프의 소장품은 "자연적인" 것과 "인공적인" 것으로 나뉘었지만, 그는 경계를 초월해서 통일성과 조화의 원리(우주의 작동을 관장하는 원리)를 드러내는 소장품을 좋아했고, 배에 탄 자신을 묘사한 조그만 조상彫像을 비롯해서 태엽 장치로 움직이는 여러 형상들을 통해 범주 간의 차이를 흐렸다. 코뿔소의 뿔과 멧돼지의 송곳니로 만든 술잔도 마찬가지였다. 루돌프가 의뢰한 예술품은 규범 위반의 측면에서 이례적이기도 했다. 루돌프의 궁정 화가인 바르톨로메우스 슈프랑거의 작품에서는 어린 소녀들을 농락하는 음탕한 노인들이 등장하는 한편, 남자처럼 체격이 탄탄하거나 심지어 남자의 옷을 입은 여자들도 자주 등장한다.

역사학자들과 그밖의 연구자들은 그 혼란스러운 성적 이미지를 루돌프의 격앙된 마음의 징후나 그의 동성애적 성향의 징후로 이해했다. 그러나 성적 상징화는 연금술에 널리 퍼져 있었다. 용광로는 자궁의 역할을 맡고, 물질은 고귀한 금속에 의해서 "임신하고", 원소들은 남성이든 여성이든 "화학적 결혼"으로 하나가 된다. 그런 구조 속에서 남성은 변하지 않는 물질을, 여성은 변하는 물질을 상징했다. 물질과 원소의 조화로운 결합은 연령年齡의 피상적 부조화를 강조함으로써 더욱 완벽하게 드러났다(남자는 늙은 넵투누스나 불카누스로, 여자는 아프로디테나 우아한 대지의 여신인 마이아로 등장한다). 그 결합의 산물은 가장 완벽한 형태인 자웅동체hermaphrodite였다. 올림포스의 신 헤르메스와 아프로디테 사이에서 태어난 자식인 자웅동체는 2개의 성이 하나의 존재에 모여 있는 존재였다. 슈프랑거가 묘사한 여자들의 탄탄한 엉덩이와 뒤러의「멜랑콜리아 1」에 등장하는 천사는 자웅동체의 완벽함뿐만 아니라 수은과 유황의 화학적인 융합도 드러낸다.

루돌프는 프라하의 왕성을 좀처럼 벗어나지 않을 만큼 "비밀스러운 연구에 골몰하며" 셰익스피어의 희곡『템페스트The Tempest』의 주인공인 프로스페로처럼 말년을 보냈다. 그토록 고독하게 살았지만, 루돌프는 합스부르크 가문의 통치자들 중에서 가장 보편적인 인물이기도 했다. 그가 목표로 삼은 것은 다름 아니라 우주에 관한 완전한 지식이었기 때문이다. 호기심 방에서, 그리고 헤르메스의 마법과 연금술의 상징화를 통해서 루돌프는 철학자의 "계몽의 삼중관三重冠"인 "전지, 전능, 영원한 사랑의 기쁨"을 추구했다. 그러나『녹옥판』에 나오는 "온 세상의 영광"은 루돌프의 몫이 아니었다. 프로스페로의 운명처럼 루돌프도 정치적 파멸을 맞이하고 모든 왕국을 잃어버렸다.

연금술과 초자연적 마법은 합스부르크 가문의 권력의 미래상을 구축하는 데에 쓰일 수 있는 탄탄한 토대가 아니었다. 유럽의 형세는 이미 바뀌고 있었고, 가톨릭교와 개신교 간의 대결은 장기간 지연될 수 없었다. 남은 것은 종교적 타협과 화해에 달려 있는 중앙 유럽식 해법과 불관용과 배타성을 지향하는 스페인식 해법이라는 두 가지 가능성뿐이었다. 루돌프는 양극단 사이에서 꾸물대며 연금술적 상상 속의 자웅동체만큼 무익한 정치를 마법으로 불러냈다.

제11장

이단자들의 승리

16세기 말엽, 개신교는 유럽의 대다수 지역에서 승리를 거둔 듯했다. 잉글랜드와 스코틀랜드에서는 가톨릭교 예배가 금지되었고, 네덜란드의 여러 주는 개신교 정부가 통치했다. 스칸디나비아 반도의 왕국들과 발트 해의 리보니아는 루터파를 받아들였고, 북극해의 사미족 (혹은 랩족)조차 무속 신앙과 곰 숭배에서 벗어나 서서히 개신교로 개종하고 있었다. 폴란드와 프랑스에서는 소수파이지만 상당한 세력을 이룬 개신교 집단이 가톨릭교의 패권에 도전장을 내밀었다. 폴란드에서는 종교적 분열의 해법으로 종교의 자유가 제시되었고, 타협이 이루어지지 않은 프랑스에서는 1560년대에 장기간의 전쟁이 벌어졌다. 하지만 유럽 대륙 최초의 공식적 개신교 군주인 그리스 태생의 이아코브 에라클리드재위 1561~1563를 배출한 곳은 몰다비아(오늘날은 루마니아와 몰도바로 나뉘었다)였다. 그는 전제 군주를 의미하는 칭호인 데스포티스despotes로서 몰다비아를 통치했다.

16세기 후반에 이르자 개신교는 신성 로마 제국에서도 비슷한 성과를 거두었다. 신성 로마 제국에서 비교적 규모가 큰 공국들 가운데 로트링겐과 바이에른만이 가톨릭교를 고수했다. 약 40명의 가톨릭교 주교들과 대주교들은 80명의 대수도원장, 소수도원장들과 함께 제자리를 지켰지만, 예배와 행렬 의식을 방해하고, 성찬용 그릇과 교회의 재산을 빼앗고, 수도사들과 수녀들의 성직 생활을 훼방하는 주민들의 적대 행위를 감수해야 할 때가 많았다. 1550년대에 신성 로마 제국을 방문한 이탈리아의 한 추기경은 신성 로마 제국에서 가톨릭 교회가 사라졌다고 생각했다. 그는 차라리 그곳의 가톨릭 교회가 붕괴되도록 두는 편이 낫다고, 폐허에서 새싹이 돋아나리라고 기대하는 편이 낫다고 말했다. 힐데스하임의 대주교는 더 가혹하게 말했다. "교회와 나는 부서졌다."[1]

오스트리아와 합스부르크 가문 소유의 인근 공작령들은 가톨릭교가 남긴 폐허의 일부분이었다. 16세기 중엽이 되자 거의 모든 도시들과 대다수의 귀족들(전체의 80-90퍼센트)이 개신교로 개종해서 교구 교회를 접수하고 독자적인 학교를 세웠다. 아래로부터의 압력도 있었다. 농촌 주민들은 미사를 올릴 때 빵과 포도주 모두를 나눠주고 미사를 독일어로 올리라고 요구했다. 그들의 요구를 거절한 성직자들은 쫓겨나거나 신도들이 다른 곳에서 미사를 드리는 모습을 지켜보아야 했다. 슬로베니아어를 쓰는 슈타이어마르크와 크라인 지역의 농민들은 대체로 개신교라는 "독일 종교"의 영향을 받지 않았지만, 대신 농촌에 대한 통제력 약화를 틈타 오래된 이교도적 관례가 스멀스멀 되살아났다. "뛰는 사람들Springer과 던지는 사람들Werfer"이 주도

하는 황홀경에 빠진 듯한 몸부림과 광란의 춤은 삼림 지대의 몇몇 공동체를 집어삼켰다.[2]

가톨릭 교회의 제도와 조직은 붕괴되었다. 가톨릭교의 심장부인 티롤에서조차 수도원과 수녀원이 텅 비었다. 1574년 시토회 소속의 대규모 수도원인 슈탐스 수도원에는 나이가 지긋한 수도사 2명만이 남아 있었다. 티롤 지방의 다른 곳들에서는 기강이 무너졌다. 조넨부르크의 수녀들은 선술집에서 술을 마시며 식사를 했고, 밤에 말을 타고 귀족의 집을 방문했다. 그런데도 조넨부르크 수녀원은 당시 그곳을 방문한 성직자들에게 "다른 곳들만큼 나쁘지는 않다"라는 평가를 받았다. 수도원은 수도사들과 함께 사는 내연녀들과 사생아들, 식객들을 부양해야 했기 때문에 부족한 재정에 쪼들릴 수밖에 없었다. 사제단도 전혀 다를 바 없었다. 1571년에 브릭센의 주교좌 성당 참사회를 조사한 결과 참사회 의원 5명만이 활동하고 있었는데, 그 5명마저 기강을 잡으려고 소환하자마자 성직자로서의 서약을 저버렸다.[3]

종교적 관용은 일부분 철학적 선택이었다. 그것은 헤르메스주의, 그리고 모든 현상을 단일한 관념의 표현으로 보는 믿음과 조화를 이루었다. 또한 양극단 사이의 "중도"를 지향하는 인문주의적 모색, 그리고 극단적 행위를 삼가고 절제하도록 가르치면서 16세기 후반에 점점 인기를 끈 신新스토아 철학의 지적 태도와도 어울렸다. 그러나 관용은 정치적 선택이기도 했다. 개신교의 확산세를 고려했을 때, 가톨릭교를 복원하기 위해서는 강력한 수단을 동원해야만 할 것 같았다. 하지만 독단적 정책을 추구했던 다른 나라들의 사례를 참고할 필요도 있었다. 1560년대 말엽에 스페인은 저지대 국가를 점령하면서 대학살을 자행했다. 1572년 프랑스에서는 성 바르톨로메오 축일에 대학살이 벌어지면서 수만 명의 개신교도들이 살해되었다. 1576년에는 스페인군이 안트베르펜을 파괴하고 약탈했다. 여러 왕들과 정치 지도자들이 종교적 열정에 휩싸인 자들이나 어느 정도 종교적 열정을 품은 자들에게 암살을 당한 사례도 있었다.[4]

반면 화해는 명백한 성과로 이어졌다. 1568년 이후 막시밀리안 2세가 오버외스터라이히와 니더외스터라이히의 귀족들에게 종교적 자유를 부여하자, 해당 지방들의 의회는 250만 두카트를 부담하기로 의견을 모았다. 1578년에는 막시밀리안 2세의 동생인 카를 대공이 슈타이어마르크와 케른텐, 크라인 등 "이너외스터라이히"의 공작령들의 종교적 자유를 확대한 덕분에 170만 두카트를 추가로 거둬들였고, 그 공작령들의 의회로부터 크로아티아의 방어 강화에 필요한 지속적인 재정적 약속을 얻어냈다. 게다가 막시밀리안 2세와 루돌프 2세는 로마와 거리를 두면서 수도원 평의회를 통해서 수도원의 수입을 마음대로 차지할 수 있었는데, 사실 수도원 평의회는 막시밀리안 2세가 폐습 혁파라는 표면상의 명분을 내세우며 설치한 기구였다.[5]

1555년의 아우크스부르크 화의에 따라, 각 지역의 종교는 해당 공국의 제후가 결정하게 되었다. 이제 오스트리아와 그 주변의 공작령들을 다스리는 합스부르크 가문의 통치자들은 신민들이 믿어야 할 종교를 결정해야 했다. 하지만 막시밀리안 2세는 신민들의 종교는 고사하고 본인의 종교가 무엇인지를 표현할 자신감조차 부족했다. 루돌프 2세는 가톨릭 신앙에 비교적 충실한 태도를 드러냈지만, 종교의식을 오랫동안 회피했다. 1578년에 루돌프가 빈의 대성당 인근에서 행렬 의식을 이끌었을 때 일어난 소동(사람들이 우유가 담긴 주전자를 던졌기 때문에 이른바 우유 싸움으로 불린다)은 그가 모든 것을 체념하고 아예 프라하로 떠나기로 결심하는 계기가 된 듯하다.[6]

루돌프가 떠난 뒤 종교적 주도권은 그의 삼촌들인 티롤의 페르디난트1529~1595와 슈타이어마르크의 카를1540~1590에게 넘어갔다. 페르디난트는 만만한 사람이 아니었다. 보병용 창을 투창용 창처럼 던질 수 있을 만큼 힘이 셌고, 서로의 정체를 알 수 없는 가면무도회에서 평민인 필리피네 벨저와 결혼함으로써 인습에 맞섰다. 아우크스부르크의 은행업자의 딸인 필리피네는 황제 카를 5세가 그녀의 삼촌에게 진 부채의 담보인 베네수엘라의 상속녀이기도 했다. 그 부채는 필리피네가 페르디난트와 결혼하기 직전에 탕감되었고, 따라서 티롤은 식민지 열강의 대열에 낄 수 없게 되었다. 페르디난트는 오늘날 인스부르크 근처의 암브라스 성에 남아 있는 호기심 방을 만들었고, 연금술의 원리에 입각하여 밑부분이 오각성 모양을 이루는, 프라하 외곽의 별 궁전(흐베즈다)을 세우기도 했다.

페르디난트의 동생인 카를은 구두쇠로 유명했다. 그라츠에 있는 그의 궁정에는 하인과 관리들이 30명밖에 없었다. 사실, 카를이 검소한 데에는 그럴 만한 이유가 있었다. 튀르크인들이 넘보는 크로아티아의 국경선 유지에 필요한 비용을 슈타이어마르크가 부담했던 것이다. 그러나 트리에스테 인근의 리피자(오늘날의 슬로베니아 도시)에 종마 사육장을 세운 사람이 바로 카를이었다. 그는 리피자의 종마사육장에서 스페인의 안달루시아산 말들을 교잡시켜 그 유명한 리피자너 백마를 탄생시켰다. 이후 리피자너 백마들은 무릎을 높이 들어올리는 "스페인식 걸음"을 익혔고, 막시밀리안 2세가 빈의 호프부르크 궁전 옆에 만든 임시 운동장에서 관람객들을 맞이했다. 그 목조 승마장의 후신이 바로 1730년대에 지어져 오늘날까지 남아 있는 스페인 승마학교(일명 겨울 승마학교)이다.[7]

이처럼 잡다한 곁가지에도 불구하고 페르디난트와 카를은 가톨릭교를 단호히 지지했고 열정이 넘쳤다. 1579년, 형제는 뮌헨에서 바이에른의 빌헬름 공작을 만나 티롤과 이너외스터라이히 지방의 공작령들에 대한 재개종 계획을 세웠다. 오늘날까지 전해지는 그들의 회의록 내용은 소름이 끼칠 정도로 교묘하다. 귀족에게 부여된 종교적 자유 측면의 특권은 "되도록 조속히 취소되어야" 했지만, 세 사람은 그 특권을 서서히, 그리고 조금씩 철폐하는 편이 적절하다는 데에 동의했다. 도시에 대해서는 이전에 공식적으로 양보가 전혀 이루어지지 않았기 때문에 종교적 사안에서 강제적 조치의 대상으로 분류할 수 있었다. 그것은 같은 종교를 믿는 귀족과 도시를 분리하는 데에 보탬이 될 만한 전략이었다. 저항에 부딪히면 세 사람은 항상 아우크스부르크 화의의 내용을 준수하고 있다고 주장할 수 있었을 것이다. 그들은 종교적 사안에서의 순종을 자신들을 향한 충성과 의도적으로 치환해야 했고, 충성심을 이끌어내려면 가톨릭교를 믿는 귀족에게 높은 자리를 내려야 했다.[8]

1579년에 초안이 잡힌 그 계획은, "종파화宗派化"라는 한층 더 폭넓은 과정에서 드러난 가장 강력한 의사 표현 중 하나이다. 종파화 과정에서는 믿음과 종교적 관행의 동일성이 촉구되었을 뿐 아니라 그 동일성이 통치자를 향한 정치적 충성, 그리고 통치자의 권력 수단에 대한 당연한 굴종과 동일시되기도 했다. 카를 대공이 크라인 공작령의 의회에 설명했듯이, 영성체를 비난하고 신성을 모독하는 행위는 무질서를 초래하고 통치자의 위신을 실추시켰다. 따라서 가톨릭교의 규율을 부과하는 일은 "더 이상 종교만의 문제가 아니라 최고 지배권의 문제, 당연한 복종을 유지시키는 것과 연관된 문제"이기도 했다. 나중에 빈의 주교로 임명된 멜키오르 클레슬은 훨씬 더 노골적으로 표현했다. "그릇된 믿음의 본질에는 불충이 자리 잡고 있다." 그 무렵, 가톨릭교의 정치적 담론에는 "이단자Ketzer"와 "반역자Rebell"의 합성어인 "이역자Retzer"라는 신조어가 생겼다.[9]

이후 몇 년 동안 1579년의 뮌헨 계획이 실행되었다. 이너외스터라이히의 공작령들과 티롤 지방의 도시들에서 설교자들이 쫓겨났고, 행정관들은 가톨릭 「신앙 진술서」에 서명해야 했다. 1585년, 티롤의 페르디난트는 찬송가집과 교과서 등의 종교 관련 자료를 전수 조사하도록 지시했고, 가톨릭 신앙에 동의하는 사람들만 등용하겠다고 공언했다. 한편 슈타이어마르크의 도시와 도심 주민들은 종교 시험을 치러야 했다. 시험에 통과하지 못하는 사람들은 시민권을 박탈당했고, 종종 거주권을 빼앗기기도 했다. 1579년에 뮌헨 계획을 입안한 주역들이 예측했듯이 귀족들은 불만을 표했지만, 동료 개신교도들을 지지하는 행동에 나서지는 않았다.[10]

반발은 하층민들이 주도했다. 1590년 그라츠에서 개신교도들이 폭동을 일으켰다. 그들은 "파리의 유혈 결혼식"(그로부터 약 20년 전에 프랑스에서 일어난 성 바르톨로메오 축일의 대학살을 가리키는 용어이다) 같은 참극이 벌어질지도 모른다며 위협했지만, 강경 진압으로

뿔뿔이 흩어지고 말았다. 한편 농촌에서는 자신들에게 더 우호적인 환경을 찾으려는 개신교도들이 마을을 떠났고, 그 결과 슈타이어마르크와 티롤의 광산업은 붕괴하고 말았다. 마을에 남아 있던 사람들은 숲과 들판에서 예배를 올렸다. 오늘날에도 쓰이는 "발트키르헤숲속교회", "템펠비제예배당 초원", "프레디거슈타인설교 바위" 같은 지명들에는 개신교에 대한 지속적인 헌신의 흔적이 배어 있다.[11]

그런 저항에도 불구하고 오버외스터라이히와 니더외스터라이히의 총독들도 뮌헨 계획을 받아들였다. 첫 번째 표적은 또다시 도시들이었고, 1580년대에 빈, 크렘스, 슈타인 같은 니더외스터라이히의 도시들에서 정화 작업이 펼쳐졌다. 오버외스터라이히는 정화하기가 더 힘들었는데, 여기에는 칼뱅파를 믿는 위풍당당한 귀족 게오르크 체르넴블이 의회의 행동을 독려한 점이 부분적으로 작용했다. 그러나 1596년에 일어난 농민 봉기가 강경 대응의 구실이 되었다. 비너노이슈타트의 주교인 멜키오르 클레슬의 지시에 따라서 광범위한 개종 계획이 준비되었다. 농민 봉기의 동기가 경제적 불만이라는 증거가 넘쳐났음에도 클레슬은 무지와 이단 때문이라고, 현지의 영주들이 무지와 이단에 제대로 대처하지 못했다고 주장했다. 수도원 평의회를 쇄신하여 성직자들의 기강을 철저히 확립해야 했고, 일반인들이 참된 신앙을 받아들이도록 강제해야 했다. 클레슬이 내린 처방은 공포 정치였다. 그는 저지대 국가에서 스페인 당국이 동원한 가톨릭 군대 출신으로만 구성된 병력을 활용했다. "그들은 더 용맹하고, 강탈과 약탈과 전투 경험이 더 풍부했기 때문이다."[12]

그가 실시한 정책의 성과는 이후 무장 조직인 개혁 위원회를 점점 더 많이 활용했다는 사실에서 유추할 수 있을 것이다. 개혁 위원회는 농촌 사회의 복종을 강요했고, 심지어 세례 절차를 간소화하고자 사람들을 강물에 집어 던지기도 했다. 가톨릭교로 다시 전향했다는 표시로 양파 모양의 둥근 지붕을 올린 교회들이 차츰 늘어난 데에서 알 수 있듯이, 그의 정책은 성공을 거두었다. 하지만 가톨릭교 성직자들의 끈질긴 노력은 더 많은 성과로 이어졌다. 학교와 대학교가, 특히 그라츠에 예수회 재단이 설립되었고, 카푸친회 탁발 수도사들은 온화한 방식의 설교를 선보였으며, 행렬 의식과 지역 순례, 단체 묵상을 통한 종교 참여라는 새로운 형태가 등장했다. "종파화"는 기강이 잡힌 신민들의 공동체를 구축하려는 하향식 정책인 동시에 문화적, 사회적 현상이기도 했다.

1593년, 오스만 튀르크인들이 헝가리에서 전쟁을 시작했다. 이후 13년 동안 지속된 전쟁은 기본적으로 포위, 행군, 약탈 위주였고, 주목할 만한 전투는 1596년에 벌어진 메조케레스테시 전투뿐이었다. 이곳에서 합스부르크 군대는 결정적인 패배를 당했다. 전쟁 기간에 루돌프는 잠시 가톨릭교의 하느님과 화해했고, 헝가리를 재개종하기 위한 계획을 추진하기 시작했다. 이때 그는 종교 문제를 더욱 과감하게 다루도록 촉구한 프라하의 이른바 스페인 파벌 덕분에 용기를 얻었다. 그리고 트란실바니아에서 이어진 혼란기도 보탬이 되었다. 루돌프는 1601년에 혼란을 틈타 트란실바니아 공국을 군사적으로 점령했다. 이후 그는 군대를 헝가리 북부의 주요 종교적 거점 쪽으로 돌렸다. 1604년에 헝가리 의회가 불만을 표시하자 루돌프는 비서를 시켜서 마치 의회의 결정인 양 개신교 숭배를 일절 금지한다는 내용의 포고령을 작성하도록 했다.

무엇보다 루돌프는 반역이 의심된다면서 헝가리 귀족들을 무차별적으로 박해하기 시작했다. 헝가리의 반역법은 반역 행위의 정의가 모호했기 때문에 루돌프의 대리인들은 왕의 사법권에 문제를 제기하는 행위부터 근친상간과 폭행 같은 온갖 범죄를 반역죄로 삼을 수 있었다. 반역죄가 유죄로 인정되면 자동적으로 재산이 압류되었고, 당시 헝가리의 지도급 인사들이 불평했듯이, 루돌프는 그렇게 빼앗은 재산을 마치 신바빌로니아의 왕 네부카드네자르처럼 자신을 위한 새로운 왕관을 주문하는 데에 써버렸다(그 왕관은 1804년에 결국 오스트리아 제국 황제의 관이 되었다). 헝가리의 유력자들은 재산 압류라는 처벌을 무척 두려워했는데, 심지어 루돌프가 악명 높은 살인자인 바토리 에르제베트의 재산을 압류할까봐 그녀의 범죄를 은폐할 정도였다.[13]

결과는 뻔했다. 헝가리에서도, 그리고 트란실바니아에서도 개신교도들의 반란이 일어났다. 원래는 가톨릭교를 믿는 지주였으나 편의에 따라서 칼뱅파로 개종한 보치카이 이슈트반이 주도한 그 봉기는 튀르크인들의 지원과 헝가리 평원의 목동들(『성서』를 종말론적으로 해석한 나머지 군사적 열의로 충만했다)에 기대고 있었다. 1605년, 트란실바니아 의회와 헝가리 의회는 보치카이를 공작으로 선출함으로써 루돌프의 통치를 거부했다. 그 무렵 헝가리 왕국과 트란실바니아 공국에서 합스부르크 가문의 권위는 거의 무너졌고, 헝가리 최서단 지역의 몇몇 백작령만이 예외로 남아 있었다. 술탄은 보치카이의 승리를 축하라도 하듯이 귀중품실에 보관해둔 여분의 왕관을 그에게 보냈다. 재촉에도 불구하고 보치카이는 결코 국왕을 자처하지 않았지만, 어쨌든 술탄이 보내준 왕관은 가지고 있었다.[14]

사태를 해결하지 못한 루돌프는 가족들을 상대로 최후의 담판에 나서야 했다. 1605년 봄, 루돌프의 동생인 마티아스와 조카 3명은 헝가리 문제에 관한 전권을 넘기라고 요구했다. 루돌프는 마지못해 그들이 원하는 대로 해주었고, 마티아스를 헝가리의 부왕으로 임명했다. 클레슬 주교가 "종교 문제에서는 시큼한 사과를 깨물어야 할지도 모른다"라고 조언하자, 마티아스는 1606년에 헝가리인들과 빈 평화조약을 체결하여 신앙 생활의 완전한 자유를 부여했다. 보치카이의 요구에 따라서 빈 평화 조약의 내용은 보헤미아, 모라비아, 슈타이어마르크, 오버외스터라이히, 니더외스터라이히 등지의 의회가 보증하게 되었다. 그것은 평화 조약의 내용이 그대로 이행되도록 무력을 동원해도 법에 저촉되지 않는다는 의미였다. 동시에 마티아스는 지트바토로크에서 튀르크인들을 상대로 헝가리의 가장 중요한 몇 개의 요새에 대한 그들의 지속적인 소유권을 인정한다는 내용의 조약을 맺었다.[15]

1848년에 처음 무대에 오른 극작가 프란츠 그릴파르처(1791–1872)의 연극 「합스부르크 가문 형제들의 싸움」에서 마티아스는 마음씨는 착하지만 멍청한 형의 왕관을 빼앗으려는 흑심을 품은, 약삭빠르면서도 어설픈 사람으로 묘사되었다. 확실히, 스페인의 친척들은 마티아스가 1570년대 말엽에 저지대 국가에서 합의를 이끌어내고자 잠시 반역자들의 꼭두각시처럼 행동한 점을 용서하지 않았다. 그러나 사실 마티아스는 사려 깊고 개방적이며 다정한 사람이었고(잉글랜드의 외교관 필립 시드니는 마티아스를 막시밀리안 2세의 다섯 아들 중 가장 상냥하다고 보았다), 형 루돌프의 예측 불가능성 때문에 찬탈자 역할을 맡을 수밖에 없었던 것뿐이다. 루돌프가 지트바토로크 조약에 서명하기를 거부하자, 튀르크인들은 전쟁을 재개하겠다고 으름장을 놓았다. 마티아스는 루돌프에게 조약을 맺도록 간청했지만, 황제를 "성가시게 하지 말라"라는 답변만 들었다. 루돌프는 헝가리 의회를 소집하지도 않았는데, 이는 빈 평화 조약에 배치되는 처사였다.[16]

헝가리에는 또다시 반란의 기운이 감돌았다. 마티아스는 직접 헝가리 의회를 소집해야 했고, 의회의 사절단을 통해서 평화 조약을 위반할 의도가 없었다고 술탄에게 설명하는 수밖에 없었다. 얼마 전까지 같은 편이었던 조카들이 발을 빼는 바람에 마티아스는 빈 평화 조약을 보증했던 오스트리아와 보헤미아, 모라비아의 의회에 기대야 했다. 그 의회들이 헝가리에 평화를 정착시키려는 마티아스의 노력을 뒷받침하는 데에 합의했기 때문이다. 그러나 그들은 상호방어 조항을 추가했고, 따라서 마티아스는 사실상 오스트리아와 보헤미아와 모라비아의 의회에 종속되고 말았다. 대체로 그 의회들은 가톨릭 세력이 얻은 이득을 무효화하는 것을 목표로 삼은 친親개신교 성향의 정치적 의제를 추구했다.

심판의 날은 금세 찾아왔다. 오버외스터라이히와 니더외스터라이히는 10년 전부터 사람들을 가톨릭교로 강제 개종시키는 데에 열중하는 가혹한 체제하에서 신음하고 있었다. 이제 두 공작령의 의회는 완전한 종교적 자유를 함께 촉구했고, 오버외스터라이히 공작령 의회는 린츠에서 다음과 같이 선언했다. "세 신분, 즉 영주들과 기사들과 도시 주민들은 한마음이고, 앞으로 도시와 도심에서 종교 생활이 교회와 학교와 더불어 복원될 것이며, 한 신분이 다른 신분을 도우며 종교 생활을 영위할 것이다." 두 공작령의 의회가 마티아스를 끌어들이려고 그를 향한 충성을 유보하겠다고 위협하자 마티아스는 백기를 들 수밖에 없었다. 그는 이렇게 절규했다. "아, 어쩌면 좋은가? 양보하지 않으면 영토와 신민을 잃을 것이고, 양보하면 천벌을 받을 것이다." 그는 영혼을 잃는 쪽을 선택했고, 1609년 마침내 오버외스터라이히와 니더외스터라이히에 전반적인 종교적 자유를 허용했다. 한편 마티아스가 헝가리의 왕좌를 두고 벌인 협상은, 그가 빈 평화 조약을 승인하고, 예수회 수도사들을 헝가리에서 추방하며, 그들이 세웠던 학교를 폐쇄하는 문제로부터도 영향을 받게 되었다(그는 결국 1608년에 헝가리의 왕이 되었다).[17]

그 모든 과정에서 루돌프는 흠 잡힐 만한 일을 저질렀다. 그는 마티아스의 의표를 찌르기 위해서 오버외스터라이히와 니더외스터라이히의 개신교 지도자들뿐 아니라 신성 로마 제국의 칼뱅파 제후들과도 협상을 시작했고, 그 결과 종교적 자유를 둘러싼 요구를 부추겼다. 게다가 그는 마티아스의 대관식 직전에 헝가리 문제에 개입함으로써 마티아스가 원래 마음먹었던 수준보다 종교 문제에서 더 많이 양보할 수밖에 없게 만들었다. 보헤미아를 포기하기 싫었던 루돌프는 현지의 개신교도들을 자신의 편으로 끌어들이고자 애썼다. 1609년 루돌프는 그들의 요구에 완전히 무릎을 꿇었고, 이른바 「폐하의 서신」을 발표했다.

「폐하의 서신」은 1575년에 보헤미아의 루터파 신자들과 양형영성

202

체파가 공통된 신학적 입장을 규정한 신앙 진술서를 기초로 삼은 문서였다. 그 신앙 진술서는 황제 막시밀리안 2세의 승인을 얻어낼 목적으로 작성되었지만, 당시 막시밀리안은 "보헤미아 신앙 고백"을 지키는 사람들이 신앙 문제로 곤란한 상황을 겪지 않으리라는 점을 말로만 보장했을 뿐이다. 이제 그 문서는 완전히 법적으로 인정되었고, 그것의 폭넓은 신앙 정책을 따르는 모든 사람들은 "성직에 있거나 세속에 있는 그 누구로부터의 아무런 까탈이나 트집 없이" 자유롭게 신앙생활을 할 수 있었다. 더구나 「폐하의 서신」에 담긴 내용은 의회가 임명한 24명의 "수호자들"이 감독하게 되었다. 막연하고 자의적인 권력을 가진 수호자들은 사실상 그림자 정부나 다름없었다.

「폐하의 서신」에 담긴 내용은 이후 모라비아, 슐레지엔, 상하부 루사티아 등지로 확대되었지만, 루돌프는 권좌를 지키지 못했다. 루돌프는 양보안을 철회하려고 했고, 파사우 주교가 국경 지대에 집결시킨 병력을 동원하겠다고 협박했다. 그러자 보헤미아 의회는 마티아스에게 도움을 청했다. 마티아스는 군대를 거느리고 프라하에 입성했고, 루돌프를 위협하여 보헤미아 왕에서 물러나도록 했다. 1611년 3월, 마티아스는 보헤미아의 왕으로 선출되어 왕관을 썼다. 이후 그는 사촌인 티롤의 아나와 프라하에서 결혼했다. 그녀는 친절했지만, 허리둘레가 남달랐다("보기 흉하다"). 클라비코드피아노의 전신인 옛 건반악기/역주를 잘 다루었고, 참회의 의미로 자기 학대에 몰두했다. 하지만 1612년 초엽에 황제 루돌프가 프라하에서 심장 마비로 사망했을 때 그의 시신을 지킨 사람은 바로 티롤의 아나였다. 그의 점성술사들이 예언했듯이, 루돌프는 그가 가장 아끼던 사자가 프라하의 왕성에 마

련된 동물원에서 죽었을 때 함께 세상을 떠났다.[18]

마티아스는 1612년 6월에 프랑크푸르트에서 로마인의 왕으로 선출되어 황제로 즉위했다. 그러나 그가 개인적으로 거둔 승리의 대가는 이단의 승리였다. 슈타이어마르크, 케른텐, 크라인 같은 이너외스터라이히의 공작령들과 티롤 지방을 제외하면, 개신교는 합스부르크 가문의 땅에서 상승세를 탔을 뿐만 아니라 공식적으로 합법화되었다. 오버외스터라이히의 린츠에서 슐레지엔의 브로츠와프에 이르기까지 루터파 숭배가 공개적으로 이루어졌고, 헝가리에서는 칼뱅파의 설교가 거의 제재를 받지 않았다. 루돌프와 마티아스가 탈환하지 못한 트란실바니아에서는 예전처럼 루터파와 칼뱅파, 양형영성체파의 예배가 진행되었다. 그러나 그것은 거짓된 서광이었을 뿐이다. 훗날 역사를 바꾸고 중앙 유럽에서 개신교도들을 굴복시킬 인물이 자신의 차례를 기다리고 있었기 때문이다. 바로 루돌프와 마티아스의 사촌인 슈타이어마르크의 페르디난트였다.

제12장

페르디난트 2세, 거룩한 집, 그리고 보헤미아

슈타이어마르크의 페르디난트1578년 출생는 카를 대공의 아들이자 황제 루돌프 2세와 마티아스의 사촌이었다. 페르디난트가 11세일 때 그의 부모는 그를 바이에른의 잉골슈타트에 있는 예수회 기숙학교로 보냈다. 몇 년 뒤, 그는 합스부르크 가문 최초로 3학과(자유7과 중 기초 과목에 해당하는 문법, 논리, 수사)의 학위를 따기 위해서 인근의 대학교로 진학했다. 페르디난트는 잉골슈타트에서 평범한 학생처럼 살지는 않았다. 그는 잉골슈타트에 있는 음산한 분위기의 헤어초크스카스텐 성에서 가솔을 거느리며 지냈고, 수업이 없을 때에는 사냥을 즐겼다. 페르디난트의 아버지는 그가 잉골슈타트에 도착한 직후 세상을 떠났고, 어머니인 마리아 아나는 딱 한 번 아들을 만나러 왔다. 그래도 페르디난트는 1608년에 어머니가 세상을 떠날 때까지 그녀와 오랫동안 서신을 주고받았다. 어린 페르디난트가 가톨릭 교회에 한없이 헌신하는 사람으로 성장한 데에는 예수회 소속 교사들보

다 어머니의 영향이 더 컸을 것이다.[1]

1596년 페르디난트는 18세의 나이로 이너외스터라이히의 통치자가 되었고, 얼마 지나지 않아서 로마로 순례 여행을 떠났다. 로마로 향하는 길에 그는 거룩한 집이라는 뜻의 산타 카사 교회를 구경하기 위해서 로레토에 잠깐 들렀다. 산타 카사 교회, 즉 거룩한 집은 원래 그리스도가 유년기를 보낸 거처였는데, 놀랍게도 천사들이 13세기에 그리스도의 고향인 나사렛에서 이탈리아 해안으로 옮겨왔다고 한다. 석조물인 거룩한 집의 내부에는 벽감이 있었고, 그 벽감에는 레바논 산 백향목으로 만든 조그만 성모 마리아 조각상이 놓여 있었다. 페르디난트는 제단 앞에 무릎을 꿇은 채 아버지의 유업을 이어받고 자신의 영지에서 이단을 모조리 척결하겠다고 엄숙하게 맹세했다고 전해진다.[2]

페르디난트의 맹세 이야기는 거룩한 집의 전설만큼이나 믿기 어렵다. 하지만 슈타이어마르크로 돌아온 페르디난트는 아버지가 선도했던 박해 정책을 재개했다. 우선 그는 도심을 표적으로 삼아서 루터파 설교자들을 내쫓고 그들이 세운 학교를 폐쇄했다. 다음 표적은 귀족들이었다. 당시 귀족들은 페르디난트의 아버지가 1578년에 그들에게 부여했던 특권에 힘입어 개신교를 신봉할 권리가 있다고 주장했다. 그러나 페르디난트는 그들의 불평을 무시했고, 무력이 뒷받침된 개혁 위원회를 파견했다. 어머니인 마리아 아나는 아버지가 내렸던 특권에 얽매이지 말고 "겁을 주어야 한다"라며 그를 부추겼다.[3]

페르디난트에게는 다른 무기도 있었다. 그 명칭이 암시하듯이, 로마법은 로마의 공화정기와 제정기까지 올라가는 꽤 유서 깊은 법이다. 이 법은 15세기 말엽부터 신성 로마 제국과 중앙 유럽의 사법 제도 발전 과정에 큰 영향을 미치기 시작했다. 신성 로마 제국과 중앙 유럽에서 통용된 로마법의 법조문은 6세기에 비잔티움 제국의 유스티니아누스 황제가 편찬한 법전에서 비롯된 것이었다. 유스티니아누스가 진행한 법전 편찬 작업은 완전한 법전을 만드는 것을 목표로 삼았고, 법이 분류될 수 있는 범주를 알렸을 뿐 아니라 통치자의 권위를 칭송하기도 했다. "군주에게 기쁨을 선사하는 것은 법의 힘을 가진다"라는 구절에는 로마법 법조문의 취지가 담겨 있었다. 다른 구절들은 법률적 제약을 무시하고, "자신의 의지에 따라서proprio suo motu" 원하는 대로 행동할 수 있는 통치자의 권리를 강조했다.

페르디난트가 이너외스터라이히의 불만 많은 의회들을 상대할 때에 활용한 무기가 로마법이었다. 그는 자신에게 이미 부여된 주권에 힘입어 자신이 완전한 권한을 가지고 있다고 주장했다. 그는 개신교를 근절하고 싶어했고, 이와 관련하여 "자신의 의지에 따라서" 행동했다. 아울러 그는 이단자들을 친절하게 대하고 있다고, 그들이 영생을 누릴 수 있도록 그릇된 길에서 구해내고 있다고 설명했다. 몇 년 뒤, 그의 고해 신부는 페르디난트가 남긴 말을 다음과 같이 회상했다. "가톨릭교를 따르지 않는 자들은 이단을 금지한다며 나를 무정한 사람으로 생각한다. 그러나 나는 그들을 증오하기보다 오히려 사랑한다. 만약 내가 그들을 사랑하지 않는다면 그들이 잘못을 저지르도록 그냥 놔둘 것이다."[4]

페르디난트는 독실한 신자였다. 하루에 7번 무릎을 꿇고 기도하고, 2번 미사에 참석했다. 그러나 그는 도를 지나쳤고, 세부 사항에 무관심하기도 했다. 그는 과정과 대차대조표에는 신경을 쓰지 않은 채 "새로운 발상만 내놓는 사람"이었다. 게다가 한층 더 위험스럽게도 전능하신 하느님에게 이르는 자신만의 특별한 통로가 있다고 믿었다. 하느님은 그를 위해서 기적을 행했고, 그가 위험에 처해 십자가 앞에서 기도를 드릴 때 그 십자가로부터 하느님의 말씀이 들려왔다는 것이었다(그 십자가는 페르디난트가 죽은 뒤에 호프부르크 궁전 예배당의 중앙 제단으로 옮겨졌고, 이후에도 잇달아 기적을 일으켰다). 어머니에게 마지막으로 보낸 편지 중 하나에서 페르디난트는 마치 펠리페 2세처럼 신앙에 대한 헌신적 태도를 드러냈다. "종교에 해를 끼치느니 차라리 땅과 사람들을 잃을 것입니다."[5]

페르디난트는 대체로 루돌프와 마티아스의 다툼에 무관심했고, 둘 중 어느 한 사람에게 전적으로 동조하지 않았다. 하지만 그는 바이에른의 막시밀리안 공작과 교섭을 시작했다. 바이에른의 비텔스바흐 가문은 스페인계 합스부르크 가문에 이어 두 번째로 많은 가톨릭교 신자들을 중앙 유럽계 합스부르크 가문에 시집이나 장가 보낸 가문이었다. 페르디난트의 어머니인 마리아 아나도 바이에른 출신이었고, 그와 1600년에 결혼한 첫 번째 부인이자 사촌인 마리아 아나(페르디난트의 어머니와 동명이인이다)도 마찬가지였다. 그러나 신성 로마 제국 남부에서, 바이에른은 전통적으로 합스부르크 가문과 주도권을 다투는 지역이었다. 바이에른의 막시밀리안도 페르디난트만큼 가톨릭교에 헌신적이었다. 사실 그는 페르디난트보다 한술 더 떠서 성모 마리아를 향한 헌신을 혈서로 맹세할 정도였다. 막시밀리안과 페르디난트는 종교적 제휴를 통해서 정치적으로 더 가까워졌다. 1609년 페르디난트는 막시밀리안이 개신교 복음주의 연합에 맞서서 가톨릭교를 수호할 목적으로 창설한 가톨릭 연맹에 가담했다.[6]

마티아스는 1612년에 형인 루돌프에 뒤이어 황제가 되었지만, 거의 형만큼이나 무능했다. 건강이 나빠서 늘 무기력했기 때문이다. 점점 뚱뚱해지는 부인과의 사이에서 아들이 생길 가능성도 크지 않았다. 그에게는 페르디난트를 아끼는 마음도 별로 없었다. 그의 종교적 열정을 의심했기 때문이다. 그러나 마티아스의 형제들은 이미 죽었거나 죽음을 앞두고 있었고, 아무도 상속자를 남기지 않았다. 따라서 마티아스의 확실한 후계자는 사촌인 페르디난트밖에 없었다. 1614년 당시 페르디난트에게 아들 2명이 있어 합스부르크 가문의 혈통을 이을 수 있다는 점도 긍정적으로 작용했다. 마티아스는 페르디난트가 권좌를 물려받을 준비를 하도록 했다.

1616년에 헝가리 의회와의 협상이 시작되었다. 헝가리 의회는 가톨릭교에 치우친 페르디난트의 종교적 열정 때문에 그를 신뢰하지 않았지만, 새로 임명된 수석 추기경 페테르 파즈마니가 페르디난트를 위해서 적극적으로 움직였다. 파즈마니는 일단의 헝가리 귀족들에게 헝가리 왕국이 선택할 수 있는 두 가지 대안이 있다고 설명했다. 하나는 튀르크인들에게 굴복하는 것이고, 다른 하나는 "이웃 기독교 군주의 보호를 받고" 합스부르크 가문을 "우리 나라의 보루"로 인정하는 것이었다. 파즈마니는 1606년의 빈 평화 조약에서 보장되었듯이, 헝가리의 종교적 자유를 지지하겠다는 점을 명백히 밝히도록 페르디난트를 설득하기도 했다. 왕으로 선출되어 대관식에서 왕관을 쓰는 대가로, 페르디난트는 의회가 작성한 계약서를 발표했다. 그 계약서에 따라서 그는 "아무도 신앙 생활에서 어려움을 당하지 않아야 한다"라는 조항을 포함한 77개 조항을 준수하는 데에 전념해야 했다. 1619년에 발표된 그 계약서의 내용은 페르디난트의 치세에 반포된 첫 번째 법이었다.[7]

페르디난트는 헝가리 왕으로 등극할 당시 약속했던 바를 결코 철회하지 않았다. 신임 국왕이 미사를 드리는 신성한 대관식에서의 맹세는 페르디난트조차 마음대로 취소할 수 없는 엄숙한 서약이었다. 실제로 1622년에 쇼프론에서 열린 의회에서 페르디난트는 개신교를 믿는 대표적인 귀족 투르조 서니슬로를 재상으로 등용하여 의회를 존중했다(반면 전임 국왕들은 마음에 드는 인물을 의회가 천거할 때까지 재상직을 비워두고는 했다). 만일 보헤미아인들이 반란을 일으키지 않았다면 아마 페르디난트는 보헤미아에서도 「폐하의 서신」을 통해서 부여된 특권을 유지했을 것으로 보인다.[8]

1617년 보헤미아 의회는 페르디난트를 왕으로 선출했다. 이때 마티아스는 정치적 수완을 입증했다. 귀족들을 한 사람씩 은밀히 만나서 페르디난트의 왕위 계승이 기정사실이라며 그를 지지하는 편이 그들에게 유리하다는 사실을 납득시킨 것이다. 보헤미아인들은 통치자 선출과 관련한 보헤미아 의회의 배타적 권리에, 그리고 보헤미아 왕령지에서 보헤미아가 보유한 우선권에 이의를 제기하는 모라비아 지방의 귀족들을 의식하고 있었다. 보헤미아의 귀족들은 합스부르크 가문의 왕위 계승 전통을 무너트리지 않음으로써 현재 상태와 본인들의 우위를 유지하기를 바랐다. 왕위 계승 협상의 일환으로 페르디난트는 「폐하의 서신」의 내용을 지지한다고 선언했고, 대관식에서도

그 점을 맹세했다.[9]

「폐하의 서신」에는 모호한 조항들이 많았다. 프라하 대주교와 어느 지역 대수도원장 소유의 땅에 들어선 개신교 교회를 둘러싼 다툼이 여러 해에 걸쳐 점점 심각해졌는데도 마티아스는 이를 대체로 모른 척했다. 결국 그 교회들을 철거한 것과 관련하여 개신교도들이 몇 차례 항의를 했고, 개신교 수호자들(「폐하의 서신」에 따라서 의회가 임명한 사람들)은 1618년에 프라하에서 의회를 소집하여 마티아스에게 압력을 가했다. 당시 마티아스는 아직 보헤미아의 통치권을 공식적으로 페르디난트에게 양도하지 않고 임시 섭정 평의회에 맡겨둔 상태였다. 빈에 머물고 있던 마티아스는 수호자들에게 보낸 서신을 통해서 다시는 자신의 권한을 침범하지 말라고 명령했다.

마티아스의 강경한 태도는 수호자들에게 익숙하지 않은 것이었다. 그들은 섭정 위원회가 마티아스 대신에 그 서신을 작성했다고 의심했다. 1618년 5월 섭정관들과 수호자들은 프라하 성에서 만나 충돌했고, 수호자들은 문제의 서신을 작성한 사람으로 의심된 관리 2명을 비서관 1명과 함께 창밖으로 내던졌다. 세 사람은 20미터 높이에서 떨어졌지만 살아남았다. 그들은 두엄더미 위에 떨어졌거나, 일부 당대인들이 주장했듯이, 천사들의 도움으로 천천히 떨어졌다고 한다. 어느 쪽이든 간에 세 사람은 창밖으로 내던져졌는데도 죽지 않았고, 땅에 떨어진 뒤 달아날 때에 발생한 비겁한 총격에서도 살아남았다. 사건이 일어난 직후 페르디난트는 애꿎은 공격을 당한 비서관을 귀족으로 봉하면서 "폰 호엔팔von Hohenfall"("높은 데서 떨어지다"라는 뜻)이라는 칭호를 내렸다.

수호자들은 마티아스 휘하의 관리들을 창밖으로 내던졌을 뿐 아니라 그의 통치권도 무너트렸다. 아직 지역 불화의 수준이기는 했지만, 페르디난트는 과감하게 대응하지 않았다. 그가 불안한 마음으로 사태를 지켜보는 동안, 반역자들은 프라하에서 독자적인 정부를 세웠고, 군대를 모집했으며, 군주를 무력화시키기 위해서 보헤미아의 다른 지방들과 연합을 결성하는 방안에 관해서 협상하기 시작했다. 페르디난트는 일단 너무 성급하게 타협할 우려가 있어 보이는 멜키오르 클레슬을 체포했다. 이 일로 교황은 페르디난트를 즉각 파문했는데, 클레슬이 추기경이었기 때문이다. 그러나 페르디난트는 교황보다 더 높은 권위에는 응답했고, 자신이 곧 죄 사함을 받으리라고 제대로 판단했다.

한편 반역자들은 개신교 수호를 위한 연합 전선 결성의 기회를 포착한 오버외스터라이히와 니더외스터라이히의 더 급진적인 귀족들을 자신들의 편으로 끌어들였다. 1619년 3월에 마티아스가 세상을 떠나자 반역자들에게는 페르디난트가 사촌인 마티아스를 계승할 자격이 있는지를 따지고 그에게서 양보를 이끌어낼 기회가 생겼다. 시골 벅적한 니더외스터라이히의 귀족들은 빈에 있는 페르디난트에게 그들의 종교적 자유를 승인해주고 그들이 보헤미아와 동맹을 맺을 권리를 인정해달라는 내용의 청원을 넣었다. 빈 외곽에는 보헤미아 군대가 협박하듯이 집결해 있었다. 다행히 페르디난트는 지원 병력이 도착한 덕분에 위기를 넘겼다. 그때까지 빈에는 교수들의 미덥지 않은 지휘를 받는 일단의 학생들과 소규모 수비대를 빼고는 그를 지지하는 세력이 없었다.[10]

수도를 빼앗길 뻔했지만, 페르디난트는 1619년 8월 프랑크푸르트에서 황제로 선출되었다. 그는 프랑크푸르트에서 대주교 겸 선제후 3명과 작센 공작의 도움을 받았다. 작센 공작은 개신교도였지만, 조심스러운 "봉쇄" 정책을 선호했다. 페르디난트는 보헤미아 왕이었기 때문에 투표권이 있었고, 그가 설명했듯이, 자신을 부당하게 대우하고 싶지 않아서 본인에게 투표했다. 수적으로 불리하다고 판단한 브란덴부르크와 팔츠의 개신교 선제후들은 뜻을 굽혔고, 결국 페르디난트가 만장일치로 황제로 선출되었다. 1619년 9월 초순 그는 프랑크푸르트 대성당에서 카롤루스 대제의 왕관을 썼다.[11]

1618년부터 1619년까지, 반란이 사실상 "국제적 범위"로 확산된 데에는 두 가지 결정이 있었다. 두 결정은 모두 페르디난트와는 무관했다. 스페인의 펠리페 3세재위 1598-1621는 위기감을 느끼며 보헤미아에서 일어난 반란의 추이를 지켜보았다. 그는 일단 반역자들에게 맞설 함대를 파견하려고 했다. 그도 셰익스피어처럼 보헤미아에 해안이 있다고 생각했기 때문이다. 그러나 다행히 펠리페 3세는 보헤미아 문제를 정책 자문 기관인 국무 평의회에 맡겼다. 1618년 7월에 열린 국무 평의회에서는 의견이 양분되었다. 한쪽은 레르마 공작이, 다른 쪽은 수니가 공작이 중심인물이었다. 전자는 신중하게 대응하고 스페인의 자원을 지중해에 집중해야 한다고 주장했다. 후자는 중앙 유럽계 합스부르크 가문이 버림받을 경우에 초래될 보급과 사기 측면의 피해를 비롯한 더욱 폭넓은 전략적 문제를 제기했다.

그때 수니가 공작이 폭탄선언을 했다. 빈에 파견된 스페인 대사가 마드리드 정부의 의사와는 무관하게 이탈리아에서 복무 중인 병력에게 보헤미아 반란을 진압하는 데에 힘을 보태도록 지시했다는 것이었다. 수니가 공작은 다음과 같이 설명했다. "현역 복무 중인 군대를 파견하지 않으시면 황제의 지위가 완전히 무너질 것입니다. 폐하를 보호하는 조치를 그런 식으로 철회하면 황제의 모든 명성이 사라질 것이기 때문입니다." 그렇게 주사위는 던져졌고, 펠리페 3세는 전의에 불탔다. 스페인 대사의 독단적인 행동에 직면한 펠리페 3세는 오스트리아의 친척들을 지원하기 위해서 서둘러 자금을 보냈다. 1619년 4월, 7,000명 규모의 제1차 분견대가 신성 로마 제국에 도착했고, 이후 2년에 걸쳐 3만 명이 추가로 파견되었다.[12]

　두 번째 결정의 주인공은 프라하의 반역자들이었다. 1619년 8월, 보헤미아 의회는 부적절하게 선출되었다는 이유를 들어 페르디난트의 왕위를 박탈했다. 페르디난트 대신에 왕위에 오를 만한 성인 후계자를 찾지 못한 의회는 경험이 일천한 칼뱅파 제후인 팔츠의 프리드리히 5세1596-1632를 후계자로 추대했다. 프리드리히는 정치광政治狂이었고, 스스로가 가톨릭 세력의 폭정을 무너트리고, 잃어버린 자유를 독일인에게 되돌려줄 운명을 타고났다고 확신했다. 그는 1세기에 로마군단을 격파한 게르만족의 영웅 아르미니우스처럼, 그리고 황금양모(합스부르크 가문의 상징물)를 훔친 신화 속 인물 이아손처럼 꾸미고 가면무도회에 나타나기도 했다. 아무 데서나 『성서』를 펼치고 개개의 구절에 집착하던 칼뱅파 설교자들과 선전자들은 프리드리히가 『구약성서』의 「에즈라」에서 예견된 포효하는 사자나 한밤중의 사자라고, 그의 치세가 적그리스도를 물리치면서 절정을 맞으리라고 생각했다. 자신이 왕으로 선출된 것이 "신의 특별한 섭리이자 예정" 덕택이라고

확신한 프리드리히는 보헤미아의 왕관을 조금의 망설임도 없이 받아들였다.[13]

가톨릭교도든 개신교도든, 신성 로마 제국의 대다수 영주들과 제후들은 프리드리히의 왕위 계승을 군주정의 원칙에 대한 용납할 수 없는 도전으로 인식했다. 프리드리히는 장인인 잉글랜드의 제임스 1세(스코틀랜드의 제임스 6세)에게도 버림받았다. 칼뱅파를 따르는 트란실바니아의 통치자 베틀렌 가보르조차 페르디난트의 대리인들이 트란실바니아 공국을 공격하려고 폴란드의 카자크인들을 동원하자 등을 돌렸다. 취약한 명분을 강화하기 위해서 프리드리히는 술탄을 상대로 미심쩍은 협상을 시작할 수밖에 없었고, 해마다 조공을 바치는 대가로 지원을 요청했다. 그리하여 오스만 제국의 사신이 프라하에 나타났지만, 그의 주요 관심사는 1618년에 섭정관들이 내던져진 현장의 그 유명한 창문을 구경하는 것이었다.[14]

왕위를 박탈당하기 전까지, 페르디난트는 보헤미아의 반역자들과 타협할 준비가 되어 있었다. 하지만 그들은 타협을 둘러싼 모든 희망을 짓밟고 제국의 유력한 제후인 프리드리히를 대변자로 내세웠다. 이제 페르디난트는 군사적 동맹을 찾아야 했다. 그의 당연한 선택지는 바이에른의 막시밀리안이었고, 막시밀리안은 페르디난트를 위해서 가톨릭 연맹을 준비시켰다. 그러나 페르디난트는 막시밀리안이 지출한 비용을 갚겠다고 약속해야 했고, 오버외스터라이히를 담보로 잡혔다. 니더외스터라이히의 귀족들도 고분고분한 태도를 보였지만, 그들의 지원을 얻기 위해서는 일찍이 마티아스가 허용한 종교적 자유를 인정해야 했다. 페르디난트가 종교적 자유를 허용한 조치의 타당성에 대한 의견을 묻자, 교황은 "눈감아줄" 필요가 있다고 대답했다. 몇 년 뒤에 밝혀졌듯이, 페르디난트는 그 조치의 목적이 개신교 교회가 아니라 개신교 신자로서의 양심만 허용한 것이라고 주장하면서 약속을 번복했다. 그래도 겉으로는 관용의 태도를 보인 덕분에 페르디난트는 작센의 요한 게오르크를 자신의 편으로 끌어들일 수 있었다. 하지만 이번에도 상하부 루사티아를 담보로 내놓으며 비용 상환을 보장해야 하기는 마찬가지였다. 한편 스페인 군대는 만반의 태세를 갖춘 채 저지대 국가로 쏟아져 들어왔다.

결과는 뻔했다. 페르디난트가 명목상의 군대 지휘권을 맡긴 성모 마리아의 승리였다. 1620년 11월, 바이에른의 가톨릭 연맹군 사령관인 틸리가 이끈 3만 명의 병력은 프라하 외곽(오늘날의 프라하 공항 부지)에서 벌어진 백산 전투에서 수적으로나 조직적으로 열세인 적군을 채 두 시간이 흐르기도 전에 격파했다. 보헤미아 왕으로서의 치세가 15개월을 넘기지 못한 프리드리히 5세(겨울왕이라는 별칭으로 불리기도 했다)는 그동안 주고받은 모든 서신을 남겨둔 채 프라하 성을 떠났다. 그 서신들은 이후 바이에른의 막시밀리안의 지시에 따라 공개되었지만, 프리드리히는 최대한 부정적인 인물로, 즉 "오랫동안 왕관을 노리고 오스트리아 가문을 파괴하고 가톨릭 교회를 장악하려고 몸부림친, 수치스럽고 신앙심 없는 사람들"의 무리 중 한 사람으로 묘사되었다.[15]

보헤미아 군대를 무찌른 이후 틸리는 팔츠로 쳐들어갔고 스페인 군대와 합류하기 위해서 서쪽으로 방향을 돌렸다. 스페인 군대는 프리드리히 편에 남아 있던 소수의 개신교 동맹군을 격파했고, 이후 하이

델베르크에 있는 프리드리히의 아름다운 궁전과 만하임에 있는 칠각형 요새를 포격하고 함락시켰다. 프리드리히는 네덜란드의 덴하흐로 도망쳤다. 최후의 치욕은 1623년에 찾아왔다. 프리드리히의 땅뿐 아니라 선제후 칭호도 그의 범죄 행위가 상세히 열거된 엄숙한 의식을 거쳐 막시밀리안에게 넘어간 것이다. 아울러 땅과 선제후 칭호가 이양된 사실이 기록된 페르디난트의 특허장에 따라서 프리드리히와 그의 상속자들은 법익을 박탈당했다.[16]

이제 보헤미아의 반란은 진압되었다. 반란 주모자 48명에게 사형이 선고되었고, 그 가운데 1명은 사형 직전에 집행이 극적으로 유예되었다. 1622년 6월에 프라하의 구도심 광장에서 펼쳐진 "피의 연극"에는 희생자들의 마지막 발언을 소음으로 덮어버리려고 북을 치는 사람들이 등장했다. 보헤미아와 모라비아에서는 광범위한 재개종 절차가 순조롭게 진행되고 있었다(하지만 작센의 요한 게오르크가 새로 차지한 상하부 루사티아나 슐레지엔에서는 이런 일이 일어나지 않았다). 반역자들은 벌금을 물거나 토지를 몰수당했다. 이에 더해 가톨릭교로의 개종을 거부하는 자들은 땅을 빼앗긴 채 모조리 추방되었다. 그러자 약 15만 명이 다른 곳으로 도망쳤다. 그들이 떠난 빈자리는 합스부르크 가문의 추종자들로 채워졌다. 종교적 급진주의의 온상인 대학교는 예수회의 가톨릭 클레멘티눔 대학교와 합병되었고, 농촌지역에는 개혁 위원회가 파견되었다.

페르디난트는 대관식을 포함하여 두 차례에 걸쳐 「폐하의 서신」 내용을 지지한다고 선언했다. 서약을 철회한 점을 정당화하기 위해서 페르디난트는 또다시 로마법에 기댔는데, 이는 그가 1627년 보헤미아에 선포한 갱신 헌법에서 가장 극명하게 드러난다. 그 명칭과 달리 갱신 헌법은 보헤미아 왕국의 공법公法을 재편하고 보헤미아 왕국의 역사적 제도를 철폐하는 것으로 귀결되었다. 이제 왕위는 세습되고, 의회의 역할은 통치자의 명령, 특히 ("과거와 달리 조건부 혹은 부적합한 상태에 의해서 지체될" 수 없는) 과세와 관련한 명령에 찬성하는 데에 국한되고, 그 새로운 헌법은 군주 "자신의 의지에 따라서" 바뀔 수 있게 되었다.[17]

보헤미아의 유서 깊은 헌법을 무너트린 근거를 설명하는 과정에서, 페르디난트는 모든 권한이 자신에게 있다는 전제를 내세웠다. 군주가 양도해준 권리를 제외하면 귀족들과 의회의 의원들에게는 독자적인 권리가 없었다. 그것은 순전히 로마법 개념이었다. 보헤미아의 전통적이거나 관습적인 법에서는 통치자와 의회가 개별적으로 생성된 동등하고 자주적인 권리를 가진다고 전제되어 있었기 때문이다. 페르디난트는 보헤미아인들이 봉기를 일으켰기 때문에 자신과 전임자들이 그들에게 허용했던 특권을 취소할 수 있다고 설명했다. 그가 볼 때 보헤미아인들은 그 특권을 누릴 모든 권리를 상실했다. 따라서 페르디난트는 "법과 포고령을, 그리고 왕으로서 우리만이 보유한 입법권 ius legis ferendae(이 부분도 로마법의 개념이다)에서 비롯되는 모든 것을 집행할 권한"이 자신과 상속자들에게만 있다고 생각했다.

그러나 보헤미아인 모두가 반역자는 아니었기 때문에 페르디난트는 로마법에 입각한 두 번째 해법을 내놓았다. 그는 반란이 "집단적으로in forma universitatis" 일어났고, 따라서 각자는 공동의, 혹은 무리의 결정에 얽매인다고 설명했다. 결과적으로 모두가 개인적 책임과 무관하게 처벌을 받을 수 있다는 이야기였고, 실제로 대다수가 처벌을 받았다. 그때를 기점으로 보헤미아가 3세기에 걸친 "암흑"에 빠져들었다는 체코 민족주의 역사학자들의 주장은 과장되어 있지만, 유서 깊은 보헤미아 왕국이 오스트리아 영지의 부속물로 전락한 것은 사실이다. 그 증거는 바로 일상적 통치 업무를 대다수 처리하던 보헤미아의 상서국이 1624년에 프라하에서 빈으로 이전되었다는 점이다.[18]

갱신 헌법이 선포된 1627년, 페르디난트의 두 번째 부인인 만토바의 엘레오노라 곤차가(두 사람은 1622년에 결혼했다)는 빈의 아우구스티너 교회에 새로운 예배당을 헌정했다. 그 예배당, 즉 로레토 예배당은 로레토에 있는 거룩한 집과 동일한 치수로, 그리고 거룩한 집처럼 대충 자른 석재로 건설되었다. 로레토 예배당은 페르디난트의 기도 장소가 되었다. 그는 로레토 예배당의 벽을 자신이 무찌른 적들의 깃발로 장식했고, 그곳에서 다시 성모 마리아를 만났다. 그로부터 30년 전에 거룩한 집을 방문했던 페르디난트가 정말로 자신의 땅에서 이단자들을 절멸시키겠다고 맹세했는지는 확실히 알 수 없다. 실제로 그랬다면, 새로 지은 로레토 예배당에서 기도할 때 그는 틀림없이 30년 전의 맹세를 떠올렸을 것이다. 그리고 그 맹세는 이루어지고 있었다.

그러나 로레토 예배당은 실현을 앞둔 과업 이상을 상징한다. 그 예배당은 합스부르크 가문 사람들이 혼인 서약을 하거나 아이를 낳게 해달라고 기도하는 전용 예배당이 되었다. 사람들은 로레토 예배당의 벽면을 깎아서 벽장을 만들었고, 그곳(나중에는 규모가 더 커졌다)에 합스부르크 가문의 통치자들과 대공들, 대공비들의 심장이 담긴 항아리를 놓았다. 시신은 세 부분으로 나뉘었는데, 심장이 제거된 나머지 시신은 빈의 카푸친 교회로 향했고, 외과수술로 적출한 내장은 성 슈테판 성당의 지하실로 향했다. 창건자 루돌프가 후손들의 온전한 시신을 안치할 목적으로 만들었으나 이후 비너노이슈타트와 프라하에 밀려서 외면당했던 바로 그곳이었다.

16세기에는 중앙 유럽계 합스부르크 가문의 통치자들과 제후들이 세상을 떠났을 때 보통 부르고뉴의 관습에 따라서 시신을 두 부분으로 나누어 매장했다. 즉, 심장과 나머지 시신을 따로 안치했다(스페인계 합스부르크 가문은 그렇게 하지 않았다). 시신을 세 부분으로 나누어 매장하는 풍습은 1619년에 마티아스의 시신을 삼분하면서 시작되었다. 그러나 세 부분으로 나뉜 그의 시신은 1630년대에 로레토 예배당과 카푸친 교회의 지하실이 완성될 때까지 매장되지 못했다. 합스부르크 가문 통치자들과 제후들의 시신을 세 부분으로 나눈 것은 죽음에 대한 소름 끼치는 숭배가 아니라 강렬한 종교적 목적이 담긴 관습이었다. 시신을 삼분하여 각각 다른 교회에 안치하면 망자의 소유인 "공덕의 보고寶庫"가 풍족해졌다. 세 군데의 교회에서 사람들은 망자를 위한 미사곡을 불렀고, 미사곡의 효험은 망자의 시신의 물리적 근접성에 힘입어 커졌다. 덕분에 망자의 영혼은 보통 죄인들의 영혼보다 3배 빠르게 하늘로 올라갈 수 있었다.[19]

망자의 시신을 삼분하는 관습은 합스부르크 가문과 성체의 밀접한 연관성을 상징했고, 사제들이 미사를 집전할 때마다 성체는 시신의 일부분 옆에 놓였다. 페르디난트는 스페인의 사촌들과 인척들이 떠안은 군사적, 종교적 사명을 기꺼이 받아들였을 뿐만 아니라 중앙 유럽계 합스부르크 가문에도 신성한 목적을 부여했고, 성모 마리아를 향한, 그리고 심지어 죽음을 둘러싼 성체의 힘을 찬양하는 의식에 대한 헌신적 태도를 통해서 그 목적을 생생히 드러냈다. 그의 후손들도 헌신적이었다. 그들은 행렬을 이끌었고, 성체를 찬미하는 의미로 예배당을 세웠으며, 루돌프 왕을 추모하고 빵과 포도주를 받아 모시는 사제를 향한 그의 존경심을 기리는 분위기를 장려했다. 페르디난트 2세의 상속자들은 가톨릭에 대한 헌신의 증거로서 AEIOU에 새로운 이합체시인 EUCHARISTIA영성체를 통해서 거룩해진 빵과 포도주를 가리키는 라틴어/역주를 추가했다. EUCHARISTIA는 HIC EST AUSTRIA로, 즉 "이것이 오스트리아이다"라는 뜻으로 풀이할 수도 있을 것이다.[20]

제13장

30년간의 "세계대전"

보헤미아의 반란은 30년 전쟁1618-1648의 초기 국면을 장식했다. 흔히
종교 전쟁으로 분류되는 것과 달리, 30년 전쟁은 쉽게 범주화할 수 없
는 전쟁이다. 대규모의 싸움이 대부분 그렇듯이, 30년 전쟁도 독자적
명분을 지닌 여러 가지 개별 투쟁들로 이루어져 있었다. 하지만 각각
의 국면은 당대인들이 그 국면을 장기간의 단일 전쟁으로 생각했을
정도로 미래의 충돌을 예고하는 씨앗을 품고 있었다. 전투는 대부분
신성 로마 제국에서 일어났지만, 저지대 국가, 영국, 덴마크, 프랑스,
스페인, 포르투갈, 헝가리, 트란실바니아, 이탈리아 북부, 스웨덴, 폴
란드 등지로 번졌고, 심지어 폴란드와 스웨덴을 거쳐 저 멀리 떨어진
러시아에도 영향을 주었다.

  영국은 외교를 통해서 술탄을 개신교 편으로 끌어들이는 데에 거의
성공했지만, 오스만 제국은 싸움에 끼어들지 않았다. 그런 예외적 사
례가 있기는 했어도 30년 전쟁은 유럽 대륙 전체가 연루된 최초의 전

쟁이었다. 그러나 30년 전쟁은 세계적 규모의 투쟁이기도 했다. 아프리카, 인도양, 태평양, 서인도 제도에서도 전투가 벌어졌기 때문이다. 독일 역사학자들은 30년 전쟁이 외국의 개입으로 불필요하게 격렬해지고 장기화되는 바람에 "독일 땅에서 벌어진 국제 전쟁"이 되고 말았다고 불평한다. 그러나 30년 전쟁은 정반대로 평가될 수도 있다. 즉 유럽의 대부분을 끌어들여 마침내 세계 전역으로 번져나간 독일의 투쟁으로 볼 수도 있다.[1]

스페인 군주국과 네덜란드 연합주 간의 투쟁은 30년 전쟁을 국제적 차원의 싸움으로 확산시킨 피뢰침이었다. 펠리페 2세가 스페인의 왕좌를 지키고 있던 1560년대에 저지대 국가에서 시작된 전쟁은 30년 전쟁의 일부가 되었다. 그러나 저지대 국가에서는 포위 공격과 교착 상태가 주종을 이룬 반면, 스페인 군주국과 네덜란드 연합주 간의 해상 전투는 몇 개의 폭넓은 전선에서 펼쳐졌다. 스페인의 해외 영지는 네덜란드의 표적이었다. 포르투갈의 식민지도 마찬가지였다. 포르투갈의 왕위가 1580년에 펠리페 2세와 그의 상속자들에게 넘어갔기 때문이다. 네덜란드의 목적은 약탈 자체이기도 했지만, 당대의 어느 박식한 관찰자가 말했듯이 스페인으로 흘러가는 부를 차단함으로써 "우리 목구멍에서 스페인 왕의 팔을 빼내고, 그가 유럽에서 전쟁을 지속하며 쓰는 힘줄을 끊어버리는 것"이기도 했다. 그러나 합스부르크 가문의 입장에서 볼 때, 네덜란드의 작전은 무역로를 위협할 뿐만 아니라 왕가 차원의 대참사를 일으킬 우려가 있었다. 당시 스페인의 왕과 신하들이 선호한 이론에 따르면 합스부르크 가문의 영지는 그물처럼 얽혀 있기 때문에 어느 한 곳이 쓰러지면 전체가 무너질 가능성이 있었다. 합스부르크 가문의 권력이 세계 곳곳으로 뻗어나가서 서로 맞물려 있었기 때문에 30년 전쟁은 세계적 범위의 싸움으로 비화되고 말았다.[2]

1625년 이후 네덜란드는 우방인 영국에게서, 그리고 영국 깃발(사실은 검은색이나 붉은색의 해적 깃발을 제외한 모든 깃발) 아래에 바다를 누비며 물질적 이익을 추구하는 사략선들에게서 도움을 받았다. 그러나 영국은 신뢰할 수 없는 우방이었고, 얼마 지나지 않아서 스페인 군주국과의 평화로운 관계를 의식하며 네덜란드를 저버렸다. 그럼에도 영국인들은 서인도 제도의 세인트키츠 섬에 교두보를 마련했고, 이후 근처의 리워드 제도를 장악했다. 리워드 제도는 영국 사략선들의 거점으로 자리를 잡았다. 1640년대에 영국 사략선들은 카리브 해의 스페인 영지를 유린했고, 특히 1643년에는 자메이카 영토의 대부분을 차지했다. 자메이카가 영국으로부터 독립하기까지는 3세기가 넘는 세월이 필요했다.

네덜란드의 야심은 더 컸다. 덴하흐의 네덜란드 정부와 의회는 해외의 스페인인들이나 포르투갈인들과 싸워야 하는 임무를 2개의 상사商社, 즉 동인도 회사1602년 설립와 서인도 회사1621년 설립에 맡겼다. 두 회사 모두 전쟁용 함대를 구축하고, 해외 식민지를 빼앗아 경영하며, 독자적인 상업 제국을 건설하기 위해서 주식을 팔 수 있었다. 서인도 회사를 설립한 직후 경영자들인 "19명의 신사들"은 포르투갈의 식민지인 브라질을 공격하고 브라질의 설탕 농장뿐 아니라 중앙 아프리카의 노예 무역도 장악하겠다는 내용의 "원대한 계획Groot Desseyn"을 세웠다.

신대륙에 있는 스페인 군주국과 포르투갈의 영지는 금세 서인도 회사의 먹잇감으로 전락했다. 1628년, 스페인의 보물 함대가 쿠바 근해에서 나포되었다. 그 직후 네덜란드인들은 브라질 영토의 절반가량을 장악하고 니우홀란트(신新네덜란드) 식민지를 건설했다. 그러나 브라질에 정착한 네덜란드인들은 결코 포르투갈인 농장주들의 충성을 이끌어낼 수 없었고, 1645년 포르투갈인 농장주들이 일으킨 반란에 맞닥뜨려야 했다. 한편 서인도 회사는 수익을 기대하는 주주들 때문에 니우홀란트에 자금을 충분히 제공하지 못했다. 그 결과 니우홀란트는 1654년에 다시 포르투갈인들의 수중으로 넘어가고 말았다. 니우홀란트를 경영하는 동안 네덜란드인들은 비교적 신앙 생활의 자유를 허용했기 때문에, 이곳에는 유대인 인구가 많았다. 아마 니우홀란트의 비非원주민 인구 가운데 무려 절반이 유대인이었을 것이다. 수도인 마우리츠스타트(오늘날의 헤시피)는 남북 아메리카에서 최초로 유대교 예배당이 들어선 곳이기도 했다. 브라질이 다시 포르투갈의 지배를 받게 되자 그런 유산은 종교적 박해의 희생양이 되었다.[3]

스페인 군주국은 그들의 왕이 포르투갈 왕도 겸임한 덕분에 오늘날의 앙골라 해안의 루안다를 거점으로 삼은 소규모 개척지도 획득했다. 그 북쪽의 콩고 왕국도 포르투갈의 문화적 영향권 안에 있었다. 17세기에 콩고는 콩고 강 어귀 주변 지역을 아우르며 남쪽으로는 앙골라까지 뻗어 있었고, 수도는 상살바도르(오늘날의 음반자 콩구)였다. 그 지리적 위치에도 불구하고 콩고는 가톨릭교뿐 아니라 포르투갈식 이름, 계급, 문장도 받아들인 교양 있는 지도층이 다스리는, 문화적으로 복잡한 국가였다.[4]

그럼에도 1620년대에 포르투갈의 루안다 총독들은 콩고에 눈독을 들였다. 그들은 인접한 은동고 왕국을 복속시킨 다음 콩고에 대한 포르투갈의 문화적 우위를 정치적 패권으로 전환하고자 했다. 그들은 공포의 대상으로 악명을 떨친 임방갈라족을 포섭했다. 남서 아프리카의 "스파르타인들"로 알려진 임방갈라족에게는 식인과 유아 살해 풍습이 있었다. 그들은 자신들의 부족 밖에서 태어난 아이들을 잡아서 전사 집단에 넣었고, 복잡한 입문 의식을 통해서 금세 아이들을 고분고분하게 만들었다. 왕국이 파멸의 위기에 몰리자 콩고의 페드루 2세는 네덜란드인들에게 도움을 청했고, 그 대가로 금과 은, 상아와 노예를 바쳤다. 그렇게 콩고 왕국은 30년 전쟁에서 개신교 진영의 편에 서게 되었다.[5]

1624년 네덜란드의 소함대가 페드루 2세의 호소에 응답하여 루안다를 포격했다. 그러나 포격 직후 페드루가 세상을 떠나는 바람에 더는 군사적 모험을 감행할 수 없었다. 1641년, 콩고의 왕 가르시아 2세는 페드루 2세의 외교적 입장으로 돌아갔다. 그가 서인도 회사의 직원에게 불평했듯이, 포르투갈의 정치적 간섭과 군사적 침략 때문에 계속 "심각한 타격"을 입었기 때문이다. 서인도 회사의 함대는 루안다를 점령했고, 포르투갈인들을 내쫓았으며, 네덜란드 식민지를 건설하기 시작했다. 서인도 회사가 루안다를 장악한 뒤에 이어진 전투에서는 네덜란드와 포르투갈 양측 모두 현지의 부족들을 동원했고, 포병대의 지원을 받는 최대 3만 명의 병력을 싸움터로 내보냈다. 그러는 동안 수백 개의 촌락이 파괴되었다. 콩고에서 벌어진 전쟁은 결코 부차적인 사태가 아니었다. 그 전쟁은 카르타고의 정복자이자 스페인의 제국적 권력이 비롯된 신화적 원천이며, 로마 장군이자 합스부르크 가문의 조상으로 일컬어진 스키피오 아프리카누스기원전 236-183가 아프리카에 남긴 유산을 복원하려는 합스부르크 가문의 열망을 부추겼다.[6]

한편 네덜란드 동인도 회사는 인도양과 태평양에 있는 합스부르크 가문의 영지를 호시탐탐 노렸다. 말루쿠 제도와 인도 해안에 확보해 둔 교두보를 중심으로 활동한 네덜란드 선박들은 스페인과 포르투갈의 향신료 무역에 타격을 입혔다. 태평양에서는 네덜란드 동인도 회사가 오늘날의 인도네시아 일부 지역을 점령했고, 바타비아(오늘날의 자카르타)를 건설했다. 바타비아를 거점으로 삼은 네덜란드 동인도 회사 소속 선박들은 마닐라를 봉쇄했고, 스페인 상선을 습격했다. 그러나 가장 중요한 싸움은 타이완(포르모자)에서 벌어졌다. 타이완은 1620년대에 스페인군과 네덜란드군에게 거의 동시에 점령당했다. 스페인 총독은 산토도밍고(오늘날의 신베이에 속한다)에 요새를 지었는데, 그 요새는 타이완 최초의 석조 건물로 평가되었다. 그 건물의 붉은색 파사드의 벽돌 홍예문은 헤라클레스의 기둥과 합스부르크 가문의 권력을 상징하는 쌍둥이 기둥이 지탱하고 있었다.[7]

스페인인들은 타이완을 이용해서 중국행 화물을 싣고, 마닐라를 네덜란드의 공격으로부터 보호하고자 했다. 그러나 스페인과 네덜란드 양측은 잠재적 신자들, 일본과의 통상 기회, 그리고 타이완의 설탕 농장에서 일하려고 대륙에서 건너온 중국인 노동자들을 두고 경쟁을 벌였다. 한족이 대규모로 유입되면서 그전까지 원주민이 대다수를 차지했던 타이완의 민족 구성이 극적으로 바뀌었다. 1642년, 네덜란드인들이 산토도밍고 요새에 포격을 가하자 결국 스페인인들은 식민지를 버리고 떠났다. 그럼에도 타이완의 운명이 30년 전쟁과 뒤엉켜 있었던 수십 년의 세월은, 오늘날까지도 정치적 다툼의 원인으로 남아 있는 인구 구성에 영향을 끼쳤다.[8]

유럽에서의 30년 전쟁은 지리적으로 더 밀집된 공간에서 벌어졌고, 따라서 세계적 파장의 측면에서는 비교적 중요성이 낮았다. 그러나 전체적으로 더 잔혹했다. 신성 로마 제국만 보아도 전체 인구의 20퍼센트인 약 500만 명이 30년 전쟁의 직접적인 결과로 살해되거나 사망했다. 니더외스터라이히가 특히 심각한 피해를 입었다. 1600년 니더외스터라이히의 인구는 60만 명이었지만 50년 뒤에는 25퍼센트가 감소한 45만 명이었다. 전쟁 중에 사망한 사람들 중에는 민간인들이 상대적으로 더 많았다. 침략군은 위협과 약탈을 일삼았고, 식수나 용수를 오염시켰으며, 도시에 무차별적인 포격을 퍼부었다. 이때 그들은 종종 비소와 사리풀에서 추출한 독가스를 넣어 만든 포탄을 사용하기도 했다.[9]

1631년 5월 20일, 황제군이 루터파 신자들의 거점인 작센의 도시 마그데부르크에 맹공격을 가하면서 최악의 잔학 행위가 벌어졌다. 화재와 학살로 인한 사망자 수는 무려 3만 명으로 추정되었다. 한 생존자는 황제군 병사들이 어떻게 "어린아이들을 창으로 찌르며 마치 양인 것처럼 불 속으로 밀어넣었는지" 증언했다. "맹세코 튀르크인들과 야만인들이 저지를 만한 짓이었다." 황제군 사령관 폰 파펜하임은 무미건조하게 언급했다. "2만 명이 넘는 사람들을 잃었다고 생각한다. 확실히 예루살렘이 파괴된 이래 그보다 더 끔찍한 일과 천벌은 찾아볼 수 없었다. 우리 병사들은 모두 부자가 되었다." 마그데부르크가 함락된 뒤에 독일어 어휘에는 "마그데부르크처럼 만들다"라는 뜻의 새로운 단어인 "Magdeburgisierung"가 추가되었다.[10]

마그데부르크 약탈 사건은 수많은 소책자와 선전용 인쇄물, 설교를 거쳐서 아주 생생하게 알려졌다. 가톨릭교도들은 그 사건을 천벌의 관점에서 평가했고, 도시를 잿더미로 만들어버린 화재를 일으킨 장본인들이 바로 마그데부르크 주민들이었다는 점을 (정확하게) 지적했다. 그러나 페르디난트 2세의 평판은 실추되었다. 그 역시 합스부르크 가문의 압제와 만행이라는 "암흑 전설"의 등장인물이 되었기 때문이다. 황제군 사령관들 중 한 사람이 설명했듯이, 마그데부르크 약탈 사건 이후 가톨릭교의 명분은 정치적 측면에서 고립되었고, 스스로 만든 "미로"에 갇혀버렸다. 일련의 실책과 더불어 마그데부르크 약탈 사건 때문에 합스부르크 가문은 하마터면 30년 전쟁에서 패배할 뻔했다.[11]

보헤미아 반란이 진압된 이후 10년 동안의 형세는 페르디난트 2세에게 유리하게 흘러갔다. 겨울왕으로 불린 팔츠의 프리드리히를 지지한 개신교도들은 괴멸되었고, 덴마크인들의 개입은 가톨릭 연맹군에 의해서 저지되었다. 페르디난트는 바이에른 주도의 연맹에 정치적으로 의존하는 상태에서 벗어나고자 보헤미아의 귀족인 알브레히트 바츨라프 스 에우세비우스에게 접근했다. 스 에우세비우스의 모국어는 체코어였지만, 오늘날 그는 발렌슈타인이라는 독일식 이름으로 더 유명하다. 태생이 미천한 발렌슈타인은 부유한 과부와 결혼하고 환투기로 재미를 본 데다 추방된 개신교도들의 토지를 값싸게 매점해서 벼락부자가 되었다. 그는 몇 번에 걸쳐 케플러에게 자신의 점성도를 그리도록 했지만, 케플러는 몇 차례 헛다리를 짚었다. 따라서 발렌슈타인의 성격을 두고 케플러가 애써 내린 평가(명민하다, 활발하다, 무정하다 등)는 무시해도 좋을 것이다. 발렌슈타인의 정체를 더 많이 드러내는 것은 그가 프라하에 지은 궁전의 정원이다. 그곳 화단의 기하학적이고 대칭적인 배열은 모조 종유석과 흘겨보는 듯한 얼굴 형상으로 이루어진 점적석dripstone 형태의 커다란 벽과 대조를 이룬다. 그 벽 옆의 새장에는 발렌슈타인이 키우는 부엉이들이 있었다.[12]

1625년 발렌슈타인은 페르디난트에게 연대급 병력이 아니라 전체 군대를 제공했다. 귀족으로서의 의례적인 수준을 뛰어넘는 파격적인 조치였다. 그가 제공한 군대는 징발을 통해서 식량을 공급받고, 그밖의 운영비는 증권화를 거쳐 채권으로 팔 수 있는 대출금으로 충당될 예정이었다. 군수품은 발렌슈타인 소유의 주조소와 공장에서 일부분 조달하기로 되어 있었다. 페르디난트의 승인을 얻은 발렌슈타인은 10만 병력의 군대를 편성하여 덴마크군을 내쫓았고, 저 멀리 떨어진 포메른 지방의 슈트랄준트를 포위했다. 그러자 페르디난트는 발렌슈타인에게 북해 및 발트 해 제독이라는 칭호를 내리며 추가적인 정복 사업을 암시했다. 1628년 페르디난트는 발렌슈타인이 지출한 비용을 보상해주기 위해서 신성 로마 제국 북부 지역의 메클렌부르크 공작령도 하사했다. 메클렌부르크 공작령은 이전에 페르디난트가 덴마크인들을 지원한다는 이유로 그곳의 통치자들에게서 빼앗은 땅이었다.

메클렌부르크는 페르디난트가 양도한 두 번째 공작령이었다. 첫 번째는 팔츠의 프리드리히로부터 빼앗아 바이에른의 막시밀리안에게 넘겨준 팔츠 공작령이었다. 두 공작령을 몰수한 점을 정당화하려고 페르디난트는 로마법이 아니라 봉건법을 들먹였다. 그는 메클렌부르크의 공작들은 팔츠의 프리드리히처럼 "악명높은 반역자들"이기 때문에 그들의 땅을 모조리 빼앗을 수 있다고 설명했다. 그러나 이는 사실이 아니었다. 몰수한 땅은 가까운 친인척에게 넘어가야 하는데 발렌슈타인은 그들의 친인척이 아니었다. 게다가 몰수된 두 공작의 땅은 완전한 자격을 갖춘 사람만이 소유해야 하고, 따라서 양도할수 없는 다양한 봉토와 유서 깊은 사유지로 이루어져 있었다. 그 다양한 재산을 일률적으로 취급함으로써 페르디난트는 자신이 법을 엄격히 지키는 사람이 아님을 보여주었다.[13]

페르디난트는 그렇게 교묘한 법적 술책을 부리는 한편, 1555년의 아우크스부르크 화의를 재검토했다. 그는 아우크스부르크 화의의 내용을 자신에게 유리하게 해석하면서 파사우 평화 조약이 발효된 1552년 이래 개신교도들이 차지한 모든 교회 재산이 가톨릭 교회로 반환되어야 한다고 요구했다. 1629년에 페르디난트가 가톨릭 교회에 재산을 되돌려주라는 내용의 복구령을 내리자 지난 수십 년 동안 2개의 대주교구, 13개의 주교구, 약 500개의 수도원과 수녀원을 빼앗았던 다수의 개신교 통치자들은 파산의 위기에 몰렸다. 페르디난트가 복구령을 철회하지 않자, 작센 공작이 이끄는 개신교 통치자들은 "방어 목적"으로 모여들기 시작했다. 1630년, 스웨덴의 루터파 왕 구스타부스 아돌푸스가 포메른에 상륙했다. 이 단계에서 구스타부스는 아마 발트 해 연안의 일부분만 확보하려고 했을 것이다. 내륙의 지리를 나타낸 지도가 없었기 때문이다. 하지만 위대한 개신교 복수자 겸 북방의 한밤중의 사자로 칭송된 구스타부스 아돌푸스는 그 화려한 외피를 기꺼이 휘감았다.[14]

페르디난트는 복구령을 통해서 가톨릭 교회의 포괄적인 복원을 모색했지만, 곧이어 마그데부르크 약탈 사건이 벌어진 탓에 유리한 고지에서 내려와야 했다. 반면 개신교 지도자들로서는 마그데부르크에서 대참사가 벌어지고 곧 자신들도 땅을 빼앗길 듯하자 더는 중립을 지킬 수 없었다. 구스타부스가 원래의 합법적 통치자들에게 되돌려준 메클렌부르크와 브란덴부르크, 그리고 작센의 공작들은 구스타부스의 편으로 돌아섰다. 한편 발렌슈타인은 몇 차례의 놀라운 승리를 통해서 슐레지엔과 바이에른 등지로 진출함으로써 돌파구를 마련했다. 그전에 페르디난트는 승승장구하는 발렌슈타인을 못마땅하게 여긴 나머지 사령관직에서 물러나게 했지만, 결국 사령관으로 복귀한 발렌슈타인이 개신교군을 격퇴했다. 스웨덴에는 설상가상으로, 1632년에 벌어진 뤼첸 전투에서 구스타부스 아돌푸스가 전사하자마자 정치적 위기가 촉발되었다. 그의 상속자가 여섯 살배기 딸이었기 때문이다. 그러나 스웨덴의 재상이자 섭정인 옥센셰르나는 전쟁을 포기할 생각이 없었고, 스웨덴군의 전쟁 비용을 대도록 개신교 통치자들과 프랑스를 압박하는 수단으로 자국의 정치적 위기를 활용했다.

옥센셰르나의 집요한 태도를 지켜본 발렌슈타인은 군사력으로 대응하는 동시에 외교적 공세도 펼쳐야 한다고 판단했고, 결국 적과의 대화에 나섰다. 발렌슈타인의 그런 움직임을 포착한 페르디난트는 발렌슈타인을 "악명 높은 반역자"로 규정한 뒤, 1634년 2월에 그를 죽이라고 명령했다. 1주일 뒤, 발렌슈타인은 페르디난트의 지시로 살해되었다. 페르디난트를 추종하는 선전자들은 「반역의 참사와 참으로 배은망덕한 영혼」이라는 제목의 소책자를 통해서 그가 저지른 짓을 둘러댔지만, 프랑스 국왕 루이 13세의 재상인 리슐리외 추기경은 더 정확한 평가를 내렸다. "발렌슈타인의 죽음은 그가 모신 주군의 무자비함을 보여주는 추악한 본보기이다."[15]

이후 페르디난트 2세는 발렌슈타인의 후임으로 자신의 아들인 페르디난트(훗날의 황제 페르디난트 3세재위 1637-1657)를 황제군 사령관에 임명했다. 어린 페르디난트는 예리한 전술가이자 유능한 사령관, 능숙한 외교관으로 판명되었다. 그러나 페르디난트 2세는 곧 발렌슈타인이 옳았다는 사실을 깨달았다. 협상하지 않으면 전쟁을 끝낼 수 없었다. 스페인군이 신성 로마 제국의 심장부에 배치되어도, 1634년에 뇌르틀링겐에서 어린 페르디난트와 스페인의 추기경 왕자 페르난도가 공동의 승리를 거두어도, 합스부르크 가문의 운명은 바뀌지 않았다. 1635년의 프라하 평화 조약에서 페르디난트 2세는 사실상 복구령을 철회하고 독일의 제후들과 타협했다. 프라하 평화 조약의 취지는 "유혈 사태를 확실히 끝내고, 소중한 조국인 가장 고귀한 독일인 국가를 최종적 파멸로부터 구하는 것"이었다.[16]

페르디난트 2세는 1637년에 발작으로 세상을 떠났다. 그의 심장은 즉시 로레토 예배당의 벽장으로 향했고, 나머지 시신은 20년 넘게 그의 시신을 맞이하기 위해서 공사가 진행 중이었던 그라츠의 영묘로 옮겨졌다. 이미 로마인의 왕으로 선출된 어린 페르디난트가 아버지의 뒤를 이어서 전쟁을 끝낼 해법을 계속 모색했다. 프라하 평화 조약 이후 스웨덴과의 동맹을 바탕으로 합스부르크 가문과의 전쟁을 주도한 것은 프랑스군이었다. 따라서 이제 전쟁은 종교적 성격이 대폭 사라지고 프랑스와 합스부르크 가문 간의 정치적 대결로 탈바꿈했다. 그 무렵 프랑스는 1640년에 카탈루냐인들이 스페인의 펠리페 4세재위 1621-1665에 맞서서 일으킨 봉기와 포르투갈의 독립 선언을 지지함으로써 스페인계 합스부르크 가문에 치명타를 입혔다.

역설적이게도, 1630년대 말엽에 평화 협상이 시작되자 교전국들이 협상장에서 서로 유리한 고지를 차지하려고 애쓰는 바람에 싸움이 더 치열해졌다. 회담에 참석한 한 외교관은 "겨울에는 협상하고, 여름에는 싸운다"라고 말했다. 전쟁의 마지막 해에 스웨덴군은 30년 전에 전쟁을 촉발한 창밖 투척 사건의 현장인 프라하 성을 점령했다. 스웨덴인들은 루돌프의 호기심 방에 남아 있는 소장품을 챙겼고, 프라하의 수도원 도서관을 샅샅이 뒤져서 귀중한 책을 잔뜩 찾아낸 뒤에 스톡홀름으로 보냈다. 하지만 그들은 이미 빈으로 옮겨진 루돌프의 "네부카드네자르 왕관"을 찾아내지는 못했다.[17]

1648년, 합스부르크 가문은 군사적으로 기진맥진했다. 프라하가 함락되었을 뿐 아니라 빈도 스웨덴군의 위협에 시달렸다. 페르디난트 3세는 서둘러 빈에 성모 마리아 대리석 기둥상을 세웠고, 성녀 덕분에 스웨덴군은 1648년까지 프랑스군에게 두 차례 유린당한 바이에른을 향했다. 당시 신성 로마 제국에 있는 모든 방어용 근거지와 위수지衛戍地의 5분의 4가 적들의 수중으로 떨어진 것으로 추정되었다. 그러나 적들은 분열했다. 스웨덴과 프랑스는 전략을 두고 자주 대립했고, 서로의 동기를 의심했다. 페르디난트는 스페인 문제에 간섭하지

1648년 당시
합스부르크 가문의 중앙 유럽 영토

중앙 유럽계 합스부르크 가문
스페인계 합스부르크 가문
신성 로마 제국의 경계

프러시아

포메라니아

메클렌부르크

연합주

브란덴부르크
베를린

바르샤바

안트베르펜

쾰른

마그데부르크

작센

슐레지엔

스페인령
저지대국가

프랑크푸르트

프라하

보헤미아

크라쿠프

팔츠

모라비아

외지
오스트리아

바바리아

오스트리아

슈타이어마르크

브라티슬라바
부더

페스트

스페인계
합스부르크 가문의
땅

티롤

잘츠부르크

케른텐

리옹

크라인

오스만제국

사부아

밀라노

베네치아

앙겠다고 약속하고 피레네 산맥 접경 지역에서 일어난 전쟁에서 중립을 지키겠다고 장담함으로써, 주요 적수인 프랑스의 루이 14세를 협상장으로 끌어들였다. 그러고는 두둑한 현금을 미끼로 스웨덴인들의 마음을 돌렸다.[18]

1648년에 30년 전쟁을 종식시킨 베스트팔렌 조약은 대부분 기본적인 내용(어느 경계선을 바꿔야 하는가, 누구의 영토권을 인정해야 하는가, 그리고 원래 1623년에 페르디난트 2세가 고마움의 표시로 넘겨준 선제후 칭호를 바이에른의 공작들이 계속 지니도록 허용해야 하는가)으로 채워졌다. 하지만 베스트팔렌 조약은 신성 로마 제국의 제후들이 종교를 선택할 수 있다는 점을 확인했고, 칼뱅파도 여러 선택지들 중 하나로 인정했을 뿐 아니라 각 제후의 신민들이 (일정한 한계 내에서) 각자의 신앙을 실천하며 살 수 있는 권리도 허용했다. 교회의 재산과 양심의 자유의 범위를 둘러싼 분쟁은 나중에 재판소에서 결정할 사안으로 남게 되었고, 그런 분쟁을 해결하기 위해서 신성 로마 제국의 중앙 재판소는 개신교 판사들과 가톨릭교 판사들의 수를 동일하게 맞추는 쪽으로 개편되었다. 하지만 페르디난트 3세는 자신의 영토 안에서 신앙 생활의 자유를 허용해야 할 의무가 면제되었고, 그 결과 보헤미아 왕국과 오스트리아의 영지에서 진행된 재개종 사업은 번복되지 않았다.

베스트팔렌 조약은 "기독교 세계의 전반적인 평화" 달성을 목표로 삼았고, 따라서 최초의 "유럽 헌법"을 제정한 조약으로, 또 근대 유럽의 발전에서 중대한 순간을 장식한 조약으로 높이 평가되어왔다. 그러나 베스트팔렌 조약은 세계적 차원의 평화 조약이기도 했다. "아시아와 아프리카와 아메리카의 해안뿐 아니라 동인도와 서인도, 그리고 브라질의……육지에서처럼, 바다와 그밖의 수역에서" 스페인 군주국과 네덜란드 연합주 간의 모든 갈등을 청산한다는 내용이 포함되었기 때문이다. 그때까지 획득한 정복지는 인정되었고, 네덜란드인들에게는 스페인 식민지와의 무역에서 특혜가 부여되었다. 평화 조약에 힘입어 네덜란드 서인도 회사는 중앙 아프리카의 노예 무역을 재빨리 장악하여 확대했다. 베스트팔렌 조약 이후 반세기 동안, 약 5만 명의 아프리카 흑인 노예들이 카리브 해 남부의 퀴라소에 있는 네덜란드인들의 "가공 공장"을 거쳐 스페인령 신대륙과 스페인의 태평양 영토까지 운반되었다. 베스트팔렌 조약은 30년 전쟁을 종식시켰을지는 모르지만, 훗날 1,200만 명 이상의 목숨을 앗아간 아프리카 노예 무역의 폭력성을 부추기기도 했다.[19]

제14장

비정상 제국과 빈 전투

1648년 베스트팔렌 조약을 계기로 신성 로마 제국의 불분명한 정체성에 의문이 제기되었다. 프랑스의 철학자 장 보댕1530-1596의 업적에 힘입어 이제 정치 권력은 확정된 영토에서 행사되는 보이지 않는 주권의 관점에서 이해되었지만, 신성 로마 제국은 주권이 누구에게 있는지가 확실하지 않았다. 어느 저자(요한 야코프 모저)가 그 난제를 풀기 위해서 무려 70권의 책을 쓸 정도였다. 어떤 사람들에게, 신성 로마 제국은 예전부터 늘 그랬듯이 이론적으로 완전한 권한을 가진 황제가 정점을 차지하는 위계 구조였다. 하지만 다른 사람들이 볼 때, 신성 로마 제국은 주권을 공유하는 황제와 제후들이 집단 통치하는 서로 동등한 존재들의 연합체였다. 공법학자들은 여러 세대에 걸쳐 신성 로마 제국에 대해서, 그리고 신성 로마 제국이 군주국인지, 귀족정 국가인지, 독자적 주권을 가진 여러 부분들로 구성된 공동의 조직체인지, 아니면 아예 분류 자체가 불가능한 어떤 것, 어느 영향력 있

는 평론가의 말을 빌리자면, "비정상적이고 괴상한 것"인지 깊이 고민
했다.[1]

베스트팔렌 조약이 체결된 이후의 첫 번째 의회는 1653년에 레겐스
부르크에서 열렸다. 법률가들의 논쟁은 곧바로 의전과 궁정 예절을
둘러싼 갈등으로 비화되었다. 뷔르템베르크의 공작은 자신에게도 여
느 제후들처럼 완전한 주권이 있다고 자부했고, 이에 따라서 나팔수
들과 큰 북을 든 병사 1명을 동반한 채 레겐스부르크에 입성했다(그
것은 선제후들에게 주어진 특권이었다). 그러나 황제 페르디난트 3세
의 생각은 정반대였다. 그는 신성 로마 제국이 철저히 위계적이며 군
주정적인 형태를 유지하고 있다고 믿었다. 따라서 제후의 사절을 국
왕의 사절과 동등한 존재로 대우하기를 거부했고, 제후들이 자신과
맞먹으려는 듯 행동하자 발끈했다. 최근에 한 역사학자가 설명했듯
이, 그것은 2개의 "의례 문법"이 경쟁을 벌이는 상황이었다. 군주정적
성격의 의례 문법과 귀족정적 성격의 의례 문법은 각각 신성 로마 제
국의 서로 다른 정체성을 반영하고 있었다.[2]

페르디난트는 오스트리아와 그 주변의 보헤미아 왕국, 헝가리 왕
국에서 정치적으로 은거할 수도 있었을 것이다. 라인란트의 여러 제
후들이 루이 14세와 동맹을 맺으면서 프랑스가 라인라트 지방으로
영향력을 확대하자, 합스부르크 가문은 제국의 정치적 무대에서 점
점 멀어졌다. 그러나 페르디난트는 정치적 은거를 선택하지 않았다.
페르디난트가 레겐스부르크에 도착하는 과정은 황제의 위엄을 강조
하고자 세심하게 구성되었다. 그는 황제의 업적을 찬양하는 개선문
을 거쳐 레겐스부르크에 입성했다. 페르디난트는 야외극과 행렬 의식

으로 이루어진 구경거리의 중심이었지만, 구경거리를 만든 장본인이기도 했다. 그는 레겐스부르크에 목조 가극장을 세웠고, 마그데부르크의 반구(서로 결합한 뒤 내부의 공기를 빼내어 진공 상태로 만든 구리 재질의 2개의 반구半球. 여러 마리의 말을 이용해 양쪽에서 잡아당겨도 분리할 수 없었다)의 공개 실험을 주관했다. 1653년 의회가 열리는 동안 거행된 호사스러운 의식에서 그의 아들 페르디난트 4세와 그 부인은 각각 로마인의 왕과 황후로 등극했지만, 두 사람의 대관식은 서열을 둘러싼 언쟁 때문에 엉망이 되었다(1654년에 사망한 페르디난트 4세는 황제가 되지 못했지만, 항상 4세라는 숫자가 붙는다).

그럼에도 의식과 구경거리의 효과는 무척 컸다. 귀족정적 관점의 대변자들 가운데 한 사람이 설명했듯이, 의전은 권력의 모방이나 모조에 기댔다. 하지만 권력의 현실성이 뒷받침되지 않으면 모방이나 모조는 "공허한 손짓과 자신에 관한 헛된 과대평가"에 불과했을 것이다. 권위의 상징을 실체로 전환한 것은 바로 페르디난트 3세 및 그의 아들이자 최종 후계자인 레오폴트 1세재위 1658-1705가 이룩한 업적이었다. 베스트팔렌 조약 이후 반세기 동안, 황제는 신성 로마 제국에서 주도적 역할을 되찾았다. 비록 제후들은 동등한 주권을 요구했지만 말이다. 페르디난트 3세는 신성 로마 제국의 남서부에 있는 비교적 작은 공국들의 이익을 대변하고, 의회의 다양한 파벌 사이에서 중재자 역할을 맡는 등 각고의 노력 끝에 정치적으로 필요한 존재로 자리매김했다. 그는 1653년에 소집된 의회를 18개월 동안 친히 주재했다. 특히 그는 치명적인 위장병에 시달리며 "죽은 사람처럼 보이는" 상황에서도 일을 놓지 않았다. 1657년 4월에 마지막 고해 성사를 할 때에

도 그는 자신에게 아직 살날이 많이 남았다고 호언장담했다.[3]

레오폴트는 군사적 분야에서 업적을 쌓았다. 그는 오스만 제국과 프랑스에 맞서서 신성 로마 제국과 기독교 세계를 지켜냈다. 레오폴트는 원래 투사와는 거리가 먼 인물이었다. 성직자 수업을 받았지만, 형인 페르디난트가 일찍 죽는 바람에 10대의 나이에 떠밀리듯 황제 자리에 오를 수밖에 없었다. 호리호리하고 연약한 외모의 소유자였던 레오폴트는 행동과 의도를 구분하지 못하는 우유부단한 인물이었다. 자신이 발송한 모든 공문서, 그리고 카드놀이에서 잃어버린 돈 한 푼 한푼을 병적으로 상세히 일기에 기록하기도 했다. 아버지인 페르디난트 3세처럼 그도 숙련된 음악가였고, 비정상적으로 늘어진 입술에도 불구하고 뛰어난 플루트 연주자였다. 사실, 빼어난 작곡 재능으로 극찬을 받는 통치자들이 많다. 그중에서도 레오폴트의 작품은 오늘날까지도 연주되고 있다.

그러나 레오폴트의 감수성은 개신교도들이나 유대인들에게까지 확대되지는 않았다. 그는 개신교도들을 박해했고, 유대인들의 재산을 강탈했다. 그는 조카인 마르가리타 테레사를 두 번째 부인으로 맞이했다. 결혼 생활 내내 남편을 "삼촌"이라고 부른 그녀는 바로 디에고 벨라스케스의 초상화 「시녀들」에 등장하는 사랑스러운 금발 소녀이다. 마르가리타 테레사는 스페인에서 성장한 탓에 이베리아 반도 특유의 편견이 있었다. 레오폴트가 일단 빈에서, 그리고 1671년에는 니더외스터라이히에서 유대인들을 모조리 내쫓고 그들의 재산을 빼앗은 것은 그녀의 부추김 때문이었다. 황실 재정이 유대인 은행업자들에게 빌린 자금에 기대고 있었기 때문에 유대인 추방 조치의 여파는 레오폴트를 파산 직전으로 몰아갔다. 그러나 레오폴트는 그 끔찍한 오판을 통해서 교훈을 얻지 못했다. 그는 결국 가장 부유한 몇몇 유대인 가문들이 빈으로 돌아오도록 허용했지만 몇 년 뒤에 다시 그들의 재산을 강탈했고, 이후 오랫동안 네덜란드와 영국의 원조금에 매달려야 했다.[4]

두 나라가 적으로 떠올랐다. 첫 번째 적은 음모와 내전으로 점철된 프롱드의 난1648-1653을 극복한 프랑스였다(프롱드는 파리의 군중이 국왕의 대신들의 집에 돌을 던질 때에 사용한 새총에서 유래한 말이다). 루이 14세는 다시 팽창 정책을 펼쳤다. 그는 라인 강 왼쪽의 도시들과 공작령들을 공격함으로써, 남의 부인을 서슴없이 탐하듯이 다른 통치자들의 영토도 마음대로 차지한다는 재담을 몸소 증명했다. 루이는 라인 강 연안의 제후들을 위협하여 굴복시키고 현금 지원으로 다른 제후들을 구워삶으며 냉혹하게 목표를 추구했다. 한편 레오폴트는 외국과 동맹을 맺고 침입자인 프랑스군에 맞서 싸울 전쟁의 비용을 대도록 제국 의회를 설득하면서 루이에 대한 저항의 대열을 구축했다. 스스로 표현했듯이, 이제 그는 "신성 로마 제국을, 그리고 독일인 국가의 자유와 그 개별 구성원의 이익과 복리를" 수호하게 되었다.[5]

두 번째 적은 오스만 제국이었다. 1571년의 레판토 해전 이후 약 1세기 동안 오스만 제국은 움츠러들고 있었다. 역사학자들은 함부로 "쇠퇴"라는 용어를 쓰지 않지만, 당시 이스탄불의 관리들과 논평가들은 오스만 제국의 상태를 쇠퇴로 규정했다. 그들이 내린 처방은 중앙 권력을 통해서 적극적으로 부패를 척결하고 술레이만 대제의 팽창 정책을 재개하여 과거로 회귀하는 것이었다. 오스만 제국의 재상을 잇 달아 배출한 쾨프륄뤼 가문은 그 처방을 실행했다. 1656년 이후 반세 기 동안 쾨프륄뤼 가문은 재상직을 독점하다시피 했고, 모두 합쳐 34 년 동안 권력을 누렸다. 쾨프륄뤼 가문의 사명은 유럽에서 합스부르 크 가문을 상대로 전쟁을 시작해서 "세계의 황제"나 "땅에 드리운 신 의 그림자" 같은 술탄에 대한 수사적 표현을 정치적 현실로 탈바꿈시 키는 것이었다.[6]

레오폴트 1세의 참모들 사이에서는 프랑스와 오스만 제국이 던진 이중 과제를 처리할 방법을 두고 의견이 갈렸다. 어떤 참모들은 프랑 스와의 싸움을 우선해야 한다고 주장했고, 다른 참모들은 여전히 헝 가리의 중심부를 점령하고 있는 오스만 제국과의 전쟁을 촉구했다. 사실, 두 전쟁터는 서로 연관되어 있었다. 프랑스의 루이 14세는 오랫 동안 오스만 제국의 속국이었던 트란실바니아에서 합스부르크 가문 의 통치에 반대하며 일어난 반란을 재정적으로 지원했고, 합스부르 크의 군대가 동쪽에서 발이 묶인 틈을 타 라인 강 연안, 그리고 스페 인계 합스부르크 가문을 상대로 서쪽을 다시 압박했으며, 1674년에 는 스페인 치하의 부르고뉴 백작령(프랑슈콩테)과 샤롤레를 차지했 다. 따라서 레오폴트는 중요한 순간에 오스만 제국에 맞선 군사 행동 을 포기해야 했고, 라인 강을 방어할 목적으로, 그리고 왕위 계승을 둘러싼 다툼이 벌어지는 경우를 대비하여 스페인 전선을 강화할 목 적으로 자원을 동쪽에서 서쪽으로 재배치해야 했다.

1660년대에 트란실바니아는 곧 이스탄불에 완전히 복속될 것처럼 보였다. 술탄은 자주적인 태도를 보인 트란실바니아의 공작을 내쫓은 뒤 꼭두각시를 앉혔고, 트란실바니아에 군대를 주둔시켰다. 그 결말은 전쟁이었다. 튀르크인들과의 전쟁을 시작할 때, 레오폴트는 2만 명의 병력을 제공하기로 약속한 제국 의회뿐 아니라 몇몇 대제후들의 군대에서도 도움을 받았다. 이는 신성 로마 제국 황제의 정치적 영향력을 엿볼 수 있는 지표였다. 하지만 그는 루이 14세가 스페인을 침공할 가능성을 우려한 나머지 1664년에 헝가리의 센트고트하르드(생고타르)에서 연합군이 튀르크인들을 상대로 거둔 승리를 발판으로 한 걸음 더 나아가지는 못했다. 몇 주일 뒤, 레오폴트는 술탄과 원래의 영토 상태로 복귀한다는 내용의 버슈바르 조약을 맺었다.

버슈바르 조약의 부실한 내용에 실망한 헝가리의 일부 지도급 귀족들은 루이 14세와 술탄의 도움을 받아 레오폴트를 퇴위시키려는 음모를 꾸몄다. 이른바 "유력자들의 음모"는 전체적으로 어설펐다. 음모를 꾸민 자들은 비밀 유지에 소질이 없었다. 그들은 대사들을 공개적으로 맞이했고, 선전용 인쇄물을 배포했으며, 심지어 그들 가운데 한 사람은 자기 부인의 연인에게 정치적 교섭 내용이 담긴 서신을 맡기기도 했다. 게다가 그들이 술탄을 상대로 교섭을 벌이고 있다는 사실은 빈에서 교육을 받은 오스만 제국 출신의 통역관에 의해서 레오폴트에게 신속하게 보고되기까지 했다. 몇 차례의 경고에도 소용이 없자, 1670년 봄 레오폴트는 헝가리로 군대를 보냈다. 그의 명령에 따라서 주요 공모자들이 체포되어 참수형을 당했고, 그들의 성채는 점령되었다. 가혹한 조사 끝에 용의자 2,000명이 추가로 색출되었다. 그들 중 다수는 특별 재판소에 의해서 기소되었는데, 이곳에는 공식적인 지침이나 규정이 없었으며, 개신교와 반역이 동일시되고는 했다.[7]

레오폴트는 이제 할아버지인 페르디난트 2세가 보헤미아에서 했던 일을 헝가리에서 답습하고자 했다. 그는 고문관들의 도움을 받았다. 그들은 "황제 폐하께서는 무력으로 헝가리를 정복하셨으니 마음대로 정부를 세울 수 있으십니다"라고 조언했다. 센트고트하르드에서 레오폴트의 군대를 지휘하여 승리를 거둔 라이몬도 몬테쿠콜리는 보다 노골적으로 말했다. 그의 설명에 의하면 헝가리인들은 땅속의 구멍에서 기어나와 약탈하고 파괴하려는 굶주린 짐승들이었고, 쇠막대기에만 존경심을 드러냈다. 레오폴트는 고문관들의 조언을 받아들여 헝가리에 튜턴 기사단 총장인 요한 암프링겐을 수반으로 하는 정권을 수립하여 질서를 회복하도록 했다. 개신교와 반란을 한 묶음으로 바라본 몬테쿠콜리의 의견을 귀담아들은 레오폴트는 헝가리에서 다시 가톨릭교를 강제하기로 했다.[8]

암프링겐 정부는 1672년에 술에 취한 채 흥겨운 의식을 치르며 출범했고, 그 정부의 독일 측 인사들은 흥겨움에서 빠져나오지 못했던 것 같다. 그러나 셀렙체니 대주교가 이끄는 헝가리 측 인사들은 종교 청소를 강하게 밀어붙였다. 그들의 주도로 개신교 행정관들이 도심에서 쫓겨나고, 교회가 폐쇄되고, 학교 건물이 점거되었다. 그들은 개신교 설교 행위를 단속했고, 루터파와 칼뱅파 성직자들이 단속을 무시하자 1674년에는 설교자 수백 명을 체포하도록 지시했다. 1675년, 그 가운데 40명은 나폴리의 조선소에서 일하는 갤리 선의 노예가 되는 판결을 받았다.

셀렙체니 대주교의 열성적인 태도는 레오폴트에게 최악의 결과를 안겨주었다. 나폴리로 팔려 가는 설교자들의 고난은 유럽의 모든 개신교 지역에서 분노로 가득한 소책자와 최신 소식지, 그리고 그들의 몸값을 마련하기 위한 모금 운동의 주제가 되었다. 문제는 레오폴트가 이미 1672년에 발발한 프랑스와의 전쟁에서 개신교를 신봉하는 연합주와 작센, 그리고 브란덴부르크의 지원에 기대고 있었다는 점이었다. 참모들은 레오폴트에게 외교적 난국을 타개하도록 재촉했지만, 그는 결단을 미루다가 1676년 3월에야 개신교 설교자들을 석방하라고 명령했다. 이미 설교자들 중 몇 사람이 죄수 생활을 견디지 못하고 사망한 시점이었다. 살아남은 설교자들은 1676년 4월에 나폴리에 도착해 스페인의 나폴리 부왕 앞으로 끌려갔고, 나폴리 부왕은 즉시 그들을 안전한 네덜란드 소함대로 보냈다. 그러나 레오폴트의 평판은 상처를 입은 뒤였다. 이제 그는 유럽의 모든 개신교 지역에서 "디오클레티아누스의 박해로 인한 가장 모진 고통보다 훨씬 더 나쁘고 지나친 잔인함"의 장본인이라는 비판을 받았다(디오클레티아누스는 기독교 박해로 악명 높은 3세기의 로마 황제이다).[9]

개신교 설교자들의 수난극을 계기로 레오폴트는 암프링겐 정부를 저버렸고, 1681년에 다시 헝가리에 종교적 관용을 베풀었다. 하지만 박해는 이미 무의미한 상태였다. 가톨릭교 성직자들의 에너지가 헝가리를 급속도로 잠식하고 있었다. 대다수 귀족들이 개신교에 등을 돌렸다. 되돌아온 가톨릭 교회들(다수가 바로크 양식으로 재건되었다)의 금빛 웅장함, 그리고 연극과 행렬 의식, 현지어로 진행되는 설교를 통한 교육은 농촌 지역의 민심을 얻는 데에 크게 기여했다. 특히 갤리선 노예들 가운데 가장 저명한 인물이던 오트로코시 포리시 페렌츠가 이후 가톨릭교로 개종했고, 헝가리의 트르나바에 있는 가톨릭계

대학교에서 강의하기 위해서 옥스퍼드에서의 망명 생활을 포기하기도 했다.[10]

오스만 제국은 레오폴트의 실책에 편승하는 정책을 내놓았다. 부더의 튀르크인 총독이 오스만 제국령 헝가리에 마련해준 피난처에는 종교적 불만을 품은 자들이 몰려들어 합스부르크 가문의 전략적 요지를 점점 더 과감하게 공격했다. 스스로를 "십자군^{kurucok}"으로 칭한 그들은 신체관통형身體貫通刑으로 현지인들을 공포에 떨게 할 정도로 잔인했다. 그들은 튀르크인 비정규병들과 흑해 북쪽의 스텝 지대에서 징집한 카자크인들로 병력을 늘렸고, 루이 14세가 파견한 프랑스 장교들에 힘입어 전력을 강화했다. 튀르크인들이 점령한 헝가리 평원의 어느 도심에 살던 사람이 남긴 1678년 1월 2일 자 기록에는 다음과 같은 내용이 담겨 있다. "케치케메트에는 십자군들과 프랑스인들이 총 1,180명 있었다. 그들은 많은 사람들에게 합류를 강요했고, 포도주를 잔뜩 마셨으며, 많은 피해를 입혔다." 같은 기록에 따르면 오스만 제국군은 경계선 너머를 습격하기 위해서 그 도심을 가로질러 지나갔다.[11]

루이 14세가 1672년에 서쪽에서 일으킨 전쟁을 매듭지은 네이메헌 조약에도 불구하고 라인 강 방면을 끊임없이 압박하던 프랑스군은 1681년 스트라스부르크를 점령했다. 하지만 그 무렵에 오스만 제국군은 동쪽을 확실히 위협하고 있었다. 쾨프륄뤼 가문 출신의 재상 카라 무스타파는 버슈바르 조약을 연장하자는 레오폴트의 제안을 거부했을 뿐만 아니라 무모한 십자군 지도자 퇴쾨이 임레를 헝가리 왕으로 승격시키기까지 했다. 이후 부더의 총독은 이스탄불에 있는 술탄의 귀중품실에서 가져온 왕관을 퇴쾨이에게 씌워주었다. 퇴쾨이의 대관식에는 합스부르크 가문에 맞서서 싸우는 튀르크인들과 십자군에 병력을 지원한 트란실바니아 공작 어퍼피 미하이 1세가 참석했다. 1682년 말엽 십자군은 이미 북부 헝가리(오늘날의 슬로바키아)의 대부분을 차지했고, 슐레지엔과 모라비아로 쳐들어가고 있었다.[12]

한편 레오폴트는 교황과 "신성 동맹"을 맺음으로써 막대한 교회 재산을 활용할 기회를 얻었고, 바이에른과 개신교 지역인 작센도 우군으로 끌어들일 수 있었다. 동맹군에 필요한 자금을 조달하기 위해서 오스트리아 영지에 있는 교회 재산의 3분의 1이 매각되었다. 이와 마찬가지로 중요한 사실은 레오폴트가 폴란드의 왕 얀 3세 소비에스키를 포섭했다는 점이었다(소비에스키 휘하의 카자크인들은 이전에 헝가리의 자칭 십자군을 지원한 바 있었다). 나중에 밝혀졌듯이, 소비에스키가 이끈 4만 명의 병력은 정말 긴요한 역할을 해냈다. 제국 의회는 레오폴트에게 6만 명의 병력을 조달하기로 결의했지만, 실제로 전쟁터에 보낼 병력의 수는 각 제후의 결정에 달려 있었다. 루이 14세의 심기를 건드리기 싫은 데다가 그가 찔러주는 원조금에 마음이 흔들린 팔츠와 브란덴부르크의 선제후들과 마인츠와 쾰른의 대주교들은 발을 뺐다.

1683년 4월 초순, 오스만 제국군은 이스탄불 서쪽의 집결지인 에디르네에서 진군하기 시작했다. 레오폴트가 보낸 사절들은 오스만 제국군이 육로로 베오그라드까지 진군하는 모습을 지켜보았고, 들소들이 끄는 마차들의 행렬, 1만6,000두의 소가 동원된 병참 행렬, 붉은색 상의 차림으로 무거운 머스킷 총을 들고 지나가는 수천 명의 보병들,

그리고 매와 표범 같은 동물들과 환관들의 모습을 두려운 마음으로 묘사했다. 오스만 제국군의 끝없는 행렬은 아침 내내 그들 눈앞을 지나쳐갔다. 그해 6월 초순, 오스만 제국군은 합스부르크령 헝가리와의 경계선에 당도했다. 그 무렵 오스만 제국군은 총 10만 명 이상으로 증원되어 있었다.[13]

센트고트하르드에서 몬테쿠콜리와 함께 싸웠던 황제군 사령관 로트링겐의 카를은 경험이 많은 군인이었지만, 병력이 부족하고 지도가 없는 상태로 헝가리를 방어해야 했다. 7월에 그는 총퇴각을 명령했다. 그러고는 적군에게 포위되지 않도록 아군 병력의 대부분을 빈 서쪽의 린츠로 이동시킨 뒤 그곳에서 증원군을 기다렸다. 한편, 레오폴트는 파사우로 피신했다. 린츠도 침략군에게 공격당할 위기에 처했기 때문이다. 빈은 무방비 상태나 다름없었고 자체 수비대에 희망을 걸어야 했다. 1683년 7월, 거침없이 진격해온 오스만 제국군이 빈을 포위한 채 공격을 퍼부었다. 빈의 함락은 자명해 보였다. 수비대의 병력은 적군의 10분의 1 수준이었고, 빈의 성벽과 요새도 오래 전부터 소홀하게 관리된 상태였다. 자국 군대와 동행한 재상 카라 무스타파는 곧 "황금 사과"를 차지할 듯했다. 황금 사과는 빈을 가리키는 튀르크어식 명칭일 뿐만 아니라 성 슈테판 대성당의 첨탑이 이슬람교 사원의 뾰족탑이 될 때까지 그 성당에 감춰져 있다고 전해지는, 튀르크인들의 어느 전설 속에 나오는 거대한 황금 공이기도 했다.[14]

포위 공격은 2개월 동안 이어졌다. 결정적인 작전은 지뢰를 매설하는 공병들이 성벽 앞과 지하에 구축한 미로 같은 참호 속에서 펼쳐졌다. 빈에 남은 수비대와 시민들은 이질에 걸리거나 굶주림에 시달렸다. 사람들은 당나귀와 고양이까지 잡아먹었는데, 얼마 지나지 않아 그마저도 부족해졌다. 1683년 9월 초순, 오스만 제국군의 지뢰가 폭발해 성벽의 일부분이 부서졌고, 복구할 수 없는 틈이 생겼다. 빈을 지키던 사람들은 끝이 임박했음을 깨닫고 성 슈테판 성당의 꼭대기에서 구원을 요청하는 조명탄을 쏘아올렸다. 9월 7일과 8일 사이의 밤에 도나우 강 연안의 칼렌베르크 산 쪽에서 응답의 조명탄 불꽃이 피어올랐다. 평소처럼 흰곰팡이가 생긴 가발을 쓰고 닳은 장화를 신은 로트링겐의 카를이 작센과 바이에른과 폴란드의 군대를 이끌고 돌아온 것이었다.

폴란드의 왕 얀 소비에스키는 자존심상 누군가의 조력자로 머물고 싶어하지 않았다. 1683년 9월 12일, 그는 동맹군을 직접 이끌고 칼렌베르크 산 아래에서 오스만 제국군을 격파했다. 소비에스키는 바르샤바에서 출발하여 빈에 도착하기까지 험난한 여정을 겪었다. 지도가 없었고, 적들을 상대할 싸움터의 지형도 제대로 파악하지 못한 상태였다. 그는 로트링겐의 카를에게 보낸 서신들 중 하나에서 이렇게 물었다. "거기 어떤 산들이 있소? 탁 트인 땅이오? 어떤 강들이 있는지, 또 고개는 어디에 있는지?" 그러나 싸움이 결판나지 않은 채 저녁이 다가오자 소비에스키는 역사상 최대의 기병 돌격전으로 평가되는 작전을 지휘했다. 소비에스키 휘하의 폴란드 창기병들이 1만8,000명 규모 기병대의 선두에 섰다. 그들의 갑옷 뒤쪽에는 독수리와 타조의 깃털로 만든 날개 모양의 장식이 달려 있었다.[15]

이제 튀르크인들이 노예 시장에서 굴욕을 겪을 차례였다. 포로로 잡힌 오스만 제국군 병사들과 비전투 종군 여성들은 빈에서 경매에 부쳐졌다. 군사적으로는 여전히 막강했지만, 튀르크인들은 빈 외곽에서 당한 패배로부터 결코 회복하지 못했다. 패전의 책임자인 재상 카라 무스타파는 술탄의 지시에 따라서 교수형에 처해졌다. 3년 뒤, 레오폴트 휘하의 장군들은 부더를 함락시켰고, 작센과 브란덴부르크, 하노버와 바이에른, 스웨덴의 병력 지원에 힘입어 헝가리 영토의 대부분을 해방했다. 이후 합스부르크 군대는 남쪽의 발칸 반도로 진격했고, 에게 해 연안에서 불과 200킬로미터 떨어진 스코페(오늘날의 북마케도니아 수도)를 잠시 점령했다.[16]

그러나 또다시 서쪽에서 벌어진 전쟁 때문에 레오폴트는 병력을 철수하고 베오그라드 이남의 발칸 반도를 포기해야 했다. 다행히 트란실바니아는 조금 저항하다가 종교적 자유를 보장받는 대가로 레오폴트에게 항복했지만, 헝가리와 합쳐지지 않고 별개의 나라로 유지되었다. 대신 신성 로마 제국 황제가 트란실바니아의 정부를 지명했고, 빈의 상서국이 트란실바니아의 국정을 감독했다. 1683년에 오스만 제국군에 병력을 보탰던 퇴쾨이 임레는 트란실바니아를 빼앗은 합스부르크 가문에 맞서서 끝까지 저항했으나 소용없었고, 결국 1705년에 이스탄불 근처 마르마라 해 연안에서 고독한 최후를 맞았다.

레오폴트는 튀르크인들을 상대로 거둔 승리를 무기 삼아 합스부르크 가문 사람들을 헝가리의 세습 군주로 인정하도록 헝가리 의회를 압박했다. 하지만 헝가리는 관습법을 따랐다. 즉, 헝가리 의회의 결정과 법률은 관습에 의해서 인정되어야 비로소 설득력을 갖추었다. 그럼에도 왕가 차원의 사사로운 전쟁으로 여겨질 법한 싸움에서 레오폴트가 신성 로마 제국의 제후들과 의회로부터 이끌어낸 지원을 고려할 때, 그가 헝가리를 해방하는 과정에서 쌓은 업적은 한층 더 주목할 만했다. 과거에 가톨릭교의 은밀한 복원을 모색하려 한다고 레오폴트를 의심했던 브란덴부르크 선제후 같은 개신교 제후들이 이제는 그의 편으로 모여들었다. 합스부르크 가문과 대대로 경쟁한 바이에른 가문의 통치자도 마찬가지였다. 제국 의회는 현금을 제공했고, 레오폴트를 지원하기 위한 병력 조달을 촉구했으며, 1663년부터는 상시 회기를 채택함으로써 의사 결정에 속도를 붙였다.

1688년 루이 14세는 레오폴트가 발칸 반도 원정에 나선 틈을 타 라인 강을 맹렬히 공격하기 시작했고, 곧 팔츠 지방의 대부분을 차지했다. 레오폴트와 네덜란드의 지도자인 오라녀의 빌럼(그해에 잉글랜드의 윌리엄 3세가 되었다)은 연맹 결성을 주도했고, 얼마 지나지 않아서 그 연맹에는 사부아와 스페인뿐 아니라 신성 로마 제국의 대다수 제후들이 가담했다. 30년 전쟁에서처럼, 이번에도 전쟁은 프랑스 해군이 스페인령 카리브 해를 위협하고 보물 함대를 공격하는 등 스페인계 합스부르크 가문의 해외 영지로까지 번졌다. 1697년에 체결된 레이스베이크 조약으로 교전국 간의 휴전이 찾아왔지만, 평화는 요원했다. 전쟁은 1700년에 스페인의 카를로스 2세가 상속자를 남기지 않은 채 세상을 떠나자 재개되었다. 레오폴트와 루이 14세는 카를로스 2세의 상속권을 두고 다투었고, 유럽의 열강들은 루이 14세가 스페인과 스페인의 해외 영토를 집어삼키게 된다는 생각에 간담이 서늘해졌다.

스페인 왕위 계승 전쟁1701~1714을 치르는 동안 루이 14세는 바이에른을 포섭했고, 트란실바니아에서의 봉기를 선동했다(그 봉기는 곧 헝가리로 확산되었다). 한편 레오폴트는 이전에 영국 및 네덜란드와 맺었던 동맹을 재개했다. 1704년, 영국군 사령관 말버러 공작과 제국 전쟁 평의회의 수반인 사부아의 외젠은 도나우 강이 흐르는 블린트하임에서 프랑스와 바이에른의 연합군을 상대로 결정적인 승리를 거두었다. 블레넘 전투라는 영어식 명칭으로 더 유명한 이 전투는 흔히 영국군의 승리로 칭송된다. 그러나 윈스턴 처칠 경이 기술한 바와 달리 사실 말버러 공작이 이끈 군대는 유럽 전역을 누비며 승리한 붉은 군복 차림의 영국군("진홍색 애벌레"라는 별명으로 불렸다)이 아니었다. 총 4만 명의 병력 중 9,000명만이 영국군 제복을 입고 있었다. 사부아의 외젠이 지휘한 군대와 마찬가지로, 말버러 공작이 이끈 군대의 대부분은 신성 로마 제국의 제후들이나 네덜란드가 제공한 병력이었다.

블레넘 전투에서 거둔 승리는 레오폴트의 승리이기도 했다. 그 승리는 레오폴트가 외교를 통해서든 전쟁을 통해서든 황제직에 의미를 부여하는 영향력과 지도력을 여전히 행사할 수 있다는 점을 입증하는 계기가 되었다. 레오폴트의 군사적 업적은 연극과 판화를 통해서 칭송되었다. 튀르크인들을 무찔렀기 때문에 레오폴트는 이미 아시아의 유목민 무리들을 괴멸시킨 오스트리아의 헤라클레스였다. 루이 14세에 맞서 싸웠기 때문에 레오폴트는 이제 독일의 아킬레우스로, 혹은 신성 로마 제국의 페넬로페에게 돌아가려는 오디세우스 같은 존재로 묘사되기도 했다. 하지만 그런 이미지에는 더 심오한 현실이 담겨 있었다. 법률가들이 논쟁을 벌이고 두 가지의 의례 문법이 서로 다투고 있었지만, 합스부르크 가문의 황제들은 신성 로마 제국의 지도자로 복귀했다. 레오폴트는 불굴의 의지와 휘하 장군들의 활약에 힘입어, 합스부르크 왕가의 위대성을 둘러싼 주장을 뒷받침하는 요소인 합스부르크 가문과 황제직 사이의 연관성을 복원했다.[17]

제15장

스페인의 보이지 않는 주권과 광인왕의 죽음

합스부르크 가문의 일원으로 유일하게 합스부르크령 신대륙을 방문한 인물은 프란치스코회 선교사이자 막시밀리안 1세의 사생아인 헨트의 페터르 수도사였다. 페터르가 멕시코인들의 영적, 물질적 복리를 정성껏 보살폈다는 사실은 멕시코시티 도심에 마련된 콜럼버스 기념물의 기단부에 서 있는 그의 조각상을 통해서 후세에 전해지고 있다. 1870년대에 페터르의 조각상을 만든 조각가 샤를 코르디에는 페터르의 생김새를 알지 못했다. 따라서 코르디에는 그리스 철학자 소크라테스의 흉상을 모델로 삼아서 페터르의 머리 부분을 제작했고, 페터르를 까까머리로 묘사했다(그러나 프란치스코회 수도사들은 삭발하지 않았다).[1]

페터르에게 경의를 표하고자 설치한 그 조각상은 최소한 페터르가 멕시코 땅을 밟았다는 점을 기리고 있다. 합스부르크 가문의 해외 영토에서는 이미지가 실재를 대신했고, 왕의 친림을 가장하는 표현이 물리적 상태를 대체했다. 그곳에서는 이상화된 국왕의 허상을 통해서, 그리고 보이지 않는 주권의 내재성과 위엄에 호소하는 도상학적 표현을 통해서 실재와 상상의 경계가 흐릿해졌다. 그런 이미지들은 보이지 않는 왕을 상징했을 뿐만 아니라 대상과 제재를 조형적 요소로 대체했다. 또한 왕에게 정체성을 부여하는 국왕다움이라는 개념에 호소함으로써 왕의 부재를 감추기도 했다.[2]

그런 표현 양식은 1558년 카를 5세가 세상을 떠났을 때 확립되었다. 그가 통치했던 모든 곳에서 모의 장례식이 기획된 것이다. 행진이 준비되었고, 건물에는 조기가 내걸렸으며, 대성당에는 계단식 영구대靈柩臺가 설치되었다. 영구대는 황제와 그가 다스린 영토, 그가 거둔 승리를 나타내는 이미지로 다양하게 장식되었다. 영구대의 정중앙에 놓인 초상화나 왕관, 단지는 이미 유스테 수도원에 묻힌 카를의 시신을 상징했다(훗날 그의 시신은 에스코리알 궁전으로 운반되었다). 줄지어 세워둔 촛불 덕분에 영구대는 환하게 빛났고, 대성당의 어두운 신도석과 대비되어 "빛의 방"이라는 인상을 풍겼다. 나중에 책으로 펴낸 장례식 장부에는 영구대의 배치, 기념행사의 준비 과정, 죽은 황제의 도덕적 유산 등이 후대인들을 위해서 기록되어 있었다.[3]

영구대는 목재와 범포帆布, 회반죽으로 만든 임시 구조물이었다. 바로 옆에 세워둔 여러 개의 촛불들 때문에 영구대에 불이 붙는 경우가 있었음에도 불구하고, 영구대는 대부분 장례식 막바지에 철거되었다. 영구대를 설치하는 방법, 가장 적합한 장식용 상징물과 추도사, 수행 행렬과 활인화活人畫 공연 순서 따위를 상세히 설명한 장례식 장부는 이후에 열릴 장례식의 지침이 되었다. 장례식 장부에 담긴 내용은 경쟁을 초래하기도 했다. 스페인 군주국의 도시들은 앞다투어 가장 정교한 계단식 영구대를 제작하려고 했고, 종종 높이가 30미터를 넘는 영구대를 만들기도 했다. 그렇게 만든 영구대 위에는 태피스트리, 초상화, 문장, 그리고 소름 끼치는 사신死神 형상이 쌓여 있었다.

신대륙에서도 유럽 못지않게 웅장한 영구대가 설치되었다. 1559년에 카를 5세를 기리고자 멕시코시티의 산 호세 데 로스 나투랄레스 대성당에 설치한 영구대는 높이가 15미터였다. 그 십자가 모양의 건조물 안에는 왕관을 나타내는 상징물이 놓여 있었고, 위쪽에는 황제의 쌍두 독수리 문양과 카를의 좌우명인 "더 멀리"가 새겨진 커다란 등이 걸려 있었다. 그 영구대는 리마에 설치된 영구대보다 작았지만, 카를이 거둔 승리, 그리스와 로마의 영웅들, 그리고 스페인의 멕시코 정복 과정이 묘사된 그림으로 더 화려하게 장식되었다. 그 영구대의 장식물은 대부분 헨트의 페터르 수도사가 체계적으로 관리하는 토착 예술가들의 작품이었다. 그들의 감수성은 영구대와 연결된 9단 계단에서 발휘되었고, 9단 계단은 아즈텍인들과 마야인들이 피라미드를 건설할 때에 이용한 9개의 계단식 대지臺地를 연상시켰다. 영구대를 장식했다고 전해지는 이른바 칼데아 문자는 아마 아즈텍 상형 문자였을 것이다.[4]

신대륙에서는 카를 5세의 후계자가 카를 5세의 장례식만큼 열렬한 분위기의 의식을 거쳐서 취임했다. 몇 개월 동안의 애도 기간 이후 새로운 국왕의 취임 선언서가 낭독되었고, 황금빛 차양 밑에 초상화나 현수막이 내걸렸다. 후계자의 국왕 취임을 뒤늦게 축하한 것은 어쩔 수 없는 일이었다. 일반적으로 전임 국왕의 사망 소식과 후임 국왕의 취임 소식이 한꺼번에 전해졌기 때문이다. 거리에서 밝은색 비단과 양단이 휘날리고 노점상들이 아이스크림과 초콜릿과 과자를 팔면서 축제 분위기를 자아냈다. 구대륙에서 신대륙으로 희소식(왕실의 결혼이나 생일이나 세례, 혹은 군주의 영명축일靈名祝日이나 그밖의 경사)이 전해질 때마다 비슷한 분위기가 감돌았다.[5]

주권의 허상으로는 살아 있는 것도 있었다. 신대륙의 부왕들은 그들이 대신하는 군주에 아주 살짝 미치지 못하는 지위로 격상되었다. 페루의 어느 성직자는 "승계를 통해서 왕이 부왕 안에 머물고 있으므로 부왕은 왕과 다름없다고 말할 수 있을 것이다"라는 기록을 남겼다. 신임 부왕은 마치 왕처럼 환영을 받았고, 그리스와 로마 시대의 주제뿐 아니라 아즈텍이나 잉카 문명의 주제도 표현된 개선문을 지나갔다. 흥미롭게도 오디세우스의 어깨 위의 앵무새 같은 몇몇 주제에서는 그리스와 로마 시대의 요소와 아즈텍이나 잉카 문명의 요소가 접목되었다. 부왕의 취임식은 1주일간의 축제로 이어졌고, 매춘부들과 어릿광대들, 석방된 죄수들이 앞장서 이끄는 사육제의 성격을 띠었다. 총독이 부왕의 역할을 맡은 마닐라에서는 "공식 축제와 자연스러운 유흥"으로 선전된 행사와 불꽃놀이를 통해서 신임 총독을 맞이했다.[6]

"전하를 대신하는, 살아 있는 이미지"인 부왕은 국왕다운 처신을 유지하리라고 기대되었다. 부왕은 천천히 걷고 엄숙한 태도를 보여야 했고, 모자의 깃털 장식 같은 사치스러운 모습도 보이지 말아야 했다. 하지만 군주의 대리인으로서 자신의 존재를 드러내야 하기도 했다. 따라서 멕시코시티와 리마에 있는 부왕의 궁전은 중앙 광장을 마주보았고, 부왕은 중앙 광장에서 모두가 지켜보는 가운데 이단자 화형식 집행, 연례 복무 선서, 생일 하례 같은 중요한 의식과 관련한 임무를 처리했다. 멕시코시티의 궁전과 리마의 궁전 모두 위층에 높은 창문이 있었는데, 부왕은 그 창문을 통해서 중앙 광장에 모인 군중에게 모습을 드러내야 했다. 특히 멕시코시티의 궁전에는 무려 12개의 발코니가 있었다.[7]

그러나 역설적이게도 부왕의 가시성은 왕의 허상이라는 부왕의 불완전성을 드러냈다. 16세기에 유럽의 군주들은 사람들의 시선으로부터 점점 사라지게 되었다. 이는 신민들이 통치자를 귀찮게 하는 일이 없도록 부르고뉴 궁정에서 선도적으로 채택한 고도의 예의범절에서 비롯된 현상이었다. 예전에는 프랑스의 어느 왕이 불평했듯이 왕의 침실에 함부로 들어가거나 왕의 옷을 빌려 갔던 조신들과 그밖의 사람들이 이제는 통치자와 공간적으로 멀어졌고, 그들이 통치자에게 접근하는 과정이 제한되기에 이르렀다. 이제 누군가 옥체에 가까이 다가갈 수 있는 정도는 그 사람의 지위에 좌우되었고, 옥체와의 근접성이 평판의 지표로 탈바꿈했다. 접시에 담긴 음식이 통치자에게 전해지기 위해서는 무려 24명의 손을 거쳐야 했을 것이고, 특정 단계에서 음식을 전달하는 사람은 바로 앞 단계의 사람보다 주권자에게 아주 조금 더 가까이 다가갈 자격이 있는 사람이었을 것이다. 사부아의 외젠이 퉁명스럽게 말했듯이, 통치자의 물리적 거리 두기에는 적어도 왕이 시녀들에게 손을 대지 못하도록 하는 장점이 있었다.[8]

그러나 군주의 거리 두기는 신이 군주라는 직책을 정해주었기 때문에 군주가 그에 상응하는 원격성을 지녀야 한다는 관념에서 비롯된 것이기도 했다. 어느 당대인의 묘사에 따르면, 군주는 신을 본받아 "완벽하고······늘 위엄이 있고······어디에나 있고, 아무도 그의 비밀을 알 수 없을 만큼 불가해한 존재"였다. 1580년대부터 스페인계 합스부르크 가문의 왕들은 "주님"으로 불렸다. 그것은 기독교인이 기도를 드릴 때에 그리스도를 전능하신 하느님으로 부르는 것과 똑같은 방식이었다. 게다가 펠리페 4세가 루이 14세보다 훨씬 앞서서 태양왕으로 알려진 데에서 알 수 있듯이, 군주는 신과 같은 존재일 뿐 아니라 태양의 화신이기도 했다. 그러므로 스페인 왕의 궁정과 궁전은 천상의 조화와 역학적 예측 가능성의 원리에 입각해서, 마치 각각의 작은 구체가 천상의 위계질서에 따라 정해진 장소에서 회전하는 우주처럼 배열되었다. 그런 치밀한 배열 속에서 왕의 활동도 측정되고 예정되었다. 스페인을 방문한 프랑스의 한 귀족이 말했듯이, 왕은 "날마다 워낙 규칙적으로 움직였기 때문에 평생 자신이 무엇을 할지 정확히 알고 있었다."[9]

부르고뉴의 궁정 의식은 오늘날까지 "신성화, 거리와 규율"을 결합한 것으로 평가되지만, 사실 그보다 더 복잡했다. 15세기의 부르고뉴 공작들은 거리 두기를 중시했지만, 신민들과 완전히 단절된 상태를 원하지는 않았다. 그런 이유로 마지막 부르고뉴 공작인 담대한 샤를은 매주 3일씩 저녁 시간을 가난한 사람들의 탄원을 듣는 데에 할애했고, 그때마다 조신들은 안절부절못했다. 1548년에 스페인 왕실이 몇 주일 동안의 실무자 재교육 과정을 거친 뒤에 부르고뉴의 궁정 관습을 공식적으로 채택하자, 탄원을 들어주는 행사도 스페인 궁정의 의전 속에 녹아들었다. 심지어 17세기에도 스페인의 왕들은 1주일에

며칠씩 탄원을 들었고, 탄원자들의 입장을 막지 말도록 궁전 문지기들에게 지시했다.[10]

투우와 승마술, 그리고 행렬 의식은 왕이 모습을 드러내는 또 다른 기회였다. 그러나 그런 행사에 왕이 등장하는 과정은 주권자의 망토에 가려진 인간의 모습이 드러나지 않도록 정교하게 진행되었다. 왕의 움직임은 뻣뻣했고, 격식을 따랐다. 그는 얼굴을 엄숙하게 굳힌 채 말없이 움직였다. 펠리페 4세는 궁전에서 대신들과 함께 느긋한 시간을 보낼 때조차 완고한 태도를 보이는 것으로 악명이 높았다. 그는 어릿광대의 재주를 보고 웃는 부인을 훈계했고, 한 대신이 회의 도중 발작으로 그의 면전에서 쓰러졌을 때에도 동요하지 않았다. 스페인 왕실의 고문관이 날카롭게 지적했듯이, 궁정 예절 때문에 주권자는 "의식에 불과한 존재"로 전락하기도 했다.[11]

군주들은 점점 국정에서도 멀어졌다. 펠리페 2세는 이른바 만기친람형萬機親覽型 군주였다. 워낙 세세한 부분까지 챙기고 감독했기 때문에 행정관들은 그가 없으면 길을 잃은 것처럼 허둥댔다. 당시 펠리페 2세의 과도한 관심은 나라와 올바른 정치를 향한 헌신의 표시로 여겨졌다. 그의 아들인 펠리페 3세는 처음에는 여러 위원회의 위원들을 상대하고 아일랜드와 아프리카 침공 계획을 수립하는 등 아버지를 본받고자 했다. 그러나 그 원대한 계획이 실패하자 이내 나태해지고 자신감이 떨어졌고, 결국 국정을 참모들에게, 특히 그의 발리도valido인 레르마 공작에게 맡겼다. 총신寵臣과 재상의 중간쯤에 해당하는 존재인 발리도는 국왕의 업무 대부분을 처리했고, 레르마 공작의 경우에는 개인적 치부를 위해서도 발리도라는 지위를 이용했다. 그렇지만 통치자에게도 발리도는 쓸모가 있었다. 발리도는 왕의 업무를 대신 처리했을 뿐만 아니라 정책이 실패하는 경우에는 책임도 대신 뒤집어 썼다.[12]

발리미엔토valimiento, 즉 "발리도에 의한 통치"는 올리바레스 백공작이, 그리고 1640년대 중반부터는 돈 루이스 데 아로가 수행함으로써 펠리페 4세의 치세까지 이어졌다. 그들의 탁월한 통치 덕분에 펠리페 4세는 아무 부담 없이 의식과 관련한 역할을 맡고, 훌륭한 예술품을 의뢰하고, 본인의 특기를 발휘하여 무려 30명 이상의 사생아를 둘수 있었다. 그렇게 한눈을 파는 동안에도 펠리페는 공중 부양을 한다는 대수녀원장이자 신비론자인 가경자可敬者 아그레다의 마리아와 다량의 서신을 주고받으며 육욕의 죄를 고백하고 정책 집행에 관한 조언을 구했다. 그녀는 펠리페에게 통치권을 거머쥐고 총신들을 배제한채 친정에 나서기를 촉구했다. 그동안 국정에 영향력을 행사하지 못했다고 느낀 귀족들은 그녀의 조언에 힘을 보탰다. 펠리페 4세는 귀족들의 압력에 못 이겨 1643년에 올리바레스를 해임했지만, 곧바로 돈 루이스 데 아로를 등용했다.

당시의 여론은 왕이 직접 통치를 해야 하고 책임을 위임하지 말아야 한다는 것이었다. 펠리페 4세의 참모 가운데 한 사람은 파벌주의와 분노와 적개심, 그리고 파탄으로 귀결된다는 이유를 들어 발리미엔토를 "이 세기의 불행"으로 평가했다. 왕은 신이 임명했기 때문에 친정을 통해서 신의 본보기를 따라야 했다. 이렇듯 우주의 포괄적 질서에 호소하는 그런 태도는 스페인의 군주제를 둘러싼 다양한 문헌의 전형적인 주제였다. 어느 법학자가 설명했듯이, 군주는 "지상에

있는 신의 허상"이었고, "반드시 신의 행동을 따르고 모방해야" 했
다. 그러므로 군주는 주권을 타인에게 나눠줄 수 없었고, "절대 왕권
poderio real absoluto"을 행사해야 했다.[13]

절대주의는 1789년 이전에 프랑스에서 시행된 군주제 형태를 표현
하고자 프랑스 혁명 이후에 고안된 용어이지만, "절대적absoulte이라
는 형용사의 어원은 중세로 거슬러 올라간다. "풀려난absolved"이라는
뜻의 라틴어 압솔루투스absolutus에서 유래한 이 형용사는 주로 법적
인 의미를 띠고 있었고, 법적 제약에 전혀 신경 쓰지 않는 권력을 가리
킬 때에 쓰였다. "절대적"이라는 수식어는 국왕의 의지를 법적 능력의
원천으로 끌어올린 로마법에 부합했고, 결과적으로 스페인 왕의 "절
대 권력"은 법적 권한의 기원이 되었다. 일부 왕실 관리들은 확실히
다음과 같은 결론에 도달했다. 17세기 후반기부터 그들은 "군주의 명
령은 법"이라며, "전하는 절대적 지배자이고, 변명하거나 지체할 필요
없이 마음대로 명령할 수 있다"고, 왕은 "우리의 신체와 재산의 절대
적이고 전제적인 주인"으로 섬겨야 하는 대상이라고 생각했다.[14]

그러나 그것은 법률가들의 항변일 뿐이었다. 왕권은 원칙적으로나
실질적으로나 제약을 받았기 때문이다. 우선 군주의 입법권은 기존
의 법규와 종래의 전통에 의해서 제한된다는, 그리고 이미 확립된 법
규와 전통을 무시하면 군주가 보전해야 하는 왕국에서 자리를 잡은
조화가 위태로워진다는 통념이 있었다. 왕정은 신민들 사이의 조화
로운 선율을 빚어내기 위해서 줄을 조이거나 풀어주어야 하는 하프
에 비유되는 경우가 많았다. 또 어떤 사람들은 군주정을 왕이 언제라
도 작동시켜야 하는 태엽 장치의 엔진에 비유하기도 했다. 군주정은

왕이 혁신하는 것이 아니라 보전하고 재건하는 것이었다.

그런 관점에서 볼 때, 왕은 스페인의 유서 깊은 의회인 카스티야의 의회와 아라곤의 의회를 무시할 수 없다는 결론이 도출되었다. 합스부르크 가문 출신의 스페인 왕들은 왕이 의원들의 불만을 해결해주어야 과세권을 행사할 수 있다는 원칙을 결코 받아들이지 않았지만, 세금을 승인할 수 있는 카스티야 의회의 권리는 전혀 문제시하지 않았다. 군주와 의회가 그런 식으로 제휴를 맺고 있었기 때문에 왕은 의원들이 왕의 지출을 살펴보고 심지어 지출 방식을 규정하도록 허용했다. 소란스러운 아라곤 왕국에서조차 정부는 적대가 아니라 협력을 모색했다. 비록 아라곤 의회는 통치자가 아라곤 의회에서 결정된 조건을 지키는 경우에만 통치자에게 복종한다는 태도를 집요하게 고수했지만 말이다.[15]

확실히 17세기 후반기에는 카스티야 의회와 아라곤 의회 모두 활동이 위축되었고, 거의 소집도 되지 않았다. 의회의 중단은 펠리페 4세에게 유리하게 작용했다. 의회 개최와 관련한 재정적 부담을 덜었기 때문이다. 가령 의원들의 편의를 고려해서 방석을 준비하는 데에 드는 비용만 해도 터무니없이 많았다. 의회 중단 사태는 의원들의 봉급을 부담해야 한다는 데에 분노한 카스티야의 도시들에도 호재였다(의원들은 뇌물도 챙겼다). 그럼에도 아직 합의와 동의는 중시되었다. 왕이나 왕의 최측근인 발리도는 소규모 위원회, 대표단, 그리고 카스티야의 개별 도시들의 정부를 상대로 협정을 맺었다. 무대는 바뀌었을지 몰라도 왕의 통치가 토론과 동의를 거쳐서 이루어져야 한다는 기본적인 전제는 바뀌지 않았다. 여기에는 호락호락하지 않은 아라

곤의 귀족들조차 루이 14세의 야심 때문에 펠리페 4세라는 차악을 선택했다는 점도 보탬이 되었다.[16]

올리바레스 백공작이 발리도로서 권력을 휘두른 1620-1630년대처럼 이미 확립된 협의 방식이 무시되었을 때에는 부조화가 자연스러운 결과로 여겨졌다. 올리바레스는 카스티야 이외의 지역들을 상대로 증세와 군사적 기여도 향상을 모색했지만, 기존의 권리와 절차를 무시하는 바람에 1640년 카탈루냐의 반란과 포르투갈의 독립을 불러오고 말았다. 그러자 올리바레스의 정책을 비판한 사람들은 그가 "오랫동안 관습과 값진 경험을 통해서 배운 조상들의 신중함과 판단력"을 무시했고, 이로 인해서 "왕국들과 공동체들의 하프"가 잘못 조율되었다고 지적했다.[17]

올리바레스의 실각은 통치의 한계를 드러냈다. 스페인의 왕들은 자신의 의지를 강제할 능력이 부족했다. 왕국의 대다수 지역이 통제권 밖에 있었기 때문이다. 역대 통치자들은 자금을 모으기 위해서 관직과 면세권, 재산권을 팔아넘겼다. 그런 관직과 권리들은 대부분 도시와 대귀족들이나 "작위" 귀족들에게 넘어갔고, 덕분에 이들은 거의 완전한 영토권을 행사할 수 있는 대규모의 사유지를 확보했다. 도시와 대귀족들은 신탁을 통해서 사유지를 온전하게 보전함으로써 상속자들이 토지 재산을 함부로 분할매각하지 못하도록 했다. 17세기에 이르자 카스티야 왕국에 있는 모든 토지의 5분의 4는 왕과 작위 귀족들, 도시와 교회의 소유가 되었다. 나머지 5분의 1을 차지했던 자유농민들은 세월이 흐르면서 빚에 시달리는 소작인으로 전락했다. 소귀족들도 사정은 비슷했다. 그들은 대귀족에게 고용되어서 부하나 다름없는 신세로 전락하는 경우가 많았다.

신대륙에서도 비슷한 상황이 만연했다. 아메리카 대륙과 태평양의 부왕들 및 총독들은 절대적이라고 여겨진 권한을 보유했고, 신성하다고 간주된 권력을 행사했다. 부왕과 왕의 유일한 표면적 차이는, 부왕이 포고문에서 "짐"으로 자처할 수 없다는 점이었다. 부왕들은 의회를 상대할 필요는 없었지만, 협상은 해야 했다. 도시와 마을에서는 대부분 세습 공직자들로 구성된 강력한 평의회가 부왕의 명령에 저항했다. 1609년에 펠리페 3세가 리마에 의회를 설치하는 방안을 꺼냈을 때, 부왕은 그렇게 해본들 불안만 조성하게 되며 시의회를 상대하다 보면 몹시 괴로운 상황이 초래되리라고 조언했다.[18]

신대륙의 스페인인 인구는 대부분 도시에 몰려 있었다. 1600년경에 멕시코에서는 유럽인의 약 60퍼센트가 11개의 도시에서 살았는데, 각 도시는 격자형으로 구획되었고 중앙 광장 주변의 거리는 서로 직각을 이루었다. 농촌 지역에는 독자적인 법을 따르고, 토착 귀족이 활동하며, 아즈텍과 마야의 전통을 가톨릭 신앙과 꾸준히 조화시키면서 유럽의 관습을 받아들이는 "원주민 공동체"가 있었다. 성직자들과 탁발 수도사들은 원주민들이 "스페인인 공동체"에게 학대를 당하지 않도록 최선을 다했지만, 원주민들이 스페인인 소유의 토지인 아시엔다hacienda에 자리 잡은 농장과 광산의 일꾼으로 모집되는 상황을 막을 수는 없었다. 원주민 일꾼들을 구할 수 없는 곳에서는 스페인 정착민들이 아프리카 노예 노동을 도입했다. 신대륙 대부분의 지역에서 아시엔다는 합스부르크 가문의 총독들과 부왕들에게 간섭받지 않는 독자적인 소왕국을 이루었다. 예수회 선교사들도 파라과이와 아마 존 강 깊숙한 곳의 열대 우림에서 독자적인 신정 국가를 수립했다. 그들은 원주민들을 더 쉽게 통제하고 개종시키기 위해서 군대를 배치했고, 촘촘하게 조성된 촌락 안에 원주민들을 몰아넣었다.[19]

스페인 식민지 사회는 결코 동질적이지 않았다. "피의 순수성"을 중시하는 태도는 본국으로부터 옮겨왔고, 신대륙에서 더욱 강화되었다. 특권은 인종에 따라서 결정되었다. 스페인인 이민 1세대인 페닌술라레peninsulare와 피가 더러워지지 않은 그 자손들 크리오요스criollos만이 대학교에 다니고, 관청에서 일하며, 대다수의 동업 조합에 가입하고, 면세권을 누릴 자격이 있었다. 이런 차이는 세월이 흐르면서 점점 흐릿해졌다. 혼혈인들은 혼혈의 정도에 따라, 그리고 어느 인종(원주민이나 흑인 노예)을 통해서 혼혈이 이루어졌는가에 따라서 몇 계급의 하위 집단으로 나뉘었다. 높은 계급의 하위 집단에 속할수록 재산이나 결혼을 통해서 크리오요스라는 배타적 집단에 포함될 기회가 많아졌다. 모두가 각자의 위치를 확실히 알 수 있도록 하기 위해서, 화가들은 이른바 "계급 초상화"를 그렸다. 계급 초상화에는 가능하다고 판단되는 16개의 혼혈 상태, 각 혼혈 상태의 다양한 피부색, 그리고 피가 더 "더러워진" 사람들의 도덕적 타락과 경제적 빈곤이 상세하게 묘사되었다.

합스부르크령 신대륙도 식민지 모국인 스페인 못지않게 가톨릭에 헌신적인 곳이었다. 그러나 계급과 인종은 계율을 무너트렸다. 합스부르크 가문의 신민들에게 깊이 각인된 영성체와 성모 마리아를 향한 두드러진 헌신의 이면에는 교회와 교구와 행렬 의식에서의 인종 차별이 있었다. 종교적 소명도 "피부색주의"에 적응했다. 수녀원은 일반적으로 순수한 혈통의 여성들만 받아들였다. 따라서 수녀복을 입은 모습이나 머리에 화환을 두른 채 초보 수녀 수련원에 들어갈 준비를 하는 장면이 묘사된 친척의 초상화를 집에 걸어두는 것이 사회적 평판을 드러내는 표시가 되었다. 초상화에는 흔히 가문의 문장이 등장했고, 화가가 초상화 맨 밑에 남기는 글귀에는 초상화 주인공의 혈통이 적혀 있었다. 따라서 이런 초상화는 그림 속 주인공이 속한 가문과 그 초상화가 걸려 있는 집안의 인종적인 무결성을 드러낼 수 있었다.[20]

화환을 쓴 수녀들의 이미지는 영구대 위에 누워 있는 왕의 이미지만큼 부자연스러웠다. 그러나 두 이미지는 모두 신이 정한 질서를 표현하기 위한 것이었고, 그 질서의 맨 꼭대기에는 마치 지상의 신처럼 무제한의 권한을 휘두르는 인종적으로 순수한 지도층과 주권자가 있었다. 그럼에도 군주정의 이미지와 실재의 차이는 점점 더 뚜렷해지고 있었다. 1665년 펠리페 4세가 세상을 떠나고 그의 어린 아들인 카를로스 2세가 왕위를 물려받았다. 지적 장애를 앓았던 카를로스는 생각보다 오래 살아서 당대인들에게 놀라움을 선사했다. 그는 성관계를 맺을 수 없기 때문에 상속자를 남기지 못했다. 그와 결혼한 지 10년이 흘렀을 때, 평소 그와 깊은 정서적 교감을 나누던 첫 번째 부인은 자신이 아직 처녀인지 아닌지를 밝힐 수 없었다. 그의 두 번째 부인은 주로 남편의 궁전에 있는 가구와 그림을 빼돌려 라인란트의 빈궁한 친정 부모에게 보내는 데에 열중했다. 당대인들은 카를로스 2세가 앓는 병의 원인을 마법의 탓으로 돌렸는데, 그 결과 카를로스는 "광인왕El Hechizado"으로 알려졌고 악령을 내쫓기 위한 구마 의식이

행해지기도 했다. 카를로스가 친정을 할 수 없는 상황이었기 때문에 권력은 그의 어머니와 두 번째 부인, 그리고 최측근인 발리도가 행사했다.

몸을 씻지도 머리를 빗지도 않은 채, 카를로스 2세는 죽기 전 몇 개월 동안 숲속을 헤매고, 경건한 내용의 슬라이드 공연을 구경하고, 에스코리알 궁전의 지하 납골당에 안치된 조상들의 시신을 살피며 시간을 보냈다. 그에게 남겨진 유일한 과업은 후계자 지명이었다. 포르토카레로 추기경이 이끄는 국무 평의회는 루이 14세의 손자인 앙주의 필리프(훗날의 펠리페 5세)를 후계자로 지명하도록 압박했다. 이는 전략적 판단의 결과였고, 피레네 산맥 접경 지역에서의 평화 유지와 스페인의 해외 식민지 보호라는 동기에 따른 결론이었지만, 프랑스 측이 건넨 뇌물에도 영향을 받은 것이었다. 1700년 9월 28일에 카를로스는 병자 성사를 받았다. 사흘 뒤 포르토카레로 추기경이 가져온 유언장에 서명할 때에 그는 숨을 헐떡이며 "이제 나는 아무것도 아니다"라고 말했다. 그는 여전히 의사들의 치료를 거부했고, 마지막 한 달을 고통으로 몸부림치다가 숨졌다.

카를로스의 시신을 부검한 결과 "매우 작은 심장, 못 쓰게 된 허파, 썩고 괴저가 발생한 창자, 콩팥 속의 커다란 결석 3개, 1개뿐인 새까만 고환, 물로 가득한 뇌"가 드러났다. 그 의학적 증거를 토대로 현대 의학이 내린 결론은 다음과 같다. "카를로스는 후부 요도 하혈과 홑고환증, 고환 위축증에 시달렸다. 아마 그는 외음부가 불분명하게 형성된 양성구유兩性具有였을 것이고, 결석과 감염을 동반한 선천성 단신증單腎症을 앓았을 것이다." 즉, 그는 콩팥과 고환이 각각 하나밖에 없었으며, 요도는 발달하지 못한 음경 아래쪽에 뚫려 있었을 것이다. 그리고 흔히 지적 장애와 긴 얼굴 증후군으로 이어지는 취약 X 증후군을 앓았을 텐데, 취약 X 증후군은 합스부르크 가문 내에서 여러 세대에 걸쳐 이루어진 근친결혼의 결과물이었을 것이다.[21]

당대인들이 보기에 카를로스의 비극은 스페인 왕권의 쇠퇴와 스페인 왕국의 쇠락을 구체적으로 드러내는 상징이었다. 나라의 불운은 그의 불운과 동일시되었고, 그의 신체적 고통은 스페인 왕국의 불행에 비유되었다. 카를로스의 죽음을 슬퍼한 어느 양식화된 애가哀歌에서는 카를로스가 오스트리아 가문에 선사한 영광과 그가 "두 세계의 이중 제국"에 기여한 바가 찬미되었다. 그러나 카를로스의 죽음을 계기로 이베리아 반도를 둘러싼 합스부르크 가문의 통치권과 아메리카 대륙 및 태평양에서의 지배권은 종말에 가까워졌다. 그때부터 합스부르크 가문의 판도는 유럽 대륙의 영지에 국한되었다. 그렇게 "두 세계의 제국"은 막을 내렸다.[22]

제16장

바로크 양식의 연극

바로크는 중앙 유럽에서 가톨릭교와 합스부르크 가문의 권력 회복, 특히 레오폴트 1세와 그의 두 아들인 요제프 1세재위 1705-1711와 카를 6세의 치세와 연관된 예술 형태이다. 그러나 바로크는 합스부르크 가문이 전 세계에 퍼트린 관용어이기도 했다. "바로크baroque"라는 용어는 바로코baroco에서 유래되었는데, 이는 16세기에 아리스토텔레스 논리학의 지나치게 복잡한 삼단 논법(예를 들면 "모든 바보는 고집이 세다. 어떤 사람들은 고집이 세지 않다. 그러므로 어떤 사람들은 바보가 아니다")에 붙여진 명칭이었다. 바로크의 예술과 건축을 설명한 가장 이른 시기의 저작 중 하나에서, 바로크의 과도함은 "기괴함과 지나침, 터무니없음의 전형"으로 지탄을 받았다. 이후의 논평가들도 바로크를 멸시했다. 이탈리아의 철학자이자 역사학자인 베네데토 크로체 1866-1952가 볼 때 바로크는 "감각적 마비를 향한 욕구에 지배되는, 예술적 왜곡의……예술적 추악함의 형태"였다.[1]

크로체의 머릿속에 담겨 있던 바로크 양식은 과장된, 그리고 매우 화려하게 장식된 여러 가지 건축물과 교회 설계법이다. 웨딩케이크라는 별명이 붙은 교회 건물 정면의 치장 회반죽을 배경으로 지천사와 아기천사 푸토가 뛰어놀고(지천사와 아기천사 푸토는 똑같아 보이지만, 지천사만 거룩하다), 천사들이 성자들을 하늘을 향해서 들어올리고, 반짝이는 반사광이 제단에서 뿜어져 나온다. 바로크는 시각적인 속임수도 동원한다. 웅덩이는 반사 효과를 통해서 건물의 크기를 두 배로 늘리고, 입체 화법인 트롱프뢰유trompe-l'œil는 가짜 실내 공간을 빚어내고 대리석으로 커튼을 만들어낸다. 초상화와 미술 분야에서 바로크는 상당한 크기를 흔쾌히 받아들인다. 커다란 캔버스에는 마구 비틀려서 부자연스러운 자세를 취하거나 팔다리가 과도하게 짧은 거대한 인물상이 어스름한 빛 속에서 나타나는 모습이 묘사되어 있다. 아니나 다를까, 바로크는 현대의 폭군들이 특별히 선택한 "독재자 스타일"로 자리를 잡았다. 비록 천사와 성자 같은 요소들은 배제되었지만, 바로크의 사치스러운 장식과 거만한 태도는 사담 후세인의 바그다드와 노리에가 장군의 파나마시티처럼 멀리 떨어진 곳의 대통령궁에까지 퍼져나갔다.

바로크는 폭군들을 위한 호화로운 배경막으로 전락할 운명이 아니었다. 바로크는 통속적이다. 그러나 통속적이라는 단어의 원래 의미에서 그렇고, 대중의 상상력을 자극하는 일이 바로크의 목적이라는 점에서 그렇다. 바로크는 르네상스 매너리즘의 과장되고 부자연스러운 양식으로부터 발전했다. 그러나 바로크가 본격적인 추진력을 얻은 계기는 예술이 종교에 복무해야 하고, "천국을 슬쩍 보여줄" 만큼 감정에 호소해야 한다고 선언한 16세기 중엽의 트리엔트 공의회였다. 예술과 건축은 사람들을 위압해야 하는 것이었지만, 성모 마리아와 성자들은(트리엔트 공의회는 성모 마리아와 성자들의 중재가 효과적이라고 확정했다) 자신들에 대한 교인들의 숭배를 통해서 지상과 천상의 간극을 메우는 수단을 제시했다. 이런 점에서 볼 때, 바로크는 그리스도가 모든 인간에게 베푼 구원의 은총을 확인하는 또 다른 방법이었다.[2]

바로크는 암호로 말한다. 그러나 감추고 숨기기 위해서 쓰이는 연금술사들의 상징적 언어와 달리 바로크는 쉽게 이해할 수 있는 기호를 사용한다. 바로크의 핵심은 풍유이고, 풍유는 흔히 상징(인간 조건의 양상이나 태도나 행동이 농축된 그림 문자나 주제)의 형태를 띤다. 하지만 바로크 예술에서 주제는 흔히 그것의 의미를 설명하는 운문과 결합된다. 그러므로 가령 테니스공은 신이 왕들을 능숙하게 다루는 방식을 보여주거나 악마가 영혼을 지옥에 빠트리는 방식을 드러낼 수도 있다. 예술품에 덧붙은 운문은 우리에게 의미를 말하고 설명해줄 것이다. 바로크는 무엇보다 학습 도구이다. 그러니 관객이나 독자가 이해하지 못하는 언어로는 가르쳐봐야 소용이 없다.[3]

바로크 양식으로 설계된 교회의 실내는 풍유와 상징으로 가득 차 있다. 제단의 맨 위쪽에서 비치는 태양 광선은 원이나 구에서 퍼져 나오는데, 가장 완벽한 모양인 원이나 구는 신을 상징한다. 불에 타는 성자들과 불꽃에 대한 묘사는 성령의 광휘, 그리고 가톨릭 교회의 열렬한 개종 사업을 가리킨다. 태양 광선을 집중시켜서 불을 붙일 수 있는 오목 거울은 1개의 풍유적 장치 안에 2개의 상징을 모아놓는다. 교인들에게 성체를 보여줄 때에 사용된 성체 현시기聖體顯示器는 레판토 해전을 기념하는 의미로 부서진 갤리 선과 쓰러진 돛, 찢어진 밧줄을 보여주는 화려한 은세공으로 장식되었을 것이다. 그리스도의 탄생도 주목을 받았다. 성탄에 대한 최초의 풍유는 오늘날의 그리스도 탄생화의 선구자 격인 목각품으로 시도되었다. 1562년, 최초의 목각 구유가 프라하에서 등장했다. 그리고 그 풍습은 20년 만에 스페인으로 퍼져나갔다.[4]

　바로크 양식 교회의 천장에 그려진 프레스코화는 종종 신도석에 지붕이 없는 듯한 착각을, 그리고 신도석이 천국과 환하게 빛나는 천사들과 성자들, 순교자들에게 열려 있는 공간인 듯한 착각을 불러일으켰다. 천상의 예루살렘을 묘사한 부분은, 성자의 영혼이 천사들의 호위를 받으며 천국으로 향하는 모습을 묘사함으로써 "신격화"의 기회를 열어주었다. 신에게 다가갈 때 성자들은 황홀경을 기대하며 팔과 입을 벌린 모습으로 그려졌다. 그것은 베르니니의 조각상「테레사 성녀의 황홀경」에서 엿볼 수 있는 것과 똑같은, 몸을 내맡기는 행위이다. 비록 테레사 성녀는 이미 그리스도의 창에 찔린 상태이지만 말이다. 지천사들은 나팔을 불거나 승리의 상징인 월계관이나 화환을 높이 든 채 성자들 주변을 노닌다. 그러나 지천사들은 환각이다. 즉, 그들은 인간들이 볼 수 있도록 잠시 인간의 형상을 띤 천사들과 성령들이다.[5]

　교회 천장 아래에는 흔히 해골이 새겨진 무덤, 인간의 흉곽으로 만든 샹들리에, 죽음의 무도舞蹈를 묘사한 작품 등 인간의 숙명적 죽음을 상기시키는 장치들이 있었다. 17세기의 중앙 유럽에서는 교회와 귀족들이 "지하 묘지 성자"를 구매하는 것이 유행이었다. 이는 로마의 여러 지하실에서 발굴된 유골들로, 기독교 순교자들의 것으로 간주되었다. 로마의 담당 관청은 그 유골에 가상의 이름을 붙여주고 감정서를 발행한 뒤 판매했다. 추가 요금을 내면 구매자의 이름과 일치하는 이름의 순교자를 찾을 수도 있었다. 수도사들과 수녀들은 순교자의 유골에 화려한 옷을 입혔고, 눈구멍에 색유리를 집어넣었으며, 손가락뼈에 장신구를 끼워주었다. 그런 다음 순교자의 유골은 옆으로 기울어진 자세로 교인들을 바라보게 되었다.[6]

그러나 교인들은 유골을 쳐다보며 두려워하는 데에서 그치지 말아야 했다. 바로크는 행렬 의식과 공개 참회, 순례를 통한 참여를 유도했다. 촌락과 마을에서는 특정 성자를 받드는 단체인 성심회聖心會가 잦은 고해와 영성체, 자선 활동을 장려했고, 거리 풍경은 교회와 예배당과 십자가상 덕분에 거룩해졌다. 성모 마리아에게 바치는 묵주 기도가 교인들을 참여시키는 수단으로 종교 행사에 포함되었고, 예배 참석자들은 교회 안에 있는 십자가의 성로聖路 옆에서 무릎을 꿇은 채 그리스도의 수난극을 공연하도록 권장받았다.[7] 그런 식의 기념행사는 이미 예전에 합스부르크 가문이 영성체와 십자가와 성모 마리아에 대한 자신들의 헌신을 알리려고 활용한 선전 행위의 일환으로 열린 것이었다. 가톨릭 신앙을 드러내기 위한 왕가로서의 헌신은 이제 일반인들의 경신敬神 행위로 탈바꿈했고, 일반인들에게도 의무로 장려되었다. 통치 가문의 신심은 "오스트리아인의 신심"이 되었고, 덕분에 오스트리아 사람들과 오스트리아라는 땅은 유례없이 축복을 받은 사람들과 땅으로 인정되었다.

바로크 시대의 가톨릭교 교리가 가장 뚜렷하게 실천된 통로는 종교극이었다. 예수회 소속 선교사들과 교직자들은 연극을 교육과 웅변술의 훈련 수단으로 삼은 선구자들이었다. 합스부르크 가문이 통치하는 유럽과 신대륙 곳곳의 예수회 소속 학교들과 대학교들에서는 학부모들이 자녀들을 데리러 오는 학년 말에 수만 편의 연극 작품을 무대에 올렸다. 배우들은 주로 비교적 나이가 많은 학생들과 교사들이었다. 공연은 몇 시간 동안 진행되었고, 종종 횃불을 밝힌 채 계속되기도 했다. 하지만 주목할 만한 작품은 많지 않았다. 가령 어떤 작품은 각자 헝가리의 역대 국왕을 연기하는 36명의 배우들이 페르디난트 2세 역에게 지루한 선언서를 낭독하며 1618년에 브라티슬라바에서 거행된 그의 대관식을 상기시킬 뿐이었다.[8]

그러나 기독교의 미덕, 그리고 머지않아 타파될 도덕적 악폐를 암시하는 우화와 복잡하게 뒤섞인 그리스와 로마 시대의 신화와 영웅들이 나오는 훨씬 더 웅장한 작품도 있었다. 예를 들면 불굴의 정신은 사자 가죽을 걸친 헤라클레스로, 사랑은 화살을 가진 큐피드로, 탐욕은 지갑을 움켜쥔 사람으로 표현될 수 있었을 것이다(표현 수단을 선택할 때에 보탬이 되는 안내서도 많이 있었다). 우화적 인물들의 행렬이 연극의 전반부를 장식하고, 중심 주제는 한두 개의 막에 집약되었을 것이다. 입체적이라는 착각을 유발하는 몇 개 이상의 정면 액자 무대proscenium arch stage에 힘입어 무대 장치도 더욱 정교해졌다. 배경막은 여러 번 바뀌었는데, 한 막에 몇 번씩 바뀔 때도 있었다. 무대에는 분수, 작은 동굴, 개선 마차 따위가 설치되었다. 막간에는 합창곡이 흘러나오거나 무언극이 공연되었다. 학교와 대학교는 점차 전용 극

장을 갖추었고, 빈에는 수천 석의 좌석을 보유한 극장도 있었다.[9]

왕실 극장은 그런 추세를 촉진했다. 점차 악곡의 일부가 연주되었고, 직업 무용수들이 이른바 "발레"("가벼운 춤"이라는 뜻으로 훗날 하나의 장르가 되었다)라고 불린 춤을 막간극에서 이끌기는 했지만 말이다. 왕실 극장은 악기의 편성과 호화로운 장면, 자주 바뀌는 무대 장치를 바탕으로 감각을 마비시켰다. 그러나 왕실 극장의 목적은 독실한 교인이자 싸움터의 영웅, 조화의 주역인 황제를 칭송하고 황제의 미덕을 강조하는 것이었다. 대부분의 공연은 실내에서 열렸다. 빈 최초의 극장은 1650년대에 호프부르크 궁전 옆에 개설되었다. 도나우 강에서 떠내려온 나무로 지은 그 극장은 얼마 지나지 않아서 목재가 썩는 바람에 이용할 수 없게 되었다. 그다음으로 지어진 극장은 호프부르크 궁전과 성벽 사이에 다시 목재로 지은 코르티나 극장이었다. 코르티나 극장은 1,000명의 관객을 수용할 수 있었다. 불꽃이 터지거나 해전이 벌어지는 장면이 나오는 대규모 공연은 실외에서 열릴 수밖에 없었다.

반주는 플루트, 오보에, 트럼펫, 바이올린, 하프시코드(오르간의 전신) 같은 다양한 악기들이 맡았는데, 이는 근대적 관현악단의 예고편이었다. 작품에 통일성을 부여하고자 화음과 지속적인 선율이 활용되었고, 개별 독주자들은 중심 주제를 골라서 반복적으로 연주했다. 활발한 변주에 힘입어 조용하게 연주하는 부분과 강하게 연주하는 부분이 대비되었다. 하지만 작곡가들은 자신의 음악에 맞춰서 춤을 출 수 있기를 바랐기 때문에 느린 곡조와 빠른 곡조를 번갈아 구사했다. 마상 발레가 궁정의 오락거리였기 때문에 무용수들은 말 역할을 맡기도 했다. 대형 공연장에서 여러 마리의 말을 다룰 때에 생기는 소음을 가리며 연주를 하기 위해서는 수십 개의 트럼펫과 100여 개의 현악기가 필요했을 것이다.[10]

레오폴트 1세는 흔히 오페라에 돈을 너무 많이 쓰고 건축에는 너무 적게 썼다는 비판을 받지만, 이는 부당한 지적이다. 빈이 오스만 제국의 공격에 노출되어 있었기 때문에 대다수의 건축 공사가 성벽 안에서 이루어져야 했기 때문이다. 그 결과 건축의 기회가 제한되었고, 빈의 거리는 비좁아질 수밖에 없었다. 소수의 귀족들은 성벽 안에 궁전을 지을 공간을 확보했지만, 대부분의 귀족들은 농촌 지역의 저택에 만족해야 했다. 사부아의 외젠은 두 마리의 토끼를 모두 잡았다. 화려하게 장식된 파사드와 정성 들여 가꾼 정원, 반사 효과를 내는 웅덩이를 갖춘 벨베데레 궁전은 세련된 중앙 유럽 바로크 양식의 정점이다. 건축에 불리한 환경 속에서도 레오폴트는 루돌프 2세의 형제 중 한 사람을 위해서 지어진 소규모 궁전을 기다란 "레오폴트 익부"를 통해 원래의 왕궁과 연결하여 호프부르크 궁전을 확장했다. 그는 빈의 대로에 20미터 높이의 대리석 기둥을 세우도록 지시하기도 했는데, 그것은 1679년의 대역병으로부터 빈을 구해준 신에게 생존자들이 바치는 감사의 선물이었다. 이 기둥의 한쪽 옆에는 무릎을 꿇고 기도하는 레오폴트 1세의 모습을 표현한 돋을새김이 있다. 그리고 오른쪽에는 하느님의 어린 양인 그리스도를 묘사한 장식판이, 왼쪽에는 세계 지도가 있다.

대역병 기둥에는 바로크 양식이 농축되어 있었다. 첫째, 바로크 양식은 되살아난 17세기와 18세기 가톨릭 교회의 예술이었다. 바로크는 종교적 건물에서 엿보이는 상징화 작업과 상징, 양식을 세속적 건축에서도 수용했다. 여기에서 개신교의 바로크를 언급할 수도 있지만, 개신교의 바로크는 가톨릭 바로크보다 장식 측면에서 더 소극적이고 설계 측면에서 더 수수했다. 둘째, 바로크는 그 범위가 세계적이었다. 바로크는 대륙을 뛰어넘은 최초의 예술 및 건축 양식이었다. 대리석 기둥 옆에 있는 장식판에서 드러나듯이, 바로크는 "범세계적 방식"이었다. 셋째, 바로크는 합스부르크 가문의 예술이었다. 바로크는 기본적으로 후원과 본보기를 통해서 전 세계로 뻗어나갔다. 그 과정에서 현지의 전통을 수용했는데, 가장 극적인 사례는 뒤틀리고 소용돌이치는 기하학적 도안이 수평면으로 절단된 상태에서 기니피그가 하느님의 어린 양을 대신해서 등장하는 합스부르크령 페루의 혼종 안데스 양식, 또는 메스티소 양식을 만들어낸 것이었다. 그럼에도 리마의 식민지 건축은 명백한 바로크이고, 합스부르크 가문이 행사한 권력의 세계적 범위가 반영되어 있다.[11]

합스부르크 가문의 범세계적 권력은 1700년에 카를로스 2세가 스페인 본토와 해외의 스페인령을 프랑스의 부르봉 가문 출신인 펠리페 5세에게 넘기면서 종말을 맞았다. 그러나 중앙 유럽계 합스부르크 가문은 사태를 방관할 수 없었다. 카를로스의 죽음을 예상한 레오폴트 황제는 우호적인 국제관계를 유지하는 방향으로 카를로스의 영지를 분할하기로 대영제국 및 프랑스와 협상했다. 레오폴트는 중앙 유럽계 합스부르크 가문이 카를로스 2세의 유산 가운데 가장 좋은 몫을 차지하는 상황을 염두에 두고 있었고, 미리 작은아들의 이름을 카를로 짓기도 했다. 그는 스페인과 신대륙과 황제직을 하나로 통합했던 카를 5세의 군주정을 복원하려는 야심을 품고 있었다. 또한 그때까지 스페인 주권자에게 속해 있었던 황금양모 기사단의 수장을 참칭했고, 카를로스 2세가 죽기 전에 이미 새로운 기사들을 임명하기 시작했다.[12]

카를로스의 비극적인 죽음 직후, 이익을 챙기려는 자들이 모여들었다. 레오폴트의 아들인 카를 대공은 중앙 유럽계 합스부르크 가문이 인정한 후계자로서 왕위에 오르기 위해서 잉글랜드와 포르투갈을 거쳐 스페인으로 향했다. 도중에 그는 네덜란드 의회에서 연설했고, 윈저 궁에서 앤 여왕과 카드놀이를 즐겼다. 영국과 네덜란드 연합주는 스페인이 프랑스에 병합되는 사태를 두려워했기 때문에 카를의 주장을 지지했다. 카를은 스페인의 전통을 기꺼이 지키겠다고 선전했지만, 영국 군대와 함께 스페인에 도착하는 바람에 의심을 받게 되었다. 그의 군사령관이 프랑스 출신 개신교도인 점도 의심을 부추겼다. 반면 펠리페 5세의 군사령관은 흠잡을 데 없는 가톨릭교도이자 잉글랜드 왕 제임스 2세(스코틀랜드 왕 제임스 7세)의 사생아인 베릭의 제임스였다.

스페인 왕위 계승 전쟁이 발발하고 나서 몇 년 동안 전황은 레오폴트와 1705년에 아버지의 뒤를 이어 황제 자리에 오른 큰아들 요제프에게 유리하게 전개되었다. 하지만 스페인에 머물던 카를 대공은 승리와 인연이 없었다. 아라곤과 카탈루냐, 발렌시아가 카를을 지지하고 나섰지만, 그밖의 지역에서는 이렇다 할 응원군을 찾아보기 힘들었다. 마닐라에서 5명의 탁발 수도사가 카를을 지지한다고 선언했고, 태평양의 스페인령 섬인 괌의 주민들이 3주일 동안 영국 해적 선단에

얌과 코코넛을 공급했을 뿐이다. 스페인 식민지의 냉담한 반응에 직면한 카를은 사태가 불리하게 흘러간다고 확신하게 되었다. 1711년에 형인 요제프가 천연두로 사망하자 카를은 신성 로마 제국 황제인 카를 6세로 등극하기 위해서 스페인을 떠나야 했다. 카를이 떠나는 바람에 그때까지 이베리아 반도에서 전개되었던 친親합스부르크 운동이 쇠락했고, 약 1만6,000명의 망명자들이 대거 스페인을 떠났다. 1714년에 체결된 라슈타트 조약으로 카를은 스페인령 저지대 국가, 이탈리아 남부, 밀라노 등을 확보했지만, 스페인과 스페인령 식민지는 경쟁자인 펠리페 5세에게 확실히 넘어가고 말았다.[13]

그러나 카를 6세는 카를 5세의 범세계적 군주정을 재현하고 중앙유럽과 스페인, 신대륙을 통일하려는 꿈을 포기하지 않았다. 빈에 돌아오자마자 그는 잃어버린 스페인 유산의 상징물 및 건축 양식을 모사하는 작업에 착수했다. 스페인 승마학교와 황실 상서국 청사를 지어서 호프부르크 궁전을 확장했고, 기존 건물들에 통일성을 부여했다. 그가 추진한 호프부르크 궁전 재건 사업으로 구왕궁은 새로운 건물들의 파사드에 가려 완전히 보이지 않게 되었다.

카를 6세가 새로 지은 건물들에는, 자신을 기리기 위해서 세운 제국 도서관과 마찬가지로 스페인 합스부르크를 상징하는 쌍둥이 기둥이 있었다. 카를은 한 걸음 더 나아가서 빈 외곽의 클로스터노이부르크에 있는 대수도원을 에스코리알 궁전과 흡사하게 개조하려고 했지만, 자금 부족으로 뜻을 이루지 못했다. 카를이 남긴 가장 위대한 기념물은 그가 빈의 성벽 바로 밖에 지어 성 카를로 보로메오에게 헌정한 대형 교회인 카를 교회이다. 선명한 바로크 양식과 로마의 성 베드로 성당을 연상시키는 반구형 지붕이 접목된 그 교회의 정면에는 2개의 거대한 기둥이 서 있었다. 그 2개의 기둥은 나선형의 돋을새김으로 성 카를로의 삶을 묘사했으며, 꼭대기에는 합스부르크 가문의 권력을 나타내는 왕관과 독수리가 조각되었다.

그러나 카를의 건축 사업은 빈이 아니라 헝가리 왕국에서 가장 활발하게 전개되었다. 실제로 1730년대에 그의 건축적 업적을 찬양한 글을 읽어보면 카를의 모든 영지 중에서 헝가리에 가장 많은 분량이 할애되었다. 1703년부터 1711년까지, 헝가리는 반란으로 들끓었다. 헝가리의 귀족들은 레오폴트의 강압적인 통치에 원한을 품었고, 프랑스는 외교와 현금으로 빈틈을 파고들었다. 루이 14세와 비밀 협상을 벌인 트란실바니아의 유력자 라코치 페렌츠는 농민들의 부담을 덜어주겠다고 약속하며 반란을 부추겼다. 그가 내세운 구호 중에는 "사람들은 평민이 아니라 주교처럼 대우받아야 한다"도 있었다. 라코치의 고결한 구호에도 불구하고 그가 선동한 반란은 파괴와 살육으로 변질되었다. 얼마 뒤 그는 황급히 퇴각했고, 몇 년 뒤에는 폴란드와의 국경 근처에 마련한 요새에서도 쫓겨났다.[14]

1711년, 카를은 모든 이에게 모든 것을 약속하는 관대한 평화 조약을 매듭지었다. 5년 뒤 합스부르크 제국의 사령관인 사부아의 외젠은 티미쇼아라를 점령하고 남쪽으로 진군하여 베오그라드, 슈마디야, 그리고 오늘날의 세르비아 중부 지역의 대부분을 차지함으로써 오스만 제국 치하인 헝가리의 나머지 영토를 해방하겠다는 카를의 약속을 지켰다. 카를은 인접한 트란실바니아뿐만 아니라 새로 해방한 영토에서도 대규모 요새를 건설하고, 산허리를 깎아서 도로를 닦고, 강을 운하로 연결하고, 습지를 목초지로 만들었다. 그는 자신의 모든 영토에서 상인들과 농부들(주로 독일인이었지만, 이탈리아인과 스페인인과 플랑드르인, 그리고 심지어 소수의 아르메니아인도 있었다)을 모집하여 헝가리의 수복 지역인 바나트에 정착시키고자 했다. 면적이 벨기에와 비슷하고 오늘날의 세르비아와 루마니아에 걸쳐 있는 바나트는 현재 유럽에서 인종적 다양성이 가장 큰 지역 가운데 한 곳으로 꼽힌다.[15]

카를은 트란실바니아의 종교적 자유를 지지하겠다고 약속했지만, 개신교도들을 교회에서 내쫓고 가톨릭 신앙을 장려했다. 클루지의 성 미하이 교회는 가톨릭 교회로 바뀌었고, 그 교회의 일신론자들은 추방되었다. 시비우에서는 시장 근처에 가톨릭 교회가 새로 생기자 중앙 광장의 오래된 루터파 교회가 고립되었다. 카를은 한 걸음 더 나아가 알바이울리아 인근에 별 모양의 대형 요새를 짓도록 명령했다. 면적이 무려 140제곱킬로미터인 그 요새의 목적은 오스만 튀르크인들의 침공을 막는 동시에 트란실바니아를 억압하는 것이었다.

트란실바니아의 개신교 도시인 클루지에 들어선 예수회 교회는 바로크 양식의 건물이고, 카를이 딛고 있던 기반의 전형적인 사례이다. 그 교회의 실내는 놀라울 만큼 수수하지만, 금박을 입힌 성자들과 지천사들이 흔하다. 성 삼위일체에게 헌정된 그 교회에서는 성모 마리아도 철저하게 숭배되었다. 「흐느끼는 마리아」의 성상에 담긴 성모 마리아의 이미지는 행렬 의식에서 거창하게 표현되었고, 기적을 일으킨다고 선전되었다. 클루지의 교회 옆에는 중앙 유럽에서 가장 큰 규모의 몇몇 연극 작품(최대 200명의 배우들이 출연하기도 했다)을 제작한 예수회 학술원이 있었다. 그 교회의 외벽과 실내의 제단보다 더 두드러져 보이는 것은, 잃어버린 스페인적 유산, 그리고 합스부르크 가문의 선조들의 범세계적 군주정을 복원하려는 카를 6세의 헛된 야심을 가리키는 쌍둥이 기둥이다. 심지어 저 멀리 떨어진 트란실바니아도 합스부르크 가문의 통치자가 바로크 양식의 보편적 건축을 통해서 자신의 운명과 생득권을 선언할 법한 무대였다.[16]

규모는 서로 다르지만, 클루지의 예수회 교회와 빈의 카를 교회는 둘 다 합스부르크 가문이 통치하는 중앙 유럽에서 일어난 가톨릭적 바로크의 마지막 물결 가운데 일부였다. 흰색과 금색의 두꺼운 회반죽으로 치장한 실내로 대변되는 로코코의 장식적 허세 이후 교회 설계법은 더 진지하고 냉정한 고전주의를 지향했고, 그 대표적인 사례로 헝가리의 바츠와 솜버트헤이에 새로 지어진 교회들을 들 수 있다. 카를 6세 이후의 합스부르크 가문 사람들도 그에 못지않게 독실한 신자들이었지만, 무대가 신고전주의로 넘어감에 따라서 그들이 주관하는 종교 행사에서는 바로크적 기풍을 드러내는 공개적인 의식과 절차가 점점 배제되었다. 왕가의 역동적 사명에 대한 그들의 시각도 바뀌었다. 신화 만들기와 정교한 암시는 여전히 통용되었지만 미래상은 더 세속적인 성격을 띠게 되었고, 정부의 기능과 국가를 둘러싼 관념과 더 밀접하게 연관되었다. 그럼에도 기본적인 전제(헌신적인 관료들을 거느린 은혜로운 합스부르크 가문의 통치하에 사람들이 질서정연하고 행복하고 고결하고 생산적인 삶을 누리도록 하는 것)는 과거에 못지않게 야심만만했다. 그러나 일단 중앙 유럽계 합스부르크 왕가는 생물학적으로 살아남아야 했다. 카를 6세의 치세가 저물기 전

수십 년 동안 중앙 유럽계 합스부르크 가문은 생물학적 생존이 점점 어려워 보였고, 스페인계 합스부르크 가문의 운명도 중앙 유럽계 합스부르크 가문의 손에 달려 있는 듯했다.

제17장

마리아 테레지아, 자동인형, 관료들

마리아 테레지아는 1740년 아버지인 카를 6세의 뒤를 이어 권좌에 올랐고, 1780년에 세상을 떠날 때까지 합스부르크 가문의 땅을 통치했다. 그녀는 남편인 프란츠 슈테판이 1745년에 황제가 되었기 때문에 황후 칭호도 얻었다. 1770년 봄, 마리아 테레지아는 빈 외곽의 쇤브룬 궁전에 있는 접견실에서 볼프강 폰 켐펠렌과 만나 그가 만든 체스 인형을 구경했다. 사람 크기의 그 인형은 길고 낙낙한 관복을 입고 터번을 쓴 튀르크인의 차림으로 체스판이 설치된 상자 앞에 앉아 있었다. 켐펠렌은 상자 안에 사람이 숨어 있지 않다는 사실과 톱니바퀴, 태엽 장치를 보여주기 위해서 상자에 달린 여러 개의 문을 천천히 열었고, 인형의 옷을 벗겼다. 그런 다음 보란 듯이 열쇠로 태엽을 감았다. 그러자 인형은 긴 담뱃대로 담배를 뻐끔뻐끔 피우며 체스판을 내려다보았고, 그 모습을 구경하던 조신들은 인형과 체스를 두게 되었다. 체스판에 말을 아무렇게나 배열한 종반전 상황이 설정된 후에 첫 번째 경기가 시작되었다. 선수들과 관중의 집중력은 켐펠렌이 인형의 태엽을 다시 감을 때를 제외하고는 흐트러지지 않았다. 그러나 인형은 불과 몇 수만에 외통장군을 불렀다.

그것은 영악한 속임수였다. 상자 안에는 몸집이 작은 사람이 회전 의자에 앉아 있었다. 상자에 달린 여러 개의 문은 개별적으로 열리고 닫혔고, 빙글빙글 도는 의자는 인상적인 모양의 톱니바퀴와 도르래 역할을 대신하는 그 사람의 모습을 감추었다. 나머지 모든 역할은 거울과 자석이, 그리고 상자 안에 켜둔 촛불의 연기를 빼내려고 몰래 뚫어놓은 구멍이 맡았다. 사람들은 이것이 속임수라고 추측했지만, 속임수임을 증명하지는 못했다. 이후 약 1세기 동안 켐펠렌의 체스 인형을 지켜보는 사람들은 어리둥절할 수밖에 없었다. 사실, 그 장치 안에 숨어 있던 이름 모를 사람들은 체스의 명수들이었다. 심지어 어떤 사람은 나폴레옹의 반칙을 잡아내고 외통장군을 부르기도 했다. 자동 체스 인형이라는 속임수가 먹힌 데에는 켐펠렌의 기술적 창의력뿐만 아니라 상자 안에 숨어 있던 사람들의 공로도 컸다.[1]

수백 년 전부터 장난감으로 쓰이던 자동인형은 18세기 중엽에 이르러 장난감 이상의 물건으로 변모했다. 그 기계 장치는 인간의 자연 정복을 상징했다. 기계 장치가 가진 동작의 규칙성이 아이작 뉴턴이 밝혀낸 반복적인 우주의 법칙과 일치한 덕분에 얻은 상징성이었다. 이제 인간의 상태는 기계학적 용어로, 어느 당대인의 표현을 빌리자면 "스스로 태엽을 감는 기계, 영원한 동작의 활인화"로 설명될 수 있었다. 칸트, 헤르더, 루소, 벤담 같은 철학자들은 인간이 마치 태엽 장치처럼 조직될 수 있고, 한 걸음 더 나아가서 기계적 해법이 적용되지 않는 분야가 없다는 환상에 차례대로 빠지고 말았다. 기계적인 해법은 군인 훈련, 병원 조직화, 감옥과 작업장 관리 등에도 적용될 수 있을 듯했다. "노력", "동력", "힘", "기계" 같은 단어는 18세기와 19세기 초엽의 철학 용어집에 포함되었다.[2]

철학자들과 그밖의 학자들은 마치 하나의 태엽 장치처럼 배열된 대상으로서의 사회를 점점 더 많이 떠올리기 시작했다. 정부에는 사람들을 조종하는 톱니바퀴와 지렛대가 있고, 국가는 지배자와 그 대리인들의 전반적인 통제하에 하향식으로 통제와 감시를 집행하는 기관이라는 시각이 제시되었다. "태엽 장치 국가"의 대표적인 주창자 중한 사람은 이렇게 설명했다. "적절하게 구성된 국가는 모든 바퀴와 톱니바퀴가 서로 정확하게 맞물리는 기계와 흡사해야 한다. 통치자는 모든 것을 움직이게 하는……현장 감독이나 원동력, 혹은 중심인물이어야 한다."[3]

1740년부터 1780년까지 중앙 유럽의 합스부르크 가문 영토를 다스린 마리아 테레지아는 그런 원칙을 받아들였다. 그녀의 아들인 요제프 2세도 마찬가지였다(그는 1765년에 황제로 등극하여 어머니와 공동으로 통치하다가 1780년부터 1790년까지 단독으로 통치했다). 질서, 규칙성, 준수, 책임성, 하향식 관리 등은 그들이 추구한 통치 방식의 특징이었다. 현장 감독에 제약을 가하려는 제도를 향한 경멸 역시 그 특징 가운데 하나였다. 두 사람의 업적은 대단했다. 그들은 철저한 군사 개혁과 재정 개혁을 이루어냈고, 새로 출범한 지방정부와 행정구를 바탕으로 통치자의 의지를 전달하는 제도를 확립했다. 심지어 노예 상태의 소작농을 자작농으로 전환하고, 농민의 자녀를 의무적으로 등교시켰으며, 귀족의 특권을 제한하는 조치도 시행했다. 그러나 태엽 장치 국가가 세대로 삭동하려면 사회를 수많은 톱니바퀴와 용수철로 바꾸기 위한 포괄적인 재조직화가 필요했다.

켐펠렌의 자동인형은 당대에 대한 은유이지만, 그가 체스 인형을 튀르크인으로 설정한 점 역시 인상적이다. 17세기까지만 해도 튀르크인들은 야만과 폭력의 상징이었다. 그런데 이제 전쟁에서 패배한 튀르크인들은 이국적 정취와 유행의 상징으로 인식되었다. 빈의 귀족들은 하인들에게 카프탄근동 지역에서 입는 소매가 길고 띠가 달린 긴 옷/역주을 입고 터번을 쓰도록 했고, 커피를 마셨으며, 튀르크인 가마꾼들이 메는 가마를 타고 다녔다. 마리아 테레지아가 켐펠렌을 맞이한 알현실은 이후 백만 굴덴의 방"페카틴"이라고 불리는 이국적인 열대성 장미 나무로 만들어진 값비싼 벽면 판자 때문에 붙은 이름/역주으로 불렸고, 이슬람 양식의 모티프와 도안으로 치장되었다. 몇 세기에 걸친 전쟁이 끝난 지금 오스만 제국은 더 이상 위협적 존재가 아니었다. 오스만 제국과의 투쟁은 이제 다행히도 체스판 위의 싸움이나, 앞으로 살펴보겠지만, 모의 마상 창시합 수준으로 전락했다. 대신 뜻밖의 새로운 적이 출현했다. 바로 시계 명인인 프로이센의 대왕 프리드리히 2세였다. 미셸 푸코의 말을 빌리자면, 그는 "작은 기계와 숙련된 대군, 오랜 훈련의 세심한 왕"이었다. 훗날 합스부르크 가문은 그에게 무릎을 꿇게 된다.[4]

17세기 말엽까지 합스부르크 가문은 생물학적으로 운이 좋았다. 여러 세대에 걸쳐서 잇달아 남성 상속자들이 태어났다. 남성 상속자들이 없을 때에는 항상 사촌 형제와 남자 조카가 빈자리를 채웠다. 합스부르크 가문은 유전적 행운에 힘입어 부르고뉴와 스페인, 헝가리와 보헤미아를, 그리고 1580년에는 포르투갈 왕국을 차지했다. 그러나 통계학적으로 그럴 수밖에 없듯이 합스부르크 가문의 계보도 위기를 맞았다. 연이은 근친결혼은 불임과 유아 사망으로 이어지기도 했다. 1700년에 스페인계 합스부르크 가문을 덮친 불행은 이제 중앙 유럽계 합스부르크 가문을 노리고 있었다. 카를 6세에게는 딸들만 있었고(딸은 상속자로서 부적합했다), 그의 친척 중에도 아들이 있는 사람이 없었다. 합스부르크 가문은 소멸의 위기에 봉착했다.

카를 6세는 1708년에 결혼하기 전부터 절세미인인 신부 브라운슈바이크의 엘리자베트 크리스티네가 임신이 가능한 상태를 유지하도록 신경을 썼다. 실제로 그녀는 결혼식을 올리기 전에 치욕스러운 부인과 검사를 받아야 했고, 임신에 도움이 된다는 이유로 남편에게서 다량의 적포도주를 권장받았다. 그러나 이후 약 10년 동안 아이는 생기지 않았다. 그러다가 갑자기 딸 3명을 연거푸 낳았고, 그후 다시 임신을 하지 못했다. 사람들은 그것을 엘리자베트 크리스티네의 진실하지 못한 개종(그녀는 루터파 신자였다가 가톨릭교에 귀의했다) 탓으로 돌렸지만, 실제로는 그녀가 임신에 도움이 되는 줄 알고 마신 포도주가 더 유력한 원인이었을 것이다. 한때 눈부신 "흰 백합"이었던 그녀는 알코올 중독자가 되고 말았다.

딸들이 태어나기 전부터 카를 6세는 여성 상속자만 남는 경우를 대비했다. 1713년, 그는 앞으로 딸이 태어나도 상속자가 될 수 있도록 허용한다는 내용의 상속 계획을 세웠고, 그 내용을 대신들에게 회람시켰다. 4년 뒤 첫째 딸인 마리아 테레지아가 태어나자 카를은 상속 계획을 널리 알리고 지방 의회의 동의를 요구했다. 모든 지방 의회가 국사 조칙이라는 거창한 이름으로 알려진 그 계획에 동의했다. 그러나 국사 조칙은 단순히 왕위 계승을 규정하는 문서가 아니었다. 이는 공법이라는 최초의 공통 수단을 제공함으로써 중앙 유럽의 합스부르크 가문의 영지들을 하나로 묶었고, 오스트리아의 공작령들과 보헤미아와 헝가리와 크로아티아를, 그리고 이탈리아에 있는 합스부르크 가문의 영지들을 단일한 상속 계획하에 통합했다. 일찍이 1621년에 페르디난트 2세가 만든 "분리할 수 없고 분할할 수 없는"이라는 어구는 이제 국사 조칙이라는 우산 아래에서 깨트릴 수 없는 헌법적 계약을 통해서 결집된 땅과 왕국들의 좌우명이 되었다. 하지만 비로소 그런 통일성을 시각적으로 적절히 표현한 문장紋章이 제작된 것은 한참 뒤인 1915년의 일이었다.[5]

카를 6세는 스페인의 사례에서 얻은 경험을 바탕으로, 왕위 계승을 둘러싼 경쟁이 국제적 개입을 초래할 수 있다는 사실을 알고 있었다. 따라서 그는 유럽 국가들을 국사 조칙 체제 안에 묶어두려고 했지만, 대다수의 국가들은 영토와 무역 측면의 양보를 대가로 마지못해 동의할 뿐이었다. 카를은 프랑스와의 협상의 일환으로 프란츠 슈테판 공작(마리아 테레지아의 약혼자이자 1736년에 그녀와 결혼한 인물)의 영지인 로트링겐을 할양하는 데에 동의했다. 하지만 카를은 이내 그 미미한 성과마저 날려버렸다. 폴란드 왕위 계승 전쟁1733-1738에 개입함으로써 외교적으로 고립된 데다가 얼마 전에 차지한 시칠리아와 나폴리를 다시 빼앗겼기 때문이다. 그의 유일한 실질적 동맹은 러시아였고, 따라서 그는 발칸 반도에서 벌어진 전쟁에서 안나 여제의 편을 들었지만, 세르비아와 베오그라드를 잃고 튀르크인들을 상대로 굴욕적인 단독 강화 조약을 맺어야 했다.

1740년 10월, 카를의 예기치 못한 죽음으로 합스부르크 왕가는 남성 혈통이 끊어지고 말았다. 그때가 바로 군사적 공격에 가장 취약한 시점이었다. 바이에른의 카를 알브레히트는 자신의 부인이자 카를 6세의 조카인 마리아 아말리아의 권리를 근거로 재빨리 왕위 계승권을 주장했다. 마리아 테레지아를 합스부르크 가문의 영지에서 쫓아내지는 못했지만, 카를 알브레히트는 지지 세력이 많아서 결국 황제로 선출되었다. 한편 프로이센의 젊은 왕이자 브란덴부르크 선제후인 프리드리히 2세는 자신의 대담성과 휘하의 군대를 시험해보고 싶은 마음이 간절했다. 결국 그는 카를 6세가 세상을 떠난 지 2개월도 지나지 않아 슐레지엔을 침공했다.

원래 프리드리히에게는 슐레지엔을 요구할 권리가 없었다. 따라서 프로이센 외무부가 2세기 전에 체결된 조약을 바탕으로 역사적 정당화에 성공하자 그는 "대단한 사기꾼의 솜씨"를 보여준 관계자들을 칭찬했다. 그러나 자신의 이익만 생각한 프리드리히의 개입은 사냥개들을 불러 모았다. 프랑스, 작센, 바이에른, 그리고 부르봉 왕가의 스페인이 서둘러 사냥에 가담한 것이다. 그 결과 보헤미아와 오버외스터라이히, 그리고 프란츠 슈테판 공작이 로트링겐을 대가로 넘겨받던 토스카나가 모두 적군에게 짓밟혔고, 아무도 원하지 않는 헝가리와 트란실바니아를 제외한 마리아 테레지아의 상속 재산을 나눠 가지기 위한 치밀한 계획이 수립되었다.[6]

그러나 헝가리가 구원의 손길을 내밀었다. 1741년 6월에 브라티슬라바에서 대관식을 치른 직후 마리아 테레지아는 헝가리 의회 의원들과 만났다. 그녀가 왕관을 쓴 채 흐느꼈고, 태어난 지 3개월 된 아들 요제프(훗날의 요제프 2세)를 품에 꼭 껴안았으며, 배석한 헝가리의 귀족들이 그녀에게 "목숨과 피"를 바칠 것을 맹세하고, 헌법적 타당성이 불분명한 상태에서 그녀를 "그들의 왕"(혹은 "그들의 군주")으로 불렀다는 이야기는 사실이다. 아울러 나중에 헝가리 의회가 맹세에 훨씬 못 미치는 수준에서 아주 천천히 힘을 보탰다는 것도 사실이지만, 여왕으로서 의원들에게 환영을 받은 마리아 테레지아는 기운이 솟았고, 휘하의 장군들도 사기가 높아졌다. 그들은 슐레지엔을 프리드리히에게 내주었지만 바이에른 가문에 대항했고, 1742년에는 보헤미아를 수복했으며, 몇 개월 뒤에는 카를 알브레히트의 근거지인 뮌헨을 장악했다. 프리드리히와 놀아난 체코인들을 응징하기 위해서 그녀는 모라비아의 도시 올뮈츠 중심가의 시장터에 자리 잡은 대규모 병기창을 폐쇄했다.[7]

1741년, 마리아 테레지아는 브라티슬라바에서 비탄에 빠진 여인이었다. 그러나 이제 그녀는 빛나는 승리에 힘입어 여전사로 우뚝 섰다. 1743년 1월, 그녀는 궁정 사람들에게 여성 마상 창시합이라는 구경거리를 제공했다. 삼각모를 쓴 여왕이 이끄는 16명의 궁정 여인들은 말이나 마차를 타고 빈의 거리를 지나며 하늘을 향해서 총을 쏘았다. 그들은 스페인 승마학교에서 모의 마상 창시합을 열었다. 마리아 테레지아는 노스티츠 백작 부인과 마상 창술을 겨룬 다음 튀르크식 터번을 씌운 몇 개의 점토 두상을 창으로 찔렀다. 여인들이 "남자들처럼" 말을 타는 모습에 관중은 깜짝 놀랐다. 그럼에도 여왕은 여성용 곁안장에 걸터앉은 채 말을 탔는데, 사실 그럴 수밖에 없었다. 겨우 25세였던 그녀는 이미 여섯 번째 아이를 임신한 상태였고, 이후 약 14년 동안 10명을 더 낳아 총 16명의 자녀를 두었다.

모성과 연약함이라는 "여자다운" 특성과 활기와 용기라는 "남자다운" 특성을 겸비한 마리아 테레지아는 유럽에서 가장 이름난 군주가되었다. 영국의 선술집 간판에는 손님을 끌어모으기 위해서 그녀의초상화가 걸렸다. 영국의 어느 재담가는 합스부르크 가문의 상속권을 둘러싼 투쟁을 다음과 같이 회고했다. "그 헝가리 여왕의 얼굴은거의 모든 거리에서 눈에 띄었고, 전쟁 내내 우리는 돈을 내고 그녀의깃발 아래에서 싸우고 술을 마셨다." 만약 그런 재치 있는 찬사를 전혀 들었다면 젊은 마리아 테레지아는 틀림없이 보답했을 것이다. 사실, 임신한 상태에서도 그녀는 밤에 술을 마시고 춤을 추고 카드놀이를 즐기는 경우가 많았다. 마리아 테레지아는 30대에, 그러니까 11번째 아이를 임신했을 무렵에야 비로소 규칙적으로 밤 10시에 잠자리에들었다.[8]

오스트리아 왕위 계승 전쟁은 1748년까지 이어졌다. 마리아 테레지아는 평화 조약의 조건에 악담을 퍼부었지만, 승리를 거머쥐었다. 그녀는 슐레지엔의 대부분을 프리드리히에게 양도하는 대신 다른 모든곳에서는 적들을 몰아냈고, 잃어버린 영토를 수복했다. 게다가 그녀는 1745년에 카를 알브레히트(신성 로마 제국 황제 카를 7세)가 서거하자 노련한 협상으로 남편인 로트링겐의 프란츠 슈테판이 황제직을계승하도록 했다. 프란츠 슈테판은 만장일치로 황제로 선출되었는데, 심지어 프로이센의 프리드리히 2세에게서도 찬성표를 받았다. 하지만 마리아 테레지아는 비용을 이유로 들며 프란츠 슈테판과 함께 황후로서의 대관식을 거부하고 프랑크푸르트에 있는 어느 민가의 발코니에서 대관식 행렬을 지켜보았다. 나중에는 황후라는 칭호를 썼지만 말이다. 그녀는 황제 부부의 초상화에서 항상 첫 번째 자리를 차지했다. 왕가의 이름은 남편 가문의 이름을 따서 로트링겐 왕가로 바뀌지는 않았지만, 가문의 이름은 아내 가문과 남편 가문의 이름을 합쳐 오스트리아-로트링겐 가문(나중에는 합스부르크-로트링겐 가문)으로 바뀌었다.

오스트리아 왕위 계승 전쟁을 끝낸 1748년의 아헨 조약은 강화 조약이 아니라 정전 협정이었다. 마리아 테레지아는 프리드리히 2세가 슐레지엔을 반환하도록 하려고 즉각 새로운 동맹을 구축하기 시작했지만 소용없었다. 그때까지 합스부르크 가문의 주적은 항상 프랑스였지만, 마리아 테레지아는 이제 "사람들이 프랑스를 어떻게 생각하든 프로이센 왕이 통치 가문의 훨씬 더 위험한 숙적"이라는 점을 깨달았다. 따라서 그녀는 아헨 조약을 맺을 때, 협상을 주도한 이후 재상에 오른 카우니츠 백작(훗날의 카우니츠 대공)이 1749년에 해상 동맹인 영국과 네덜란드 연합주를 저버리는 대신 프랑스의 루이 15세와의 새로운 관계를 모색하도록 권고하자 그의 말을 따랐다. 루이 15세는 당연히 의심스러워했지만, 애첩인 드 퐁파두르 부인이 적절히 중재하고 북아메리카에서 프랑스와 영국의 싸움이 시작되자 결국 "외교 혁명"에 뛰어들었다.[9]

그러나 대체로 평화를 먼저 깨트린 사람은 프리드리히였다. 1756년, 프리드리히는 작센의 통치자가 반대파 연합 세력에 가담했다고 오해한 채 작센을 침공했다. 뒤이어 일어난 7년 전쟁1756-1763에서 합스부르크 가문은 승리를 거두었어야 했음에도 그렇게 하지 못했다. 당시 마리아 테레지아는 프랑스 외에도 스웨덴과 러시아에, 그리고 신성 로마 제국의 대다수 제후들에게 기댈 수 있었고, 동맹군의 총 병력은 프리드리히 2세가 동원할 수 있는 병력의 2배인 50만 명에 이르렀다. 그러나 그들은 1757년에 헝가리 경기병들이 잠시 베를린을 함락시킨 것을 비롯해서 여러 번 기회를 놓쳤다. 방어전에 익숙했던 마리아 테레지아 휘하의 장군들은 적들에게 전쟁의 쓴맛을 보여주기를 망설였다. 이런 상황에서 마리아 테레지아 몫의 장갑 24켤레를 포함한 배상금을 받는 대가로 베를린이 다시 적들에게 넘어갔다. 한편 루이 15세는 북아메리카와 인도에서 영국이 거둔 빛나는 성과에 정신이 팔려 있었고, 유럽의 전쟁터에 쓰이는 자원을 해외로 돌리려고 했다. 1762년에 러시아가 동맹에서 이탈하자 마리아 테레지아는 강화를 요청할 수밖에 없었고, 또다시 슐레지엔을 빼앗기게 되었다.[10]

카우니츠의 "외교 혁명"은 의도와 달리 영국이 세계적 맹주로 떠오르는 상황을 초래하고 프랑스의 영향력이 쇠했음을 확인해주었을 뿐 마리아 테레지아에게는 아무런 이득도 안겨주지 않았다. 공교롭게도, 마리아 테레지아가 영토와 관련해서 가장 중요한 소득을 올린 것은 프리드리히 2세와의 협력 덕택이었다. 1770년, 그녀는 프리드리히의 동의하에 폴란드와의 국경 지역인 스피시를 차지했고, 2년 뒤에는 프로이센 및 러시아와 함께 폴란드-리투아니아의 영토에 대한 1차 분할에 나섰다(이후 1793년과 1795년에 다시 영토가 분할된 폴란드-리투아니아는 지도에서 사라졌다). 마리아 테레지아는 자신의 행위가 "비도덕적"이라는 사실을 알고 있었고, 카우니츠는 그것을 "불명예스러운" 행위로 여겼지만, 프리드리히는 이렇게 말했다. "그녀는 땅을 차지하면서 눈물을 흘렸고, 눈물을 많이 흘릴수록 많이 차지했다." 실제로 마리아 테레지아는 그 영토 분할로 8만3,000제곱킬로미터의 영토와 260만 명의 인구를 획득함으로써 프리드리히 2세나 러시아의 여제 예카테리나 2세재위 1762–1796보다 더 많은 이익을 챙겼다. 마리아 테레지아의 치세 말엽에 그녀의 중앙 유럽 영토의 인구는 2,000만 명에 육박했다.[11]

마리아 테레지아는 치세의 거의 절반 동안 전쟁을 치렀다. 재정 개혁과 자원의 적절한 관리는 그녀가 군사적으로 생존하는 데에 필수적인 역할을 했다. 그녀는 놀라울 만큼 유능한 하우크비츠 백작("진실로 하느님의 뜻에 따라서 내게 온 사람")의 조언대로 조세 부담을 늘렸다. 앞으로는 군이 해마다 협상할 필요가 없도록 의회와 10년 기한의 협정을 맺었고, 그때까지 의회가 맡았던 여러 가지 재정적인 역할을 폐지했다. 그러고는 의회가 불평하자 강경하게 대응했다. 불만 많은 크라인 공작령 의회에 보낸 세금 관련 서신에서 그녀는 "군주로서 이 금액을 자발적으로 지불하도록 명하노라"라고 말했다. 1775년에는 폴란드–리투아니아 영토의 일부분(갈리치아–로도메리아 왕국)에 대해 제정한 헌법에서 과세 문제를 둘러싼 의회의 발언권을 부정했다. 그녀의 설명에 따르면 의회는 돈을 내라는 요구를 받았을 때 "낼지 말지"를 따지지 말고 "어떻게 낼지"를 고려하면 되었다.[12]

마리아 테레지아의 영토 곳곳에서 의회는 위축되었다. 의회는 1년에 몇 시간만 열리는 형식적인 제도로 변모하거나 중앙정부의 대행 기관으로 전락하여 사소한 행정 업무를 수행하고 농촌 지역의 상황을 점검하며, 중앙정부가 보내는 수많은 포고문과 회람장과 통지서에 응답하는 역할만을 수행했다. 심지어 헝가리 의회도 1765년 이후에는 활기를 잃었다. 마리아 테레지아도 그녀의 아들이자 후계자인 요제프 2세도 헝가리 의회를 소집하지 않았다. 지역 정치는 현지의 행정 책임자들이 맡았다. 비협조적인 경우도 있었지만, 대개의 경우 지역 관리들과 행정관들은 중앙정부의 지시를 따랐다. 지시를 잘 따르지 않으면 군대와 중앙정부의 통제 위원이 파견될 수 있음을 알고 있었기 때문이다. 당시 헝가리는 아마 합스부르크 가문의 영토 중에서 귀족들이 예전처럼 공무원과 대립하며 통치하는 유일한 곳이었을 것이다. 그럼에도 헝가리 귀족들은 위험이 닥칠지 모른다는 의구심을 떨칠 수 없었다.[13]

행정 조직의 최상부에는 점점 팽창하는 중앙 관료 사회가 있었다. 중앙 관료 사회는 그때까지 권한을 두고 서로 경쟁하던 여러 관청을 아우르는 최고 내각이 이끌었다. 1749년에 하우크비츠가 보헤미아와 오스트리아 영지에 처음으로 구축한 행정 조직은 행정재정 감독부라고 불렸다. 그러나 나중에 행정 부분과 재정 부분이 분리되면서 후자는 황실 회계국에 재통합되었고, 행정재정 감독부는 보헤미아─오스트리아 궁정 상서국으로 이름이 바뀌었다. 궁정 상서국 밑에는 두 번째 행정 조직인 지방정부와 세 번째 행정 조직인 지방 행정구 관청이 있었다. 아마 모든 행정 조직을 통괄하는 기관은 1760년에 카우니츠가 설치한 국무 평의회였을 것이다. 국무 평의회 소속의 의원 7명은 군주에게 정책 전반을 자문하고, "공익"과 관련한 사안을 다루었다. 한편 헝가리와 트란실바니아는 계속 독자적인 상서국을 보유했다.

1690년대에 빈으로 이전된 헝가리의 상서국과 트란실바니아의 상서국은 빈에 있는 어느 선술집 위층의 공간을 함께 사용했다.[14]

통치 조직은 아직 체계가 잡히지 않은 상태였다. 관청들은 수도인 빈 여기저기에 흩어져 있었다. 1770년대까지 대다수의 관리들은 불규칙적인 생활을 했고, 자택에서 근무할 때가 많았다(이후 오전 8시 출근, 오후 7시 퇴근, 세 시간의 점심시간, 주말 근무 등의 규칙이 문서화되었다). 요제프 2세의 치세에 절차와 관행이 차츰 규칙으로 자리를 잡았다. 요제프 2세는 공무원들에게 많은 것을 요구했다. 공무원들은 행정적 봉사에 일생을 바치고, 공공복리를 위해서 애쓰고, 뇌물 같은 유혹을 멀리하고, 연례 평가를 받아야 했다. 그 대가로 소액이지만 정기적인 봉급과 퇴직 연금, 훈장 등을 받았고, 장식용으로 금색이나 은색 단추가 달린 암녹색 제복을 입었다. 하지만 실상은 요제프 2세의 의도와 전혀 다르게 흘러가는 경우가 많았다. 그로부터 수십 년 뒤, 공무원이자 극작가인 프란츠 그릴파르처는 어느 날 다음과 같은 짧은 일기를 남겼다. "정오에 출근. 할 일 없어 보임. 투키디데스의 책을 읽음."[15]

공무직의 규모는 아직 작았다. 빈에는 약 1,000명의 공무원들이 있었을 뿐이다. 그러나 그들은 차츰 합스부르크 가문 치하의 사회에 깊이 파고들었다. 마리아 테레지아가 전쟁에 뛰어들면서 기존의 군대 규모를 3배 늘려야 했다. 그때까지 군대는 자원입대와 지방 당국에 의한 강제 징병으로 소집되었다. 그러는 동안 유랑자들을 강제로 징집하거나 프로이센 전쟁 포로들에게 아군 군복을 입히는 등 어처구니없는 일이 자주 벌어졌다. 하지만 1760년부터는 프로이센의 제도를 본뜬 "칸톤canton 모병제"라는 새로운 방식이 도입되었다. 신설된 군관구가 합스부르크 군대의 젖줄이 되었다. 각 군관구의 모병 장교들과 민간 관료들로 구성된 위원회는 인력 명부를 가지고 있었다. 그들은 경제적 가치가 가장 낮은(따라서 군복무에 적합한) 남성 주민들을 파악한 뒤 징병 담당자들을 보냈다.

새로운 모병제를 시행하기 위해서는 전체 주민을 대상으로 한 인구조사가 필요했다. 인구 조사의 대상에는 전시에 쓰일지도 모르는 짐수레를 끄는 동물도 포함되었다. 카우니츠는 "가장 굴종적이고 잔인하며", "프로이센 체제가 그토록 역겨운 이유"인 사회의 군사화로 귀결된 인구 조사를 경악스러운 눈길로 지켜보았지만 그 과정을 멈출수는 없었다. 불과 몇 년 뒤, 인구 조사 담당자들은 가옥의 번지 매기기에도 관심을 느꼈다. 누군가를 징집하고 싶어도 그 사람이 어디에 사는지 모르면 소용이 없었기 때문이다. 번지는 관련 규정에 따라서 가옥의 정문 옆이나 위에, 7.5센티미터 높이의 검은색 숫자로 적어야 했다. 주민들이 불평하면 관리들은 황궁에도 번지가 적혀 있다고 대꾸하며 불만을 잠재웠다. 하지만 인구 조사와 번지 매기기에 담긴 의미는 분명했다. 새로운 관료 체제가 들어선 것이다. 그런 관료 체제를 주창한 어느 프로이센인은 이렇게 호언장담했다. "모든 시민은 국가라는 기계의 부품이고 톱니바퀴이다."[16]

제18장

무역상과 식물학자, 그리고 프리메이슨

쇤브룬 궁전은 마리아 테레지아가 권좌에 오른 이후 수십 년에 걸쳐서 지은 궁전으로, 애초부터 프랑스의 베르사유 궁전과 자웅을 겨루기 위해서 세워졌다. 하지만 베르사유 궁전과는 다른 점이 몇 가지 있었다. 먼저 쇤브룬 궁전은 고분고분한 귀족들의 거주지가 아니었다. 베르사유 궁전과 달리 일반인에게 개방되지도 않았다. 쇤브룬 궁전은 황실의 여름 휴양지로 쓰였고, 사적인 용도에 할애된 공간이 베르사유 궁전보다 훨씬 많았다. 쇤브룬 궁전의 심장부에는 마리아 테레지아가 프란츠 슈테판과 함께 쓴 부부의 침실이 있었다. 그 부부 침실은 결코 사람들로 붐비는 오전 알현식의 장소가 아니라 두 사람이 성관계를 맺고 (가끔씩) 다투기도 하는, "사용 중인 침실"이었다. 방문객들은 인상적으로 꾸며진 접견실과 알현실을 이용했다. 그러나 오늘날과 마찬가지로, 쇤브룬 궁전의 대다수 구역은 출입이 금지되어 있었다.

궁전을 지을 때에는 정원 공사도 동시에 진행되었다. 정원은 "자연과 예술의 조화"를 목표로 삼았다. 꽃밭은 서로 어울리는 기하학적 문양에 따라서 배열되었고, 여기저기에 조각상과 분수가 배치되었다. 오늘날 중앙 정원 너머의 언덕에는 예배당 형태의 기념 건축물인 글로리에테가 서 있고, 글로리에테의 정면 꼭대기에는 독수리상이 있다. 언덕 기슭에는 쇤브룬 궁전을 마주 보는 넵투누스 분수가 있는데, 그 분수에는 실물 크기의 2배인 넵투누스와 반인반어 해신들, 해마들과 바다 요정들의 대리석 조각상들이 있다. 그 조각상들은 넵투누스가 아이네이아스를 이탈리아로 재빨리 보낼 때에 이용한 바닷바람을 상기시킴으로써 합스부르크 가문과 제국 이념의 뿌리인 고대 로마의 문화유산을 소환한다. 조각상들 바로 옆에는 그런 암시를 알아채지 못하는 일이 없도록 부서진 조각상들과 무너진 기둥들이 쌓여 있었다. 그 "카르타고의 폐허"는 위대한 로마의 발판이었다.[1]

그러나 18세기 중엽에 이르러 해신 넵투누스는 더 이상 합스부르크 가문의 권력을, 그리고 바다와 연관된 유산을 상징하지 않았다. 마리아 테레지아의 제국은 대부분 육지에 둘러싸여 있었다. 폴란드령 갈리치아를 합병했지만 해외 영토가 늘어난 것은 아니었다. 합스부르크 가문은 스페인을 통해서 획득했던 거대 식민 제국을 잃어버렸고, 따라서 세계적 지배권에 대한 자격도 상실했다. 합스부르크 가문의 물리적 세계는 이제 유럽의 한구석으로 쪼그라든 데다가 프로이센이라는 새로운 도전자까지 마주한 상황이었다. 공간적 측면에서 합스부르크 가문은 축소되고 있었다.

1775년, 영국인과 독일인, 네덜란드인의 혈통이 섞인 모험가 빌럼

볼스트(윌리엄 볼츠라는 이름으로 더 유명하다)가 빈에 도착했다. 그는 사업과 관련한 소질도 신용도 없고, 예전에 상업상의 비밀을 누설한 "매우 무익하고 무가치한 종업원"으로 지목되어 영국 동인도 회사에서 쫓겨난 바 있었다. 그랬던 그가 이제 요제프 2세 앞에 나타나서 오스트리아 동인도 회사의 설립안을 제출했다. 1764년에 신성 로마 제국의 황제로 선출된 요제프는 이듬해에 아버지가 세상을 떠나면서 황제로 등극했고, 어머니와 함께 공동 통치자로서 오스트리아, 보헤미아, 헝가리, 폴란드령 갈리치아 등을 다스렸다. 볼츠는 요제프에게 제국의 깃발을 꽂은 배를 타고 동방의 대양에서 무역을 할 수 있도록 해달라고 부탁했다. 그는 정부가 금속 제품과 무기를 외상으로 공급해주면 그것을 팔고 차茶를 싣고 돌아오겠다고 말했다. 나중에 후회하기는 했지만 카우니츠 대공은 일단 요제프에게 볼츠의 제안을 받아들이도록 건의했고 그렇게 해서 오스트리아 동인도 회사가 설립되었다.[2]

오스트리아 동인도 회사의 원정대는 1776년에 토스카나의 항구 도시 리보르노에서 요제프와 테레지아 호를 타고 출발했다. 원래 이름이 링컨 백작호였던 그 배는 얼마 전에 퇴역한, 돛대가 3개인 500톤짜리 범선이었다(쿡 선장의 디스커버리 호와 블라이 선장의 바운티 호보다 훨씬 컸다). 볼츠는 원정 도중에 배 몇 척을 사들였고, 모잠비크 해안과 수마트라 섬 북서쪽의 니코바르 제도에 보급소를 마련하여 제국의 깃발을 꽂았다. 하지만 그 두 경로의 원정은 각각 포르투갈과 덴마크 세력의 방해 때문에 오래가지 못했다. 그럼에도 오늘날 니코바르 제도에는 테레지아의 이름을 딴 테레사 섬이 있다.

볼츠의 원정대는 인도 해안에서도 단기간의 성공만을 거두었다. 영국 동인도 회사의 방해로 사업이 힘들어졌기 때문이다. 게다가 볼츠는 영국 동인도 회사에 빚까지 지고 있었다. 1779년, 마침내 요제프와 테레지아 호를 비롯한 총 5척의 배가 리보르노로 돌아왔다. 나머지 4척의 배는 평범한 화물을 싣고 왔지만, 카우니츠 대공호에는 광저우(광둥)에서 가져온 비단과 차, 골동품이 실려 있었다. 그 선박들과 화물들은 즉각 볼츠의 채권자들에게 압수되었다. 채권자 중에는 애초에 수출화물을 위탁한 빈 정부도 포함되었다. 채권자들은 오스트리아 동인도 회사를 트리에스테와 안트베르펜의 제국 회사로 재편하고자 했으나 뜻대로 되지 않았고, 그 여파로 안트베르펜의 피에트로 프롤리 은행은 18세기의 가장 극적인 파산 가운데 하나를 겪게 되었다. 그때 요제프도 5만 두카트를 잃었다.[3]

그럼에도 볼츠는 아랑곳하지 않았다. 1782년 그는 요제프에게 두 번째 제안을 내놓았다. 제임스 쿡 선장이 태평양을 항해하며 마지막으로 남긴 비공식 보고서를 읽은 볼츠는 밴쿠버 섬의 누트카 해협에 통상용 정착지를 조성하여 아메리카 원주민들에게서 생가죽과 모피를 사들인 뒤 일본과 중국으로 건너가 자기, 차, 비단 따위와 교환하는 방안을 제시했다. 그러나 요제프는 관심이 없었다. 2년 전 쇤브룬 궁전의 온실에 사고가 일어나서 희귀한 열대 식물들이 큰 피해를 입었고, 그 빈자리를 채우려고 해외에서 식물들을 들여왔지만 이미 죽은 상태였다. 요제프가 바란 것은 상업적 원정이 아니라 과학적, 식물학적 원정이었다. 물론 (요제프도 동의했듯이) 그 두 가지 원정은 볼츠는 돈을 벌고 요제프는 식물을 확보하는 방식으로 적절히 조합될 수 있었지만 말이다.

　희한한 순간이었다. 합스부르크 가문의 황제가 열대성 과일을 채워 온실을 복구하려고 세계적 범위의 상업과 식민지를 통한 이익을 포기한 것이다. 그러나 요제프의 처신은 할아버지인 카를 6세의 태도, 그리고 제국 도서관의 조각상을 통해서 자신을 뮤즈들을 이끄는 헤라클레스로 빚어낸 카를 6세의 표현 방식과 일치했다. 합스부르크 가문의 제국적 미래상은 여러 가지 요소들로 이루어져 있었고, 결코 영토라는 요소에 국한되지 않았다. 서로 합쳐진 고전적, 종교적, 역사적 주제들은 물질적, 공간적 확장 이상을 지향하는 원대한 포부를 자극했다. 제국 도서관의 천장 프레스코화 속 천사의 무릎에 놓인 AEIOU라는 이합체시의 복합적 의미는 몇 겹으로 이루어진 위대함의 철학을 구체적으로 드러냈다. 식물 표본은 여러 민족과 영토만큼이나 중요한 합스부르크 제국 이념의 일부분이었다.

　요제프와 볼츠의 면담은 이미 합스부르크 가문이 지식의 수집과 보급을 주도하며 이어온 장기간의 문화적 과정에서 가장 극적인 일화에 불과했다. 그들이 다루는 지식은 감춰야 하는 것이 아니라 널리 알려야 하는 것이었기 때문에 연금술사들의 지식과는 전혀 다른 유형이었다. 그 지식은 당시에 동물원이 유행했다는 사실과도 깊은 관계가 없었다. 1752년에 설치된 쇤브룬 궁전 부지의 동물 사육장은 유럽 최고의 시설이었다. 기본적으로 동물원은 오락 장소였지만, 쇤브룬 궁전의 동물원은 황실 가족의 조찬 장소이기도 했다. 1778년에 일반인에게 개방된 쇤브룬 궁전의 동물원에서 관람객들은 복장을 적절히 갖춰 입어야 했다. 다행스럽게도, 그 동물원은 루이 14세가 호랑이와 코끼리의 싸움을 구경하며 즐거워한 베르사유 궁전의 동물원처럼 운영되지는 않았다.

식물학적 지식은 관찰과 생생한 시각적 묘사, 분류 등이 강조되는 엄격한 방법론을 따르는 의학과의 관계에서 기인했다. 막시밀리안 2세의 의학용 황실 정원 책임자인 클루시우스샤를 드 레클뤼즈, 1526-1609는 튤립과 가시칠엽수 같은 오스만 제국산 수입품을 비롯한 식물 표본의 세부적인 묘사와 도안을 둘러싼 기준을 마련했다. 클루시우스의 삽화는 300년 뒤에도 학자들 사이에서 유통되었다. 17세기 내내 장식용 마가목, 미국 담쟁이덩굴, 연필향나무 같은 여러 가지 새로운 식물들이 아시아뿐만 아니라 신대륙에서도 꾸준히 도입되어 분류되었다.[4]

특히 아메리카 대륙으로부터 새로운 표본이 홍수처럼 쏟아지자 오래된 확실성이 무너졌다. 이제 세상 만물을 모두 수집하는 일과 "백과사전식 지식"은 불가능해졌다. 1세기의 대大플리니우스가 상상했듯이 이 세상에는 30권의 책으로 정리할 수 있는 "2만 가지의 주목할 만한 사실들"보다 확실히 더 많은 것이 있었기 때문이다. 16세기 말엽의 어느 표본 모음집에는 1명의 학예사가 펜으로 작성한 400권의 목록이 필요했다. 아울러 이상한 종류의 식물이 쏟아져나오자 비밀스러운 지식에 조예가 깊은 박식한 학자가 사물 간의 피상적인 차이 너머에 감춰진 유사성을 인지할 수 있다는 관념도 무너졌다. 현상을 정리하고 관리하고 설명할 새로운 범주와 분류법이 필요했다. 식물 세계는 그렇게 정돈해야 할 첫 번째 대상 가운데 하나였고, "식물 일람표"는 자칫 두서없이 모여 있을 뻔했던 식물들의 분류 체계를 제시했다.[5]

그러나 지식에는 "자연스러운 것naturalia", "만들어진 것artificialia", "놀라운 것mirabilia" 같은 표준적인 분류법을 뛰어넘는 새로운 틀도 필요했다. 사실, 현상을 자기 작용, 미라, 세계 공통어와 인공어, 천문학, 광학 등의 다양한 범주 속에 집어넣은 17세기 중엽의 어느 분류 방식이 그랬듯이, 초창기의 일부 분류 체계는 현실과 동떨어져 있었다. 그럼에도 수집가들이 선호한 분류법과 그들이 채택한 범주는 초창기의 박물관들을 짜임새 있게 전시하는 길잡이가 되었다. 가령 그 박물관들에는 주화, 위인들의 훈장, 지질학 표본, 나비, 기형아 표본 등에 개별적으로 할애된 진열실이 있었다(요제프 2세는 본인이 수집한 기형아 표본을 빈에 있는 대학교의 의학부에 기증했다).[6]

18세기 이전에 합스부르크 가문의 통치자들은 동물만 체계적으로 수집했는데, 동물들은 쇤브룬 궁전의 동물원으로 통폐합될 때까지 여러 사육장에서 관리되었다. 하지만 카를 6세는 전문적으로 주화와 훈장을 수집했다. 그가 세상을 떠날 무렵까지 모은 주화와 훈장은 수만 개에 이르렀고, 그중에는 1677년에 최초로 비금속卑金屬을 금으로 바꾸는 데에 성공한 업적을 기념하고자 만든 그 유명한 "연금술사 훈장"도 있었다. 카를의 수집품은 공간 부족 때문에 호프부르크 궁전의 레오폴트 익부에 있는 당구장에 보관되었다. 하지만 카를은 주화와 훈장을 펼쳐 보여줄 수 있도록 책 같은 형태로 제작된 이동 장식장에 자신이 가장 아끼는 수집품을 따로 보관했다.[7]

그러나 수집 예술의 지평을 확대하여 빈 자연사 박물관의 토대를 마련한 사람은 카를의 사위이자 마리아 테레지아의 남편인 프란츠 슈테판이었다. 역사학자들은 무엇을 유럽 최초의 근대적 박물관이라고 부를 수 있을지, 그것을 정의하는 성질은 무엇인지를 두고 논쟁을 벌인다. 그러나 프란츠 슈테판의 자연사 수집품 모음집, 즉 "진열실"의 중요성은 특유의 배열 방식에 있었고, 그 방식은 훗날 다른 박물관의 귀감이 되었다. 지질, 고생물, 척추동물, 무척추동물, 곤충, 선사시대 인류 등 오늘날 우리에게 익숙한 자연사와 과학 연구의 여러 분야들은 빈에서 최초로 도출된 분류 체계로부터 비롯되었다. 더 원시적이라고 간주되는 인체의 박제를 전시하여 인류의 발달 과정을 보여 주는 관행(심지어 20세기 유럽의 박물관에서도 심심찮게 눈에 띄었다) 역시 1790년대에 빈의 학예사들이 선도한 것이었다.[8]

프란츠 슈테판의 자연사 수집품의 핵심은, 그가 1748년에 프랑스와 네덜란드 혈통을 물려받은 이탈리아의 귀족 조반니 데 바일루에게서 구입한 총 3만 점에 이르는 광물 표본과 해양 생물, 산호와 달팽이 껍질이었다. 그러나 프란츠 슈테판은 바일루의 소장품을 사들이는 데에서 만족하지 않고 그를 호프부르크 궁전의 자연사 진열실 책임자로 삼았다. 바일루와 니콜라우스 자킨(훗날 빈 대학교의 식물학 교수가 되었다)은 린네의 분류 체계를 확대하여 아메리카 대륙의 식물상도 포함했고, 각 식물에 2개의 라틴어 이름을 붙이는 린네의 이진명법을 활용했다. 자연사 진열실에는 자킨이 이끈 서유럽과 카리브 해, 베네수엘라 원정에서 수집된 품목들이 추가되었다. 제국 도서관도 함께 입주해 있는 호프부르크 궁전의 익부 안 자연사 진열실에는 몇 개의 방이 있었다.[9]

자연사 진열실에 속하지 않는 여러 개의 방들 가운데 2개는 천문 기기에, 그리고 나머지 5개의 방은 프란츠 슈테판의 주화 수집품, 윤곽을 깔끔하게 다듬은 보석 원석, 이집트와 아시아의 골동품 따위에 할애되었다. 서로 나뉘어 있던 프란츠 슈테판과 카를 6세의 주화 수집품은 결국 하나로 합쳐진 뒤에 품목별로 재분류되었다. 요제프 2세가 볼츠와 상의했던 원정을 통해서 수집한 조류와 포유류도 전시되었다 (비록 볼츠는 참여하지 않았지만, 그 원정은 나중에 아메리카 대륙에서 진행되었다). 자연사 진열실은 1795년의 종합적인 개편 작업 이후 황실과 왕실 부설 물리학과 천문학 인공, 자연, 동물학 진열실이라고 불리게 되었다.

그 자연사 박물관(더 쉬운 이름으로는 이렇게 부를 수 있다)은 프란츠 슈테판의 업적이었다. 자연사 박물관 사업에 재원을 조달하고 시간을 할애한 사람이 바로 그였다. 심지어 프란츠 슈테판은 자연사 박물관에서 몸소 실험을 진행하기도 했는데, 한 실험에서는 다이아몬드에 강한 열기를 가하면 탄화된다는 사실을 우연히(그리고 많은 비용을 들여) 입증했다. 그보다 더 중요한 사실은, 프란츠 슈테판이 유능한 학자들을 자연사 박물관으로 불러들였다는 점, 그리고 나중에 그들이 자연사 박물관의 관장이 되어서 국제적인 인맥을 구축했다는 점이다. 물론 그가 황제라는 사실도 보탬이 되었지만, 인맥 구축에 훨씬 더 도움이 되었을 법한 요소는 프란츠 슈테판이 프리메이슨이기도 했다는 점일 것이다.[10]

프란츠 슈테판은 1731년에 덴하흐에서 영국 대사인 체스터 필드 백작의 주재로 열린 모임에서 제1급인 견습생과 제2급인 동료 장인이 되었다. 같은 해에 그는 런던 지부에서 제3급인 숙련 석공이 되었고, 노퍽에 있는 영국 수상 로버트 월폴 경의 저택인 호턴홀에서 열린 지부 모임에 참석했다. 덕분에 프란츠 슈테판의 가입 자격은 나무랄 데가 없었다. 그는 1742년에 설립된 빈 최초의 프리메이슨 지부인 "3가지 계율"과 연결되었다. 프리메이슨 사상은 이미 가톨릭 교회로부터 비난을 받고 있었는데, 1743년에 빈 지부가 군대의 습격을 당했을 때, 프란츠 슈테판은 뒷문으로 빠져나갔던 모양이다. 이후 그가 어떤 활동을 펼쳤는지는 불분명하지만, 아마 프리메이슨 사상과 지속적인 관계를 맺었을 것이다. 심지어 그의 초상화는 프리메이슨의 상징물과 함께 등장하기도 했다.[11]

17세기 잉글랜드에서 기원한 프리메이슨 사상은 조직적으로나 지적으로 결코 통일된 사상이 아니었다. 가장 기본적으로, 프리메이슨 사상은 보편적 형제애를, 그리고 어느 회원의 표현을 빌리자면 "모든 인류의 이익을 위한 전당"을, "모든 계급과 민족과 지역 출신의 훌륭한 사람들을 한데 모으는 연합"을 상징했다. 따라서 서아프리카 출신인 안젤로 솔리만은 인종과 무관하게 빈의 프리메이슨 지부인 "진정한 조화"에 가입할 수 있었고, 이후 신입 회원의 가입식을 주관했다 (그리고 아마 제3급인 숙련 석공이 되었을 것이다). 그러나 다른 지부들은 포용성이 부족했다. 크로아티아와 트리에스테에서는 독일어 사용자들과 이탈리아어 사용자들의 관계가 좋지 않았기 때문에 결국 별개의 지부가 설립되었다. 더구나 프리메이슨 사상은 귀족들과 공직자들과 경제적 자립을 이룬 사람들이 회원으로 가입하면서 지도층 위주의 현상에 머물렀다. 휘장 비용, 출연금, 자선 기부금 등은 하층민들이 가입을 단념하는 걸림돌로 작용하기에 충분했다.[12]

후대의 평론가들은 프리메이슨의 지부가 형제애에 기반한 평등주의를 바탕으로 혁명 사상을 조장했다고 비판했다. 그러나 대다수 지부는 의례 집행, 헌법 제정, 강연(이를테면 그리스도는 프리메이슨의 일원인가 같은 순진한 주제의 강연) 등으로 시간을 보냈고, 논란의 여지가 있는 관행과는 멀찍이 거리를 두었다. 비밀 결사인 바이에른 광명회 지부들과의 유대 때문에 정치적 이상주의가 조장되기도 했지만, 프리메이슨 회원들은 체제 전복 활동에 가담하기보다는 광명회의 "알려지지 않은 의장"의 정체를 밝히는 데에 관심이 더 많았다. 헝가리에서 이른바 드러슈코비치 의식을 따르는 지부들의 회원들이 종종 농민들의 상황, 귀족의 특권, 법률 개편 같은 뜨거운 쟁점을 다루기는 했지만, 그들 역시 애국심과 합스부르크 가문 출신의 헝가리 군주를 향한 충성심을 자랑하듯이 드러내고는 했다.[13]

프리메이슨 사상과 과학적 노력은 밀접한 관계를 맺고 있었고, 때로는 그 두 가지가 한 몸을 이루기도 했다. 개별 지부들은 증기 기관, 말뚝 박기, 전기 등에 관한 강연을 후원했고, 과학 연구용 도서관을 설립했다. 빈의 프리메이슨 지부인 진정한 조화는 "자연의 법칙을 확인하고 사회 개선을 위해서 노력하고자 자연 현상을 관찰하기 위한" 정기간행물을 발행했다. 빈 자연사 박물관 관장들을 비롯한 자연과학 분야의 지도급 학자들이 프리메이슨 사상에 이끌렸다. 진정한 조화 지부의 첫 번째 최고 의장은 왕실 외과의사인 이그나스 피셔였고, 두 번째 최고 의장은 지질학자이자 박물관장인 이그나스 폰 보른이었다. 진정한 조화 지부의 회원 중에는 아마 마리아 테레지아의 주치의 겸 제국 도서관장일 뿐 아니라 자연사 박물관 설립에도 기여한 헤라르트 판 스비턴도 있었을 것이다.[14]

진정한 조화는 합스부르크 가문 치하의 중앙 유럽에 있는 60여 개의 프리메이슨 지부 가운데 가장 빛나는 지부였고, 런던에서 상트페테르부르크에 이르는 유럽 도처의 인사들과 연락을 주고받았다. 심지어 이그나스 폰 보른은 진정한 조화 지부를 런던 왕립학회처럼 과학 지식을 증진하기 위한 학술원으로 재편하는 방안까지 고려했다 (런던 왕립학회도 프리메이슨 사상에 뿌리를 두고 있었다). 그것은 결코 특이한 사례가 아니었다. 프라하에 있는 지부인 "3개의 왕관 별"과 "세 독수리"도 자연과학을, 특히 지질학 연구를 장려했다. 트란실바니아의 시비우에 있는 "3개의 수련睡蓮" 지부에서는 트란실바니아의 총독이자 박식가인 사무엘 폰 브루켄탈이 최고 의장으로 활동했다. 자연과학자들의 후원자 역할을 맡았던 브루켄탈은 자신의 주치의이자 화폐수집가, 동종요법同種療法 운동의 창시자인 자무엘 하네만을 지부에 가입시켰다.

　인스부르크의 한 지부에서 맹세했듯이, 가입 허가를 받은 회원은 전당뿐 아니라 "시민들의 사회 속으로"도 들어갔다. 시민들이 모여서 토론하고 정책에 영향을 미치는 무대라는 의미에서의 "공공 영역"에 관해 말하자면, 합스부르크 가문 치하의 중앙 유럽에서 프리메이슨 지부들은 거의 유일하게 현존하는 민간단체였다. 영국과 프랑스에서는 독서회와 애국단체, 개혁 모임과 문학운동 단체가 변화를 둘러싼 의제들을 밀어붙였고 커피점은 신문과 정치 풍자만화로 가득했지만, 1780년대까지 중앙 유럽에서는 그런 풍경을 찾아볼 수 없었다. 에드먼드 버크가 잉글랜드의 "소집단들"을 보고 독립적이고 안정적인 사회질서의 기반을 제공한다고 언급한 것과 달리 중앙 유럽에서는 이

"소집단들"이 프리메이슨 지부에 흡수되고 말았다. 합스부르크 가문 치하의 중앙 유럽에 남아 있던 "공공 공간"의 요소는 주로 지도층과 무관한 현장(예컨대 한스부르스트라는 어릿광대가 즉석에서 상스러운 사회 풍자극을 보여주는 대중 극장과 맥줏집)에 국한되었다. 하지만 프리메이슨 지부들이 시민 사회의 출현을 가로막았는지, 아니면 시민 사회가 없어서 프리메이슨 지부들이 성장했는지는 여전히 풀어야 할 숙제로 남아 있다.[15]

그러나 합스부르크 가문 치하의 중앙 유럽에서 프리메이슨 사상은 결코 정부와 국가에 대한 평형추 역할이나 기존 질서에 도전할 법한 시민 사회와 공공 영역의 토대 역할을 맡을 수 없었다. 프리메이슨에 가입한 지식인들은 대부분 공무원이었다. 지부 모임에서 학술 강연에 나서고 실험을 진행한 과학자들과 학자들도 마찬가지였다. 프리메이슨 사상은 위로부터의 관료제적 사회 경영 방식을 강조했고, 주권자의 의지를 실행할 책임이 있는, 미덕과 학식을 갖춘 프리메이슨 회원들이 위로부터의 변화를 주도하는 것이 최선이라는 확신을 심어주었다. 언뜻 보기에 합스부르크 가문 치하의 중앙 유럽에서 프리메이슨 사상은 어느 역사학자가 언급한 "시민의 책임을 가르치는 학교"와 비슷할지도 모른다. 이런 맥락에서 프리메이슨 지부들을 "미시적 시민 정치체"로 볼 수도 있을 것이다. 그러나 더 자세히 살펴보면 프리메이슨 지부들은 당시 급성장하고 있던 국가 관료제의 선입견과 확신을 되풀이하는 정부의 거울에 불과했다. 지부들은 정부가 주도하는 개혁 외에는 개혁을 위한 다른 길을 찾아볼 만한 여지가 없는 "폐쇄 회로"였다.[16]

프란츠 슈테판이 세상을 떠나고 100년 이상의 세월이 흐르는 동안, 합스부르크 가문의 원로들 중에는 프리메이슨이 없었다. 프리메이슨 사상이 금지된 1793년 이후에 지부를 대체하는 허위 기사단 가운데 하나의 창립에 일조했다는 점에 비춰볼 때, 아마 요제프 2세의 조카인 요한 대공은 프리메이슨이었을 것이다. 요제프 2세의 누나로 척추 장애를 앓고 있던 마리아 아나는 확실히 프리메이슨 사상에 공감했다. 평신도로서 클라겐푸르트의 어느 대수녀원 원장을 맡고 있던 당시 그녀는 케른텐에 있는 저택 옆에 프리메이슨 지부의 피신처를 마련해주었고, 광물과 곤충 수집품을 가지고 있었으며, 이그나스 폰 보른과 함께 실험을 진행하기도 했다. 클라겐푸르트의 한 지부에는 그녀의 이름이 붙었지만, 실제로 그녀가 남자 회원들의 부인이나 여자 친척으로 구성된 "수용 지부"에서 프리메이슨으로 활동했는지는 알 수 없다.[17]

그러나 이는 전혀 중요하지 않다. 요제프 2세와 마찬가지로 이후의 통치자들도 프리메이슨 사상을 "사기"로 간주했겠지만, 궁정과 정부는 프리메이슨 회원들로 가득했다. 쇤브룬 궁전에 있는 여러 정원은 그들의 영향력을 웅변한다. 글로리에테가 서 있는 언덕의 기슭, 즉 넵투누스 분수의 동쪽에 이집트 양식의 기둥과 비슷한 모양으로 서 있는 오벨리스크에는 합스부르크 가문의 업적이 모조 이집트 상형 문자로 기록되어 있다. 그 오벨리스크를 세울 무렵에는 아직 합스부르크 가문의 업적이 명확하게 드러나지 않았기 때문이다. 그러나 문제의 오벨리스크 기단부에는 건축가이자 프리메이슨 회원인 요한 헤첸도르프 폰 호엔베르크가 배치해둔 끌, 망치, 양각기, 삼각자 같은 프리메이슨의 상징물이 등장한다. 오벨리스크의 비문과 마찬가지로, 중앙 유럽 프리메이슨 사상의 엘리트적 태도 역시 합스부르크 가문의 이념에 각인되었다. 그렇게 모든 변화는 위로부터 내려와야 하고 고결한 지도층을 통해서 구현되어야 한다는 원칙이 강화되었다.[18]

제19장

흡혈귀 미신, 계몽주의, 위로부터의 혁명

18세기 전반기의 유럽에서는 흡혈귀가 언론의 지면을 도배했다. 합스부르크 가문이 점령한 세르비아의 일부 지역에 널리 퍼진 흡혈귀 민간 신앙을 상세히 기록한 공식 보고서가 유출되어 신문과 의학 잡지에 게재된 것이다. 완전히 죽지 않은 자들이 살아 있는 사람들을 잡아먹고 무덤에서 나온 시체가 사람들의 피를 빨아 먹는다는 이야기, 화형과 참수에 관한 이야기 등 이 보고서에 실린 이야기들은 선정적으로 재생산되었고, 스스로 모습을 바꾸고 수의壽衣를 먹는 시체들에 관한 옛이야기들과 결합되었다. 훗날, 프랑스의 볼테르는 "1730년부터 1735년까지 흡혈귀보다 많이 회자된 것이 없었던" 이유와 "흡혈귀들을 붙잡고, 그들의 심장을 뜯어내고, 시신을 불태운" 과정을 언급했다. "흡혈귀들은 옛날의 순교자들 같았다. 불태워 죽이면 죽일수록 더 많이 나타났다."[1]

세르비아뿐만 아니라 헝가리와 트란실바니아에서도 흡혈귀에 의

한 감염 사례가 보고되었다. 이례적인 죽음이나 현상이 목격되고 역병이 발생하며, 썩지 않은 채 미라처럼 변한 시체가 발견되자, 근거 없는 설명과 시체 발굴 사태가 초래되었다. 현상을 조사하여 흡혈귀 미신의 근거가 부족하다는 사실을 발견한 교양 있는 저술가들은 많았지만, 종종 그들도 원래의 정확한 판단을 선정적인 묘사로 왜곡해버렸다. 미하엘 란프트는 1725년에 시체들이 정말로 수의를 씹어 먹는지를 다룬 균형감 있는 논문을 발표했고, 10년 뒤에는 세르비아의 흡혈귀를 시각적으로 기술한 부분을 담은 개정판 「헝가리 흡혈귀들의 실체가 드러난, 무덤 속 망자들의 씹어 먹기와 뜯어 먹기에 관한 논문」을 내놓았다(란프트는 세르비아가 헝가리의 한 지역이라고 생각했다).[2]

흡혈귀 미신은 모라비아에서도 팽배했다. 1755년 교회 당국의 동의하에 어느 무덤에서 발굴된 여인의 시신은 목이 잘린 뒤 불태워졌다. 그녀의 시신이 밤에 마을 사람들을 공격했다는 이유에서였다. 그것은 지난 30년 동안 올뮈츠 교구가 허가한 네 번째 시체 발굴이었다. 올뮈츠 교구는 1731년 아이들의 시신 7구의 발굴을 허가하여 모두 불태운 적도 있었다. 당시 소식을 전해 들은 마리아 테레지아는 의사 2명을 파견하여 진상을 조사하도록 했는데, 그들이 맡은 임무에는 마리아 테레지아가 그들에게 기대한 바가 고스란히 담겨 있었다. 그녀는 "속기 쉬운 사람들"이 의사들의 진상 보고서를 통해 그릇된 믿음에서 벗어나면 "인류에게 큰 도움"이 되리라고 생각했다.[3]

의사들의 진상 보고서는 헤라르트 판 스비턴에게 제출되었고, 이후 그는 요약본을 만들어 소책자 형태로 출판했다. 판 스비턴은 마리아 테레지아의 궁정 사서 겸 주치의 겸 검열관이었다. 합리주의 정신으로 철저히 무장한 판 스비턴은 가발 착용을 거부한 것과 똑같은 이유로 미신을 부정했다. 그가 볼 때에는 가발 착용도 미신도 논리적으로 설명할 수 없는 문제였다. 판 스비턴은 모라비아의 사례가, 검은 고양이의 몸에 악마가 산다는 신념이나 마법의 묘약과 마찬가지로, 오류와 소문의 산물이라는 사실을 알아냈다. 그는 시체들이 썩지 않은 채 발견되는 현상을 이치에 맞게 설명할 수 있다고 썼다(가장 분명한 원인은 추운 날씨였다). 아울러 이상한 시체의 증상도 평범한 질병의 결과로 밝혀지는 경우가 많았다. 그는 죄 없는 사람들의 묘지가 파헤쳐지는 바람에 유족들이 더 괴로워한다고 개탄했다.[4]

1755년 마리아 테레지아는 판 스비턴의 보고를 받자마자 "사후의 마법"을 구실로 교회가 시체 발굴을 허용하는 관행을 금지하도록 명령했다. 마리아 테레지아가 설명했듯이, 그런 식의 관행은 십중팔구 미신과 기만의 산물이었다. 앞으로 그 관행과 유령 출몰, 요술, 악귀 들림 같은 사례는 모두 성직자들을 통해서 지방정부로 이관되어 의학적 조사를 받아야 했다. 마리아 테레지아는 복권 당첨 번호를 예언하는 것도 금지했다.[5]

흡혈귀 미신에 대한 마리아 테레지아의 반응을 통해서 우리는 계몽주의를, 그리고 계몽주의가 중앙 유럽의 정책에 영향을 미친 방식을 엿볼 수 있다. 계몽주의는 무엇보다 자연의 법칙과 인간 행위에 바탕을 둔 이성과 설명을 지지했다. 마리아 테레지아가 모라비아의 흡혈귀 미신을 조사하도록 의사들을 파견하고 판 스비턴에게 그들의 보고서를 요약하도록 지시한 점, 그리고 판 스비턴과 마리아 테레지아가 내린 판단은 모두 초자연적 설명보다 합리적 설명을 선호하는 계몽된 사고방식의 특성이다. 마리아 테레지아는 흡혈귀 미신을 악마적 힘의 탓으로 돌리는 대신에 자연 발생적인 원인이나 이 세상의 해로운 동인動因이 있다고 기꺼이 믿었다.

그러나 계몽주의는 단일한 현상이 아니었고, 장소에 따라서 다른 모습을 드러냈다. 영국과 북아메리카에서 계몽주의는 국민 주권의 확대와 통치권 제한 쪽으로, 개인의 자유와 시민 권리의 보장을 목표로 삼은 새로운 "자유의 과학" 쪽으로 기울었다. 그런데 중앙 유럽에서 계몽주의는 규제를, "국가의 과학"이나 "질서의 과학"을, 그리고 주권자가 규정하는 공익에 개인이 종속된 상태를 지향했다. 중앙 유럽판 계몽주의의 대표적인 인물들 중 한 사람은 이렇게 말했다. "사람들과 신민들의 온갖 임무는 다음과 같이 요약될 수 있다. 복종과 충성과 근면을 통해서, 그들의 행복을 위해서 통치자가 채택한 모든 방법과 수단을 증진하는 것."[6]

모라비아의 흡혈귀 미신 사례에서 마리아 테레지아가 공무원들에게 맡긴 역할은 공무원에 대한 확신과 관료제의 실태를 보여준다. 이미 의학계는 규제를 받고 있었고, 많은 의료인들은 지역 위생 위원회를 책임지는 정부 관리로 변신했다. 신흥 관료들은 심지어 묘지와 그때까지 교회의 배타적 영역이었던 장소에서 초자연적인 것으로 여겨진 사건들을 조사하는 임무를 맡았다. 중앙 유럽판 계몽주의는 반反교권적인 성격을 띠지는 않았지만 성직자 특권을 가지고 교회가 별개의 지위를 누리는 데에는 반대했다. 의료인들이 묘지를 누비며 조사하도록 허용한 사례는 그런 원칙의 실질적인 표현이었다.[7]

마리아 테레지아의 관심사는 신민들의 복리였다. "사후의 마법"에 대한 금지 명령은 그녀가 견지한 가부장적 태도의 특징이다. 심지어 마리아 테레지아가 "국모"라는 별칭을 흔쾌히 받아들였다는 점에서 볼 때에는 모성애의 특징으로 볼 수도 있다. 신민들의 복리를 위해서 마리아 테레지아는 그들을 구슬렸고, 그들이 착하게 행동하도록 가르쳤다. 그녀는 야간에 역마차 나팔을 부는 행위를 금지했고, 담뱃대에 뚜껑을 부착하도록 의무화했으며, 헛간에서는 촛불을 켜지 말도록 하고, 비소를 광고하는 행위를 금지했다. 그보다 더 지속성 있는 조치로는 마법에 대한 대부분의 재판과 고문 행위를 금지했다는 점과 모든 어린이는 6년 동안 학교 교육을 받아야 한다고 선언함으로써 농민을 대상으로 교육을 시작했다는 점을 꼽을 수 있다. 그녀는 신민들의 영적 건강을 위해서 수천 명의 개신교도들을 오스트리아 영지에서 트란실바니아로 추방했고, 미풍양속을 저해한다는 이유로 빈에 거주하는 유대인들을 일시적으로 내쫓기도 했다. 이렇듯 여러 가지 측면에서 마리아 테레지아는 계몽주의와 확연히 무관한 모습을 보여주기도 했다.

마리아 테레지아가 신민들의 삶에 깊숙이 개입하는 과정의 기저에는 공동의 복리를 위해서 신이 군주를 임명했다는 신념이 자리 잡고 있었다. 그녀는 18세기에 이르러 대학교와 지식인들의 토론장을 장악한 자연법의 원리들에서도 영향을 받았다. 자연법 이론은 중앙 유럽판 계몽주의에 반영되는 2개 원칙에 기대고 있었다. 첫 번째 원칙은 사회와 사회성이 인간 조건 속에 내재되어 있다는 것이고, 두 번째 원칙은 정부가 사회의 이익을 위해서 존재한다는 것이었다. 왕은 단지

신이 임명했기 때문에 통치하지는 않았다. 왕의 통치는 신민들의 사회에 놓여 있는 목적, 즉 사회의 이익을 이루기 위한 것이었다.

그러나 이성과 자연법, 그리고 "사회적 이익"이라는 포괄적 개념이 정부가 처리해야 하는 과업의 길잡이 역할을 하는 경우는 드물었다. 정책의 열쇠는 당시 "관방학"(Cameralism : 귀중품 보관실을 가리키는 영어 단어 Camera와 독일어 단어 Kammer에서 유래했다), 혹은 "재정 과학"으로 알려진 것에 있었다. 관방학은 국가와 제도가 스스로를 지키고 시민들의 이익을 추구하기 위해서 사람들의 복리와 행복을 확대하는 수단인 세입을 최대화하는 방법을 연구하는 학문이었다. 개입의 정도는 연구자별로 달랐다. 어떤 연구자들은 행복의 조건을 조성해주면 충분하다고 여겼다. 외부 세계에 어떤 식으로 반응할지를 결정하는 것은 개인의 권리라고 생각했기 때문이다. 하지만 대다수의 연구자들은 개인이 최대한의 완벽한 질서를 확보할 수 있을 만한 존재가 아니므로 자비로운 정부가 개입해서 그들을 이끌어야 한다고 믿었다.

관방학자들은 "총체적 규제 체계"로 귀결되는 논리를 자주 옹호했다. 그 체계에서 개인의 권리는 사회의 이익에 비해서 중요하지 않았다. 따라서 인구의 급증은 좋은 일로 여겨졌고, 낙태는 단속되어야 했으며, 신체 장애가 있는 사람들은 임신부들이 유산하는 일이 없도록 공공장소에서 배제되어야 했다. 머리를 많이 쓰는 사람들은 신선한 공기를 마시며 기운을 되찾을 필요가 있었고, 대학교에는 정원이 필요했으며, 학생들은 정원에서 기분을 전환해야 했다. 관람객들이 침울해지고 무기력해질 수 있으므로 셰익스피어의 희곡『로미오와 줄

리엣*Romeo and Juliet*』의 마지막 장면들은 더 즐겁게 재구성되어야 했다. 그리고 통치자들은 공무원들과 관리들을 믿을 수 없었기 때문에 비밀 복도와 통로를 만들고, 사적인 대화를 엿들을 작은 구멍을 뚫어놓아야 했다.[8]

최악의 경우, 관방학은 "유용하지" 않다는 이유로 문학과 철학, 천문학을 대학교 교과 과정에서 없애고자 하는 단조로운 공리주의로 흐를 수 있었다. 그리고 정반대의 경우에는 사회 혁명을 유발할 우려도 있었다. 전통에 근거하는 귀족과 유서 깊은 의회, 교회의 권리는 사회적 이익의 측면에서 볼 때 정당화되기 힘들었기 때문에 공익을 위해서 무효화될 수도 있었다. 황제의 어느 참모는 "정당하다고 인정되는 토대가 없는 전통은 자동적으로 혁파되어야 한다"라고 말하기도 했다. 하지만 마리아 테레지아는 관방학을 그 논리적 결론까지 밀어붙이지 않았다. 기존의 위계질서를 보존하는 일 역시 자신의 임무 중 하나라고 이해했기 때문이다. 그러나 아들인 요제프 2세는 위로부터의 혁명을 주저하지 않았다. 그 과정에서 그는 자신이 궁극적으로 옳다는 신념 못지않은 전통과 제도에 대한 경멸을 드러냈다.[9]

10년에 불과한 요제프의 짧은 치세1780-1790에는 실로 다양한 활동들이 전개되었다. 교회 개혁이 이루어졌고, 새로운 경제적, 사회적 의제가 추진되었으며, 삶의 세부적 측면에 개입함으로써 여러 민족의 운명을 개선하려는 순수한 시도가 있었다. 그밖에도 요제프 2세는 자신의 여러 영토를 "일관성 있게 통치되는 단 하나의 덩어리"로 통합하고자 했다. 오늘날 우리는 국가의 구성 요소를 두고 논쟁을 벌일 수 있겠지만, 일종의 공통적인 권위에 복종해야 한다고 느끼는 국민들의 인식과 통치의 일관성은 분명히 중요한 요소들이다. 요제프는 확실히 통치의 일관성을 겨냥했고, 아마 통치의 일관성을 확보하면 신민들의 복종심도 따라온다고 믿었을 것이다. 최소한 그것은 빈 대학교의 총장이자 영향력 있는 관방학자인 요제프 폰 조넨펠스의 희망이었다. 그는 국가가 신민들의 행복을 보장하면 자연스럽게 신민들의 애정과 충성심을 얻을 수 있다고 생각했다. 동질적이고 균일한 하나의 덩어리를 만든다는 의미에서의 국가 건설은 요제프와 그 후계자들 모두의 야심으로 남았다. 하지만 조넨펠스가 신뢰한 "애국심"은 쉽게 이끌어낼 수 없는 것으로 드러났다.[10]

요제프 2세는 그가 성관계를 맺을 때와 똑같은 방식으로, 즉 정력적이고 무제한적으로 통치했다. 사실 그는 "못생긴 시골뜨기와 매사냥꾼의 아내 중 한 사람을 골라야 하는" 시골에서 금욕 기간을 보내야 할 정도였다(그는 두 번째 부인과의 성적 접촉을 피했는데, 그의 설명에 따르면 두 번째 부인은 온몸에 종기가 있었다). 그는 청원자들도 마구잡이로 맞이했다. 아마 그가 평생 만난 신민들은 100만 명에 이를 것이다. 러시아의 여제 예카테리나 2세는 요제프가 "끝없는 접견 때문에 건강을 잃었다"고 생각했다. 청원을 듣지 않을 때면 요제프는 포고령을 작성했는데, 종종 하루에 몇 개씩 작성하기도 했다. 관료들은 교회에서 쓰이는 양초의 개수와 설교 시간의 길이를 제한하는 명령, (목재를 절약하기 위해서) 장례식에서 가짜 바닥이 달린 관을 재사용하도록 의무화하는 명령, (질병이 퍼지지 않도록) 망자에게 입맞춤하는 행위를 금지하는 명령, 해부학 표본 대신에 밀랍 모형을 쓰도록 하는 명령을 비롯해서 요제프가 쏟아내는 온갖 명령 때문에 그

것들의 효과를 살펴보는 일은 고사하고 그 숱한 명령들에 박자를 맞출 수도 없을 지경이었다.[11]

18세기 중엽 계몽주의 사상가들 대부분은 단 하나의 종교적 교리가 진리의 절대적 독점을 객관적으로 주장할 수 없기 때문에 자신들이 도입하고자 하는 새롭고 합리적인 사회의 기본적인 요소는 종교적 관용이 되어야 한다고 생각했다. 관방학자들도 종교를 이유로 상당수의 인구를 숙련된 노동 인구에서 배제하는 조치를 경제적 손해로 쳤다. 요제프 2세가 단독 통치자로서 가장 먼저 보여준 행동 중 하나는 1781년 비가톨릭교도를 박해하는 어머니의 칙령을 유보하고 관용 정책을 시행한 것이다. 그때부터 루터파와 칼뱅파, 그리스 정교회 신자들, 그리고 (이듬해에는) 유대인들도 공개적으로 각자의 신앙 생활을 누릴 수 있었고, 관직에 오르고, 가업에 종사하고, 대학교에 다니도록 허용되었다. 몇 년 뒤 요제프의 명령에 따라서 결혼은 민사상의 계약으로 탈바꿈했고, 본처 소생 여부나 이혼을 둘러싼 모든 법적 소송은 교회 재판소가 아니라 법원이 맡게 되었다.

요제프는 독실한 가톨릭교 신자였기 때문에 완전한 종교적 자유를 인정하지는 않았다. 교회를 설립하는 권리는 비교적 규모가 큰 개신교 공동체에만 부여되었고, 가톨릭교 이외의 종파의 예배당은 그 건물 정면이 광장이나 중심가를 향할 수 없었다. 루터파도 칼뱅파도 아닌 "독립파"(일신론파, 침례파, 메노파 등등)는 요제프가 선포한 칙령에서 관용의 대상이 아니었다. 그와 같은 법적 격차 때문에 개신교도들은 여전히 규정된 범주에 들어맞지 않는다는 이유로 박해를 당했다. 1830년대에도 종파주의를 이유로 개신교 신자 400명이 티롤의 칠

러탈 계곡 지역에서 추방되었다. 그럼에도 요제프가 반포한 관용 칙령에 힘입어 합스부르크 가문의 땅은 아마 유럽에서 종교적 비동조자들에게 가장 관대한 곳이 되었을 것이다.[12]

요제프는 가톨릭교에 헌신적이었지만, 그런 헌신이 가톨릭교의 제도에까지 확대되지는 않았다. 그는 계몽주의의 주류 의견에 동조했고, 수도사들을 시간 낭비의 전형으로 인식했다. "그들은 노래하고 먹고 소화한다"라는 것이 수도사에 관한 볼테르의 평가였다. 한편 빈에서는 이그나스 폰 보른이 린네의 체계에 따라서 수도사들을 분류한 그 유명한 『수도사의 자연사*Joannis Physiophili specimen monachologiae methodo Linnæana*』를 펴냈다. 그는 "죽기 마련인 생명체 중 가장 완벽한 존재인 인간과, 동물 중 가장 엉뚱한 녀석인 원숭이를 이어주는 새로운 부류"를 발견한 척하면서 수도사들을 복장과 행실에 따라 규정된 범주들 속에 집어넣었다. 베네딕토회 수도사들은 "닥치는 대로 먹고, 좀처럼 단식하지 않고……돈을 모았고", 가르멜회 수도사들은 "호전적이고 음탕하며……걸핏하면 싸움과 말다툼을 벌였다." 1781년에 요제프가 검열을 완화하자 수도사 제도와 교회의 부를 비판하는 소책자들이 쏟아져나왔다. 사실 그 출판물 중에는 요제프의 대신들이 암암리에 출간한 소책자들도 꽤 많았다.[13]

1770년대에 롬바르디아와 갈리치아는 합스부르크 가문이 실시한 수도원 정책의 시험장이었다. 당시 어머니와 함께 통치자 역할을 맡은 요제프는 수도사들과 수녀들이 명상에만 빠져 기도 외에 유익한 일을 하지 않는다거나 부패했다는 이유로 롬바르디아와 갈리치아 지방에 산재한 약 250개의 수도원을 폐쇄했다. 그러자 교황 피우스 6세는 막을 수 없는 일을 막기 위한 고육지책으로 1782년 봄에 급히 빈으로 향했고, 거의 3세기 만에 처음으로 알프스 산맥을 넘은 교황이 되었다. 요제프는 피우스 6세를 호프부르크 궁전에 머물도록 하면서도 교황 일행을 "지루하고 재미없는" 사람들로 여겼다. 그는 파문을 운운하는 교황을 비웃으며 참모 중 한 사람에게 "파문을 당해도 먹고 마실 수 있다는 비밀이 드러났네"라고 말하기도 했다. 교황이 빈에 당도하기 전에 이미 요제프는 오스트리아의 초창기 수도원들을 폐쇄하도록 지시했고, 피우스 6세의 방문은 수도원 해체의 속도를 전혀 늦추지 못했다.[14]

요제프가 펼친 정책의 표적은 사회적 목적을 수행하지 않는 수도원, 즉 병자들을 돌보지도 사람들을 가르치지도 않는 수도원이었다. 2,000개의 수도원 재단 중 700개가 폐쇄되었고, 1만4,000명의 수도사들과 수녀들이 해임되었다. 수도원과 수도원 소유의 토지를 매각한 수익은 성직자를 양성하기 위한 신학교 건립 목적의 특별 기금에 맡겨졌지만, 그 대부분은 전직 수도사들과 수녀들에게 지급하는 연금으로 쓰였다. 어떤 사람들은 해체된 수도원의 도서관에 있는 소장품을 대학교와 학교, 제국 도서관에 보내려고 했다. 그러나 사서들이 "쓸모없는 책이나 15세기에 간행된 구판舊版 같은 것들"에는 신경 쓰지 말라는 지시를 받았기 때문에 그런 소장품들은 옮기기가 너무 번거로워 보이는 다른 모든 것들과 함께 소실되었다. 수많은 책들이 그대로 남겨져 썩거나 호수에 내버려졌다. 나치 독일 이전에 저질러진 이 유럽 최악의 서적 파괴 행위를 통해서 약 250만 권의 책이 소실되었다.[15]

요제프가 초반에 시행한 조치는 당대의 지적 분위기나 대중의 선입견과 일치했기 때문에 대체로 이론의 여지가 없었다. 하지만 요제프가 추진한 토지 개혁과 관련해서는 상대적으로 합의가 부족했고, 실제로 일부분은 "고관들(즉, 귀족들)의 자존심을 꺾고 지위를 낮추려는" 그의 욕구에 따른 것이기도 했다. 관방학에서 발전한 사상인 중농주의에 의하면 국부의 원천은 농업이었고, 경작과 교환의 장애물을 줄이는 일이 정부의 임무였다. 정부는 생산자들이 지는 부담을 덜어줄 필요가 있었고, 모두가 지불해야 하는 표준적인 토지세를 부과함으로써 생산자들에게 이익이 되는 방향으로 세제를 재편해야 했다. 중농주의는 상업을 실질적인 부를 창출하지 않는 "무익한" 활동으로 치부한다는 점에서 명백한 오류가 있었지만, 계산표와 기다란 대수학 공식에 매달리는 모습을 통해서 사람들의 관심을 끌었다. 중농주의는 요제프의 환심을 샀고, 그는 이를 지적 토대로 삼아서 특권계급을 공격했다.

요제프는 1781년에 보헤미아를 필두로 모든 영토에서 농노제 폐지를 선포했다. 대표적인 사례로 그는 억압적으로 보이는 지주와 농민 간의 관계를 표현하고자 전혀 다른 맥락에서 "종신 소유권"이라는 용어를 골라냈고, "이성과 인간에 대한 애정"에 부합하기 위해서 종신 소유권의 폐지를 선언했다. 또한 그는 앞으로 농민들은 소작지에서 벗어날 수 있고 지주의 허락 없이도 결혼할 수 있다고 선언했다. 사실 그 무렵에 대부분의 농민들은 어떻게든 그렇게 할 수 있었지만 말이다. 이후 그는 농민들이 소작지를 공공연히 구매할 수 있도록, 또 지주에게 제공해야 하는 용역을 일시불로 대체할 수 있도록 허용하라고 명령했다. 1784년, 트란실바니아에서 3만 명의 농민이 변화의 속도를 재촉하기 위해서 봉기했다. 그들은 자신들이 요제프의 개혁 조치를 촉진하고 있다고 믿으며 지주들을 살해했다. 봉기의 주모자들은 체포되어 고문을 당한 뒤 살해되었고, 그들의 팔다리와 두개골은 수레바퀴에 깔려 으깨졌다.[16]

뜻밖의 암초에도 불구하고 요제프는 농민들이 내야 하는 모든 세금을 현금으로 지불하도록 하고 조세 부담을 균등하게 나누도록 했다. 또한 귀족의 면세 특권은 폐지하고 단일한 토지세를 부과하도록 했으며, 공정한 과세를 위해서 모든 영토에서 토지 조사를 시행하도록 지시했다. 지주의 토지 보유 현황을 파악하여 지주에게 얼마나 많은 세금을 매겨야 하는지 알아내야 했기 때문이다. 그러자 헝가리에서 위기감이 감돌았다. 면세를 역사적 특권으로 여기던 헝가리 귀족들은 지위의 하락과 재산의 감소에 분노했다. 또한 그들은 수 세기에 걸쳐 왕이나 그들의 이웃들이 가지고 있던 소유지를 차지한 뒤, 토지 소유권을 둘러싼 분쟁이 법정에서 해결되지 않도록 방치해온 터였다. 토지 조사가 새로 시작되면 그동안 중지되었던 소송이 재개되어 값비싼 장기간의 법적 다툼에 휘말릴 가능성이 있었다.

헝가리 귀족들과의 관계가 이미 심각한 파열음을 냈음에도, 모든 영지를 하나로 묶는 공동의 통치 체계를 구축하겠다는 요제프의 야심을 이루기 위해서는 헝가리를 제압하고 그 역사적 제도를 혁파해야했다. 따라서 1780년대에 요제프는 라틴어 대신에 독일어를 헝가리의 공용어로 삼았고, 선출직 관리들을 중앙정부의 통제 위원들로 교체함으로써 군 단위의 지방정부를 폐지했으며, 한 번도 의회를 소집하지 않았다. 게다가 헝가리 왕으로서의 대관식을 거부하기도 했다. 헝가리 왕국의 자유를 인정하는 서약을 하고 싶지 않았기 때문이다. 대신에 그는 브라티슬라바 성에 있는 헝가리의 성 이슈트반 왕관을 빈에 있는 귀중품실로 옮겼다. 이로써 성 이슈트반 왕관은 그곳에 있는 여러 개의 물건들 중 하나로 전락했다.

요제프의 움직임은 헝가리 전역을 애국심으로 들끓게 만들었다. 다수의 헝가리 귀족들은 이제 헝가리 방식으로 행동해야 한다고 느꼈다. 그들이 말하는 헝가리 방식이란 큰소리로 욕설을 퍼붓고 허세를 부리며 침을 뱉는 것이었다. 루소의 『사회계약론*Du Contrat Social*』을 잘못 해석한 일부 귀족들은 요제프의 폭정으로 심각한 타격을 입은 헝가리 귀족들과 합스부르크 가문 간의 협정을 거론하기도 했다. 프로이센과의 예비 교섭은 헝가리의 불만 세력이 흔들리는 자유를 지키기 위해서 기꺼이 외국에 도움을 요청하리라는 점을 시사했다. 한편 오스트리아령 저지대 국가에서는 보수파와 진보파가 브뤼셀의 정부를 타도하기 위해서 불안한 연합 전선을 구축하면서 내전이 발발했다. 조용했던 티롤 서쪽의 포어아를베르크 지역도 농민들이 가톨릭 교회를 수호하려고 봉기하며 불길에 휩싸였다.[17]

그 절체절명의 순간에 요제프의 외교 정책은 파탄에 이르렀다. 일찍이 마리아 테레지아는 신성 로마 제국의 독일인 제후들과 협력했고, 오스트리아 왕위 계승 전쟁과 7년 전쟁에서 그들을 자신의 편으로 끌어들였다. 그녀는 자신의 성별과 무관하게 프로이센의 야심에 맞선 자신의 대의명분을 지지하도록 제후들을 구슬리면서 신성 로마 제국의 통치권을 유지했다. 하지만 요제프는 쾰른 대주교를 새로 임명하는 문제에 간섭하는 바람에, 또 오스트리아령 저지대 국가와 바이에른을 맞바꾸려고 하는 바람에 그들의 감정을 자극했다. 문제의 거래는 저 멀리 있는 저지대 국가를 내주고 오스트리아 영지와 인접해 있는 바이에른을 얻는 것이었기 때문에 이치에는 맞아 보였지만, 요제프의 협상 방식에 불만을 느낀 신성 로마 제국의 제후들은 그를 기존의 질서를 위협하는 주동자로 간주하게 되었다. 1787년에 러시아가 오스만 제국과 전쟁을 벌이자 러시아와 동맹을 맺고 있던 요제프는 헝가리인들에게 병력 지원을 요청할 수밖에 없었다. 그 대가는 가혹했다. 종교적 관용과 농노제 폐지 같은 초창기의 정책을 제외한 그의 모든 개혁 조치가 무효화되고 만 것이다.

요제프는 수년 동안 각혈로 고생하다가 1790년 2월에 결핵으로 숨을 거두었다. 그가 마지막으로 내린 명령 가운데 하나는 관에 다음과 같은 글귀를 새기라는 것이었다. "맡은 모든 일에서 실패한 요제프가 여기 잠들어 있다." 그의 유언은 지켜지지 않았고, 비문의 내용 또한 일부분만이 옳았다. 확실히 요제프는 원대한 관방학적, 중농주의적 실험을 포기했고, 헝가리를 통합하려는 계획도 단념했다. 하지만 그는 상상력의 지평을 넓혀주었다. 공익을 위해서 움직이는 자비로운 정부는 인간의 행복 증진을 겨냥하는 정책과 목표를 발전시킬 수도 있었다. 통치 기구는 그런 목적을 위한 기계 장치로 편성되고, 관료들도 위로부터의 명령을 집행하며, 통치자를 위해서 조직화와 징집, 계산의 대상인 사람들에게 통치자의 의지를 강제할 수 있을지도 몰랐다. 프리메이슨과의 연관성을 통해서 합스부르크 가문 치하의 관료들은 이미 자신들이 지도층이자 지성 공동체라며 우월성을 확신하고 있었다. 요제프 2세 덕분에 그들은 사회 개선이라는 사명을 품게 되었다. 새로운 국가론을 토대로 삼은 그 사명은 AEIOU나 EUCHARISTIA와는 다르지만, 그에 못지않게 야심만만한 미래상이었다.

제20장

여대공과 합스부르크령 저지대 국가

1760년대 말엽 마리아 테레지아는 티롤 지방의 도시 인스부르크에 위치한 합스부르크 가문의 궁전에 있는 거인들의 방을 완전히 새롭게 단장하라고 지시했다. 그녀는 그 방의 벽을 장식하는 헤라클레스의 거대한 프레스코화를 좋아하지 않았다(거인들의 방이라는 이름은 그 커다란 프레스코화에서 비롯되었다). "벌거벗은 모습이 여기저기에 너무 많았기" 때문이다. 프랑스어와 독일어를 섞어 쓰는 평소의 습관대로 그녀는 "거인들 대신에 가족실이 있어야 한다il y aura der Familiensaal anstatt deren risen"라고 지시했다. 그리하여 거인들의 방은 개조되었다. 헤라클레스의 프레스코화는 벽지로 감춰졌고, 마리아 테레지아의 가족 초상화가 새로 내걸렸다. 그러나 거인들의 방이라는 이름은 바뀌지 않았다.[1]

새롭게 단장된 거인들의 방은 마리아 테레지아의 생식 능력을 찬미했다. 방의 한쪽 벽에 걸린 초상화에서 그녀는 남편이자 황제인 프란츠 슈테판, 그리고 상속자인 요제프 2세와 함께 등장한다. 그러나 벽에는 총 15명에 이르는 나머지 자녀들의 초상화도 걸렸고, 이미 죽은 자녀들은 지천사와 함께 구름 위를 떠다니는 모습으로 그려져 있었다. 마리아 테레지아의 자녀들을 그린 초상화 위쪽에는 20명에 이르는 손주들의 초상화가 있는데, 그때까지 태어나지 않은 손주들과 비교적 이름 높은 사위들의 초상화를 걸어둘 공간이 따로 마련되어 있었다. 당시의 가족 미술관에는 대부분 조상들의 초상화가 걸려 있었지만, 거인들의 방은 미래를 내다보았다. 이 방은 대가 끊어질 위기를 극복한 뒤 마리아 테레지아의 쉼 없는 출산을 통해서 회복한 왕가를 바라본다.

마리아 테레지아의 자녀 16명 중 11명은 여자였고, 그중 3명은 일찍 죽었다. 살아남은 8명의 딸들은 거인들의 방에서 값비싼 양단洋緞으로 만든 옷을 차려입은 아름답고 부유한 모습이다. 몇 명의 발치에는 충절의 상징인 강아지가 보인다. 더는 결혼 시장에 뛰어들 처지가 아니었지만, 그들은 남편의 명성을 더 빛내고 자식들을 훌륭한 아내와 남편으로 키울 적합한 배우자로 묘사되어 있다. 반면 마리아 테레지아의 가족 중 남자들은 군인 같은 태도를 보이고, 배경에는 전투 장면이 나오기도 한다.

합스부르크 가문 여성들의 주요 역할은 남성 상속자들을 낳는 것이었다. 아름다운 외모는 임신에 도움이 되었는데, 남편이 동침을 덜 성가시게 느끼도록 하는 효과가 있고, 특히 자궁 수축을 막으려면 잦은 윤활 작용이 필요하다는 통념이 있었기 때문이다. 카를 6세는 신부인 엘리자베트 크리스티네(흰 백합)의 외모를 확인했을 때에 느낀

안도감을 일기에 남겼다. "왕비가 왔다.……멋지고 아름답고 훌륭한 왕비가." 왕비들은 순례와 행렬 의식에 참여하고, 가난한 자들의 (다행히 미리 씻겨진) 발을 씻어주고, 남편이 먼저 세상을 떠나면 수녀원 근처에서 은거하며 정숙함과 신심도 보여주어야 했다. 필요한 아들을 낳지 못하면 흔히 영적 결함이 있다고 간주되었기 때문에 생식력은 종교성과도 연결되었다.[2]

 합스부르크 가문의 여성들은 기대에 걸맞은 교육을 받았다. 외국인과 결혼할 가능성이 컸기 때문에 언어 교육을 받는 일이 가장 중요했다. 그들은 라틴어뿐 아니라 이탈리아어, 프랑스어, 스페인어도 배웠다. 독일어도 조금 배웠지만, 그들의 귀족 친구들과 마찬가지로 독일어 방언을 "하녀들처럼 천박하게" 구사하는 편이었다(마리아 테레지아의 독일어 말투는 무척 거칠었다). 언어 외에 음악과 춤, 소묘와 바느질도 배웠다. 하지만 그들은 관방학, 지리학, 문장학처럼 주로 남성들이 받는 교육은 받지 않았다. 이상하게도, 카를 6세는 마리아 테레지아가 자신의 뒤를 이으리라는 사실을 알면서도 딸이 여성을 대상으로 한 기존의 교육을 받도록 했다. 나중에 마리아 테레지아가 불평했듯이 그녀의 왕위 계승은 "아버지가 내치나 외치의 원리나 비법을 흔쾌히 가르쳐준 적이 없었기" 때문에 더 힘들어졌다. 그럼에도 마리아 테레지아는 자신의 딸들에게 더 폭넓은 지식을 가르치려고 하지 않았고, 오히려 정치를 멀리하도록 권했다.[3]

 거인들의 방에 걸려 있는 여자 초상화의 주인공 중에는 예외가 하나 있다. 바로 마리아 테레지아의 둘째 딸이자 이그나스 폰 보른의 협력자인 마리아 아나 여대공이다. 훗날 평신도로서 대수녀원장을 맡은 그녀는 프리메이슨이었을 가능성이 있다. 그녀와 결혼할 사람은 광물 표본 7,923점과 보존 처리된 딱정벌레 195마리, 핀으로 고정된 나비 371마리도 함께 받아들여야 했다. 그녀의 초상화는 구혼자들에게 강력한 경고를 보낸다. 초상화 속 여성이 서류 뭉치와 책, 그리고 지구본이 놓인 책상 옆에 서 있기 때문이다. 그림에서 그녀는 펜을 가리키고 있다. 이 초상화를 그린 화가 마르틴 판 마이텐스가 우리에게 들려주듯이, 마리아 아나는 결혼과 출산을 뛰어넘는 것, 즉 합스부르크 가문의 또 다른 지향점인 지식의 세계에 관심을 쏟는 학문 애호가였다.

마리아 아나의 사례에서 엿볼 수 있듯이, 여성들은 번식 기계나 신심의 본보기로만 여겨지지 않았다. 그들이 밟을 수 있는 다른 길 가운데 가장 흔한 길은 정치였다. 합스부르크 가문의 통치자들은 자기 가문의 여자들을 섭정이나 총독으로 삼았다. 언제나 그래왔듯이 모범을 보인 사람은 막시밀리안 1세였다. 1507년, 그는 부르고뉴와 저지대 국가의 통치권을 남편이 죽고 홀로 남은 딸에게 맡겼다. 그러나 스페인과의 연관성도 중요했다. 아라곤 왕국과 카스티야 왕국에서는 여자들이 활동하는 데에 장애물이 거의 없었고, 통치자로, 그리고 재산 분할 과정에서의 동등한 상속자로 받아들여졌다. 18세기까지 스페인의 명문가 여성들은 책상다리를 하고 바닥에 앉았지만, 그렇다고 해서 최고위직에 오를 수 없는 것은 아니었다. 일찍이 16세기에 카를 5세는 매력 넘치는 부인인 포르투갈의 이사벨라에게 스페인의 섭정을 맡긴 바 있고, 스페인계 합스부르크 가문의 마지막 혈통인 카를로스 2세는 홀로 남은 자신의 어머니 오스트리아의 마리아나를 섭정,

즉 "후견인"으로 삼았다. 오스트리아의 마리아나는 어린 아들을 냉혹하게 조종했지만, 정치적으로 무능했다.[4]

저지대 국가는 항상 합스부르크 가문이 다스리기로 되어 있었다. 그러나 서출인 돈 후안이 물망에 올랐던 데에서 알 수 있듯이 통치자 역할을 맡을 적출 남자 상속자들이 부족했다. 그때 여자들이 구원의 손길을 내밀었다. 16세기의 절반 이상 동안, 저지대 국가의 총독은 오스트리아의 마르가레테, 마리아 폰 외스터라이히 여대공, 그리고 파르마의 마르게리타(여성이면서 서출이기도 했다) 같은 여성들이었다. 1598년 펠리페 2세는 스페인령 저지대 국가의 통치권을 딸인 이사벨과 사위인 알브레히트 7세에게 완전히 넘겼다. 이사벨은 펠리페 2세의 몇 촌수 건너뛴 조카이기도 한 알브레히트를 결혼 생활 내내 "사촌"이라고 불렀다.

펠리페는 알브레히트와 이사벨의 자손들이 주권 공작으로서 저지대 국가를 통치하기를 바랐지만, 두 사람 사이에는 자식이 없었다. 1621년에 알브레히트가 세상을 떠나자 이사벨은 브뤼셀의 궁전에 있던 앵무새들과 난쟁이들을 내쫓고 손수 머리카락을 자른 뒤 수녀가 되었다. 저지대 국가를 계속 다스리기는 했지만, 이제는 주권 여대공이 아니라 스페인의 펠리페 4세를 대신하는 총독의 자격으로 통치했다. 1633년에 그녀가 세상을 떠난 이후 저지대 국가의 총독직은 스페인 왕의 남자 친척들, 그리고 왕에게 남자 친척이 없을 때에는 카스티야나 포르투갈의 대귀족들이 맡게 되었다.[5]

스페인령 저지대 국가는 대략 오늘날의 벨기에와 룩셈부르크에 해당하는 10개의 주로 이루어져 있었고, 독자적인 리에주 주교후국을 기준으로 양분되어 있었다. 각 주에는 신임 총독이 지지하겠다고 서약하는 고유의 "권리, 자유, 특권, 관례, 풍습"이 있었는데, 이 5개 요소는 브라반트 주에서만 공식적으로 성문화되어 있었기 때문에 총독들이 자의적으로 해석할 여지가 있었다. 그럼에도 과세에는 과세 대상인 공동체를 대표하는 사람들의 동의가 필요하다는 원칙은 사라지지 않았고, 덕분에 총독의 권력을 상당 부분 제한할 수 있었다.

스페인령 저지대 국가에서는 플랑드르 문화와 스페인 문화가 접목되었다. 도시들에서는 스페인 연극이 원어뿐 아니라 현지어로도 자주 상연되었다. 스페인의 극작가 로페 데 베가만 해도 플랑드르어로 번역된 작품이 19편이나 되었다. 스페인인 후원자들, 특히 스페인 왕은 플랑드르 화가들의 작품을 구입했고, 알브레히트와 이사벨은 브뤼셀의 쿠덴베르크 궁전뿐 아니라 스페인의 여러 교회에도 전시할 목적으로 루벤스에게 작품을 의뢰하기도 했다. 일반적으로 그런 작품들에는 합스부르크 가문의 신심을 드러내는 주제(영성체를 향한 경외심과 성모 마리아 숭배)를 되풀이하는 종교적 내용이 담겨 있었다. 한편, 1638년부터 1647년까지 100명 이상의 플랑드르 여인들은 보다 현실적인 성격의 교류를 통해서 안트베르펜 수비대의 스페인 군인들과 결혼했다. 이로써 플랑드르어에도 스페인어 특유의 어법이 침투하기 시작했다.

종교는 문화의 접합제 역할을 톡톡히 했다. 16세기 말엽 저지대 국가는 개신교를 믿는 북부와 가톨릭교를 믿는 남부로 갈라졌고, 무려 15만 명이 스페인 통치하의 남부 10개 주를 탈출하는 대규모 난민 사태가 벌어졌다. 스페인령 저지대 국가는 유럽에서 가장 촘촘하게 자리 잡은 길가의 예배당과 제단, 십자가상을 통해서 바로크적 가톨릭교의 본질과 외피를 선택했다. 수도회들, 특히 예수회는 개종 사업을 완수했을 뿐만 아니라 뜨거운 종교성도 서서히 불어넣었다. 1640년대에 이르러 "플랑드르-벨기에" 예수회에는 약 900명의 예수회 성직자들이 있었다. 즉, 주민 1만 명당 성직자가 8명 있었던 셈인데, 스페인과 프랑스에는 각각 주민 1만 명당 5명과 1명의 성직자가 있었을 뿐이다. 신학교에서는 대내적 과업을 맡고 라틴아메리카, 앙골라, 중국 등지에서의 예수회 포교 활동에 나서야 할 성직자들이 대거 양성되었다.[6]

스페인 왕위 계승 전쟁이 벌어지는 동안 스페인령 저지대 국가는 프랑스의 차지가 되었다가 잠시 영국군과 네덜란드군에 점령되었고, 1713년부터 1714년까지 이어진 교섭을 통해서 결국 카를 6세에게 넘어갔다. 카를은 라슈타트 조약에 따라서 오스트리아령 저지대 국가 소속 주들의 자유를 보장해야 했다. 카를을 모시던 사르데냐 출신의 부패한 신하 프리에 후작은 성대하게 열린 여러 번의 취임식에서 주군을 대신해 서약했고, 황제가 거둔 승리와, 일반적인 도시 민병대를 대신하여 과시하듯이 소집한 화승총병 및 척탄병 부대의 모습이 담긴 유화를 보여주었다. 그러나 취임식을 치를 때마다 그는 합스부르크 제국 정부의 실권을 제한하는 각 주의 의회를 상대로 미리 치열하게 흥정을 해야 했다. 심지어 축하용 불꽃놀이를 하는 비용에도 협상이 필요했다. 카를 6세의 군사적인 위용을 보여주기는 했지만, 오스트리아령 저지대 국가는 스페인령이었을 때처럼 합의를 통해서 통치를 해야 했다.[7]

스페인계 전임자들이 그랬듯이, 카를 6세와 마리아 테레지아는 친척들(여자들도 포함되었다)을 총독으로 임명했다. 오스트리아가 저지대 국가를 다스린 총 80년의 기간 중 30년은 여대공들이 총독직을 수행했다. 그리고 우리는 그 30년에 마리아 테레지아의 시누이이자 몽스에 있는 성 와우드루 대수녀원의 평신도 원장인 아나 샤를로테가 오빠이자 장기간 총독직에 있었던 로트링겐의 카를 알렉산더 대공재위 1744-1780 밑에서 제1귀부인 역할을 맡은 기간인 20년1754-1773을 더해야 한다. 개혁적이면서도 저지대 국가의 까다로운 정치 상황에 기민하게 대응한 역대 여성 총독들은 대체로 독자적인 정책을 추구했고, 빈 당국이 황제의 감독권을 유지하기 위해서 임명한 전권 대사들의 활동을 방해하는 경우가 많았다. 하지만 카를 6세도 마리아 테레지아도 총독들을 적대시하거나 기존의 정치 상황을 역전시키고 싶은 마음은 없었다. 오스트리아령 저지대 국가는 제 몫 이상을 해냈고, 마리아 테레지아의 아들인 막시밀리안 프란츠가 "비자금"에 힘입어 쾰른 대주교로 선출되는 과정에도 일조했다.[8]

오스트리아 치하의 저지대 국가에서는 무역과 산업이 육성되었다. 국제 통상을 촉진하고자 도로와 운하가 건설되었고, 덕분에 관세 수입이 배가되었다. 로트링겐의 카를 알렉산더는 대수녀원장인 여동생의 지원을 받으면서 새로 창립된 학술원을 후원했고, 루뱅-딜 운하의 확장 공사를 감독했으며, 전기와 기압과 열역학에 관한 연구를 장려했다. 형인 로트링겐의 프란츠 슈테판처럼 카를 알렉산더도 프리메이슨이었다. 그는 방탕한 난봉꾼이기도 했고, 카사노바의 애인과 사귀기도 했다. 그가 남긴 "몸짓 암호"에는 극장에서 고급 매춘부들을 유혹할 때에 쓰는 목례와 윙크 방법이 기록되어 있다. 목도리를 고쳐 매는 것은 은밀히 만나고 싶다는 신호이고, 코담배를 한 모금 들이마시는 것은 상대를 자신의 자리로 초대하는 신호였다.[9]

개선이 이루어졌음에도 오스트리아령 저지대 국가의 경제 구조는 여전히 농업 위주였고, 요제프 2세가 언짢아했듯이 지주 귀족들이 지방의 삼부회와 도시의 평의회를 다수 장악한 상태였다. 종교적 측면에서도 오스트리아령 저지대 국가는 마치 박물관 같았다. "가톨릭 계몽주의"는 가톨릭교와 과학적 탐구를 조화시키고, 통치자들이 성직자들의 악습을 근절하도록 도우며, 집단적 의례가 아니라 개인적 헌신을 통해서 신심을 고무하고자 했다. 하지만 오스트리아령 저지대 국가의 여성 통치자들은 가톨릭 계몽주의를 외면하려고 했다. 1730년대에 카를 6세의 누나인 마리아 엘리자베트 여대공은 구원은 오로지 신의 은총에 달려 있어서 소수만 구원을 받는다고 가르치고 의례상의 장식을 배제하면서 한층 간결한 종교를 옹호하는 얀선주의 Jansenism의 확산을 단속했다. 카를 6세는 마리아 엘리자베트 여대공에게 신중한 대처를 권고했지만, 그녀는 얀선주의 성직자를 체포하도록 허용했다. 아울러 그녀는 탈영병들이 교회를 도피처로 삼는 권리를 철폐하라는 카를 6세의 요구를 거절하기도 했다.[10]

가톨릭 계몽주의의 특별한 표적은 신학 이론 측면에서 지나치게 독단적이라고 평가받는 예수회였다. 그러나 오스트리아령 저지대 국가에서 카를 알렉산더와 그의 여동생은 예수회의 영향력을 단속하고 성직자 양성 분야에서 예수회를 배제하라는 요청을 거부했다. 두 사람은 예수회 소속의 고해 신부를 두기도 했다. 빈에서는 검열이 완화되고 있었지만, 오스트리아령 저지대 국가에서는 종교적 내용이 담긴 각종 자료와 얀선주의 관련 저작에 대한 검열이 강화되었다. 수도원들은 얀선주의 운동의 검소함을 찾아볼 수 없는 사치를 누리고 있었다. 1789년까지만 해도 헨트에 위치한 성 베드로 대수도원의 수도사들은 대수도원장의 죽음을 기리는 자리에서 철갑상어를 비롯한 물고기와 고기로 만든 요리를 먹고, 파인애플과 멜론과 배 같은 후식을 즐기고, 커피와 혼성주를 마신 뒤 굴로 식사를 마무리했다.[11]

독실한 여동생인 아나 샤를로테가 1773년에 세상을 떠나자 카를 알렉산더는 애인을 배우자로 삼을 수 있었고, 비난을 의식하지 않은 채 연애를 했다. 명문가 출신의 난봉꾼들이 흔히 그랬듯이, 카를 알렉산더는 인기가 정말 많았다. 대체로 인색했던 지방의회조차 그를 기리는 청동상을 세우는 데에는 찬성했을 정도였다. 카를 알렉산더는 로마 황제처럼 차려입고 본인의 청동상 제막식을 주재했다. 그가 남긴 일기에는 느긋하게 점심을 먹고, 사냥을 즐기고, 카드놀이에서 지고, 대중 극장을 드나드는 등 빈둥거리며 보낸 나날의 이야기가 적혀 있다. 카를 알렉산더가 세상을 떠난 1780년 이후, 조용히 잠들어 있던 오스트리아령 저지대 국가는 요제프 2세가 일으킨 소용돌이에 휩싸여 산산조각이 나버렸다.[12]

마리아 테레지아가 가장 아낀 딸인 마리아 크리스티나는 어머니와 생일이 같았다. "미미"라는 애칭으로 불린 그녀는 1760년대 초엽에 오빠 요제프 2세의 첫 번째 부인인 파르마의 이사벨라와 뜨거운 관계를 맺었다. 아마 본인은 그것을 성적인 관계로 이해하지 않았을지 모르지만, 그녀가 이사벨라에게 보낸 편지의 내용을 보면 두 사람은 틀림없이 육체적 관계를 맺었다고 짐작된다. "그대를 미치도록 사랑하고, 그대에게 키스하고 싶어요.……키스하고 싶고 그대가 키스해주면 좋겠어요.……그대의 대천사의 작은 엉덩이에 키스해요." 이사벨라는 1763년에 천연두로 사망했고, 미미는 실연에 따른 반발심으로 지주가 아닌 작센의 알브레히트 공작과 결혼했다. 마리아 테레지아는 그 젊은 공작에게 대체로 허울뿐인 칭호를 내렸지만, 그녀가 하사한 슐레지엔 지방의 치에신(테셴) 공작령은 실속이 있었다.[13]

마리아 테레지아는 미미를 자신과 가까이 두기 위해서 알브레히트를 헝가리의 섭정으로 삼았다(더 적합한 자리인 재상직은 마리아 테레지아가 의회를 소집하는가에 달려 있었지만, 그녀는 의회 소집을 꺼렸다). 알브레히트는 15년 동안 빈에서 말을 타고 이틀 거리인 수도 브라티슬라바에서 헝가리를 열심히 다스렸다. 부인을 향한 알브레히트의 애정에 견줄 만한 것은 프리메이슨 사상에 대한 열렬한 태도뿐이었다. 1798년에 미미가 세상을 떠난 뒤, 그는 부인과 프리메이슨에 대한 사랑을 빈의 아우구스티너 교회에 마련된 특이한 대리석 무덤으로 절묘하게 결합하여 표현했다. 안토니오 카노바가 조각한 그 무덤은 돌로 쌓아 만든 피라미드 형태의 구조물이고, 이곳에 뚫려 있는 문을 통해서 장례식 참석자들이 밑으로 내려가는 모습이 묘사되어 있다. 하지만 문 위쪽에는 섭리의 눈Eye of Providence : 기독교의 영향을 받은 건축 장식이나 단체의 상징 중 하나로 정삼각형 안에 눈이 들어가 있는 형태의 도안/역주 대신에 미미의 반면상이 새겨진 원형문roundel이 있다. 그 영묘는 기독교적 상징물이 전혀 없다는 점에서 한층 더 충격적이다.

1780년 요제프 2세는 알브레히트와 미미를 오스트리아령 저지대 국가의 공동 총독으로 삼고 벨조요소 백작을 전권 공사에 임명했다. 벨조요소 백작이 교회와 정부에 대한 요제프 2세의 포괄적인 개혁 계획을 실천하는 임무를 수행했으므로, 알브레히트와 미미가 총독으로서 맡은 역할은 장식적인 차원에 머물렀다. 어쨌든 요제프는 알브레히트 부부가 저지대 국가에 도착하기 직전에 친히 그곳을 둘러보았다. 그는 특별한 행사 없이 여관에 묵으며 현지 사정을 살피는 동시에 따로 시간을 내서 청원을 듣고 관리들에게 질문을 던졌다. 그리고 벌거벗은 모습이 보인다는 이유로 반 에이크의 헨트 제단화에서 아담과 이브를 묘사한 부분을 없애도록 명령했다(이후 불쾌감을 주는 부분은 덧칠이 되었다). 방문 기간이 2개월에도 미치지 않았지만, 요제프는 현지에서 보고 들으며 내린 결론을 확신했다. 알브레히트와 미미의 조언을 경청할 시간도 거의 없었다. 그가 두 사람에게 신랄하게 설명했듯이, 대신은 역량과 적합성 때문에 선택되는 반면 총독의 유일한 자격은 공작이라는 점이었다.[14]

요제프는 종교적 관용을 베풀고 민사혼民事婚 제도를 시행하도록 지시했으며, 160개의 수도원을 폐쇄하고, 대다수의 종교 축제를 금지하고, 1개의 신학교로 성직자 교육을 집중시키는 등 다른 곳과 동일한 방식으로 교회 개혁을 추진했다. 그는 완고한 얀선주의자인 페르디난트 슈퇴거를 신설된 신학교의 교장으로 임명했다. 초기 교회사를 파헤친 슈퇴거의 연구 결과는 요제프가 대부분의 가톨릭 신학을 부정하는 계기가 되었다. 학생들은 그 신학교에 등록하기를 거부했고, 거리에서 시위를 벌였으며, 슈퇴거의 인형을 만들어 목을 매달았다. 벨조요소 백작은 군대를 동원하여 학생들을 해산했다. 저항에도 불구하고 요제프는 1787년 기존의 주 대신에 9개의 관할구를 설치했다. 그리고는 각 관할구의 행정을 담당할 감독관을 임명했고, 여러 군데의 지방 재판소를 없애버렸다.

요제프의 개혁으로 사회의 거의 모든 부문과 제도가 위기를 맞이했다. 위기에 직면하지 않은 나머지 부문과 제도 역시 증세와 징병을 둘러싼 소문에 움츠러들었다. 1787년 5월 30일, 폭도들이 브뤼셀 중심부로 몰려들었고 살인과 약탈 소식이 들려왔다. 알브레히트와 미미는 그날 한밤중에 중앙 광장을 굽어보는 발코니에 나타나 요제프의 칙령을 모두 철회하겠다고 약속함으로써 군중을 진정시켰다. 폭도들은 해산했고, 교회의 종이 울렸다. 이튿날 공동 총독인 두 사람은 마차로 브뤼셀 시내를 순회하며 뜨거운 환영을 받았다. 브뤼셀의 궁정 시종은 미미의 냉철함 덕분에 사태가 무마되었다고 생각했지만, 그녀는 일기에서 불안감을 드러냈다. "저들이 우리에게 보여준 애정이 결코 화살로 돌아오는 일이 없기를."[15]

요제프의 대신들은 알브레히트와 미미의 대응을 칭찬했지만, 요제프는 이를 이해할 수 없는 항복으로 받아들였다. 그는 벨조요소 백작을 해임하는 등 몇 가지를 양보했지만, 이전의 조치 대부분을 재개했고 군대를 소집하기 시작했다. 오스트리아령 저지대 국가에 파견된 장군에게 보낸 편지에서 그는 이렇게 말했다. "두려움을 심어줄 수 있는 본보기를 보여주는 데 주저할 필요는 없소. 행동하지 않은 채 위협하지는 말아야 하고, 헛총질을 하거나 저들의 머리 위로 총을 쏘는 일은 더욱더 없어야 하오." 그러나 요제프가 동원하고자 했던 군대는 유럽의 저 반대쪽에서 튀르크인들에 맞서기 위해서 철수해야 했고,

저지대 국가에는 위기의 그림자가 드리웠다.[16]

그때까지는 대체로 기존의 종교적, 정치적 상태로 돌아가려고 했던 보수적 혁명이 바야흐로 급진적 성격을 띠게 되었다. 프랑스와의 국경 너머에서 벌어진 사건들에 점차 자극을 받은 "민주적 성향"의 정치인들은 요제프의 상상을 훨씬 뛰어넘는 사회 개혁을 추진했다. 1789년 보수적 혁명과 급진적 혁명의 물줄기가 한데 모였고, 혁명 시민군이 오스트리아군을 물리쳤다. 이듬해 초엽, 각 주의 대표자들은 벨기에 합중국을 선포했다. 벨기에 합중국은 벨기에라는 명칭이 공식적으로 쓰인 첫 사례였다. 그 무렵 알브레히트와 미미는 망명길에 올랐고, 요제프는 임종을 맞았다.

요제프는 마지막으로 미미에게 편지를 보냈다. 편지에는 짧지만 따뜻한 내용이 담겨 있었다. 그는 멀리서나마 미미를 껴안고, 이별을 고했다. 사실 요제프는 어머니의 사랑을, 그리고 나중에는 그가 무척 사랑한 첫 번째 부인 이사벨라의 사랑을 훔쳐간 미미를 결코 용서하지 않았다. 그러나 만일 그가 이사벨라의 개인적인 문학 활동을 알았더라면 충격을 받았을 것이다. 죽음, 철학, 상업 등을 주제로 이사벨라가 남긴 글 중에는 「남성론」이라는 제목의 짧은 논문이 있는데, 이 글에서 그녀는 남자들을 실속 없고 이기적인, 그리고 여성의 속성인 이성이 결여된 자아도취자들이자 "무익한 동물들"이라고 통렬히 비방했다. 이사벨라가 볼 때, 남자들의 유일한 가치는 그들의 결함을 통해서 여자다운 미덕을 강조하는 것이었다. 그녀는 여자들이 겪고 있는 노예 상태가 언젠가는 여자들의 우월 상태로 바뀔 것이라고 전망했다. 그리고 불행과 예속과 엄격한 예의범절 같은 태자비로서의 숙명

을 한탄하기도 했다.[17]

이사벨라의 한탄은 이해할 만하다. 그녀는 격식을 철저히 따지는 파르마의 궁정에서 성장했다. 거세된 가수 파리넬리의 말을 빌리자면, 그곳의 여자들은 분별은 없으면서도 "유난히 조용한 요정들"처럼 처신해야 했다. 하지만 그들은 명색이 요정인데도 허리에 두르는 일종의 보정 속옷인 커다란 파니에panier 때문에 몸매가 기형적으로 보였다. 파니에의 용도는 여자들의 생식력과 그들 가문의 부를 고급 옷감인 양단으로 과시하는 것이었다. 빈과 합스부르크 가문의 궁정은 파르마의 궁정과 복장 양식 측면에서는 같았지만, 태도가 달랐다. 빈과 합스부르크 가문의 궁정에서는 남성적인 공적 세계로 넘어가는 여대공들과 부인들, 과부들이 신앙 생활과 출산이라는 여성적인 사적 세계와 공적 세계 사이의 공간을 채우고 있었다. 왕관과 지구의 옆에서, 때로는 서류 뭉치 옆에서 자신감 넘치는 자세로 책상에 앉아 있는 그들의 초상화는 우리를 내려다본다.[18]

그러나 당시 그런 여성들의 일탈이 기존 질서나 정상적으로 형성된 권력의 위계질서를 뒤엎는 행동으로 여겨졌다는 주장은 이치에 맞지 않는다. 마리아 테레지아의 막내딸인 마리 앙투아네트(마리아 안토니아)는 프랑스로 시집온 뒤에도 여자들이 공적 영역에서 역할을 맡을 수 있다고 생각했다. 그녀는 성별의 경계를 흐리는 바람에 프랑스의 반대자들로부터 비난을 받았다. 자신을 옥죄는 제약을 대체로 무시한다는 이유였다. 따라서 그녀는 여성 동성애, 근친상간, 규방에서의 정치적 부패 같은 온갖 범죄의 뿌리로 지목되었을 수 있다. 그녀의 몸매도 널찍한 치마 속에서 보기 흉한 모습으로 바뀌며 관습을 거스른다는 이야기가 나돌았다. 하지만 대체로 합스부르크 가문의 여자들에게는 도덕적, 육체적 타락을 둘러싼 그런 상상이 결코 따라다니지 않았다. 그들 중 일부가, 특히 마리아 테레지아가 누린 권력도 정상 상태의 부자연스러운 역전 현상으로 인식되지 않았다. 합스부르크 가문의 여자들의 입장에서, 권력과 권력의 정통성은 그들이 속한 왕가로부터 비롯된 것이었고, 그 왕가의 위대함은 생물학적 차이를 초월했다.[19]

검열관, 자코뱅파, 「마술피리」

검열은 원래 가톨릭 교회의 특권이었고, 보통은 예수회 성직자들로 구성된 위원회와 함께 일하는 주교들이 담당했다. 빈에서는 대학교, 정확히 말하자면 대학교 소속의 예수회 성직자들이 검열관 역할을 수행했다. 마리아 테레지아는 1770년대에 교황 클레멘스 14세가 예수회를 탄압하기 훨씬 전에 예수회의 각종 독점권과 지나치게 화려한 행렬 의식을 단속하면서 그들의 영향력을 약화시켰다. 1752년 마리아 테레지아는 예수회 성직자들이 대학교에서 검열관으로 일하지 못하도록 했고, 헤라르트 판 스비턴이 이끄는 10인 위원회에 출판물 심사 임무를 맡겼다. 10인 위원회가 작성한 불량 서적 목록은 당국의 지침으로서 합스부르크 가문의 땅 곳곳에 유포되었다.

판 스비턴은 마리아 테레지아에게 지대한 영향력을 미쳤다. 그는 마리아 테레지아의 주치의였기 때문에 그녀와의 신체적 접촉이 상당 부분 허용되었다. 판 스비턴은 그 특별한 접근성과 마리아 테레지아로부터 얻은 신뢰를 활용하여 검열 위원회에 압력을 가했고, 덕분에 몽테뉴, 레싱, 디드로 같은 인물들의 저작과 더불어 몽테스키외의 『법의 정신L'Esprit des lois』이 검열을 통과할 수 있었다. 판 스비턴은 "미신적인" 내용의 종교 서적, 프랑스의 외설 문학, 그리고 정치질서와 가톨릭 교회를 향한 터무니없는 공격이 담긴 서적을 주로 검열했다. 하지만 금서 목록에 오르는 책은 극소수였던 데다가 금서로 지정이 되어도 사본이 제작되었기 때문에 학자들은 사본을 금방 구해서 읽을 수 있었을 것이다.[1]

요제프 2세는 한 걸음 더 나아갔다. 1780년 이후 대부분의 규제를 풀어준 것이다. 마리아 테레지아 시절에는 약 5,000종의 저작이 금서 목록에 올라 있었지만, 요제프 2세 치하의 금서 목록에는 900종뿐이었다(900종이라면 아주 많아 보이지만, 동일한 저작이 다른 제목으로 출판되는 경우가 흔했다). 요제프는 언론 통제도 완화했다. 그 결과 소책자가 널리 유통되었고, 토론이 활성화되었다. 예전에 빈에는 주 2회 발행 신문이 2종(단명한 「가제트 드 비엔Gazette de Vienne」과 「비너리셰스 디아리움Wienerisches Diarium」)밖에 없었다. 나중에 「비너 차이퉁Wiener Zeitung」으로 이름이 바뀐 「비너리셰스 디아리움」은 오늘날까지 발행되는, 세계에서 가장 오래된 신문 중 하나로 꼽힌다. 두 신문 모두 논평 없이 외국의 소식들을 보도했고, 궁정의 공식 발표문을 옮겨 실었다. 그런데 이제는 새로운 일간지들과 주 2회 발행 신문들이 등장하여 잡다한 세상 이야기와 정치적 견해를 전달했고, 전기, 자석, 호박琥珀 따위를 이용한 (말 그대로) 머리털이 곤두서는 실험 소식을 보도했다. 제임스 쿡 선장의 태평양 항해도 훌륭한 기삿거리였다.[2]

빈에 있는 약 70개의 커피점은 독서와 토론의 장이 되었다. 호프부르크 궁전 바로 옆의 숲 시장에 위치한 커피점은 좁은 거리에 좌석 80개를 추가로 설치하기도 했다. 빈은 비로소 그때까지 부족했던 부분을 채우기 시작했다. 정부에 비판적이고 독립적인 공공 영역이 생긴 것이다. 커피점에는 살롱과 집회소, 극장과 공원, 학회 모임을 떠돌아다니는 새로운 유형의 "게으름뱅이들"이 생겨났다. 빈을 방문한 프랑스 귀족은 학회의 다양한 종류와 개수에 깜짝 놀랐다. 빈의 제국 도서관과 대학교 도서관은 이미 일반인들에게 개방된 상태였고, 이제 귀족들은 개인 문고로 손님을 초대하기에 이르렀다. 서적 판매인들과 인쇄업자들은 책을 빌려주는 역할도 맡았다.

빈이라는 도시에는 저급한 면도 있었다. 약 20만 명이 거주하는 도시인 이곳에는 1만 명의 "일반" 매춘부들과 4,000명의 "고급" 매춘부들, 1만2,000명의 매독 환자들이 있었다. 빈의 유아 사망률은 40퍼센트였다. 매춘부들이 호객하는 "사창가"는 성 슈테판 대성당에서 시작해 그라벤 거리와 숲 시장을 거쳐 도시 성벽과 호프부르크 궁전의 부지까지 뻗어 있었다. 사창가 주변에 즐비한 교회들 안에도 음흉한 비밀장소가 있었다. 비교적 저렴한 가격의 성 노동자들은 공원을 본거지로 삼았다. 마리아 테레지아는 상습적으로 거리에 나서는 매춘부들을 헝가리로 추방하라고 명령했고, 어느 재담가는 헝가리에서 "튀르크인들과 이교도들만 타락시킬 수 있다"라고 비꼬았다. 그러나 요제프는 어머니보다 부드러웠다. 그는 공원의 수풀을 없애고 교회를 폐쇄하도록 했고, 유죄가 인정된 매춘부들을 거리 청소부로 삼았다. 또한 매춘부들이 호객용으로 즐겨 입는 옆으로 넓게 퍼진 치마를 빼

앗고 그들의 머리를 빡빡 깎도록 지시했다.[3]

도덕성도 중요했다. 마리아 테레지아는 빈과 주변 농촌 지역의 매춘부들을 기소하기 위한 순결 위원회를 설치했다. 그러나 이는 비웃음을 샀을 뿐이었다. 정숙하든 정숙하지 않든 혼자 걸어가는 여자들은 이제 하나같이 미사를 보러 가는 길인 양 묵주를 가지고 다니기 시작했다. 그럼에도 빈의 시의회가 관할하는 순결 재판소는 19세기 초엽까지 운영되었다. 마리아 테레지아와 요제프 2세에게는 극장도 관심의 대상이었다. 여배우들은 직업상 행실이 단정하지 않다고 간주되었고, 한곳에 정착하지 않는 순회 공연자들도 의심을 받았다. 게다가 극장은 감수성이 예민한 관객들에게 영향을 끼치는 안일한 메시지를 전달한다고 여겨졌다. 한스부르스트라는 어릿광대가 종종 즉석에서 내뱉는 저속한 암시와 사회적 풍자가 뒤섞인 천박한 농담은 특히 해롭다고 평가되었다.[4]

언론은 더 자유로워졌지만, 극장에 대한 검열은 더 강화되었다. 검열관으로 잠시 일한 요제프 폰 조넨펠스는 극장이 "예의범절과 공손함과 말"을 가르침으로써 계몽주의의 가치를 장려할 수도 있다고 생각했다. 극장 담당 검열관으로 오래 근무한 카를 프란츠 헤겔린은 극장을 "예의범절과 취향을 가르치는 학교"로 정의했다. 검열 당국은 결말이 만족스럽지 못한 줄거리에 간섭하기도 했다. 가장 악명 높은 사례는 극작가들이 검열관들을 만족시키기 위해서 셰익스피어의 희곡 『햄릿』의 내용을 연거푸 수정한 일이었다(극작가들은 비극인 『햄릿』의 마지막 장면을 더 밝게, 그리고 덜 잔혹하게 바꾸었다). 그 결과 죽음을 앞둔 거트루드 왕비는 첫 번째 남편에 대한 음모를 꾸민 점을 고백하고 자신의 영혼을 구했다. 그리고 햄릿은 원작대로 클라우디우스를 죽이지만, 라어테스와 목숨을 건 결투를 벌이지는 않고 왕위를 이었다.[5]

다른 작품들도 대사와 무대 연출을 둘러싼 제약을 감수해야 했다. 따라서 시중을 드는 보호자 없이 젊은 연인들이 외출하거나, 여자의 정조가 침실에서 시험대에 오르거나, 부정한 행실이 보상을 받는 장면은 사라졌다. 정치적인 제약도 있었다. "자유", "평등", "독재", "폭정" 같은 단어는 삭제되었다. 모차르트의 오페라 「피가로의 결혼」은 "그대는 대영주이므로 대단한 천재라고 자부하는군요"라는 대사가 삭제되고 나서야 검열관으로부터 공연 허가를 받았다. 1788년에 빈에서 초연된 모차르트의 작품 「돈 조반니」의 제1막 마지막 장면에서도 "자유 만세"라는 중요한 대사가 "흥겨움이여 영원히"라는 달콤한 대사로 바뀌었다.

빈에는 원래 극장이 2개밖에 없었다. 호프부르크 궁전의 성채 극장은 레오폴트 2세재위 1790-1792가 세운 뒤 몇 차례 다른 용도의 건물로 바뀌었다가 결국 실내 테니스장으로 개조된 옛 목조 극장의 후신이다. 오늘날의 자허 호텔의 부지에 있었던 케른트너토어 극장은 1761년의 화재 이후 왕실 소유로 넘어갔다. 2개의 극장은 상연 목록이 서로 달랐다. 성채 극장에서는 주로 프랑스와 이탈리아의 오페라가 공연되었고, 케른트너토어 극장에서는 보다 대중적인 작품과 발레를 관람할 수 있었다. 두 극장에서 상연된 예술 작품의 장르는 일부 겹치기도 했지만 희극은 거의 케른트너토어 극장에서만 무대에 올랐다. 1770년대에 이르자 몇몇 상업 극장이 면허를 얻었다. 대부분 희극을

▶ 대역병 기둥에 돌을새김으로 표현된 레오폴트 1세의 모습, 빈, 1690년경.

▼ 성聖 프리드리히로 불리는 18세기의 '지하묘지 성자', 오스트리아의 멜크 대수도원.

17세기 안데스 바로크 양식의 실례인 자비의 성모 교회 정문, 리마.

성 카를로 보로메오에게 헌정된 빈의 카를 교회, 1716년 착공하여 1737년 완공.

▶ 스페인 펠리페 4세
의 영구대 도안, 1665
년경.

▼ 호프부르크 궁전
에서 열린 마상 발레,
1667년.

마르틴 판 마이텐스가 그린
마리아 테레지아의 초상화,
1745년경.

조각가 안토니오 카노바가 빈의 아우구스티너 교회에 만든 '미미' 마리아 크리스티나 여대
공의 대리석 무덤(1805년).

50세의 메테르니히 공작, 1822년.

「멕시코의 막시밀리안 황제의 처형」, 1868년. 에두아르 마네의 석판화.

빈의 로스하우스. 아돌프 로스가 설계하여 1909년에 완공.

1887–1888년에 케냐에서 활동한 헝가리 탐험가 텔레키 샤무엘 백작.

빈의 전쟁부 청사, 1909년 착공하여 1913년 완공.

호프부르크 궁전의 성 미하엘 익부, 1889년 착공하여 1893년 완공.

▲ 1914년 6월 28일 오전 10시 45분. 프란츠 페르디난트와 그의 부인이 사라예보 시청을 떠나고 있다. 프란츠 페르디난트는 녹색 타조 깃털로 장식한 모자를 썼다. 6월 28일은 두 사람의 결혼기념일이다. 5분 뒤 그들은 죽음을 맞이하게 된다.

◀ 사진가 카를 피에츠너가 찍은 프란츠 요제프의 모습, 1885년경.

무대에 올린 그 극장들은 성채 극장이나 케른트너토어 극장과 동일한 검열을 받아야 했다.

어린이들은 똑같은 이야기를 여러 번 읽어주어도 좋아한다. 빈 시민들도 대중 극장에서 똑같은 줄거리의 이야기가 되풀이되기를 기대했다. 어릿광대가 시중을 드는 영웅이 신기한 나라에서 여러 가지 시련을 이겨낸다. 영웅은 어릿광대의 도움을 받으며 마술을 부려서 적들을 따돌리고, 두 사람 모두 신붓감을 찾아낸다. 어릿광대는 한스부르스트나 풀치넬라(전통 인형극의 주인공인 펀치 씨의 조상 격이다), 혹은 우산 만드는 사람인 슈타베를이었을 것이다. 어릿광대는 우스꽝스러운 옷차림을 하고, 상스럽고, 약삭빠른, 그리고 영웅을 돋보이게 하는 하층민 역할이라는 점에서만 중요하다. 무대 장치는 자주 바뀌어야 했고, 각각의 무대 장치는 마지막 무대 장치만큼 색달라야 했다. 기중기와 도르래를 이용해서 장면을 전환한 이런 종류의 영웅 이야기는 "기계화 희극"이라고 불리게 되었다.

모차르트의 「마술피리」는 1791년에 도시 성벽 바로 밖의 비덴 극장에서 초연되었다. 「마술피리」는 노래에 대화를 곁들이는 독일식 오페라인 징슈필Singspiel의 원칙에 충실한 작품일 뿐 아니라 "마술 오페라"의 전형이기도 하다. 이야기의 무대는 고대 이집트이고, 악인인 듯한 자라스트로가 이끄는 불가사의한 형제단이 등장한다. 그러나 마지막에 그 형제단은 자애로운 모임이며, 자라스트로는 인정 있고 현명한 인물로 밝혀진다. 영웅인 타미노 왕자는 2개의 막에 걸쳐 새잡이인 어릿광대 파파게노의 도움을 받는다. 그리고 자라스트로가 보호하고 있는 공주에게 어울리는 사람인지 알아보는 여러 가지 시험을 거친다. 타미노는 마술피리 덕분에 시험을 통과하고 공주와 사랑에 빠진다. 공주의 어머니인 밤의 여왕은 타미노와 공주의 결혼을 막으려고 하지만 뜻을 이루지 못한다. 한편 파파게노는 마술 덕분에 마귀 같은 노파에서 멋진 여인으로 변신한, 나이가 "열여덟 살 하고도 2분"인 파파게나와 사랑의 결실을 맺는다. 파파게노와 파파게나는 유명한 알레그로곡인 "파파"를 이중창으로 부른다. 밤의 여왕은 자라스트로의 신전을 파괴하려고 하지만 오히려 어둠 속으로 내던져진다(보통은 무대 위의 뚜껑 문으로 떨어진다). 태양이 떠오르고, 자라스트로는 밤을 상대로 거둔 승리를 자축하고, 지혜와 형제애로 가득한 새로운 세상을 맞이한다.

「마술피리」의 구성은 복잡하고 장황하다. 하지만 가까스로 감춘 프리메이슨의 의례와 신념에 대한 여러 우화들로 이루어져 있고, 우화들이 서로 느슨하게 연결된 나머지 통일성은 부족해도 전체적으로는 매력이 넘친다. 주연 배우들은 각자 한두 곡의 아리아만 부른다. 인물들의 개별적인 특징보다 「마술피리」라는 오페라가 전달하려는 메시지가 더 중요하기 때문이다. 이 작품에는 이성의 신전, 자연의 신전, 지혜의 신전, 피라미드, 가입식, 이집트 상형 문자, 그리고 프리메이슨의 다른 상징물들이 가득하고, 아마 몇몇 등장인물은 실제 인물들, 즉 진짜 프리메이슨 회원들을 모델로 삼았을지도 모른다. 마리아 아나 여대공의 협력자인 이그나스 폰 보른은 아마 자라스트로일 것이다. 구성이 너무 갑갑한 이유는, 모차르트와 대본가인 에마누엘 시카네더가 「마술피리」를 통해서 독일의 마술 오페라와 징슈필의 통속적 표현 형식, 몇몇 충격적인 장면의 무대 장치, 프리메이슨 사상의 감춰진

메시지라는 세 가지 요소를 결합하고자 했기 때문이다.[6]

「마술피리」의 악보도 프리메이슨과 관련된 암시들로 가득하다. 프리메이슨의 의례에서 결정적인 열쇠인 숫자 3은 서곡 도입부의 요란한 화음 3개와 내림마장조의 내림표♭ 3개에 숨어 있다. 짝을 이룬, 이음줄이 붙은 음표는 형제단의 결속을 상징한다. 조화는 같은 주조主調인 3도 음정과 6도 음정을 통해서 나타나고, 반대자들 간의 화해는 2개의 선율을 동시에 연주하는 대위법으로 표현된다. 관현악 편곡에는 프리메이슨의 의례에 흔히 등장하는 클라리넷을 비롯한 다채로운 악기들이 포함된다. 모차르트는 동료 프리메이슨인 요제프 하이든에게 다음과 같이 설명했다. "각 악기가 다른 악기의 권리와 속성을 고려하지 않으면……아름다움이라는 목표는 이룰 수 없을 것입니다." 이렇듯 형제애와 평등에 관한 프리메이슨의 시각은 악보뿐 아니라 관현악단에도 영향을 끼쳤다.[7]

프리메이슨과 관련한 암시는 「마술피리」뿐 아니라 「피가로의 결혼」과 당대의 다른 작곡가들 및 극작가들의 작품에서도 찾아볼 수 있다. 모차르트의 협력자인 시카네더를 비롯하여 많은 극작가들과 극장 경영자들이 프리메이슨이었기 때문이다(시카네더는 「마술피리」의 첫 번째 공연 당시 배우로서 파파게노의 역할을 맡기도 했다). 극작가들은 신비한 분위기의 소설 여러 편을 발표한 크리스토프 빌란트에게서 창조적 자극을 느끼는 경우가 많았다. 프리메이슨의 회원이기도 했던 빌란트의 전집은 1794년부터 1811년 사이에 라이프치히에서 출판되었고, 총 45권으로 구성되었다. 검열관들이 프리메이슨의 작품을 눈감아준 것도 놀라운 일은 아니다. 조넨펠스, 헤겔린, 판 스비턴 같은 검열관들도 아마 프리메이슨이었을 것이기 때문이다(세 사람 중 판 스비턴이 프리메이슨이었을 가능성이 가장 크다).[8]

요제프 2세는 프리메이슨이 아니었다. 그는 프리메이슨의 의례를 터무니없다고 여겼다. 그는 비밀주의가 선동을 은폐할 가능성을 경계했고, 프리메이슨 지부 회원들의 이름을 경찰에 제출하도록 했다. 또한 지부를 강제로 통합하기도 했는데, 그 결과 수도인 빈에 있는 13개의 지부가 3개로 줄어들었다. 보헤미아, 트란실바니아, 헝가리, 그리고 오스트리아 영지에 산재한 지부들은 빈에 있는 중앙본부의 명령을 따라야 했다. 어느 프리메이슨 최고 의장이 당시에 언급했듯이, 요제프의 개혁을 통해서 "오스트리아 군주국의 모든 프리메이슨 조직들은 조화롭고 질서 정연한 완전체로 거듭났다." 공교롭게도 요제프가 시도한 제도적 통합 중 가장 성공적인 사례는 그가 중시한 통치 기관의 조직화가 아니라 그가 비웃은 프리메이슨의 조직화일 수밖에 없었다.[9]

1780년대 후반기에 개혁이 좌초되기 시작하고 반대 세력이 결집하자, 요제프는 언론과 극장에 대한 검열을 강화했다. 어릿광대의 즉흥 공연을 금지했고, 신문에 특별세를 부과했으며, "모든 종교와 도덕과 사회질서를 훼손하려는" 잠재적 말썽꾼들을 조사하도록 경찰에 지시했다. 아울러 소급 처벌을 허가하고, 재판 없는 구금 방식인 "예방적 감금" 제도를 도입하는 등 형사법을 왜곡하고 남용했다. 이제 경찰은 정부의 독자적인 부서가 되었고, 경찰의 권력은 결코 공개되지 않는 법령에 의해서 규정되었다. 개혁가들이 지향한 "질서 정연하게 통제된 국가"는 요제프의 치세 말엽에 이르러 경찰국가로 탈바꿈했다.

1790년 요제프 2세가 세상을 떠나자 동생인 레오폴트 2세가 뒤를 이었다. 냉소적이고 영리했던 레오폴트 2세는 당대인들뿐 아니라 후대의 역사학자들에게도 계몽주의를 스스럼없이 대한 군주로 평가되었다. 그는 행복을 전하고 "인간의 일반적 욕구"를 충족시키는 일에 대한 자신의 관심을 널리 알렸다. 사실 그는 1765년부터 1790년까지 토스카나 대공으로 있는 동안 사형 제도를 폐지했고, 산업에 유익하게 쓰일 새로운 화합물을 발견하기 위한 화학 실험을 직접 진행했다 (각종 실험으로 더러워진 그의 작업대는 피렌체의 과학사 박물관에 전시되어 있다). 그러나 그는 헌법을 둘러싼 진지한 논의에 임했음에도 토스카나의 헌법을 제정하지 않았고, 전면적인 재정 계산을 약속했지만 불과 1년의 예산을 발표했을 뿐이다. 그는 자신이 토스카나를 다스린 시절을 돌이켜보며 부채를 없앴다는 점을 자화자찬했지만, 그것은 국채의 4분의 3을 무효화했기 때문에 가능한 일이었을 뿐이다. 오히려 그는 원리 원칙에만 매달려 자유 무역을 무조건 환영하는 바람에 피렌체의 신생 제조업에 막대한 피해를 입히기도 했다.[10]

레오폴트는 반대 세력을 무자비하게 탄압하기 시작했다. 그는 베오그라드를 반환하여 튀르크인들과 화해했고, 그 틈에 생긴 여유 병력을 이용해서 누나인 미미와 매형을 저지대 국가의 총독으로 복귀시켰다. 헝가리 왕국을 분할하겠다고 으름장을 놓는 한편으로 헝가리인들을 정착시키기 위해서 헝가리가 "자유로운 왕국이고, 완전히 합법적인 행정의 측면에서 독립적인, 즉 어느 다른 왕국이나 민족에게 종속되지 않고 나름의 정치적 실체와 헌법을 가진 나라"라는 점을 확인해주며 그들을 달래기도 했다. 또한 그는 헝가리 의회에 10인 위원회를 설치하여 헝가리 헌법에 해당하는 것을 만들도록 했다. 헌법과 법률을 혼동한 10인 위원회는 기본적이거나 바람직하다고 자평한 법령서 10권을 만들었지만, 그 법령서는 1830년대에 이르러서야 성문화되었다.[11]

프랑스 혁명이 일어났을 때, 처음에는 이를 프랑스 입헌군주제의 초석으로 환영했던 레오폴트는 이내 혁명이 선동과 폭력으로 전락하는 과정에 충격을 받았다. 혁명 지도자들은 알자스 지방 독일 제후들의 모든 권리를 무효화하며 결과적으로 베스트팔렌 조약을 부정했고, 레오폴트의 여동생인 마리 앙투아네트를 감옥에 가두었다. 신성 로마 제국의 통일성과 형제의 본능에 이끌린 레오폴트는 프로이센의 품에 안겼다. 프로이센의 왕인 프리드리히 빌헬름 2세는 프랑스를 상대로 전쟁을 벌이면 라인 강의 영토를 확장할 수 있으리라고 생각했다. 1791년 8월, 레오폴트는 드레스덴 인근의 필니츠에서 프리드리히 빌헬름과 만났다. 두 통치자는 작센 선제후가 함께한 자리에서 모든 군주들이 프랑스 군주정의 운명에 관심을 가져야 한다고 선언했다. 그들은 파리의 국민 의회가 루이 16세의 권리를 회복시키지 않으면 무력을 사용하려고 했다.

필니츠 선언 이후 프랑스에서는 분노가 들끓었고, 지롱드파 내부의 "주전파主戰派"가 정권을 잡게 되었다. 지롱드파 소속의 한 의원은 "가면이 벗겨졌다. 이제 우리의 적이 드러났다. 그것은 바로 황제이다"라고 외쳤다. 프랑스의 외무 장관은 레오폴트가 프랑스와 "평화롭게 지내기"를 바란다고 확답하기를 요구했지만, 빈의 카우니츠 대공은 그런 약속을 하지 않았다. 한편, 해외로 망명한 프랑스의 귀족 무리들이

라인란트 지역에 집결하자 파리에서는 전쟁의 열기가 더욱 뜨거워졌다. 1792년 3월 1일, 레오폴트 2세가 갑자기 발작으로 세상을 떠나고 아들인 프란츠 2세재위 1792~1835가 뒤를 이었다. 그다음 달인 4월, 프랑스는 선전 포고를 했다.[12]

프랑스 혁명 전쟁은 유럽의 대부분을 집어삼키고 20년 이상의 싸움으로 이어진 소용돌이였다. 혁명에 따른 국가와 국민과 민족의 일체화 역시 어지러운 소용돌이를 일으켰고, 이상론자들과 반항자들은 그 저류 속으로 집어삼켜졌다. 일부 사람들은 혁명을 순진하게 생각했는데, 가령 어느 성직자의 아들은 스위스와의 국경 지대에 도착한 프랑스군을 공화제의 미덕을 격찬하는 연설로 맞이하기도 했다(그러나 프랑스 군인들은 멋지게 차려입은 그의 회중시계와 장화, 조끼를 빼앗아버렸다). 반면 마인츠와 라인란트의 공화주의자들, "혁명 정파 지지자들"은 정말로 위험한 자들이었다. 그들은 혁명 공화국을 세우려는 음모를 꾸몄고, 이른바 "프랑스군이 우리에게 베푼 더할 나위 없는 행복"을 환영했다. 이탈리아에서 일어난 카르보나리당의 대중적인 혁명 운동도 위험했다. 숯 굽는 사람들의 관례에 기반한 일종의 프리메이슨인 카르보나리당은 외세의 통치에서 벗어난 "아우소니아 공화국"을 지향했고, 모든 전제 군주를 타도하고자 했다.[13]

유럽 전역의 정부들은 "자코뱅주의"라는 포괄적인 용어로 알려진 프랑스의 혁명적 정서가 진정한 위협이라고 확신했다. 루이 16세와 마리 앙투아네트가 단두대에서 처형된 1793년의 사건은 특히 충격적이었다. 앞으로 자코뱅파가 무슨 일을 저지를지 짐작할 수 있었기 때문이다. 그러나 각국 정부는 국내적 위협의 심각성을 파악할 수단이 부족했다. 합스부르크 가문의 영지에서 경찰은 반대 세력의 규모를 과장했고, "비판 욕구"를 전복 시도와 혼동했다. 경찰이 적발한 상당 수의 음모는 경찰 스스로가 조작한 것이었고, 잠재적 음모자들을 덫에 빠트리기 위한 것이었다. 그리고 나머지 음모들은 관심을 끌려는 자들이 상상으로 꾸며낸 것이었다. 그래도 프란츠 2세와 대신들은 경찰의 권한을 강화하고 재판 없는 구금을 허용했고, 무차별적인 검열을 시행했다. 이후 존 버니언의 『천로역정 *The Pilgrim's Progress*』, 조너선 스위프트의 『걸리버 여행기 *Gulliver's Travels*』, 메리 셸리의 『프랑켄슈타인 *Frankenstein*』 같은 작품들이 검열에 걸렸다.

1793년에 경찰관들에게 배포된 명령에는 모든 "비밀 집회장"을 폐쇄하라는 내용이 있었고, 그 때문에 프리메이슨의 모든 지부가 문을 닫게 되었다. 소수의 지부는 일반 협회를 가장하여 살아남았지만, 특유의 거창한 명칭 탓에 정체가 드러나는 경우가 많았다. 완전히 근절된 줄 알았던 지역에서 프리메이슨 지부가 발견되는 바람에 정부가 허둥대는 경우도 종종 있었다. 이후 1848년과 통제가 완화된 1860년대에 프리메이슨이 부활했다는 사실을 고려하면, 1790년대에 프리메이슨이 표면적으로 몰락했다는 점은 한층 더 주목할 만하다. 아마 트란실바니아에서도 그랬을 것으로 짐작되듯이, 프리메이슨 사상은 결코 뿌리가 뽑히지 않았고 잠시 잠들어 있었을 뿐이다.[14]

모종의 음모가 분명히 꿈틀거리고 있었다. 오스트리아와 헝가리의 몇몇 자코뱅파 활동가들이 프랑스인들과의 연락망을 마련했지만, 그들의 활동은 대부분 성명서를 작성하고 다음과 같은 짧은 유행가를 만드는 데에 그쳤다.

사람들은 하찮은 변소 휴지가 아니야. 나름대로 생각할 줄 알지.

훌륭한 예의범절을 배우지 않으면 무지렁이처럼 목이 매달리겠지.

단두대에 올라 피에 피를 부를 거야.

여기 단두대가 있다면 여러 거물들이 대가를 치를 거야.[15]

가장 이른 시기의 음모 중 하나는 "특별히 조련한 개 10만 마리"로 선언서를 배포하는 일에 관한 것이었다(당국조차 그 음모를 진지하게 받아들이지 않았다). 다른 음모로는 농민들이 기마병의 공격에 대항하도록 굴대에 대못을 박아넣어 전쟁 무기를 만들려고 한다는 계획이 있었다. 음모를 꾸민 자들이 농민들과 접촉하지 않았기 때문에 그 무기는 쓰이기는커녕 제작되지도 않았다. 1794년, 비교적 중요한 자코뱅파 활동가들 수십 명이 체포되어 재판을 받았다. 그런데 난처하게도, 그들 중 몇 명이 레오폴트 2세가 헝가리 귀족을 협박하기 위해서 혁명적인 내용의 소논문을 작성하도록 동원한 인물들이었다. 빈에서 1명이, 헝가리에서 7명이 처형되었다. 재판에 회부된 피고인 대부분은 무죄를 받거나 사면되었다. 장기 징역형이 선고된 나머지 피고인들은 나중에 감형되었다.[16]

그 자코뱅파 활동가들에 대한 재판은 그들이 시도한 미미한 수준의 위협보다 더 의미심장했다. 재판을 통해서 모종의 음모가 실제로 진행되고 있다는 사실이 밝혀졌고, 따라서 검열과 경찰권을 강화해야 한다는 결론이 도출되었기 때문이다. 이제 정치를 주제로 삼은 토론은 위험한 것이 되었다. 예의범절과 화술을 함양하는 장이었던 빈의 살롱에서 사람들은 음악, 문학, 철학, 연극 등을 주제로 교양 있는 의견을 주고받았다. 정치인들에 대한 잡담은 허용되었지만, 논란의 여지가 있는 정치적 견해는 금지되었다. 공적 영역이 계속 유지되었음에도 공적 영역에서의 정치적 비판은 배제된 것이다. 이제 공적 영역은 무기력해졌고, 지적 매력을 잃어버렸다.

교양인들은 살롱에서 벗어나 가정생활과 비더마이어Biedermeier(가상의 소시민에서 유래한 명칭이다) 양식의 단순함에 주목했고, 슈베르트의 가곡들이 피아노, 단순한 가구, 밝은색의 조끼, 위험하지 않은 놀이 기구 주변에서 연주되었다. 오랫동안 교양 있고 문화적으로 세련된 사람들의 특기로 여겨졌던 프랑스어가 이제 일상적인 독일어에 자리를 내주었고, 사람들은 커피점, 도서관, 집회소 등에서 시간을 보내는 대신 가족끼리 주말에 공원으로 소풍을 즐기러 나가거나 케이크를 사 먹으려고 외출했다. 1792년에 시작된 프랑스와의 전쟁으로 모두가 더 가난해졌고, 1780년대와 1790년대에는 빈의 집세가 3배 넘게 올랐다. 그래도 매춘부들의 숫자는 꾸준히 늘어나 1820년 빈에는 무려 2만 명의 매춘부가 있었다.[17]

왕실도 명망 있는 중산층 같은 분위기를 풍기게 되었다. 항상 군복을 입었던 요제프 2세와 달리 프란츠 2세는 평범한 외투 차림으로 쇼핑을 즐겼고, 황후인 카롤리네 아우구스테는 충실한 주부의 이미지를 연출했다. 궁정 화가들은 한가한 시간을 보내는 황실 가족의 초상화(아기들은 어른들의 발치에서 서로 토닥거리고, 어른들이 지켜보지 않는 곳에서는 아이들이 과학 실험에 몰두하는 모습이 담겨 있었다)로 새로운 양식에 반응했다. 페터 펜디의 작품 「기도하는 조피 여대공」에서 프란츠 황제의 며느리는 아이들을 십자가 앞으로 부르고 있으며, 바닥에는 조금 전까지 아이들이 가지고 놀던 장난감이 놓여 있다. 바로크 양식의 장식이 배제된 오스트리아인의 신심이라는 전통적인 요소도 비더마이어 양식에 흡수되었다.

극장도 베버의 「마탄의 사수」가 선도한 낭만주의 오페라 쪽으로 방향을 틀었다. 「마탄의 사수」는 베를린에서 초연된 1821년에 빈에서도 공연되었다. 이탈리아 오페라, 특히 로시니의 작품도 사랑받았다. 하지만 모차르트는 언론에서 여전히 "음악의 셰익스피어"로 칭송함에도 불구하고 인기를 잃었다. 1790년에는 모차르트의 희가극 「코지 판 투테」가 그해 최고의 흥행 성적을 올렸다. 그러나 19세기에는 「코지 판 투테」가 거의 무대에 오르지 못했고, 1840년에 재상연되었을 때에도 겨우 7회만 무대에 올랐을 뿐이었다. 「마술피리」조차 인기가 떨어졌다. 「마술피리」가 4년의 공백을 깨고 1827년에 케른트너토어 극장에서 상연된 것도 다른 작품의 공연이 취소되었기 때문에 가능한 일이었다. 하지만 그 무렵에 관객들이 「마술피리」의 가사와 악보에 담긴 우화를 이해했을지는 의심스럽다. 검열과 경찰권 때문에 모차르트의 가장 위대한 오페라는 그 의미와 취지를 잃고 말았다.[18]

제22장

메테르니히와 유럽의 지도

클레멘스 폰 메테르니히는 1809년에 오스트리아의 외무 장관이 되었다. 라인란트 지방 출신인 그는 혁명기의 프랑스와 나폴레옹에게 전 재산을 빼앗겼고, 외무 장관에 임명되었을 무렵 그의 부채는 125만 굴덴으로 추산되었다. 주군인 황제 프란츠 2세도 파산한 상태였다. 자신이 발행한 국채를 상환할 능력이 없었던 프란츠 2세는 지폐를 발행하고 신민들에게 복권을 나눠주는 대가로 은 식기류를 징발하여 겨우 재정 위기를 넘길 수 있었다. 1809년에 황실 회계국이 갚아야 할 부채는 12억 굴덴에 이르렀는데, 거기에 10억 굴덴어치의 무보증 어음도 있었다. 2년 뒤, 프란츠는 국가 부채의 약 20퍼센트를 무효화하며 파산을 선언했고, 그 과정에서 제조업과 농업 부문의 여러 기업들이 도산하게 되었다.[1]

프란츠의 영토 자본도 줄어들었다. 우선, 제1차 대프랑스 동맹 전쟁1792-1797을 치르는 동안 프랑스군을 상대로 거의 끝까지 버텼던 프란츠의 군대(그의 동생인 카를 대공이 이끌었다)가 영국, 프로이센, 네덜란드 공화국 등과 손잡고 벌인 지상전에서 가장 큰 타격을 입었다. 이때 합스부르크 가문은 오스트리아령 저지대 국가와 롬바르디아를 내주는 대신 1797년 캄포 포르미오 조약으로 베네치아와 그 배후지인 베네토, 이스트리아와 달마티아 지방을 얻었다. 하지만 베네치아의 전략적 요충지인 아드리아 해의 이오니아 제도는 프랑스의 차지가 되었다. 이후 이오니아 제도의 코르푸 섬에는 유럽 최대의 항구가 들어섰는데, 그 항구의 확장 공사는 프랑스 세력의 동지중해 진출을 예고했다. 그리고 1798년, 결국 나폴레옹은 이집트를 침공하기에 이르렀다.

나폴레옹은 1799년에 제1통령이 되었고, 5년 뒤에 프랑스의 황제가 되었다. 그는 프랑스의 영토를 확장하고, 위성국들로 이루어진 장벽을 세우며, 그 주변에 허약하고 순종적인 국가들로 차단선을 구축하려는 야심을 품었다. 그리고 이를 위해서 합스부르크 제국의 영토를 여러 개로 갈라놓았다. 1805년, 영국의 수상 윌리엄 피트는 아우스터리츠 전투에서 합스부르크 제국과 러시아가 패배했다는 소식을 듣자마자 이렇게 말했다. "그 지도는 치우게. 앞으로 10년 동안 필요 없을 테니까." 제2차 대프랑스 동맹 전쟁1798–1802과 제3차 대프랑스 동맹 전쟁1803–1806에 가담한 이후 프란츠 2세는 번번이 강화를 요청해야 했고, 합스부르크 제국은 캄포 포르미오 조약으로 얻었던 것을 모조리 잃어버렸다. 이에 더해 그는 티롤을 나폴레옹의 동맹인 바이에른에, 그리고 옛 슈바벤 공작령에 남아 있던 오스트리아 영지(외지 오스트리아)를 바덴과 뷔르템베르크에 넘겨야 했다. 유일한 위안이라

고는 1805년에 자신이 합병한 잘츠부르크였다.[2]

프란츠는 제4차 대프랑스 동맹 전쟁1806-1807에서 발을 뺐지만, 나폴레옹이 스페인에서 부딪힌 난관(프랑스군은 장기간의 소모전에 지쳐갔다)을 이용하고 싶은 마음에 1809년 4월 영국과 손을 잡고 전쟁을 재개했다. 하지만 나폴레옹은 재빨리 빈을 점령해버렸고, 도나우강을 가로지르는 부교를 설치하여 카를 대공의 허를 찔렀다. 결과적으로 시기상조였지만, 이로써 카를 대공은 전투에 나설 수밖에 없게 되었다. 1809년 7월, 24킬로미터에 이르는 전선에서 이틀 동안 바그람 전투가 벌어졌다. 그러나 승패는 결정적이지 않았고, 카를 대공은 아군을 질서정연하게 퇴각시킬 수 있었지만 모든 전력을 상실한 상태였다. 이로써 프란츠 2세는 또다시 강화를 모색할 수밖에 없었다. 쇤브룬 조약의 내용은 가혹했다. 트리에스테, 고리치아(괴르츠-그라디스카), 크라인 등과 더불어 크로아티아, 그리고 케른텐의 일부 지역이 나폴레옹에 의해서 프랑스 영토로 편입된 일리리아 주로 통합된 것이다. 프란츠 2세가 제3차 폴란드 분할 과정1795에서 차지했던 서부 갈리치아는 나폴레옹이 세운 괴뢰국인 바르샤바 공국에 흡수되었고, 갈리치아의 또 다른 지역은 나폴레옹이 그 얼마 전에 동맹을 맺은 러시아의 알렉산드르 1세에게 할양되었다.

그러나 프란츠 2세가 나폴레옹과의 전쟁에서 잃은 것은 영토만이 아니었다. 1804년 5월, 나폴레옹은 파리에서 스스로 프랑스 황제가 되었다. 그러자 프란츠 2세는 나폴레옹과 격을 맞춘다는 명분을 내세우며 오스트리아 황제로 즉위했다. 신성 로마 제국 황제라는 선출직뿐 아니라 세습 황제직에도 오르게 된 것이다. 이는 현명한 처사였다.

불과 2년 뒤 나폴레옹은 라인 동맹을 결성했고, 친히 라인 동맹의 맹주가 되었다. 바이에른, 뷔르템베르크, 바덴, 그리고 13개의 소국들이 재빨리 신성 로마 제국을 이탈하여 라인 동맹에 가입했다. 프란츠 황제는 "사정상 황제로 선출되었을 때의 약속을 지킬 수 없게 되었다"라고 말하면서 "독일 제국이라는 국가적 독립체"와 자신을 묶은 끈이 "풀렸다"라고 공식적으로 선언했다.

통치자가 없어지자 1,000년 역사의 신성 로마 제국은 종말을 맞았다. 그럼에도 1806년 8월 6일에 발표된 프란츠의 해체 선언문은 "제국의 영원한 영토 확장자" 같은 칭호를 비롯해서 그가 신성 로마 제국의 황제로서 지녔던 직함을 상세히 열거하며 시작했다. 다행스럽게도 미리 오스트리아 황제라는 직함을 마련해둔 덕분에, 합스부르크 가문은 황제직을 계속 유지할 수 있었다. 그러나 황제의 호칭은 바뀌었다. 신성 로마 제국 황제 프란츠 2세는 오스트리아 황제 프란츠 1세가 되었고, 그의 후계자는 페르디난트 5세가 아니라 페르디난트 1세가 되는 식이었다.[3]

그러나 프란츠는 15세기부터 사용된 쌍두 독수리 문양과 황실을 나타내는 검은색과 노란색을 그대로 물려받았고, 그 문양과 색깔을 합스부르크 가문 고유의 상징물로 삼았다. 신기한 일이지만, 노란색은 브라질의 상징색으로 자리를 잡기도 했다. 1817년 프란츠의 딸인 레오폴디네1797-1826는 브라질에 망명해 있던 포르투갈의 왕세자 페드루와 결혼했다. 1822년에 페드루가 브라질의 독립을 선언한 이후 레오폴디네는 국기의 도안을 맡게 되었고, 합스부르크 제국 국기의 노란색과 포르투갈 및 브라질의 브라간사 왕가의 녹색을 결합했다.

브라질 축구팀의 유니폼에는 지금도 합스부르크 가문의 상징색이 남아 있다.[4]

파리 주재 대사 시절, 메테르니히는 프랑스를 상대로 다시 전쟁을 벌이지 말아야 한다고 주장했다(그는 프랑스와의 전쟁이 무모하다고 판단했다). 바그람 전투와 나폴레옹이 부과한 몹시 껄끄러운 조건에서 그 정당성이 입증되었듯이, 1809년에 프란츠 황제가 메테르니히를 외무 장관에 임명해야 했던 것은 놀라운 일이 아니었다. 당시 메테르니히의 주요 관심사는 시간을 버는 것이었고, 이에 따라서 그는 프랑스에 대한 평화 정책의 수립을 촉구했다. 프란츠 황제는 그의 의견에 동의하며 딸인 마리 루이즈를 코르시카 섬의 평민 출신으로 벼락출세한 자와 결혼시켰다. 나폴레옹이 이미 러시아 공주 2명을 신붓감으로 저울질하고 있었기 때문에 마리 루이즈는 3순위였지만, 1순위였던 공주는 나폴레옹에게 퇴짜를 놓았고 2순위 공주는 아버지의 허락을 얻지 못했다.

세련된 멋쟁이였던 메테르니히는 회의장만큼이나 여자의 침실을 편안하게 여겼다. 그러나 메테르니히는 불륜을 통해서 은밀한 정보도 입수했다. 악명 높고 경솔한 수다쟁이였던 그는 비밀도 거래했고, 더 많은 사실을 알아내고 싶을 때에는 외교 우편을 열어보도록 조치했다. 더 주목할 만한 점은, 1808년 이후에 메테르니히가 프랑스의 전직 외무 장관 겸 시종장인 탈레랑을 완전히 구워삶았다는 사실이다. 군대 배치를 비롯해서 탈레랑이 건네준 정보는 "X씨"로부터 입수한 증거로 프란츠 황제에게 보고되었다.[5]

1810년 3월부터 9월까지 메테르니히는 나폴레옹의 결혼식에 참석하려고 방문한 사절단의 일원으로 파리에 있었다. 그는 기회를 틈타 나폴레옹의 의도를 파악하고자 했고, 자신의 천재성을 자랑하듯 늘 어놓는 나폴레옹과 새벽 4시까지 함께 있을 때가 많았다. 메테르니히는 나폴레옹의 야심이 아직 채워지지 않았다는 사실을 간파했지만, 나폴레옹의 향후 행보는 오리무중이었다. 9월 20일, 프랑스 황제 나폴레옹은 생클루 궁전에서 러시아 정복이라는 야심을 드러냈다. 훗날 메테르니히는 "마침내 빛이 보였다. 내가 파리에 온 목적을 이루었다"라고 회상했다. 나흘 뒤, 그는 빈으로 향했다.[6]

메테르니히는 조심스럽게 계획을 세웠다. 프랑스와 러시아의 전쟁이 어떤 결과를 낳을지 불투명했고, 둘 중 어느 쪽도 지원하지 않거나 한쪽만 지원하면 위험이 닥칠 듯했다. 따라서 메테르니히는 "무장 중립"을 선택했다. 즉, 러시아에 맞서는 나폴레옹을 지원하되 주공격에는 가담하지 않을 작정이었다. 막후에서, 그는 차르 알렉산드르 1세에게 합스부르크군이 지원 역할만 맡을 계획이라고 통보했다. 그러나 나중에 드러났듯이, 슈바르첸베르크 공작이 지휘한 군대가 임무를 너무 완벽히 완수하는 바람에 알렉산드르 1세가 프란츠 2세에게 항의하는 일이 벌어지기도 했다.

1812년 나폴레옹은 그때까지의 전쟁사에서 가장 큰 규모의 군대를 동원했다. 약 60만 명의 병력 가운데 슈바르첸베르크 휘하의 병력은 3만 명에 불과했다. 프랑스군은 모스크바에 당도했지만 그해 10월경 서둘러 후퇴했고, 심지어 말을 잡아먹기도 했다. 1월과 2월의 동장군은 위협적이었다. 나폴레옹이 모스크바에서 퇴각한 뒤, 적들은 다시 손을 잡았고 1813년에 제6차 대프랑스 동맹을 결성했다. 나폴레옹은 군대를 새로 편성했지만, 라이프치히에서 벌어진 제국민諸國民 전투에서 합스부르크 제국과 러시아, 스웨덴과 프로이센의 동맹군에게 결정적인 패배를 당했다(작센과 뷔르템베르크는 나흘간 벌어진 그 전투 중간쯤에 이탈하여 동맹군에 합류했다).

동맹군이 서쪽으로 프랑스로 진격해오고 영국군이 스페인에서 피레네 산맥을 넘어오자 탈레랑이 주도권을 잡았다. 그는 프랑스 원로원을 이끌며 임시 정부의 수반에 올랐고, 나폴레옹의 폐위를 선언했다. 이후 탈레랑은 프랑스 국민의 "자발적 의사에 따른" 부르봉 왕가의 복원을 선포했다. 국민의 염원과 무관하게 신성한 권리에 따라서 자신에게 통치자의 자격이 있다고 생각한 루이 18세는 탈레랑의 해석에 반대했지만, 메테르니히는 부르봉 왕정의 부활을 흡족하게 여겼다. 러시아군이 저 멀리 서쪽의 칼레까지 배치되어 영국 해안을 바라보게 되자, 메테르니히는 이제 러시아가 대륙의 맹주가 되었음을 깨달은 상태였다. 그는 부르봉 왕정의 부활로 강력하고 안정을 이룬 프랑스가 평형추 역할을 맡을 수 있겠다고 판단했다.

1814년 11월부터 1815년 7월까지 빈에서 열린 대규모 국제회의로 유럽의 지도가 수정되었다. 다른 나라들도 장기간의 전쟁을 치열하게 벌였지만, 그 회의는 결국 모든 면에서 합스부르크 가문의 권력이 정점을 찍은 사건이었다. (메테르니히가 예견했듯이) 나폴레옹이 엘바 섬을 탈출해서 일시적으로 다시 권력을 잡은 "백일천하" 기간에 중단되기도 했던 빈 회의에는 황제 2명, 국왕 4명, 통치 제후 11명, 전권 대사 200명이 참석했고, 호프부르크 궁전이나 메테르니히의 관저에서는 날마다 연회가 열렸다. 무도회, 사냥 여행, 초상화 제작회, 오페라, 연주회 같은 각종 행사도 있었다. 베토벤은 7번 교향곡을 직접 지휘했다. 7번 교향곡은 그가 10년 전에 나폴레옹에게 바친 3번 교향곡 「에로이카」에 대한 속죄로 볼 수 있었다.

메테르니히는 원하는 바를 많이 이루었다. 그는 합스부르크 가문의 영토를 대부분 되찾았고, 저지대 국가는 잃었지만 롬바르디아와 베네토를 얻었다(이제 롬바르디아와 베네토는 통합되어 오스트리아 제국 안의 롬바르도-베네토 왕국이 되었다). 베네토와 더불어 두브로브니크, 그리고 달마티아 해안에 있는 베네치아의 다른 영지도 얻었다. 합스부르크 가문의 땅에 포함되지는 않았지만, 토스카나와 모데나는 합스부르크 가문의 혈통을 물려받은 대공들이 계속 다스리게 되었고, 파르마는 프란츠 2세의 딸이자 나폴레옹과 별거 중인 부인 마리 루이즈가 차지했다. 또한 잘츠부르크 합병이 인정되었고, 바이에른의 일부분을 넘겨받았다. 빈 회의의 결정에 따라서 자유시로 바뀐 크라쿠프를 잃어버리는 등 몇 가지 영토적 손실이 있었지만, 갈리치아와 로도메리아도 되찾았다.

프랑스가 응징을 당하지 않은 채 1792년의 국경선으로 회귀했고, 작센이 프로이센에 제물로 바쳐졌다는 점도 중요했다. 신성 로마 제국은 복원되지 못했지만, 오스트리아 영지를 포함하는 독일 연방이 합스부르크 가문의 주도권 아래 신성 로마 제국의 자리를 대신했다. 나폴레옹이 작센과 바이에른, 뷔르템베르크의 통치자들에게 하사한 국왕 칭호는 유지되었고, 하노버의 통치자도 국왕 칭호를 얻었다. 빈 회의는 비교적 규모가 큰 독일의 공국들이 얼마 전의 전쟁을 통해서 차지한 규모가 작은 공국들을 계속 보유하도록 허용했고, 그 결과 독일 연방은 겨우 34개의 회원국으로 축소되었다(나중에 몇몇 회원국이 추가로 가입했다). 그 과정에서 메테르니히는 독일 연방이 프로이센을 에워쌀 뿐 아니라 프랑스나 러시아의 침략에 맞설 만한 역량을 갖추도록 만들었다.[7]

그와 같은 변화의 전반적인 결과로 새로운 오스트리아 제국은 중앙 유럽에서 한 덩어리를 이룬 영토를 바탕으로 북쪽으로는 독일 연방에, 남쪽으로는 이탈리아에까지 폭넓은 영향을 미치게 되었다. 덕분에 오스트리아 제국은 러시아와 프랑스를 갈라놓은 채 양쪽 사이에서 균형을 유지할 수 있었다. 그렇게 유럽의 지도가 다시 절묘하게 그려졌다. 프란츠 황제는 고마움의 표시로 메테르니히에게 라인란트의 요하니스베르크 성을 하사했다. 메테르니히는 1813년에 공작 작위를 받았고, 1821년에는 수상에 임명되었다.

메테르니히는 표리부동한 태도를 적절히 활용했다. 해외에 파견된 대사들과 연락할 때면 그는 3종의 서신을 보내고는 했다. 첫 번째 편지에는 정책적 방침이 담겨 있었고, 두 번째에는 그것을 드러내야 할 대상이 누구인지가, 세 번째에는 진짜 정책이 담겨 있었다. 메테르니히는 자신이 견지하는 원칙, 합법적인 군주들의 통치권 유지에 대한 관심, 그리고 유럽의 세력 균형과 지속적인 평화라는 목표를 지속적으로 언급했다. 그러나 다른 여러 문제들과 마찬가지로, 그런 원칙과 관심과 목표는 그의 진정한 목적이 아니었다. 메테르니히의 진정한 목적은 특히 독일 연방과 이탈리아와 관련하여 주군인 프란츠 2세의 영향력과 신생 오스트리아 제국의 영향력을 유지하는 것이었다. 그가 정통성을 강조한 것은 그동안 자신이 오스트리아에 유리하도록 조성해온 현재 상태를 유지하고자 내세운 구실일 뿐이었다. 반란을 일으킨 라틴아메리카 식민지에 대한 스페인의 합법적 권리, 유서 깊은 왕국에 대한 폴란드인들의 합법적 권리, 독립을 둘러싼 크라쿠프 자유시의 합법적 권리는 메테르니히의 관심사가 아니었다(1846년 그는 크라쿠프를 점령하려고 군대를 파견했다).[8]

메테르니히는 언제나 황제의 곁을 지키며 황제가 중요한 사건과 정책을 잘 파악할 수 있게끔 보좌했다. 물론 황제의 승낙을 얻을 수 있도록 곁가지를 없애고 유리한 부분만 보고할 때가 종종 있었지만 말이다. 메테르니히는 본인과 프란츠 2세의 관계를 정치적 쌍둥이에 비유했다. 그는 이렇게 말했다. "내가 그를 위해 만들어졌을 수 있듯이, 신이 나를 위해 만들어졌을지 모르는 사람 곁에 나를 두셨다. 프란츠 황제는 스스로 무엇을 원하는지 알고 있고, 그것은 내가 가장 원하는 바와 조금도 다르지 않다." 프란츠는 자신보다 메테르니히가 더 인정 있는 사람이라고 설명하기는 했지만, 메테르니히의 의견에 동의한 듯하다. 사실 프란츠에게는 급송 공문서를 상세히 검토하는 것보다 흥미로운 일이 있었다. 프란츠는 급송 공문서에 쓰인 봉랍封蠟을 살펴보는 데에 관심이 있었다. 밀랍 제품을 열심히 연구했던 그는 나폴레옹이 보내온 서신을 밀봉하는 데에 쓰인 밀랍을 꼼꼼히 조사하고 나서야 봉투에서 서신을 꺼내 읽었다. 그는 새장, 칠함漆函, 사탕 따위를 만드는 데에도 관심이 있었고, 쇤브룬 궁전의 온실에서도 많은 시간을 보냈다.[9]

빈 회의의 "4대 주역"은 알렉산드르 황제와 메테르니히, 프로이센의 하르덴베르크 공작과 영국의 캐슬레이 경이었지만, 탈레랑도 결정적인 역할을 맡을 때가 종종 있었다. 4대 주역은 "공동 관심사를 상의하기 위해……각국의 평온과 번영을 위해, 그리고 유럽의 평화를 유지하기 위해서" 빈 회의 이후에도 정기적으로 만나기로 합의했다. 알렉산드르 황제는 기독교의 "숭고한 진리"에 근거한 민족 간의 형제애적 유대라는 목적을 추가했다. 잘 알려져 있듯이 메테르니히는 알렉산드르 황제의 신성 동맹을 "아무런 반향도 없는 것"으로 치부했지만, 알렉산드르가 언급한 문구인 "민족 간의 화합"을 "주권자들의 화합"으로 바꾸는 기지를 발휘함으로써 유럽의 지도에 군주제라는 현재 상태를 또다시 각인시켰다.[10]

전승국인 4대 강국과 프랑스가 현재 상태를 지키고 합법저 통치자들의 권리를 지지하기 위해서는 혁명의 위기가 표면화될 때마다 개입을 해야 했다. 그것은 메테르니히에게 유리했다. 1821년에 오스트리아 군대가 피에몬테와 나폴리로 진군하여 군주들을 보호함으로써 이탈리아 반도에서의 영향력을 확대할 수 있었던 것도 그런 상황 덕분이었기 때문이다. 하지만 그것은 미미한 개혁에도 반대하는 정권을 비롯해 기존의 모든 정권을 지원하는 데에 몰두한 영국과 프랑스의 정치인들에게는 달갑지 않은 상황이었다. 메테르니히가 오스만 제국에도 보증 수표를 내밀려고 시도했다는 사실은, 영국이 처한 곤경의 한 가지 사례였다. 캐슬레이 경이 예측했듯이 "포괄적인 유럽의 경찰"은 "모든 권좌의 무장 경호대"의 역할을 맡으려고 했다.[11]

1818년부터 1822년까지 아헨, 오스트리아령 슐레지엔의 오파바(트로파우), 크라인의 류블랴나(라이바흐), 베네토의 베로나 등지에서 네 차례에 걸친 국제회의가 열렸다. 그중 세 차례의 회의가 오스트리아 제국의 영토 안에 있는 오파바와 류블랴나, 베로나에서 열렸기 때문에 영향력을 인정받은 메테르니히는 외교 우편을 더 쉽게 열어볼 수 있게 되었다. 그러나 러시아와 달리 영국과 프랑스는 신민들에게 인기가 없는 통치자를 보호하는 일과 점점 거리를 두려고 했다. 개입 원칙을 둘러싼 주요 강국의 태도가 서로 엇갈리자 국제회의는 유명무실해졌다. 하지만 국제적 위기는 전쟁보다 회의를 통해서 해결하는 편이 더 나을 수 있다는 일종의 선례는 확립되었다.

1822년 이후 메테르니히는 프로이센과 러시아의 지원이 차츰 더 필요해졌고, 빈과 베를린, 상트페테르부르크의 3대 "북부 왕실"끼리 맺은 불안한 동맹을 강화했다(그때까지 유럽은 동서가 아니라 남북으로 나뉘는 것으로 여겨졌다). 1833년에 뮌헨그레츠와 베를린에서 개최된 회담에서 프란츠 황제와 러시아의 니콜라이 황제, 프로이센의 프리드리히 빌헬름 왕세자는 "보수적 체제를 정책의 명백한 토대로" 유지하기로 합의했고, 모든 통치자들이 서로 군사적 원조를 요청할 자격이 있다는 점을 확인했다.

1814년, 합스부르크 가문은 베네치아와 아드리아 해의 요충지를 획득한 데에 힘입어 몇 개의 포열 갑판을 갖춘 전열함戰列艦 10척과 소형 호위함 9척으로 구성된 베네치아의 해군을 물려받았다. 합스부르크 가문의 그 신생 함대는 애초에 수리가 필요한 상태였기 때문에 주로 해안을 따라서 유람객들을 운송하거나 우편물을 배달하는 데에 쓰였다. 하지만 1817년에 레오폴디네 여대공을 브라질로 보내고, 몇 년 뒤 중국과 새로운 통상 조약을 맺는 과정에서 그 함대의 가치는 차츰 분명해졌다. 합스부르크 가문의 선박들이 몹시 생소했던 중국인들이 요제프 2세 시절에 도입된 붉은색과 흰색의 해군기를 알아보지 못했기 때문이다. 이에 따라 선장은 쌍두 독수리가 그려진 신성 로마 제국의 검은색과 노란색 깃발을 게양할 수밖에 없었다.[12]

오스트리아 제국 함대는 1821년의 나폴리 침공 당시 상륙전을 지원하며 가치를 입증했다. 함대는 펠로폰네소스 반도에서 일어난 반란을 지원하려고 상선을 약탈하는 그리스의 해적선들에 맞서도록 파견되기도 했다. 1820년대 말엽에 이르러, 합스부르크 가문은 에게 해와 동지중해를 순찰하는 함선을 20척 이상 보유하게 되었다. 그러나 해군의 중요성이 갑자기 부각된 원인은 모로코 해적들의 활동이었다. 1828년, 모로코의 술탄이 합스부르크 가문의 해상 운송을 방해하지 않겠다는 합의를 파기하고 지중해를 거쳐 브라질로 향하는 상선들을 공격하기 시작했다. 일례로 리우데자네이루를 향해 트리에스테에서 출발한 벨로체 호가 공격을 당하고 선원들이 억류되었다. 메테르니히는 선원들을 구출하기 위해서 군인 수백 명을 태운 쌍돛대의 범선 1척과 경무장 소함선 2척을 모로코 해안으로 파견했다. 그 원정 함대는 라라슈의 항구를 포격한 끝에 완벽한 승리를 거두었다. 얼마 지나지 않아, 술탄은 프란츠 황제와 다시 조약을 맺었다.[13]

그러나 오스트리아 제국의 해군은 1837년까지도 단일 포열 갑판을 갖춘 호위함 4척, 경무장 소함선 5척, 외륜선 1척, 일반 소함선 몇 척밖에 없는 소규모 해군이었다. 반면 상선대商船隊는 대형 상선 500척으로 이루어져 있었고, 베네치아와 트리에스테, 리예카(피우메)를 근거지로 삼아 오스만 제국이나 북아프리카와의 무역을 장악했다. 많은 상선들이 1829년에 설립된 도나우 증기선 회사와 1836년에 설립된 오스트리아의 로이드 사 소속이었는데, 두 회사 모두 설립 과정에 메테르니히가 적극적으로 참여한 바 있었다.[14] 이 회사들은 흑해와 동지중해 무역에 참여했고, 메테르니히는 면화와 비단 무역에서 오스트리아 상인들을 우대하도록 오스만 제국의 술탄을 압박했다. 1839년에 오스만 제국의 이집트 총독 무함마드 알리가 오스만령 시리아를 공격하자, 메테르니히는 술탄을 지원하기 위해서 영국 해군과 합세하여 베이루트를 포격하고 나일 강 삼각주를 봉쇄하도록 지시했다. 이후 이집트 총독은 유럽의 상인들에게 영토를 개방하는 데에 동의했고, 유럽 상인들 가운데 오스트리아 상인들이 가장 먼저 그의 영토에 자리를 잡았다.

오스트리아 선박들은 면화와 비단을 운반했을 뿐만 아니라 곡물과 기타 농산물 운송을 비롯한 동지중해 현지의 무역에도 활발히 참여했다. 아울러 노예들을 이집트의 알렉산드리아에서 이스탄불과 이즈미르(스미르나)의 시장으로 운반하는 등 노예 무역에도 깊이 관여했다. 19세기에 약 100만 명의 아프리카인들이 동지중해로 운반된 것으로 추정되는데, 그 가운데 수만 명이 오스트리아 로이드 사의 선박들에 태워져 이동했다. 1870년대 말의 한 조사 결과에 따르면, 실제로 노예를 태우지 않은 채 알렉산드리아에서 이스탄불로 향하는 오스트리아 로이드 사 소속 선박은 1척도 없었다. 소수의 노예들은 오스트리아의 빈까지 흘러 들어갔고, 그곳에서 "법적 신분이 불분명한 자들"로 분류되어 가사 하인으로 일했다.[15]

동지중해에서 오스트리아 선박들의 통상 규모가 확대되는 과정은 영토 밖에서 진행되는 식민 사업의 일환이었다. 토착 자원의 경제적

착취라는 측면에서, 그리고 외교관들과 사업가들의 온정주의적 열정이라는 측면에서 볼 때, 그 과정은 비교적 명백한 식민 제국들의 여러 가지 특징을 띠고 있었다. 외교관들과 사업가들의 목표는 무역 거점을 마련하는 데에서 그치지 않았다. 가톨릭교 선교사들을 지원하기 위해서 철갑 포함을 백나일 강으로 보낸 데에서 알 수 있듯이, 그들은 현지인들을 개종시키는 일도 목표로 삼았다. 가톨릭 신앙이 확대되면서 황제의 정치적 영향력도 커졌다. 합스부르크 제국의 황제가 이집트와 수단에서 가톨릭교 신자들을 보호해주는 역할도 맡았기 때문이다. 1857년, 빈 지리학회는 오스트리아 국기가 적도에서 북쪽으로 겨우 3도 떨어진 지점에 꽂혔다는 사실을 기쁜 마음으로 기록했고, "기독교와 문명"의 보호 아래에서 지속적인 발전을 기대했다.[16]

합스부르크 제국의 상인들은 남쪽의 아프리카로 진출했다. 그러나 원주민들은 제조품, 직물, 우산 같은 상품에 관심이 없었다. 따라서 상인들은 상품 대신에 화폐를, 그중에서도 주로 마리아 테레지아 탈러로 알려진 대형 은화를 거래했다. 1741년에 처음으로 주조된 탈러 은화는 1783년에 도안과 함량이 일정하게 확립되었고, 마리아 테레지아가 사망한 해를 기념하고자 1780년을 발행 연도로 삼았다. 은 함량도 높고 도안도 인상적인 마리아 테레지아 탈러 은화는 에티오피아, 아프리카 대륙 북동부, 인도양 등지에서 교환 수단으로 자리 잡았고, 금, 상아, 커피, 향수용 사향유, 노예 등을 구입하는 데에 사용되었다. 에티오피아의 어느 하녀가 1830년대에 언급했듯이, 탈러 은화는 "아이들과 남자들을 살 때 쓰는" 주화였을 뿐 아니라 구멍을 뚫어 실로 엮으면 목 장신구도 되었고, 현지의 통치자들에게 바치는 세금의 지불 수단 역할을 하기도 했다. 마리아 테레지아 탈러 은화는 에티오피아에서 1945년까지, 무스카트와 오만에서 1970년까지 공식 화폐로 쓰였고, 오늘날에도 저 멀리 떨어진 인도네시아에서 비공식적으로 유통되고 있다.[17]

메테르니히는 자신이 "유럽은 가끔 다스렸을지 몰라도 오스트리아는 결코 다스리지 못했다"라고 자평했다. 그가 주로 담당한 분야는 외교 정책이었고, 헝가리 왕국과 롬바르도-베네토 왕국도 그의 주요 담당 구역이었다(당시 헝가리 왕국과 롬바르도-베네토 왕국은 외국이나 다름없다고 여겨졌다). 황제는 메테르니히가 오스트리아 제국의 행정을 개혁하고자 내놓은 계획을 외면했다. 메테르니히의 골칫거리는 정책을 깐깐하게 검토하고 표결로 업무를 처리하는 국무 위원회였다. 그는 내부에서 정책을 조율할 수 있도록 장관들에게 실권을 주는 편이 훨씬 낫다고 생각했다. 그러나 프란츠 황제는 생각이 달랐다. "변화는 필요 없소. 우리 법은 견고하고 충분하오." 그리고 "지금은 혁신에 적합한 시기가 아니오"라는 평가는 프란츠 황제의 정치적 부동성을 보여주는 전형적인 사례였다.[18]

프란츠 황제와 메테르니히는 유럽의 기존 질서와 오스트리아 제국을 위협하는 혁명의 징후가 있다는 데에 동의했다. 그러나 두 사람은 딱 한 가지 사실을 오해했다. 두 사람을 비롯한 여러 정치가들의 생각과 달리, 혁명의 징후는 파리의 비밀 위원회 같은 일원화된 단체가 조장하는 것이 아니라 마치 오늘날의 독립적 테러범들의 방식처럼 비교적 느슨하게 나타났다. 나폴리, 스페인, 러시아령 폴란드, 발칸 반도, 라틴아메리카 등지의 여러 혁명 지도자들은 서로 알고 있었고, 상대방의 투쟁을 지원했으며, 헌법 초안과 혁명 선언문을 공유했다. 그들은 프리메이슨의 관행인 가입식과 암호 체계, 그리고 피의 맹세를 차용한 이른바 우인회友人會와 소규모 조직들을 통해서 비밀리에 활동했다.[19]

메테르니히는 오스트리아가 독일 연방의 의장국이라는 사실을 발판으로 독일 연방 곳곳에 적용되는 검열 방침을 밀어붙였고, 교정원들과 검열관들 모두에게 부담이 너무 크다는 이유로 320쪽이 넘는 저작의 검열을 면제했다(역사학자들이 흔히 주장하는 바와 달리, 20쪽이 아니라 전지全紙 20장이고 전지 1장당 16쪽을 인쇄할 수 있으므로 320쪽이다). 그는 독일 통치자들이 그들의 주권을 침해하는 대의 제도와 시위와 정치 조직을 단속하도록 압박했다. 하지만 오스트리아 제국에서 검열은 불완전한 수단이었다. 빈에는 검열관이 25명밖에 없었고, 그들은 1년에 1만 종의 출판물을 검열해야 했다. 라이프치히의 「그렌츠보텐Die Grenzboten」과 아우크스부르크에서 발행된 자유주의적 성향의 신문 「알게마이네 차이퉁Allgemeine Zeitung」은 자유롭게 배포되었고, 비정기 간행물만 압류되었다. 공인된 신문인 「비너 차이퉁」은 광범위한 외국 소식을 공정하게 보도했다.[20]

메테르니히는 여론 형성을 예방하기보다는 첩보 수집과 사찰을 통해서 여론을 감시하는 편을 선호했다. 따라서 억압의 강도는 대체로 심하지 않았다. 그는 어릴 적 자신을 가르친 가정 교사를 혁명적 공화주의로 전향해버린 "가장 훌륭한 사람 중 한 명"으로 꼽았고, 잘못된 확신을 응징할 마음이 전혀 없었다. 투옥된 정치범들이 있기는 했지만, 일반적으로 그들은 단지 그릇된 견해를 가졌기 때문이 아니라 금지된 모임에 소속되거나 폭동을 적극적으로 공모하는 등 무엇인가 나쁜 일을 저질렀기 때문에 감금되었다. 음모의 온상인 롬바르도-베네토 왕국에서조차 메테르니히 휘하의 공무원들은 서커스가 고대 로마인들을 길들였듯이 오페라가 이탈리아인들을 고분고분하게 만들 수 있다고 보았고, 이에 따라 경찰보다 라 스칼라 극장을 신뢰했다. 1837년, 메테르니히는 헝가리와 트란실바니아에서 활동한 자유주의적 저항 세력의 주모자들(코슈트 러요시, 라즐로 로바시, 미클로시 베셸레니)을 선동죄로 투옥시켰다. 그러나 그들은 모라비아 남부에 있는 슈필베르크 성의 감옥에서 매우 편안하게 생활했고, 3년 뒤에 사면되었다.[21]

그러나 메테르니히의 통치권을 둘러싼 가장 결정적인 저항은 정부 내부에서 시작되었다. 개혁을 향한 열정으로 가득했던 관료 사회는 사회 개선을 추진했다. 프란츠 황제가 혁신에 반대했음에도 관료들은 주목할 만한 업적을 쌓아나갔다. 1803년에는 형법전을 편찬했고, 1811년에는 민법전을 제정하여 귀족 특유의 법적 지위를 없애버렸다. 실업 및 광업 전문학교를 신설했고, 철도 공사와 전신선 부설 같은 대규모의 상업적, 산업적 과제를 지원했다. 해마다 비밀 결사의 회원이 아님을 맹세해야 했던 관료들은 차선책으로 독서회에 가입했다. 독서회에서는 경찰의 승인을 받은 외국 신문과 금서를 읽을 수 있었다. 빈에서 근무하는 1,000여 명의 고위 공직자 중 약 200명이 법률 및 정치 독서 연합의 회원이었는데, 그들은 루소와 스위스의 초창기 공산주의자들의 저작, 그리고 심지어 청년 이탈리아당의 기관지인 「일 프로그레소*Il Progresso*」도 읽을 수 있었다.[22]

관료들은 농민의 예속 상태를 철폐하고 소작농이 경작하는 토지를 소작농에게 지급하도록 촉구했다. 하지만 그렇게 하기 위해서는 지주들에 대한 보상이 필요했고, 이에 따라서 군대에 배당할 자원이 고갈될 우려가 있었다. 메테르니히의 외교 정책은 타국의 내정에 개입할 가능성에 좌우되었기 때문에 그는 대규모의 국방 예산에 우호적이었다. 따라서 관료들은 메테르니히의 경쟁자이자 재정 문제를 주로 담당한 콜로브라트−립슈타인스키 백작에게 기대를 걸었다. 콜로브라트는 개혁가가 아니었지만, 바보도 아니었다. 그는 메테르니히에게 다음과 같이 말했다. "당신의 수단은 현재 상태의 엄격한 유지와 무력인데, 내가 볼 때 그 수단들은 혁명을 초래할 것이오." 콜로브라트는 군비 지출을 삭감함으로써 1830년부터 1831년까지 잠시 정부 예산의 수지 균형을 맞췄다. 그 덕분에 콜로브라트의 정치적 영향력은 지나치게 커졌다.[23]

1835년, 프란츠에 이어 아들인 페르디난트가 황제로 등극했다. 페르디난트는 어릴 적 구루병을 앓은 탓에 어른이 되어서도 간질과 두개골 기형을 감수해야 했다. 하지만 그가 통치자로서 자격이 없다는 주요 근거는 국정에 대한 무관심에서 찾을 수 있었다. 페르디난트는 몇몇 전임자들처럼 식물학에 심취해 있었다. 페르디난두사*Ferdinandusa*라고 불린 개화 열대 식물의 이름은 그를 기리기 위해서 붙은 것이었다. 임종을 맞이했을 때, 프란츠는 페르디난트에게 "다스리되 바꾸지 마라"라고 타일렀고, 현명하게도 페르디난트를 대신할 섭정 평의회, 즉 국정 협의회를 설치했다. 콜로브라트는 국정 협의회를 통해서 국방 예산 확충을 저지하며 메테르니히를 끊임없이 견제했지만, 국가 재정의 파탄을 우려한 나머지 소작농들의 고통을 덜어주지는 못했다. 1846년, 갈리치아에서 유혈 폭동이 발생하여 소작농들이 지주들을 학살하고 지주들의 잘린 머리를 짐마차에 쌓아놓으면서 농촌 지역의 개혁이 시급해졌다. 그러나 국정 협의회는 말싸움만 벌일 뿐 결정을 내리지 못했다.

페르디난트의 치세1835-1848에, 메테르니히는 국내 정책의 관할권을 상실했다. 사실 그 기간 동안 자행된 여러 가지 탄압의 주체는 그가 아니라 콜로브라트나 국정 협의회 소속인 콜로브라트의 협력자들이었다. 그럼에도 메테르니히는 국제질서뿐만 아니라 국정 운영상의 모든 결함과도 동일시되었다. 1830년에 발표된 스탕달의 『적과 흑 Le Rouge et le Noir』속 망명 귀족인 알타미라 백작은 "메테르니히가 조직한 유럽이 너무 실망스럽다"라는 이유로 무도회에서 미녀 마틸드를 저버리고 페루인 장군에게 말을 건다. 안톤 폰 아우어슈페르크의 정치적인 시 「빈의 한 시인의 산책」에서는 오스트리아 사람들이 자유를 달라며 메테르니히의 자택 현관문을 두드린다. 실제로, 1848년에 메테르니히는 대중적 담론의 장에서 "피를 빠는 모든 장관들의 우두머리 흡혈귀", "사악한 악마", "돈을 꿀꺽 삼키고, 사람들의 피를 마시는 자"가 되었다.[24]

그러나 메테르니히의 업적은 유럽의 지도에서 찾아볼 수 있다. 나폴레옹이 내팽개친 유럽의 지도는 메테르니히 덕분에 복원되었고, 신생 오스트리아 제국은 메테르니히의 활약으로 차지한 주도적 위치를 바탕으로 마리아 테레지아 탈러 은화를 아프리카까지 퍼트릴 수 있었다. 1814년과 1815년 사이에 빈에서 메테르니히가 구획 과정에 참여한 뒤에 보전하려고 애쓴 국경선은 유럽 국가 체제의 광범위한 윤곽선을 이루면서 1914년까지 유지되었다. 중심부가 안정되자 유럽 열강 간의 충돌은 "주변부화되었고", 유럽의 강대국들은 동쪽의 오스만 제국으로, 그리고 남쪽의 식민지를 둘러싼 경쟁으로 눈길을 돌렸다. 1700년부터 1790년까지는 몇몇 혹은 여러 강대국들이 연루된 대규모의 전쟁이 최소 열여섯 차례나 발발한 반면, 1815년부터 1914년까지 유럽에서 일어난 전쟁은 네 번뿐이었고, 그 네 차례의 전쟁 모두 단기간에 끝났다. 메테르니히가 유럽에 평화를 선사하지는 않았지만, 그는 유럽의 정치가들이 원하는 경우 평화를 선택할 수 있는 토대를 마련했다. 메테르니히가 길잡이 역할을 맡은 덕분에 오스트리아 제국은 나폴레옹이 부여한 보잘것없는 지위에서 벗어나서 유럽의 주요 중재자로 떠올랐고, 거의 40년 동안 혁명의 무질서에 맞서는 보루가 되었다.[25]

제23장

1848년

폰 노이만의 일기와 「라데츠키 행진곡」

필리프 폰 노이만 남작은 메테르니히의 판박이 같은 오스트리아의 외교관이었다. 단정한 머리카락과 튀어나온 코에서 드러나듯이, 그는 외모도 메테르니히와 비슷했다. 노이만은 30년이 넘는 세월 동안 챈도스 저택에 자리한 런던 주재 오스트리아 대사관에서 참사관 겸 대사 대리로 일했다. 그리고 여러 차례의 연애 끝에 60대 초반이 되어 웰링턴 공작의 조카의 딸인 오거스타 서머싯 부인과 결혼했다. 1844년 말엽, 노이만은 피렌체 주재 대사로 임명되어 아내와 함께 피렌체로 떠났다. 하지만 그가 1848년 2월에 프랑스에서 혁명이 일어났다는 소식을 들은 곳은 피렌체 근처의 도시인 모데나였다. 유럽이 정치적 동요에 휩싸이자, 보통은 그가 참석한 무도회와 그가 만난 중요한 사람들이 열거되었던 일기의 분위기는 점점 더 격앙되었다. "프랑스에서 혁명당이 공화국을 선포했다.(3월 1일)……그리고 벨기에가 공화국이 되었고, 레오폴트 왕이 브뤼셀을 떠났다.(3월 3일)……경찰에 의하면 내일 모데나와 레조, 파르마에서 폭동이 일어날 거라고 한다.(3월 6일)……독일에서 혁명 운동이 퍼지고 있다는 나쁜 소식이 들려왔다.(3월 14일)" 마침내 노이만은 그동안 두려워했던 전갈을 받았다. "페르디난트 대공(모데나 공작)이 나를 부르러 사람을 보내왔고, 빈에서 일어난 몹시 애통한 사건을 알렸다.……(3월 18일)"[1]

노이만의 일기로 짐작할 수 있듯이, 빈에서 일어난 혁명은 예상된 일일지라도 충격적이었다. 유럽 전역에서 정부가 무너지고 군주가 쫓겨나자 기존 질서의 취약성이 드러났고, 개혁을 요구하는 목소리가 더욱 날카로워졌으며, 다른 곳의 사례를 모방하는 봉기가 일어날 가능성이 커졌다. 빈 중심가의 웅장한 신축 궁전에서 니더외스터라이히 의회가 열린 그해 3월 13일에는 모두가 소동이 벌어질 것을 예측했고, 많은 사람들이 현장으로 가서 상황을 지켜보려고 했다. 이후 발생한 일들은 대부분 미리 계획된 것이었다. 학생들은 의회가 열리는 궁전을 급습하여 의원들을 내쫓은 뒤 2층의 발코니에서 군중에게 열변을 토했다. 그들의 시위는 빈 교외에서 모인 폭력배 무리들이 가담하는 바람에 폭동으로 바뀌었다. 현장에 있던 군사령관이자 페르디난트 황제의 사촌인 알브레히트 대공은 군중에게 해산을 호소하다가 머리에 돌을 맞았다. 알브레히트 휘하의 군인들은 한 무리의 이탈리아 군인들이 대열을 이탈해서 발포할 때까지 몇 시간 동안 빗발치는 돌팔매를 견뎌내야 했다. 4명이 총에 맞아 죽었고, 법학도 1명이 총검에 찔려 죽었으며, 노파 1명이 혼란의 와중에 압사했다.

해가 저물 무렵, 빈은 그야말로 아수라장이었다. 폭도들은 교외의 상점과 작업장을 약탈했고, 부자들을 습격하고 제과점과 담배 가게에 침입했다. 그들은 빈 중심가에서 가로등을 뽑아서 성벽 공격용 무기로 썼고, 포장도로 표면에서 새어 나오는 가스에 불을 붙여 활활 타오르는 불꽃을 어둠 속으로 날려 보냈다. 호프부르크 궁전 밖에서는 모여든 군중이 황제에게 환호를 보냈다. 그러나 호프부르크 궁전 안에서는 또 다른 장면이 펼쳐지고 있었다. 황실 내부의 메테르니히의 적들은 며칠 전부터 어떤 종류의 소란이든 그것을 메테르니히를 내쫓을 구실로 삼으려고 하고 있었다. 적들은 페르디난트 황제의 제수인 조피 여대공이 세운 치밀한 작전을 통해서 점점 압박을 가하며 메테르니히의 사임을 요구했다. 메테르니히의 정치적 협력자이자 페르디난트 황제의 삼촌인 루트비히 대공이 조피 여대공의 편에 가담하자(루트비히는 폭도들이 곧 호프부르크 궁전으로 쳐들어올 것이라고 생각했다), 메테르니히는 어쩔 수 없이 물러났다. 오후 9시, 그는 사직서를 작성했고, 이튿날 빈의 노르트반호프 역에서 런던으로 향하는 기차에 올랐다. 그 무렵, 빈 외곽에 있는 메테르니히의 여름 관저가 불탔다.[2]

페르디난트 황제는 뜻밖에도 다음과 같은 간단한 말로 방침을 정했다. "짐은 주권자이고, 결정은 짐에게 달려 있다. 짐이 모두 동의한다고 사람들에게 전하라." 장관들은 그의 방침을 따랐다. 3월 14일, 페르디난트는 군대를 병영으로 철수시켰고, 시민들과 학생들로 이루어진 민병대에게 질서유지 임무를 맡겼다. 그러나 그들을 새로 무장시킬 필요는 없었다. 그들이 이미 무기고에 쳐들어가서 무기를 나눠가졌기 때문이다. 페르디난트는 검열의 폐지도 승인했다. 이후 몇 시간 만에 서적상들은 그동안 숨겨놓았던 판매 금지 출판물을 진열창

으로 옮겼다. 이튿날, 놀이용 카드 속의 그림처럼 차려입은 포고관布
告官이 호프부르크 궁전 앞에서 페르디난트가 헌법과 의회의 편에 섰
다고 알렸다. 그러고 나서 황제는 덮개가 없는 마차를 타고 빈 중심가
를 돌아다니며 뜨거운 박수갈채를 받았다.[3]

한편 페르디난트 휘하의 장관들은 개혁이 연상되는 최신 용어인
"책임 내각"을 구성해야 한다고 뜻을 모았다. 즉, (황제의 신임을 받
는 사람에게만 의사 결정을 맡기는 대신) 그들 모두가 통치 활동의 책
임을 지기로 한다는 의미였다. 그들은 국가의 다양한 관청과 평의회
를 내각으로 재편했지만, 대부분의 경우 바뀐 것은 현관문의 명패뿐
이었다. 의사 결정은 여전히 궁정에서, 주로 페르디난트의 동생인 프
란츠 카를 대공과 삼촌인 요한 대공에 의해서 이루어졌다. 두 사람은
장관들을 무시한 채 황제의 이름으로 지시를 내렸다.[4]

그러나 혁명은 끝나지 않았다. 오스트리아 제국 도처에서 여러 집
단이 청원을 계획하고, 헌법 문안을 작성하고, 지방 행정의 변화를 추
진했다. 메테르니히는 이미 실각했고, 그의 정권에 연루된 자들은 모
두 군더더기 같은 존재로 치부되었다. 곳곳에서 선동자들이 폭력을
행사했다. 그들은 관리들을 공회당 밖으로 직접 내쫓아버리거나, 어
떤 경우에는 관리들의 집 밖에서 고함을 치고 바이올린으로 새된 소
리를 내며 사직을 강요했다(그 떠들썩한 소리는 "고양이 울음"이라고
불렸다). 비교적 온건한 개혁가들은 전혀 다른 성격의 의제들을 서로
조율하고 통합하기 위한 위원회를 결성했고, 각 의제를 주권자에게
바치는 충직한 성명서의 형태로 제시했다. 정신 병원에 입원한 환자
들도 청원서와 헌법 문안을 작성하기 시작했다.

제시된 요구 사항 중에는 사소한 내용도 있었을 것이다. 갈리치아 동쪽의 부코비나 지방에 있는 어느 마을에서는 청원에 나선 농민들이 군대를 위해서 벌목을 너무 많이 하지 않게 해달라고 요구했다. 다른 사람들은 더 포괄적인 요구를 내놓았다. 수십 년 전부터, 법치, 언론의 자유, 정치적 대표성, 시민의 권리 따위를 강조하는 여러 가지 자유주의 사상을 추종하는 사람들이 등장하고 있었다. 민족을 강조하는 민족주의도 마찬가지였다. 당시 민족이라는 개념은 주로 언어에, 그리고 그보다 정도는 덜하지만, 종교에 토대를 두고 있었다. 비록 지적 측면에서는 상반되었지만 자유주의적 개인주의와 민족주의적 집단주의는 협력했고, 둘 다 농노제 폐지에 주안점을 두는 서로 비슷한 사회적 계획을 채택했다. 개혁가들의 요구에 담긴 보편성은 빈의 학생들이 내건 무지개색 깃발에서 분명히 확인할 수 있었다.[5]

새로 출범한 정부들은 메테르니히의 사임으로 터져 나온 압력에 효과적으로 대응하지 못한 채 잇달아 무너졌다. 필리프 폰 노이만은 혼란에 휩싸인 빈으로 돌아와서 1848년 3월 하순에 이렇게 썼다. "내각 전체가 그야말로 난장판이다. 선동과 의심이 만연하다. 조국의 미래가 어떻게 될지 아무도 모른다." 3월 20일에 수상으로 임명된 콜로브라트 백작은 한 달 만에 물러났다. 후임 수상은 그보다 더 일찍 물러났다. 한편 내무 장관인 프란츠 폰 필러스도르프는 6월 하순에 뽑힌 선출직 대표자들로 구성될, 새로운 제국 의회에서 다룰 헌법 초안을 발표했다.[6]

그러나 필러스도르프의 계획은 여러 사건들에 묻히고 말았다. 1848년 5월, 모든 독일어 사용자들을 아우르는 새로운 독일 헌법을 제정하기 위한 의회가 프랑크푸르트에서 개최되었다. 의회에는 오스트리아 영지의 대표자들도 참석했다. 6월에는 오스트리아 제국 곳곳에 거주하는 체코인, 슬로바키아인, 폴란드인, 루테니아인(우크라이나인) 등의 슬라브어 사용자들의 "제국민 동맹"을 결성하기 위한 독자적인 범汎슬라브 회의가 프라하에서 열렸다. 다른 곳에서 벌어진 일들은 오스트리아 제국에 더욱 암담했다. 4월 초순, 페르디난트는 헝가리인들에게 자치권을 양도했다. 새로 출범한 헝가리의 내각은 국채를 발행하고, 군대를 모집하고, 독자적인 외교 정책을 펼치기 시작했다. 한편 롬바르디아와 베네토에서는 반란군이 정권을 잡은 뒤 민주공화국을 선포했고, 합스부르크 제국의 군대는 북쪽으로 철수해야 했다.

합스부르크 제국이 붕괴할 우려가 있었다. 오스트리아 제국 내의 독일어 사용 지역은 신생 독일에 가담할 듯했다. 보헤미아는 신생 슬라브 국가의 핵심이 되었고, 롬바르도-베네토 왕국은 피에몬테 왕국에 통합될 것 같았다. 몸집이 크게 줄어든 헝가리는 독립국이 될 것으로 보였다. 1848년 중엽, 합스부르크 제국은 확실히 해체될 듯했다. 한편 빈의 거리에서는 점점 급진화되어가는 민병대가 주도권을 잡았는데, 그 무리들은 이미 "턱수염 분자들"에게 흡수된 상태였다(턱수염은 혁명가의 증표로 통했다). 다시 폭력 사태가 벌어진 그해 5월, 황실은 수도를 떠나 인스부르크로 향했다.[7]

빈에서는 장관들이 국가 자산을 싼값에 넘기고 국채를 통상적인 금리의 2배라는 조건에 판매하며 필사적으로 자금을 확보했다. 애초부터 그들은 거리의 민병대에게 고개를 숙이고 양보하는 경향이 있었다. 심지어 도시의 공원에서 쓸모없는 일을 처리하는 실업자 수천 명에게 대가를 지불하는 공공사업을 펼치기도 했다. 실업자들은 낮에는 빈둥거리다가 밤에는 약탈을 일삼았다. 하지만 정부의 의지는 차츰 굳건해졌다. 이는 대체로 전쟁부 장관인 라토우어 장군이 보여준 지도력 덕분이었다. 라토우어는 각료 회의에서 가장 먼저 가장 길게 발언했다. 그는 양보에 반대했고, 무질서에서 벗어날 군사적 방안이 있다고 확신했다. 그의 생각은 틀리지 않았다.

그러나 6월 13일 오전 3시 45분에 빈으로 전해진 충격적인 소식은 라토우어와 전혀 무관한 것이었다. 노련한 군사령관인 빈디슈그레츠 장군이 보내온 전보에 따르면, 휘하의 보헤미아 주둔군이 프라하에서 습격을 당했고, 프라하에서 혁명이 일어나 거리에 장애물이 설치되었으며, 현재 그가 긴급 대응책을 강구하고 있었다. 빈의 장관들은 화들짝 놀랐지만, 다음 전보를 기다리는 것 외에는 할 수 있는 일이 거의 없었다. 6월 16일 아침에 도착한 전보는 프라하의 전신 담당 사무원이 보내온 것이었다. "프라하에 난리 났음. 여기 있다가 큰일 날 듯." 사무원은 그날 밤에 다시 소식을 전해왔다. "프라하가 불길에 휩싸였음." 그 직후, 전신은 불통이 되었다.[8]

프라하에서 일어난 소란은 부분적으로는 빈디슈그레츠의 자작극이었다. 빈디슈그레츠는 병력의 일부를 이탈리아로 보내야 한다는 라토우어 장관의 명령에 분개한 나머지 프라하에서 가까운 곳에 병력을 배치한 상태였다. 긴박한 분위기가 지속되던 6월 12일, 세르비아인 성직자들이 평소와 달리 교회 슬라브어교회에서 사용하던 슬라브어가 각 슬라브 민족 사이에 퍼져 발전된 중세 슬라브어/역주로 실외 종교 행사를 치렀다. 이는 폭동과 주둔군을 향한 무장 공격의 계기가 되었다. 폭도들은 빈디슈그레츠의 숙소 앞에 집결하여 욕설을 퍼부었다. 숙소 창문을 향해서 총격이 가해졌고, 빈디슈그레츠의 부인이 총에 맞아서 사망했다. 정말 용감하게도 빈디슈그레츠는 군중 앞에 나타나 경고했다. "지금 내 뒤에 아내가 피를 흘리며 쓰러져 있지만, 모쪼록 그대들이 친절히 여기를 떠나기를, 그리고 내가 쓸 수 있는 모든 무력과 권력을 그대들에게 쓰는 일이 없기를 바라오." 폭도들은 그 늙은 장군을 가로등으로 끌고 가서 목을 매달려고 했지만, 다행히 그는 부하들에게 구출되었다.[9]

빈디슈그레츠는 장담한 대로 프라하를 포격하기 시작했다. 빈디슈그레츠 휘하의 군대는 연속 포격 이후 장애물을 파괴하면서 구도심의 거리와 광장을 뚫고 진격했다. 사흘간의 전투 이후, 모든 저항이 진압되었다. 빈디슈그레츠는 범슬라브 회의를 중단시켰고, 보헤미아 정부를 철폐했으며, 보헤미아 의회의 다음 회기도 취소시키고 계엄령을 선포했다. 페르디난트 황제는 빈디슈그레츠와 정치적으로 가까운 조피 여대공의 압력에 못 이겨, 비상사태와 관련한 모든 군사적, 비군사적 권한을 빈디슈그레츠에게 1848년 5월로 소급해 위임함으로써 그의 강압적 조치를 사후적으로 용인했다.

롬바르도-베네토 왕국에서는 합스부르크 가문의 통치권이 거의 붕괴한 상태였다. 3월에 닷새간의 전투가 벌어진 뒤, 합스부르크 제국의 이탈리아 주둔군 사령관이자 80대의 육군 원수인 라데츠키는 밀라노를 포기했다. 3월 22일, 베네치아 병기창의 노동자들이 봉기하여 반란군에게 무기를 나눠주었고, 수비대(주로 이탈리아인들이었다)의 항명을 부추겼다. 입헌 군주로서나 군인으로서나 소극적인 모습을 보인 피에몬테의 왕 카를로 알베르토는 오스트리아 제국에 선전포고를 하고 롬바르디아로 쳐들어갔다. 그러자 롬바르디아는 일반투표를 거쳐 피에몬테의 편에 섰다. 라데츠키는 전쟁 경험이 풍부했기 때문에 언제 전쟁에서 이길 수 있는지를 잘 알고 있었다. 그는 가르다 호수 남쪽의 정방형 방어 체계 구역 콰드릴라테로로 퇴각하여 옴짝달싹하지 않았다. 증원군이 없었기 때문이다.

빈의 장관들은 이탈리아에서 합스부르크 가문의 위상이 위태로워졌다고 확신했다. 그들은 롬바르도-베네토 왕국을 완전히 포기하기를 주저했다. 다른 곳의 이탈을 부추길까봐 두려웠기 때문이다. 5월 하순에 라토우어가 콰드릴라테로에 첫 번째 증원군을 보내주었지만 장관들은 라데츠키에게 휘하의 병사들과 함께 현재의 위치를 지키도록 촉구하며 카를로 알베르토와의 휴전을 모색했다. 라토우어를 거쳐 전한 보고를 통해서, 라데츠키는 정부가 추진할 법한 그 어떤 휴전도 존중하기 힘들다고 잘라 말했다. 6월이 되자 그는 콰드릴라테로 밖으로 나와 베네토로 쳐들어갔고, 이후 서쪽으로 방향을 돌려 카를로 알베르토의 군대와 맞섰다. 7월 하순에 쿠스토차에서 벌어진 며칠 동안의 전투 끝에 카를로 알베르토는 후퇴할 수밖에 없었고, 결국 화평을 요청했다. 반면 베네치아는 라데츠키가 폭발물을 실은 수백 개의 무인 풍선을 베네치아로 날려 보내는 바람에 역사상 최초의 공습을 당했으면서도 1년 넘게 버텼다.[10]

쿠스토차에서 라데츠키가 승리했다는 소식이 전해지자 빈은 금세 환희의 물결로 뒤덮였고, 8월에는 쿠스토차 전투의 승리를 축하하는 의미로 요한 슈트라우스의 「라데츠키 행진곡」이 초연되었다. 한편,

롬바르디아에서는 모든 민주 정치가 파괴되었고, 군사 통치와 공포 정치가 시작되었다. 합스부르크 제국의 군대는 반란자들과 동조자들을 체포해서 공개 태형과 교수형에 처했다. 오늘날 음악회에서 「라데츠키 행진곡」의 박자에 맞춰 손뼉을 치고 발을 구르는 관객들은 곡의 배경을 상기할 필요가 있다.[11]

빈에서는 아직 소란이 잦아들지 않았지만, 6월에는 황제가 약속했던 제국 의회 선거가 시행되었다. 이미 독일어 사용 지역에서는 더 많은 인구를 포함하기 위해서 참정권을 손질한 여러 지방 의회들뿐 아니라 프랑크푸르트에서 열릴 예정이었던 독일 의회를 구성하기 위한 선거도 시행된 시점이었다. 따라서 그 무렵에는 선거 절차가 확립되어 널리 알려져 있었다. 선거는 대체로 일정한 2단계 방식을 따랐다. 먼저 유권자들은 (일반적으로 평화로운) 집회에 참석해서 다수결로 대의원을 뽑았다. 그런 다음 대의원단이 1명의 의회 의원을 뽑았고, 1단계 유권자 약 5만 명당 1명의 의회 의원이 선출되었다. 그 2단계의 선거 과정과 24세 이상의(그리고 남성인) 세대주에게만 투표권이 있다는 조건 때문에 의회 의원들은 대부분 온건한 정치적 신념의 소유자들일 수밖에 없었다.[12]

제국 의회는 7월에 빈에서 열렸다. 의회가 열리자마자 의원들은 황제가 인스부르크에서 빈으로 돌아오도록 청원했고, 황제는 의회의 뜻을 따랐다. 이후 제국 의회는 헌법의 초안을 만들고 소작농 해방의 조건을 마련하는 데에 전념했다. 이미 4월에 페르디난트가 토지에 속박된 노예 상태를 폐지하겠다고 약속했지만, 소작농에게 어떤 토지가 지급될 수 있는지, 그리고 지주에게는 어떤 식으로 보상해야 하는

지에 대한 합의는 이루어지지 않은 상황이었다. 한편 페르디난트의 삼촌인 요한 대공은 프랑크푸르트에서 열린 독일 의회에서 황제의 섭정으로 선출되었다. 프랑크푸르트 의회가 대표한다고 주장하는 새로운 독일의 황제 자리를 과연 누가 차지할지는 아직 불투명했지만, 요한 대공이 섭정으로 선출된 데에서 짐작할 수 있듯이, 합스부르크 가문의 일원이 그 주인공이 될 것으로 보였다.

보헤미아의 저항은 진압되었고, 롬바르디아는 다시 합스부르크 가문의 차지가 되었다. 황제가 수도로 돌아오고 합스부르크 가문의 일원이 새로운 독일의 섭정이 되었다. 대혼란의 와중에 어느 정도의 질서가 자리를 잡았다. 하지만 헝가리는 훗날 헝가리의 독립과 오스트리아 제국의 붕괴로 이어질 과정을 밟는 데에 여념이 없었다. 이제 장군들은 헝가리에 주목하게 되었다. 대의제를 못마땅하게 여긴 빈디슈그레츠는 군사적 수단으로 빈의 혁명 세력을 압박하려고 했다. 헝가리를 겨냥한 공격의 사전 준비였다. 8월 하순에 그는 페르디난트의 조카인 프란츠 요제프를 황제로 추대하려는 목표도 세웠다. 빈디슈그레츠가 볼 때, 페르디난트 황제는 너무 많은 양보를 했기 때문에 황제직에서 물러나야 했고, 군대와 장군들의 확고한 대변자인 젊은 프란츠 요제프가 차기 황제가 되어야 했다.

1848년 4월, 페르디난트는 4월법으로 알려진 헝가리의 헌법을 인정했다. 4월법에 따라 수립된 헝가리의 독자적인 정부는 군사적, 재정적 사안을 비롯한 헝가리 왕국의 내정을 책임지게 되었다. 빈의 지도자들은 아직 헝가리가 오스트리아 제국과 불가분의 관계이고 "공동 국가"의 한 부분을 이룬다고 확신했지만, 헝가리의 지도자들은 헝가리 왕에게만 충성하면 된다고 생각했고 충성의 대상인 헝가리 왕이 때마침 오스트리아 황제일 뿐이라고 여겼다. 따라서 그들은 마치 헝가리가 독립국인 양 행동했고, 이탈리아에서 벌어진 전쟁에 필요한 자금과 병력을 지원해달라는 오스트리아의 요청을 거부했다.[13]

헝가리 왕국은 헝가리어 사용자들이 전체 인구의 절반 이하라는 점에서 다민족국가였다. 헝가리 왕국에는 헝가리어 사용자들 외에 루마니아인, 세르비아인, 슬로바키아인, 독일인, 루테니아인, 크로아티아인 등이 살고 있었다. 이렇듯 다양한 민족 집단의 구성원들은 민족 집단별로 독자적인 정체성을 인식하는 수준이나 그 정체성을 정치적으로 유의미하게 바라보는 정도가 달랐다. 헝가리어 사용자들을 비롯한 많은 사람들은 정체성에 관한 질문에 그저 가톨릭교 신자라거나 "이곳 출신인 사람"이라고 대답했다. 헝가리 북부의 슬로바키아인들은 종교적 정체성과 비교적 폭넓은 슬라브인의 정체성 사이를 오락가락했다. 헝가리 북동부의 루테니아인들은 헝가리어를 전혀 사용하지 않았는데도 완전한 헝가리인으로 자부하는 경우가 많았다. 바나트 지방에 사는 루마니아 혈통의 지식인들은 "루마니아어를 쓰는 헝가리인"을 자처했다.[14]

1848년에 일어난 여러 사건을 거치면서 각각의 개인들은 자신의 정체성과 소속 집단을 둘러싼 선택에 맞닥뜨렸다. 많은 사람들은 신생 헝가리 정부가 주장하는 권위를 부정하면서 더 포괄적인 오스트리아인의 정체성을 고수했다. 혹은 자신이 선택한 민족 정체성에 걸맞은 개별적인 물리적 공간(자치국이나 독립국)을 모색하는 사람들도 많았다. 4월 12일에 열린 헝가리의 첫 번째 각료 회의 의사록에서는 차츰 강경해지는 태도가 드러난다. 세르비아인들과 크로아티아인들의 충동질과 러시아 정부의 조직적인 선전 활동 때문에 슬로바키아 고지대와 브라티슬라바의 정세가 불안정해졌다는 보고가 있었다. 한편 크로아티아에서는 총독인 요시프 옐라치치 남작이 자그레브 국민 의회를 소집하는 월권을 저질렀다는 보고도 있었다. 헝가리 왕국의 장관들은 헝가리어를 쓰는 충성스러운 군인들을 투입해야 한다는 데에 동의했지만, 당장 쓸 수 있는 병력이 부족했다. 그나마 린츠에서 증기선을 구하는 경우 병력을 출발시킬 수 있는 것이 고작이었다.[15]

각료 회의 의사록에는 민심 이반에 대한 헝가리 정부의 두려움과 고압적인 반응이 담겨 있다. 확실히 타협을 이룰 수 있는 상황이었음에도 불구하고, 불신은 각 민족 집단 사이의 틈을 벌렸고 대결을 불가피하게 만들었다. 정치적 대립 때문에 헝가리인들은 세르비아인들과 루마니아인들, 슬로바키아인들과 맞서게 되었다. 바나트 지방의 루마니아인들은 세르비아인들과 대립했고, 트란실바니아의 독일인들은 헝가리인들과 싸우게 되었다. 1848년 7월, 헝가리 도처에서 야전野戰이 벌어졌다. 헝가리의 수상인 버차니 러요시 백작은 반란에 대처하고자 국민군의 창설을 지시했다. 재무 장관인 코슈트 러요시는 국민군을 창설할 비용을 감당하기 위해서 헝가리의 지폐를 발행했다.

버차니와 코슈트의 강경한 조치에 힘입어 헝가리는 독립에 더 가까이 다가갔다. 그들이 채택한 수단은 4월법에 부합했지만, 빈의 지도자들은 "오스트리아 제국과 분리된 헝가리 왕국이 존재한다는 것은 정치적으로 불가능하다"라고 단언하며 완고한 태도를 고수했다.[16] 헝가리 사태를 해결하기 위해서 그들은 헝가리 출신의 장군 럼베르그 페렌츠에게 헝가리에서 활동 중인 모든 군대를 통제하는 임무를 맡겼다. 페스트에 도착한 럼베르그는 마치 "지명수배자" 같은 취급을 당했다. 9월 28일, 그는 폭도들에게 잡혀 페스트와 부더를 잇는 부교 위에서 낫으로 난도질을 당했다.

크로아티아의 총독 요시프 옐라치치는 뛰어난 피아노 연주자이자 평범한 시인이자 변변찮은 장군이었다. 또한 크로아티아와 헝가리의 역사적 연관성을 끊어버리기로 마음먹은 열렬한 민족주의자이기도 했다. 수십 년 전부터, 헝가리 의회는 전체 인구의 대다수가 헝가리어를 사용하지 않는다는 사실을 무시한 채 헝가리어를 공용어로 삼고자 했다. 4월법이 인정되면서 헝가리어는 의회에서 쓸 수 있는 유일한 언어가 되었고, 그때까지 의회에서 라틴어로 이야기했던 크로아티아 의원들은 불편함뿐만 아니라 모욕감까지 느꼈다. 요시프 옐라치치는 크로아티아인들이 모든 업무를 크로아티아어로 수행할 수 있는 독자적인 의회와 헌법을 인정해달라고 헝가리 정부에 요구했다. 헝가리 정치인들은 대부분 크로아티아인들의 염원을 무시했고, 특히 코슈트는 아무리 보아도 지도에 크로아티아가 없다고 말했다.[17]

빈의 궁정에도 옐라치치의 주장에 반대하는 무리들이 있었다. 그들은 "헝가리 왕관령의 법적 결속이 결코 자의적 명령이나 일방적 결정에 따라서 느슨해지게끔 방치하지 않을 것"이고, 옐라치치가 헝가리 정부의 지시에 순응해야 한다고 선언하도록 페르디난트 황제를 설득했다. 그럼에도 옐라치치는 아랑곳하지 않은 채 계속 군대를 모집했고, 크로아티아에서 독재 권력을 구축했으며, 헝가리 정부가 보낸 모든 서신을 열어보지도 않고 반송해버렸다. 6월 10일, 페르디난트는 옐라치치의 모든 직위를 박탈하고 그를 반역자로 규정했다. 그러나 옐라치치에게는 고위직 동조자들이 있었다. 조피 여대공은 그에게 편지를 보내서 단호히 버티도록 간곡하게 요청했고, 라토우어는 옐라치치가 군비를 충당할 수 있도록 전쟁부의 자금을 보냈다. 크게 당황한 헝가리의 장관들은 8월 하순에 옐라치치에게 크로아티아의 독립을 제안했다. "좋은 우방으로 지냅시다"라는 코슈트의 말까지 덧붙인 채였다. 그러나 상황을 돌이키기에는 너무 늦었다. 9월 11일, 옐라치치는 드라바 강을 건너 헝가리로 쳐들어갔다.[18]

이제 모든 일이 빈디슈그레츠의 의도대로 되었다. 헝가리 정부는 붕괴했고, 국방 위원회가 정부의 역할을 대신하게 된 것이다. 코슈트가 이끄는 국방 위원회는 군사적인 수단으로 헝가리의 독립을 지키는 데에 전념했기 때문에 빈디슈그레츠가 원하는 전쟁이 시작되었다. 럼베르그가 살해되자 깜짝 놀란 페르디난트는 옐라치치를 원래의 직위에 복귀시키기로 마음먹었다. 그렇게 옐라치치가 시작한 헝가리와의 전쟁이 승인되었다. 빈으로부터 꾸준히 병력과 자금이 제공되었지만, 옐라치치는 군사적으로 열세였다. 그는 헝가리에서 니더외스터라이히로 퇴각했고, 헝가리군에 밀려나 서쪽으로 향했다. 10월이 되자 빈에서는 난리가 났다. 군중들은 기차 선로를 차단해서 전선으로 향하는 군인들을 태운 기차를 막으려고 했다. 노동자들과 학생들 무리가 전쟁부 청사로 침입했고, 그곳에서 회의를 하고 있던 장관들이 달아났다. 라토우어는 자리를 지켰지만, 폭도들은 그를 밖으로 끌어내 거리에서 살해하고 시체를 가로등에 매달았다. 혁명가들은 제국 의회가 열린 스페인 승마학교로도 쳐들어가 총으로 의원들을 협박했다.

빈디슈그레츠는 만일에 사태에 대비하여 세워둔 계획에 따라서 황실 가족을 모라비아의 올뮈츠로 피신시켰고, 제국 의회를 모라비아에 있는 도시인 크로메르지시(크렘지어)의 성으로 옮기도록 지시했다. 그러고는 선량한 시민들은 빈을 떠나라고 경고한 뒤, 10월 26일부터 빈을 향해서 연속 포격을 가했다. 이 포격으로 약 2,000명이 사망했고, 포격에 가담한 옐라치치는 헝가리에서 놓친 승리를 거머쥐었다. 나흘 뒤, 포위된 빈에서 완강히 버티던 저항 세력이 붕괴했다. 빈디슈그레츠는 말을 타고 입성하여 계엄령을 선포하고, 반란자들을 체포하고, 혁명가 수십 명을 처형했다. 그는 반란자들을 도우려고 빈으로 진격해오는 헝가리군을 빈 인근의 도시 슈베하르트에서 물리치기도 했다.

1848년 가을, 필리프 폰 노이만은 영국으로 돌아와 데번셔에 있는 저택인 채츠워스 저택을 방문했고, 호베에서 망명객인 메테르니히를 만났으며(런던은 메테르니히가 머물기에 비용이 너무 많이 드는 곳이었다), 런던의 리치먼드에서 별장 파티를 즐겼다. 빈으로부터 소식이 전해지자 노이만의 일기는 차츰 끊어짐과 이어짐을 되풀이하게 되었다. "페스트에서 소름 끼치는 암살 사건이 일어났다.(10월 8일)" "빈으로부터 끔찍한 혁명이 벌어졌다는 소식이 들려왔다.……손도끼와 망치로 라토우어를 죽인 뒤 시체를 매달았다.……정부는 두려워 어찌할 바를 모르고 있다.(10월 13일)" "빈디슈그레츠가 11월 1일에 빈을 점령한 듯하다.……황궁과 제국 도서관에 화재가 발생했다.(11월 6일)" 12월 9일, 노이만은 다음과 같이 간결하게 적었다. "12월 2일에 황제가 조카에게, 즉 황위 계승권을 포기한 프란츠 카를 대공의 아들인 프란츠 요제프 대공에게 황위를 물려주기 위해 퇴위했다는 소식을 오늘 전해 들었다. 전임 황제는 프라하로 떠났다."[19]

노이만이 12월 9일 자 일기에 남긴 사건은 사실상 군사 쿠데타였다. 헝가리 사태를 해결하려면 페르디난트 황제가 물러나야 했다. 그가 바로 4월법을 인정한 장본인이었기 때문이다. 게다가 그는 험난한 시기에 필요한 강력한 통치권을 행사하지 못했다. 빈디슈그레츠와 11월에 수상에 임명된 그의 매제인 펠릭스 슈바르첸베르크 공작은 그렇게 확신했다. 펠릭스 슈바르첸베르크는 정치적으로 라데츠키나 옐라치치와 공동 전선을 펼쳤는데, 그 장군들이 정치적 기조를 설정하고 있었다. 빈에서 출판된 풍자적 내용의 소책자들에 나오는 독일어의 복수형 WIR는 빈디슈그레츠와 옐라치치, 라데츠키를 가리켰다.

빈을 탈출한 황제의 수행원들은 올뮈츠에 도착했다. 그들은 12월 2일에 황실 가족이 머물고 있는 대주교의 저택에 모이라는 초대장을 받았다. 그곳의 알현실에서 수행원들은 합스부르크 가문 역사상 전례가 없는 행위를 목격했다. 우선, 페르디난트 황제가 공식적으로 퇴위했다. 그는 퇴위를 선선히 받아들였다. 그런 다음 페르디난트의 동생이자 후계자인 프란츠 카를이 황위 계승권을 포기했다. 자유주의적 성향의 품위 있는 인물인 프란츠 카를은 장군들에게 우호적이지 않았고, 그의 부인인 조피 여대공은 아들에게 황위를 넘기도록 남편을 압박했다. 말 그대로 권위의 상징인 망토가 프란츠 카를의 아들인 18세의 프란츠 요제프에게 넘어갔다. 오늘날까지 남아 있는 수채화에는 페르디난트와 프란츠 카를을 배경으로 어머니와 큰어머니가 10대 청소년인 프란츠 요제프를 권좌로 인도하는 모습이 그려져 있다.

급조한 권좌 주위에는 펠릭스 슈바르첸베르크와 옐라치치, 빈디슈그
레츠가 서 있다. 펠릭스 슈바르첸베르크가 언급했듯이, 그들은 복종
하지 않음으로써 오스트리아 제국을 구했다. 그 장군들은, 그리고 잔
인하게 살해된 라토우어의 유령은 황위 승계자도 결정했다.[20]

제24장

프란츠 요제프의 제국, 시시, 그리고 헝가리

1849년 10월 6일, 헝가리의 전임 수상 버차니 러요시 백작이 페스트 중앙 교도소의 마당으로 끌려왔다. 오스트리아 군사 법원은 헝가리의 독립을 추진했다는 이유로 반역 혐의를 적용하여 그에게 교수형을 선고했지만, 그는 며칠 전에 자살을 시도하다가 목구멍이 찢어진 상태였다. 그래서 군사 법원은 사형 방식을 총살형으로 바꾸었다. 버차니 백작은 몸이 너무 쇠약해진 나머지 사형장으로 실려갔고, 의자에 털썩 주저앉은 채 죽었다. 몇 시간 전인 오전 5시 30분에는 헝가리 군을 이끌었던 장군 13명이 반역죄로 어러드 성에서 처형되었는데, 그중 대다수가 교수형을 당했다. 교수형은 가혹한 형벌이었다. 목이 갑자기 부러지며 죽는 것이 아니라 천천히 숨이 막히며 죽음을 맞이하기 때문이었다. 교수형은 굴욕감을 주기 위한 형벌이기도 했다. 사형수는 고통 속에 몸부림쳤고, 죽는 순간에 대변이 흘러나왔기 때문이다.

버차니 백작과 헝가리의 장군들은 옐라치치의 침공으로 시작된 헝가리와 합스부르크 가문의 피비린내 나는 전쟁의 막바지에 처형되었다. 헝가리는 거의 1년 동안 버텼다. 코슈트는 헝가리의 자원과 인력을 능숙하게 동원했고, 헝가리의 군대는 노련하게 운용되었다. 그러나 1849년 4월에야 비로소 헝가리 정부는 "위증죄를 범한 합스부르크 가문"을 몰아내고 코슈트를 총독 겸 섭정에 임명하면서 헝가리의 공식적인 독립을 선언했다. 그때까지 헝가리의 정치인들은 본인들이 페르디난트 황제가 인정한 4월법의 조항에 따라서 합법적으로 행동하고 있다고 확신했다.

1849년 6월, 신임 황제인 프란츠 요제프의 요청으로 러시아 군대가 헝가리를 침공했다. 오스트리아의 폰 하이나우 장군이 서쪽에서, 파스케비치 장군의 러시아군이 북쪽에서 압박하자 헝가리 군대는 무릎을 꿇었다. 오스만 제국으로 달아난 코슈트는 1894년에 세상을 떠날 때까지 헝가리를 통치하는 합스부르크 가문을 비난했고, 영국과 미국에서 청중에게 감동적인 웅변을 선보였다. 감옥에서 셰익스피어의 작품을 읽으며 영어를 배웠다는 그의 주장은 아마 사실이 아니었겠지만, 그 이야기 덕분에 코슈트의 명성과 헝가리의 독립이라는 명분은 더욱 빛났다. 1851년에 영국을 방문한 코슈트는 여러 도시들에서 연설하며 수만 명의 군중에게 열렬한 환영을 받았다. 반면, 런던을 방문한 하이나우는 바클리 퍼킨스 양조장의 짐마차꾼들에게 습격을 당했고, 거름 세례를 받으며 버러 하이 가街까지 달아나야 했다.[1]

버차니 백작과 헝가리 장군들의 죽음은 어린 황제 프란츠 요제프의 소행이었다. 그는 포괄적 사면을 주장한 장관들의 제안을 거부했다.

어느 전임 수상이 언급했듯이 프란츠 요제프는 "처형과 피의 숙청"을 그만두지 않았고, 하이나우에게 헝가리 사태와 관련한 무제한의 재량권을 부여했다. 이후 100여 명이 처형되고 수천 명에게 장기 징역형이 선고되었다. 오스트리아 수상인 펠릭스 슈바르첸베르크 공작이 처형을 중단하도록 지시했을 때조차 하이나우는 뜻을 굽히지 않았고, 1850년 7월이 되어서야 지시를 따랐다. 하이나우는 공직에서 물러난 뒤 헝가리에 저택 부지를 마련할 만큼 민심에 둔감했다. 그는 이웃들이 자신을 저녁 만찬에 초대하지 않는 까닭을 전혀 이해하지 못했다.[2]

헝가리에서의 비상 통치는 1854년까지 이어졌고, 일부 위법 행위는 그후에도 몇 년 동안 군사 법원에서 관할했다. 또한 기존의 행정 단위는 폐지되고 빈의 내무부가 임명한 사람이 책임지는 행정구로 대체되었다. 크로아티아와 트란실바니아, 그리고 바나트 지방과 인근의 보이보디나 지방은 왕령지로서 별도의 통치를 받게 되었다. 모든 자치 기관은 폐지되었고, 독일어가 행정 언어로 지정되었다. 헝가리 이외의 지역들에서 모집된 관료들이 헝가리의 기존 행정 단위와 귀족 지주들이 수행하던 임무를 맡게 되었다.

헝가리를 빈에서 파견한 관리들이 책임지는 여러 개의 행정구로 나눈 것은 펠릭스 슈바르첸베르크나 적어도 그의 측근이 1848년 12월에 일찌감치 세운 계획의 일환이었다. 반면 헝가리 이외의 지역들에서는 계획이 아니라 우연에 따른 사태가 벌어지고 있었다. 황제로 등극한 프란츠 요제프는 첫 번째 조치 중 하나로 크로메르지시의 성에서 열리던 제국 의회를 폐쇄했다. 1849년 3월 7일의 이른 시간, 총검을 소지한 군인들이 의회가 열린 크로메르지시의 성에 진입하여 입구를 봉쇄했고, 크로메르지시 곳곳을 샅샅이 수색해서 급진파 의원들 몇 명을 체포했다. 프란츠 요제프는 제국 의회가 마련한 헌법안 대신에 자신의 헌법을 강요했다. 그는 본인의 헌법이 시대에 더 적합하다고, 또 이례적이고 사변적인 관념의 영향을 덜 받았다고 설명했다.[3]

3월 헌법은 어떤 의미에서 훌륭한 헌법이었다. 그것은 헝가리를 포함한 오스트리아 제국 전체를 아우르는 단일 의회와 단일 중앙정부, 단일 대관식을 계획했다는 점에서 중앙집권적인 성격을 띠고 있었다. 황제가 강력한 권력을 보유하기는 했지만, 권한을 위임받은 선출직 기관들이 몇 개의 층을 이루고 있었다. 3월 헌법은 이전에 제국 의회가 합의한 농노제 폐지를 승인했고, "모든 민족 집단은 평등하고 고유의 언어를 쓰고 갈고닦으며 민족 정체성을 활용하고 고양할 신성불가침의 권리가 있다"라는 사실과 법적 평등도 확정했다.[4]

그러나 모든 장점에도 불구하고 3월 헌법은 냉소적인 책략이었다. 프란츠 요제프는 명성을 떨치는 데에 급급했고, 오스트리아 제국 전체와 독일 연방을 통합함으로써 중앙 유럽에 거대한 영토를 거느린 세력권을 만들고 합스부르크 가문의 황제가 그 세력권을 정치적으로 지배하도록 하려는 펠릭스 슈바르첸베르크의 거창한 계획에 마음을 빼앗겼다. 프란츠 요제프가 독일 제후들을 그 계획에 끌어들이기 위해서는 마치 법적 제약을 흔쾌히 수용하는 입헌주의자처럼 보일 필요가 있었다. 그러나 1851년 중엽, 독일의 제후들은 오스트리아 제국과의 합병에 찬성하지 않으리라는 점이 분명해졌다. 그들은 1814년에 프랑스에 승리를 거둔 뒤에 결성한 독일 연방을 재편하는 방안을 선호했다. 그 무렵에 프란츠 요제프는 "정권을 장악한", 그리고 "서명하는 기계"를 훨씬 뛰어넘는 존재로 자리매김한 프랑스의 나폴레옹 3세를 감탄과 시샘 어린 눈빛으로 바라보고 있었다.[5]

3월 헌법은 굼벵이가 기듯 느릿느릿 시행되었고, 선거를 통해서 구성되는 지방정부에 관한 조항이 대폭 축소되었다. 1851년 마지막날에 이르러 프란츠 요제프는 결국 실베스터 특허라고 알려진 명령을 일괄적으로 연거푸 발표했다. 실베스터 특허에 따라 3월 헌법은 완전히 파기되었고, 프란츠 요제프는 입법권을 독점하게 되었다(12월 31일은 교황 실베스테르 1세의 축일이고, 특허는 일종의 법령이었다). 그 쿠데타는 1852년 4월에 펠릭스 슈바르첸베르크가 사망한 뒤 프란츠 요제프가 수상의 역할도 맡겠다고 선언함으로써 완수되었다.

실베스터 특허에 힘입어 프란츠 요제프가 독재자로서 통치하는 10년간의 신절대주의新絕對主義 혹은 신전제정新專制政의 시대가 열렸다. 두 용어 모두 최근에 등장한 것이다. 당시 프란츠 요제프의 통치 방식은 그저 절대주의나 관료제적 절대주의(이 표현이 더 유효하다)로 알려졌다. 황제가 관료 조직을 통해서 의사를 관철했기 때문이다. 그러나 관료들에게도 나름의 정치적 의제가 있었다. 그들은 요제프 2세의 개혁 과정을, 그리고 거기에 담긴 국가 경영의 지혜에 대한 믿음과 하향식 경제적, 사회적 진보에 대한 신뢰를 유지하고자 했다. 심지어 그들은 "계몽파"로 자부하기도 했다.[6]

1850년대에 합스부르크 제국 전체의 공무원 수는 약 5만 명이었지만, 거기에는 하급직과 보조직 공무원들이 포함되었다. 비교적 고위직을 맡은 "정책 공무원"은 1만 명 정도였다. 그들은 대부분 대학 교육을 받았고, 주로 법학을 전공했다. 비교적 고위직인 공무원들은 자유주의적 성향과 시각이 강했고, 독서회에서, 그리고 1848년에는 개혁 정치의 영역에서 과도한 대표성을 띠었다. 그들은 교육, 법적 평등, 언론과 결사의 자유, 경제적 제약의 철폐 등을 통한 개별적 권한 분산을 신봉한다는 점에서 자유주의자들이었다. 그들은 강력한 국가를 자유주의적 개혁 과정의 수단으로 생각했고, 강력한 국가를 위해서 기꺼이 양보할 자세를 갖추고 있었다(그 때문에 언론의 자유는 일찌감치 희생양이 되었다). 그러나 관료들은 국가의 개입을 인정함으로써 "국가를 살찌웠고", 국가를 그들이 자유주의자로서 지지했던 개인의 자유를 집어삼키는 거대한 괴물로 만들어버렸다.[7]

관료제적 절대주의는 대단한 업적을 이루었다. 한 역사학자의 말을 빌리자면 "요제프주의적 환상이 실현되었다." 과학 연구소가 설립되었고, 광산과 작업장의 안전 규정이 마련되었다. 우표를 이용한 우편 제도가 도입되었고, 도로와 전신, 철도가 신설되었다. 1854년까지 1,000킬로미터 길이의 철도 선로가 부설되었고, 같은 해부터 린츠와 체스케부데요비체(부트바이스) 사이의 노선에는 마력 대신 증기력이 이용되었다(1832년에 완공된 그 노선을 오가는 기차는 1854년까지 말이 끌었다). 불과 3년 만에 1,000만 제곱미터의 석재가 도로 공사에 쓰였다. 런던 건설본부 출신의 전문가들이 도나우 강과 티서 강을 준설해 운하로 만드는 작업을 도왔다. 석탄과 철 생산량이 급증하고 상업 대출을 취급하는 은행업이 발달했으며, 관세가 철폐되어 오스트리아 제국이 하나의 공동 시장으로 변모한 덕분에 기반 시설이 확대되었다. 빈도 탈바꿈했다. 구도심의 성벽이 철거된 자리에 널찍한 순환 도로인 "링 슈트라세"가 건설되었고, 경제적 근대화를 통해 출현한 신흥 기업가들과 제조업자들이 그 도로 주변에 터전을 마련했다.[8]

토지에서 이탈할 수 있고 지주의 동의 없이도 결혼할 수 있다는 점에서 볼 때, 농민들은 요제프 2세에 의해서 해방된 셈이었다. 그러나 농민들이 경작하는 토지는 여전히 지주의 소유였기 때문에 농민들은 지주에게 세금과 노역을 제공해야 했다. 1848년 혁명의 초반 몇 달 동안 헝가리 의회는 농민들이 경작하는 땅을 농민들에게 지급하기로 약속했다. 그러나 다른 지역들에서는 모호하고 단편적인 언질만 있었고, 제국 의회가 개최될 때까지 농노 해방의 조건을 둘러싼 결정이 지연되었다. 문제는 지주들이 손실에 따른 모종의 보상을 받아야 한다는 점, 그리고 농민들이 경작하는 토지의 법적 속성이 다양하다는 점이었다. 어떤 토지는 조상에게 물려받아 여러 세대에 걸쳐 경작한 농민의 소유지였고, 또 어떤 토지는 계약을 통해서 지주에게 빌린 것이었다. 공유지인 땅도 있었고, 농민이 개인적으로 관목 숲을 개간해서 마련한 땅도 있었다.

제국 의회는 일반론을 방패막이로 내세우며 농노 해방을 촉진할 의무를 회피했다. 그러나 1849년 이후 정부는 농노 해방으로 인한 문제들을 적극적으로 해결하고자 했다. 조상 대대로 내려온 토지는 온전히 농민의 소유로 인정했고, 그 과정에 따른 부담은 국가가 채권을 발행해서 서서히 유통시키는 방식으로 부담했다. 담당 위원회가 보상 조건을 도출했고, 새로 토지를 보유하게 된 농민들은 토지 대장에 자기 소유지의 세부 사항을 기입해야 했다. 토지 대장에는 해당 토지가 임대된 땅인지 아니면 담보로 잡힌 땅인지 알 수 있도록 유치권留置權

도 기록되었다. 그러나 토지 소유자의 이웃들과 친척들과 대출자들이 토지 대장의 내용에 이의를 제기하는 경우가 많았다. 헝가리만 해도 19세기 후반기에 전국의 재판소들이 토지 대장의 기재 사항을 둘러싼 소송을 1년에 30만 건 이하로 다루는 경우가 거의 없었고, 미종결 사건도 100만 건 이상이었다.[9]

과거였다면 그런 사소한 분쟁들은 우선 장원 재판소에 회부되었을 것이다. 그러나 지주제가 폐지되면서 지주의 장원 재판소가 없어졌고, 지주가 무료로 농촌의 행정에 기여하던 관행도 사라졌다. 이제 정부가 제국 도처에 1,500개의 재판소와 감독 관청을 신설하여 그 빈틈을 메워야 했다. 중앙정부의 명령이 제대로 이행되는지 확인하기 위해서 관료들이 농촌으로 파견되었다. 그들의 임무는 쉽지 않았다. 내무 장관 알렉산더 바흐는 헝가리의 공무원들에게 헝가리 기병 군복을 바탕으로 삼은 불편한 제복을 구입해서 입도록 명령했지만, 그 제복의 가격은 공무원 연봉의 절반에 달했다. 게다가 그 옷을 입은 공무원들은 "바흐 경기병"이라는 비웃음을 들어야 했다. 열악한 조건에서 생활하고 제대로 된 지원을 받지 못했던 그들은 공무원으로서의 의무와 농촌에서의 일상적 현실을 적절히 조화시키지 못했다. 어느 "바흐 경기병"이 헝가리의 한 마을에 도착해보니 그곳에는 감옥이 없었다. 대신 죄수들은 지키는 사람이 없는 여관에 묵으며 날마다 식비에 해당하는 용돈을 받고 있었다.[10]

바흐는 공무원들에게 내린 명령을 통해서 사법적, 행정적 과정에서의 안정성과 일상성, 그리고 그 결과의 예측 가능성이 중요하다는 점을 강조했다. 그리고 그 연장선상에서, 1850년대에 오스트리아의 민법이 오스트리아 제국 곳곳으로 확대되어 헝가리와 트란실바니아의 애매하고 불문율에 가까운 관습법을 대체했다. 그러나 민법은 각 지방의 실태에 맞춰서 수정되고 조정되어야 했고, 결과적으로 원래의 규칙성과 일관성을 훼손당했다. 게다가 중앙정부가 끊임없이 내놓는 잡다한 수정안과 회람용 공문서, 그리고 각종 규정집과 설명서와 법령 때문에 민법의 위상은 훨씬 더 불안해졌고, 개별 환경에서 민법을 적용하는 과정도 불투명해졌다. 당황한 관료들은 상부에 문의했고 사소한 문제까지 바흐에게 보고했지만 문제는 해결되지 않았다.[11]

불확실성은 최상부에도 있었다. 프란츠 요제프는 책임을 지지 않았고, 제도나 헌법에 얽매이지 않았다. 그는 군주로서 적합하지 않은 인물이었지만, 자신이 우월한 지혜의 소유자라고 자부했다. 영국 대사를 충격에 빠트린 사례가 하나 있었다. 1852년 초엽에 프란츠 요제프는 서리가 심하게 내리기 때문에 위험하다는 지적에도 불구하고 쇤브룬 궁전 앞의 포장도로에서 기병대가 행진을 해야 한다고 고집했다. 그 결과 행진에 나선 말들이 쓰러졌고, 흉갑 기병 2명이 사망했다. 외교 정책을 다루는 프란츠 요제프의 솜씨도 끔찍했다. 그는 크림 전쟁 1853-1856에서 니콜라이 황제를 지원하지 않았고, 따라서 몇 년 전인 1849년에 자신을 구해주었던 동지 니콜라이 황제를 실망시키고 말았다. 하지만 그는 러시아에 맞서 싸우는 영국과 프랑스를 돕지도 않았다. 외교적으로 고립된 그는 이제 프랑스의 황제 나폴레옹 3세의 먹잇감이 되었다. 1859년에 프랑스군은 롬바르디아를 휩쓸어버린 뒤, 니스와 사부아를 차지하는 대가로 롬바르디아를 피에몬테 왕국에 할양했다. 프랑스군과의 전투 도중에 프란츠 요제프가 직접 사령관을 맡은 점도 불리하게 작용했다. 오스트리아 제국군이 솔페리노 전투에서 맛본 패배는 그가 지휘봉을 휘둘렀다는 사실과 직결되었다. 2년 뒤, 합스부르크 가문이 지배하던 파르마 공작령과 모데나 공작령, 그리고 토스카나 공작령을 병합한 피에몬테의 왕은 이탈리아의 왕으로 선포되었다.[12]

1859년 4월, 오스트리아 국립 은행이 자국 통화의 인수를 거부하면서 백기를 들었다. 그때까지 프란츠 요제프는 국립 은행을 "최고의 국고"로 여기며 필요한 돈을 가져갔고, 1859년 초엽에 대리인들이 런던 시장에서 대출을 거절당했을 때에도 그 의미를 전혀 이해하지 못했다. 은행업자들은 책임지지 않는 군주에게 돈을 빌려주지 않으려고 했다. 안셀름 로스차일드는 "헌법이 없으면 돈도 없다"라고 퉁명스럽게 말했다. 프란츠 요제프 휘하의 재무 장관인 카를 루트비히 폰 브루크는 한술 더 떴다. 절대주의 실험이 기대에 부응하지 못했고, 오스트리아 제국의 에너지를 활용하는 데에 실패했다고 쓴 것이다. 그에 따르면 중앙집권화는 "그 열기를 가라앉혀야" 하고, 시대에 뒤떨어진 과거의 제도를 되살리는 헌법이 아니라 "건전하고 영속적인 헌법"이 시행되어야 했다.[13]

그러나 프란츠 요제프는 브루크의 조언과 정반대로 행동할 때가 많았다. 그는 이따금 어머니에게 "이제 우리는 작은 의회 제도를 운영할 것입니다"라고 말했고, 오래된 기관인 제국 평의회를 부활시킨 뒤에 그 기관을 귀족 친구들로 가득 채웠다. 그렇게 하면 제국 평의회가 의회처럼 보일 것이라고 기대했기 때문이다. 그는 제국 평의회에 합류할 대표자들을 보낼 수 있도록 각 지역의 의회도 부활시켰지만, 그 조치는 자신이 의회를 승인한 곳에만 해당되었다. 1860년의 10월 칙허를 통해서(칙허는 특허보다 더 강력한 정식 법령이다), 프란츠 요제프는 그 가짜 헌법을 "영구적이고 폐기할 수 없는" 것으로 선언했지만, 은행업자들은 여전히 대출을 거부했다. 브루크의 후임 재무 장관인 이그나스 폰 플레너는 프란츠 요제프에게 단호히 조언했다. 그는 국립 은행이 정부의 간섭으로부터 자유롭고, 진정한 대의 기관이 대출 과정을 감독해야 재정적 안정성이 확보될 수 있다고 설명했다.[14]

결국 프란츠 요제프는 한발 물러섰다. 그는 "영구적이고 폐기할 수 없는" 10월 칙허를 파기하고 이른바 1861년의 2월 특허를 발표했다. 엄밀히 말하면 10월 칙허의 부연 설명에 해당하는 2월 특허에 따라서 오스트리아 제국에는 진정한 의회가 생겼지만, 그 의회는 여전히 제국 평의회라고 불렸다. 새로 출범한 의회는 양원제였다(상원은 고위 귀족들과 성직자들로, 하원은 각 지역의 의회에서 파견한 대의원들로 구성되었다). 모든 입법 과정에는 의회의 동의가 필요했다. 의회의 출범과 동시에 발표된 규정에 따라서 각 지역의 의회는 투표권을 얻었고, 성인 남성 인구의 약 4분의 1에게까지 선거권이 확대되었다. 또한 독일어 사용자들에게 유리하게 진행되는 복잡한 투표 절차가 도입되었다.

2월 특허에서는 군대와 외교 정책을 둘러싼 권한을 포함한 황제의 여러 가지 권한이 그대로 유지되었다. 가장 중요한 사실은, 황제가 장관들을 선택하고 장관들은 황제에게 책임을 진다는 점이었다. 프란츠 요제프는 늘 정치인이 아니라 관료를 장관으로 임명했다. 관료들은 행정부에서 일한 경험이 있었기 때문에 그에게 충성할 가능성이 더 컸고, 어쨌든 그는 정치적 입장보다 전문 지식을 더 높이 평가했다. 그러므로 대부분의 중요한 정치적 결정을 내리는 사람들은 여전히 정예 관료들이었다. 게다가 법률이 의회의 논의 절차를 완전히 우회하는 행정 법령의 형태로 집행되는 경우도 많았다. 그렇게 관료제적 절대주의는 민주적 제도에 의한 통치에 밀려난 것이 아니라, 관료제적 입헌주의에 자리를 내주고 말았다.[15]

조직의 꼭대기에는 제국의 "첫 번째 공무원"으로 자처하는 사람이 있었다. 아침 5시에 업무를 시작한 프란츠 요제프는 장관이 작성한 초안을 수정하거나 아예 다시 작성하는 등 여러 가지 사무를 처리하느라 바빴다. 이러한 그의 일상적 사무 절차는 장관들과의 만남이나 주 2회로 예정된 일반인들과의 공개 알현식이 있을 때마다 중단되고는 했다(그의 신민이라면 누구나 알현식에서 황제를 만나기를 청원할 수 있었을 것이다). 공개 알현식은 관료제적 절차의 가치가 드러나는 현장이었다. 효율적인 문서 관리 체계 덕분에 황제는 각 청원자의 사정(청원자가 이전에도 방문한 적이 있는지, 만약 그렇다면 청원 내용은 무엇이었는지, 청원에 대한 답변은 무엇이었는지 따위)을 정확히 파악할 수 있었다. 프란츠 요제프는 온종일 버지니아산 담배와 커피를 입에 달고 살았고, 노년에는 부드러운 담배와 차를 즐겼다. 그는 국정과 관련한 지식을 엄청나게 많이 쌓았지만, 그것을 머릿속에서 체계적으로 정리하지는 못한 채 아주 사소한 의전 문제를 가장 중시하고는 했다.[16]

프란츠 요제프는 오스트리아가 독일 연방의 의장국이라는 사실을 중시했다. 옛 신성 로마 제국과의 왕조적 연속성을 암시하는 수단일 뿐 아니라 발트 해와 북해만큼 멀리 떨어진 곳까지 힘을 투사하는 수단이기도 했기 때문이다. 1863년까지도 프란츠 요제프는 여전히 독일 황제의 관을 쓰고 싶어했다. 그러나 프로이센도 독일 연방의 주도권을 행사하려는 야심이 있었고, 실제로 독일 연방의 프로이센 대사인 오토 폰 비스마르크는 그 야심을 강하게 피력한 바 있었다. 1862년 프로이센의 수상으로 임명되기 직전에, 비스마르크는 런던에서 보수당 정치인인 벤저민 디즈레일리에게 앞으로 프로이센 군대를 어떻게 재편할지 설명한 뒤 이렇게 말했다. "오스트리아에 선전포고할 가장 좋은 첫 번째 구실을 잡고, 독일 연방을 해체하고, 소국들을 정복하여 프로이센의 주도권 아래 독일의 국민 통합을 이룰 것입니다. 나는 여왕님의 장관들에게 이 말을 하려고 여기 왔습니다." 그러나 비스마르크는 영국 정부에만 그 말을 한 것이 아니었다. 그가 디즈레일리와 대화를 나누던 방에는 오스트리아 대사도 함께 있었다.[17]

프란츠 요제프는 일찍이 경고를 받았지만 미리 대비를 하지는 않았다. 1866년 프로이센은 설득력이 희박한 구실을 내세우며 오스트리아 제국에 선전포고했고, 7주일 동안의 전광석화 같은 군사 작전을 펼쳐 합스부르크 제국군을 격파했다. 프로이센의 우방인 이탈리아 왕국은 아드리아 해의 리사 섬(비스 섬)의 바다에서 벌어진 최초의 철갑선 함대 전투에서 패배했지만, 승자의 편에 서 있었다. 덕분에 이탈리아는 베네치아를 얻었고, 비스마르크는 마인 강 이북의 모든 국가를 통합하여 프로이센 주도의 북독일 연방을 결성했다. 그후 5년도 지나지 않아 남독일 국가들도 비스마르크가 선포한 독일 제국에 합류했다. 합스부르크 왕가의 역사 내내 유지되었고 나폴레옹 전쟁과

1848년 혁명도 이겨냈던 독일인의 땅과의 유대관계가 마침내 단절된 것이다.

채 20년도 되지 않는 세월 동안 프란츠 요제프는 롬바르디아와 베네치아, 독일 연방을 잃어버렸다. 오스트리아 제국은 중앙 유럽으로 뒷걸음치고 말았다. 그런데 잃을 것은 더 많아 보였다. 헝가리의 정세가 불안했기 때문이다. 코슈트가 헝가리 국외에서 부추기는 폭동이 일어날 것이라는 소문이 떠돌고 있었다. 1858년, 오스트리아의 강경한 태도는 헝가리 총독 알브레히트 대공의 발언에서 단적으로 드러났다. 헝가리 대표단이 헝가리의 옛 헌법을 복원해달라고 부탁하자 알브레히트가 "이것이 내 헌법이오"라고 외치며 칼을 움켜쥔 것이다. 빈에서 열릴 제국 의회에 보낼 대의원을 선출하고자 1861년에 소집된 헝가리 의회는 협조를 단호히 거부했고, 심지어 프란츠 요제프가 헝가리의 합법적인 왕인가라는 의문도 제기했다. 결국 빈에서, 그러니까 신설된 순환 도로 근처의 임시 목조 구조물에서 열린 제국 의회에는 헝가리 대의원 85명이 참가하지 않았다. 프란츠 요제프는 헝가리인들의 의지를 꺾고 싶은 마음에 강압 정치의 강도를 높였지만, 이는 납세 거부 사태만 불러왔을 뿐이다.[18]

합스부르크 가문은 두 사람의 활약에 힘입어 헝가리 사태와 관련한 부담을 덜 수 있었다. 첫 번째 인물은 법률가 겸 정치인인 데아크 페렌츠였다. 그는 헝가리의 공법이 2개의 헌법(헝가리의 독립을 인정한 1848년의 4월법과 헝가리를 합스부르크 가문의 땅으로부터 "분리할 수 없고 분할할 수 없는" 부분으로 선포한 카를 6세의 국사 조칙)에 바탕을 두고 있다고 주장했다. 관건은 그 2개의 헌법을 접목하는 타협에 이르는 것이었고, 데아크 페렌츠는 그렇게 할 수 있는 방법을 알고 있었다. 한편 헝가리를 위해서 중재에 나선 두 번째 인물은 뜻밖에도 1854년에 16세의 나이로 프란츠 요제프와 결혼한 엘리자베트 황후였다.

"시시"라는 애칭으로 불린 엘리자베트는, 프란츠 요제프의 시종의 말을 빌리자면 "모범적인 부인상과는 거리가 있었다." 그녀는 고집이 세고 자기중심적이었고, 미모를 가꾸는 데에 탐닉했다. 남성 상속자를 낳아야 하는 의무를 마친 뒤, 그녀는 잉글랜드와 코르푸 섬의 휴양지를 오가며 여행을 즐겼다. 그러는 동안 몬테카를로에 들러 도박에 손을 댔고, 유람선을 타고 지중해를 오랫동안 누볐으며, 그 증거로 어깨에 새긴 닻 모양의 문신을 자랑하기도 했다. 하지만 그녀를 둘러싼 여러 소문은 사실이 아니다. 시시는 거의 평생 동안 허리둘레 16.5인치를 유지했지만, 코르셋이 필요 없을 만큼 마르지도 식욕이 없지도 않았다. 정기적으로 식이 조절을 하기는 했지만 보통은 포도주를 곁들인 몸에 좋은 아침을 먹었고, 점심으로는 고기 요리를 즐겼다. 다만 저녁 식사는 거의 하지 않았다. 저녁까지 즐긴 커피와 담배 때문에 식욕이 없었기 때문이다(그녀는 골초였고, 심지어 의전용 마차에서도 담배를 피웠다). 하지만 운동도 열심히 했다. 호프부르크 궁전에는 전용 체육관이 있었는데, 그곳에는 시시가 사용했던 철봉과 체조용 링이 남아 있다. 그녀는 말도 잘 탔고, 잉글랜드에서 노샘프턴셔 수렵협회 회원들과 함께 말을 타고 사냥을 즐겼다. 그러나 스코틀랜드의 사냥꾼인 베이 미들턴과 바람을 피우지는 않았을 것이다. 비록 딸들이 남긴 일기 중 하나에 흥미진진한 여담이 적혀 있지만 말이다. 프란츠 요제프의 시종이 불륜을 암시했고, 실제로 그녀는 가끔 남자들을 각별히 대했지만, 우리는 그 수준 이상은 전혀 알 수 없다.[19]

시시가 바이에른에서 겪은 교육 과정은 이상했다. 그녀의 아버지가 희한하게도 딸이 나중에 곡마단에 들어갈 것이라고 생각하는 바람에 주로 독학을 해야 했기 때문이다. 그녀는 영어, 헝가리어, 그리고 민중 그리스어를 유창하게 구사했고, 하인리히 하이네의 작품 같은 우아하고 낭만적인 시 몇 편을 썼으며, 하이네의 작품에 관한 전문가로 정평이 나 있었다. 반면 남편은 따분한 사람이었다. 물론 그가 『육군 장교 명부』만 읽었다는 소문은 진실이 아니다. 신문의 군사 부록도 읽었으니까 말이다. 프란츠 요제프는 예법을 정말 깐깐하게 따졌다. 가장 큰 이유는, 예법에 나오지 않으면 어떤 행동이 적절한지 모르는 사람이었기 때문이다. 지금까지 남아 있는 의혹과 달리 첫날밤에 군복 정복 차림으로 신부를 맞이하지는 않았겠지만, 어느 날 부인이 나선 사냥에 그가 가죽바지 차림으로 참석한 것은 사실이다. 프란츠 요제프는 실제로 불륜을 저질렀지만, 아마 상대는 흔히 거론되는 건장한 체격의 여배우 카타리나 슈라트가 아니었을 것이다. 그는 외간 남자와 함께 자신의 집으로 갈 수 있도록 남편을 구워삶은 중산층 기혼 여성을 선호했다.

프란츠 요제프가 시시에게 보낸 편지에는 두 사람의 유별난 애정과 친밀함이 담겨 있다(그가 보낸 편지는 남아 있지만, 시시가 그에게 보낸 편지는 전해지지 않는다). 그는 시시를 "나의 천사", "내 사랑", "달콤한 영혼" 등으로 불렀고, 편지의 끝부분을 "당신의 꼬마"나 "난쟁이"라는 표현으로 마무리했다(그는 시시보다 키가 작았다). 편지에서

두 사람은 가족 소식과 세상 이야기, 그리고 자기들끼리만 알아듣는 농담을 주고받았다. 두 사람의 편지에서 슈라트는 프란츠 요제프의 "여자친구"나 그녀 특유의 발끈하는 성미 때문에 "전쟁부 장관"이라고 불렸다. 프란츠 요제프는 헐렁하고 낙낙한 옷을 차려입은 시시의 초상화를 서재에 걸어두었다. 초상화 속 그녀는 머리카락이 허리까지 내려와 있고 보일 듯 말 듯한 미소를 머금고 있었다(실제로 시시의 머리카락은 발목까지 내려와 있었고, 그녀는 고르지 않은 치열이 보일까봐 웃을 때 절대로 입을 벌리지 않았다). 하지만 두 사람은 만나면 종종 다툼이 일어났고, 심지어 서로에게 가구를 던지는 등 폭력으로 번질 때도 있었다. 확실히, 두 사람의 관계는 서로 멀리 떨어져 있을 때 가장 좋았다.[20]

시시는 1857년에 처음으로 헝가리를 방문했고, 딱딱한 의례에 얽매이지 않는 점에 매료되었다. 그녀는 감시의 눈초리에서 벗어나자 집시들이나 곡예사들과 흥겹게 어울리고 헝가리 귀족들의 지나친 관심을 즐길 수 있게 되었다. 또한 헝가리의 지도자급 귀족인 언드라시 백작과 법률가인 데아크 페렌츠도 알게 되었다. 언드라시 백작과 데아크 페렌츠는 둘 다 프란츠 요제프와 기꺼이 협상하고자 했다. 시시는 그들을 프란츠 요제프에게 소개했다. 언드라시 백작은 헝가리 독립전쟁에 가담했다가 얼마 전에야 사면을 받은 인물이었지만, 시시는 프란츠 요제프를 설득해서 그를 만나보도록 했다. 언드라시 백작을 만난 프란츠 요제프는 그가 "용감하고 고결하며 재능이 뛰어난" 사람이라며 놀라워했다. 역시나 시시의 강력한 주선으로 프란츠 요제프는 데아크 페렌츠와도 비밀리에 만났고, 그와 나눈 대화 내용을 시시에게 암호로 전했다. 시시는 1년이 넘도록 남편과 두 헝가리 정치 지도자들 사이에서 메시지를 전달하는 중재자 역할을 맡았고, 양쪽이 협상을 타결하고자 결심할 수 있도록 도왔다. 그녀는 어떻게 해야 할지 분명히 알려주는 편지를 통해서, 유연성을 발휘하도록 막후에서 황제를 압박했다.[21]

프란츠 요제프도 결국에는 헝가리와 합의할 수밖에 없었을 것이기 때문에 시시의 개입이 결정적인 요인은 아니었다. 그러나 그녀는 해결책의 도출로 이어진 만남을 주선했고, 남편이 헝가리의 지도자들을 더 우호적으로 바라보도록 영향을 끼쳤다. 그 결과가 바로 1867년의 대타협이었다. 데아크 페렌츠가 마련한 그 타협안을 통해서 헝가리는 독립을 이루었지만, 여전히 합스부르크 제국에 포함되었다. 즉, 4월법과 국사 조칙이 조화를 이룬 셈이었다. 1867년의 대타협에 따라서 헝가리 왕국은 정부와 의회(고위 인사들의 상원과 선출직 의원들의 하원으로 나뉘었다)를 가지게 되었지만, 황제가 헝가리 국왕으로서 정부를 임명했다. 헝가리인들의 요구를 들어주기 위해서 트란실바니아가 헝가리에 완전히 흡수되었고, 헝가리의 법률이 오스트리아 제국의 민법전을 대체하게 되었다. 1867년 6월, 프란츠 요제프와 엘리자베트는 성 이슈트반 왕관을 차례대로 쓰면서 헝가리의 왕과 왕비로 즉위했고, 남편과 마찬가지로 엘리자베트 역시 홀笏과 보주寶珠를 받았다. 그것은 헝가리 왕비가 역사상 처음으로 누린 영예였다.[22]

1867년, 프란츠 요제프는 제국의 양쪽 모두에 적용되는 헌법을 발표했다. 합스부르크 제국은 이후 줄곧 서로 동등한 2개의 부분, 즉 헝가리에 해당하는 부분과 헝가리를 제외한 나머지 모든 부분(오스트리아 영지, 보헤미아, 폴란드령 갈리치아, 아드리아 해 연안 등)으로 구성되었다. 2개의 부분 중 후자에는 분명한 명칭이 없었는데, 공식적으로는 제국 평의회가 대표하는 영토들과 왕국들로, 비공식적으로는 "라이타 강의 이쪽"이라는 뜻의 시스라이타니아Cisleithania라고 불렸다(라이타 강은 헝가리의 서쪽 경계선이었다). 하지만 양쪽 부분은 국사 조칙에 따라서 "분리할 수 없고 분할할 수 없는" 대상으로 남았다. 외교 정책과 군대는 "공동의 문제"로 인식되었고, 외무부와 전쟁부의 "공동 장관들"이 관할했다. 그리고 외무부와 전쟁부에 자금을 조달할 책임이 있는 재무 장관도 "공동 장관들"에 포함되었다. 그밖의 모든 사안에서는 양쪽 정부가 분리되었다. 헝가리의 수상은 빈에 있는 오스트리아의 수상을 "저명한 외국인"이라고 인식했다. 헝가리에 독자적인 정부가 생겼기 때문에 제국의 이름은 오스트리아 제국에서 오스트리아−헝가리 제국(혹은 줄여서 오스트리아−헝가리)으로 바뀌었다. 수식어인 "황실−왕실의"도 "황실과 왕실의"로 대체됨으로써 헝가리의 새로운 지위가 반영되었다.

내각 위에는 군주 평의회가 있었고, 군주 평의회는 3명의 공동 장관들, 헝가리와 시스라이타니아의 수상들, 그리고 프란츠 요제프가 선택한 인사들로 구성되었다. 군주 평의회는 황제의 직속 기관으로, 그가 외교 정책과 군대의 통제권을 유지하는 수단이었다. 신생 오스트리아−헝가리 제국, 즉 "이중 제국"에는 의회가 있었고, "라이타 강의 이쪽"에는 선거를 통해서 구성되는 의회도 있었지만, 그곳의 정치 제도는 의회제가 아니었다. 황제가 외교 정책과 군대 배치 같은 임무를 독자적으로 수행했기 때문에, 의회가 감독할 수 있는 부분은 미미했다. 프란츠 요제프는 법령을 통한 입법권도 있었고, 입법 과정에서 제약을 거의 받지 않았다. 다시 말해서 그는 의회의 의사 절차를 우회하거나 대체할 수 있었다. 일이 어렵게 굴러가는 경우에는 빈의 의회를 폐쇄하고 의회의 동의 없이 장관을 임명할 권한도 있었다. 최소한 그 정도까지는, 절대주의가 살아 있었다.

그보다 더 중요한 사실은 제국이 살아남았다는 것이지만, 제국의 생존은 단지 헝가리인들의 열망을 채워줄 입헌적 타개책을 찾아내는 차원의 문제가 아니었다. 프란츠 요제프는 헝가리에서 인기가 없었다. 여러 가지 이유 중에서도 특히 헝가리 왕국의 장군들을 죽였기 때문이었다. 그러나 시시는 헝가리인들이 합스부르크 가문의 통치를 감수하도록 이끄는 매력과 헝가리를 향한 열정이 있었다. 헝가리어를 쓰고 헝가리 민족의상을 입고 헝가리 들판에서 사냥을 즐기는 그녀는 헝가리인들의 왕비였다. 1866년에 시시는 프란츠 요제프에게 페스트 근교의 괴될뢰 궁전을 사달라고 졸랐다. 그는 짜증을 내며 거절했다. "이처럼 힘든 시기에는 아주 절약해야 하오." 이듬해에 언드라시 백작이 이끄는 헝가리의 신생 정부는 그녀에게 대관식 기념 선물로 괴될뢰 궁전을 사주었다.[23]

언드라시 백작은 황제와 헝가리가 맺은 1867년의 대타협에 시시가 기여한 바를 전적으로 인정했다. 그러나 시시는 새로 출범한 오스트리아–헝가리 제국의 나머지 민족들에게는 좀처럼 관심을 드러내지 않았고, 특히 체코인들과 이탈리아인들을 멸시했다. 하지만 그녀의 일관적이지 않은 태도와 기이한 언행을 이유로 그녀가 헝가리 사태에 개입한 방식이 왕비로서의 더 폭넓은 행동 양식에 부합했다는 사실을 부정하지는 말아야 한다. 빅토리아 여왕재위 1837-1901과 마리아 테레지아, 러시아의 예카테리나 대제 때문에 흔히 우리는 18세기와 19세기를 여성 통치자들이 성공을 거둔 시기로 바라보는 경향이 있다. 그러나 실제로 18세기와 19세기에는 이전의 세기들보다 군주로서 통치한 여왕의 수가 더 적었고, 부르봉 왕가의 프랑스와 스페인에서, 그리고 스웨덴1720년 이후과 프로이센에서는 여성의 왕위 계승이 노골적으로 금지되었다.[24]

왕실의 여성들이 막후에서 국정을 관리하고 군주제의 이미지를 보강하며 영향력을 행사하게 된 것은 왕의 배우자 역할을 맡을 때였다. 브라질의 레오폴디네가 모범을 보인 셈이었다. 그녀는 브라질의 국기를 만들었을 뿐만 아니라 조심스러운 남편을 설득해서 일단 독립을 선언하도록 했다. 그러나 어떤 면에서 볼 때, 시시에 가장 필적할 만한 인물은 에드워드 7세재위 1901-1910의 배우자인 알렉산드라 왕비였다. 기품이 넘치고 외모가 빼어났던 그녀는 정치에 적극적으로 의견을 제시했다. 그녀의 남편인 에드워드 애무왕은 무척 낮은 기대 속에서 즉위했지만, 부인의 명성에 힘입어 지지를 얻고 명예를 회복했다.

막시밀리안, 멕시코, 그리고 왕가의 죽음

어린 시절 프란츠 요제프는 미니어처 군인과 대포가 딸린 장난감 성을 즐겨 가지고 놀았고, 평생 군대와 군복, 행진에 뜨거운 관심을 보였다. 그의 동생들도 흡사한 교육과 훈련을 받았지만, 그 결과는 각자 달랐다. 카를 루트비히는 특별한 재능이 없는 열렬한 가톨릭교 신자였다. 그는 훗날 "시범 대공"으로 불렸는데, 이는 그가 능숙하게 해낼 수 있는 임무가 공개 행사에서 통치자인 형을 대신하는 것이었기 때문이다. 루트비히 빅토어("루치 부치")는 주로 명백한 동성애 성향과 복장 도착증으로 유명했다. 그는 여성용 실크 드레스를 좋아했고, 결국 정신이상자로 판정되었다. 반면 프란츠 요제프의 세 동생 중에서 나이가 많은 막시밀리안(더 정확하게는 페르디난트 막시밀리안)은 나머지 형제들과 달리 외향적이고, 지도력이 있고, 대범하고, 균형감이 있었다. 조피 여대공은 각각 겨우 10세와 8세인 첫째 아들과 둘째 아들을 비교했다. "아들 중에서 프란츠 요제프가 가장 얌전하지만……막시가 모두에게 사랑을 받고 있어.……막시의 마음씨가 가장 넉넉해."[1]

프란츠 요제프는 권좌에 오른 뒤에도 막시밀리안을 질투했다. 그는 큰아버지를 퇴위시킨 쿠데타에 힘입어 자신이 황제로 등극했다는 사실을 알고 있었고, 동생에게 권좌를 빼앗길까봐 염려했다. 막시밀리안은 자유주의자가 아니었지만 형의 가혹한 통치에는 반대했고, 프란츠 요제프의 참모들은 그 사실을 황제에게 신나게 보고했다. 따라서 프란츠 요제프는 막시밀리안이 빈에서 활동하거나 정치적 각광을 받지 못하도록 했다. 두 동생은 총독직에 오르거나 보병 연대를 지휘한 반면 막시밀리안은 1850년에 트리에스테에 기지를 둔 외대박이 범선 미네르바 호의 함장으로 임명되었다. 그는 어머니에게 보낸 글에서 넉넉한 아량을 드러냈다. "저는 모든 대공 중에서 가장 낮은 직위인 코르벳함의 함장일 뿐이지만, 지금 제 힘으로 서 있고, 경외하는 황제를 섬기고 싶은 마음이 간절합니다."[2]

막시밀리안도 시시처럼 하인리히 하이네의 서정시에 전율했다. 시시는 실연과 세상에 대한 환멸을 노래하는 하이네의 우울한 작품에 감동한 반면, 막시밀리안은 생생한 여행 이야기 때문에 그의 시를 읽었다. 두 사람 모두 하이네의 문체를 차용했지만, 막시밀리안의 글은 확실히 융통성이 없었다. 그가 묘사한 초원은 늘 "선녹색"이고, 절벽은 "거대하고", 바다는 "군청색"이었다. 막시밀리안은 지중해를 중심으로 여러 곳을 여행했지만, 대서양 연안과 대서양 건너 브라질까지도 갔다. 그는 하이네의 『여행 그림*Reisebilder*』을 본뜬 기행문집인 『여행 스케치*Reiseskizzen*』에 본인의 여행 경험을 담았다.

막시밀리안이 생각하기에 그의 스페인 여행은 역사적 사명이기도 했다. 그가 직접 설명했듯이, 스페인에서 그는 "스페인이 국력의 정점에서 태양이 영원히 수놓는 쌍두 독수리의 날개와 세계 최강 제국의 보호 아래에 있었을 때의 기억"과 마주했다. 1851년에 투우를 구경하면서 그는 구경꾼들이 자신에게 경의를 표하는 장면을 상상했고, "합스부르크 가문이 이 고귀한 사람들을 다스렸던 호시절을 다시 떠올렸다." 그라나다에서 그는 "외국 땅을 여행하는 사람인 동시에……고인의 가장 가까운 법적 후손의 자격으로" 황제 카를 5세의 외할아버지인 아라곤의 페르난도의 무덤 앞에 무릎을 꿇었다. 막시밀리안은 합스부르크 가문의 "황금 홀"은 스페인에서 이미 부서졌지만, "지금 가문의 좌우명인 '더 멀리'를 내게 비추고 있다"라고 마음속으로 되뇌었다.[3]

카를 5세의 좌우명인 "더 멀리"에 호소하기는 했지만, 막시밀리안이 추구한 운명은 신앙을 향한 헌신과 세계 제국 같은 관념에서 비롯된 것이 아니었다. 그것은 막시밀리안이 워싱턴 어빙19세기 미국의 문인/역주이 집필한 낭만적인 스페인 역사에서 배운 과거를 안타까운 마음으로 받아들이고, 자신의 처지에 낙담하며 생긴 것이었다. 1858년에 프란츠 요제프와 시시의 아들인 루돌프가 태어나자 막시밀리안이 형의 뒤를 이을 가능성은 사실상 사라지고 말았다. 이제 그는 해군을 지휘하는 데에 만족해야 했다. 1854년에 해군 소장과 신생 합스부르크 제국 함대의 사령관에 임명된 막시밀리안은 해군의 전력 확장을 추진했고, 회전 날개로 움직이는 철갑선의 도입 사업을 책임졌다. 또한 그는 1857년부터 1859년까지 노바라 호의 세계 일주를 후원했다. 막시밀리안은 변방에서 경력을 쌓는 데 만족했고, 실제로 1856년에는 트리에스테 근교에 "동화에나 나올 법한 건물"인 미라마레 성을 짓기 시작했다. 1857년에 이르러 그는 부인인 벨기에의 샤를로트(카를로타) 공주를 이국적인 은행나무와 미국산 침엽수가 배치된 정원이 딸린 미라마레 성의 흉벽과 호화로운 응접실 안으로 데려왔다.

막시밀리안과 샤를로트는 서로 사랑해서 결혼했다. 하지만 샤를로트의 아버지인 벨기에의 국왕 레오폴드 1세는 큰 비용을 치러야 했다. 그가 부담한 상당한 지참금은 오스트리아 제국의 바닥난 국고로 곧장 흘러갔다. 레오폴드 1세가 거액의 지참금을 부담한 점을 구실로 사위인 막시밀리안에게 더 적합한 임무를 맡겨달라고 프란츠 요제프에게 요청하자, 프란츠 요제프는 막시밀리안을 롬바르도-베네토 지방의 총독으로 임명했다. 그것은 화약이라는 독이 든 성배였다. 롬바르도-베네토 지방에서는 합스부르크 가문을 향한 분노가 들끓고 있었지만, 막시밀리안이 총독으로 임명된 조건은 그로 하여금 대다수의 이탈리아인들이 받아들일 만한 수준의 그 어떤 통치 방침도 만들지 못하게 했다. 하지만 그는 "사소한 봉기에도 가혹하게" 대응하라는 프란츠 요제프의 명령을 무시했다. 1859년 4월 19일, 프란츠 요제프는 막시밀리안을 해임했다. 그리고 오스트리아 제국은 2개월 만에 롬바르디아를 빼앗겼다.[4]

막시밀리안은 스스로에게 세계 무대에 올라야 할 역사적 사명이 있다고 믿었다. 그리고 나폴레옹 1세의 조카로 큰아버지와 이름이 같은 나폴레옹 3세도 자신이 세계 무대에서 활약할 운명을 타고났다고 확신했다. 그는 유럽 문제와 관련해서 이탈리아의 독립을 옹호했고, 러시아에 맞서는 오스만 제국을 지원해야 한다고 주장했다. 나폴레옹 3세는 북아프리카, 아프리카 연안, 중동, 동남아시아 등지에도 군침을 흘렸다. 하지만 아메리카 대륙에서 그에게 생긴 기회는 허영심뿐만 아니라 전략적으로도 정당화될 수 있었다. 오래 전부터 프랑스는 신대륙에서의 세력 균형을 위협하는 미국의 팽창 노선에 반대하는 정책을 펼치고 있었다. 따라서 1840년대에 프랑스는 텍사스의 독립을 지지했고, 이후 10년 동안 미국과 싸우는 멕시코를 돕기 위해서 해상 작전을 펼쳤다.

1861년에 미국 독립 전쟁이 발발하자, 그동안 미국이 초래했던 지정학적 위협이 일시적으로 사라졌다. 그러나 나폴레옹 3세는 앞으로 있을지 모를 미국의 세력 확장을 종식시키려고 마음먹었다. 영국과 프랑스가 오스만 제국을 지원하기 위해 크림 전쟁에 개입함으로써 러시아의 흑해 진출을 저지했듯이, 이제 프랑스는 멕시코를 일종의 장애물로 활용할 속셈이었다. 나폴레옹 3세는 프랑스가 멕시코 사태에 개입하는 것만으로는 부족하다고 판단했다. 멕시코가 장기적으로 스스로를 지키기 위해서는 안정적인 통치가 필요했다. 독립 이후 40년 동안 멕시코에는 무려 50개의 정부가 들어섰고, 대부분의 정부가 군사적 성격을 띠었다. 나폴레옹 3세가 보기에는 군주제만이 멕시코인의 국가를 재건할 수 있었고, 통일성을 확보하여 앞으로는 미국에 영토를 빼앗기지 않을 수 있었다.

나폴레옹 3세에게 막시밀리안은 확실한 선택지였다. 롬바르도-베네토 지방의 총독에서 해임된 이후 막시밀리안은 의기소침해 있었고, 여행에 나서거나 미라마레 성을 증축하며 시간을 보냈다. 막시밀리안과 샤를로트는 본인들의 신분과 적성에 비추어 더 많은 것들을 가질 권리가 있다고 자부했다. 1860년에 브라질을 방문했을 때 막시밀리안은 이미 합스부르크 가문의 왕자들 중에서 최초로 신대륙 해안의 땅을 밟으며 북받치는 감정을 느꼈고, 그 즉시 라틴아메리카에 가장 알맞은 통치 방식(정의와 철석 같은 규율을 뒤섞은 "현명한 전제 군주정")을 떠올린 바 있었다. 그는 운명이 정해준 배역을 맡을 준비가 되어 있었다. 나폴레옹 3세가 볼 때, 합스부르크 가문의 일원은 이상적인 후보였다. 게다가 프란츠 요제프의 협조도 보장된 상태였다. 막시밀리안을 멕시코의 통치자로 삼으려는 계획은 합스부르크 가문의 위신을 드높일 뿐만 아니라 황제인 프란츠 요제프가 동생의 그림자에서 벗어나도록 할 것이었기 때문이다. 문제는 이미 멕시코에 공화파 정치인인 베니토 후아레스 대통령이 이끄는 정부가 있다는 사실이었다.[5]

전통적으로 멕시코 역사학자들은 멕시코에 군주제를 확립하려는 시도를 근대 공화제를 향한 멕시코의 진보적 흐름을 중단시키려는 헛된 시도로 바라보았다. 그러나 멕시코의 가장 위대한 학자들 가운데 한 사람인 에드문도 오고만이 오래 전에 주장했듯이, 멕시코 정치계에는 사실 군주제 지지 운동의 발판으로 삼을 수 있는 보수적 전통도 있었다. 멕시코의 보수주의는 가톨릭적 성격이 짙었고, 수도원 폐쇄, 교회 토지 압류, 성직자 탄압 같은 공화파의 개혁 조치에 반대했다. 하지만 건전한 행정을 지향하는 온건한 개혁은 기꺼이 수용하고자 했고, 대다수 멕시코 역사학자들의 글에서 묘사되는 소수의 군인들과 성직자들, 지주들의 범위를 넘어서는 많은 추종자들을 거느리고 있었다. 오고만이 주장했듯이, 합스부르크 가문의 일원이 멕시코의 통치자가 되는 것은 전혀 유별난 일이 아니었고, 오히려 "국가적 존재의 진정한 가능성"이었다.[6]

1863년에 멕시코 보수파 지도자들의 대표단은 미라마레 성을 방문하여 막시밀리안을 카를 5세의 훌륭한 자손이라고 일컬었고, 막시밀리안에게 멕시코의 권좌를 맡아달라고 공식적으로 요청했다. 그가 계획한 군주국은 제국이었기 때문에, 그는 황제가 될 예정이었다. 그것이 신대륙에서의 국가 발전 방식으로 간주되었기 때문이다. 황제 칭호를 받아들인 막시밀리안은 외교적, 실무적 준비를 서둘렀다. 앞으로 어려움이 닥칠 것이라는 워싱턴 주재 오스트리아 대사의 충고를 들은 그는 당면한 과업의 규모를 정확하게 파악했다. 따라서 막시밀리안은 나폴레옹 3세로부터 군사적 지원을 보장받고자 했고, 그에게서 흔쾌히 약속을 받아냈다. 그러나 프란츠 요제프는 고분고분하지 않았다. 그는 한정된 재정적 지원을 약속하고 막시밀리안이 합스부르크 제국의 땅에서 의용군을 모집하도록 허락했지만, 막시밀리안이 합스부르크 가문의 일원으로 누리던 권리와 칭호는 포기하라고 요구했다. 모험이 실패하면 막시밀리안은 대공 신분을 잃은 채 유럽으로 돌아와야 했다. 그리고 막시밀리안과 샤를로트 사이에서 태어날 자식도 지위를 박탈당할 수밖에 없었다. 판돈이 큰 도박 앞에서 막시밀리안은 약한 모습을 보였다. 1864년 4월, 멕시코로 떠나기 며칠 전에 그는 이렇게 말했다. "누군가 내 모든 지위가 사라졌다고 말한다면 나는 방에 틀어박힌 채 뛸 듯이 기뻐할 것이다! 그러나 샤를로트는 어떨까?"[7]

멕시코 내정 간섭기에 프랑스군은 프랑스 정부와 은행이 제공한 대출금을 회수한다는 명분을 내세우며 멕시코를 침공했다. 1861년 12월, 베라크루스에 상륙한 6,000명의 병력이 내륙으로 진군했다. 오합지졸을 상대할 줄 알았던 프랑스군 지휘관들의 예상과 달리, 멕시코 공화파가 모집한 군대는 기강이 잘 잡혀 있었다. 수적으로 불리했던 멕시코군은 게릴라 전술을 활용했다. 프랑스군의 진군 속도가 느려지자 나폴레옹 3세는 병력을 추가했다. 1863년 중엽까지 그는 약 4만 명을 파병했다. 그해 6월 멕시코가 함락되었고, 막시밀리안을 대신하는 섭정 정부가 들어섰다. 아직 미라마레 성에 머물고 있던 막시밀리안은 멕시코의 공화파가 무력으로 축출된 점에 우려를 표시했고, 멕시코인들이 진심으로 군주정을 지지할지 궁금해했다. 이에 따라 프랑스군은 점령한 모든 영토에서 국민 투표를 실시했지만, 국민 투표는 자유롭지도 공정하지도 않았다. 멕시코 정치인 중 한 사람이 막시밀리안에게 보낸 서신에서 솔직하지 못하게 말했듯이, 국민 투표를 통해서 "멕시코 전체 영토의 4분의 3과 멕시코 전체 인구의 5분의 4가 군주정에 찬성했다."[8]

1864년 5월 28일, 막시밀리안과 샤를로트는 마차, 수정 술잔, 가구, 고급 포도주, 그리고 막시밀리안이 직접 도안한 멕시코 제국 문장이 새겨진 골회자기骨灰磁器 같은 500여 점의 화물과 함께 베라크루스에 도착했다. 베라크루스에서 멕시코시티까지 가려면 협궤 철도와 바퀴 자국투성이인 길을 2주일 동안 더 달려야 했다. 트리에스테에서 베라크루스까지 6주일간 항해하는 동안, 막시밀리안은 유명한 궁정 예절 지침서인 『궁정의 예우 및 의식에 관한 규칙Reglamento para el Servicio *y Ceremonial de la Corte*』을 만들었다. 100가지 신분의 우선순위와 정찬을 비롯한 여러 의식에서의 좌석 배치가 세심하게 설명된『궁정의 예우 및 의식에 관한 규칙』의 분량은 약 600쪽이었다.

식당에서는 세심한 주의가 필요하다. 황제 부부가 식탁에 다가가는 즉시 의전 비서관들이 식당에 입장하고, 바로 뒤에 근위병들이 따라와야 한다.……제1 의전 비서관이 신사들의 식탁에서, 제2 의전 비사관이 숙녀들의 식탁에서 시중을 들어야 한다. 이때 황제는 모자를 부관에게, 황후는 손수건과 부채를 궁녀에게 건네줄 것이다.[9]

막시밀리안은 근위병의 신장 하한선을 정했다. 근위병은 신장이 최소 198센티미터여야 했다. 근위병들은 독수리 조각이 달린 30.5센티미터 높이의 은제 투구도 썼다.

현대인의 시선에서 막시밀리안의 그런 노력은 비웃음거리 같아 보이지만,『궁정의 예우 및 의식에 관한 규칙』에는 단순한 예의범절을 뛰어넘는 목적이 있었다. 막시밀리안은 자신의 궁정을 멕시코에서 일어나는 모든 정치 활동의 본거지로, 즉 공통의 의례와 예우를 통해서 "모든 당파와 견해"를 통합하는 중심지로 삼고자 했다.[10] 1866년 6월에 열린 대무도회에는 800명의 손님들이 참석했고, 샤를로트는 그들이 입은 파리풍의 화려한 의상에 감탄했다. 이 무도회에는 심지어 원주민들도 참석할 수 있었다. 그녀의 시녀 중에는 피부색이 짙은 멕시코 여자인 호세파 마렐라가 있었는데, 그녀는 아즈텍 제국의 마지막 통치자의 후손으로 알려져 있었다. 원주민들에게 영향을 미치는 내용인 경우, 막시밀리안은 법령을 토착 언어인 나와틀어로 발표했다. 멕시코 역사에서 정부가 이렇게 조치한 사례는 이것이 유일하다.

자신이 관저로 삼은 멕시코시티 외곽의 차풀테펙 궁전에 초대되지 못한 사람들을 위해서, 막시밀리안은 공원, 분수, 가로등, 그리고 파리의 샹젤리제 거리를 본뜬 넓은 가로수길로 새로 단장한 수도를 선보였다. 그러나 파벌 간의 화해를 도모하고 지지 기반을 넓히려는 막시밀리안의 노력은 의식과 상징화의 차원을 뛰어넘었다. 그가 정부 부처가 모여 있는 대통령 궁을 방문했을 때에는 모든 것이 엉망이었다. 문서 관리 체계가 없었고, 통신 내역이 기록되어 있지 않았다. 바닥에는 서류가 잔뜩 쌓여 있었고, 정해진 업무 시간도 없었다. 그는 소속 당파를 고려하지 않은 채 인사 고과를 토대로 공직자를 임명하고 승진시켰고, 급진적 개혁 과정에 착수할 행정부를 구성했다. 이제 보편적인 초등 교육이 의무화되었고, 채무 노동 의무와 아동 노동이 폐지되었으며, 근로시간과 점심시간이 규정되고 원주민들의 공공 재산권과 용수권이 보호되었다.[11]

막시밀리안의 정부 조직 개혁과 사법 개혁도 중요했다. 그는 지방 군벌의 세력을 꺾기 위해서 전국을 50개의 주로 나누었고, 각 주의 지사를 임명했다. 또한 느릿느릿 움직인 기존의 사법부 대신에 행정 법원이 개인과 정부 기관 사이의 분쟁을 해결하게 했다. 1865년 말엽, 정치적 성향이 제각각인 법률가들로 구성된 위원회에서 도출된 성과가 가족법, 상속, 재산, 계약 등을 규정하는 민법전의 형태로 공표되었다. 이 민법전은 1867년 공화파 정부에 의해서 폐지 선언을 당했지만, 그 내용의 4분의 3은 1870년에 공표된 "새로운" 민법전에도 포함

되었다.[12]

1865년 민법전은 막시밀리안에게 닥친 난관의 생생한 사례이다. 그는 자신이 확립한 체제를 대다수의 멕시코인이 받아들일 수 있도록 하기 위해서 기본적으로 공화파 성향인 근대화 계획을 수용했고, 그 과정에서 보수파를 저버렸다. 재산을 둘러싼 지주들이나 성직자들의 억압적 권리를 되찾아주지 않은 것이다. 사실, 그는 한 걸음 더 나아가 1865년 민법전을 통해서 민사혼 제도와 완전한 종교적 관용을 확립했다. 그런데도 공화파 진영은 막시밀리안을 받아들이지 않았다. 그가 그토록 소중히 여긴 왕족의 상징물과 황제 칭호 때문이었다. 그 결과 막시밀리안은 군주 아래의 통합을 이루지 못한 채 공백 상태를 빚고 말았다.

종말은 순식간에 찾아왔다. 한때 프랑스는 4만5,000명의 병력을 막시밀리안에게 지원해주었고, 멕시코 정규군 7,000명과 오스트리아와 벨기에 출신 의용병들을 포함한 보조군 약 2만 명에게 급료와 장비를 제공했다. 1865년에 미국 남북 전쟁이 막을 내리자 공화파 군대는 잉여 무기로 재무장하고 외국으로부터 자금을 대출받을 수 있게 되었다. 그때 나폴레옹 3세는 국내의 재정 지출을 억제하고 프로이센과의 임박한 전쟁에 대비하라는 압박을 받게 되었다. 1865년, 공화파의 전술은 게릴라 공격에서 노골적인 공세로 전환되었다. 이듬해에는 프랑스군이 철수하기 시작했다. 샤를로트 황후는 급히 바다를 건너 프랑스로 향했고, 나폴레옹 3세에게 철수를 연기해달라고 간청했지만 소용없었다. 샤를로트는 나폴레옹 3세가 자신을 독살할 것이라고 단단히 착각한 채 바티칸으로 잠시 피신했다. 그러나 교황 피우스 9세는 그녀의 방문을 몹시 탐탁지 않아했다. 그녀는 이미 광기에 빠져 있었다.

일찍이 1862년에 스페인의 장군 후안 프림은, 프랑스가 무력으로 멕시코인들에게 강요한 외국인 군주는 "스스로 지탱할 수단이 하나도 없을 것입니다. 지원이 철회되는 날⋯⋯그는 폐하께서 세우신 권좌 밑으로 떨어질 것입니다"라고 나폴레옹 3세에게 진언했다. 프랑스군이 철수한 이후 불과 2만 명의 의용군만 남게 되자, 막시밀리안은 일단 농촌 지역에서, 나중에는 도심에서도 밀리는 신세가 되었다. 제국군 소속의 군인들 상당수는 탈영하거나 적군에게 투항했다. 1867년 초엽 막시밀리안은 멕시코시티를 포기했고, 수도인 멕시코시티에서 북서쪽으로 200킬로미터 떨어진 케레타로를 본거지로 삼았다. 3개월 뒤 케레타로는 함락되었고, 막시밀리안은 배신을 당해 멕시코군에게 체포되었다. 멕시코에서는 이미 사형제가 폐지된 상태였음에도 그는 짧은 재판을 거친 뒤 2명의 장군과 함께 총살형을 선고받았다. 1867년 6월 19일에 처형장으로 향할 때, 그는 날씨를 언급했다. "날씨 참 좋군! 늘 이런 날에 죽고 싶었지."[13]

총살 직전, 막시밀리안은 최후의 연설을 남겼다. "멕시코인들이여! 신께서 나 같은 신분과 혈통을 지닌 이들이 신민들에게 행복을 선사하거나 그들을 위해 순교하도록 정하셨다. 나는 그대들 중 일부의 요청으로 이 나라의 복리를 위해 왔지 야심 때문에 온 것이 아니다.⋯⋯모쪼록 내 피가 이 땅에서 흘러내릴 마지막 피가 되기를 바라고, 내가 흘린 피에 힘입어 이 불행한 나라가 다시 태어나기를 기도한다. 멕시코 만세! 독립 만세!" 사전에 합의한 대로 2명의 장군은 그리스도의

십자가형을 재현하는 의미에서 막시밀리안의 양쪽에 섰다.[14]

막시밀리안의 사형은 사명이라는 주제와 그리스도 같은 순교와 구원이라는 주제를 바탕으로 치밀하게 연출된 죽음이었다. 곧이어 그리스도의 죽음과 막시밀리안의 죽음 사이의 유사성을 뒷받침하는 이야기들이 퍼져나갔다. 막시밀리안의 몸을 뚫은 총알이 그의 셔츠 위에 십자가 표시를 그렸다거나 미라마레 성에 있는 그의 초상화에 가시 면류관이 나타났다는 식의 이야기들이었다. 가짜 사진뿐 아니라 처형 모습을 묘사한 그림과 스케치도 아메리카와 유럽 곳곳에서 나돌았다. 에두아르 마네는 채색화 4점과 석판화 1점을 통해서 막시밀리안의 죽음을 표현했다. 그 작품 중 1점을 제외한 나머지 4점에서는 사형을 집행하는 사람들이 멕시코 군복이 아니라 프랑스 군복을 입은 모습으로 묘사되었다. 막시밀리안의 죽음을 둘러싼 나폴레옹 3세의 책임을 드러내기 위함이었다.[15]

프란츠 요제프는 동생의 죽음에 초연했다. 다음번 사냥에서 막시밀리안의 사냥 솜씨를 보지 못하겠지만 "그래도 우리는 사냥을 즐길 수 있겠지"라고 말할 뿐이었다. 하지만 합스부르크 제국 도처에서는 막시밀리안의 죽음을 둘러싼 이야기가 회자되었다. 그 과정에서 중요한 역할을 한 것은 화보가 있는 주간지였다. 발행 부수가 많은 헝가리의 주간지인 「일요신문*Vasárnapi Újság*」에는 막시밀리안의 일대기와 나폴레옹 3세에게 당한 배신의 내용이 반복적으로 게재되었다. 「일요신문」은 샤를로트가 개입한 사연을 보도했고, "망가진 정신" 때문에 초래된 그녀의 광기를 암시했다(샤를로트는 1927년에 사망했다). 막시밀리안의 위엄과 용기, 순교를 길게 설명하는 익명의 프랑스어 원문은 곧바로 독일어와 헝가리어로 번역되어 독자들의 호기심을 채워주었다. 막시밀리안이 사후에 그와 같은 명성을 누린 것은 무엇보다 그가 죽음을 맞이한 상황 때문이었다.[16]

군주들은 최초의 근대적 유명 인사들이었다. 그들은 구경거리였다. 그들의 이미지는 사진과 대량 생산된 판화를 통해서 "과장된" 속성을 띤 상품으로 변모했다. 그들의 죽음 역시 일상과는 동떨어진 일, 생활 속에 의미와 강렬함을 주는 사건이 되었다. 1867년 막시밀리안의 죽음은 유럽 전역에서 잇달아 발생할 주권자 암살 사건의 예고편이었다. 이듬해인 1868년에 세르비아의 미하일로 공작이 암살되었고, 이후 러시아의 알렉산드르 2세[1881], 이탈리아의 움베르토 1세[1900], 세르비아의 알렉산다르 왕과 드라가 왕비[1903], 포르투갈의 카를루스 1세와 루이스 필리프 왕세자[1908], 그리스의 요르요스 1세[1913] 등이 연이어 살해되었다.[17]

1867년 이후 합스부르크 가문도 비명횡사에 익숙해졌다. 1889년 루돌프 황태자가 스스로 목숨을 끊었다. 1898년 제네바에서는 시시가 왕족을 죽이고 싶은 마음이 굴뚝 같았던 이탈리아의 어느 무정부주의자에게 살해되었다. 그녀는 "무슨 일이 일어난 거야?"라는 유언을 남겼다. 언론은 두 사람의 인생뿐 아니라 죽음을 둘러싼 온갖 사실도 대대적으로 보도했다. 루돌프가 사망했을 때 편집자들은 보도에 유의해야 했지만, 결국 독자들은 그의 사망 소식이 최초로 알려진 과정, 의사의 사망 확인 절차, 시신의 상태와 장례식, 그의 평화로운 표정 따위를 낱낱이 알게 되었다. 1898년에 전해진 시시의 사망 소식은 무려 한 달 동안 몇몇 주간지의 지면을 도배했다. 그녀가 살해당했음을 보도한 기사는 피로 물들어 축 처진 검은색 드레스와 함께 무미건조하고 자세하게 서술되었고, 가끔은 그녀가 죽음을 맞이한 순간을 묘사한 삽화가 등장하기도 했다.

이전의 군주들과 왕족들은 본인의 이미지를 만들어냈다. 합스부르크 가문 사람들은 신이 결정한 통치권의 신화적 자기 과대평가와 증거를 강조하며 스스로의 정체성을 열심히 설정했다. 그러나 왕가들은 대중의 상상력을 함양할 힘을 잃어버렸고, 개선문과 장례용 영구대의 시절은 지나버렸다. 유럽의 대다수 지역에서 이제 왕가들을 표현하는 방식의 틀은 언론에 의해서 정해졌다. 합스부르크 가문의 경우, 그 새로운 매체를 통해서 전달되는 가장 강력하고 반향이 큰 이미지는 죽음이라는 구경거리였다. 머지않아 또 하나의 사진(타조 깃털로 장식한 모자를 쓴 채 계단을 내려오며 자동차 쪽으로 향하지만 곧 암살되고 마는 어느 대공의 사진)이, 유럽에서 합스부르크 가문이 휘두른 통치권의 종말로 이어지는 사건들의 출발점을 포착하고 상징하게 된다.

제26장

불만의 정치와 1908년 축하 행사

프란츠 요제프의 절대주의는 민족주의의 싹을 틔우는 배양기였다. 1848년 이전까지 민족 정체성이란 귀족과 농민, 도시민과 성직자 같은 신분을 초월해서 종교나 지역이나 혈연 등과 경쟁하는 사회적 접착제 중 하나에 불과했다. 그러나 이제 민족 정체성은 지배적인 힘으로 탈바꿈했고, 중앙집권화와 획일성을 추구하는 억압 체제에 의해서 그 잠재력이 강화되었다. 1848년에 일어난 사건들을 계기로 모종의 이야기가 생겨났고, 그 이야기 주변에 민족 정체성, 자유를 위한 영웅적 투쟁, 민족적 명분의 옹호자, 민족을 위해서 고통을 당한 순교자 같은 여러 가지 개념들이 자리를 잡았다. 벽에 걸린 초상화, 자수 공예가가 견본 작품에 수놓은 시, 그리고 심지어 사람들의 머리 모양조차 그런 개념들을 떠올리게 하면서 새로운 정체성의 공동체들을 사로잡았다. 1860년대에 입헌주의적 통치의 시대가 열렸지만, 민족주의의 매력은 잦아들지 않았다. 새로 구성된 의회들은 민족주의를 분명하게 표현할 수 있는 수단을 제공했고, 덕분에 민족주의는 잠재력이 커지고 더 폭넓게 전파될 수 있었다.

소속의 흔적은 차이의 지표이기도 했다. 체코인들은 단추 달린 상의로, 슬로베니아인들은 겨울잠쥐 모피로, 헝가리인들은 콧수염으로 구별되었다. 어느 부지런한 관찰자는 헝가리인의 콧수염 형태를 23개나 열거했는데, 각각의 형태는 그들이 헝가리라는 나라와 얼마나 밀접한지를 차등적으로 보여주었다. 일부 농촌 지역에서 유행하는 복장이 사람들의 눈에 띄어서 헝가리인 고유의 복장으로 선언되기도 했다(헝가리의 화려한 "컬로처" 자수는 원래 헝가리 남부의 세르비아인 거주 마을에서 선호된 양식에서 비롯되었다). 성 관련 품평가들은 타락의 내림차순에 따라서 외국 여자들의 정교한 일람표를 만들었는데, 외국 여자들의 타락 정도는 관찰자 본인이 속한 민족의 여성다움에 대한 기준에서 벗어난 정도를 통해서 분명히 드러났다.[1]

공간도 뚜렷하게 구획되었다. 한때 발칸 반도 전역에서 찾아온 여러 민족의 상인들이 몰려들었던 자그레브의 시장은 1860년대에(그리고 10년간의 논의 끝에) 옐라치치의 커다란 기마상이 들어서면서 크로아티아인의 시장이 되었다. 그리고 프라하에서는 체코인의 성자들과 독일인의 영웅들을 기리는 기념물을 기준으로 체코인 거주 구역과 독일인 거주 구역이 나뉘었다. 거리와 상점도 소속이 드러나는 장소였다. 각기 다른 민족 집단들은 자신이 생활하는 거리와 물건을 사는 상점을 이용함으로써 충성심을 드러냈다. 헝가리에서는 손님들에게 파는 술의 종류에 따라서 선술집들이 구분되었다. 독일인이 운영하는 선술집은 맥주를, 헝가리인이 운영하는 선술집은 포도주를, 독일인과 헝가리인 이외의 민족 출신이 운영하는 선술집은 값싼 브랜디를 팔았다. 술에 취했을 때조차 민족 집단들은 다른 특징을 보였다. 보고에 따르면, 헝가리인은 울적해지고, 독일인은 말이 많아졌으며, 루마니아인은 난폭해지고, 루테니아인은 횡설수설했다.[2]

민족 정체성은 사실의 문제가 아니라 결정의 문제였다. 코슈트는 어머니가 독일인이었지만, 본인은 헝가리인이기를 선택했다. 그런데 그의 삼촌은 슬로바키아의 유명한 애국자가 되었다. 하지만 단 하나의 정체성을 받아들일 만한 명백한 근거가 있는 사람들은 드물었다. 20세기 초엽의 한 군인은 4개의 언어로 일기를 썼다. 군대 문제를 설명할 때에는 독일어를, 여자친구를 언급할 때에는 슬로베니아어를, 노래를 떠올릴 때에는 세르비아어를, 성적 환상을 표현할 때에는 헝가리어를 썼다. 어떤 사람들은 상황과 금전적 이해관계에 따라서 정체성을 바꾸었다. 본인의 정체성에 무관심한 사람들은 몇 가지 언어를 섞어 쓰기도 했다. 이처럼 뚜렷한 민족 정체성을 회피하는 사람들은 점점 인습화되는 소속의 범주에 들어맞지 않는 "자웅동체"나 "이중인격자"로 치부되었다.[3]

정체성은 이웃과 부모, 친구들과 학교 교사들에 의해서 각인되었다. 그러나 여기에는 정부와 관료 사회도 개입했다. 1867년 12월에 공표된 시스라이타니아(오스트리아-헝가리 제국에서 헝가리를 제외한 나머지 부분)의 헌법은 각 민족 정체성을 지닌 사람들이 교육을 비롯한 수단을 통해서 "그들의 민족 정체성과 언어를 보존하고 함양할" 권리를 보장했다. 2년 뒤에 그 권리는 40명 이상의 학생들이 요청하는 경우 해당 학교가 국어를 가르칠 수 있도록 국고를 지원해야 한다는 내용의 법률로 구체화했다. 그러나 여기에서 민족 정체성과 국어가 뜻하는 범위는 제한적이었고, 렘코어, 후트술어, 이디시어, 프리울리어, 달마티아계 이탈리아어 같은 여러 가지 방언들은 인정하지 않았다. 이에 따라 결국 사람들은 1880년 이후에 시스라이타니아에서 실시된 인구 조사에서 독일어, 보헤미아-모라비아계 슬로바키아어, 폴란드어, 루테니아어, 슬로베니아어, 세르보크로아트어, 라딘어, 루마니아어, 헝가리어 중에서 자신의 "일상어"를 선택해야 했다.

　1881년에 시행된 헝가리 인구 조사는 비교적 융통성이 있었다. 보기로 제시된 언어 목록에 "모국어"가 없으면 응답자들이 자신의 언어를 따로 밝힐 수 있었기 때문이다. 여기에는 롬어 사용자들과 아르메니아인들, 언어 장애인들을 고려한 항목도 포함되었다. 그러나 결과는 거의 달라지지 않았다. 사람들은 억지로 각자의 언어 집단에 배치되었고, 이는 민족 정체성을 경직되지 않게 하고 다른 정체성이 스며들 여지를 주는 매개적 정체성을 지우는 결과를 낳았다. 인구 조사와 더불어 민족 지도가 작성되었고, 민족지학 박물관이 출현했다. 민족지도에서 사람들은 중간자적 색조 없이 극명하게 다른 색상으로 구획되었고, 민족지학 박물관에서는 곧 쓰러질 것 같은 오두막이 민족적 특이성의 지표로 변모했다.[4]

　개인들의 삶은 관료들의 행정적 범주에 휩쓸려 들어갔고, 민족 정체성이라는 프리즘을 통해서 관찰되는 경우가 점점 더 늘어났다. 서로 다른 민족 정체성을 지닌 사람들이 가까이에서 생활할 때, 그들의 관계는 종종 서로 경쟁하는 합창단, 사설 소방대, 지역 교구, 체육회, 저축 은행, 재향 군인회, 학교 간의 대결이라는 특성을 띠었다. 학교는 재정 지원을 둘러싼 충돌로 싸움터가 되었다. 몇몇 민족 출신의 사람들이 사는 지역의 학교 이사회들은 정부 지원을 이끌어낼 수 있는 인원인 40명 이상의 학생을 모으려고 다른 민족 출신의 학생들을 매수하는 행위도 불사했다. 프라하의 대학교는 독일어 구역과 체코어 구역으로 정확히 양분되었는데, 식물 학명에는 라틴어가 쓰였기 때문에 식물원만 공동 구역으로 남았다.

관료 사회 특유의 기풍에 따라서 공무원들은 민족 정체성을 초월해야 했지만, 차이의 정치학이 만연하기는 관료 사회도 마찬가지였다. 지방의 총독직은 급속도로 "민족적 성격을 띠게" 되었고, 지방 공무원들은 자신이 속한 언어 공동체의 이익과 그 공동체에 대한 자금 지원을 도모하고는 했다. 관료 사회의 중심부에서는 균형이 모색되었지만, 각 부처는 흔히 특정 민족의 구역이 되었다. 이를테면 폴란드인들은 재무부를, 체코인들은 교육부와 통상부를 장악하는 식이었다. 하지만 독일어는 시스라이타니아 내부에서 유일한 공용어로 남았다. 1867년 이후 헝가리는 독자적인 공무원 제도를 보유하게 되었지만, 공동 장관이 관할하는 오스트리아-헝가리 제국의 외무부에서는 헝가리인들의 의사가 공평하게 반영되지 않았다.[5]

헝가리 정부는 헝가리어 이외의 언어를 가르치는 중등학교를 폐쇄하고, 이민족의 조직을 단속하고, 선거구를 자의적으로 구획하여 이민족 대표들의 의회 진출을 가로막는 등 가혹한 "헝가리화" 정책을 추구했다. 1908년에 헝가리 수상은 다음과 같이 솔직하게 말했다. "우리에게는 헝가리인의 국가 이념이라는 단 하나의 지상 명령만 있고, 모든 시민은 그것을 인정하고 무조건 따라야 한다.……헝가리인들은 다른 나라 사람들이 아니라 헝가리인들을 위해서 이 나라를 세웠다. 헝가리인들의 지배권과 패권이 전적으로 정당화된다." 부다페스트 대학교의 총장은 훨씬 더 과감하게 말했다. 헝가리화의 목적은 동화 작업이었고, "우리는 슬로바키아인이 남아 있지 않을 때까지 그 작업을 수행할 것이다."[6]

한편, 특정 민족에 속하는 사람들이 인구의 과반수를 차지하지 못한 시스라이타니아에서는 정책의 초점이 법률을 통한 규제에 맞춰져 있었다. 분쟁은 소수 집단 쪽을 힐책하기 마련인 행정 법원에서 해결되었다. 행정 법원은 당초 주관성의 원칙을 고수했다. 즉, 개인의 민족 정체성을 당사자가 선언하는 대로 인정해준 것이다. 그러나 민족 정체성을 둘러싼 공공연한 거짓 선언이 너무 많았기 때문에 법원은 언어, 태생, 소속 단체, 일상생활 따위를 근거로 "객관적 검증"을 실시해야 했다. 이로써 정체성은 측정 가능한 특성이 되었고, 개인들을 여러 가지 소속의 범주로 분류하는 것이 정부 업무의 일부분으로 자리를 잡았다. 훗날 나치 독일은 사형 집행 영장이나 다름없는 정체성 일람표를 편집하면서 그런 과정을 한 단계 더 확대했다.[7]

시스라이타니아에서는 민족주의로 인해서 의회 정치가 작동하지 못했다. 일단, 선거 제도는 독일인 중산층에게 유리했다. 그들은 신망이 두터운 자유주의적 대변자들을 뽑았지만, 프란츠 요제프는 자유주의자들을 싫어했다. 자유주의자들은 군비 지출을 방해했고, 프란츠 요제프가 1855년에 교황과 맺은, 대다수 학교를 성직자의 감독 하에 둔다는 내용의 정교 조약政教條約을 파기하도록 강요했기 때문이다. 이후 자유주의자들은 1873년의 금융 위기 때에 은행 금고에 손을 댔다가 붙잡힌 경우가 너무 많았기 때문에 명성이 크게 실추되었다. 여기에 비독일인 중산층과 유권자들이 출현하자 자유주의 세력은 더욱 약해졌다. 새로 등장한 유권자들은 자신이 속한 민족의 이익을 대변하는 정당에 투표했지만, 정당들은 이념에 따라서 분열되기도 했다. 그 결과 정당의 숫자가 급증했고, 정당 간의 느슨한 연합이 연거푸 등장했다.

어느 수상이 지적했듯이, 그런 상황을 타개할 해법은 각각의 민족 정당들이 "균일하고 잘 조절된 불만 상태"를 유지하도록 조금씩 양보하며 "그럭저럭 헤쳐나가는 것"이었다. 이에 따라 폴란드인들은 갈리치아의 지배권을, 슬로베니아인들은 크라인 지역의 통치권을 넘겨받는 대가로 입을 다물었다. 시스라이타니아의 독일인 가톨릭교 신자들은 연금과 근로 현장에 관한 법률에 마음을 빼앗겼다(그 법률은 유럽에서 독일과 스위스의 노동법 다음으로 훌륭한 노동법이었다). 그러나 체코인들은 설득하기가 쉽지 않았다. 그들의 지지를 이끌어내기 위해서 프란츠 요제프는 보헤미아에도 헝가리처럼 자치정부를 허용하고자 했지만, 헝가리의 지도자들은 자국의 특별한 지위를 격하하려는 시도에 격렬하게 반대했다. 이에 프란츠 요제프는 보헤미아의 고위 공무원들이 독일어 대신에 체코어로 업무를 처리하도록 하는 방안을 추진했다. 그러자 대혼란이 벌어졌다. 빈과 프라하의 거리에서 며칠 동안 소요 사태가 일어난 것이다. 결국 그 방안은 무기한 연기되었다.[8]

프란츠 요제프는 민족주의를 중산층의 악습이라고 믿었다. 따라서 그는 참정권을 확대하여 노동 계급을 끌어들이려고 했다. 고액 납세

자에게 유리한 제국 의회 선거의 투표 방식도 폐지되었다(하급 의회 선거에서는 그대로 유지되었다). 1907년에 이르러 시스라이타니아의 모든 성인 남자는 동등한 투표권을 가지게 되었다. 계급적 수사법을 구사하는 사회주의자들이 의회의 제1당을 차지했다. 사회주의 세력의 지도자들은 민족주의를 머리카락 색깔 이상의 관련성이 없는 "허위의식"으로 폄훼했다. 하지만 사회주의자들은 민족별로 분열했고, 독일인 조직과 체코인 조직이 서로 경쟁하게 되었다. 그들이 가입한 노동조합도 마찬가지였다. 이후에도 민족 간의 대립은 정치 제도 고유의 특징으로 남았다.

그 결과는 교착 상태였다. 슈타이어마르크에 위치한 어느 중등학교의 언어 수업 같은 아주 사소한 사안 때문에도 의사당에서 소란이 벌어지고 잉크병이 날아다니는 등 제국 의회가 마비되었다. 이는 프란츠 요제프에게 유리한 상황이었다. 입헌주의적 통치가 쓸모없다는 점이 드러났고, 민족주의자들의 요란한 불만에 휘둘리지 않는 공무원들이 이끄는 내각의 정당성이 입증된 것이다. 그는 차츰 법령을 통해서 입법화를 시도하며 의회 소집을 보류했고, 과거에 자신이 내린 명령을 사후적으로 비준받아야 할 때에만 의회를 소집했다. 정기적으로 선거가 실시되고 참정권이 확대되었지만, 관료제적 절대주의는 여전히 만연했다. 물론 시스라이타니아에는 의회가 있었지만 그곳의 정치 제도는 의회제가 아니었다.

구조적 결함은 당시에도 명백해 보였다. 이에 제국을 민족 정체성에 근거한 여러 개의 구성단위로 재편하거나, 느슨한 구조의 개별 민족 단체가 교육 및 문화 정책을 감독하도록 하는 한편 영토 차원의 구성단위가 비교적 논쟁의 여지가 적은 행정적 사안을 맡도록 한다는 방안을 비롯한 여러 해법들이 제시되었다. 소수의 저술가들이 나머지 지역의 이익을 위해서 헝가리를 제국에서 분리하는 방안을 거론했지만, 그 누구도 제국을 개별 국가들로 분할하는 방안은 제시하지 않았다. 체코의 역사학자인 프란티셰크 팔라츠키, 카를 마르크스, 파머스턴 경, 오스트리아의 사회주의자 오토 바우어 같은 여러 저술가들과 정치인들은 합스부르크 제국을 해체하면 유럽의 심장부에 위험한 공백이 초래될 것이고, 러시아가 그 공백을 채울 가능성이 높다는 데에 공감했다. 팔라츠키가 지적했듯이, 만일 오스트리아 제국이 존재하지 않는다면 인위적으로 만들 필요가 있을 것 같았다.

민족주의 정치인들의 목표는 제국을 방패막이로 삼는 한편 자기 민족 집단의 이익을 위해서 제국을 교묘하게 이용하는 것이었다. 반면 프란츠 요제프와 장관들의 과제는 충성심을 유발하는 일체감을 장려하는 것이었다. 1920년대에 소설가 로베르트 무질은 제국에 의미를 부여하는 관념을 필사적으로 추구한 이른바 평행선 운동을 묘사한 작품에서 정부의 노력을 조롱했다(1913년에 착수된 그 운동은 결국 "제국은 평화를 의미한다"라는 원칙을 수용했다). 사실, 정부가 선택한 해법은 정부가 활용할 수 있는 유일한 방안이었다. 제국의 단결은 왕가 차원의 과업이었고, 그 주체 역시 왕가였다. 합스부르크 가문의 역사를 칭송함으로써 제국은 공동의 이야기를 가지게 되었다. 그리고 제국의 각 부분들은 그 이야기를 중심으로 하나로 합쳐질 수 있었다.

그 틀을 제시한 사람은 티롤의 역사학자 겸 국가 기록 관리인인 요제프 폰 호르마이어1781?-1848였다. 총 42권에 이르는『문고본 국사 *Taschenbuch für die vaterländische Geschichte*』를 비롯해서 분량이 상당한 책을 여럿 집필한 그는 1807년부터 1814년까지『문고본 국사』보다는 분량 이 적은 20권짜리『오스트리아판 플루타르코스 영웅전*Oesterreichischer Plutarch*』을 출간했다. 이 책은 "오스트리아 제국의 모든 제후들과 대다 수의 유명한 장군들, 정치가들과 학자들과 예술가들의 일대기와 초 상화"를 포함하면서도, 합스부르크 가문의 영웅들과 각 민족의 투사 들의 업적을 뒤섞어 양자 간의 균형을 잡으려고 애썼다. 호르마이어 가 볼 때, 민족 감정은 제국이라는 개념과 대립하지 않았다. 합스부르 크 가문의 통치에 힘입어 "더 작고, 더 약하고, 덜 안정적인 민족들이 그들의 영토를 주변의 더 강력한 민족들에게 빼앗기지 않을 것이라고 느낄 수 있기" 때문이었다. 호르마이어가 설명했듯이, 합스부르크 가 문은 통일성을 부여함으로써 단일한 계획하의 강력한 힘과 번영으로 여러 민족들을 결속시키기도 했다.[9]

합스부르크 가문의 역사를 바라보는 호르마이어의 관점은 이후의 학교 교과서가 더 폭넓은 제국적 과업의 맥락에서 국사를 기술하는 데에 영향을 미쳤다. 그 결과 슬로베니아인의 역사는 더 광대한 "오스 트리아인의 조국"의 이야기에 편입되었고, 체코인의 중세사는 1618 년의 반란 같은 난처한 사건들이 누락된 채 합스부르크 왕가의 역사 에 손쉽게 스며들었다. 그런 역사관은 합스부르크 가문이 역사를 표 현하고자 하는 방식에도 영향을 미쳤다. 이 방식은 가장 중요한 2개 의 문화적 과업을 통해서 이루어졌다. 먼저 첫 번째 과업은 여러 권 으로 이루어진, 제국의 공식적인 역사를 기술한 백과사전이었다.『글과 그림으로 살펴보는 오스트리아-헝가리 군주국*Die österreichisch-ungarische Monarchie in Wort und Bild*』이라는 제목의 그 백과사전은 원래 프란츠 요제프의 아들인 루돌프가 편찬했기 때문에 "황태자의 저작"이라는 이름으로 알려졌다. 두 번째 과업은 1908년에 거행할 프란츠 요제프의 즉위 60주년 기념 축하 행사였다. 하지만 두 가지 과업 모두 제국의 여러 부분을 하나로 묶는 접착제의 취약성을 드러냈다.[10]

루돌프 황태자는 자유주의뿐 아니라 사회주의에도 이끌렸다. 그는 아버지의 보수주의에 비판적이었고, 분노로 가득한 편지를 가명으로 언론사에 보냈다. 1883년에 프란츠 요제프가 루돌프에게『글과 그림으로 살펴보는 오스트리아-헝가리 군주국』의 편찬 사업을 맡긴 목적은 아들이 정치에서 손을 떼도록, 그리고 매음굴을 드나들지 않도록 하기 위함이었다. 백과사전의 전집 24권은 1886년에 제1권이 출간된 이후 완성되기까지 16년이 걸렸고, 격주로 총 397회에 걸쳐 1회분씩 출간되었다. 분량은 1만2,000쪽 이상이었고, 4,500여 장의 삽화와 약 430명의 기고가들이 쓴 글이 수록되었다. 헝가리어 번역본이 독일어 원본과 동시에 출간되었지만, 여러 개의 항목이 통합되는 바람에 헝가리어 번역본의 총 권수는 21권으로 줄어들었다. 1889년 루돌프가 자살한 뒤에도 백과사전 편찬 사업은 지속되었고, 죽은 루돌프의 아내이자 음식 운반 수레의 발명가(겸 특허 보유자)이기도 한 벨기에의 스테파니 공주가 명목상의 편집자가 되었다.[11]

연속 간행물 형식을 따른 그 백과사전의 내용은 지방별로 나뉘었고, 빈과 니더외스터라이히에서 시작해 크로아티아로 마무리되었다. 각 권에는 특정 지방의 지리, 동식물군, 민족지, 문화, 역사 등의 내용이 실렸고, 제국의 이익과 통치자에 대한 천박한 찬사가 곁들여졌다. 가령 오스트리아령 슐레지엔을 다룬 권은 다음과 같이 시작했다. "평화를 이룩하신 우리 황제의 현명한 통치 덕택에 우리의 작은 땅이 황제의 보호 아래 유례없는 번영을 누렸다.……그래서 우리 지방은 이제 이 공동의 우리 조국의 왕령지 중에서 1등이 되었다." 그 모든 내용은 호르마이어의 역사관을 지향한 루돌프의 관점과 일치했다. "이 땅의 민족들이 이 책을 읽고 서로에 관해 알게 되어서 서로 사랑하고 존중하고 지원하도록 하라. 그 민족들이 스스로 황제와 조국을 충성스럽게 섬길 수 있는 방법을 숙고하게끔 하라."[12]

　헝가리 정부는 헝가리에 할애된 6권에 대한 완전한 편집권을 고집했고, 결국 소설가인 요커이 모르가 6권의 내용을 무비판적으로 편집하게 되었다. 요커이는 부다페스트를 "발칸 반도의 시카고"로 만들어버렸을 뿐 아니라 그곳이 굶주린 도시로 전락한 원인인 비정상적인 경제 상태를 간과한 채 부다페스트를 몰나르 페렌츠가 1901년에 발표한 소설 제목처럼 여가의 도시로 묘사하기도 했다. 보다 뼈아픈 점은, 헝가리를 다룬 6권에서 그가 헝가리 북부에 거주하며 헝가리어를 사용하는 소수의 펄로츠인들과 트란실바니아와 바나트 지역에 거주하는 수백만 명의 루마니아인들에게 동일한 분량의 지면을 할애하면서 소수 민족을 의도적으로 경시했다는 사실이다. 그리고 헝가리의 유대인들에 관한 항목에는 독일어 원본에는 없는 반유대주의적인 내용이 수록되었다.[13]

　시스라이타니아의 각 지방에 관한 내용은 해당 지방 출신 학자들의 감독 아래 집필되었다. 대부분 빈에서 교육을 받은 그 학자들은 이국적이고 진기한 풍습을 상세히 설명했다. 예를 들면 갈리치아에서는 산파들이 악령을 물리치기 위해서 신생아에게 침을 세 번 뱉고 아버지가 자식의 베개 밑에 마늘을 놓아두는 풍습이 있었다. 남슬라브인들 사이에서는 신부를 납치하고 가문끼리 유혈 분쟁을 벌이는 관행이 만연했다. 슈타이어마르크의 슬로베니아인들은 나막신을 신고 다녔다. 이 거창한 사업은 합스부르크 제국을 이루는 여러 민족들 간의 상호 이해를 돕기는커녕 황제에 의한 통치의 혜택에도 불구하고 만연해 있는 후진성의 등급과 뚜렷한 문화적 차이를 부각하는, 정반대의 결과를 거두었다.

1898년으로 예정되어 있던 프란츠 요제프의 즉위 50주년 축하 행사는 황후가 암살되는 바람에 축소되어야 했다. 10년 뒤, 그의 즉위 60주년 축하 행사는 전례 없는 규모로 계획되었다. 프란츠 요제프에게 경의를 표하기 위해서 두 차례의 행렬이 빈 중심가를 지나가기로 예정되었다. 첫 번째 행렬에는 왕가의 역사를 나타내는 활인화가 등장하고, 두 번째 행렬에서는 총 24권에 이르는 "황태자의 저작" 내용을 생생하게 묘사하는 행진을 통해서 황제를 향한 여러 민족들의 충성심을 드러낼 예정이었다. 왕가와 민족, 제국은 늙은 황제를 향한 충성심의 집단적인 확인 과정에서 융합될 예정이었다.

그러나 출발 단계부터 걸림돌이 발생했다. 헝가리 정부는 프란츠 요제프가 헝가리 국왕 임기를 1848년이 아니라 1867년에 시작했다는 이유로 행렬에 참가하지 않기로 했다. 체코인들은 빈의 시의회가 얼마 전에 체코어로 상연되는 『햄릿』의 공연을 금지한 사건으로 이미 반감을 품고 있었다. 역사적 사실을 묘사한 활인화를 선택하는 문제도 분노를 불러일으켰다. 그 화려한 가장행렬의 기획자들은 합스부르크 가문의 루돌프 왕을 선두로 행렬을 시작하기로 결정했지만, 체코인들은 보헤미아의 왕 오타카르를 굴복시킨 루돌프 왕이 마음에 들지 않았고, 아예 행렬에서 빠져버렸다. 롬바르디아에서 일어난 반란을 라데츠키가 진압했다는 역사적 사실은 이탈리아인들의 불참을 초래했다. 크로아티아인들도 1848년을 회고하는 활인화에서 그들이 약탈자의 역할을 맡으리라는 사실이 드러나자 완전히 발을 빼려고 했다. 이에 따라서 주최 측은 행사 내용과 일정을 마지막 순간까지 수정해야 했다.[14]

형가리인과 체코인, 이탈리아인이 빠진 행렬의 규모는 무려 8,000명에 이르는 여러 민족 출신의 참가자들로 상쇄되었다. 그들이 앞으로 지나갈 때, 황제는 빈의 순환 도로인 링 슈트라세에 설치된 루돌프 2세의 거대한 왕관 모형 밑에서 3시간 동안 서 있었다. 행사를 위해서 민속의상이 제작되었지만, 대개는 사람들이 평소에 실제로 입은 옷과는 거의 무관했다. 빈이라는 도시 차원의 충성 서약은 연미복과 중산모를 착용한 신사들이 이끌었다. 당시의 어느 목격자의 증언에 의하면, 뒤이어 "녹색 띠를 두른 모자와 모직 외투 차림의 슈타이어마르크 사람들, 회색 상의를 입은 남부 티롤의 명사수들, 루테니아인들, 벨벳 모자를 쓴 카프탄 차림의 폴란드계 유대인"이 지나갔다. 행렬의 한 가지 특징은 제국에서 비교적 가난한 지역 출신의 참가자들이 유난히 많았다는 점이다. 소액의 참가비를 받은, 조잡한 복장의 사람들이 부코비나, 달마티아, 갈리치아 등지에서 수천 명씩 몰려들었다. 사회주의 성향의 어느 유력지는 이를 두고 "촌스러운 단순함, 도시의 구경거

리가 되다"라고 평가했다.[15]

당시 그 축하 행사는 성공작으로 평가되었다. 30만 명이 순환 도로에 도열해서 구경했고, 심각한 사고가 없었으며, 황제는 "눈에 띄게 감동했다." 그러나 자유주의 성향의 신문인 「신자유언론*Neue Freie Presse*」이 보도했듯이, 행사의 내용이라고는 행진이 전부였고, 참가자들이 사용한 언어의 불협화음 탓에 상호 몰이해만 부각될 뿐이었다. 언어 외에도 민족 간의 대조적인 발전 수준도 너무 명백히 드러났다. 어떤 구경꾼들은 가난한 지역 대표자들의 꼴불견인 행동에 충격을 받았고, 한 언론인이 언급했듯이, 아이들은 풍파에 찌든 마귀할멈 같은 그들의 얼굴을 보고 깜짝 놀랐다. 건축가 아돌프 로스는 중세의 야만인 부족을 구경하고 있는 것 같다고 말했다.[16]

당시에는 찬사가 쏟아졌지만, 그 축하 행사는 이중의 실패작이었다. 합스부르크 가문의 역사를 상세히 열거하는 바람에 체코인과 헝가리인, 이탈리아인의 불참을 초래했을 뿐만 아니라 각 민족의 행렬에서 차이와 분열, 문화적 서열이 두드러지기도 했기 때문이다. 사실, 행진이 끝난 뒤에는 프라터 공원에 천막을 치고 머물고 있던 여러 민족 집단들 사이에서 싸움과 시비가 벌어지기도 했다.[17] 그럼에도 참가자들은 호프부르크 궁전 바깥쪽에 설치된 황제의 연단 앞을 지나갈 때 황제에게 경의를 표했다. 결국 그들의 충성심을 자극한 것은 황제의 인품뿐이었다.

황제는 치세가 이어질수록 점점 늙어갔다. 1870년에 이르자 그의 이마 선은 차츰 후퇴하고, 콧수염은 회색으로 바뀌었다. 그로부터 10년에 걸쳐 구레나룻이 하얗게 변했고, 머리가 완전히 벗겨졌다. 넓게 퍼지는 눈주름을 제외하면 그의 외모는 이후 35년 동안 거의 똑같아 보였고, 예나 지금이나 그대로라는 느낌을 풍겼다. 모든 공개 행사에서, 그는 "좋았소. 덕분에 즐거웠소"라는 말을 되풀이했다. 복장도 거의 바뀌지 않았다. 늘 군복 상의와 붉은색 기병 바지 차림이었다. 그러나 그는 주로 "평화의 황제"로 묘사되었다. 1866년 이후 제국이 전쟁을 치르지 않았다는 이유에서였다. 평화가 이어지는 동안 그는 신심을 보여주었고, 유서 깊은 가톨릭교 의식을 정성껏 거행했다. 가톨릭교 성직자들이 회람한 어느 편지는 "진리에 충실한 태도……종교적 의무를 성실하게 준수하는 점……그리고 이타적인 자제심"과 관련해서 그가 보여준 사례에 관심을 드러냈다.[18]

프란츠 요제프는 동생과 아들, 부인의 끔찍한 죽음을 비롯한 여러 비극적 사건들 때문에 "슬픔의 사람"이라는 이미지도 가지게 되었다. 어느 유명한 전기작가가 썼듯이, 그는 "인간적 고통을 가장 지독하게 겪은 사람 중 한 명"이었다. 갖은 시련에도 불구하고 그는 여러 민족들을 세심하게 돌보는, 그리고 신민들이 마음 놓고 잠들 수 있도록 밤늦도록 일하는 "거친 파도 한가운데의 거대한 바위"로 남아 있었다. 프란츠 요제프의 개인적 슬픔과 통치자로서의 부담은 심지어 그리스도의 가시 면류관에 비유되기도 했다. 그는 여러 민족의 통치자일 뿐 아니라 그들의 구세주인 셈이었다.[19]

프란츠 요제프의 얼굴과 그의 여러 가지 미덕은, 독자들의 시선을 끌기 위해서 "우리의 황제", "합스부르크 가문 만세", "오스트리아의 기쁜 나날" 같은 제목을 붙인 일련의 출판물을 통해서 알려졌다. 그 출판물들은 독일어판에 국한되지 않았고, 제국에서 사용되는 대다수의 언어로 번역되었다. 프란츠 요제프의 얼굴이 그려진 재떨이와 앞치마뿐 아니라 상체를 묘사한 석고 반신상도 있었다. 당국은 그의 초상화가 유포되는 경로를 추적했고, 고무공에 그의 얼굴을 그리지 못하도록 했다. 가장 특기할 만한 점은, 1908년에 갈리치아에 거주하는 폴란드인과 루테니아인 수십만 명이 어느 발 빠른 상인으로부터 황제의 모습이 담긴 값싼 환등판을 구입했다는 사실이다. 그들은 환등판을 창문에 붙여놓았고, 이로써 도심과 촌락의 밤거리 곳곳이 프란츠 요제프의 초상화로 반짝거렸다.[20]

황제는 그렇게 민족을 초월하는 관념의 상징이자 충성심의 거의 유일무이한 초점이 되었다. 하지만 그는 하늘이 정해준 수명을 이미 넘긴 한 인간에 불과했다. 「신자유언론」은 1908년에 다음과 같이 경고했다. "언젠가 황제 이후를 전망하게 된다면 그 시점은 우리의 생각이 어수선하고 불안해졌을 때일 것이다. 황제가 이 나라를 화합과 평화와 화해로 이끌 수 있도록 부디 이 군주국이 황제의 노련한 손길에 힘입어 천명을 누렸으면 한다." 8년 뒤, 황제는 그런 목표를 완수하지 못한 채 세상을 떠났다. 따라서 미완으로 끝난 프란츠 요제프 치세의 의미는, 그의 개인적 좌우명인 "하나된 힘으로Viribus unitis"보다 그의 유언인 "왜 지금이어야 하지?"에 더 정확하게 포착되어 있다고 볼 수 있다.[21]

제27장

탐험가들, 유대인들, 그리고 전 세계의 지식

19세기의 관찰자들은 합스부르크 가문이 한때 세계에서 가장 주목할 만한 식민지 지배 왕가였으나 이제 그들의 제국에 해외 식민지가 하나도 없다는 역설적인 현실에 영향을 받을 수밖에 없었다. 그중에는 해외 영토 확보를 목표로 설정한 여러 제안과 민간 차원의 진취적 계획이 있었다. 탐험가들과 상인들은 수단과 예멘, 보르네오 섬, 그리고 오늘날의 잠비아에 해당하는 지역을 식민지 후보지로 제시했지만, 정부의 지원이 부족했다. 프란츠 요제프가 중국의 해안 도시 톈진의 개항장에 소규모 식민지를 획득한 일은 우연에 가까웠다. 1900년에 중국에서 갑자기 의화단 운동이 일어났을 때 그에게 가용할 수 있는 군함이 1척밖에 없었기 때문이다. 1.08제곱킬로미터 넓이의 톈진 거류지는 불과 15년간 존속하다가 1917년에 다시 중국 정부에 넘어갔다. 경계선을 어떻게 정하느냐에 따라서 다르지만, 톈진은 현재 세계에서 인구가 11번째나 13번째로 많은 도시이다. 오늘날, 쌍둥이 기둥으로 장식된 옛 공공건물들을 바라보면 톈진이 한때나마 합스부르크 제국의 "우리의 양지陽地"였던 시절이 떠오른다.[1]

당시 톈진을 방문한 사람들은 그 도시의 상업적 잠재력을 활용하기를 주저하는 합스부르크 제국 정부의 태도를 개탄했다. 하지만 다른 곳에서는 오스트리아–헝가리 제국의 상인들이 활발한 움직임을 보이고 있었다. 적재량을 기준으로 볼 때 그들의 선박은 수에즈 운하를 네 번째로 많이 이용했고, 오스트리아 로이드 사는 1913년 한 해에만 인도와 극동 지역으로 54번이나 항해했다. 1895년에 개설된 오스트리아와 미국 간 노선을 통해서도 매년 약 100만 톤의 화물이 대서양을 오갔다. 1894년에 결성된 오스트리아–헝가리 식민 협회는 식민지를 확대함으로써 해외 무역을 강화하도록 정부를 압박했다. 오스트리아–헝가리 식민 협회의 대변인들이 주장했듯이, 식민지는 합스부르크 제국의 잉여 인구를 분산하기에 안성맞춤인 수단일 수 있었다. 그러나 제국의 국기는 무역을 따라가지도, 식민지 확대를 주장한 사람들이 선전하는 "인구통계학적 추진력"을 따라가지도 않았다. 1870년대에 북극해에서 미지의 군도를 발견하여 "프란츠 요제프의 땅"이라고 명명했을 때조차 오스트리아의 탐험가들은 그곳에 제국의 국기를 꽂지 않았다. 만약 그랬더라면 오늘날 오스트리아는 천연가스와 석유를 수출하고 있을지도 모른다.[2]

프란츠 요제프와 장관들은 국기를 꽂는 대신 국기를 흔드는 길을 선택했다. 처음에는 오스트리아 제국의 군함들이, 그리고 나중에는 오스트리아–헝가리 제국의 군함들이 태평양과 아메리카 대륙, 대서양까지 정기적으로 항해했다. 1869년, 프란츠 요제프와 황후는 수에즈 운하의 개통식에 참석하려고 포트사이드까지 여행했다. 그로부터 25년 뒤, 프란츠 페르디난트 대공은 오스트리아–헝가리 제국의 군함 엘리자베트 황후 호를 타고 세계 일주에 나서서 아프리카와 오스트레일리아, 극동 지역을 방문한 뒤 상업용 정기선을 타고 미국을 거쳐 귀국했다. 날카로운 관찰력의 소유자였던 그는 특히 현지인들이 입는 피해를 이유로 해외의 식민지 사업에 비판적이었다.[3]

오스트리아 해군과 1867년 이후의 오스트리아–헝가리 해군은 1914년까지 실전 경험이 거의 없었다. 물론 1866년에 해군 중장 테게토프의 철갑선 함대가 아드리아 해의 리사 섬(비스 섬)에서 이탈리아 해군을 무찔렀고, 1897년에 크레타 섬에서 반란이 일어났을 때에는 그리스 반란군을 상대로 교전했다. 그러나 프란츠 요제프는 육군에 투입될 자금을 축낸다는 이유로 일시적으로만 해군에 관심을 느낄 뿐이었다. 어느 해군 중장은 해군의 예산을 따내려면 "야간 모임과 무도회와 만찬회에 참석할 수밖에 없다"라며 불평했다. 프란츠 페르디난트의 후원 덕택에 해군은 제1차 세계대전이 발발할 때까지 노급함^{弩級艦} 3척, 전함 9척, 순양함 8척을 보유함으로써 전력을 증강시켰다. 그러나 노급함 6척을 비롯한 전함 17척과 순양함 23척을 보유한 이탈리아 해군에 비하면 여전히 열세였다.[4]

국가적 자긍심 표명의 일환으로, 해군은 세계의 여러 오지에 대한 탐험과 모험적 과학 탐사를 지원했다. 해군은 그린란드에서 동쪽으로 500킬로미터 떨어진 북극해의 얀마위엔 섬에 관측소를 설치했고, 남태평양의 솔로몬 제도에 잠시 머물면서 그곳의 니켈 광상을 조사했다. 아울러 지도 제작이나 지형과 관련한 정보를 얻기 위해서 탐험가들에게 무기와 숙련 인력을 제공하거나 그들을 훈련시키기도 했다. 콩고 강, 그리고 콩고 강과 나일 강의 분수계를 포함한 중앙아프리카와 동아프리카의 상당수 지역의 지도를 처음으로 제작한 사람들은 오스트리아계 독일인과 체코인, 헝가리인 지리학자들이었다. 그들의 공로는 지도에 남아 있는데, 가령 케냐의 루돌프 호수와 에티오피아의 스테파니 호수는 황태자와 황태자비를 기리기 위한 지명이고, 케냐의 텔레키 산과 토고의 바우만 봉우리는 각각 그곳을 탐험한 사람들의 이름을 딴 지명이다.

탐험가들은 합스부르크 제국 곳곳의 박물관을 가득 채울 만한 양의 전리품과 과학적, 민족지학적 자료를 보내왔다. 특히 체코인 탐험가 에밀 홀룹은 1880년대에 전쟁부의 재정 지원으로 잠베지 강 북쪽을 탐험한 뒤 3만 점이 넘는 동식물 위주의 표본을 가지고 돌아왔다. 그 표본들은 1891년에 빈의 프라터 공원에 전시되었지만, 개수가 너무 많아서 하나의 박물관에 모두 보관할 수 없었다. 결국, 홀룹의 소장품은 전 세계의 500곳 이상의 기관과 박물관에 분산 수용되었다. 불가리아의 소피아의 자연사 박물관에는 조류 표본, 슈타이어마르크의 아드몬트 대수도원에는 사자 박제, 프라하에는 핀으로 고정한 곤충 표본(과 그밖의 많은 표본), 런던에는 해양 식물 표본, 워싱턴의 스미소니언 박물관에는 화석이 각각 보관되었다.[5]

가장 큰 영향을 미친 탐험은 1857년에 호위함 노바라 호가 시작한 세계 일주였다. 노바라 호는 2년 동안 5만 해리(9만2,000킬로미터) 이상을 항해하며 남극과 오스트랄라시아를 포함한 모든 대륙을 방문했다(이때 뉴질랜드의 프란츠 요제프 빙하라는 명칭이 생겼다). 노바라 호에는 일단의 과학자들이 타고 있었는데, 그들을 위해서 포열 갑판의 일부분을 없애고 도서실을 마련하기도 했다. 탐험대는 해양학적 측량 및 지구 중력장 계산 작업을 수행했을 뿐 아니라 총 2만6,000점의 식물학, 동물학, 지리학, 민족지학 표본도 수집했다. 그 탐험의 과학적 결과는 이후 17년 동안 편찬된 총 21권의 보고서로 정리되었다. 노바라 호가 가져온 코카나무 잎을 실험한 끝에 순수 코카인이 최초로 추출되었고, 얼마 지나지 않아서 순수 코카인은 황후가 좋아하는 약물 중 하나가 되었다(당시 황후는 순수 코카인을 스프리처차가운 백포도주와 소다수로 만든 혼합 음료/역주에 타서 마셨다).[6]

총 21권의 보고서 가운데 3권은 두개골의 유형, 신체 치수, 물질 문화 같은 인류학적, 민족지학적 내용에 할애되었다. 노바라 호에 승선한 과학자들은 주로 치수 측정이나 도표 작성에 관심이 많았다. 잘난 척을 하기는 했어도 그들의 설명은 대체로 사실에 입각한 것이었다. "자바인들의 키는 중간 키의 유럽인들보다 몇 센티미터 작다. 그들의 몸은 영양 상태가 좋고, 흉곽은 아주 튼튼하다. 팔다리는 섬세하고 가냘프며 손은 재빠르다. 그들의 얼굴은 보통 길고 넓적하고, 남녀 모두 표정이 아이 같다." 그러나 과학자들이 전해준 정보는 얼마 지나지 않아 "인종학"이라는 새로운 여과기를 거쳐야 했다. 과학자들이 남긴 기록을 바탕으로 세계인을 9개의 백인종과 9개의 흑인종으로 나눈 사람은 아우구스틴 바이스바흐였다. 그의 분류법에 따르면 남부 아프리카의 산족, 즉 부시맨이 모든 인종 중에서 서열이 가장 낮았다(그는 부시맨이 유인원과 가깝다고 보았다). 그리고 유대인은 백인종 중에서 서열이 가장 낮았다. 바이스바흐는 군대에 배속된 의사로서 발칸 반도를 횡단하며 두개골의 크기를 측정하기도 했지만, 언제나 자신의 이론을 뒷받침하는 데에 초점을 맞추었다.[7]

빈 인류학회는 바이스바흐의 접근법을 지지했다. 빈 인류학회의 회장은 인종의 중요성을 드러내는 특질과 풍습에 대한 조사뿐 아니라 "골상학적, 언어학적 연구"도 뒷받침할 만한 자료가 이미 오스트리아-헝가리 제국 내부에 많이 있다고 강조했다. 빈 인류학회는 우월한 인종으로 추정되는 중앙 유럽의 "북방계"에 관한, 그리고 중앙 유럽 지역의 인종적 혈통을 정제하는 데에 진화론적 자연 선택의 원리를 활용할 수 있는 방법에 관한 연구를 후원했다. 제1차 세계대전이 발발하자 새로운 표본이 대거 확보되었다. 열등하다고 추정되는 동슬라브인들과 그밖의 "인종들"의 유전적 특징을 보여주기 위해서 갈리치아 동부 출신의 피난민들과 러시아군 전쟁 포로들의 두개골과 팔다리와 혈액형이 분석되었다. 빈 자연사 박물관의 사례에서 알 수 있듯이, 그런 접근법의 영향력은 1990년대까지도 남아 있었다. 당시 빈 자연사 박물관은 관람객들이 서로 비교하며 살펴볼 수 있도록 오스트랄로피테신 "원인猿人"과 침팬지, 부시맨의 두개골을 상설 전시했다.[8]

물론 그처럼 잘못된 방향의 학술적 노력은 개탄스러운 것이다. 하지만 프란츠 요제프는 과학 활동을 지원함으로써 AEIOU에 담긴 의미 중 하나("오스트리아와 합스부르크 왕가는 기독교의 주도권과 세계적 명성이라는 관념에 뿌리를 둔 보편적 원리를 지향한다")로 돌아가고 있었다. 그 원리는 이제 전 세계의 지식을 축적해야 하는 사명으로 전환되었고, 새로 단장된 빈 자연사 박물관의 주랑 현관에 금으로 새긴 헌사에서 드러났다. "자연의 제국과 그 제국의 탐사를 위해, 1881년, 프란츠 요제프 황제." 빈 자연사 박물관 건물 주변에는 각 대륙의 상징물이 배치되었고, 건물의 파사드에는 이아손, 알렉산드로스 대왕, 율리우스 카이사르 등의 조각상과 함께 콜럼버스와 마젤란과 쿡의 조각상이 자리를 잡았다. 조각상에 담긴 뜻은 분명했다. 자연의 제국을 탐험하는 사람들은 그리스와 로마 시대의 제국 창건자들만큼 칭송되어야 했다. 에밀 홀룹의 부고 기사에서 언급되었듯이, 다른 나라 사람들은 해외의 땅을 노렸지만, 오스트리아인들은 "연구를 향한 애정 때문에, 그리고 다른 사람들에 대한 지식을 넓히기 위해서" 해외로 향했다.[9]

그러나 빈 자연사 박물관 건물은 합스부르크 가문의 소유이기도 했다. 빈 자연사 박물관과 빈 예술사 박물관은 호프부르크 궁전을 기점으로 순환 도로까지 이어진 황제 광장Kaiserforum 양쪽에 서 있었다. 두 박물관의 소장품은 원래 호프부르크 궁전이나, 마리아 테레지아가 사부아의 외젠의 상속자들로부터 사들인 벨베데레 궁전에 보관되었던 황실 소장품이었다. 빈 예술사 박물관에는 1780년대에 크리스티안 폰 메헬이 벨베데레 궁전의 소장품에 적용한 배치 방식이 적용되었다(크리스티안 폰 메헬은 그림을 아무렇게나 걸어놓는 대신 유파별로 전시한 최초의 인물들 가운데 한 사람이었다). 자연사 박물관과 예술사 박물관에는 여러 세대에 걸쳐 수집된, 합스부르크 왕가의 "궁정 소장품"이 전시되었다. 황제 광장의 궁정적, 왕가적 성격은 두 박물관 옆에 궁정 극장과 궁정 가극장을 세우고 호프부르크 궁전까지 이어지는 길에 2개의 개선문을 세우려는 계획에 힘입어 한층 짙어졌다. 비록 황제 광장이 완성되지 않는 바람에 가극장과 극장은 순환도로 근처로 이전되었고, 그 두 건물이 궁정과 맺고 있던 연관성은 약해졌지만, 자연사 박물관과 예술사 박물관 사이의 부지에 세울 예정이었던 마리아 테레지아의 조각상은 계획대로 들어서서 건물과 도로로 구성된 그 복합체의 심장부에 왕가를 각인시켰다.[10]

"역사주의"는 19세기 중엽의 건축적 관례였다. 역사주의에 의하면 건물은 각자의 기능에 맞추어 그것과 가장 부합하는 시기의 건축 양식을 반영해야 했다. 따라서 빈의 시청은 빈이라는 도시가 영광을 누렸던 중세를 상기시키는 고딕 양식으로 지어졌다. 반면, 의회 신축 청사의 파사드는 민주주의의 발상지로 여겨진 페리클레스 시대의 아테네로 거슬러 올라가는 그리스 고전 양식으로 만들어졌다. 청사 내부의 소벽小壁에는 그리스와 로마의 입법자들과 웅변가들이 묘사되었고, 청사 외부에는 4미터 높이의 그리스 여신 아테나의 조각상이 세워졌다. 당초에는 아테나 조각상의 자리에 오스트리아의 조각상을 세우려고 했지만, 오스트리아가 어떻게 생겼는지 합의하지 못하자 없던 일이 되고 말았다. 어쨌든 사람들은 지혜의 여신인 아테나가 의회에서 언쟁을 일삼는 정치인들에게 현명함을 심어주기를 바랐다.

자연사 박물관과 예술사 박물관은 역사주의의 관례에 발맞춰 르네상스 전성기 양식으로 지어졌다. 여기에는 예술과 학문의 융성기인 16세기를 상기시키고 프란츠 요제프의 후원으로 예술과 학문이 부활했음을 찬양하려는 의도가 담겨 있었다. 하지만 두 박물관이 개관할 무렵, 건축의 흐름은 바로크 부흥 양식 또는 신新바로크 양식 쪽으로 바뀌었다. 1880년에 출간된 어느 영향력 있는 소책자에서, 빈 예술사 박물관의 학예사 겸 예술사가인 알베르트 일그는 바로크 양식의 보편성과 다목적성을 높이 평가했다. 그의 설명에 의하면, 바로크 양식은 우선 기념물, 극장, 교회, 중산층의 주택, 노동 계급의 공동 주택 같은 온갖 종류의 건물에 적합했다. 또한 바로크 양식은 수도인 빈에 이미 자리 잡은 양식과 어울렸다. 생동감 있고 재기발랄한 바로크 양식은 베를린의 "냉정한 고전주의"와 절제보다 빈과 더 잘 어우러졌다. 끝으로, 바로크 양식은 초민족적이었다. 다시 말해서 바로크 양식은 "민족들을 통합하는" 데에 기여했다. 알베르크 일그에 따르면 바로크 양식은 단일화된 건축 언어를 제시함으로써 "각 민족의 개별성을 해체해 전 세계를 단일한 통치권으로 포용할" 힘이 있었다.[11]

신바로크 양식은 19세기 말엽에 최상의 양식으로 자리 잡았다. 1890년대에 완료된 호프부르크 궁전의 성 미하엘 익부 공사는 원래 18세기 초반의 가장 주목할 만한 바로크 양식 건축가인 요제프 에마누엘 피셔 폰 에를라흐가 세운 계획을 기초로 삼았다. 4개의 커다란 헤라클레스 조각상과 쌍둥이 분수, 구리 재질의 녹색 반구형 지붕을 갖춘 성 미하엘 익부는 오늘날 호프부르크 궁전 단지에서 사람들이 사진을 가장 많이 찍는 장소이다. 신바로크 양식으로 건설되기는 순환 도로 북동쪽 부분을 내려다보는 폭 200미터의 제국 전쟁부 청사와 순환 도로를 마주보는 600여 채의 연립 주택들도 마찬가지였다. 그 "임대 궁전들"의 파사드는 귀족적인 생활이라는 인상을 심어주고자 웅장한 바로크 양식에 따라서 "고상하게" 꾸며졌지만, 연립 주택들 뒤편에는 중산층의 공동 주택이, 그리고 더 뒤쪽에는 1층 상점들의 창고와 사무실이 있었다.[12]

신바로크 양식은 수도 빈에 국한되지 않았다. 제1차 세계대전이 발발하기 전 수십 년 동안, 펠너와 헬머의 건축설계 사무소는 프라하, 자그레브, 부코비나 지방의 체르니우치(체르노비츠), 바나트 지역의 티미쇼아라 같은 여러 도시에서 40개 이상의 가극장과 공연장과 호텔을 지었다. 그 모든 건물은 신바로크 양식의 건축 언어에 따라서 지어졌고, 합스부르크 제국의 도시들을 위한 공동의 도시 규준과 시각적 정체성을 나타냈다. 그러나 펠너와 헬머의 설계는 체르니우치에서도 티미쇼아라에서도 민족적 차이와 특이성을 드러내는 대안적 규준과 맞닥뜨리게 되었다. 티미쇼아라에는 헝가리의 패권을 보여주는 신로마네스크 양식의 교회가, 그리고 체르니우치에는 그 얼마 전에 비잔티움 및 로마네스크 양식과 우크라이나 민속 예술의 요소를 멋지게 접목해 지은 주교 관구 저택이 버티고 있었다. 체르니우치와 티미쇼아라는 예외가 아니었다. 신바로크 양식이 세계 공통어를 추구한 반면, 제국 곳곳의 현지 예술가들과 건축가들은 독특함과 차이를 강조하는 민족적 양식을 개발하려고 애썼다.[13]

신바로크 양식은 특유의 과도한 장식과 정교한 외관 때문에 비판의 대상이 되었다. 현대주의 건축가인 아돌프 로스는 신바로크 양식의 불필요한 첨가 방식을 문신에 비유했다. 그는 식인종과 범죄자만 문신을 새긴다고 생각했고, 그의 유명한 시론집 『장식과 범죄*Ornament und Verbrechen*』1908의 제목 역시 그런 배경에서 나왔다. 로스는 신세대 건축가들과 함께 산만한 요소와 그릇된 역사주의가 배제된, 더 단순하고 솔직한 건축 양식을 제시했다. 건너편에서 호프부르크 궁전의 성 미하엘 익부를 바라보는 백화점 로스하우스는 의도적으로 황량한 느낌의 외관을 채택했다(원안에는 창턱의 화분 상자도 없었다). 1899년에 로스가 설계한 카페뮤지엄에도 장식은 없었고, 그 카페에서 쓰인 우아한 곡선형의 의자들에도 당시 유행하던 정교한 조각이 보이지 않았다. 로스는 이렇게 말했다. "문화의 진화는 실용적인 물건에서 장식을 제거하는 것과 다름없다."[14]

로스는 분리파와 빈 공방의 예술가들과 관련이 있었다. 분리파 운동과 빈 공방 운동 모두 영감을 얻기 위해서 외국의 인상주의와 표현주의 예술 쪽으로, 그리고 훗날 아르 데코로 알려지는 디자인 양식 쪽으로 눈길을 돌렸다. 분리파는 오스트리아 예술가 협회를 장악한 보수적 경향과도 마찰을 빚고 있었다. 분리파 회원들은 보란 듯이 오스트리아 예술가 협회를 탈퇴했는데, 분리파라는 명칭은 그런 배경에서 유래했다. 분리파는 단 하나의 양식으로 규정될 수 없었다. 구스타프 클림트의 금박 초상화와 물결치듯 굽이치는 여성의 육체, 오스카어 코코슈카의 자유분방한 색채와 단조로운 표면, 그리고 춘화에 가까운 에곤 실레의 비틀린 인물상이 전부 분리파에 포함되었다. 이런 흐름은 건축에서도 마찬가지였는데, 로스의 원칙은 역사주의와 정교한 윤색으로 회귀하려는 움직임에 의해서 종종 무너졌다. 심지어 분리파 예술가들의 작품을 전시하기 위해서 1897년에 건립된 분리파 전시관도 정문에 나뭇잎과 고르곤 자매들그리스 신화에 나오는 세 자매 괴물들/역주의 머리를 묘사한 돋을새김이 있었고, 신바로크 양식의 반구형 지붕은 황금빛 나뭇가지들이 서로 뒤엉킨 모양이었다.

빈 분리파는 보편적 가치에 호소했다. 당대의 헝가리에서 유행한 예술이나 건축과 달리 그들은 소박한 민족적 양식에 몰두하지 않았고, 민족적 영웅들로 가득한 신전을 찬미하는 데에 관심을 두지 않았다. 어느 저명한 분리파 회원의 말을 빌리면, 정부와 공공 기관들은 분리파 운동을 "우리 제국을 이루는 여러 민족의 모든 성격을 결합해 새롭고 자랑스러운 단일체로 만들 예술 형태"라고 평가하며 지원했다. 1889년에 세상을 떠나기 직전, 루돌프 황태자는 예술이 "서로 다른 민족과 서로 다른 인종을 단일한 통치권 아래" 결속시킬 수 있을 것이라는 생각에 공감했고, 그로부터 10년 뒤에 문화부가 설립한 예술 평의회도 "예술 작품이 공동의 언어로 말하고……상호 이해와 존중으로 이어지는" 방식을 언급했다.[15]

분리파와 연관된 화가들과 건축가들은 병원과 우체국을(심지어 천문대까지) 짓거나, 공공건물의 실내를 장식하거나, 공원과 교외 전체를 설계해달라는 의뢰를 받았다. 그들은 1908년에 거행될 프란츠 요제프의 즉위 60주년 축하 행사를 선전하는 포스터도 디자인했다. 그러나 프란츠 요제프는 그 새로운 예술을 거의 이해하지 못했다. 황제는 어느 표현주의 작품을 살펴본 뒤 그것을 그린 화가가 색맹임이 틀림없다고 확신했고, 그 화가에게 일을 그만두라고 권고했다. 전쟁부 청사의 신축 공사를 감독한 프란츠 페르디난트도 전통적인 예술 형태를 선호했다. 그는 아돌프 로스의 전쟁부 청사 설계에 퇴짜를 놓았고, 궁전과 군대 막사를 신바로크 양식으로 뒤섞어 무력을 표현한 다른 설계안을 채택했다.

19세기 말엽의 빈에서는 예술과 건축 분야 외에 학술 분야에서도 다양한 시도가 이루어지며 융성기를 맞이했다. 빈은 지크문트 프로이트, 철학자 루트비히 비트겐슈타인, 20세기 음악 혁명의 주도자인 아르놀트 쇤베르크, 사교 모임에서 혁명적 마르크스주의를 전파한 오토 바우어와 카를 레너 등을 배출한 도시였다. 그들이 펼친 노력에는 공통점이 있었다. 그들은 모두 탐구 대상의 껍질을 벗겨내 그 속의 지적 구성 요소를 드러내는 것, 그리고 각 탐구 대상을 지배하는 법칙을 세우는 것을 목표로 삼았다. 따라서 언어, 현대 미술과 음악, 논리학, 수학 등은 각각의 "법칙 지배성"에 의해서 구분되었고, 비트겐슈타인의 관점에서 볼 때 모든 철학은 소수의 공리나 명제로 환원될 수 있었다. 관찰할 수 있고 감지할 수 있는 것만이 진리였으며, 그 결과 윤리학과 미학은 증명 불가능성의 영역에 속하게 되었다. 민족과 민족 정체성 같은 관념 역시 검증 불가능한 명제에 기대는 심미적 자기 과대평가의 소산이었기 때문에 증명 불가능성의 영역에 놓였는데, 이에 따라서 과학적으로 증명할 수 있다고 여겨진 인종에 대한 관심이 생겼다.[16]

19세기 말엽의 빈에서 활약한 다수의 저명인사들은 유대인 혈통이었다. 프로이트, 비트겐슈타인, 로스, 쇤베르크, 바우어 외에 구스타프 말러, 작가 겸 극작가인 후고 폰 호프만슈탈과 아르투어 슈니츨러, 각각 경제학과 법학 연구에 변화를 일으킨 학자인 루트비히 폰 미제스와 한스 켈젠도 유대인이었다. 클림트, 코코슈카, 실레 등은 유대인이 아니었다. 유대인들이 미술과 건축 분야에서 공헌한 바는 다른 분야에 비해서 미미했다. 그럼에도 미술관 소유주들과 미술상들, 그리고 화가의 후원자들 중에는 유대인이 많았고, 클림트가 그린 초상화의 모델 중에도 유대인이 많았다. 가장 유명한 모델은 어느 설탕 재벌의 부인인 아델레 블로흐-바우어였다. 클림트는 그녀의 초상화를 몇 점 그렸는데, 클림트의 매력적인 작품 「유디트」의 모델 또한 그녀였다.

중앙 유럽의 유대인 사회는 서유럽보다 수적으로 규모가 더 컸다. 18세기 중엽 중앙 유럽, 즉 오스트리아 영지, 보헤미아, 헝가리 등지에는 대략 15만 명의 유대인이 살았다. 1772년에 갈리치아가 합스부르크 제국에 편입됨에 따라서 여기에 유대인 인구 20만 명이 추가되었다. 그들은 대부분 땅뙈기를 일구고 사는 농촌 사람들이었다. 갈리치아의 동쪽에 있는 지역으로, 2년 뒤에 오스만 제국으로부터 넘겨받은 부코비나에서도 러시아 출신 이주자들에 힘입어 유대인 인구가 급증했다. 1900년에 전체 인구의 3분의 1이 유대인이었던 체르니우치(부코비나 지방의 수도)는 이디시어 사용을 비롯한 중앙 유럽 유대인 문화의 중심지 가운데 하나로 발돋움했다. 1910년, 체르니우치와 빈의 정치인들은 부코비나 지방의 의회에서 유대인 의원들의 활동을 보장하는 새로운 선거법을 제정했지만, 유대인들을 종교적 소수자가 아닌 어떤 존재로 인정하지는 않았다.[17]

일찍이 요제프 2세는 유대인들이 "국가에 더 유익하고 실용적으로" 쓰일 수 있도록 그들의 사회적, 경제적 발전을 가로막는 여러 가지 법적 제약을 없앴다. 유대인 해방령이 선포되었고, 통합의 중요성과 세속적 가치를 강조하는 유대인 사회에서의 계몽 운동이 전개되었다. 당시에는 유대인들이 근대성의 세례를 입을 수 있는 몇 가지 통로들(작위와 국영사업, 제조업과 상업, 전문직, 이주)이 있었다. 하시디즘Hasidism : 18세기 후반 폴란드의 유대교도 사이에서 일어난 신비주의 경향의 신앙 부흥 운동/역주의 영향으로 탈무드 전통이 강조된 갈리치아의 여러 곳에서는 동화 정책 전략이 실패했다. 하지만 갈리치아 이외의 지역에서는 유대인들이 농촌을 떠나 통합과 발전의 기회가 있는 도시로 향했다. 1880년대에는 빈의 전체 인구 가운데 10퍼센트가 유대인이었다. 부다페스트에서는 유대인 인구의 비율이 더 높았는데, 가령 1910년에 부다페스트의 유대인 인구는 전체 인구의 20퍼센트 이상을 차지했다. 빈에서도 부다페스트에서도 유대인들은 실업계와 전문직 사회를 주름잡았다. 빈의 경우, 법률가들의 4분의 3과 의사들의 2분의 1이 유대인들이었다.

그러나 빈의 정치계는 추악했다. 빈의 시의회는 사회 개혁과 유대인 박해를 병행하는 기독사회당이 장악하고 있었다. 1895년에 빈에서는 냉소적이고 기회주의적인 인물인 카를 뤼거가 유럽 최초의 반유대인 성향의 시장으로 선출되었다. 기독사회당은 특히 시골 출신의 가난한 유대인들과 슬라브인들을 비롯한 외부인들에게 거주 허가증을 발급하지 않음으로써 빈을 독일인 위주의 도시로 유지했다. 약 200만 명에 이르는 빈의 인구 중 3분의 2 이상이 복지 혜택을 누리지 못하고 제대로 된 주거와 투표권이 없는 "불법 체류자들"이었다. 빈의 거리에는 원시 파시즘 집단들이 모여들었다. 비록 의회에서의 세력은 미미했지만, 범독일주의자들은 폭력 행위를 통해서 내각을 최소한 한 번 붕괴시켰다(그들은 보잘것없는 자신들의 지도자에게 "하일""만세"라는 뜻/역주이라고 외치며 경례했다). 프로이트와 비트겐슈타인의 빈은 젊은 아돌프 히틀러의 빈이기도 했다.[18]

그런 상황에서 유대인을 비롯한 빈의 교양 있는 중산층이 소외감과 무규범 상태에 따른 불안감, 환멸감과 뿌리 상실감에 휩싸인 채 예

470

술의 전당에 칩거했다고 주장할 수는 있겠지만, 이 주장은 입증하기가 힘들다. 분명한 사실은 빈의 문화적 창의성이 비非민족적 성격을 강하게 띠었다는 점, 그리고 그 문화적 창의성이 유대인들에 힘입은 바가 컸다는 점이다. 일부 유대인들은 훗날 헤르츨의 시온주의라는 유대인 민족주의를 받아들였고, 소수의 유대인은 변질자와 이상자異常者의 긴 명단을 작성하며 불관용의 정치에 뛰어들었다. 그러나 대다수의 유대인들은 요란한 민족주의 정치와 동떨어져 있었다. 분리파의 예술과 건축, 그리고 신바로크 양식과 마찬가지로, 유대인들도 낭만적 민족주의의 단순성과 환원론을 부정하는 보편주의를 포용했다. 합스부르크 왕가와 더불어, 유대인들도 합스부르크 제국을 결속시키는 접합제의 일부분이었다. 어느 유대인 율법학자 겸 제국 평의회 의원은 "우리는 독일인도 슬라브인도 아니고, 오스트리아계 유대인이거나 유대계 오스트리아인이다"라고 말했다.[19]

프란츠 초코의 연극 「1918년 11월 3일」은 1937년에 빈에서 처음 무대에 올랐다. 그 연극의 한 장면에서는 합스부르크 제국이 붕괴했다는 소식을 듣고 권총 자살한 대령의 시신을 묻으려고 군인들이 모인다. 그들은 한 사람씩 대령의 시신을 흙("헝가리의 흙……케른텐의 흙……체코의 흙")으로 덮었고, 상징적으로는 제국을 그와 함께 묻는다. 마지막 차례인 대령의 유대인 전우는 "음…음……오스트리아의 흙"이라고 더듬거린다. 프란츠 초코가 암시하듯이, 빈의 유대인들은 민족보다 더 큰 무엇인가를 지향했다. 그리고 그들은 적대적인 민족주의 정치를 초월하는 보편적인 "오스트리아 개념"을 대변할지도 모른다. 그러나 1914년에 이르러 그 개념은 재빨리 사라지고 있었다.[20]

제28장

사냥꾼과 사냥감
프란츠 페르디난트와 보스니아

1889년 1월 30일의 이른 시간, 30세의 루돌프 황태자가 빈 주변의 숲 지대인 비너발트의 조그만 마을 마이얼링에 있는 사냥용 별장에서 10 대 연인인 마리 베체라를 총으로 살해했다. 몇 년 전, 그는 사람이 죽는 모습을 지켜볼 기회를 노리고 있다고 친구에게 털어놓은 바 있었다. 연인을 죽이고 나서 불과 몇 시간 만에 그는 자신의 머리에 연발 권총을 겨누었다. 감수성이 예민한 마리 베체라는 이미 루돌프와 동반 자살하기로 약속했지만, 그녀는 루돌프가 함께 죽자고 부탁한 첫 번째 인물이 아니었다. 루돌프는 부인과 남자 비서뿐 아니라 오랫동안 사귄 연인 미치 카스파어에게도 동반 자살을 요구했다(카스파어는 볼프 부인이 운영하는 빈의 유명한 매음굴 출신으로 경험 많은 매춘부였다). 그녀는 루돌프의 말을 듣고 깜짝 놀라 경찰에 알렸다. 루돌프는 죽기 전날 밤을 카스파어의 침대에서 보냈다.[1]

황실은 루돌프의 죽음을 곧바로 알렸고, 황태자가 정신이상으로 자살했음을 인정했다. 하지만 마리가 연루되었다는 사실은 은폐하려고 했다. 그러나 언론은 냄새를 맡았다. 합스부르크 제국의 반쪽에 해당하는 오스트리아에서는 검열을 둘러싸고 모순적인 면을 보였다. 1867년 헌법은 언론의 자유를 보장했지만, 지방 총독이 선동적이거나 저속하거나 무례한 신문 기사와 연극 공연을 금지할 수 있도록 허용한 1850년 법령이 여전히 유효했다. 검열관들은 용케 타협했다. 그들은 보도되기 전에 미리 특정 신문 기사를 검게 칠하도록 명령했고, 종종 그 신문 기사의 제목을 "기록용"으로 발표했다. 따라서 독자들은 마이얼링의 사냥용 별장에서 무슨 일이 일어났는지 파악하기가 어렵지 않았다. 루돌프가 사망한 지 몇 주일 만에 그 비극을 다룬 책을 독일에 우편으로 주문해서 읽을 수도 있었다.[2]

   루돌프 다음의 황위 승계자는 프란츠 요제프의 동생인 카를 루트비히 대공이었다. 그런데 독실했던 카를 루트비히는 1896년에 성지 순례에 나섰다가 요르단 강의 강물을 마신 뒤 이질에 걸려 세상을 떠났고, 카를 루트비히의 아들인 프란츠 페르디난트가 그를 대신하여 황제의 상속자가 되었다. 루돌프 황태자가 살아 있을 때 프란츠 페르디난트는 그의 친밀한 벗이었고, 그와 함께 몇 차례의 엉뚱한 장난을 저질러 의회에서 소란을 일으키기도 했다. 두 사람 모두 방탕한 미치카스파어와 몸을 섞었다. 그러나 루돌프가 죽자 프란츠 페르디난트는 책임감을 느꼈고, 1892년부터 1893년까지 세계를 일주하고 나서부터는 추정 상속자로서의 임무를 성실히 수행했다(가능성은 희박했지만 나중에 프란츠 요제프가 남성 상속자를 낳을 수도 있었기 때문에 프란츠 페르디난트는 아직 프란츠 요제프의 법정 추정 상속자가 아니었다).

1900년, 프란츠 페르디난트는 조피 초테크와 결혼했다. 프란츠 페르디난트가 그녀의 가계도의 "사소한 문제"라고 치부한 것은 사실 어마어마한 문제였다. 초테크의 집안은 귀족 혈통을 물려받았지만, 왕은커녕 "제후"의 피도 섞이지 않은 가문으로 평가되었다. 프란츠 요제프는 귀천상혼貴賤相婚이라는 조건이 아니면 두 사람의 결혼을 허락할 수 없다고 말했다. 즉, 조피 초테크도 그녀와 프란츠 페르디난트 사이의 자식들도 왕족으로 승격될 수 없다는 의미였다. 프란츠 요제프의 궁정 의전관은 귀천상혼이라는 방침을 냉정하게 따랐다. 조피는 환영회에서 시녀들과 함께 서 있어야 했고, 가극장에서는 별도의 좌석에 앉아야 했다. 프란츠 페르디난트는 그와 같은 냉대를 용서하지 않았다.[3]

루돌프 황태자는 열렬한 조류학자였고, 그가 발표한 관찰 기록은 오늘날에도 조류학 문헌에 인용되고 있다. 그러나 프란츠 페르디난트는 새를 관찰하기보다 새를 총으로 쏘는 편을 선호했다. 그는 사냥꾼으로서 표적을 가리지 않았다. 인도와 스리랑카에서 코끼리 두 마리와 호랑이 한 마리를, 이집트에서 홍학을, 오스트레일리아에서 캥거루와 오리너구리를 잡았고, 심지어 자신이 키우던 고양이를 사냥하기도 했다. 중앙 유럽의 사냥은 몰이꾼들이 새와 사슴을 사냥꾼이 있는 쪽으로 몰아주면 사냥꾼이 총을 쏴서 잡고 하인들이 그 동물을 자루에 집어넣는 방식으로 진행되었다. 프란츠 페르디난트는 평생 27만4,889마리의 동물을 사냥했는데, 대부분이 꿩이나 메추라기 같은 엽조獵鳥였다(그의 사냥 기록첩은 지금도 남아 있다). 사냥을 하지 않을 때에는 보헤미아의 코노피슈테 성에 있는 장미 화원을 돌보았고, 들꽃을 책갈피에 끼워 말렸다. 그는 가족을 끔찍이도 아끼는, 상냥한 아버지이자 충실한 남편이기도 했다.[4]

프란츠 페르디난트의 정치적 견해는 그의 성격만큼이나 모호했다. 그는 헝가리인들을 싫어했고, 헝가리가 합스부르크 제국 내부에서 차지하는 특별한 지위를 변화의 장애물로 바라보았다. 한동안 그는 헝가리의 영토를 줄이는 대신 크로아티아의 영토를 넓히고 양자 체제를 삼자 체제로, 즉 오스트리아-헝가리 제국을 오스트리아-헝가리-크로아티아 제국으로 전환하는 방안을 검토했지만, 그렇게 하면 체코인들과 폴란드인들도 동등한 권리를 요구하리라는 사실을 깨달았다. 이후 그는 특정 민족의 자치구를 만들거나 아니면 기존의 여러 지방을 유지하되 소수 민족에게 교육과 문화 분야의 재량권을 부여함으로써 제국의 형태를 근본적으로 재구성하는 방법을 궁리하기 시작했다. 하지만 그는 차기 황제로서 자신이 행사할 권력이 줄어드는 상황을 용납할 생각이 전혀 없었다. 따라서 어느 역사학자의 표현을 빌리자면, 그는 황제 아래의 "민족들의 평등이 아니라 비非평등"을 목표로 삼았다고 볼 수 있다.[5]

1900년, 프란츠 요제프는 70세의 병약한 노인이었다. 아직 정사를 살피기는 했지만 장관들의 자율성을 인정해주었고, 그들의 의견이 심하게 대립할 때에만 개입해서 중재를 했다. 프란츠 페르디난트는 그야말로 황제의 빈자리를 채웠다. 우선, 그는 세계 일주를 통해서 수집한 1만7,000점의 민족지학적 자료와 그밖의 자료를 상부 벨베데레 궁전으로 옮겼다(원래 걸려 있었던 그림들이 예술사 박물관으로 이전되었기 때문에 상부 벨베데레 궁전은 텅 비어 있었다). 그러고는 상부 벨베데레 궁전을 자신의 본부 겸 군사 사령부로 삼을 수 있게 해달라고 황제인 프란츠 요제프를 설득했다. 황제의 상속자인 프란츠 페르디난트는 장교의 임명 과정에 자주 개입했고, 그의 명령은 가장 중요한 군사 통신을 통해서 전달되었다. 공무원 조직에는 그에게 정보를 유치한 수준의 암호로 전달해주는 끄나풀들이 있었다. 어느 수상은 이렇게 불평했다. "우리에게는 의회가 2개일 뿐만 아니라 황제도 2명이다."[6]

프란츠 페르디난트는 독일 황제 빌헬름 2세와 절친한 사이였다. 빌헬름 2세는 항상 조피 황태자비를 최고로 극진히 대우하도록 배려했다. 빌헬름 2세처럼 프란츠 페르디난트 역시 대화할 때 자신의 의견을 굽히지 않았고, "유대인 언론"과 프리메이슨을 욕했지만 행동은 조심스러웠다. 어느 당대인의 평가에 따르면 "말은 단호했지만, 행동은 그렇지 않았다." 과감한 언사에도 불구하고 프란츠 페르디난트는 평화를 강력히 옹호했다. 그는 제국 군대의 사정을 상세히 파악하고 있었고, 제국 군대가 대규모 전쟁을 지속적으로 수행할 수 없다고 판단했다. 그는 장갑차를 보유한 기계화 부대의 창설, 항공기, 전화 통신, 최신형 전함의 도입 같은 군대의 현대화를 촉구했다.[7]

프란츠 요제프는 혁신에 부정적이지 않았다. 전화를 싫어하고 호프부르크 궁전에 승강기를 설치하기는 거부했지만, 담배용 전기 라이터를 사용했고, 마치 어린이 같은 마음으로 자동차 타기를 기대했다. 프란츠 페르디난트와 달리 그는 전쟁에 나설 각오가 되어 있었지만, 전쟁을 치를 무대가 필요했다. 1870년대에 이르자 과거와 달리 이탈리아와 우크라이나에서 더는 세력 팽창을 꾀할 수 없게 되었다. 프란츠 요제프 황제는 독일을 향한 복수전이라는 카드를 만지작거렸고, 심지어 장군들에게 이른바 "D 행사"라는 전쟁 계획을 세우도록 지시하기도 했다. 그러나 그는 결국 1879년에 태도를 바꿔 독일과 군사 동맹을 맺었다. 독일 다음으로 그의 눈에 띈 것은 발칸 반도였다. 장관들은 황제가 "근동의 이 부분에 오스트리아의 옛 정책을 재개하도록" 촉구했다. 그들은 오스만 제국이 산산조각이 나고 있기 때문에 다른 나라보다 먼저 사태를 수습해야 한다고 주장했다. 그렇게 합스부르크 제국은 해체되어가는 오스만 제국을 관리하고 분할할 방법을 둘러싼 "동방 문제"에 점점 말려들었다.[8]

오스만 제국을 마주 보는 합스부르크 제국의 변경은 아드리아 해에서 동부 트란실바니아에 이르는 총길이 1,850킬로미터의 광범위한 무장 지대였다. 원래 병역과 그밖의 의무를 수행하는 대가로 땅을 일구는 둔전병屯田兵들이 배치되었던 이곳은 여전히 전쟁부의 명령을 따르는 연대별로 조직되어 있었다. 변경의 주민들은 이주자들과 난민들로 이루어져 있었고, 대부분 몇 세기에 걸쳐 민족 집단별로 정착한 세르비아인들과 크로아티아인들, 루마니아인들이었다. 그들을 지휘한 장교들은 주로 독일인들(이나 적어도 독일인들에게 동화된 슬라브인들과 루마니아인들)이었는데, 전쟁부에 의해서 임명되었다. 변경부대의 주요 임무는 튀르크인들의 공격으로부터 국경을 지키는 것이었지만, 이탈리아에 파견되거나 헝가리를 위협하는 데에 동원되기도 했다. 1848년에 옐라치치가 헝가리를 침공하고자 동원했던 많은 병력이 변경 부대 출신이었다.[9]

1830년경에는 이슬람교에서 기독교로 개종한 튀르크인 지휘관들이 오스만 제국령 보스니아에서 헝가리 영토로 불법 침입하는 경우가 많았지만, 그 뒤로 변경의 무장 지대는 대체로 평온했다. 하지만 문명과 "동방"의 후진성 사이의 과도 지대라는 이곳의 상징성 역시 방어적 중요성만큼이나 컸다. 국경을 넘어가는 여행자들은 발칸 반도의 전혀 색다른 풍경에 주목했고, 이슬람교 사원의 첨탑, 금방이라도 쓰러질 듯한 가옥, 그리고 땅바닥에 앉아서 커피를 마시며 빈둥대는 사람들을 언급했다. 그들이 보기에 변경의 주민들은 문명과 야만 사이의 문화적 중간 지대를 차지하고 있는 존재들이었다. 합스부르크 제국의 민족지학자들과 통계학자들은 변경의 주민들이 게으르고, 무질서하고, 폭력적인 사람들이지만, 독일의 문화와 세련미 같은 요소도 가지고 있다고 설명했다. 적어도 변경의 여자들은 근면했고, 집을 깔끔하게 관리했다.[10]

변경의 무장 지대는 검역을 시행하는 데에 도움이 되기도 했다. 오스만 제국 쪽에서 건너오는 여행자들은 노란색 깃발이 게양된 검문소에서 최대 20일간 격리되었다. 그동안 면화와 양모 같은 상업용 화물은 바람에 쐬어 말렸는데, 화물이 다 마르면 하인이 올라가서 잠을 잔 뒤에 감염병 증상이 없는지 확인을 받았다. 국경에서의 상업적 거래는 막후에서 이루어졌고, 주화는 식초로 소독되었다. 그 까다로운 절차의 상당 부분은 불필요한 것이었다. 오스만 제국은 유럽에서 가장 먼저 천연두 접종을 도입한 나라 중 하나였고(천연두 접종은 나중에 우두 접종으로 대체되었다), 1830년대에는 광범위한 위생 개혁을 실시했다. 오스만 제국의 문제는, 그 국경의 검문소에서 검역을 통해서 발견하고자 했던 종류의 유행병이 아니라 대부분 위장과 호흡기 계통의 풍토병이었다. 하지만 검역의 목적은 건강을 지키는 것뿐 아니라 더 우수한 문명의 우월한 위생 수준을 보여주는 것이기도 했다. 따라서 다른 곳에서는 불필요하다는 사실이 드러난 뒤에도 변경의 무장 지대에서는 검역이 계속되었다.[11]

1875년, 헤르체고비나에서 대부분 기독교를 믿는 농민들이 대부분 이슬람교를 믿는 지주들의 억압에 분노하여 봉기를 일으켰다. 봉기의 여파는 보스니아와 불가리아 같은 오스만 제국의 다른 지역에까지 미쳤다. 합스부르크 제국의 앞잡이들과 관리들은 불난 집에 부채질을 했다. 그해 6월, 합스부르크 제국의 군항인 코토르(오늘날의 몬테네그로에 있는 도시)에 반란군에게 건네줄 군용 소총 8,000정과 탄약 200만 발을 실은 증기선이 도착했다. 오스만 제국이 주로 민간인을 겨냥해서 보복을 자행하자 유럽 전역은 격렬한 분노로 들끓었다. 세르비아 공국과 몬테네그로 공국은 오스만 제국에 맞서서 무장봉기했지만 금세 진압되었다. 그러나 러시아는 전혀 다른 상대였다. 1877년 여름, 러시아군 30만 명이 반란군을 지원하기 위해서 도나우 강을 건너 쳐들어왔다. 러시아군은 불과 몇 달 만에 이스탄불 외곽까지 진격했다.[12]

러시아군이 대승을 거두면서 국제적인 세력 균형의 추가 기울었다. 헝가리의 전임 수상이자 오스트리아-헝가리 제국의 현직 외무 장관인 줄러 언드라시는 애초에 러시아 측으로부터 전리품을 나눠주겠다는 약속을 얻어낸 뒤에 러시아의 침공을 지지했지만, 이제 러시아에 맞선 전쟁을 촉구하고 나섰다. 황제는 한동안 언드라시의 의견에 힘을 실어주는 듯했다. 그러나 문제는 국고가 텅 비었다는 사실이었다. 어이없게도, 언드라시는 시간차를 두고 전시 동원 체제를 구축해서 비용을 분산하는 방안을 제시했다. 논의가 상식선을 회복한 것은 황제가 특별히 초청해 군주 평의회에 참석한 프리드리히 폰 백 대령의 개입 덕분이었다. 그는 프란츠 요제프에게 "이 전쟁을 치르는 목적은 무엇입니까?"라고 물었다. 그럴듯한 답변을 내놓지 못한 황제는 전쟁 대신에 협상을 선택했다. 1878년에 열린 베를린 회의에서, 독일 대표 비스마르크와 영국 대표 디즈레일리, 그리고 합스부르크 제국 대표 언드라시는 불가리아를 발칸 반도의 위성국으로 삼으려는 러시아 황제를 압박해서 "대불가리아" 개념을 포기하도록 했다.[13]

보스니아와 헤르체고비나는 베를린 회의를 통해서 합스부르크 가문의 실질적인 영토가 되었지만, 일시적인 군사 보호령일 뿐이었다. 프란츠 요제프는 원래 보스니아와 헤르체고비나에 대한 완전한 주권을 행사하기를 바란 반면, 언드라시는 생각이 달랐다. 그가 볼 때, 보스니아-헤르체고비나(보스니아와 헤르체고비나의 통합 지역명)를 합스부르크 제국에 편입하면 슬라브인과 독일인과 헝가리인 간의 미묘한 균형이 무너질 듯했다. 그러나 보스니아-헤르체고비나를 편입하지 않으면 이곳을 세르비아에 빼앗길 우려가 있었으므로, 보스니아-헤르체고비나의 모호한 지위를 유지하도록 놔두는 편이 훨씬 나아 보였다. 그런 이유 때문에, 프란츠 요제프는 새로 획득한 그 영토를 합스부르크 제국의 반쪽인 시스라이타니아나 또 다른 반쪽인 헝가리에 할당하지 않고 공동 재무부의 관할권 아래에 두었다.

베를린 회의에서는 세르비아가 술탄의 이론적 속국이 아니라 완전한 독립국으로 인정되기도 했다. 합스부르크 제국이 보스니아를 차지하고 세르비아 땅에서 오스만 제국의 그림자가 사라지자, 변경의 무장 지대는 용도 폐기되었다. 그곳의 장교들은 정규군으로 활동하며 공로를 세운 경우가 많았고, 특히 발칸 반도에서의 활약이 두드러졌다. 그러나 변경의 무장 지대에서 형성된 사고방식의 밑바탕에는 발칸 반도의 민족들이 문화적으로 척박하고 의학적으로 불건전하다는 관념이 깔려 있었다. 「보스니아-헤르체고비나 사람들의 퇴화에 관하여」라는 인상적인 제목의 어느 논문에는, 발칸 반도의 사회가 "몇 세기 동안 문명과 단절되어" 있었다는 주장이 나온다. 발칸 반도의 후진적인 사람들에게 문화와 위생을 보급하는 일이 보스니아를 관할하는 당국의 임무였다. 당국에 따르면 여러 세기에 걸쳐 그 사람들은 뒤섞였고, 육체적으로, 정신적으로 타락했으며, 특히 질병에 걸리거나 병적 흥분 상태에 빠질 우려가 커진 상태였다. 더 낮을 것으로 추정되는 그들의 도덕 수준과 비위생적인 풍습은 매독과 피부병을 풍토병으로 자리 잡게 만들었다.[14]

아니나 다를까, 발칸 반도에서의 문명화 사명은 위생 경찰 제도와 위생처리법 같은 특징을 띠었다. 합스부르크 제국의 재무부가 관할하는 보스니아-헤르체고비나의 새 정부는 모든 산파들과 치과 의사들, 외과 의사들과 수의사들에게 오스트리아 법에 부합하는 자격 요건을 갖추도록 요구했고, 그 결과 대다수의 산파와 치과 의사와 외과 의사와 수의사가 직업을 잃었다. 정부는 매춘부들에게 명부에 정보를 등록하고 정기적으로 의학적 검사를 받도록 지시했다. 얼마 지나지 않아 밝혀진 바에 따르면, 사실 보스니아인들은 건강했고 보스니아의 성병 감염률은 합스부르크 제국 내부의 성병 감염률과 거의 같았다. 그럼에도 합스부르크 제국의 내과 의사들은 보스니아의 이슬람교 주민들에게서 새로운 매독 변종을, 이슬람교 여성들에게서 골반 협착증을 발견했다(그들의 골반 협착증은 팔다리로 기어다니는 습관에서 비롯되었다고 추정되었다). 식민화와 문명화 사업은 현지 여성의 특징을 찾아내면서 시작되기 마련이다.[15]

과거에 오스만 제국은 이슬람교 집단과 가톨릭교 집단과 정교회 집단을 구별해서 통치했다. 세 집단은 각기 다른 세금을 냈고, 서로 다른 법원에서 재판을 받았다. 이제 합스부르크 제국은 그런 구별을 더 강화했다. 합스부르크 제국의 다른 지역에서 인구 조사를 실시할 때에는 언어를 정체성의 지표로 삼았지만, 보스니아─헤르체고비나에서는 종교를 기준으로 삼았다. 그 이유는 간단했다. 언어학자들은 이미 남슬라브인의 슈토카비아 방언이 보스니아─헤르체고비나, 세르비아, 몬테네그로, 동부 크로아티아 등지에서 가장 널리 쓰이는 언어라는 사실을 알고 있었다. 세르비아의 영향력 있는 학자 부크 카라지치는 심지어 슈토카비아 방언을 세르비아어로 부르기도 했고, 그의 유명한 논문 「어디에나 있는 세르비아인」[1849] 역시 이런 배경에서 나왔다. 베오그라드의 정치인들은 보스니아인, 크로아티아인, 달마티아인, 슬로베니아인 등을 포함한 모든 남슬라브인이 세르비아인이거나 세르비아인의 가까운 친척이라고 상상했고, 단일 국가를 통해서 남슬라브인을 하나로 묶는 대大세르비아를 건설할 날을 기대했다. 훗날 보스니아에서 실시된 인구 조사에서 슈토카비아어, 즉 세르비아어가 대다수 주민들이 사용하는 언어라는 사실이 드러나자 그것은 베오그라드의 정치인들에게 강력한 무기가 되었다.

　1879년의 인구 조사에 따르면, 보스니아–헤르체고비나에는 정교회 신자가 50만 명, 가톨릭교도가 20만 명, 이슬람교도가 45만 명 있었다. 즉, 특정 집단이 절대다수를 차지하지 않았다. 국경 너머에는 각각의 집단에 속한 사람들과 같은 종교를 믿는 신자들이 있었다. 다시 말해, 세르비아에는 정교회를 믿는 세르비아인들이, 크로아티아에는 가톨릭교를 믿는 크로아티아인들이, 발칸 반도 전역에는 이슬람교도들이 있었다. 문제는 보스니아–헤르체고비나가 분열해서 내전에 휩싸이고, 각 집단이 외부 세력으로부터 지원을 받을 우려가 있다는 점이었다. 하지만 처음부터 합스부르크 제국의 행정 관료들은 세르비아인들을 더 위협적인 존재로 인식했다. 어느 재무 장관이 언급했듯이, 세르비아인들은 보스니아–헤르체고비나 지역을 완전히 차지하고 그곳의 무슬림 인구가 폭발적으로 늘어나야 직성이 풀릴 것 같았다.[16]

　보스니아–헤르체고비나를 둘러싼 합스부르크 제국의 정책에는 두 가지 원칙이 있었다. 첫째는 경제적 현대화였다. 정책 당국자들은 경제적 현대화가 보스니아–헤르체고비나 지역을 문명화하고 종교 간의 긴장을 완화하는 데에 보탬이 되리라고 기대했다. 루돌프 황태자는 1888년에 보스니아를 방문해서 이렇게 말했다. "우리가 이곳에서 이룩해야 할 사명은 동방에 서양 문화를 도입하는 것이다."[17] 그리하여 보스니아–헤르체고비나에 학교와 병원과 공업계 전문대학이 설립되었고, 석탄 및 철광석 광산업, 담배 재배 및 가공업, 제지업 같은 산업이 생겨났다. 가장 특기할 만한 점은 보스니아–헤르체고비나에

1,000킬로미터 이상의 철도 선로가 부설되었다는 사실이다. 사라예보 동쪽의 산악 지대를 통과하는 북부 보스니아 노선은 길이가 160킬로미터에 불과했지만, 무려 99개의 터널과 30개의 철교가 포함되어 있었다. 이른바 보스니아 협궤(폭 760밀리미터)는 이후 국제적인 기준이 되었고, 콩고 강 유역과 아르헨티나뿐 아니라 유럽 각국에서 채택되었다.

두 번째 원칙은 보스니아인의 정체성을 함양하여 다양한 종교 간의 결속을 도모하는 것이었다. 하지만 두 번째 원칙은 단편적으로만 추진되었다. 역대 총독들은 분리파의 형식과 "신新동방주의적" 주제를 혼합한 보스니아적 건축 양식을 장려했다. 특히, 정교한 장식 무늬, 편자형 홍예문, 그리고 이슬람 예술에서 유래한 착색유리로 표현된 주제에서 알 수 있듯이, 사라예보의 신축 시청사는 그라나다에 있는 무어 양식의 알람브라 궁전을 모방한 건물이었다. 한편, 보스니아–헤르체고비나 국립 박물관의 학예사들은 중세에 가톨릭도 아니고 정교회도 아닌, 이른바 보고밀 사상이라는 이단에서 비롯된 보스니아 고유의 종교 전통이 있었다는 사실을 입증하며 보스니아에 새로운 역사를 부여하는 작업에 나섰다. 그 이론에 의하면, 보스니아의 무슬림 지주들은 이슬람교를 받아들였던 보고밀파 귀족들의 후손이었다. 그 이론을 논박하는 고고학적 유물이 발견되었을 때, 학예사들은 그것을 부수거나 감추었다.[18]

두개골의 크기를 측정하는 사람들도 새 역사를 창조하는 작업에 동원되었다. 때마침 국립 박물관의 골상학자들은 이슬람교도들과 가톨릭교를 믿는 크로아티아인들에게서 흔히 나타나는 북방계 백인의

단두형短頭型 : 후두부가 납작하여 두상이 앞뒤로 짧은 골격/역주에 속하는 "순수한" 보스니아인의 두개골이 있다는 사실을 발견했다. 반면, 정교회를 믿는 세르비아인들의 두개골은 "극단적 장두형長頭型 : 두상이 앞뒤로 긴 골격/역주"이었다. 그것은 다른 곳에서 보스니아로 이주해온 더 원초적인 인종 집단이 있었다는 의미였다. 국립 박물관 학예사인 치로 트루헬카에 따르면, 세르비아인들은 유대인들처럼 떠돌아다닌 점에서 볼 때 "결핵과 불임증, 그리고 연약한 정신력과 체격"이라는 경향과 "문화적 기생"으로 이어지는 무근본성이라는 특징을 띠었다.[19]

앞의 사례들이 암시하듯이 보스니아인의 민족 정체성 구축 사업에서는 세르비아인들이 배제되었고, 이제 세르비아인들은 문화적 서열의 밑바닥에서 이슬람교도들과 경쟁하게 되었다. 그러나 이슬람교도들은 세르비아들인이 느낀 것과 동일한 적개심을 느끼지 않았고, 사라예보 시장직을 연이어 맡고 시의회를 장악하며 새로운 체제에 성공적으로 편입되었다. 1910년에 처음으로 열린 보스니아 의회의 의장도 무슬림이었다. 보스니아계 이슬람교도들은 그 지역에서 모집한 4개 연대의 핵심을 이루면서 점차 합스부르크 제국을 향한 충성심을 분명히 보여주었다. 그들의 충성심에 비견될 만한 것은 유대인들이 합스부르크 제국에 보여준 충성심밖에 없었다. 영국의 구르카 연대처럼 보스니아 연대도 용맹함으로 이름을 떨쳤다. 1895년에 작곡된「보스니아인들이 온다」는 오늘날에도 오스트리아 군대에서 가장 인기 있는 행진곡 중 하나이다.

경제 발전으로 상류층에 속한 무슬림 상인들은 혜택을 누렸지만, 세르비아인들은 거의 혜택을 입지 못했다. 세르비아인들은 주로 무슬림 지주들의 땅을 경작하는 소작농 신세를 면하지 못했다. 정부에서 보장한 자유를 얻는 대가로 지주에게 보상금을 지불할 여력이 없었기 때문이다. 이렇듯 현대화의 혜택은 대다수 세르비아인을 외면했기 때문에 세르비아인들 사이에는 문맹이 압도적으로 많았다. 게다가 세르비아인들은 단체 구성이나 신문 발행을 금지당하는 경우가 많았고, 세르비아인 학교 교사들은 "정치적 신뢰성"을 더 엄격하게 입증해야 하는 부담을 졌다. 교묘하게 조작된 선거 제도 때문에 보스니아 의회에서 활동하는 세르비아인 대표자들은 대부분 정교회를 믿는 소규모 사업가 집단의 대리인으로서 세르비아 민족 운동 진영의 보수파를 이루게 되었다.

합스부르크 제국은 보스니아-헤르체고비나를 군사적으로 점령한 것을 일시적 해법으로만 생각했다. 매우 서툰 방식으로 실행되지 않았더라면 절묘한 성공으로 평가되었을 법한 조치를 통해, 보스니아-헤르체고비나는 1908년 10월에 합병되어 합스부르크 제국에 편입되었다. 합스부르크 제국의 외무 장관은 러시아 측 관계자가 합병에 동의했다고 믿었지만, 이는 오해였다. 결국 외교관계는 파탄이 났고, 러시아는 세르비아에 더 가까이 다가갔다. 1912년부터 1913년까지 두 차례의 발칸 전쟁이 벌어지는 동안 세르비아가 남쪽의 오스만 제국령 마케도니아로 세력을 확장하자, 빈의 정치인들은 세르비아가 곧 러시아의 지원에 힘입어 합스부르크 제국의 영토 안에 거주하는 세르비아인들을 "해방하려고" 할 것으로 의심했다.

세르비아 의회는 참정권이 폭넓게 인정된 선거를 통해서 구성되었지만, 세르비아 정부는 민주적이지 않았다. 군대와 안보 기관 내부에서 활동하는 비밀 결사와 테러 집단 때문에 국가의 여러 기관은 껍데기만 남게 되었다. 그 중심에는 단결 혹은 죽음으로 알려진 조직, 즉 세르비아의 군사정보부 책임자인 드라구틴 디미트리예비치가 이끈 흑수단黑手團이 있었다. 흑수단은 1903년에 세르비아의 인기 없는 왕 알렉산다르 1세와 드라가 왕비를 암살한 뒤, 그들의 시신을 여러 부위로 나눠 전리품으로 가진 공모자들로 구성되어 있었다. 10년 뒤, 살인으로 경력을 쌓은 디미트리예비치는 오늘날 너무나 익숙한 유형의 젊은이들, 즉 왜소하고, 성적으로 욕구 불만이며, 삶의 의미를 부여해 줄 명분을 동경하는 청년들을 훈련시켰다. 그들에게 맡겨진 임무는 테러 수단을 통해서 합스부르크 제국 치하의 보스니아-헤르체고비나를 해방하는 것이었고, 궁극적인 목표는 보스니아-헤르체고비나를 세르비아에 편입시키는 것이었다.

프란츠 페르디난트는 바로 그런 불안하고 위험한 상황에 발을 들여놓았다. 그는 세르비아인들을 헝가리인들만큼이나 싫어했지만, 평소 세르비아와의 평화를 권고했다. 또한 특히 1913년에 25번이나 세르비아에 대한 예방전쟁을 제안한 참모 총장 콘라트 폰 회첸도르프를 적절히 견제했다. 외무 장관인 레오폴트 베르흐톨트에게 직접 설명했듯이, 프란츠 페르디난트는 합스부르크 제국이 콘라트의 "마녀들의 전쟁 부엌"으로 끌려가는 모습을 보고 싶지 않았다. 그는 얼마 전의 발칸 전쟁으로 획득한 영토를 집어삼키는 데에 어려움을 톡톡히 겪은 세르비아 내부에서도 전쟁에 대한 요구가 크지 않으리라고 생각했다.[20]

프란츠 페르디난트의 해법은 훨씬 더 현명했다. 그가 내놓은 계획은 본인이 이전에 검토했던 삼자 체제의 수정판이었다. 그는 세르비아를 끌어들이는 대안으로 크로아티아를 남슬라브인 국가로 재건하고자 했다. 즉, 크로아티아는 보스니아-헤르체고비나를, 그리고 한때 크로아티아의 일부분이었지만 시스라이타니아에 편입되었던 달마티아를 접수하게 될 예정이었다. 프란츠 페르디난트는 합스부르크 제국에 합병된 보스니아-헤르체고비나가 다음으로 밟을 논리적 단계가 크로아티아에 흡수되는 것이라고 판단했다. 그렇게 되면 세르비아가 소외되고, 남슬라브 민족의 통일을 주도하는 역할이 베오그라드에서 자그레브로 넘어갈 것 같았다. 프란츠 페르디난트의 계획은 베오그라드의 정치계에서도 널리 알려져 있었다. 그들은 프란츠 페르디난트가 없어져야 한다는 데에 공감했고, 세르비아의 고위 정치인 사이에서는 그를 둘러싼 암살 음모가 오갔다. 프란츠 페르디난트의 암살범인 가브릴로 프린체프는 훗날 그를 제거한 이유를 "향후의 주권자로서 그가 일정한 개혁을 통해 우리의 단결을 저해할 것"이기 때문이라고 밝혔다.[21]

1914년 6월 28일, 프란츠 페르디난트는 보스니아-헤르체고비나 박물관의 신축 건물 개장식에 참석하기 위해서 사라예보를 방문했다. 호리호리한 체격의 청년들이 총과 폭탄을 들고 그를 기다리고 있었다. 디미트리예비치와 그의 부하들이 베오그라드에서 무장시킨 6명의 청년들이었다. 6명의 공모자 중 3명은 10대였고, 2명은 20대였다. 1명을 제외한 모두가 보스니아계 세르비아인이었고, 다들 서툴렀다. 프란츠 페르디난트 대공 부부가 그레프운트슈티프트 사의 무개차를 타고 사라예보 시내를 지나가고 있을 때, 6명의 공모자 중 1명만

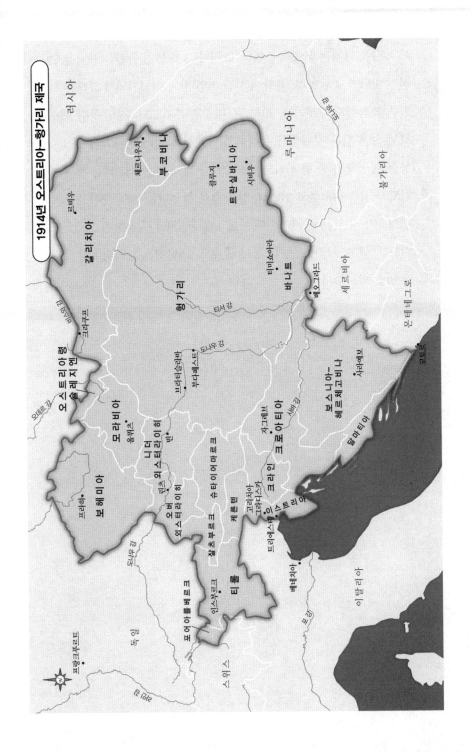

1914년 오스트리아-헝가리 제국

이 폭탄을 던지는 데에 성공했다. 그러나 그가 던진 폭탄은 표적을 완전히 빗나가고 말았다. 폭탄에 시간 지연 장치가 설치되어 있다는 사실을 깜빡했기 때문이다. 30분 뒤, 대공 부부가 조금 전의 폭탄 테러로 부상을 입은 사람들을 문병하기 위해서 무개차를 타고 병원으로 향했다. 공모자 중 한 사람인 가브릴로 프린체프는 겁을 먹은 채 우연히도 근처를 배회하고 있었다. 길을 잘못 들었다는 말에 운전사는 프린체프가 서 있는 곳 가까이에 차를 세웠고, 50년 뒤의 하비 오즈월드 케네디 대통령의 암살범/역주만큼 운이 좋게도, 프린체프는 치명적인 총알 두 발을 발사했다.

제29장

세계대전과 해체

유럽 전역에 퍼진 프란츠 페르디난트의 서거 소식은 멕시코 황제 막시밀리안, 루돌프 황태자, 그리고 황후의 비참한 죽음과 더불어 합스부르크 가문의 또 다른 비극으로 여겨졌다. 당시 프랑스에서 최대 부수를 자랑한 신문인 「르 프티 주르날*Le Petit Journal*」의 1914년 7월 12일자 전면 기사에는 이마에 손을 가져다댄 프란츠 요제프의 머리 위쪽에 이미 살해된 합스부르크 가문 사람들의 유령들이 둥둥 떠 있는 천연색 삽화가 실렸다. 프란츠 요제프가 16년 전에 부인의 암살 소식을 들었을 때에 했던 말을 되살린 그 삽화의 제목은 "늙은 황제의 비극 : 모든 것을 잃다"였다. 영국의 「더 타임스*The Times*」의 기사도 비슷하게 시작했다. "모두의 머릿속에 덕망 있는 황제가 떠오를 것이다. 그는 평범한 사람이 좀처럼 알지 못하는 갖가지 끔찍한 슬픔을 견뎌야 하는 숙명을 떠안았다."[1]

프란츠 페르디난트의 암살 사건 직후 복수전을 펼쳤더라면, 프란츠 요제프는 전폭적인 지지는 아니어도 유럽 열강의 이해를 얻어낼 수 있었을 것이다. 심지어 러시아도 이해했을 것이다(러시아의 외무 장관은 세르비아의 부당한 침략 행위를 부정적으로 바라보았다). 루마니아의 수상 이온 브러티아누가 프란츠 요제프에게 설명했듯이, "유럽"은 프란츠 요제프의 "편에 서서 공감할" 수 있었을 것이다. 그러나 프란츠 요제프는 전쟁을 미루었다. 때는 여름이었고, 대부분의 군인이 추수를 도우려고 휴가를 떠나는 바람에 아직 전쟁을 치를 군사적 준비가 되지 않은 상태였기 때문이다. 러시아가 세르비아의 편을 들어 개입할 가능성도 있었다. 게다가 프란츠 요제프는 동맹인 독일이 1879년의 상호 방위 조약을 꼭 지키게끔 하고 싶었다.[2]

지난 수십 년 동안 독일군 참모들과 합스부르크 제국군 참모들이 주고받은 것이라고는 대부분 성탄절 카드였다. 그러나 빌헬름 2세는 임박한 전쟁이 몇 개의 전선에서 대규모로 펼쳐지리라고 판단하면서도 프란츠 요제프를 지지하겠다고 약속했다. 7월 6일, 베를린 주재 오스트리아-헝가리 제국 대사는 "동맹의 의무와 오래된 우정의 의무에 따라 폐하께서 오스트리아-헝가리를 충실히 지지할 것"이니 황제가 "안심해도 된다"라는 확답을 얻어냈다. 빌헬름 2세는 프란츠 요제프에게 무조건적 지원이라는 "백지 수표"를 지급한 뒤에 스칸디나비아 지역으로 요트 여행을 떠났다. 결정권은 다시 빈의 몫으로 돌아왔지만, 군대는 아직 들판에 있었다.[3]

결단을 미루는 바람에 프란츠 요제프는 거대 서사의 주도권을 상실했을 뿐 아니라 합스부르크 제국의 전쟁 목표가 점점 높아지게 되는 상황을 방치했다. 그 결과 오스트리아-헝가리는 침략자처럼 보이게 되었다. 외무부의 발칸 반도 전문가들은 더 이상 세르비아에 대한 토벌전만을 촉구하지 않고 아예 세르비아를 완전히 지도상에서 지워버리는 전쟁을 거론했다. 그들은 세르비아와의 전쟁으로 더 큰 규모의 무력 충돌이 빚어지든 말든 상관하지 않았다. 사실, 그들은 전쟁에 기대를 걸었고 전쟁을 미루면 적들이 유리해지리라고 믿었다. 성미가 급한 몇몇 사람들은 사회적 다윈주의의 관점에서 전쟁을 약자가 응징되기 마련인 필연적인 패권 투쟁으로 바라보았고, 합스부르크 제국이 다시 번영을 누릴 "전적으로 새로운 시대"를 기대했다. 프란츠 페르디난트의 견제에서 벗어난 참모 총장 콘라트 폰 회첸도르프는 러시아가 개입할 우려에도 불구하고 다시 전쟁을 촉구했다. 그는 합스부르크 제국 군대가 세르비아 군대를 며칠 만에 무찌를 수 있고 러시아의 공격도 차단할 수 있다고 자신 있게 보고했다.[4]

프란츠 요제프는 7월 내내 알프스 산맥의 도시 바트이슐에 머물렀다. 그는 빈으로부터 전보와 보고서를 받았지만, 정책이 결정되는 군주 평의회에는 참석하지 않았다. 헝가리의 수상 티서 이슈트반은 애초 프란츠 요제프에게 신중히 결정하도록 요청했지만, 얼마 뒤 호전적인 세르비아가 헝가리 영토도 노리고 있다는 의견에 귀가 솔깃해지고 말았다. 외무 장관 베르흐톨트는 동료들에게 약한 모습을 보여주기 싫어서 강경 노선을 고수했다. 베르흐톨트는 수긍할 수 없는 내용의 최후통첩을 세르비아 정부에 보내자고 제안했고, 프란츠 요제프는 그가 제시한 해법을 지지했다. 세르비아는 최후통첩을 거절할 수밖에 없을 테니 그것을 빌미로 전쟁을 일으키면 될 듯했다. 이런 상황임에도 불구하고 아직 빈에서는 "소규모 전쟁"과 한정된 작전 범위를

전제로 삼고 있었다.⁵

　7월 23일, 베오그라드 주재 오스트리아-헝가리 제국 대사는 세르비아 정부에 최후통첩을 전달했다. 최후통첩에는 특히 오스트리아 경찰이 프란츠 페르디난트 대공 살해 사건을 주도적으로 조사할 수 있어야 한다는 내용이 포함되었다. 이는 세르비아 정부로서는 거부할 수밖에 없는 주권에 관한 도전이었고, 영국의 외무 장관 에드워드 그레이 경의 말을 빌리자면, "지금까지 한 국가가 다른 국가를 상대로 행한 가장 위협적인 통보"였다. 러시아의 외무 장관은 훨씬 더 간단명료하게 말했다. "이것은 전쟁이다." 이틀 뒤, 세르비아 정부는 최후통첩을 거부했다. 그로부터 몇 시간 만에 오스트리아-헝가리의 대사관 직원들이 기차를 타고 베오그라드를 떠나 부다페스트로 향했다. 오전 3시에 그들이 탄 기차가 헝가리 국경 안으로 들어서자마자 환호하는 군중이 기차를 세웠고, 대사는 즉흥 연설을 해야 했다. 그때부터 기차는 통과하는 모든 역에서 대대적인 환영을 받았다.⁶

　5일 뒤 오스트리아-헝가리는 세르비아에 선전포고했다. 바트이슐의 거처에서 책상 앞에 앉아 있던 프란츠 요제프는 "달리 어쩔 도리가 없군"이라고 말하며 운명적인 명령에 서명했다. 이튿날 그는 "여러 민족"에게 그 결정에 대해서 설명하는 선언문을 발표했다. 그는 "조국의 위대함과 명예와 권력"을 위해서 전쟁이 벌어질 것이라고 말했다. 개인적으로 그는 콘라트 참모 총장에게 "우리가 죽어야 한다면 명예롭게 죽어야 한다"라고 말했다. 그는 선견지명이 있었다. 결국 러시아는 세르비아의 편에 섰고, 독일은 오스트리아-헝가리에 지급한 백지수표를 결제했으며, 영국과 프랑스는 러시아의 편을 들었다. 이로써

1주일 만에 유럽이 전쟁에 휘말렸다.[7]

합스부르크 제국의 군대 동원령을 알리는 벽보가 15개 언어로 작성되어 곳곳에 나붙었다. 문제는 150만 명 이상의 병력을 전선으로 수송하는 병참학적 방법과 군인들의 사기를 진작하는 방법(매우 다양한 민족 집단의 전투 의욕을 고취하는 방법)이었다. 합스부르크 제국군의 장교들은 민족 정체성을 초월하는 "제국을 향한 애국심"에 불타오를 수 있었지만, 사병들은 그렇지 않았다. 해법으로 떠오른 것은 민족 감정에의 호소였다. 군 당국은 징집병들이 소속 민족의 깃발 아래 모일 수 있도록 했고, 징집병들은 자기 민족의 숙적과 싸울 기회에 매력을 느꼈다(폴란드인은 러시아인을, 크로아티아인은 세르비아인을, 헝가리인은 모든 종류의 슬라브인을 상대로 전쟁을 할 수 있다는 가능성에 이끌렸다). 민족주의에 대한 호소는 효과가 있는 듯했고, 일부 논평가들은 전선으로 향하는 군인들을 "음악과 노래로" 반기는 "열광적인 환호"를 놀라운 시선으로 주목했다.[8]

합스부르크 제국군은 진지한 애국심보다 민족적 증오심에 더 휩싸인 나머지 미친 듯이 민간인을 학살하고 마을을 불태우는 경우가 많았다. 아군이 몇몇 마을에서 습격을 당했다는 보고를 받은 군 당국은 1914년 9월 다음과 같은 명령을 내렸다. "읍장, 사제와 부제副祭를, 그리고 유대인 중심으로 몇 사람을 더 끌어내 즉각 사살하라. 그런 다음 현장을 불태우고, 교회 첨탑을 부수도록 하라." 이 명령에서 엿볼 수 있듯이, 심지어 장교들 사이에서도(당시 합스부르크 제국군 소속 장교들의 17퍼센트가 유대인들이었다) 반유대주의에 대한 거부감은 줄어들고 있었다.[9]

절박함은 악수로 이어졌다. 합스부르크 제국군은 장비와 훈련이 부족했다. 1914년 이전에 성인 남자 20명당 1명만이 군사 교육을 받았는데, 그마저도 대부분 형식적인 교육에 불과했다. 병력을 전선으로 수송하는 기차는 자전거보다 빠르지 않았다. 보급 체계가 엉망이었고, 통조림 뚜껑이 삽으로 쓰였다. 이런 문제들 중에는 재정적 한계의 탓으로 볼 수 있는 부분이 많았다. 전쟁이 일어나기 전 여러 해 동안 정부가 군비 지출을 삭감하여 예산의 균형을 그럭저럭 맞추고 있었기 때문이다. 하지만 장군들이 무능하기도 했다. 전시 동원령이 내려진 1914년 8월에 콘라트 참모 총장은 원래의 계획을 뒤집어버렸다. 그 결과 합스부르크 제국군 전체가 러시아 전선이 아닌 세르비아 전선에서 발이 묶여버렸다. 8월에 세르비아 군대를 상대로 시작된 일련의 군사 작전은 사전의 모의 전쟁 연습에서 실패로 판명되었던 전투 계획에 따라서 수행되었다.[10]

동부 전선에서의 전쟁은 서부 전선보다 기동성이 더 두드러졌고, 합스부르크 제국군은 1,000킬로미터의 전선을 따라 배치되어 있었다. 전쟁 초반에 러시아군은 재빨리 전과를 올리며 하루만 진군하면 갈리치아의 크라쿠프에 도착할 수 있는 거리까지 들이닥쳤고, 오스트리아-헝가리 정규군의 절반을 무찔렀다. 이제 오스트리아-헝가리는 급히 훈련을 받은 징집병들에게 의존하게 되었다. 1915년 5월, 이탈리아가 선전포고를 하면서 오스트리아-헝가리는 알프스 산맥 쪽에 병력을 배치할 수밖에 없게 되었다. 1916년 여름에 러시아가 압도적인 공세를 펼치자 루마니아는 합스부르크 제국에 맞서 참전을 결정했다. 합스부르크 제국군이 러시아군을 저지하기 위해서는 독일군의 도움이 필요했다. 프랑스의 요새 도시 베르됭을 포위하고 있던 독일군은 동맹군을 지원하기 위해서 서둘러 이동했다. 이로써 합스부르크 제국은 독일의 군사적 부속물로 전락했고, 합스부르크 제국군의 전략 지휘권은 1916년 9월에 독일 황제 빌헬름 2세에게 넘어가고 말았다.

그러나 합스부르크 제국군은 차츰 안정을 되찾았다. 징집을 통해서 약 300만 명을 무장시켰고, 건강상 병역이 면제되어야 하는 자들까지 끌어모았다. 그렇게 징집된 병역 면제 사유자들은 헝가리군의 "장 질환 대대" 같은 특별 부대에 배속되었다. 육군 사단은 군수품 수송대와 야전 포병대의 지원을 받았고, 보헤미아의 도시 플젠에 있는 슈코다 사의 공장에서는 초중량 곡사포가 생산되었다. 1915년, 예루살렘에서 싸우고 있는 오스만 제국군을 돕기 위해서 포병대와 3,000명의 병력이 파견되었다(대부분 헝가리인으로 구성된 그 지원군은 집시 악단과 함께 예루살렘에 도착했다). 아우스트로-다임러 사에서 페르디난트 포르셰와 함께 6기통 항공 엔진과 4륜 구동 장갑차를 설계하고 있던 오스트리아-헝가리의 과학자들은 최초의 실용 헬리콥터를 만들었다. 1915년, 체코의 암호 해독가들은 러시아군의 새로운 암호를 3일 만에 풀었다.

독일군의 지원에 힘입어 합스부르크 제국군은 전과를 쌓기 시작했다. 이미 퇴각 중이던 세르비아군은 1915년과 1916년 사이에 발칸 반도의 본토를 버리고 그리스의 이오니아 제도 쪽으로 물러났다. 루마니아군은 1917년 12월에 합스부르크 제국군에 격파된 뒤에 화평을 요청했고, 러시아에서는 혁명이 일어났다. 이탈리아 전선은 그대로 유지되었고, 베네치아는 합스부르크 제국군의 차지가 되었다. 이탈리아 전선에서 싸우는 오스트리아군은 이제 적군에게 미안한 감정을 느낄 정도로 자신감이 충만했다. 그들은 진격해오는 적군에게 기관총을 쏘지 않으려고 했고, 참호 내의 대피호로 돌아가도록 적군을 설득하기도 했다. 합스부르크 제국의 외무 장관은 1917년 11월에 "승전으로 여길 수 있습니다"라고 보고했다.[11]

그러나 정치인들은 후방의 상황을 간과했다. 군대에 필요한 물자가 늘어났고, 연합국의 해상 봉쇄에 시달렸으며, 갈리치아의 곡창 지대 대부분을 러시아군에게 빼앗기는 바람에 식량 공급이 힘들어졌다. 농촌 지역에서 마치 군대처럼 행동하는 탈영병 무리 때문에 통신과 농업 분야의 피해는 더욱 커졌다. 1915년에 밀가루와 빵이 배급되었다. 이듬해에는 설탕과 우유와 커피가 배급되었고, 이후에는 감자가 배급되었다. 1918년, 1주일에 한 사람에게 배급되는 감자의 양은 0.5 킬로그램에 불과했다. 배급 제도가 시행되었음에도 식량을 구할 수 없는 경우가 많았다. 주말마다 노동자들은 농촌으로 몰려가서 식량을 찾아 헤매고 감자밭을 뒤졌다. 지방 자치체의 수장들은 대도시로 향하는 병참 수송대를 멈춰 세운 뒤에 필요한 물자를 챙겼다. 주민들을 부양하기 위함이었다. 1917년과 1918년 사이의 겨울에 석탄이 부족해지자 여러 극장과 영화관과 유흥장이 난방을 할 수 없어서 문을 닫고 말았다.[12]

영화관에서는 사람들에게 용기를 북돋아주려고 씩씩한 군인들과 바쁘게 돌아가는 공장, 느긋한 거리 풍경이 나오는 사기 진작용 영화를 상영했다. 검열관들은 군인들의 전투 장면이나 사상자들의 모습이 등장하는 장면을 상영하지 못하게 했고, 출처를 감추기 위해서 프랑스산 장편 영화의 내용을 "정화했다." 전쟁이 벌어지기 전, 빈의 영화 산업은 새턴 영화사에서 제작한 도색 영화가 장악하고 있었다(현대인의 관점에서 그런 영화를 저속한 작품이 아니라고 평가하기는 힘들다). 그런데 전쟁이 벌어지자 주도권은 통속극, 주간 뉴스 방송, 희극 등을 제작하는 사샤 영화사로 넘어갔다. 취객 두 사람의 시선으로 빈을 보여주기 위해서 왜곡 렌즈가 쓰인 막간 촌극과 사회 풍자를 절묘하게 엮은 1916년 영화 「전시의 빈」은 희극의 걸작이다.[13]

1916년, 정부와 군 당국은 민간인의 사기를 진작하고자 전쟁 박람회를 기획했다. 빈의 프라터 공원에 있는 수백 제곱미터 넓이의 부지에 50개의 전시실과 대형 천막이 들어섰다. 참호를 재현한 야외 구조물, 야전 병원, 그리고 노획한 대포와 비행기를 보여주는 대형 전리품 전시실이 마련되었다. 박람회가 열린 부지는 원래 오래된 유원지가 있었던 자리였다. 즉, 그곳에서 박람회를 개최한 데에는 교육뿐 아니라 오락 목적도 있었다. 따라서 박람회장에는 극장과 영화관, 식당, 그리고 전쟁 포로들이 만든 수제품을 비롯한 기념품을 파는 노점도 있었다.

전쟁 박람회는 전쟁의 부정적인 측면을 표백했다. 그곳에는 대형 곡사포와 이동식 교량 같은 "사내아이들의 장난감"이 등장했다. 적군은 그들이 사용하는 무기와 항복하는 그들의 모습이 담긴 사진, "가장 흥미로운 인종의 실제 사례인 러시아 군인들"로 표현되었다. 최신 무선전신 기술과 전쟁 화가들의 작품, X선 기계뿐 아니라, 말들이 하루에 먹는 사료의 양 같은 전선에서의 식량 배급 현황도 박람회장의 전시 장치와 유리 진열장을 통해서 확인할 수 있었다. 보철술 전용관도 있었다. 보철술 전용관에서는 장애를 입은 생존자들이 목공, 악기 연주, 타자 치기 같은 일을 할 수 있다는 사실을 관람객들에게 보여주었다. 전몰자들의 무덤이 마련된 구역도 있었다. 전몰자의 유족들은 사랑하는 가족이 잘 단장된 묘지에서 편히 잠들어 있다고 여겼다.[14]

전쟁 박람회는 1916년 7월에 황제의 사위인 프란츠 잘바토어 대공의 개회사로 시작되었다. 그는 1890년에 프란츠 요제프의 막내딸 마리 발레리와 결혼한 인물이었다(마리 발레리는 어머니와 용모가 무척 비슷했다). 프란츠 잘바토어는 왕족의 후손이 아니었기 때문에, 프란츠 요제프는 만약 마리 발레리가 그와 결혼하면 기존의 지위를 박탈하겠다고 경고한 바 있었다. 전쟁 박람회 첫날, 2만 명이 회전식 출입문을 거쳐 입장했고, 이후 5개월 동안 약 100만 명이 찾아왔다. 전쟁 박람회는 대성공을 거두었고, 겨울에 폐장했다가 이듬해에 다시 개장했다. 나중에 어느 언론인이 말했듯이, 전쟁 박람회는 사람들이 전쟁을 직시함으로써 전쟁을 망각하는 데에 보탬이 되었다. 그에 따르면 박람회 방문객들은 마치 영화관의 관객들처럼 "갑자기 정신이 이 세상을 떠나버렸다."[15]

그러나 박람회의 홍보 책자는 전시 상태의 일상적 궁핍함을 감출 수 없었다. 총 300쪽에 이르는 그 홍보 책자는 후원을 받은 덕분에 가격이 저렴했다. 기업들은 국가에 봉사하기 위해서 제품의 생산 방식을 어떻게 바꾸었는지 보여주려고 경쟁했다. 가죽과 쇠가 부족해서 나무 밑창과 못으로 만든 신발을 광고하는 기업도 있었다. 한편, 제국 무화과-담배 공장의 관계자들은 자사의 커피 대용품이 "콩보다 낫다"라고 홍보했다.[16] 1918년에는 전쟁 박람회가 열리지 않았다. 대신에 훨씬 작은 규모의 대용품 박람회가 개최되었다. 대용품 박람회는 마분지 신발, 커피 대용품, 합성 석유 같은 제품으로 임시변통하는 방법을 소개하는 장이었다. 옷감이 부족해지자 제조업자들은 쐐기풀로 군복을 만드는 방법을 연구했고, 군대에 남녀를 구분한 제복 상의를 도입할 경우 절약할 수 있는 자금의 규모를 조사했다.

1914년에 세르비아에 최후통첩을 전달함에 따라서 시민적 자유(언론의 자유, 집회의 자유, 재산권과 사생활권)를 축소하고, 노동력을 산업 현장으로 징발하며, 군 당국이 제국의 여러 지역을 관할하도록 하는 비상 지휘권이 발효되었다. 1915년 중엽, 오버외스터라이히, 니더외스터라이히, 보헤미아 등을 제외한 시스라이타니아 도처에 계엄령이 선포되었다. 군사 법정은 절차를 자주 무시하고 임의적 판결을 내렸는데, 특히 소수 민족인 슬라브인들이 군사 법정의 편견 때문에 피해를 많이 입었다. 총 300만 명이 군사 법정에 기소되었는데, 실언 같은 사소한 위법 행위로 기소된 사람들도 많았다. 1914년 8월, 슈타이어마르크에서는 한 무리의 슬로베니아인들이 2년 전에 크라인 지역의 류블랴나에서 적십자 기금에 기부했다는 이유로 체포되었다. 석방 아니면 사형이라는 두 가지 결과로만 이어지는 신속한 재판을 요구하는 "즉결심판법"은 계엄령의 든든한 버팀목이었다.[17]

군대는 중공업 통제권도 장악했고, 생산을 감독하는 "군 감시관"을 임명했다. 사실, 전쟁 기간 내내 무기와 차량의 생산량은 증가했다. 1915년에는 기관총 4,000정과 기관차 300량이 생산된 반면, 1917년에는 기관총 1만5,000정과 기관차 400량이 생산되는 식이었다. 그러나 생산량 증가율은 적국들에 비해서 낮았다. 그리고 무기와 차량의 생산량이 늘어난 대가로 경제 구조가 불균형해졌다. 금 보유고와 외화 보유고, 그리고 주로 독일 은행에서 빌린 차관은 식량이 아니라 철강과 석탄을 수입하는 데에 쓰였다. 1915년에 곡물의 국가 독점 제도가 도입되고 식량 공급을 책임지는 총병참부가 설치되었지만, 효과는 없었다. 이미 1916년에 경찰의 여론 보고서에서는 한밤중부터 식료품점 앞에 생기기 시작하는 긴 줄이 언급되었다. 그 보고서의 도입부에 의하면 사람들은 더 이상 군사적 성과에 관심이 없었고, 전쟁이 빨리 끝나기만을 바라고 있었다.[18]

1918년까지 지방정부는 주민들에 대한 식량 공급을 보류하고 있었다. 그랬는데도 그해 가을에는 모든 곳에서 비축 식량이 바닥을 드러냈다. 기근에 시달리며 식량을 배급받고 음식을 구하려고 줄을 서던 사람들은 참다못해 파업과 폭동을 일으켰다. 1918년 1월, 70만 명의 노동자들이 파업에 나섰고, 수많은 사람들이 운집해 선동가들의 연설을 들었다. 같은 해 봄, 크라쿠프는 유대인 소유의 상점들이 약탈을 당하고 길거리에서 식량을 둘러싼 싸움이 벌어지는 등 대혼란에 빠졌다. 전시 체제의 관료 사회가 법과 경제를 모두 장악한 상태였기 때문에 식량 부족을 둘러싼 비난의 화살은 점점 정부와 행정 당국 쪽으로 향하게 되었다. 1916년 가을 수상이 암살을 당했을 당시 경찰의 보고서에 의하면 사람들은 관심이 별로 없었고 조기도 거의 걸리지 않았다. 그해 11월에 프란츠 요제프가 세상을 떠났을 때에는 애도의 분위기가 감돌았고 조기도 더 많이 걸렸지만, 그런 점만 빼면 빈 시내의 거리는 평소와 "완전히 똑같았다." 역사학자 겸 정치인인 요제프

레들리히는 일기장에 이렇게 썼다. "도시 전체가 심하고 지독한 피로에 휩싸여 있다. 세상을 떠난 통치자에 대한 슬픔도 그의 후계자에 대한 기쁨도 느낄 수 없다." 국민을 먹여 살리지 못하는 정부는 곧 적합성을, 나중에는 정통성을 잃기 마련이다.[19]

1918년 11월까지 오스트리아-헝가리 제국군에 징집된 800만 명 가운데 100만 명이 사망했다. 그리고 약 200만 명이 부상을 입었고, 400만 명이 질병으로 입원했으며, 약 150만 명이 적군에게 포로로 잡혔다. 그것은 3,000만 명에 살짝 못 미치는 오스트리아의 총인구를 감안할 때 매우 처참한 결과였다. 수적으로는 고갈되었지만, 합스부르크 제국군의 대다수 병력은 비록 충성심이 흔들렸을지 몰라도 최소한 기강은 유지되고 있었다. 1918년 11월 초엽에 이탈리아군이 약 40만 명에 이르는 합스부르크 제국군의 항복을 받아냈을 때, 그 40만 명의 병력 중에는 체코인과 슬로바키아인 8만 명 이상, 남슬라브인(대부분 크로아티아인) 6만 명, 트란실바니아의 루마니아인 2만5,000명, 그리고 심지어 이스트라 반도와 티롤 지방의 이탈리아인 7,000명도 포함되어 있었다. 합스부르크 제국이 여러 민족 국가로 분해되었을 때 합스부르크 제국군이 다민족적 성격을 띠고 있었다는 점은 마지막 역설이다.[20]

프란츠 요제프가 시종에게 남긴 마지막 말은 "내일 아침 3시 30분에 깨워주게"였다. 비록 아픈 몸이었지만, 86세의 황제는 평소처럼 일찍 일어날 생각이었다. 프란츠 요제프의 후계자는 그의 조카의 아들인 카를이었다. 카를은 큰할아버지가 세워둔 기준에 미치지 못하는 인물이었다. 그 무렵, 다음과 같은 익살스러운 말이 나돌았다. "30세의 남자를 만나고 싶겠지만, 10살배기 소년처럼 생각하고 말하고 행동하며, 20세로 보이는 젊은이를 보게 될 것이다." 그런 조롱조의 농담에도 불구하고 카를은 평화를 지향하는 존경할 만한 인물이었다. 그러나 그에게는 전임 황제가 나이에 힘입어 누렸던 권위도, 전임 황태자인 프란츠 페르디난트가 보여주었던 끈기도 부족했다. 그는 전쟁에 큰 관심이 없는 것처럼 보였다. 1915년 봄에 참모 본부를 방문한 그는 "전쟁은 이길 수 없고, 여하튼 모든 것이 무의미한데 우리가 이토록 많은 노력을 기울이는 이유를 모르겠소"라고 발언했다고 전해진다.[21]

과거에 몇 차례의 군사적 참사를 겪었을 때, 합스부르크 가문은 땅을 넘겨주고 가끔은 공주를 희생양으로 삼으면서까지 적들과 강화를 맺었다. 서유럽 연합국은 루마니아와 이탈리아의 지원을 얻어내기 위해서 합스부르크 제국의 영토인 트란실바니아와 남부 티롤, 그리고 달마티아를 나눠주겠다고 약속했다. 합스부르크 제국은 실제로 그런 손실을 감수할 수 있었을 것이다. 그리고 만약 러시아와 강화를 맺는 조건이라면 갈리치아의 일부를 떼어줄 수도 있었을 것이다. 하지만 1916년 합스부르크 제국의 운명은 독일의 운명에 얽매여 있었고, 합스부르크 제국군의 많은 병력은 독일군 장군들의 지휘하에 있었다.

카를 황제는 1917년부터 강화를 맺을 수 있는지 알아보고자 연합국의 의사를 타진했고, (마치 그럴 자격이 있는 양) 이스탄불을 러시아에, 알자스-로렌을 프랑스에 넘기겠다고 약속했다. 그러나 카를의 제안은 아무런 열매를 맺지 못했고, 언론에 누설되기만 했다. 1918년 4월, 빌헬름 2세를 안심시키기 위해서 합스부르크 제국의 외무 장관은 카를 황제가 별도로 강화를 맺는 데에 관심이 없다고 공표했다. 그해 5월에 카를은 벨기에의 도시 스파에 있는 독일군 사령부를 방문해서 빌헬름과 만났다. 그는 오스트리아-헝가리 군대가 추가로 독일군의 지휘권 아래에 편성되는 방안뿐 아니라 오스트리아-헝가리가 독일 주도의 관세 동맹에 편입될 정도로 독일의 다각적인 전쟁 목표와 경제 정책에 종속되는 데에도 동의했다. 이제 "백지 수표"의 대가를 치를 때가 찾아온 셈이었다.

1917년 4월, 미국이 참전했다. 애초에 우드로 윌슨 대통령은 합스부르크 제국을 무너트릴 의도가 없었다. 1918년 1월에 개요가 발표된 우드로 윌슨의 「14개 평화 원칙」에는 합스부르크 제국의 여러 민족에게 "자주적인 발전을 이룰 수 있는 가장 자유로운 기회"를 부여할 것이라는 점만 언급되었다. 영국의 외무 장관 로이드조지도 합스부르크 제국의 해체는 "우리 전쟁 목표의 일부분이 아니다"라고 선언했다. 그러나 합스부르크 제국을 독일로부터 떼어놓을 가망이 희박해지자 연합국은 강경한 태도를 보였다. 미국의 국무 장관은 합스부르크 제국이 "유럽의 지도에서 지워져야 한다"라고 요구했고, 1918년 6월에 윌슨 대통령은 "슬라브 인종의 모든 분파를 독일과 오스트리아의 지배로부터 완전히 해방해야 한다"라고 선언했다. 연합국이 합스부르크 제국을 해체하고 독립적인 민족 국가들로 대체하는 방안을 공개적으로 지지하기 시작한 것이다.[22]

1917년 5월에 카를은 빈에서 의회를 다시 소집했고, 2개월 뒤 일반 사면령을 내려 정치범 2,000명 이상을 석방했다. 그렇게 석방된 많은 정치범들은 제국의 포괄적 개조에, 심지어 제국의 소멸에도 찬성했다. 이전에는 외면을 받았던 발상이 이제는 의원들 사이에서 상세히 논의되었다. 첫 번째 발상은 슬로베니아인과 크로아티아인, 그리고 세르비아인을 결집시킬 단일 국가, 그리고 아드리아 해 연안에 대한 이탈리아의 영유권 주장을 차단할 만큼 강력한 단일 국가를 수립해서 모든 남슬라브인을 통합해야 한다는 것이었다. 망명 상태에서 운영되던 남슬라브 위원회가 지지한, 유고슬라비아인의 통일 국가라는 꿈은 1918년 여름에 연합국의 승인을 얻었다. 두 번째 발상은 훗날 체코슬로바키아의 대통령 자리에 오르는 토마시 마사리크가 그린 청사진이었다. 그는 체코인과 슬로바키아인이 단일 국가를 수립해야 한다고 주장했다. 런던에 망명 중이던 마사리크는 영국 정치인들을 상대로 자신의 방안이 공상이 아니라는 점을 납득시켰다.

종말은 재빨리 찾아왔다. 1918년 9월, 프랑스군 주도하의 동부 연합군이 발칸 반도 남부의 마케도니아 전선을 돌파하자 수세에 몰린 불가리아가 강화를 요청했다. 연합군이 남쪽에서 오스트리아-헝가리를 공격할 길이 열렸지만, 독일은 오스트리아-헝가리에 보내줄 충분한 인력이나 자원이 없었다. 그해 여름에는 독일군이 서부 전선에서 공세를 펼쳤지만 실패로 돌아간 반면, 미군 200만 명이 연합군의 반격을 지원하기 위해서 프랑스에 도착했다. 10월에 이르러 독일군은 총퇴각할 수밖에 없었다.

10월 초순, 독일 정부는 서유럽 연합국과 정전 협상을 시작했다. 점증하는 자치 요구를 충족시키기 위해서 카를 황제는 제국을 민족별로 재편성하고자 한다는 내용의 성명서를 발표했지만, 헛수고였다. 새로 발족한 "민족 위원회"의 대표자들이 프라하와 자그레브, 트란실바니아에서 정권을 잡았고, 자신들이 그 성명서에 따라서 구성된 정부로 인정되어야 한다고 주장했기 때문이다. 10월 하순, 헝가리에서 혁명이 일어나 좌파 지도자인 "붉은 백작" 카로이 미하이가 권력을 장악했다.

합스부르크 제국은 거의 껍데기만 남았다. 오스트리아 영지에서조차 독자적인 독일계 오스트리아 국가가 선포되었다. 11월 11일, 카를 황제는 공무 참여를 공식적으로 포기했다(하지만 퇴위하지는 않았다). 그 직후, 오스트리아의 사회주의자 카를 레너가 쇤브룬 궁전에서 카를 황제를 만나 "합스부르크 씨, 택시가 기다립니다"라고 말하며 카를 황제의 망명을 재촉했다. 이튿날, 제국 의회에 남아 있는 의원들이 공화국을 선포했다. 카를 황제는 1921년에 헝가리에서 합법적 주권자의 자격으로 정권을 잡으려고 두 차례에 걸쳐 시도했지만 실패했다. 그는 이듬해에 마데이라 제도에서 세상을 떠났고, 그곳에 묻혔다. 하지만 그의 심장은 적출되어 무리 대수도원에 안치되었다. 라트보트와 이타 이후 약 900년 만에, 드디어 합스부르크 가문의 일원이 스위스의 아르가우에 있는 조상 대대로의 고향에 죽은 몸으로 돌아온 것이다.

합스부르크 제국은 그 운명이 독일에 얽매여 있었기 때문에 몰락했다. 합스부르크 제국이 전쟁에서 발을 뺄 수 없었기 때문에 독일의 군사적 패배는 합스부르크 제국의 군사적 패배가 되었다. 그러나 독일은 불가리아와 마찬가지로, 그리고 오스만 제국의 잡다한 장식물을 빼앗겨 영토가 크게 줄어든 터키와 마찬가지로, 전쟁 이후에도 살아남았다. 반면 합스부르크 제국은 완전히 붕괴했고, 영토는 6개의 국가로 나뉘었다. 그 폐허는 거대했다. 합스부르크 왕가의 접착제는 이미 약한 것으로 밝혀졌고, 1918년에 이르렀을 때에는 여러 부분을 결속하지 못했다. 정체성과 충성심은 민족을 중심으로 형성되었고, 사람들은 점점 왕가가 아니라 민족이라는 그릇에 희망과 애국심을 담게 되었다. 왕가의 명성이 흔들리자 정치적 통합이나 집단적 과업을 통해서 합스부르크 제국의 여러 민족을 하나로 묶을 수 있는 공동의 유대감이 사라졌다. 그러므로 1918년에 합스부르크 제국이 맞이한 몰락은 최종적이고 완전한 몰락이었다. 러시아의 사례에서 드러나듯이, 유럽의 대다수 국가의 역사에서 1918년은 책의 한 부분의 마지막을 가리킨다. 반면, 합스부르크 제국에게 1918년은 책 전체의 마지막이다.

결론

어떤 유명 인사를 실제로 만난 뒤에 우리는 그 사람의 몸집이 생각보다 작다고 말하며 상상과 실제의 차이에 주목하고는 한다. 이것은 "몰락한"(셰익스피어가 『리처드 2세*Richard II*』에서 쓴 표현) 군주들에게도 적용되는 현상이다. 권좌에서 물러난 군주들은 평범함의 수준으로 내려온다. 그들의 삶은 여느 사람들과 똑같은 일과를 보내고 사소한 데에 신경을 쓰면서 눈에 띄게 단조로워진다. 한동안 그들은 흔적만 남은 카리스마에, 그리고 운이 좋다면, 옛 궁전에 모아놓은 보물에 기대어 살 수 있을 것이다. 그러나 일단 제왕의 칭호가 박탈되면 전임 군주들은 대부분 "별로 중요하지 않은 사람들"로 전락한다. 그들의 페르소나(배우의 가면을 가리키는 라틴어)가 벗겨졌기 때문이다. 셰익스피어의 연극에서 권좌를 빼앗긴 리처드 2세는 이렇게 한탄했다. "나는 이름이 없다.……그리고 지금 나를 무슨 이름으로 불러야 할지 모르겠다."(『리처드 2세』 4막 제1장)

합스부르크 가문의 운명도 다르지 않았다. 아직도 명성을 갈망하는 후손들이 1,000명이 넘고(그중 일부는 분명히 사기를 치고 있다), 최신 집계에 따르는 대공 신분을 주장하는 사람들이 약 100명이다. 귀족 사회에서는 여전히 칭호가 중요하고, 따라서 대다수의 대공들은 어떻게든 "상류층 간의 결혼"에 성공했다. 그들이 선호하는 업종은 은행업, 농업, 미술품 거래업 등이다. 합스부르크 가문의 다른 후손들은 눈에 거슬리는 "잇걸"이나 토크쇼 진행자나 수상한 사업가였다. 몇몇 사람들은 못마땅한 정부를 대표하는 "순회 대사"로 등용되었다. 또 다른 후손들은 잃어버린 세계인 제국을 상기시키는 단조로운 역할만 맡고 있다.

1918년부터 지금까지 합스부르크 가문에서는 진정한 의미의 유명인사가 딱 1명 배출되었다. 오토1912-2011는 마지막 황제인 카를의 장남이고, 상투적인 표현을 더 쓰자면, 아마 합스부르크 가문이 결코 배출하지 못한 최고의 황제였을 것이다. 하지만 오토의 탁월함은 그가 합스부르크 가문의 일원이라는 점보다 유럽의 평화와 가톨릭 교회에 쉴 새 없이 헌신한 점, 그리고 유럽 연합 의회의 구성원으로서 열렬히 옹호한 여러 가지 명분과 더 깊은 관계가 있다. 오토는 용감하고 명민했다. 1940년, 그는 프랑스에서 유대인 수천 명을 구하는 일에 직접 관여했고, 보스니아 전쟁 직후인 1997년에는 세르비아인 폭력배들의 살해 협박에도 불구하고 사라예보를 방문했다. 그는 1930년대에 히틀러와 일절 관계를 맺지 않으려고 했고, 무솔리니를 멀리했다. 또한 겸손한 태도를 잃지 않았고, 폰 합스부르크 박사나 합스부르크 씨라고 불려도 괜찮다고 말했다. 하지만 2011년 7월에 "오스트리아의 오토로서, 오스트리아-헝가리의 전임 황태자로서, 헝가리와 보헤미아, 달마티아, 크로아티아, 슬라보니아, 갈리치아, 로도메리아, 일리리아의 왕세자, 토스카나와 크라쿠프의 대공"으로서 빈의 카푸친 교회 황실 납골당에 안치되었다(옛 오스트리아-헝가리 제국의 양쪽 모두에 헌신한 점을 기리는 의미로 그의 심장은 헝가리의 도시 파논하르마의 베네딕토회 수도회에 따로 안치되었다).

오토 폰 합스부르크는 7개 언어를 완전히, 또는 거의 유창하게 구사했다. 언젠가 이탈리아의 어느 정치인이 유럽 연합 의회에서 라틴어를 더듬거리며 주장을 펼치려고 하자 오토는 나무랄 데 없는 라틴어로 응수했다. 아니나 다를까 그는 "유럽인"으로 자처했고, 통합된 유럽을 유럽 대륙의 평화를 보장하는 최선의 수단으로 보았다. 1989년 이후에는 소련의 옛 위성 국가들이 유럽 연합의 회원국이 되도록 도왔다. 그러나 합스부르크 제국 당시의 경험을 바탕으로 그는 통합된 유럽이라는 개념이 열매를 맺으려면 유럽이 문화적으로 결합하고 여러 민족 사이에서 공동의 정체성이 형성될 필요가 있다는 점을 배웠다. 그는 기독교를 문화적 접합제로 바라보았기 때문에 터키의 유럽 연합 가입을 허용하는 데에는 반대했지만, 세속주의 탓에 기독교의 사회 통합력이 약해졌음을 인정하기도 했다.[1]

오토는 여러 민족 공동체를 재료로 단 하나의 정치 공동체를 만드는 방법을 속 시원하게 설명하지 않았다. 다민족적 성격의 모험을 둘러싼 이야기는 20세기에 더 이상 흥미로운 이야기가 아니었다. 체코슬로바키아, 소련, 유고슬라비아 같은 나라들에서는 영속적인 정치적 과업을 추진하는 데에 필요한 일체감과 공동의 목적의식이 부족했다. 과거에 합스부르크 제국이 그랬듯이, 21세기의 스페인과 벨기에와 영국과 유럽 연합도 그 비슷한 장애물을 만났고, 미래를 둘러싼 불안감에서 벗어나지 못하고 있다. 그러나 루돌프 황태자는 1889년에 세상을 떠나기 직전 다음과 같이 말했다. "오스트리아는 단일화된 통치권 아래에 놓인 다양한 민족과 다양한 인종의 연합이다.⋯⋯그리고 이것은 세계의 문명화에 매우 중요한 개념이다. 외교적 견지에서 말하자면, 현재 전적으로 조화롭게 실천되고 있지는 않다고 해서 이 개념 자체가 틀렸다는 의미는 아니다."[2]

합스부르크 제국은 1918년에 무너졌지만, 합스부르크 제국이라는 개념은 언제나 영토와 정치를 뛰어넘는 사안과 연관이 있었다. 합스부르크 제국의 개념은 복잡했다. 그 개념의 핵심에는 카롤루스 대제와 슈타우펜 가문 황제들이 복원한 로마와 로마 제국의 유산이 놓여 있었다(초창기의 합스부르크 가문 통치자들은 자신들이 카롤루스 대제와 슈타우펜 가문 황제들의 상속자라고 자부했다). 신성 로마 제국은 합스부르크 제국 개념의 한 가지 측면을 구체적으로 나타내는 사례였고, 가장 높은 자리인 황제직을 차지하려는 합스부르크 가문의 야심은 그런 배경에서 비롯되었다. 바벤베르크 가문 치하에서 예외주의라는 독자적 신화를 발전시킨 오스트리아도 마찬가지였다. 일시적 충동과 강조점은 약 700년의 세월에 걸쳐 바뀌었지만, 무엇보다 가톨릭 신앙을 향한 헌신적 자세, 그리고 이단과 튀르크인들에 맞선 투쟁을 주도하는 그들의 태도는 한결같았다. 합스부르크 가문은 국제적인 바로크 양식의 장중한 웅변을 뒷받침하면서 신민들을 계몽하고 보살폈으며, 국가에 권능을 부여하고, 유럽을 혁명의 안전지대로 만들고, 보편적인 표현 형식으로서의 건축 양식을 발전시키고, 영토적 한계 안팎에서 문명화 사명을 추구하기도 했다. 또한 합스부르크 가문은 몇 세기에 걸쳐 연금술사의 실험실과 식물학적 원정, 박물관의 소장품을 통해서 지식의 제국을 세우려고 하기도 했다. 그들의 유산은 건축 분야와 위대한 예술사 및 자연사 수집품에 남아 있을 뿐 아니라 권력과 운명, 지식을 결합한 미래상의 형태로, 그리고 인간의 세속적, 영적 경험의 모든 양상에 영향을 미치는 보편적 과업을 통해서 지상의 영역과 천상의 영역을 뒤섞은 미래상으로 남아 있기도 하다.

합스부르크 제국의 개념에는 보편성이 담겨 있었다. 즉, 합스부르크 가문 사람들은 결코 단일한 민족 집단을 바탕으로 본인들의 정체성을 확립할 수 없었다. 로마노프 가문의 전제적 제국은 러시아적 정체성을 띠었고, 19세기 말엽의 오스만 제국의 술탄들은 점점 터키인화되었지만, 중앙 유럽의 합스부르크 가문은 민족 정체성을 초월해 있었다. 그들은 마치 본인들이 여러 부분으로 이루어진 완전체의 주인이나 단일한 민족 공동체의 주인이 아니라 개별 영토와 개별 민족의 통치자인 것처럼 군림했다. 설령 그렇게 하지 않았어도 상황은 녹록지 않았을 것이다. 중앙 유럽의 영토들에서는 특정 민족 집단이 단일한 지배적 정체성을 확립할 만한 과반수를 이루지 않았기 때문이다. 인종은 다른 문제였다. 피의 순수성은 스페인계 합스부르크 가문이 신대륙에 퍼트린 우주적 질서의 한 부분이었고, 19세기에 중앙 유럽에서 수용된 문명화 개념도 인종적 위계질서를 둘러싼 관념들과 일부분 밀접한 관계가 있었다. 그러나 인종은 결코 합스부르크 가문이 펼친 정책의 원리가 되거나 일관된 이념으로 발전하지 않았다. 인종은 그저 여러 측면들 가운데 하나에 머물렀다.

옛 신민들은 황제의 죽음을 전혀 안타까워하지 않았다. 1930년대에 헝가리의 "정통주의당"이 합스부르크 가문의 복원을 위해서 투쟁했지만, 그들은 헝가리 의회에서 단 1석을 얻는 데에 그쳤다. 경제 파탄 때문에 이따금 내전이 벌어지던 제1차 세계대전과 제2차 세계대전 사이의 오스트리아에서는 가끔 "합스부르크 가문에 대한 향수"와 "비애"가 고개를 들었다. 그러나 그것은 무능력한 공무원들과 경직된 위계질서, 비더마이어 양식의 상투적 표현(늘 노래와 케이크가 등장한다)으로 이루어진 이상화되고 영속적인 세계를 되돌아보는, 지난 일에 대한 잘못된 기억에 불과했다. 옛 합스부르크 제국의 다른 곳에서는 정치색을 띤 역사학자들과 작가들이 합스부르크 가문 통치자들을 피지배 민족이 한때 갇혀 있었던 감옥의 극악무도한 간수로 치부했다.

무너진 제국의 후계 국가들에서는 "해방된" 민족들이 각자의 우월성을 주장했다. 그 신생 국가들 중에서 단일 민족 국가는 하나도 없었기 때문에, 각 민족들은 소수 민족 집단을 괴롭힘으로써 우월성을 주장했다. 곧 심판의 날이 다가오고 있었다. 합스부르크 제국이라는 피난처도 없고 내부적으로 분열된 상태였던 신생 국가들은 얼마 지나지 않아서 주변에서 되살아나는 제국들(나치 독일과 소련)의 먹잇감으로 전락했다. 그 나라들 사이에 국경선이 또다시 그어졌고, 새로운 국경선에 의해서 엉뚱한 위치에 있는 것으로 판명된 사람들은 가축운반차를 타야 했다. 그러나 피해자들은 부역자들이기도 했다. 중앙 유럽에서 자행된 유대인 대량 학살은 현지 경찰과 민병대의 묵인 없이는 불가능했을 것이다. 제2차 세계대전 이후의 공산주의 통치도 밀고자 조직망에 의존했다. 옛 합스부르크 제국의 모든 나라들 가운데 오스트리아만이 민주주의적 성격을 유지했고, 경쟁 세력권 사이에서 중립을 지키는 대가로 소련의 통제로부터 벗어날 수 있었다. 그밖의 모든 곳에서는 결국 1989년에 잇달아 일어난 민중 혁명으로 붕괴할 때까지 공산주의 통치가 지속되었다.

1990년, 오토 폰 합스부르크가 민주화된 헝가리의 대통령으로 추대될 것처럼 보이는 순간이 있었다. 헝가리의 원로 역사학자 겸 정치계의 막후 인물인 코사리 도모코스는 자국에 대한 전망을 신중히 내놓았다. "우리가 더 못할 수도 있다."[3] 불과 10년 만에 헝가리인들의 생활은 국영 기업의 자금과 국제 원조를 횡령하고 때로는 조직 범죄와 결탁해서 가족과 친구들의 배를 채워주는, 새로운 유형의 억만장자 정치인들이 지배하는 돼지 여물통 정치미국 정치인들이 정부 예산을 따내려고 여물통에 머리를 들이미는 돼지처럼 서로 다투는 행태를 비꼬는 말/역주의 수준으로 퇴락했다. 그 비슷한 형태의 정치적 부패는 옛 합스부르크 제국에 속했던 헝가리의 주변국들에서도 명백히 드러났다. 서유럽의 일부 관찰자들이 볼 때, 몇몇 중앙 유럽 국가들에서는 사익이 권력을 장악했다고 여겨질 만큼 정치적 부패가 뿌리 깊은 듯했다. 최근 들어 일부 국가에서는 언론에 대한 검열, 재판 조작, 국가가 비호하는 반유대주의, 정치 폭력 등이 되살아났다.

9세기가 넘는 세월 동안 합스부르크 가문은 얼간이들과 몽상가들, 마술 애호가들과 프리메이슨 회원들, 종교적 광신자들, 제국을 이루는 여러 민족의 복리에 전념한 통치자들, 예술의 후원자들과 과학의 대변자들, 거대한 궁전과 교회의 건설자들을 배출했다. 합스부르크 가문의 일부 사람들은 평화에 매진한 반면, 다른 사람들은 무익한 전쟁에 나섰다. 하지만 중앙 유럽의 정치 상황이 계속 악화되고 있다는 점에서 볼 때, 앞에서 언급한 헝가리의 역사학자가 내놓은 전망이 옳았다는 결론을 피하기는 힘들다. 다시 말해, 합스부르크 가문 통치자였다면 더 못하지는 않았을 것이다.

감사의 말

우선 이 책을 쓰도록 가장 먼저 추천해준 피터스 프레이저 앤드 던롭의 애덤 곤틀릿에게 감사의 뜻을 전한다. 그때 나는 옥스퍼드 대학교 출판부의 아주 짧은 입문서 시리즈를 위해 합스부르크 제국을 주제로 적은 분량의 책을 탈고한 직후였고, 책의 내용이 너무 간결해서 아쉬워하고 있었다. 나는 분량이 더 넉넉했으면 했고, 애덤 곤틀릿 덕택에 뜻을 이룰 수 있었다. 런던과 뉴욕의 편집자인 사이먼 와인더와 브라이언 디스텔버그에게도 고마움을 전하고 싶다. 두 사람의 세심한 비판에 힘입어, 그리고 원문을 해체해 그 구성 방식을 보여주고 원문을 이해하기 쉬운 표현으로 바꿔주는 세심한 솜씨에 힘입어 이 책은 한층 더 일관성과 명료성을 갖출 수 있었다. 로저 라브리에는 원고 한 줄 한 줄을 공들여 편집해주었고, 베스 라이트는 원문을 아주 꼼꼼하게 교열해주었다. 혹시 맥락에 맞지 않게 이야기를 풀어간 부분이 있다면 그것은 편집자들이 아니라 내 실수일 것이다.

유니버시티 칼리지 런던의 슬라브동유럽학 대학에 재직 중인 동료들, 특히 원고 전체를 읽어준 리베카 헤인즈에게, 그리고 사이먼 딕슨, 에그버트 클라우트케, 톰 로르먼, 트레버 토머스 등에게도 큰 신세를 졌다. 제이미 불럭, 알렉스 카자미아스, 톰 로르먼, 로버트 그레이, 엘리너 재니거, 크리스토퍼 니컬슨, 필립 바커 같은 박사 과정 학생들에게도 큰 빚을 졌다. 지난 수십 년 동안 염치없게도 나는 그들의 연구 결과와 발상을 빌려 썼다. 초창기의 영화와 관련된 전문 지식을 알려준 필 캐번디시, 마티아스 황제 부분에 대한 조언을 아끼지 않은 아나스타샤 그루디니카, 메클렌부르크의 상속법에 관한 질문에 신속하게 답변해준 뮌스터 대학교의 바르바라 슈톨베르크-릴링거 등에게도 감사한다. 바나트 지역에 대해서 내가 알고 있는 바는 이리나 머린과 아드리안 마지나와 리비아 마지나 덕분이고, 트란실바니아 지역과 트란실바니아의 프리메이슨에 관한 내 지식은 이오안 아우렐 포프와 알렉산드루 시몬과 투도르 살라잔 덕분이다.

지난 2년 동안 나는 부다페스트 소재 파즈마니 대학교의 톰 로르먼과 회르허 페렌츠가 기획한 헝가리 헌정사 연구 사업에 참여한 덕을 톡톡히 봤다. 2018년에 내가 오스트리아-헝가리와 제1차 세계대전을 주제로 강의할 수 있도록 초빙해준 리처드 버터윅-파블리코프스키와 유럽 대학교 나톨린 캠퍼스 측에도 고마움을 느낀다. 개인적으로 그때의 강의는 합스부르크 제국의 붕괴를 둘러싼 견해를 가다듬는 데에 보탬이 되었다. 최근에 빅토리아 대학교 웰링턴 캠퍼스의 알렉산더 맥스웰이 유니버시티 칼리지 런던에서 선보인 강연도 내게 시사하는 바가 컸다.

만화영화 「프릭 브라더스」에는 자리에 앉은 채 스스로 잿더미가 될 때까지 담배를 피우는 등장인물이 나오는데, 프릭 형제는 그 재를 말아 담배처럼 피워버린다. 지난 세월 동안, 앤의 변치 않은 사랑 덕분에 나는 잿더미가 되지 않았다. 내가 어떤 책을 쓰든 부모님은 언제나 흔들리지 않는 관심을 보여주셨다. 두 분의 응원과 격려에 감사한다. 1985년에 나온 첫 번째 책을 두 분에게 바쳤다. 이 책도 부모님에게 바친다.

2019년 7월, 켄트 주 램즈게이트에서

마틴 래디

화보 출처

무리 대수도원 1650년경 마테우스 메리안, 『헬베티아 지형』 제2판(프랑크푸르트, 1654년).

성 게오르크 예배당의 문장紋章 벽 토마스 레들의 허락하에 수록, 크리에이티브 코먼스 애트리뷰션셰어 어라이크 4.0 인터내셔널 라이선스 인가를 받음.

황제 막시밀리안 1세의 가족 빈 예술사 박물관의 허락하에 수록.

잡은 물고기의 양을 살펴보는 막시밀리안 미하엘 마이어, 『황제 막시밀리안 1세의 낚시 책』(인스부르크, 1901년).

저 멀리 떨어진 캘리컷 사람들 뉴욕 메트로폴리탄 미술관의 허락하에 수록.

황제 카를 5세, 1550년경 덴하흐 마우리츠하위스 미술관의 허락하에 수록.

에스코리알 궁전, 스페인 이본 프루노의 허락하에 수록. 크리에이티브 코먼스 애트리 뷰션셰어 어라이크 3.00 IGO 라이선스 인가를 받음.

황제 루돌프 2세 암스테르담 국립 미술관의 허락하에 수록.

베르툼누스로 묘사된 황제 루돌프 2세 스웨덴의 스코클로스테르 성의 허락하에 수록.

알브레히트 뒤러의 목판화 「멜랑콜리아 1」 뉴욕 메트로폴리탄 미술관의 허락하에 수록.

산토도밍고 요새 영어판 위키백과의 사용자 Asimonlee의 허락하에 수록.

안데스 바로크 양식의 실례 맥케이 새비지의 허락하에 수록. 크리에이티브 코먼스 애트 리뷰션 2.0 제너릭 라이선스 인가를 받음.

카를 교회 토마스 레들의 허락하에 수록, 크리에이티브 코먼스 애트리뷰션셰어 어라 이크 4.0 인터내셔널 라이선스 인가를 받음.

영구대 설계도 뉴욕 메트로폴리탄 미술관의 허락하에 수록.

호프부르크 궁전에서의 마상 발레, 1667년 암스테르담 국립 미술관의 허락하에 수록.

마리아 테레지아, 1745년경 덴하흐 마우리츠하위스 미술관의 허락하에 수록.

1822년의 메테르니히 공작 뉴욕 메트로폴리탄 미술관의 허락하에 수록.

「멕시코의 막시밀리안 황제의 처형」 뉴욕 메트로폴리탄 미술관의 허락하에 수록.

더 읽어볼 만한 책들

디지털 자료는 The World of the Habsburgs(www.habsburger.net/en)와 AEIOU Encyclopedia of Austria(www.aeiou.at)를 참조했다.

일반적 주제를 다룬 책, 연구 자료, 저작
Jean Berenger, *A History of the Habsburg Empire*, 2 vols. (Harlow and London, 1994–1997).
Benjamin W. Curtis, *The Habsburgs: The History of a Dynasty* (London, 2013).
Paula Sutter Fichtner, *The Habsburgs: Dynasty, Culture and Politics* (London, 2014).
Martyn Rady, *The Habsburg Empire: A Very Short Introduction* (Oxford, 2017).
Adam Wandruszka, *The House of Austria: Six Hundred Years of a European Dynasty* (London, 1964).
Geoffrey Wheatcroft, *The Habsburgs: Embodying Empire* (London, 1996).
Simon Winder, *Danubia: A Personal History of Habsburg Europe* (London, 2013).

비교적 단기간을 다룬 책이나 논문
Steven Beller, *The Habsburg Monarchy 1815–1918* (Cambridge, 2018).
F. R. Bridge, *The Habsburg Monarchy among the Great Powers, 1815–1918* (New York, Oxford, and Munich, 1990).
John Deak, *Forging a Multinational State: State Making in Imperial Austria from the Enlightenment to the First World War* (Stanford, CA, 2015).
R. J. W. Evans, *Austria, Hungary, and the Habsburgs: Central Europe c. 1683–1867* (Oxford, 2006).
R. J. W. Evans, *The Making of the Habsburg Monarchy, 1550–1700: An Interpretation* (Oxford, 1979).
Pieter M. Judson, *The Habsburgs: A New History* (Cambridge, MA, and London, 2016).
Robert Kann, *A History of the Habsburg Empire, 1526–1918* (Berkeley, CA, 1974).

C. A. Macartney, *The Habsburg Empire 1790–1918*, 2nd ed. (London, 1971).

Robin Okey, *The Habsburg Monarchy c. 1765–1918: From Enlightenment to Eclipse* (Basingstoke and London, 2001)

Alan Sked, *The Decline and Fall of the Habsburg Empire, 1815–1918* (London, 1989).

A. J. P. Taylor, *The Habsburg Monarchy, 1809–1918* (London, 1948, and many subsequent editions).

서론 : 황제의 도서관

Anna Coreth, *Pietas Austriaca* (West Lafayette, IN, 2004).

Robert Folz, *The Concept of Empire in Western Europe from the Fifth to the Fourteenth Century* (London, 1969).

Anke Holdenried, *The Sibyl and Her Scribes: Manuscripts and Interpretation of the Latin Sibylla Tiburtina c.1050–1500* (Aldershot and Burlington, VT, 2006).

Johanna Rachinger, *The Austrian National Library*, 2nd ed. (Munich, London, and New York, 2015).

Marie Tanner, *The Last Descendant of Aeneas: The Hapsburgs and the Mythic Image of the Emperor*(New Haven, CT, 1992).

제1장 합스부르크 성과 포틴브라스 효과

Benjamin Arnold, *Princes and Territories in Medieval Germany* (Cambridge, 1991).

Clive H. Church and Randolph C. Head, *A Concise History of Switzerland* (Cambridge, 2013).

William Coxe, *History of the House of Austria*, vol. 1 (London, 1864).

Peter Felder, *Muri Abbey* (Berne, 2002).

Jane Louisa Willyams, *Tower of the Hawk: Some Passages in the History of the House of Hapsburg* (London, 1871).

제2장 신성 로마 제국과 황금의 왕

Benjamin Arnold, *Medieval Germany, 500–1300: A Political Interpretation* (Basingstoke, 1997).

Noel Denholm–Young, *Richard of Cornwall* (Oxford, 1947).

England and Europe in the Reign of Henry III (1216–1272), ed. Björn K. U. Weiler and Ifor W. Rowlands (Aldershot, 2002).

Joachim Whaley, *The Holy Roman Empire: A Very Short Introduction* (Oxford, 2018), 44–66.

제3장 입지 상실과 과거 날조

Reinhard H. Gruber, *St. Stephan's Cathedral in Vienna* (Vienna, 1998).

Gerhart B. Ladner, "The Middle Ages in Austrian Tradition: Problems of an Imperial and Paternalistic Ideology", *Viator*, 3 (1972), 433–62.

Len Scales, *The Shaping of German Identity: Authority and Crisis, 1245–1414* (Cambridge, 2012).

Andrew Wheatcroft, *The Habsburgs: Embodying Empire* (London, 1995), 39–68.

제4장 프리드리히 3세 : 토성과 화성

F. R. H. Du Boulay, *Germany in the Later Middle Ages* (London, 1983).

Frances Courtney Kneupper, *The Empire at the End of Time: Identity and Reform in Late Medieval German Prophecy* (Oxford, 2016).

Peter Moraw, "The Court of the German King and of the Emperor at the End of the Middle Ages, 1440–1519", in *Princes, Patronage and the Nobility: The Court at the Beginning of the Modern Age c. 1450–1650*, ed. Ronald G. Asch and Adolf M. Birks (Oxford, 1991), 103–37.

Gerald Strauss, *Manifestations of Discontent in Germany on the Eve of the Reformation* (Bloomington, IN, and London, 1971).

Richard Vaughan, *Charles the Bold: The Last Valois Duke of Burgundy* (London, 1973).

제5장 막시밀리안과 색깔로 분류된 왕들

Giulia Bartrum, *Dürer* (London, 2007).

Gerhard Benecke, *Maximilian I (1459–1519): An Analytical Biography* (London, 1982).

Darin Hayton, *The Crown and the Cosmos: Astrology and the Politics of Maximilian I* (Pittsburgh, 2015).

Harald Kleinschmidt, *Ruling the Waves: Emperor Maximilian I, the search for islands and the transformation of the European world picture c. 1500* (Utrecht, 2008).

Larry Silver, *Marketing Maximilian: The Visual Ideology of a Holy Roman Emperor* (Princeton, NJ, 2008).

제6장 카를 5세 : 세계의 통치자

Rebecca Ard Boone, *Mercurino di Gattinara and the Creation of the Spanish Empire* (London, 2014).

Karl Brandi, *The Emperor Charles V* (London, 1939).

John M. Headley, *The Emperor and His Chancellor: A Study of the Imperial Chancellery Under Gattinara* (Cambridge, 1983).

William Maltby, *The Reign of Charles V* (Basingstoke and New York, 2002).

Martyn Rady, *The Emperor Charles V* (London and New York, 1988).

Hugh Thomas, *The Golden Age: The Spanish Empire of Charles V* (London, 2010).

제7장 헝가리와 보헤미아, 그리고 개신교의 도전

Kenneth J. Dillon, *King and Estates in the Bohemian Lands 1526–1564* (Brussels, 1976).

Paula S. Fichtner, *Ferdinand I of Austria: The Politics of Dynasticism in the Age of the Reformation* (Boulder, CO, and New York, 1982).

Howard Louthan, *The Quest for Compromise: Peacemakers in Counter-Reformation Vienna* (Cambridge, 1997).

Karin J. MacHardy, *War, Religion and Court Patronage in Habsburg Austria: The Social and Cultural Dimensions of Political Interaction, 1521–1622* (Basingstoke and New York, 2003).

Orsolya Réthelyi, *Mary of Hungary: The Queen and Her Court, 1521–1531* (Budapest, 2005).

제8장 펠리페 2세 : 신대륙, 종교적 이견, 황실의 근친결혼

Henry Kamen, *The Escorial: Art and Power in the Renaissance* (New Haven and London, 2010).

Henry Kamen, *Philip of Spain* (New Haven and New York, 1997).

Geoffrey Parker, *The Dutch Revolt* (Harmondsworth, 1985).

Geoffrey Parker, *Imprudent King: A New Life of Philip II* (New Haven and London, 2014).

Hugh Thomas, *World Without End: The Global Empire of Philip II* (London, 2014).

제9장 돈 후안과 레판토의 갤리 선들

Jack Beeching, *The Galleys at Lepanto* (New York, 1983).

Gigi Beutler, *The Imperial Vaults of the PP Capuchins in Vienna (Capuchin Crypt)* (Vienna, 2003).

Niccolò Capponi, *Victory of the West: The Story of the Battle of Lepanto* (London, 2006).

Estella Weiss–Krejci, "Restless Corpses: 'Secondary Burial' in the Babenberg and Habsburg dynasties", *Antiquity*, 75 (2001), 769–80.

Margaret Yeo, *Don John of Austria* (London, 1934).

제10장 루돌프 2세와 프라하의 연금술사들

R. J. W. Evans, *Rudolf II and His World: A Study in Intellectual History, 1576–1612* (Oxford, 1973).

Paula Sutter Fichtner, *Emperor Maximilian II* (New Haven, CT, and London, 2001).

Peter French, *John Dee* (London, 1987).

Peter Marshall, *The Theatre of the World: Alchemy, Astrology and Magic in Renaissance Prague* (London, 2006).

Sally Metzler, *Bartholomeus Spranger: Splendor and Eroticism in Imperial Prague* (New York, 2014).

제11장 이단자들의 승리

A Companion to the Reformation in Central Europe, ed. Howard Louthan and Graeme Murdock (Boston, 2015).

Ferdinand II: 450 Years Sovereign Ruler of Tyrol, ed. Sabine Haag and Veronika Sandbichler (Vienna, 2017).

Valentine Penrose, *The Bloody Countess: Atrocities of Erzsebet Bathory* (London, 1970).

Regina Pörtner, *The Counter-Reformation in Central Europe: Styria 1580–1630* (Oxford, 2001).

Martyn Rady, "Bocskai, Rebellion and Resistance in Early Modern Hungary", in *Resistance, Rebellion and Revolution in Hungary and Central Europe*, ed. László Péter and Rady (London, 2008), 57–66.

제12장 페르디난트 2세, 거룩한 집, 그리고 보헤미아

Robert Bireley, *Ferdinand II, Counter-Reformation Emperor, 1578–1637* (Cambridge, 2014).

Bohdan Chudoba, *Spain and the Empire 1519–1643* (Chicago, 1952).

Geoff Mortimer, *The Origins of the Thirty Years War and the Revolt in Bohemia, 1618* (Basingstoke and New York, 2015).

Jaroslav Pánek et al., *A History of the Czech Lands* (Prague, 2009).

Brennan C. Pursell, *The Winter King: Frederick V of the Palatinate and the Coming of the Thirty Years' War* (Aldershot and Burlington, VT, 2003).

제13장 30년간의 "세계대전"

The Ashgate Research Companion to the Thirty Years' War, ed. Olaf Asbach and Peter Schröder (London and New York, 2014).

Robert Bireley, *Ferdinand II, Counter-Reformation Emperor, 1578–1637* (Cambridge, 2014).

Geoff Mortimer, *Wallenstein: The Enigma of the Thirty Years War* (Basingstoke and New York, 2010).

Geoffrey Parker, *Thirty Years' War* (London and New York, 1984).

Peter H. Wilson, *The Thirty Years War: Europe's Tragedy* (Cambridge, MA, 2011).

제14장 비정상 제국과 빈 전투

Maria Goloubeva, *The Glorification of Emperor Leopold I in Image, Spectacle and Text* (Mainz, 2000).

Irina Marin, *Contested Frontiers in the Balkans: Habsburg and Ottoman Rivalries in Eastern Europe* (London and New York, 2013).

John P. Spielman, *Leopold I of Austria* (London, 1977).

Barbara Stollberg–Rilinger, *The Emperor's Old Clothes: Constitutional History and the Symbolic Language of the Holy Roman Empire* (New York and Oxford, 2008).

John Stoye, *The Siege of Vienna* (London, 1964).

Andrew Wheatcroft, *The Enemy at the Gate: Habsburgs, Ottomans and the Battle for Europe* (London, 2009).

제15장 스페인의 보이지 않는 주권과 광인왕의 죽음

Alejandro Cañeque, *The King's Living Image: The Culture and Politics of Viceregal Power in Colonial Mexico* (New York and London, 2004).

J. H. Elliott, *The Count-Duke of Olivares: The Statesman in an Age of Decline* (New Haven and London, 1986).

Festival Culture in the World of the Spanish Habsburgs, ed. Fernando Checa Cremades and Laura Fernández–González (London and New York, 2016).

Alan Knight, *Mexico: The Colonial Era* (Cambridge, 2002).

Alejandra B. Osorio, *Inventing Lima: Baroque Modernity in Peru's South Sea Metropolis* (Basingstoke and New York, 2008).

제16장 바로크 양식의 연극

Michael Kitson, *The Age of Baroque* (London, 1966).

Paul Koudounaris, *The Empire of Death: A Cultural History of Ossuaries and Charnel Houses* (London, 2011).

Evonne Levy, *Propaganda and the Jesuit Baroque* (Berkeley, Los Angeles, and London, 2004).

Derek McKay, *Prince Eugene of Savoy* (London, 1977).

J. W. Stoye, "Emperor Charles VI: The Early Years of the Reign", *Transactions of the Royal Historical Society*, 12 (1962), 63–84.

제17장 마리아 테레지아, 자동인형, 관료들

Edward Crankshaw, *Maria Theresa* (London, 1969).

P. G. M. Dickson, *Finance and Government Under Maria Theresia*, 2 vols (Oxford, 1987).

Michael Hochedlinger, *Austria's Wars of Emergence: War, State and Society in the Habsburg Monarchy 1683–1797* (Abingdon and New York, 2003).

C. A. Macartney, *Maria Theresa and the House of Austria* (London, 1969).

Michael Yonan, *Empress Maria Theresa and the Politics of Habsburg Imperial Art* (University Park, PA, 2011).

제18장 무역상과 식물학자, 그리고 프리메이슨

Eva H. Balázs, *Hungary and the Habsburgs 1765–1800: An Experiment in Enlightened Despotism* (Budapest, 1997).

Derek Beales, *Joseph II: Against the World, 1780–1790* (Cambridge, 2009).

Derek Beales, *Joseph II: In the Shadow of Maria Theresa, 1741–1780* (Cambridge, 1987).

Paula Findlen, *Possessing Nature: Museums, Collecting, and Scientific Culture in Early Modern Italy* (Berkeley, CA, 1996)

Franz A. J. Szabo, *Kaunitz and Enlightened Despotism, 1753–1780* (Cambridge, 1994).

제19장 흡혈귀 미신, 계몽주의, 위로부터의 혁명

The Austrian Enlightenment and Its Aftermath, ed. Ritchie Robertson and Edward Timms(Edinburgh, 1991).

Derek Beales, *Property and Plunder: European Catholic Monasteries in the Age of Revolution, 1650–1815* (Cambridge, 2003).

T. J. Hochstrasser, *Natural Law Theories in the Enlightenment* (Cambridge, 2000).

Dorinda Outram, *The Enlightenment*, 3rd ed. (Cambridge, 2013).

Andre Wakefield, *The Disordered Police State: German Cameralism as Science and Practice* (Chicago and London, 2009).

제20장 여대공과 합스부르크령 저지대 국가

Paul Arblaster, *A History of the Low Countries*, 2nd ed. (Basingstoke, 2012).

Luc Duerloo, *Dynasty and Piety: Archduke Albert (1598–1621) and Habsburg Political Culture in an Age of Religious Wars* (London and New York, 2012).

Early Modern Habsburg Women, ed. Anne J. Cruz and Maria Galli Stampino (Abingdon and New York, 2016).

Geoffrey Parker, *Spain and the Netherlands, 1559–1659: Ten Studies* (London, 1979).

Caroline Weber, *Queen of Fashion: What Marie Antoinette Wore to the Revolution* (London, 2007).

제21장 검열관, 자코뱅파, 「마술피리」

David J. Buch, *Magic Flutes and Enchanted Forests: The Supernatural in Eighteenth-Century Musical Theater* (Chicago, 2008).

Kurt Honolka, *Papageno: Emanuel Schikaneder, Man of the Theater in Mozart's Time* (Portland, OR, 1990).

Ernst Wangermann, *The Austrian Achievement, 1700–1800* (London, 1973).

Ernst Wangermann, *From Joseph II to the Jacobin Trials: Government Policy and Public Opinion in the Habsburg Dominions in the Period of the French Revolution*, 2nd ed. (Oxford, 1969).

W. E. Yates, *Theatre in Vienna: A Critical History, 1776–1995* (Cambridge and New York, 1996).

제22장 메테르니히와 유럽의 지도

Mark Jarrett, *The Congress of Vienna and Its Legacy: War and Great Power Diplomacy After Napoleon* (London and New York, 2013).

Prince Clemens von Metternich, *Metternich: The Autobiography* (Welwyn Garden City, 2004).

Alan Sked, *Metternich and Austria: An Evaluation* (Basingstoke and New York, 2008).

Lawrence Sondhaus, *The Habsburg Empire and the Sea: Austrian Naval Policy, 1797–1866* (West Lafayette, IN, 1989).

Bairu Tafler, *Ethiopia and Austria* (Wiesbaden, 1994).

제23장 1848년 : 폰 노이만의 일기와 「라데츠키 행진곡」

Istvan Deak, *The Lawful Revolution: Louis Kossuth and the Hungarians 1848–1849* (London, 2001).

Josef Polišenský, *Aristocrats and the Crowd in the Revolutionary Year 1848* (Albany, NY, 1980).

Mike Rapport, *1848: Year of Revolution* (London, 2008).

R. J. Rath, *The Viennese Revolution of 1848* (Austin, TX, 1977).

Alan Sked, *Radetzky: Imperial Victor and Military Genius* (London and New York, 2011).

제24장 프란츠 요제프의 제국, 시시, 그리고 헝가리

Steven Beller, *Francis Joseph* (London, 1996).

Jean-Paul Bled, *Franz Joseph* (Oxford, 1992).

Ágnes Deák, *From Habsburg Neo-Absolutism to the Compromise 1849–1867* (Boulder, CO, and New York, 2008).

John Deak, *Forging a Multinational State: State Making in Imperial Austria from the*

Enlightenment to the First World War (Stanford, CA, 2015).

Brigitte Hamann, *The Reluctant Empress: A Biography of Empress Elisabeth of Austria* (Berlin, 1986).

제25장 막시밀리안, 멕시코, 그리고 왕가의 죽음

René Chartrand and Richard Hook, *The Mexican Adventure, 1861–67* (Oxford, 1994).

John Elderfield, *Manet and the Execution of Maximilian* (New York, 2006).

Joan Haslip, *The Crown of Mexico: Maximilian and His Empress Carlota* (New York, 1972).

M. M. McAllen, *Maximilian and Carlota: Europe's Last Empire in Mexico* (San Antonio, TX, 2014).

The Oxford History of Mexico, ed. William H. Beezley and Michael C. Meyer (Oxford, 2010).

제26장 불만의 정치와 1908년 축하 행사

Gwen Jones, *Chicago of the Balkans: Budapest in Hungarian Literature, 1900–1939* (Leeds, 2013).

The Limits of Loyalty: Imperial Symbolism, Popular Allegiances, and State Patriotism in the Late Habsburg Monarchy, ed. Laurence Cole and Daniel L. Unowsky (New York and Oxford, 2007).

Alexander Maxwell, *Patriots Against Fashion: Clothing and Nationalism in Europe's Age of Revolutions* (Basingstoke and New York, 2014).

Staging the Past: The Politics of Commemoration in Habsburg Central Europe, 1848 to the Present, ed. Maria Bucur and Nancy M. Wingfield (West Lafayette, IN, 2001).

Understanding Multiculturalism: The Habsburg Central European Experience, ed. Johannes Feichtinger and Gary B. Cohen (New York and Oxford, 2014).

제27장 탐험가들, 유대인들, 그리고 전 세계의 지식

Steven Beller, *Vienna and the Jews, 1867–1938: A Cultural History* (Cambridge, 1989).

Allan Janik and Stephen Toulmin, *Wittgenstein's Vienna* (London, 1973).

Martina Pippal, *A Short History of Art in Vienna* (Munich, 2001).

Walter Sauer, "Habsburg Colonial: Austria−Hungary's Role in European Overseas Expansion", *Austrian Studies*, 20 (2012), 5–23.

Carl E. Schorske, *Fin-de-siècle Vienna: Politics and Culture* (London, 1980).

제28장 사냥꾼과 사냥감 : 프란츠 페르디난트와 보스니아

Gordon Brook−Shepherd, *Victims at Sarajevo: The Romance and Tragedy of Franz Ferdinand and Sophie* (London, 1984).

Cathie Carmichael, *A Concise History of Bosnia* (Cambridge, 2015).

Brigitte Hamann, *Rudolf, Crown Prince and Rebel* (New York, 2017).

Robin Okey, *Taming Balkan Nationalism* (Oxford, 2007).

Gunther E. Rothenberg, *The Army of Francis Joseph* (West Lafayette, IN, 1976).

제29장 세계대전과 해체

Mark Cornwall, *The Last Years of Austria-Hungary: A Multi-National Experiment in Early Twentieth-Century Europe*, ed. Mark Cornwall, 2nd ed. (Liverpool, 2005).

Maureen Healy, *Vienna and the Fall of the Habsburg Empire: Total War and Everyday Life in World War One* (Cambridge, 2004).

Manfried Rauchensteiner, *The First World War and the End of the Habsburg Monarchy, 1914–1918*, 2nd ed. (Vienna, Cologne, and Weimar, 2014).

Norman Stone, *The Eastern Front 1914–1917* (London, 1998).

Alexander Watson, *Ring of Steel: Germany and Austria-Hungary at War, 1914–1918* (London, 2014).

결론

Gordon Brook–Shepherd, *Uncrowned Emperor: The Life and Times of Otto von Habsburg* (London and New York, 2003).

주

주석은 주로 인용을 하거나 특이한 세부사항을 서술하기 위해서, 그리고 내가 참고한 다른 학자들의 학문적 성과를 인정하는 의미에서 사용했다. 통상적인 저작에서 쉽게 이용할 수 있는 정보는 대부분 주석으로 표시하지 않았다.

서론 : 황제의 도서관

1. Friedrich B. Polleross, "Tradition und Recreation. Die Residenzen der österreichischen Habsburger in der frühen Neuzeit", *Majestas*, 6 (1998), 91–148 (100).
2. Matthias Müller, "Der Anachronismus als Modernität. Der Wiener Hofburg als programmatisches Leitbilds für den frühneuzeitlichen Residenzbau im Alten Reich", in *Krakau,Prag und Wien. Funktionen von Metropolen im frühmodernen Staat,* ed. Marina Dmitrieva and Karen Lambrecht (Stuttgart, 2000), 313–29 (323); Luis Weckmann, *The Medieval Heritage of Mexico*, vol. 1 (New York, 1992), 577–81.
3. Ignaz von Mosel, *Geschichte der kaiserl. königl. Bibliothek zu Wien* (Vienna, 1835), 73–4, 96, 104–5.
4. Johannes Frimmel, "'Verliebte Dummheiten und ekelhafte Nuditäten.' Der Verleger Johann Mösle, die *Priapische Dichterlaune* und der Erotika–Vertrieb im josephinischen Wien", *Das achtzehnte Jahrhundert*, 42, no. 2 (2018), 237–51.
5. Werner Telesko, *Geschichtsraum Österreich. Die Habsburger und ihre Geschichte in der bildenden Kunst des 19. Jahrhunderts* (Vienna, Cologne, and Weimar, 2006), 178; Mosel, *Geschichte der kaiserl. königl. Bibliothek*, 123–4.
6. Alphons Lhotsky, "AEIOU. Die Devise Kaiser Friedrichs III. und sein Notizbuch", in Lhotsky, *Aufsätze und Vorträge*, vol. 2 (Vienna, 1971), 164–222 (172).
7. Mosel, *Geschichte der kaiserl. königl. Bibliothek*, 132.
8. Anna Coreth, *Pietas Austriaca* (West Lafayette, IN, 2004), 13–6.
9. 그 조각상은 현재 합스부르크 성의 본관 식당에 있다.

10. Marie Tanner, *The Last Descendant of Aeneas: The Hapsburgs and the Mythic Image of the Emperor* (New Haven, CT, 1992), 122.

11. Paul Gwynne, "'*Tu alter Caesar eris*': Maximilian I, Vladislav II, Johannes Michael Nagonius and the Renovatio Imperii", *Renaissance Studies*, 10 (1996), 56–71.

12. 에라스뮈스와 보편 군주에 대해서는 Margaret Mann Phillips, *The 'Adages' of Erasmus: A Study with Translations* (Cambridge, 1964), 224–5, 243를 보라.

13. *Urkundenbuch der Stadt Braunschweig*, vol. 1, ed. Ludwig Hänselmann (Brunswick, 1873), 294.

14. Martyn Rady, *Emperor Charles V* (Harlow, 1988), 36.

제1장 합스부르크 성과 포틴브라스 효과

1. Otto Forst, *Ahnen-Tafel seiner kaiserlichen u. königlichen Hoheit des durchlautigsten Herrn Erzherzogs Franz Ferdinand von Österreich-Este* (Vienna and Leipzig, 1910).

2. Harold Steinacker, "Zur Herkunft und ältesten Geschichte des Hauses Habsburg", *Zeitschrift für die Geschichte des Oberrheins*, NF 19 (1904), 181–244, 359–433 (233–8).

3. 무리 대수도원의 유물은 *Acta Murensia. Die Akten des Klosters Muri mit der Genealogie der frühen Habsburger*, ed. Charlotte Bretscher–Gisiger and Christian Sieber (Basle, 2012), 73–123.

4. *Acta Murensia*, 23; Albert Brackmann, *Zur Geschichte der Hirsauer Reformbewegung im XII. Jahrhundert* (Berlin, 1928), 6.

5. *Acta Murensia*, 300–3; Jean Jacques Siegrist, "Die Acta Murensia und die Frühhabsburger", *Argovia. Jahresschrift der Historischen Gesellschaft des Kantons Aargau*, 98 (1986), 5–21 (11).

6. *Acta Murensia*, 35–7; Brackmann, *Zur Geschichte der Hirsauer Reformbewegung*, 27; 오늘날의 글귀에 대해서는 Hans–Ulrich Stoldt, "Rehpfeffer Radbot", in *Spiegel Geschichte*, 2009, no. 6 (digital edition).

7. J. Müller, *Der Aargau. Seine politische, Rechts-, Kultur- und Sitten-Geschichte* (Zurich,1870), 418–46.

8. C. H. Herford, *The Age of Wordsworth* (London, 1945), 41.

9. Grete Klingenstein, "The Meanings of 'Austria' and 'Austrian' in the Eighteenth Century", in *Royal and Republican Sovereignty in Early Modern Europe*, ed. Robert Oresko et al. (Cambridge, 1997), 423–78 (440); 덴비의 백작들에 대해서는 J. H. Round, *Studies in Peerage and Family History*, vol. 2 (London, 1901), 14–5.

10. 통행료 징수소에 대해서는 Fritz Glauser, "Der internationale Gotthardtransit im Lichte des Luzerner Zentnerzolls von 1493 bis 1505", *Schweizerische Zeitschrift für Geschichte*, 18 (1968), 177–245 (182); for Windisch, see *Das Habsburg-*

österreichische Urbarbuch, ed. Franz Pfeiffer (Stuttgart, 1850), 149.

11. Jörg Wettlaufer, *Das Herrenrecht des ersten Nacht. Hochzeit, Herrschaft und Heiratzins im Mittelalter und in der frühen Neuzeit* (Frankfurt a/M. and New York, 1999), 251; Johannes von Müller, *Die Geschichten Schweizerischer Eidgenossenschaft*, vol. 2 (Stuttgart and Tübingen, 1832), 157; Konrad Glaettli, *Sagen aus den Zürcher Oberland* (Winterthur, 1951), 20; Le Doyen Bridel, *Glossaire du Patois de la Suisse romande* (Lausanne, 1866), 121. 좀더 개괄적으로 는 Tom Scott, "Liberty and Community in Medieval Switzerland", *German History*, 13 (1993), 98–113 (101–2).

12. Werner Wild, "Habsburger und Burgenbau in den 'Vorderen Länden'", in *Die Habsburger zwischen Aare und Bodensee*, ed. Peter Niederhäuser, 2nd ed. (Zurich, 2010), 34–60.

13. Oswald Redlich, *Rudolf von Habsburg* (Innsbruck, 1903), 11, 17.

14. Peter Blickle, *Von der Leibeigenschaft zu den Menschenrechte. Eine Geschichte der Freiheit in Deutschland*, 2nd ed. (Munich, 2006), 76–8; Hans Erich Feine, "Die Territorialbildung der Habsburger im deutschen Südwesten", *Zeitschrift der Savigny-Stiftung für Rechtsgeschichte (Germanistische Abteilung)*, 67 (1950), 176–308 (188).

제2장 신성 로마 제국과 황금의 왕

1. 카이저스베르트의 비문에 대해서는 Barbara Haupt, *Das Fest in der Dichtung. Untersuchungen zur historischen Semantiken eines literarischen Motivs in der mittelhochdeutschen Epik* (Dusseldorf, 1989), 40.

2. Len Scales, *The Shaping of German Identity: Authority and Crisis, 1245–1414* (Cambridge, 2012), 234.

3. H. Salvador Martínez, *Alfonso X, the Learned: A Biography* (Leiden and Boston, 2010), 121–35; Armin Wolf, *Die Entstehung des Kurfürstenkollegs 1198–1298* (Idstein,1998), 43–6; Björn Weiler, "Image and Reality in Richard of Cornwall's German Career", *English Historical Review*, 113 (1998), 1111–42.

4. MGH SS, xxv, 350.

5. *Die Geschichtschreiber der deutschen Vorzeit. Annalen und Chronik von Kolmar*, ed. H. Pabst (Berlin, 1867), 10–13.

6. 독일 왕가와 슈바벤 및 프랑코니아 공작령의 관계에 대해서는 Peter Moraw, "Franken als königsnahe Landschaft im späten Mittelalter", *Blätter fur deutsche Landesgeschichte*, 112 (1976), 123–38 (137–8).

7. Oswald Redlich, *Rudolf von Habsburg* (Innsbruck, 1903), 160–1.

8. 루돌프의 코에 대해서는 MGH, SS rer. Germ. in usum schol., xxxvi, Part 1, 247.

9. 루돌프에 관한 오늘날의 평가는 Othmar Schönhuth, *Anekdoten und Sprüche zur Charakteristik von König Rudolphs von Habsburg* (Canstatt, 1841), and *Die Geschichtschreiber der deutschen Vorzeit*, 122. 루돌프의 체스 경기에 대해서는 Wilhelm Wackernagel, "Das Schachspiel im Mittelalter", in Wackernagel, *Kleinere Schriften*, vol. 1 (Leipzig, 1872), 107–27 (113). 그의 연설에 대해서는 Redlich, *Rudolf von Habsburg*, 168.

10. 황제의 칭호에 대해서는 Eckhard Müller–Mertens, "Imperium und Regnum im Verhältnis zwischen Wormser Konkordat und Goldener Bulle", *Historische Zeitschrift*, 284 (2007), 561–95 (578).

11. Winfried Dotzauer, *Die deutschen Reichskreise (1383–1806)* (Stuttgart, 1998), 23–4; *Handbuch der Bayerischen Geschichte*, vol. 3 (*Franken, Schwaben, Oberpfalz*), ed. Max Spindler (Munich, 1971), part 2, 904 (by Adolf Layer).

12. *Handbuch der Bayerischen Geschichte*, vol. 3, part 1, 163 (by Alois Gerlich).

13. 오타카르의 보물에 대해서는 MGH SS, xviii, 571. 더 많은 자료는 Jörg K. Hoensch, *Přemysl Otakar II. von Böhmen. Der goldene König* (Graz, 1989), 64, 80; MGH SS, ix, 187; Scales, *The Shaping of German Identity*, 92.

14. Jiří Kuthan, *Přemysl Ottokar II. König, Bauherr und Mäzen* (Vienna, Cologne, and Weimar, 1996), 31–49.

15. Johann Franzl, *Rudolf I. Der erste Habsburger auf dem deutschen Thron* (Graz, 1986), 120.

16. MGH SS, xvii, 249.

17. 오타카르의 묘에 대해서는 *Prague: The Crown of Bohemia 1347–1437*, ed. Barbara Drake Boehm and Jiří Fajt (New York, 2005), 195.

18. Augustin Demski, *Papst Nikolaus III* (Münster, 1903), 175.

19. Dante, *Purgatorio*, 7.97–102.

제3장 입지 상실과 과거 날조

1. Armin Wolf, *Die Entstehung des Kurfürstenkollegs 1198–1298* (Idstein, 1998), 59–60.

2. "촌스러운 사람"으로서의 알베르히트에 대해서는 MGH, Dt. Chron., ii, 331.

3. 보나파티우스 8세에 대해서는 Robert Folz, *The Concept of Empire in Western Europe: From the Fifth to the Fourteenth Century* (London, 1969), 207. 교황의 황금관은 Edward Twining, *A History of the Crown Jewels of Europe* (London, 1960), 377–8. 알베르히트와 루돌프에 대해서는 MGH SS, xiii, 58.

4. MGH SS, xxx, part 1, 651; Peter Browe, "Die angebliche Vergiftung Kaiser Heinrichs VII", *Historisches Jahrbuch*, 49 (1929), 429–38.

5. *Die Goldene Bulle. Politik, Wahrnehmung, Rezeption*, ed. Ulrike Hohensee et al.,

vol.1 (Berlin, 2009), 150 (by Eva Schlotheuber).

6. 절름발이 알베르히트에 대해서는 Karl−Friedrich Krieger, *Die Habsburger im Mittelalter,* 2nd ed. (Stuttgart, 2004), 128–30. 오스트리아인으로서의 합스부르크 가문에 대해서는 MGH SS rer. Germ. N.S., iv, 382. 총독에 대해서는 Dieter Speck, *Kleine Geschichte Vorderösterreichs,* 2nd ed. (Karlsruhe, 2016), 48.

7. Gerhart B. Ladner, "The Middle Ages in Austrian Tradition: Problems of an Imperial and Paternalistic Ideology", *Viator,* 3 (1972), 433–62 (436–40).

8. 진기한 일화들은 MGH, Dt. Chron., iii, 706–29. 노릭스에 대해서는 MGH SS, ix, 535.

9. 콜론나 가문에 대해서는 Alphons Lhotsky, *Aufsätze und Vorträge,* vol. 2 (Munich, 1971), 7–102. 두 형제 이야기는 MGH, SS rer. Germ. N. S., iv, 8–9. 『쾨니히슈펠덴 연대기』는 Martin Gerbert, *De translatis Habsburgo-Austriacarum principum* (St Blasien, 1772), 86–113. See also *Deutsches Archiv für Erforschung des Mittelalters,* 28 (1972), 432–4.

10. 가짜 특허장은 *Archiv für Kunde österreichischer Geschichtsquellen,*8 (1852), 108–19에 수록되어 있다.

11. 페트라르카에 대해서는 *Quellensammlung zur österreichischen und deutschen Rechtsgeschichte,* ed. Rudolf Hoke and Ilse Reiter (Vienna, Cologne and Weimar, 1993), 120–1.

12. 카를 4세의 승인에 대해서는 Renate Spreitzer, "Die Belehnungs− und Bestätigungsurkunden König Sigismunds von 1421 für Herzog Albrecht V. von Österreich", *MIÖG,* 114 (2006), 289–328 (304). 합스부르크의 고유한 양식은 Eva Bruckner, *Formen der Herrschaftsrepräsentation und Selbstdarstellung habsburgischer Fürsten in Spätmittelalter,* PhD thesis (University of Vienna, 2009), 27–8, 141, 154, 160, 168, 178, 184, 217.

13. *Zeitschrift für bayerische Landesgeschichte,* 13 (1941–2), 210.

14. 석관에 새긴 룬 문자에 대해서는 Bernhard Bischoff, "Die nichtdiplomatischen Geheimschriften des Mittelalters", *MIÖG,* 62 (1954), 1–27 (12). 참사원 의원들의 복장에 대해서는 MGH, SS rer. Germ. N.S., xiii, 282.

15. Samuel Steinherz, "Margareta von Tirol und Rudolf IV", *MIÖG,* 26 (1905), 553–611. 대신들을 향한 마르가레테의 설득에 대해서는 Alfons Huber, *Geschichte der Vereinigung Tirols mit Oesterreich* (Innsbruck, 1864), 215–9. 루돌프가 티롤 백작령을 양도받는 데 대한 대신들의 동의에 대해서는 OeSta/HHStA, UR AUR 1363. I. 26.

16. 루돌프의 시신을 태운 데 대해서는 Estella Weiss−Krejci, "Restless Corpses: 'Secondary Burial' in the Babenberg and Habsburg Dynasties", *Antiquity,* 75 (2001) 769–80(775).

제4장 프리드리히 3세 : 토성과 화성

1. Karl-Friedrich Krieger, *Die Habsburger im Mittelalter*, 2nd ed. (Stuttgart, 2004), 145.
2. 알자스 지방에 대해서는 Georges Bischoff, *Vorderösterreich in der frühen Neuzeit*, ed. Hans Maier and Volker Press (Sigmaringen, 1989), 276. 농민 대표들에 대해서는 *Die Salzburger Lehen in Kärnten bis 1520*, ed. Alois Lang et al. (Vienna, 1971), 8–9.
3. *Regesta Imperii*, vol. 12 (Albrecht II), ed. Günther Hödl (Vienna, Cologne, and Weimar,1975), 4 (no. f); Wilhelm Wostry, *Albrecht II. (1437–1439)*, vol. 1 (Prague, 1906),61.
4. Frances Courtney Kneupper, *The Empire at the End of Time: Identity and Reform in Late Medieval German Prophecy* (Oxford, 2016), 7, 163.
5. Daniel Carlo Pangerl, "Die Beinamputation an Kaiser Friedrich III. am 8. Juni 1493 in Linz", *Sudhoffs Archiv*, 94 (2010), 195–200. 더 많은 자료는 Wilfried Knoche, *Prothesen der unteren Extremität. Die Entwicklung vom Althertum bis 1930* (Dortmund, 2006), 25; *Ausstellung Friedrich III. Kaiserresidenz Wiener Neustadt* (Wiener Neustadt, 1966), 36.
6. Janus Pannonius, *Epigrammata–Epigramme*, ed. Josef Faber (Norderstedt, 2009), 82. See also Karl-Friedrich Krieger, *Die Habsburger im Mittelalter* (Stuttgart, 2004), 171.
7. 프리드리히 3세의 여정에 대해서는 Paul-Joachim Heinig, *Kaiser Friedrich III. (1440–1493). Hof, Regierung und Politik* (Cologne, Weimar, and Vienna, 1997), 1347–87. See also *Perzeption und Rezeption. Wahrnehmung und Deutung im Mittelalter und der Moderne*, ed. Joachim Laczny and Jürgen Sarnowsky (Cologne, 2014), 33–65.
8. *Gerichts- und Schlichtungskommissionen Kaiser Friedrichs III.* (regesta-imperii. de/dbkommissionen/ZentraleKomm.html), nos. 126, 1268, 1522, 1620, etc. 자문회의와 특허장에 대해서는 Heinig, *Kaiser Friedrich III.*, 152, 또한 Paul Herold and Karin Winter, "Ein Urkundenfund zu Kaiser Friedrich III. aus dem Stiftsarchiv Lilienfeld", *MIÖG*, 116 (2008), 267–90 (282–6).
9. *Erzählen und Episteme. Literatur im 16. Jahrhundert*, ed. Beate Kellner et al. (Berlin and New York, 2011), 351 (essay by Thomas Schauerte); Christoph J. Hagemann, *Geschichtsfiktion im Dienste territorialer Macht. Die Chronik von den 95 Herrschaften* (Heidelberg, 2017), 146.
10. MGH, Staatsschriften, viii, 199, 287, 293, 305; MGH, SS rer. Germ. N.S., xxiv, 2, 829.
11. Peter Moraw, "The Court of the German King and of the Emperor at the End of the Middle Ages, 1440–1519", in *Princes, Patronage and the Nobility: The Court at*

the Beginning of the Modern Age c. 1450–1650, ed. Ronald G. Asch and Adolf M. Birks (Oxford, 1991), 103–37 (118).

12. Petra Ehm, *Burgund und das Reich* (Munich, 2002), 151, 166, 198.

13. J. F. Kirk, *History of Charles the Bold, Duke of Burgundy*, vol. 3 (London, 1868), 490.

제5장 막시밀리안과 색깔로 분류된 왕들

1. Gernot Michael Müller, *Die "Germania generalis" des Conrad Celtis* (Tübingen, 2001), 11–18.

2. Hermann Wiesflecker, *Kaiser Maximilian I. Das Reich, Österreich und Europa an der Wende zur Neuzeit*, 5 vols. (Vienna, 1971–86), vol. 1, 133–4.

3. Kunsthistorisches Museum Wien, MSS, Kunstkammer no 5073.

4. Glenn Elwood Waas, *The Legendary Character of Kaiser Maximilian* (New York, 1941), 5.

5. *Der Weiss Kunig. Eine Erzehlung* (Vienna, 1775), 290–2.

6. Michael Mayr, *Das Fischereibuch Kaiser Maximilians I.* (Innsbruck, 1901); Mayr, *Das Jagdbuch Maximilians I.* (Innsbruck, 1901); Ludwig Baldass, *Der Künstlerkreis Kaiser Maximilians* (Vienna, 1923), 14.

7. 막시밀리안의 혈통 증명에 대해서는 Hieronymus Gebweiler, *Epitome regii ac vetustissimi ortus* (Hagenau, 1530).

8. Walter L. Strauss, *Albrecht Dürer: Woodcuts and Wood Blocks* (New York, 1979), 726–31.

9. 부르크마이어와 캘리컷 사람들에 대해서는 Christian Feest, "The People of Calicut: Objects, Texts and Images in the Age of Proto−Ethnography", *Boletim do Museu Paraense Emílio Goeldi: Ciências Humanes*, 9 (2014), 287–303.

10. Wiesflecker, *Kaiser Maximilian*, vol. 5, 637. 또한 ibid, vol. 4, 92; *Standen en Landen*, 40–41 (1966), 82.

11. 제국의 구조 재편에 관한 문헌들에 대해서는 *König, Reich und Reichsreform in Spätmittelalter*, 2nd ed. (Berlin, 2010), 특히 55–60에서 깊이 논의하고 있다. 또한 Joachim Whaley, *Germany and the Holy Roman Empire*, vol. 1 (Oxford, 2012), 86 도 참조하라.

12. Inge Wiesflecker−Friedhuber, "Die Austreibung der Juden aus der Steiermark unter Maximilian I.", *Wissenschaftliche Arbeiten aus dem Burgenland*, 92 (1993), 47–64. 교황이 되고자 한 막시밀리안에 대해서는 Wiesflecker, *Kaiser Maximilian*, vol. 4, 91–2, and Hugh Trevor−Roper, "The Emperor Maximilian I, as Patron of the Arts", in Trevor−Roper, *Renaissance Essays* (London, 1986), 13–23 (17).

13. 후안과 마르가레테의 결혼 생활에 대한 평판은 *Dead Lovers: Erotic Bonds and the Study of Premodern Europe*, ed. Basil Duffalo and Peggy McCracken (Ann Arbor,

MI, 2007), 121; Rachael Ball and Geoffrey Parker, *Cómo ser rey. Instrucciones de Carlos V a suhijo Felipe. Mayo de 1543* (Madrid, 2014), 149–53.

14. 두 쌍의 남녀는 일반적인 예상과 달리 한꺼번이 아니라 따로따로 결혼식을 올렸다. 다음을 참고하라. *Magyarország történeti kronológiája*, ed. Kálmán Benda, vol. 1 (Budapest, 1983), 341–2.

15. Alfred Kohler, *Quellen zur Geschichte Karls V.* (Darmstadt, 1990), 287–8; Elisabeth Klecker, "*Bella gerant alii*, tu, felix Austria, nube. Eine Spurensuche", *Österreich in Geschichte und Literatur*, 41 (1997), 30–44.

제6장 카를 5세 : 세계의 통치자

1. Hermann Wiesflecker, *Kaiser Maximilian I.*, vol. 4 (Munich, 1981), 424.

2. 카를 5세의 턱과 치아는 *Charles V, 1500–1558, and His Time*, ed. Hugo Soly (Antwerp, 1999), 490; *Letters of David Hume*, ed. J. Y. T. Greig, vol. 1 (Oxford, 1932), 315.

3. Frank Graziano, *The Millennial New World* (Oxford, 1999), 33, 47.

4. Pierre Houart and Maxime Benoît–Jeannin, *Histoire de la Toison d'Or* (Brussels, 2006), 150, 161.

5. 대출금에 대해서는 Ramón Carande, *Carlos V y sus banqueros* (edición abreviada), vol. 2 (Barcelona, 1983), 290–301.

6. Henry Kamen, *Spain, 1469–1714: A Society of Conflict* (London, 1983), 69.

7. Earl Rosenthal, "Plus Ultra, Non Plus Ultra, and the Columnar Device of Emperor Charles V", *JWCI*, 34 (1971), 204–28.

8. 세르반테스와 카를 5세에 대해서는 Ana Maria G. Laguna, *Cervantes and the Pictorial Imagination* (Lewisburg, PA, 2009), 97.

9. Hubert Jedin et al., *Handbuch der Kirchengeschichte. Reformation, Katholische Reform und Gegenreformation* (Freiburg, 1967), 48.

10. Roy Strong, *Art and Power: Renaissance Festivals 1450–1650* (Berkeley and Los Angeles, 1984), 78–81.

11. Marcel Bataillon, *Erasmo y España, estudios sobre la historia espiritual del siglo xvi* (Mexico City, Madrid, and Buenos Aires, 1966), 227; Antonio Pérez–Romero, *The Subversive Tradition in Spanish Renaissance Writing* (Lewisburg, PA, 2005), 190–5.

12. Rebecca Boone, "Empire and Medieval Simulacrum: A Political Project of Mercurino di Gattinara, Grand Chancellor of Charles V", *Sixteenth Century Journal*, 42 (2011), 1027–49; Prudencio de Sandoval, *Historia de la vida y hechos del emperador Carlos V* (Madrid, 1955), 91–2; Desiderius Erasmus, *The Education of a Christian Prince*, ed. Lester K. Born (New York, 1963), 133.

13. James Atkinson, *The Trial of Luther* (London, 1971), 177–8.

14. "세계 재편"에 대해서는 J. A. Maravall, "Las etapas del pensamiento político de Carlos V", *Revista del Estudios Políticos*, 100 (1958), 93–146 (96).

15. *Kaiser Karl V. erobert Tunis*, ed. Sabine Haag and Katja Schmitz–von Lederbur (Vienna, 2013).

16. 채색 지도에 대해서는 James D. Tracy, *Emperor Charles V, Impresario of War: Campaign Strategy, International Finance, and Domestic Politics* (Cambridge, 2002), 213.

17. J. De Zulueta, "La causa de la muerte del Emperador Carlos V", *Parassitologia*, 49 (2007), 107–9.

18. Hugh Thomas, *The Golden Age: The Spanish Empire of Charles V* (London, 2010), 40–2.

19. "신의 영광과 정의를 위해서"에 대해서는 Thomas, *The Golden Age*, 364.

20. 카를의 퇴위 연설에 대해서는 Edward Armstrong, *The Emperor Charles V*, 2nd ed., vol. 2 (London, 1910), 355.

제7장 헝가리와 보헤미아, 그리고 개신교의 도전

1. Kenneth J. Dillon, *King and Estates in the Bohemian Lands 1526–1564* (Brussels, 1976), 40–4; Martyn Rady, "Fiscal and Military Developments in Hungary During the Jagello Period", *Chronica* (Szeged), 11, 2011, 85–98.

2. 이 전술에 대해서는 V. J. Parry, "La manière de combattre", in *War, Technology and Society in the Middle East*, ed. Parry and M. C. Yapp (London, 1975), 218–56 (221). See also László Veszprémy, "The State and Military Affairs in East–Central Europe, 1380–c. 1520s", in *European Warfare 1350–1750*, ed. Frank Tallett and D. J. B. Trim (Cambridge, 2010), 96–109. "이교도들의 위대한 통치자들"로서 헝가리 왕에 대해서는 Feridun M. Emecen, "A csata, amely a 'Nagy Török' előtt megnyitotta a magyar Alföldet—*Mohács*, 1526", in Mohács, ed. János B. Szabó (Budapest, 2006), 412–34 (414–6).

3. *Decreta Regni Mediaevalis Hungariae—The Laws of the Medieval Kingdom of Hungary 1490–1526*, ed. Péter Banyó and Martyn Rady (Idyllwild, CA, and Budapest, 2012)를 보라.

4. 양형영성체파에 대해서는 Zdeněk V. David, "Utraquism's Curious Welcome to Luther and the Candlemas Day Articles of 1524", *SEER*, 79 (2001), 51–89 (76–7).

5. Benita Berning, *"Nach alltem löblichen Gebrauch". Die böhmische Königskrönungen der Frühen Neuzeit (1526–1743)* (Cologne, Weimar, and Vienna, 2008), 105, 119.

6. 헝가리의 왕위 승계 절차에 대해서는 Martyn Rady, "Law and the Ancient

Constitution in Medieval and Early Modern Hungary", in *A History of the Hungarian Constitution*, ed. Ferenc Hörcher and Thomas Lorman (London and New York, 2019), 21–45 (30–5).

7. *Monumenta Spectantia Historiam Slavorum Meridionalium*, vol. 33 (Zagreb, 1912), 50–3.

8. Katherine Walsh, "Eine Ketzerin im Hause Habsburg? Erzherzogin Maria, Königin von Ungarn und Böhmen", *JGPÖ* (2007), 7–25 (10–11).

9. "신이 선택한 백성"에 대해서는 Graeme Murdock, *Calvinism on the Frontier: International Calvinism and the Reformed Church in Hungary and Transylvania* (Oxford, 2000), 6, 262.

10. 부더의 총독이 한 말은 Géza Kathona, *Fejezetek a török hódoltsági reformáció történetéből* (Budapest, 1974), 50.

11. Grete Mecenseffy, *Geschichte des Protestantismus in Österreich* (Graz and Cologne, 1956), 10; Johann Loserth, "Zu den Anfängen der Reformation in Steiermark. Die Visitation und Inquisition von 1528 und ihre Ergebnisse", *JGPÖ* (1933), 83–97; Johannes Jung OSB et al., *Das Schottengymnasium in Wien* (Vienna, Cologne, and Weimar, 1997), 29. Astrid von Schlachta, "Protestantismus und Konfessionalisierung in Tirol", *JGPÖ* (2007), 27–42 (30).

12. "거룩한 기독교 내부의 분열과 충격적인 오류 덩어리와 악을 무겁고 안타까운 심정으로"에 대해서는 Anita Ziegelhofer, "Die Religionssache auf den steierischen Landtage von 1527 bis 1564", *JGPÖ* (1994), 47–68 (56). 의회에 대해서는 Rudolf Leeb, "Der Augsburger Religionsfrieden und die österreichischen Länder", *JGPÖ* (2006), 23–54 (45). 페르디난트의 참모에 대해서는 Alfred Kohler, *Ferdinand I. 1503-1564. Fürst, König und Kaiser* (Munich, 2003), 144–7. 또한 Howard Louthan, *The Quest for Compromise: Peacemakers in Counter-Reformation Vienna* (Cambridge, 1997), 87–96.

13. Győző Ember, *Az újkori magyar közigazgatás története Mohácstól a török kiűzéséig* (Budapest, 1946), 55–7, 71, 124–5; Václav Bůžek, *Ferdinand von Tirol zwischen Prag und Innsbruck* (Vienna, Cologne, and Weimar, 2009), 52–3.

제8장 펠리페 2세 : 신대륙, 종교적 이견, 황실의 근친결혼

1. 에스코리알 궁전과 구왕궁에 대해서는 Matthias Müller, "Der Anachronismus als Modernität. Der Wiener Hofburg als programmatisches Leitbilds für den frühneuzeitlichen Residenzbau im Alten Reich", in *Krakau, Prag und Wien. Funktionen von Metropolen im frühmodernen Staat*, ed. Marina Dmitrieva and Karen Lambrecht (Stuttgart, 2000), 313–29 (323–4).

2. Henry Kamen, *The Escorial: Art and Power in the Renaissance* (New Haven, CT,

and London, 2010), 117; Antonio Rotondo, *Descripcion de la Gran Basilica del Escorial* (Madrid, 1861), 71–2.

3. Henry Kamen, *Philip of Spain* (New Haven, CT, and London, 1997), 115.

4. 펠리페가 말한 "기독교인으로서의 확신과 자신감"에 대해서는 Geoffrey Parker, *Imprudent King: A New Life of Philip II* (New Haven, CT, and London, 2014), 91–4; Marie Tanner, *The Last Descendant of Aeneas: The Hapsburgs and the Mythic Image of the Emperor* (New Haven, CT, and London, 1993), 217–8.

5. Charles E. Bennett, *Laudonniere and Fort Caroline* (Tuscaloosa, AL, 2001), 38.

6. Andrew C. Hess, "The Moriscos: An Ottoman Fifth Column in Sixteenth−Century Spain", *AHR*, 74 (1968), 1–25.

7. Francois Soyer, "The Anti−Semitic Conspiracy Theory in Sixteenth−Century Spain and Portugal and the Origins of the Carta de los Judíos de Constantinopla: New Evidence", *Sefarad*, 74 (2014), 369–88 (371).

8. Howard F. Cline, "The *Relaciones Geográficas* of the Spanish Indies, 1577–1586", *HAHR*, 44, (1964), 341–74.

9. 마닐라에서의 교역에 대해서는 Birgit Tremml−Werner, *Spain, China, and Japan in Manila, 1571–1644* (Amsterdam, 2015), 50, 143.

10. Hugh Thomas, "Spain and the Conquest of China", *Standpoint* (March 2012). 또한 C. R. Boxer, "Portuguese and Spanish Projects for the Conquest of Southeast Asia, 1580–1600", *Journal of Asian History*, 3 (1969), 118–36.

11. 연대기 작가의 불평에 대해서는 Gaspar Pérez de Villagrá, *Historia de la Nueva México*, 1610, ed. Miguel Encinias et al. (Albuquerque, NM, 1992), 39.

12. Henry Kamen, *Philip of Spain* (New Haven, CT, and New York, 1997), 179. 신대륙의 검열에 대해서는 Antonio Rodríguez−Buckingham, "Change and the Printing Press in Sixteenth−Century Spanish America", in *Agent of Change: Print Culture Studies*, ed. Sabrina Alcorn Baron et al. (Amherst, MA, and Boston, 2007), 216–37.

13. Stacey Schlau, *Gendered Crime and Punishment: Women and/in the Hispanic Inquisitions* (Leiden, 2013), 26.

14. 스페인의 법학자가 한 말은 Alejandra B. Osorio, *Inventing Lima: Baroque Modernity in Peru's South Sea Metropolis* (New York, 2008), 106. 시칠리아의 자료는 C. A. Garufi, "Contributo alla storia dell'Inquisizione in Sicilia nei secoli xvi e xvii", *Archivo storico Siciliano*, 38 (1913), 264–329 (278). 또한 Bartolomé Bennassar, "Patterns in the Inquisitorial Mind as the Basis for a Pedagogy of Fear", in *The Spanish Inquisition and the Inquisitorial Mind*, ed. Angel Alcalá (New York, 1984), 177–86.

15. 마르틴 코르테스에 대해서는 Hugh Thomas, *World Without End: The Global*

Empire of Philip II (London, 2014), 76.

16. "오랫동안 익숙해진 고유의 관습에 따라서"에 대해서는 *Correspondenz des Kaisers Karl V*, ed. Karl Lanz, vol. 2 (Leipzig, 1845), 526.

17. Ralph E. Giesey, *If Not, Not: The Oath of the Aragonese and the Legendary Laws of Sobrarbe* (Princeton, 1968).

18. Henry Kamen, *The Duke of Alba* (New Haven, CT, and London, 2004), 92.

19. 1568년의 강화 가능성에 대해서는 Violet Soen, *Adellijke en Habsburgse verzoeningspogingen tijdens de Nederlandse Opstand (1564–1581)* (Amsterdam, 2011), 80–3.

20. F. C. Ceballos and G. Álvarez, "Royal Dynasties as Human Inbreeding Laboratories: The Habsburgs", *Heredity*, 111 (2013), 114–21 (116–7).

21. Gonzalo Alvarez, Francisco C. Ceballos, and Celsa Quinteiro, "The Role of Inbreeding in the Extinction of a European Royal Dynasty", *PLoS ONE*, 4 (no 4) (April 2009).

22. 암흑 전설의 역사는 Julián Juderías, *La leyenda negra: Estudios acerca del concepto de España en el extranjero* (Madrid, 1914).

23. Eva Botella−Ordinas, "'Exempt from Time and from Its Fatal Change': Spanish Imperial Ideology, 1450–1700", *Renaissance Studies*, 26 (2012), 580–604 (596–7), citing Juan de Garnica, *De Hispanorum Monarchia* (1595). 펠리페 2세의 폭정에 대해서는 Jonathan Israel, "King Philip II of Spain as a Symbol of 'Tyranny' in Spinoza's Political Writings", *Revista Co-herencia*, 15 (2018), 137–54; Ronald Mellor, "Tacitus, Academic Politics, and Regicide in the Reign of Charles I: The Tragedy of Dr Isaac Dorislaus", *International Journal of the Classical Tradition*, 11 (2004), 153–93 (183).

제9장 돈 후안과 레판토의 갤리 선들

1. 바르바라 블롬베르크의 배경은 Marita A. Panzer, *Barbara Blomberg. Bürgertochter, Kaisergeliebte und Heldenmutter* (Regensburg, 2017), 36–7.

2. 마르게리타의 털에 대해서는 Famiano Strada, *De Bello Belgico Decas Prima* (Rome, 1648), 42. 이 책의 실질적인 공저자는 마르게리타의 아들이었다.

3. Gregory C. McIntosh, *The Piri Reis Map of 1513* (Athens, GA, 2000), 6, 87; Anthony Reid, "Sixteenth Century Turkish Influence in Western Indonesia", *Journal of Southeast Asian History*, 10 (1969), 395–414; C. R. Boxer, "Portuguese and Spanish Projects for the Conquest of Southeast Asia, 1580–1600", *Journal of Asian History*, 3 (1969), 118–36 (120).

4. Carmen Y. Hsu, "Writing on Behalf of a Christian Empire: Gifts, Dissimulation, and Politics in the Letters of Philip II of Spain to Wanli of China", *HR*, 78 (2010),

323–44 (327–8); William Henry Scott, *Looking for the Prehistoric Filipino and Other Essays in Philippine History* (Quezon City, 1992), 24–5.

5. William G. Clarence-Smith and David Eltis, "White Servitude" in *The Cambridge World History of Slavery*, vol. 2, ed. Eltis and Stanley L. Engerman (Cambridge, 2011), 132–59 (133).

6. Özlem Kumrular, "Lepanto: antes y después. La República, la Sublime Puerta y la Monarquía Católica", *Studia historica. Historia moderna*, 36 (2014), 101–20.

7. 갤리 선의 악취에 대해서는 Jack Beeching, *The Galleys at Lepanto* (New York, 1983), 16.

8. Giovanni Pietro Contarini, *Historia delle cose successe dal principio* (Venice, 1572), fol. 51v.

9. Niccolò Capponi, *Victory of the West: The Story of the Battle of Lepanto* (London, 2006), 289.

10. "세상에서 가장 무시되는 기사"에 대해서는 *Lettere di D. Giovanni d' Austria a D. Giovanni Andrea Doria*, ed. Alfonso Doria Pamphili (Rome, 1896), Nov. 1571, Messina.

11. Virgil, *The Eclogues*, ed. Guy Lee (London, 1984), 57 (Ecl, 4. 1–10).

12. Marie Tanner, *The Last Descendant of Aeneas: The Hapsburgs and the Mythic Image of the Emperor* (New Haven, CT, and London, 1993), 202, 216–7.

13. 프랑스 작가들이 묘사한 레판토 전투에 대해서는 Bruno Méniel, *Renaissance de l' épopée. La poésie épique en France de 1572 à 1623* (Geneva, 2004), 388–9.

14. 아콘티누스에 대해서는 Paula Sutter Fichtner, *Emperor Maximilian II* (New Haven, CT, and London, 2001), 39–40.

15. Miguel Falomir, "La Religión socorrido por el Imperio (hacia 1568)", in *Museo Nacional del Prado: Memoria de Actividades 2014*, (Madrid, 2015), 72–4.

제10장 루돌프 2세와 프라하의 연금술사들

1. King's College Library, Cambridge, Keynes MS 28, fol. 2 r–v (spelling adjusted).

2. *Hermetica: The Greek Corpus Hermeticum and the Latin Asclepius in New English Translation*, ed. Brian P. Copenhaver (Cambridge, 1992), 48.

3. 원질과 연금술의 원리는 Martyn Rady, "A Transylvanian Alchemist in Seventeenth-Century London", *SEER*, 72 (1994), 240–51.

4. Viktor Bibl, *Maximilian II. Der rätselhafte Kaiser* (Vienna and Leipzig, 1929), 98.

5. Friedrich Edelmayer, "Honor y Dinero. Adam de Dietrichstein al servicio de la Casa de Austria", *Studia Historica. Studia Moderna*, 11 (1993), 89–116 (101–2).

6. R. J. W. Evans, *Rudolf II and His World: A Study in Intellectual History 1576–1612* (Oxford, 1973), 84, 196.

7. M. W. Wallace, *The Life of Sir Philip Sidney* (Cambridge, 1915), 17.

8. 루돌프에 대한 언급은 Evans, *Rudolf II*, 45.

9. Christian Sapper, "Kinder des Geblüts—Die Bastarde Kaiser Rudolfs II.", *MIÖG*, 47 (1999), 1–116 (4–6, 10–19).

10. Raymond Klibansky, Erwin Panofsky, and Fritz Saxl, *Saturn and Melancholy: Studies in the Natural Philosophy, Nature and Art* (London, 1964), 284–365. 우울증 에 대해서는 Robert W. Daly, "Before Depression: The Medieval Vice of Acedia", *Psychiatry*, 70 (2007), 30–51 (38); Winfried Schleiner, *Melancholy, Genius, and Utopia in the Renaissance* (Wiesbaden, 1991), 233; Aristotle, *Problemata*, ed. E. Forster (Oxford, 1927), Book 30, at 953a.

11. Johannes Fabricius, *Alchemy: The Medieval Alchemists and Their Royal Art* (Copenhagen, 1976), 148; Leah DeVun, *Prophecy, Alchemy and the End of Time: John of Rupescissa in the Late Middle Ages* (New York, 2009), 112.

12. Noel L. Brann, "Alchemy and Melancholy in Medieval and Renaissance Thought", *Ambix*, 32 (1985), 127–48 (128, 138).

13. 루돌프의 우울은 Harald Tersch, "Melancholie in österreichischen Selbstzeugnissen des Späthumanismus", *MIÖG*, 105 (1997), 130–55 (142). 그의 연금술사들에 대해 서는 Gertrude von Schwarzenfeld, *Rudolf II. Ein deutscher Kaiser am Vorabend des Dreissigjährigen Krieges*, 2nd ed. (Munich, 1979), 70. 실험에 관한 루돌프 의 관여는 Daniel Jütte, *Das Zeitalter des Geheimnissen. Juden, Christen und die Ökonomie des Geheimen* (Göttingen, 2011), 268. 다미아노의 일기는 Hans Holzer, *The Alchemist: The Secret Magical Life of Rudolf von Habsburg* (New York, 1974).

14. *The Diaries of John Dee*, ed. Edward Fenton (Charlbury, 1998), 142; C. H. Josten, "An Unknown Chapter in the Life of John Dee", *JWCI*, 28 (1965), 223–57 (228); Glynn Parry, *The Arch Conjuror of England* (New Haven, CT, 2011), 179–93.

15. 루돌프의 동생들이 남긴 불평은 Evans, *Rudolf II*, 196. 랍비 뢰브에 대해서는 Edan Dekel and David Gantt, "How the Golem Came to Prague", *Jewish Quarterly Review*, 103 (2013), 241–58.

16. Thomas DaCosta Kaufmann, "Remarks on the Collections of Rudolf II: The Kunstkammer as a Form of Representatio", *Art Journal*, 38 (1978), 22–8.

제11장 이단자들의 승리

1. Thomas Brady in *Luther zwischen den Kulturen*, ed. Hans Medick and Peer Schmidt (Göttingen, 2004), 96–7에서 인용.

2. Fritz Byloff, *Hexenglaube und Hexenverfolgung in den österreichischen Alpenländer* (Berlin and Leipzig, 1934), 15–6.

3. Josef Hirn, *Erzherzog Ferdinand II.*, vol. 1 (Innsbruck, 1885), 90, 111–3.

4. 신스토아 철학에 대해서는 A. A. Long, "Stoicism and the Philosophical Tradition", in *The Cambridge Companion to the Stoics*, ed. Brad Inwood (Cambridge, 2006), 365–92 (379–82).

5. Silvia Petrin, "Der niederösterreichische Klosterrat 1568–1629", *Wissenschaftliche Arbeiten aus dem Burgenland*, 102 (1999), 145–56; *Forschungen zur Landeskunde von Niederösterreich*, 21 (1974), 125.

6. Walter Sturminger, "Der Milchkrieg zu Wien am Fronleichnamstag 1578", *MIÖG*, 58 (1950), 614–24.

7. Mathilde Windisch–Graetz, *The Spanish Riding School* (London, 1956), 7–21.

8. *Acten und Correspondenzen zur Geschichte der Gegenreformation in Innerösterreich*, vol. 1, ed. J. Loserth (Vienna, 1898), 31–41.

9. "더 이상 종교만의 문제가 아니라 최고 지배권의 문제"에 대해서는 August Dimitz, *Geschichte Krains*, vol. 3 (Ljubljana, 1875), 13. 멜키오르 클레슬의 말은 Joseph von Hammer–Purgstall, Leben des Kardinals Khlesl, vol. 1 (Vienna, 1847), 304. 신조어 "이역자"에 대해서는 Gustav Reingrabner, "Zur Entwicklung der niederösterreichischen Luthertums im 17. Jahrhundert", *JGPÖ*, 119 (2003), 9–92 (15).

10. Hirn, *Erzherzog Ferdinand II*, vol. 1, 167–9.

11. Reiner Sörries, *Von Kaisers Gnaden. Protestantische Kirchenbauten im Habsburger Reich* (Cologne, Weimar, and Vienna, 2008), 23. 1590년 그라츠에 대해서는 Regina Pörtner, *The Counter-Reformation in Central Europe: Styria 1580–1630* (Oxford, 2001), 95.

12. Hammer–Purgstall, *Leben des Kardinals Khlesl*, vol. 1, 321.

13. 반역죄에 대해서는 István Nagy, *A magyar kamara és a királyi pénzügyigazgatás fejlődése Mohács után 1528–1686* (Budapest, 2015), 28. 루돌프의 왕관에 대해서는 *Monumenta Comitialia regni Hungariae*, ed. Árpád Károlyi, vol. 11 (Budapest, 1899), 172–3.

14. Martyn Rady, "Bocskai, Rebellion and Resistance in Early Modern Hungary", in *Resistance, Rebellion and Revolution in Hungary and Central Europe*, ed. László Péter and Rady (London, 2008), 57–66.

15. 클레슬 주교가 남긴 말에 대해서는 Rudolf J. Schleich, *Melchior Khlesl and the Habsburg Bruderzwist, 1605–1612*, PhD thesis (Fordham University, 1968), 232.

16. *The Correspondence of Sir Philip Sidney and Hubert Languet*, ed. S. A. Pears (London, 1845), 116; Schleich, *Melchior Khlesl*, 271.

17. 오버외스터라이히 공작령 의회의 선언은 Hammer–Purgstall, *Leben des Kardinals Khlesl*, vol. 2 (Vienna, 1847), 121. 마티아스의 절규는 Schleich, *Melchior Khlesl*, 426–7.

18. 티롤의 아나에 대해서는 A. B., *Die Gunstdamen und die Kinder von Liebe im Hause Habsburg* (Berlin, 1869), 31.

제12장 페르디난트 2세, 거룩한 집, 그리고 보헤미아

1. Katrin Keller, *Erzherzogin Maria Anna von Innerösterreich (1551–1606). Zwischen Habsburg und Wittelsbach* (Vienna, 2012), 128–9.

2. *Guilielmi Lamormaini Ferdinandi II. Romanorum imperatoris virtutes* (Vienna, 1638), 4.

3. Keller, *Erzherzogin Maria Anna*, 135–6.

4. *Guilielmi Lamormaini Ferdinandi II.*, 77.

5. Keller, *Erzherzogin Maria Anna*, 140.

6. Edgar Krausen, "Die Blutweihbriefe der Kurfürsten Maximilian I. und Ferdinand Maria von Bayern", *Archivalische Zeitschrift*, 57 (1961), 52–6.

7. 파즈마니가 언급한 두 가지 대안은 Ágnes R. Várkonyi, *A királyi Magyarország 1541–1686* (Budapest, 1999), 75.

8. Géza Pálffy, "Egy elfelejtett kiegyezés a 17. századi magyar történelemben. Az 1622. évi koronázódiéta Sopronban", in *Egy új együttműködés kezdete. Az 1622. évi soproni koronázó országgyűlés*, ed. Péter Dominkovits and Csaba Katona (Sopron and Budapest, 2014), 17–58 (30–49).

9. 마티아스의 정치적 수완은 Bernd Rill, *Kaiser Matthias. Bruderzwist und Glaubenskampf* (Graz, Vienna, and Cologne, 1999), 287.

10. Karl Völker, "Die 'Sturmpetition' der evangelischen Stände in der Wiener Hofburg am 5. Juni 1619", *JGPÖ*, 57 (1936), 3–50 (34–42).

11. Robert Bireley, *Ferdinand II, Counter-Reformation Emperor, 1578–1637* (Cambridge, 2014), 99–100.

12. 수니가 공작의 폭탄선언은 Peter Brightwell, "The Spanish Origins of the Thirty Years' War", *European Studies Review*, 9 (1979), 409–31 (422).

13. Carlos Gilly, "The 'Midnight Lion', the 'Eagle' and the 'Antichrist': Political, Religious and Chiliastic Propaganda in the Pamphlets, Illustrated Broadsheets and Ballads of the Thirty Years War", *Nederlands archief voor kerkgeschiedenis*, 80 (2000), 46–77 (52–4); Brennan C. Pursell, *The Winter King: Frederick V of the Palatinate and the Coming of the Thirty Years' War* (Aldershot and Burlington, VT, 2003), 76–9.

14. H. Forst, "Der türkische Gesandte in Prag 1620 und der Briefwechsel des Winterkönigs mit Sultan Osman II.", *MIÖG*, 16 (1895), 566–81 (570).

15. Adolf Petersen, *Über die Bedeutung der Flugschrift die anhaltische Kanzlei vom Jahre 1621* (Jena, 1867), 8.

16. Bayerisches Hauptstaatsarchiv (Munich), Kurbayern Urkunden, no 22118.

17. 갱신 헌법의 영문판 초록은 C. A. Macartney, *The Habsburg and Hohenzollern Dynasties in the Seventeenth and Eighteenth Centuries* (New York, 1970), 37–45.

18. "집단적으로"에 대해서는 Hasso Hofmann, *Rappresentanza-rappresentazione. Parola e concetto dall'antichità all'Ottocento* (Milan, 2007), 172.
19. 시신을 세 부분으로 나누는 관습의 기원은 Rill, *Kaiser Matthias*, 323. 좀더 포괄적인 자료는 Estella Weiss—Krejci, "Heart Burial in Medieval and Early Post–Medieval Central Europe", in *Body Parts and Bodies Whole*, eds. Katharina Rebay–Salisbury et al. (Oxford, 2010), 119–34.
20. Anna Coreth, *Pietas Austriaca* (West Lafayette, IN, 2004), 13–23.

제13장 30년간의 "세계대전"

1. Johannes Arndt, *Der dreissigjährige Krieg* (Stuttgart, 2009), 12.
2. "우리 목구멍에서 스페인 왕의 팔을 빼내고"에 대해서는 Jesús M. Usunáriz, "América en la política internacional española", in *Discursos coloniales: Texto y poder en la América Hispana*, ed. Pilar Latasa (Madrid, 2011), 167–82 (181); J. H. Elliott, *The Count-Duke of Olivares: The Statesman in an Age of Decline* (New Haven, CT, and London, 1986), 57, 492.
3. Marcelo Szpilman, *Judeus: Suas Extraordinárias Histórias*, 2nd ed. (Rio de Janeiro, 2012), 117; Jonathan Israel and Stuart B. Schwartz, *The Expansion of Tolerance: Religion in Dutch Brazil (1624–1654)* (Amsterdam, 2007), 13–32.
4. Alia Lagamma, *Kongo: Power and Majesty* (New York, 2015), 89–92.
5. T. J. Desch—Obi, *Fighting for Honor: The History of African Martial Art Traditions in the Atlantic World* (Columbia, SC, 2008), 21–5; John K. Thornton, "The Kingdom of Kongo and the Thirty Years' War", *Journal of World History*, 27 (2016), 189–213.
6. Linda Heywood and John K. Thornton, *Central Africans, Atlantic Creoles, and the Foundation of the Americas, 1585–1660* (Cambridge, 2007), 151; Frederick A. De Armas, "Numancia as Ganymede", in *Echoes and Inscriptions: Comparative Approaches to Early Modern Spanish Literatures*, ed. Barbara Simerka and Christopher B. Weimer (Lewisburg, PA, and London, 2000), 250–70 (255); 또한 Hendrik J. Horn, "The 'Allegory of the Abdication of Emperor Charles V' by Frans Francken III", *RACAR: revue d'art Canadienne / Canadian Art Review*, 13 (1986), 23–30.
7. José Eugenio Borao Mateo, *The Spanish Experience in Taiwan 1626–1642* (Hong Kong, 2009).
8. Tonio Andrade, *How Taiwan Became Chinese: Dutch, Spanish, and Han Colonization in the Seventeenth Century* (New York and Chichester, Sussex, 2007).
9. Peter H. Wilson, *The Thirty Years War: Europe's Tragedy* (Cambridge, MA, 2011), 786–8.
10. 이 보고에 대해서는 Hans Medick and Pamela Selwyn, "Historical Event and Contemporary Experience: The Capture and Destruction of Magdeburg in 1631",

History Workshop Journal, 52 (2001), 23–48 (30); Karl Wittich, "Magdeburg als katholisches Marienburg. Eine Episode aus dem Dreissigjährigen Kriege", *HZ*, 65 (1890), 415–64 (432–3).

11. Wittich, "Magdeburg als katholisches Marienburg", 461–2.

12. 케플러가 그린 발렌슈타인의 점성도는 Klaudia Einhorn and Günther Wuchterl, "Kepler's Wallenstein-Horoscopes", *Acta Universitatis Carolinae. Mathematica et Physica*, 46 Supp. (2005), 101–14.

13. Cf. Robert Bireley, *Ferdinand II, Counter-Reformation Emperor, 1578–1637* (Cambridge, 2014), 307. 또한 Christoph Kampmann, *Reichsrebellion und kaiserliche Acht. Politische Strafjustiz im dreissigjährige Krieg* (Münster, 1992), 34, 94; Johann Moser, *Einleitung zu dem Reichs-Hof-Raths-Process*, vol. 3, part 6: *Von Reichs-Lehen* (Frankfurt and Leipzig, 1742), 406–7.

14. 개신교의 세속화 정도에 대해서는 Wilson, *The Thirty Years War*, 448.

15. *Alberti Fridlandi Perduellionis Chaos sive Ingrati Animi Abyssus* (1634; no author, no place of publication); Geoff Mortimer, *Wallenstein: The Enigma of the Thirty Years War* (Basingstoke and New York, 2010), 252.

16. Tryntje Helfferich in *The Ashgate Research Companion to the Thirty Years' War*, ed. Olaf Asbach and Peter Schröder (London and New York, 2014), 151에서 인용.

17. 외교관의 말에 대해서는 Geoffrey Parker, *Thirty Years' War* (London and New York, 1984), 179; B. Dudík, *Schweden in Böhmen und Mähren 1640–1650* (Vienna, 1879), 294–5.

18. 반反합스부르크 세력이 얻은 이득의 정도에 대해서는 Konrad Repgen, "Ferdinand III.", in *Die Kaiser der Neuzeit 1519–1918*, ed. Anton Schindling and Walter Ziegler (Munich, 1990), 142–67 (151).

19. Johannes Postma, *The Dutch in the Atlantic Slave Trade, 1600–1815* (Cambridge, 1990), 33–45. 평화 조약 조문의 라틴어와 독일어 번역문은 *Tractatus Pacis, Trigesimo Januarii, anno supra millesimum sexcentesimo quadragesimo octavo, Monasterii Westfalorum* (1648). 현대의 평가에 대해서는 Johannes Arndt, "Ein europäisches Jubiläum: 350 Jahre Westfälische Frieden", *Jahrbuch für Europäische Geschichte*, 1 (2000), 133–58.

제14장 비정상 제국과 빈 전투

1. Michael Stolleis, *Geschichte des öffentlichen Rechts in Deutschland*, vol. 1 (Munich, 2012), 234–6. Samuel Pufendorf (1632–94), *irregularis aliquod corpus et simile monstro*에서 인용. 여기서 인용한 번역문에는 오해의 소지가 있는 "괴물"이나 "괴물 같은"이라는 표현이 배제되었다. 다음을 참고하라. Hanns Gross, *Empire*

and Sovereignty: A History of the Public Law Literature in the Holy Roman Empire, 1599–1804 (Chicago and London, 1973), 321–6.

2. Barbara Stollberg–Rilinger, *The Emperor's Old Clothes: Constitutional History and the Symbolic Language of the Holy Roman Empire* (New York and Oxford, 2008), 130.

3. "공허한 손짓과 자신에 관한 헛된 과대평가"에 대해서는 Hippolitus de Lapide (Bogislav von Chemnitz), *Dissertatio de Ratione Status*, 2nd ed. ("Freystadt" [= Amsterdam], 1647), 394–5. 페르디난트 3세는 Mark Hengerer, *Ferdinand III. (1608–57). Eine Biographie* (Vienna, Cologne, and Weimar, 2012), 338–9, 또한 Konrad Repgen, "Ferdinand III.", in *Die Kaiser der Neuzeit 1519–1918*, ed. Anton Schindling and Walter Ziegler (Munich, 1990), 142–67 (163–5).

4. William O. McCagg Jr, *A History of the Habsburg Jews, 1670–1918* (Bloomington and Indianapolis, 1989), 15–18.

5. Tim Blanning, "The Holy Roman Empire of the German Nation Past and Present", *Historical Research*, 85 (2012), 57–70 (65)에서 인용.

6. Antony Black, *The History of Islamic Political Thought* (Edinburgh, 2011), 262–7.

7. Georg Kraus, *Erdélyi Krónika 1608–1665*, ed. Sándor Vogel (Budapest, 1994), 504; John P. Spielman, *Leopold I of Austria* (London, 1977), 65–6.

8. 레오폴트의 고문관들이 한 말은 Árpád Károlyi, *A magyar alkotmány fölfüggesztése 1673-ben* (Budapest, 1883), 10; *Ausgewaehlte Schriften des Raimund Fürsten Montecuccoli*, ed. Alois Veltzé, vol. 3 (Vienna and Leipzig, 1900), 447–50.

9. Sándor Payr, *A magyar protestáns gályarabok* (Budapest, 1927), 41–2; Walter Wilson, *Memoirs of the Life and Times of Daniel De Foe*, vol. 1 (London, 1830), 91.

10. Graeme Murdock, "Responses to Habsburg Persecution of Protestants in Seventeenth–Century Hungary", *AHY*, 40 (2009), 37–52 (50).

11. Tibor Iványosi–Szabó, *Irott emlékek Kecskemét XVII. századi nyilvántartásaiból (1633–1700)*, vol. 1 (Kecskemét, 2008), 521.

12. Dávid Manó, *Thököly viszonya a Portához* (Cluj, 1906), 24–5.

13. Giovanni Benaglia, *Relatione del viaggio fatta à Costantinopoli* (Venice, 1685), 139–47.

14. Karl Teply, *Türkische Sagen und Legenden um die Kaiserstadt Wien* (Vienna, Cologne, and Graz, 1980), 34.

15. 소비에스키가 보낸 편지는 John Stoye, *The Siege of Vienna* (London, 1964), 208.

16. 노예 경매에 대해서는 Karl Teply, "Türkentaufen in Wien während des Grossen Türkenkrieges 1683–1699", *Jahrbuch des Vereines für Geschichte der Stadt Wien*, 29 (1973), 57–87 (61–2).

17. Anton Schindling, *Die Anfänge des Immerwährenden Reichstags zu Regensburg* (Mainz, 1991), 224에 지적된 바와 같다.

제15장 스페인의 보이지 않는 주권과 광인왕의 죽음

1. Francisco de la Maza, "Iconografía de Pedro de Gante", *Artes de México*, 150 (1972), 17–32 (28).

2. Jean Baudrillard, *Simulacra and Simulation*, trans. S. H. Glaser (Ann Arbor, MI, 1994), 5–7를 보라.

3. Minou Schraven, *Festive Funerals in Early Modern Italy: The Art and Culture of Conspicuous Commemoration* (Abingdon and New York, 2016), 53–83.

4. Cervantes de Salazar, *Túmulo Imperial* (Mexico City, 1560), fols 4v, 14r; Elizabeth Olton, "To Shepherd the Empire: The Catafalque of Charles V in Mexico City", *Hispanic Issues On Line*, 7 (2010), 10–26.

5. Isabel Cruz de Amenábar, "Arte Festivo Barocco: Un Legado duradero", *Laboratorio de Arte*, 10 (1997), 211–31 (224).

6. 페루의 성직자가 한 말은 Alejandro Cañeque, *The King's Living Image: The Culture and Politics of Viceregal Power in Colonial Mexico* (New York and London, 2004), 238; Patricio Hidalgo Nuchera, "La entrada de los gobernadores en Manila", *Revista de Indias*, 75 (2015), 615–44 (626).

7. Christoph Rosenmüller, *Patrons, Partisans, and Palace Intrigues: The Court Society of Colonial Mexico, 1702–1710* (Calgary, 2008), 35–6.

8. *Memoirs of Prince Eugene of Savoy Written by Himself*, ed. F. Shoberl (London, 1811), 198.

9. 군주에 관한 당대인의 묘사는 Salvador de Mallea, *Rey Pacifico y Governo de Principe Catolico* (Genoa, 1646), 2. 프랑스 어느 귀족의 말은 J. H. Elliott, "The Court of the Spanish Habsburgs: A Peculiar Institution?" in *Politics and Culture in Early Modern Europe*, ed. Phyllis Mack and Margaret C. Jacob (Cambridge, 1987), 5–24 (13, citing Antoine de Brunel).

10. Carlos Gómez–Centurión Jiménez, "Etiqueta y ceremonial palatino durante el reinado de Felipe V", *Hispania*, 56 (1996), 965–1005 (973–4). 부르고뉴의 탄원 행사는 Richard Vaughan, *Charles the Bold: The Last Valois Duke of Burgundy*, 2nd ed. (Woodbridge, 2002), 182–3.

11. Edward Herbert (1583–1648), in *Life of Lord Herbert, of Cherbury* (London 1856), 252에서 참조. 펠리페 4세의 대신들에 대해서는 Alistair Malcolm, *Royal Favouritism and the Governing Elite of the Spanish Monarchy, 1640–1665* (Oxford, 2017), 42.

12. Patrick Williams, "Philip III and the Restoration of Spanish Government, 1598–1603", *The English Historical Review*, 88 (1973), 751–69 (753–6).

13. 펠리페 4세의 참모가 발리미엔토를 두고 한 말은 Alistair Malcolm, *Royal Favouritism and the Governing Elite of the Spanish Monarchy, 1640–1665* (Oxford, 2016), 13. 스페인 군주제에 대한 어느 법학자의 설명은 Sara Gonzalez, *The*

Musical Iconography of Power in Seventeenth-Century Spain and Her Territories (London and New York, 2016), 93.

14. I. A. A. Thompson, "Castile", in *Absolutism in Seventeenth Century Europe*, ed. John Miller (Basingstoke and London, 1990), 69–98, 239–43 (241).

15. Xavier Gil, "Parliamentary Life in the Crown of Aragon: Cortes, Juntas de Brazos, and Other Corporate Bodies", *Journal of Early Modern History*, 6 (2002), 362–95 (372).

16. Christopher Storrs, *The Resilience of the Spanish Monarchy 1665–1700* (Oxford, 2006), 204.

17. Gonzalez, *The Musical Iconography of Power*, 69.

18. Alejandra B. Osorio, *Inventing Lima: Baroque Modernity in Peru's South Sea Metropolis* (Basingstoke and New York, 2008), 52–3.

19. John Leddy Phelan, *The Kingdom of Quito in the Seventeenth Century: Bureaucratic Politics in the Spanish Empire* (Madison, WI, 1967), 33–7.

20. James M. Córdova, *The Art of Professing in Bourbon Mexico: Crowned-Nun Portraits and Reform in the Convent* (Austin, TX, 2014), 169–70.

21. *European Urology Today*, 27, no. 2 (March/May 2015), 4.

22. Antonio Cánovas del Castillo, *Historia de la Decadencia de España* (Madrid, 1910), 617; Pedro Scotti de Agoiz, *El Cenotafio: Oracion Funebre en la Muerte del Senor Rey Don Carlos II* (Madrid, 1700), 45.

제16장 바로크 양식의 연극

1. "기괴함과 지나침, 터무니없음의 전형"은 Marco Bussagli and Matthia Reiche, *Baroque and Rococo* (New York, 2009), 11, 18세기 예술사학자 프란체스코 밀리치아에서 인용. 베네데토 크로체에 대해서는 René Wellek in *Dictionary of the History of Ideas*, ed. Philip P. Wiener, vol. 1 (New York, 1973), 188–95.

2. Peter Hersche, *Musse und Verschwendung. Europäische Gesellschaft und Kultur im Barockzeitalter*, vol. 1 (Freiburg, Basle, and Vienna, 2006), 583.

3. Mario Praz, *Studies in Seventeenth-Century Imagery*, 2nd ed. (Rome, 1975), 16.

4. 광채에 대해서는 Evonne Levy, *Propaganda and the Jesuit Baroque* (Berkeley, Los Angeles, and London, 2004), 160.

5. Christian Kleinbub, "At the Boundaries of Sight: The Italian Renaissance Cloud Putto", in *Renaissance Theories of Vision*, ed. J. S. Hendrix and C. H. Carman (Farnham and Burlington, VT, 2010), 117–33 (117–9).

6. Trevor Johnson, "Holy Fabrications: The Catacomb Saints and the Counter-Reformation in Bavaria", *Journal of Ecclesiastical History*, 47 (1996), 274–97.

7. Marc R. Forster, *Catholic Revival in the Age of Baroque: Religious Identity in South-*

West Germany, 1550–1750 (Cambridge, 2004), 127–9.

8. *Apparatus regius, serenissimo ac potentissimo Ferdinando II* (Vienna, 1618). 또 한 *Pietas Victrix—Der Sieg der Pietas*, ed. Lothar Mundt and Ulrich Seelbach (Tübingen, 2002), xii 참조.

9. Franz Lang, "Imagines symbolicae", *Dissertatio de Actione Scenica* (Munich, 1727), 107–54; see also Cesare Ripa, *Iconologia* (Siena, 1613); Philippo Picinello, *Mundus Symbolicus* (Cologne, 1687). 좀더 포괄적으로는 *The Sopron Collection of Jesuit Stage Designs*, ed. Éva Knapp and István Kilián (Budapest, 1999).

10. Charles E. Brewer, *The Instrumental Music of Schmeltzer, Biber, Muffat and Their Contemporaries* (Farnham and Burlington, VT, 2011), 49–50.

11. Peter Davidson, *The Universal Baroque* (Manchester and New York, 2007), 2; Gauvin Alexander Bailey, *The Andean Hybrid Baroque: Convergent Cultures in the Churches of Colonial Peru* (Notre Dame, IN, 2010), 18–20, 322–31.

12. Leopold Auer, "Der Übergang des Ordens an die österreichischen Habsburger", in *Das Haus Österreich und der Orden von Goldenen Vlies* (Graz and Stuttgart, 2007), 53–64.

13. Robert F. Rogers, *Destiny's Landfall: A History of Guam* (Honolulu, 1995), 77; William O'Reilly, "Lost Chances of the House of Habsburg", *AHY*, 40 (2009), 53–70 (61).

14. Anton Höller, *Augusta Carolinae Virtutis Monumenta* (Vienna, 1733); 라코치에 대 해서는 Imre Wellmann, "Az ónodi országgyűlés történetéhez", in Wellmann, *18. századi agrártörténelem. Válogatás Wellmann Imre agrár- és társadalomtörténeti tanulmányaiból* (Miskolc, 1999), 391–421 (395).

15. 바나트의 역사는 Irina Marin, *Contested Frontiers in the Balkans: Habsburg and Ottoman Rivalries in Eastern Europe* (London, 2013).

16. Paul Shore, *Jesuits and the Politics of Religious Pluralism in Eighteenth-Century Transylvania* (Aldershot and Burlington, VT, 2007), 117–20; Zoltán Ferenczi, *A kolozsvári színészet és szinház története* (Cluj, 1897), 49.

제17장 마리아 테레지아, 자동인형, 관료들

1. Tom Standage, *The Mechanical Turk: The True Story of the Chess-Playing Machine That Fooled the World* (London, 2002), 105–7.

2. 인간의 상태를 기계학적으로 표현한 당대인의 말은 La Mettrie, *Machine Man and Other Writings*, ed. Ann Thompson (Cambridge, 1996), 7 (first published in 1747); Geraint Parry, "Enlightened Government and Its Critics in Eighteenth–Century Germany", *Historical Journal*, 6 (1963), 178–92 (185).

3. Parry, "Enlightened Government and Its Critics", 182, citing J. H. G. von Justi.

4. Elizabeth Bridges, "Maria Theresa, 'the Turk', and Habsburg Nostalgia", *Journal of*

Austrian Studies, 47 (2014), 17–36 (27–8); Michael Yonan, *Empress Maria Theresa and the Politics of Habsburg Imperial Art* (University Park, PA, 2011), 135–6; Michel Foucault, *Discipline and Punish: The Birth of the Prison* (New York, 1979), 136.

5. August Fournier, "Zur Entstehungsgeschichte der pragmatischen Sanktion Kaiser Karl's VI.", *HZ*, 38 (1877), 16–47; Peter Berger, "Die österreich–ungarische Dualismus und die österreichische Rechtswissenschaft", *Der Donauraum*, 13 (1968), 156–70 (167).

6. "대단한 사기꾼의 솜씨"는 Tim Blanning, *Frederick the Great, King of Prussia* (London, 2015), 78.

7. 헝가리에서 마리아 테레지아를 부른 칭호는 Emericus Kelemen, *Historia Juris Hungarici Privati* (Buda, 1818), 440.

8. 마리아 테레지아에 대한 영국 재담가의 회상은 Letter by A. B., *The Town and Country Magazine* (September 1769), 456.

9. "사람들이 프랑스를 어떻게 생각하든"에 대해서는 C. A. Macartney, *Maria Theresa and the House of Austria* (London, 1969), 82.

10. János Barta, *Mária Terézia* (Budapest, 1988), 166.

11. Blanning, *Frederick the Great*, 293–4.

12. J. C. Bisinger, *General-Statistik des österreichischen Kaiserthumes*, vol. 2 (Vienna and Trieste, 1808), 162.

13. István M. Szijártó, *A diéta. A magyar rendek és az országgyűlés 1708–1792* (Budapest, 2005), 361–2.

14. P. G. M. Dickson, *Finance and Government Under Maria Theresia*, vol. 1 (Oxford, 1987), 233.

15. Waltraud Heindl, *Gehorsame Rebellen. Bürokratie und Beamte in Österreich, 1780 bis 1848*, 2nd ed. (Cologne and Vienna, 2013), 229, 246.

16. 사회의 군사화에 대한 카우니츠의 말은 Franz A. J. Szabo, *Kaunitz and Enlightened Absolutism 1753–1780* (Cambridge, 1994), 279. 새로운 관료 체제를 주장한 어느 프로이센인의 말은 Barbara Stollberg–Rilinger, *Der Staat als Maschine. Zur politischen Metaphorik des absoluten Fürstenstaats* (Berlin, 1986), 121. 또한 Anton Tantner, "Addressing the Houses: The Introduction of House Numbering in Europe", *Histoire & Mesure*, 24, no. 2 (2009), 7–30 (14–16) 참조.

제18장 무역상과 식물학자, 그리고 프리메이슨

1. Beatrix Hajós, *Schönbrunner Statuen 1773–1780. Ein neuer Rom in Wien* (Vienna, Cologne, and Weimar, 2004), 12.

2. 윌리엄 볼츠를 둘러싼 영국 동인도 회사의 평가는 William Bolts, *Considerations*

on Indian Affairs, vol. 2 (London, 1775), 123–4. See also Franz A. J. Szabo, *Kaunitz and Enlightened Despotism, 1753–1780* (Cambridge, 1994), 144–5.

3. Mary Lindemann, *The Merchant Republics: Amsterdam, Antwerp, and Hamburg, 1648–1790* (Cambridge, 2015), 288–9.

4. *Verhandlungen des zoologisch-botanischen Vereins in Wien*, 5 (1855), 27 (Abhandlungen); Alfred Lesel, "Neugebäude Palace and Its Gardens: The Green Dream of Maximilian II", *Ekistics*, 61, nos 364–5 (1994), 59–67 (62–3).

5. Paula Findlen, *Possessing Nature: Museums, Collecting, and Scientific Culture in Early Modern Italy* (Berkeley, CA, 1996), 30.

6. Findlen, *Possessing Nature*, 80; Markus Oppenauer, "Soziale Aspekte der Anatomie und ihrer Sammlungen an der Wiener Medizinischen Fakultät, 1790–1840", *Sudhoffs Archiv*, 98 (2014), 47–75 (52).

7. Bernhard Koch, "Das Münzkabinett des Kunsthistorischen Museums", *Österreichs Museen stellen sich vor*, 9 (1978), 49–62 (52).

8. Günther Hamann, *Die Geschichte der Wiener naturhistorischen Sammlungen bis zum Ende der Monarchie* (Vienna, 1976), 18–20.

9. Gerbert Frodl and Marianne Frodl–Schneemann, *Die Blumenmalerei in Wien* (Vienna, 2010), 10; Santiago Madriñán, *Nikolaus Joseph Jacquin's American Plants* (Leiden and Boston, 2013), 49–50; C. F. Blöchinger vom Bannholz, *Chevalier Jean de Baillou. Ein Beitrag* (Vienna, 1868), 28.

10. Renate Zedinger, *Franz Stephan von Lothringen. Monarch, Manager, Mäzen* (Vienna, Cologne, and Weimar, 2008), 241–58.

11. Gilbert Daynes, "The Duke of Lorraine and English Freemasonry in 1731", *Ars Quatuor Coronatorum*, 37 (1924), 107–32 (109); *300 Jahre Freimaurer. Das wahre Geheimnis*, ed. Christian Rapp and Nadia Rapp–Wimberger (Vienna, 2017), 37.

12. 프리메이슨을 두고 어느 회원이 한 말은 L. Lewis, *Geschichte der Freimaurerei in Österreich* (Vienna, 1861), 4. 또한 Ludwig Abafi, *Geschichte der Freimaurerei in Österreich-Ungarn*, vol. 2 (Budapest, 1891), 262.

13. *Die Protokolle der Wiener Freimaurerloge "Zum wahren Eintracht" (1781–1785)*, ed. Hans–Josef Irmen (Frankfurt a/M, 1994), 167, 312; Sándor Domanovszky, *József nádor élete*, vol. 1, part 1 (Budapest, 1944), 132–42.

14. "진정한 조화"의 정기 간행물 발행 목적은 R. William Weisberger, *Speculative Freemasonry and the Enlightenment: A Study of the Craft in London, Paris, Prague, and Vienna* (Boulder and New York, 1993), 128.

15. "시민들의 사회 속으로"에 대해서는 Ludwig Rapp, *Freimaurer in Tirol* (Innsbruck, 1867), 20.

16. Margaret C. Jacob, *Living the Enlightenment: Freemasonry and Politics in Eighteenth-Century Europe* (New York and Oxford, 1991), 12, 20; Eckhart Hellmuth, "Why Does Corruption Matter? Reforms and Reform Movements in Britain and Germany in the Second Half of the Eighteenth Century", *Proceedings of the British Academy*, 100 (1999), 5–23 (17–9).

17. Friedrich Weissensteiner, *Die Töchter Maria Theresias* (Vienna, 1994), 33–56.

18. Julia Budka, "Hieroglyphen und das Haus Habsburg: Der Dekor des neuzeitlichen Obelisken in Schönbrunner Schlosspark", *Kemet*, 15, no 4 (2006), 58–62 (61).

제19장 흡혈귀 미신, 계몽주의, 위로부터의 혁명

1. Voltaire, *Dictionnaire Philosophique*, vol. 6 (*Oeuvres complètes*, vol. 38, Paris, 1838), 449 (first published in 1764).

2. Michael Ranft, *Tractat von dem Kauen und Schmatzen der Todten in Gräbern, worin die wahre Beschaffenheit derer Hungarischen Vampyrs und Blut-Sauger gezeigt* (Leipzig, 1734).

3. Ferencz Xavier Linzbauer, *A magyar korona országainak nemzetközi egességügye* (Buda, 1868), 110.

4. Gerhard van Swieten, *Vampyrismus* (Augsburg, 1768). 이 책은 1755년에 출판된 프랑스어판 원서를 번역한 것이다.

5. Joseph Linden, *Abhandlungen über Cameral- und fiskalämtliche Gegenstände* (Vienna, 1834), 191–3.

6. Peter Gay, *The Enlightenment: The Science of Freedom* (New York and London, 1968), 489.

7. Teodora Daniela Sechel, "The Emergence of the Medical Profession in Transylvania (1770–1848)", in *Cultural Dimensions of Elite Formation in Transylvania* (1770–1950), ed. Victor Karady and Borbála Zsuzsanna Török (Cluj, 2008), 95–114 (99–101).

8. Andre Wakefield, *The Disordered Police State: German Cameralism as Science and Practice* (Chicago and London, 2009), 14.

9. 황제의 참모가 한 말은 T. C. W. Blanning, *Joseph II and Enlightened Despotism* (London, 1970), 3.

10. Teodora Shek Brnardić, "Modalities of Enlightened Monarchical Patriotism in the Mid–Eighteenth Century Habsburg Monarchy", in *Whose Love of Which Country? Composite States, National Histories and Patriotic Discourses in Early Modern East Central Europe*, ed. Balázs Trencsényi and Márton Zászkaliczky (Leiden, 2010), 629–61 (640–5).

11. "못생긴 시골뜨기와"에 대해서는 Derek Beales, *Joseph II: Against the World 1780–90* (Cambridge, 2009), 430. "끝없는 접견 때문에"는 Beales, *Joseph II:*

Against the World, 147; Paul von Mitrofanov, *Joseph II. Seine politische und kulturelle Tätigkeit*, vol. 1 (Leipzig, 1910), 275.

12. Wilfried Beimrohr, *Die Zillertaler Protestanten oder Inklinanten und ihre Austreibung 1837* (Innsbruck, 2007).

13. *Monachologia or Handbook of the Natural History of Monks arranged according to the Linnaean System by a Naturalist* (Edinburgh, 1852), 3, 47–8, 64 (1783년에 라틴어로 처음 출간되었다). See further Elisabeth Kovács, "Der Besuch Papst Pius' VI. in Wien im Spiegel josephinischer Broschüren", *Archivum Historiae Pontificiae*, 20 (1982), 163–217 (171–4).

14. Beales, *Joseph II: Against the World*, 233.

15. 사서들이 받은 지시는 S. Laschitzer, "Die Verordnungen über die Bibliotheken und Archiven der aufgehobenen Klöster in Oesterreich", *MIÖG*, 2 (1881), 401–40 (431).

16. "이성과 인간에 대한 애정"은 Renate Blickle, *Politische Streitkultur in Altbayern* (Berlin and Boston, 2017), 105.

17. 욕설과 침뱉기에 관한 자료는 고故 코사리 도모코스 덕분에 입수할 수 있었다.

제20장 여대공과 합스부르크령 저지대 국가

1. Benedikt Sauer, *The Innsbruck Hofburg* (Vienna and Bolzano, 2010), 45.

2. Charles W. Ingrao and Andrew L. Thomas, "Piety and Patronage: The Empresses–Consort of the High Baroque", *German History*, 20 (2002), 20–43 (21).

3. 카를 6세의 교육에 관한 마리아 테레지아의 불평은 C. A. Macartney, *The Habsburg and Hohenzollern Dynasties in the Seventeenth and Eighteenth Centuries* (New York, 1970), 97; *Sprachgeschichte. Ein Handbuch zur Geschichte der deutschen Sprache und ihrer Erforschung*, Part 3, 2nd ed., ed. Werner Besch et al. (Berlin and New York, 2003), 2974; Karl Vocelka, *Die Familien Habsburg und Habsburg-Lothringen. Politik, Kultur, Mentalität* (Vienna, Cologne, and Weimar, 2010), 106; Elisabeth Kovács, "Die ideale Erzherzogin. Maria Theresias Forderungen an ihre Töchter", *MIÖG*, 94 (1986), 49–80 (50–1, 74).

4. Mercedes Llorente, "Mariana of Austria's Portraits as Ruler–Governor and Curadora" in *Early Modern Habsburg Women*, ed. Anne J. Cruz and Maria Galli Stampino (Abingdon and New York, 2016), 197–224.

5. Luc Duerloo, *Dynasty and Piety: Archduke Albert (1598–1621) and Habsburg Political Culture in an Age of Religious Wars* (London and New York, 2012), 519.

6. Geoffrey Parker, "New Light on an Old Theme: Spain and the Netherlands 1550–1650", *European History Quarterly*, 15 (1985), 219–36.

7. Klaas Van Gelder, "The Investiture of Emperor Charles VI in Brabant and Flanders",

European Review of History: Revue européenne d' histoire, 18 (2011), 443–63 (453–4, 460).

8. Derek Beales, *Joseph II: Against the World 1780–90* (Cambridge, 2009), 137.

9. Michèle Galand, *Charles de Lorraine, gouverneur général des Pays-Bas autrichiens (1744–80)*, (Brussels, 1993), 28–30; Heinrich Benedikt, *Als Belgien österreichisch war* (Vienna and Munich, 1965), 109.

10. Sandra Hertel, *Maria Elisabeth. Österreichische Erzherzogin und Statthalterin in Brüssel (1725–1741)*, (Vienna, Cologne, and Weimar, 2014), 222–33.

11. Derek Beales, *Prosperity and Plunder: European Catholic Monasteries in the Age of Revolution, 1650–1815* (Cambridge, 2003), 215.

12. Benedikt, *Als Belgien österreichisch war*, 110–11; Michèle Galand, "Le journal secret de Charles de Lorraine, gouverneur−général des Pays−Bas autrichiens", *Revue belge de Philologie et d'Histoire*, 62 (1984), 289–301.

13. 미미가 이사벨라에게 보낸 편지는 Friedrich Weissensteiner, *Die Töchter Maria Theresias* (Vienna, 1994), 72–3; Krisztina Kulcsár, "A helytartói státus. Albert szász herceg (1738–1822) kinevezése és évtizedei Magyarországon", *Aetas— Törtenéttudományi Folyóirat* (2002), 51–66 (57).

14. Beales, *Joseph II: Against the World*, 504.

15. Hanns Schlitter, *Die Regierung Josefs II. in den österreichischen Niederlandern*, vol. 1 (Vienna, 1900) 92.

16. 요제프 2세가 장군에게 보낸 편지는 T. C. W. Blanning, *Joseph II* (Harlow, 1994), 174.

17. Josef Hrazky, "Die Persönlichkeit der Infantin Isabella von Parma", *Mitteilungen des Österreichischen Staatsarchiv*, 12 (1959), 174–239 (194–5, 199).

18. 파리넬리가 한 말은 *The Feminist Encyclopedia of Italian Literature*, ed. Rinaldina Russell (Westport, CT, and London, 1997), 203.

19. *Marie-Antoinette: Writings on the Body of a Queen*, ed. Dena Goodman (New York, 2003)에 실린 글을 참조하라.

제21장 검열관, 자코뱅파, 「마술피리」

1. 판 스비턴과 여제의 관계에 대한 특이한 자료는 다음을 참고하라. Stephan Rössner, "Gerard van Swieten 1700–1772", *Obesity Reviews*, 14 (September 2013), 769–70.

2. Leslie Bodi, *Tauwetter in Wien. Zur Prosa der österreichischen Aufklärung 1781– 1795*, 2nd ed. (Vienna, Cologne, and Weimar, 1995), 51.

3. 헝가리의 재담가가 한 말은 *The Life of David Hume*, ed. E. C. Mossner, 2nd ed. (Oxford, 1980), 211. See also Rüdiger Nolte, "Die josephinische Fürsorge− und Gesundheitspolitik", *Geschichte in Köln. Zeitschrift für Stadt- und*

Regionalgeschichte, 21 (1987), 97–124 (117–20); F. S. Hügel, *Zur Geschichte, Statistik und Regelung der Prostitution* (Vienna, 1865), 68–9; A Traveller, "Some Account of the Famous Commission of Chastity, Instituted at Vienna by the Late Empress", *Edinburgh Review* (November 1785), 275–6; *The Imperial Style: Fashions of the Hapsburg Era*, ed. Polly Cone (New York, 1980), 38; 또한 Wilhelm Kisch, *Die alten Strassen und Plaetze Wien's und ihre historisch interessanten Haeuser* (Vienna, 1883), 33–4.

4. 묵주에 대해서는 Giacomo Casanova, *The Story of My Life*, trans. Stephen Sarterelli and Sophie Hawkes (London, 2001), 193–4.

5. 극장에 관한 카를 프란츠 헤겔린의 말은 W. E. Yates, *Theatre in Vienna: A Critical History, 1776–1995* (Cambridge and New York, 1996), 9–10.

6. Joscelyn Godwin, "Layers of Meaning in 'The Magic Flute'", *Musical Quarterly*, 65 (1979), 471–92 (473–4).

7. Katharine Thomson, "Mozart and Freemasonry", *Music and Letters*, 57, (1976), 25–46 (43).

8. Francesco Attardi, *Viaggio intorno al Flauto Magico* (Lucca, 2006), 50; Sándor Domanovszky, *József nádor élete*, vol. 1, Part 1 (Budapest, 1944), 136; Ludwig Lewis, *Geschichte der Freimaurerei in Österreich* (Vienna, 1861), 27.

9. Karlheinz Gerlach, "Österreichische und preussische Freimaurer im Jahrhundert der Aufklärung", in *Aufklärung, Freimaurerei und Demokratie im Diskurs der Moderne*, ed. Michael Fischer at al. (Frankfurt a/M, 2003), 1–32 (28).

10. "인간의 일반적 욕구"는 Adam Wandruszka, *Leopold II.*, vol. 2 (Vienna and Munich, 1965), 193–7; 레오폴트 2세가 피렌체 지방의 산업에 미친 영향은 Wandruszka, *Leopold II.*, vol. 2, 245.

11. 레오폴트 2세가 헝가리에 대해 약속한 말은 C. A. Macartney, *The Habsburg and Hohenzollern Dynasties in the Seventeenth and Eighteenth Centuries* (New York, 1970), 141; Martyn Rady, *Customary Law in Hungary: Courts, Texts, and the Tripartitum* (Oxford, 2015), 216–9.

12. 지롱드파 의원이 한 말은 Alphonse de Lamartine, *History of the Girondists*, vol. 1 (New York, 1849), 356.

13. "프랑스군이 우리에게 베푼 더할 나위 없는 행복"은 Amir Minsky, *"In a Sentimental Mood": German Radicals and the French Revolution in the Rhineland, 1792–1814*, PhD thesis (University of Pennsylvania, 2008), 42; Joachim Whaley, *Germany and the Holy Roman Empire*, vol. 2 (Oxford, 2012), 583; R. John Rath, "The Carbonari: Their Origins, Initiation Rites, and Aims", *American Historical Review*, 69 (1964), 353–70.

14. OeStA/HHStA, Kabinettsarchiv. Kabinettskanzleiakten, Karton 20, 1809: 1020;

ibid., Karton 48, 1821: 137; *300 Jahre Freimaurer. Das wahre Geheimnis*, ed. Christian Rapp and Nadia Rapp–Wimberger (Vienna, 2017), 94; Tudor Sălăgean, "Repere pentru o istorie a francmasoneriei în Transilvania în epoca modernă", *Ţara Bârsei*, 9 (2010), 214–221 (217–8).

15. Inge Stephan, *Literarischer Jakobinismus in Deutschland (1789–1806)* (Stuttgart, 1976), 173–4.

16. Martyn Rady, *The Habsburg Empire: A Very Short Introduction* (Oxford, 2017), 69–70.

17. Werner Sabitzer, "Geschichte der Prostitution. Von 'unzüchtigen Weibspersonen'", *Öffentliche Sicherheit*, 11–12 (2000).

18. Yates, *Theatre in Vienna*, 143.

제22장 메테르니히와 유럽의 지도

1. 메테르니히의 빚에 대해서는 Wolfram Siemann, *Metternich. Stratege und Visionär, Eine Biografie,* 2nd ed. (Munich, 2017), 742–4.

2. 아우스터리츠 소식을 듣고 윌리엄 피트가 한 말은 J. Holland Rose, *William Pitt and the Great War* (London, 1911), 580.

3. *Wiener Zeitung*, 15 August 1804; *Wiener Zeitung*, 9 August 1806.

4. Karl H. Oberacker, *Kaiserin Leopoldine. Ihr Leben und ihre Zeit (1797–1826)* (São Leopoldo, 1980), 343–4.

5. Siemann, *Metternich*, 278–9.

6. Prince Clemens von Metternich, *Metternich: The Autobiography* (Welwyn Garden City, 2004), 139.

7. Enno E. Kraehe, *Metternich's German Policy*, vol. 2 (Princeton, 1983), 368, 392–93.

8. 메테르니히가 보낸 세 통의 편지는 Mark Jarrett, *The Congress of Vienna and Its Legacy: War and Great Power Diplomacy After Napoleon* (London and New York, 2013), 315. 현재 상태를 유지하는 구실로 정통성을 내세운 메테르니히의 수법을 날카롭게 포착한 것은 Julian Schmidt, *Die Grenzboten*, vol. 7 (Leipzig, 1848), 542.

9. 메테르니히가 프란츠 2세와 자신의 관계를 정치적 쌍둥이에 비유하며 한 말은 Alan Sked, *Metternich and Austria: An Evaluation* (Basingstoke and New York, 2008), 116; E. Vehse, *Memoirs of the Court, Aristocracy, and Diplomacy of Austria*, vol. 2 (London, 1856), 472.

10. 4대 주역이 제시한 정기적 만남의 이유는 Jarrett, *The Congress of Vienna*, 168.

11. C. K. Webster, *The Foreign Policy of Castlereagh 1815–23: Britain and the European Alliance* (London, 1925), 304, 309.

12. Lawrence Sondhaus, *The Habsburg Empire and the Sea: Austrian Naval Policy, 1797–1866* (West Lafayette, IN, 1989), 49.

13. J. L. "Eine oesterreichische See−Expedition gegen Marokko vor fünfzig Jahren", *Oesterreichische Monatsschrift für den Orient*, 5, no 6 (1879), 118−9.

14. Miroslav Šedivý, *Metternich, the Great Powers and the Eastern Question* (Pilsen, 2013), 452–6, 606–11.

15. Alison Frank, "The Children of the Desert and the Laws of the Sea: Austria, Great Britain, the Ottoman Empire, and the Mediterranean Slave Trade in the Nineteenth Century", *AHR*, 117 (2012), 410–44.

16. Helge Wendt, "Central European Missionaries in Sudan: Geopolitics and Alternative Colonialism in Mid−Nineteenth Century Africa", *European Review*, 26 (2018), 481– 91 (483–4).

17. Adrian E. Tschoegl, "Maria Theresa's Thaler: A Case of International Money", *Eastern Economic Journal*, 27, no 4 (2001), 113–62.

18. *Tagebücher des Carl Friedrich Freiherrn Kübeck von Kübau*, ed. Max von Kübeck, vol. 1 (Vienna, 1909), 438, 508. 메테르니히의 자평은 Sked, *Metternich and Austria*, 116.

19. Maurizio Isabella, *Risorgimento in Exile: Italian Émigrés and the Liberal International in the Post-Napoleonic Era* (Oxford, 2009), 42–64; 또한 Richard Stites, *The Four Horsemen: Riding to Liberty in Post-Napoleonic Europe* (Oxford, 2014).

20. 검열 면제 대상의 페이지 수는 Siemann, *Metternich*, 682.

21. Siemann, *Metternich*, 92; Alan Sked, "Metternich and the Ficquelmont Mission of 1847–48: The Decision Against Reform in Lombardy−Venetia", *Central Europe*, 2 (2004), 15–46 (20).

22. Waltraud Heindl, *Gehorsame Rebellen. Bürokratie und Beamte in Österreich 1780 bis 1848* (Vienna, Cologne, and Weimar, 1990), 139, 289; Friedrich Engel− Jánosi, "Der Wiener Juridisch−Politische Leseverein", *Mitteilungen des Vereines für Geschichte der Stadt Wien*, 4 (1923), 58–66.

23. 콜로브라트 백작이 메테르니히에게 한 말은 Kübeck, *Tagebücher*, vol. 2 (Vienna, 1909), 626; Isabella Schüler, *Franz Anton Graf von Kolowrat-Liebsteinsky (1778– 1861)*, (Munich, 2016), 295–6.

24. Schüler, *Franz Anton Graf von Kolowrat-Liebsteinsky*, 232–43; Siemann, *Metternich*, 810–1; R. John Rath, *The Viennese Revolution of 1848* (Austin, TX, 1957), 114–6.

25. T. W. C. Blanning, *The Origins of the French Revolutionary Wars* (London and New York, 1986), 37.

제23장 1848년 : 폰 노이만의 일기와 「라데츠키 행진곡」

1. *The Diary of Philipp von Neumann*, ed. E. Beresford Chancellor, vol. 2 (London,

1928), 276–8 (adjusted).

2. Wolfram Siemann, *Metternich. Stratege und Visionär, Eine Biografie*, 2nd ed. (Munich, 2017), 833–5; Friedrich Rückert, *Liedertagebuch 1848–1849* (Göttingen, 2002), 478.

3. 페르디난트 황제가 한 말은 C. A. Macartney, *The Habsburg Empire, 1790–1918*, 2nd ed. (London, 1971), 330.

4. Thomas Kletečka, "Einleitung", in *Die Protokolle des österreichischen Ministerrates, Abt. 1: Die Ministerien des Revolutionsjahres 1848*, ed. Kletečka (Vienna, 1996), ix–xlviii (x)

5. *Deutscher Kalender für die Bukowina für das Jahr 1935* (Chernivtsi, 1935), 51–63; Theodor Gomperz, *Essays und Erinnerungen* (Stuttgart and Leipzig, 1905), 19.

6. 필리프 폰 노이만이 쓴 글은 *Diary of Philipp von Neumann*, vol. 2, 281.

7. *Die Protokolle des österreichischen Ministerrates*, Abt. 1, 273.

8. *Die Protokolle des österreichischen Ministerrates*, Abt. 1, 417, 440.

9. William H. Stiles, *Austria in 1848–49*, vol. 1 (New York, 1852), 385.

10. *Die Protokolle des österreichischen Ministerrates*, Abt. 1, 505.

11. Alan Sked, *Radetzky: Imperial Victor and Military Genius* (London and New York, 2011), 176.

12. Thomas Stockinger, "Die Urwahlen zum konstituerenden Reichstag des Jahren 1848", *MIÖG*, 114 (2006), 96–122.

13. *Die Protokolle des österreichischen Ministerrates*, Abt. 1, 155, 192–3.

14. Alex Drace−Francis, "Cultural Currents and Political Choices: Romanian Intellectuals in the Banat to 1848", *Austrian History Yearbook*, 36 (2005), 65–93 (90).

15. *Kossuth Lajos összes munkái*, ed. Aladár Mód et al. vol. 12 (Budapest, 1957), 22–34.

16. 빈의 지도자들이 한 말은 Martyn Rady, "Lajos Kossuth, Domokos Kosáry and Hungarian Foreign Policy, 1848–49", in *"Lajos Kossuth Sent Word . . . " Papers Delivered on the Occasion of the Bicentenary of Kossuth's Birth*, ed. László Péter et al. (London, 2003), 105–17 (111).

17. László Péter, *Az Elbától keletre. Tanulmányok a magyar és kelet-európai történelemből* (Budapest, 1998), 75.

18. 옐라치치에게 반대하는 무리의 말은 Macartney, *The Habsburg Empire*, 385; Istvan Deak, *The Lawful Revolution: Louis Kossuth and the Hungarians 1848–1849* (London, 2001), 139. "좋은 우방으로 지냅시다"는 Zoltán I. Tóth, "The Nationality Problem in Hungary in 1848–1849", *Acta Historica* (Budapest), 4 (1955), 235–77 (237).

19. *Diary of Philipp von Neumann*, vol. 2, 297–302 (adjusted).

20. Eugene Bagger, *Franz Joseph. Eine Persönlichkeits-Studie* (Zurich, Leipzig, and Vienna, 1928), 136.

제24장 프란츠 요제프의 제국, 시시, 그리고 헝가리

1. Tibor Frank, "Marketing Hungary: Kossuth and the Politics of Propaganda", in *"Lajos Kossuth Sent Word . . . " Papers Delivered on the Occasion of the Bicentenary of Kossuth's Birth*, ed. László Péter et al. (London, 2003), 221–49.

2. Ágnes Deák, *From Habsburg Neo-Absolutism to the Compromise 1849–1867* (Boulder, CO, and New York, 2008), 75–6; "처형과 피의 숙청"에 대해서는 Joseph Redlich, *Emperor Francis Joseph of Austria: A Biography* (London, 1929), 64, citing Baron Wessenberg–Ampringen; Róbert Hermann, "Haynau táborszernagy", *Múlt és jövő*, no. 2 (1999), 89–107 (103).

3. HHStA Kabinettsarchiv. Kabinettskanzlei Geheimakten. Nachlass Schwarzenberg, Karton 10, fasc. 4, no. 200, fols. 97–108 (16 December 1848); *Allgemeine Zeitung* (Augsburg), 12 March 1849, 1085; *Wiener Zeitung*, 8 March 1849.

4. *Reichsverfassung für das Kaiserthum Österreich* (Vienna, 1849).

5. Rudolf Kiszling, *Fürst Felix Schwarzenberg. Der politische Lehrmeister Kaiser Franz Josephs* (Graz and Cologne, 1952), 128–9.

6. J. F. Faber, *Joseph II. und Franz Joseph I. Eine historische Parallel* (Stuttgart, 1863), 51; *Allgemeine Zeitung* (Augsburg), 15 January 1868, 212; Waltraud Heindl, *Josephinische Mandarine. Bürokratie und Beamte in Österreich* (Vienna, Cologne, and Weimar, 2013), 36.

7. Gyula Szekfű, *Három nemzedék. Egy hanyatló kor története* (Budapest, 1920), 239, 258–60.

8. "요제프주의적 환상이 실현되었다"는 Robin Okey, *The Habsburg Monarchy c. 1765–1918: From Enlightenment to Eclipse* (Basingstoke and London, 2001), 166.

9. Lajos Králik, *A magyar ügyvédség. Az ügyvédi kar*, vol. 1 (Budapest, 1903), 265–8.

10. Anon. (Josef Wizdalek), *Acht Jahre Amtsleben in Ungarn von einem k.k. Stuhlrichter in Disponibilität* (Leipzig, 1861), 15, 23.

11. Heindl, *Josephinische Mandarine*, 56; MNL OL O142 Justizministerium. Akten– Ungarn, fasc. 1–2, *passim*.

12. 영국 대사의 보고는 Jonathan Steinberg, *Bismarck: A Life* (Oxford, 2011), 152.

13. *The Bankers' Magazine and Statistical Register*, vol. 15 (New York, 1860–61), 720; Pieter Judson, *Exclusive Revolutionaries: Liberal Politics, Social Experience, and National Identity in the Austrian Empire, 1848–1914* (Ann Arbor, MI, 1996), 75; 플레너의 조언을 나중에 책으로 출판한 것은 Anon., *Die Aufgaben Österreichs* (Leipzig, 1860), 39, 70.

14. Fritz Fellner, "Das Februarpatent von 1861", *MIÖG*, 63 (1955), 549–64 (552); 국립 은행에 관해서는 다음에 보도된 플레너의 연설을 참고하라. *Pressburger Zeitung*, 20 December 1861.

15. László Péter, "The Hungarian Diaetalis Tractatus and the Imperial Constitutional Systems: A Comparison", *Central Europe*, 6 (2008), 47–64 (57).

16. Jean–Paul Bled, *Franz Joseph* (Oxford and Cambridge, MA, 1992), 200–2.

17. Steinberg, Bismarck, 174; A. J. P. Taylor, *Bismarck: The Man and the Statesman* (London, 1968), 39.

18. 알브레히트 대공의 발언은 Péter, "The Hungarian Diaetalis Tractatus", 56.

19. 프란츠 요제프의 시종이 시시에 대해 한 말은 Cissy Klastersky, *Der alte Kaiser wie nur Einer ihn sah* (Vienna, 1929), 37–8; Sabine Fellner and Katrin Unterreiner, *Morphium, Cannabis und Cocain. Medizin und Rezepte der Kaiserhauses* (Vienna, 2008), 108–17; Exhibition "Tabak beim Hof", Frastanz bei Feldkirch, 6–21 October 2007; John Welfare, *The Sporting Empress: The Story of Elizabeth of Austria and Bay Middleton* (London, 1975), 133; *Marie Valérie von Österreich. Das Tagebuch der Lieblingstochter von Kaiserin Elisabeth*, ed. Martha and Horst Schad (Munich, Berlin and Zurich, 2005), 141.

20. *Briefe Kaiser Franz Josephs an Kaiserin Elisabeth 1859–1898*, ed. Georg Nostitz–Rieneck, 2 vols. (Vienna and Munich, 1966).

21. *Briefe Kaiser Franz Josephs*, vol. 1, 38, 41.

22. Sándor Márki, *Erzsébet Magyarország kiralynéja 1867–1898* (Budapest, 1899), 57–8.

23. 시시의 요청을 거부하며 프란츠 요제프가 한 말은 *Briefe Kaiser Franz Josephs*, vol. 1, 58.

24. 언드라시가 한 말은 Egon Cesar Corti, *Elisabeth, die seltsame Frau* (Graz, 1953), 162.

제25장 막시밀리안, 멕시코, 그리고 왕가의 죽음

1. Tina Schwenk, *Maximilian I: A Habsburg on Montezuma's Throne*, PhD thesis (University of Stirling, 2010), 14.

2. Gabriele Praschl–Bichler, *"Ich bin bloss Corvetten-Capitän". Private Briefe Kaiser Maximilians und seiner Familie* (Vienna, 2006), 154.

3. Maximilian, *Aus meinem Leben*, 7 vols. (Leipzig, 1867), vol. 2, 24, 68–71, 159, 163–4.

4. "사소한 봉기에도 가혹하게"에 대해서는 M. M. McAllen, *Maximilian and Carlota: Europe's Last Empire in Mexico* (San Antonio, TX, 2014), 32.

5. "현명한 전제 군주정"은 *Aus meinem Leben*, vol. 6, 17, 164.

6. Edmundo O'Gorman, *La supervivencia política novo-hispana. Reflexiones sobre el manarquismo mexicano* (Mexico City, 1969), 83. See also Erika Pani, "Dreaming of a Mexican Empire: The Political Projects of the 'Imperialistas'", *HAHR* 82 no 1 (2002), 1–31 (1–4).

7. McAllen, *Maximilian and Carlota*, 124.

8. Joan Haslip, *The Crown of Mexico: Maximilian and His Empress Carlota* (New York, 1972), 206.

9. *Reglamento para el Servicio y Ceremonial de la Corte* (Mexico City, 1866), 509.

10. Érika Pani, "El proyecto de Estado de Maximiliano a través de la vida cortesana y del ceremonial público", *Historia Mexicana*, 45, no. 2 (1995), 423–60 (427–9).

11. Robert H. Duncan, *For the Good of the Country: State and Nation Building During Maximilian's Mexican Empire, 1864–67*, PhD thesis (University of California, Irvine, 2001).

12. Rodolfo Batiza, "Código Civil del Imperio Mexicano", *Boletín Mexicano de Derecho Comparado*, 41 (1981), 571–86.

13. 후안 프림이 한 말은 McAllen, *Maximilian and Carlota*, 65. 막시밀리안이 죽기 전에 한 말은 Haslip, *Crown of Mexico*, 498.

14. McAllen, *Maximilian and Carlota*, 386–7.

15. John Elderfield, *Manet and the Execution of Maximilian* (New York, 2006).

16. 막시밀리안의 죽음을 두고 프란츠 요제프가 한 말은 Donald W. Miles, *Cinco de Mayo* (Lincoln, NE, 2006), 243.

17. Dina Gusejnova, *European Elites and Ideas of Empire 1917–1957* (Cambridge, 2016), 3–10.

제26장 불만의 정치와 1908년 축하 행사

1. Alexander Maxwell, "The Handsome Man with Hungarian Moustache and Beard", *Cultural and Social History*, 12 (2015), 51–76 (64); Alexander Maxwell, "Nationalizing Sexuality: Sexual Stereotypes in the Habsburg Empire", *Journal of the History of Sexuality*, 14 (2005), 266–90.

2. Alexander Maxwell, "National Alcohol in Hungary's Reform Era: Wine, Spirits, and the Patriotic Imagination", *Central Europe*, 12 (2014), 117–35 (129).

3. Oto Luthar, "The Slice of Desire: Intercultural Practices Versus National Loyalties", in *Understanding Multiculturalism: The Habsburg Central European Experience*, ed. Johannes Feichtinger and Gary B. Cohen (New York and Oxford, 2014), 161–73 (166–7); Tara Zahra, "Imagined Noncommunities: National Indifference as a Category of Analysis", *Slavic Review*, 69 (2010), 93–119.

4. *Az 1881. évi elején végrehajtott népszámlalás*, vol. 1 (Budapest, 1882), 222–3.

5. Heindl, *Josephinische Mandarine*, 99–120.

6. Gerald Stourzh, *Der Umfang der österreichischen Geschichte* (Vienna, Cologne, and Graz, 2011), 284; Hugh and Christopher Seton–Watson, *The Making of a New Europe: R.W. Seton-Watson and the Last Years of Austria-Hungary* (London, 1981), 33.

7. Gerald Stourzh, "Die Idee der nationalen Gleichberechtigung im alten Österreich", in *Nationale Vielfalt und gemeinsamen Erbe*, ed. Erhard Busek and Stourzh (Vienna and Munich, 1990), 39–47.

8. 어느 수상이 제시한 해법은 C. A. Macartney, *The Habsburg Empire, 1790–1918* (London, 1971), 615.

9. *National Romanticism: The Formation of National Movements*, ed. Balázs Trencsényi and Michal Kopecek (Budapest and New York, 2007), 27–32.

10. Ernst Bruckmüller, "National Consciousness and Education in Imperial Austria", in *The Limits of Loyalty: Imperial Symbolism, Popular Allegiances, and State Patriotism in the Late Habsburg Monarchy*, ed. Laurence Cole and Daniel L. Unowsky (New York and Oxford, 2007), 11–35 (19–21).

11. 당시에는 "알코올 램프가 달린 탁상용 냄비"로 불렸다. 다음을 참고하라. *New York Times*, 17 March 1908, 1.

12. 오스트리아령 슐레지엔을 다룬 권의 발문은 *Die österreichisch-ungarische Monarchie in Wort und Bild*, vol. 17: *Mähren und Schlesien* (Vienna, 1897), 542. "이 땅의 민족들이"는 Christiane Zintzen, "Einleitung" in *Dieösterreichisch-ungarische Monarchie in Wort und Bild. Aus dem Kronprinzenwerk des Erzherzog Rudolf*, ed. Zintzen (Vienna, 1999), 9–20.

13. Erika Szívós, *Az öröklött város. Városi tér, kultúra és emlékezet a 19–21. században* (Budapest, 2014), 115–29.

14. *Neues Wiener Journal*, 12 June 1908, 5.

15. Steven Beller, "Kraus's Firework: State Consciousness Raising in the 1908 Jubilee Parade in Vienna and the Problem of Austrian Identity", in *Staging the Past: The Politics of Commemoration in Habsburg Central Europe, 1848 to the Present*, ed. Maria Bucur and Nancy M. Wingfield (West Lafayette, IN, 2001), 46–71 (57), citing *Neue Freie Presse*, 11 June 1908 (PM edition), 4–5; *Arbeiter-Zeitung*, 12 June 1908, 1.

16. *Das interessante Blatt*, 25 June 1908, 3; Megan Brandow–Faller, "Folk Art on Parade: Modernism, Primitivism and Nationalism at the 1908 *Kaiserhuldigungsfestzug*", *AS*, 25 (2017), 98–117 (110); Adolf Loos, "Ornament and Crime" (1908), in Ulrich Conrads, *Programs and Manifestoes on 20th-Century Architecture*, trans. Michael Bullock (Cambridge, MA, 1970), 21.

17. Karl Kraus, "Nachträgliche Vorurteile gegen den Festzug", *Die Fackel*, 10, no. 257–8 (1908), 9.

18. *Wiener Diözesanblatt* (1898, no 22), 255–6.

19. James Shedel, "Emperor, Church, and People: Religion and Dynastic Loyalty

During the Golden Jubilee of Franz Joseph", *Catholic Historical Review*, 76 (1990), 71–92 (81–9).

20. Daniel L. Unowsky, *Pomp and Politics of Patriotism: Imperial Celebrations in Habsburg Austria, 1848–1916* (West Lafayette, IN, 2005), 120–44.

21. 신자유언론의 경고는 Beller, "Kraus's Firework", 51.

제27장 탐험가들, 유대인들, 그리고 전 세계의 지식

1. Brigitte Fuchs, *"Rasse", "Volk", Geschlecht. Anthropologische Diskurse in Österreich 1850–1960* (Frankfurt and New York, 2003), 127; Mathieu Gotteland, "Les Conséquences de la Première Guerre mondiale sur la présence impériale austro-hongroise en Chine", *Guerres mondiales et conflits contemporains*, 256 (2014), 7–18 (8).

2. *Vasárnapi Újság*, 1 May 1904, 294–5; Ferdinand de Lesseps, *A History of the Suez Canal: A Personal Narrative* (Edinburgh and London, 1876), 23; Lawrence Sondhaus, *Naval Policy of Austria-Hungary, 1867–1918* (West Lafayette, IN, 1994), 186–7; Simon Loidl, "Colonialism Through Emigration: Publications and Activities of the Österreichisch–Ungarische Kolonialgesellschaft (1894–1918)", *AS*, 20 (2012), 161–75.

3. Franz Ferdinand von Österreich–Este, *Tagebuch meiner Reise um die Erde 1892–1893*, ed. Frank Gerbert (Vienna, 2013).

4. 어느 해군 중장의 불평은 Sondhaus, *Naval Policy of Austria-Hungary*, 88.

5. Barbara Plankensteiner, "Endstation Museum. Österreichische Reisende sammeln Ethnographica", in *k.u.k. Kolonial. Habsburgermonarchie und europäische Herrschaft in Afrika*, ed. Walter Sauer (Vienna, Cologne, and Weimar, 2002), 257–88 (271).

6. Sabine Fellner and Katrin Unterreiner, *Morphium, Cannabis und Cocain. Medizin und Rezepte des Kaiserhauses* (Vienna, 2008), 128–9.

7. 노바라호에 승선한 과학자들의 설명은 *Reise der österreichischen Fregatte Novara um die Erde* (Anthropologischer Theil 3: Ethnographie), ed. Friedrich Müller (Vienna, 1868), 75; Ferdinand Khull–Kholwald, "Dr Augustin Weisbach", *Mitteilungen des Naturwissenschaftlichen Vereines für Steiermark*, 51 (1915), 8–16.

8. Fuchs, *"Rasse", "Volk", Geschlecht*, 132; Margit Berner, "From "Prisoner of War Studies' to Proof of Paternity: Racial Anthropologists and the Measuring of 'Others'", in *Blood and Homeland: Eugenics and Racial Nationalism in Central and Southeast Europe, 1900–1940*, ed. Marius Turda and Paul J. Weindling (Budapest and New York, 2007), 41–53; Letter of Adam Kuper, *Nature*, 364 (26 August 1993), 754.

9. Georg Friedrich Hamann, "Emil Holub. Der selbsternannte Vertreter Österreich–

Ungarns im Südlichen Afrika", in *k.u.k. Kolonial*, 163–95 (171).

10. 크리스티안 폰 메헬에 대해서는 Kristine Patz, "Schulzimmer", in *Die kaiserliche Gemäldegalerie in Wien und die Anfänge des öffentlichen Kunstmuseums*, ed. Gudrun Swoboda, vol. 2 (Vienna, Cologne, and Weimar, 2014), 437–57.

11. Matthew Rampley, "From Potemkin Village to the Estrangement of Vision: Baroque Culture and Modernity in Austria Before and After 1918", *Austrian History Yearbook*, 47 (2016), 167–81 (174–5); Evonne Levy, *Baroque and the Political Language of Formalism (1845–1945)*, (Basle, 2015), 26.

12. Carl E. Schorske, *Fin-de-siècle Vienna: Politics and Culture* (London, 1980), 48.

13. Rampley, "From Potemkin Village to the Estrangement of Vision", 174.

14. Adolf Loos, "Ornament and Crime" (1908), in Ulrich Conrads, *Programs and Manifestoes on 20th-Century Architecture*, trans. Michael Bullock (Cambridge, MA, 1970), 19–24.

15. Berta Zuckerkandl, *My Life and History*, trans. John Sommerfield (New York, 1939), 25, 179.

16. James K. Wright, *Schoenberg, Wittgenstein and the Vienna Circle* (Bern, 2007), 156.

17. John Leslie, "Der Ausgleich in der Bukowina von 1910. Zur österreichischen Nationalitätenpolitik vor dem Ersten Weltkrieg", in *Geschichte zwischen Freiheit und Ordnung. Gerald Stourzh zum 60. Geburtstag*, ed. Emil Brix et al. (Vienna, 1991), 113–44.

18. Ulrike Harmat, "Obdachlosigkeit, Wohnungselend und Wohnungsnot, 1848–1914", in *Poverty, Charity and Social Welfare in Central Europe in the 19th and 20th Centuries*, ed. Olga Fejtova et al. (Newcastle upon Tyne, 2017), 297–342.

19. Robert S. Wistrich, *Laboratory for World Destruction: Germans and Jews in Central Europe* (London and Lincoln, NE, 2007), 37, 1886년 요제프 블로흐에서 인용. "예술의 전당"과 관련해서는 Ernest Gellner, *Language and Solitude: Wittgenstein, Malinowski and the Habsburg Dilemma* (Cambridge, 1998), 45.

20. Jamie A. M. Bulloch, *The Promotion of an Austrian Identity 1918–1938*, PhD thesis (University of London, 2002), 207.

제28장 사냥꾼과 사냥감 : 프란츠 페르디난트와 보스니아

1. 누군가 죽는 모습을 지켜볼 기회를 원하던 루돌프의 욕망에 대해서는 Julius Szeps, "Berliner und Wiener Hofgeschichten", *Neues Wiener Journal*, 18 November 1923, 6–7.

2. *Wiener Zeitung*, 28 February 1889, 17; *Wiener Zeitung*, 13 September 1889, 17; *Bukowinaer Nachrichtungen*, 3 March 1889, 9.

3. Gordon Brook–Shepherd, *Archduke of Sarajevo: The Romance and Tragedy of*

Franz Ferdinand of Austria (Boston and Toronto, 1984), 42.

4. 루돌프가 발표한 관찰 기록은 Maarten Bijleveld, *Birds of Prey in Europe* (London and Basingstoke, 1974, and many later editions), 187, 244. 페르디난트의 사냥 기록첩은 Wladimir Aichelburg, *Erzherzog Franz Ferdinand und Artstetten* (Vienna, 1983), 34.

5. Rudolf Kiszling, "Erzherzog Franz Ferdinand und seine Pläne für den Umbau der Donaumonarchie", *Der Donauraum*, 8 (1963), 261–6; Robert A. Kann, *Erzherzog Franz Ferdinand Studien* (Vienna, 1976), 153.

6. Samuel R. Williamson Jr, "Influence, Power, and the Policy Process: The Case of Franz Ferdinand, 1906–1914", *The Historical Journal*, 17 (1974), 417–43 (418). 암호화된 정보들은 Zoltán Szász, "Über den Quellenwert des Nachlasses von Franz Ferdinand", *Acta Historica* (Budapest), 25 (1979), 299–315 (304).

7. 페르디난트에 대한 어느 당대인의 평가는 Kann, *Erzherzog Franz Ferdinand Studien*, 20.

8. Ian D. Armour, *Apple of Discord: The "Hungarian Factor" in Austro-Serbian Relations, 1867–1881* (West Lafayette, IN, 2014), 26–30.

9. József Thim, *A magyarországi 1848–49-iki szerb fölkelés története*, vol. 1 (Budapest, 1940), 19, 108.

10. OeStA/HHStA, Kabinettsarchiv Minister Kolowrat Akten, 1829: 1700; 1830: 577; 1830: 1645; András Vári, "Etnikai sztereotipiák a Habsburg Birodalomban a 19. század elején", *Tabula*, 3 (2000), 50–76 (58–68).

11. *A Handbook for Travellers in Southern Germany*, 5th ed. (London, 1850), 514; Sam White, "Rethinking Disease in Ottoman History", *International Journal of Middle East Studies*, 42 (2010), 549–67 (557); Andre Gingrich, "The Nearby Frontier: Structural Analyses of Myths of Orientalism", *Diogenes*, 60 (2015), 60–6.

12. 코토르를 통한 반란군 지원은 Karl Went von Römo, *Ein Soldatenleben* (Vienna, 1904), 158–9.

13. Scott W. Lackey, *The Rebirth of the Habsburg Army: Friedrich Beck and the Rise of the General Staff* (Westport, CT, and London, 1995), 74–5; Gunther E. Rothenberg, *The Army of Francis Joseph* (West Lafayette, IN, 1976), 97.

14. Emil Mattauschek, "Einiges über die Degeneration des bosnisch–herzegowinischen Volkes," *Jahrbücher für Psychiatrie und Neurologie*, 29 (1908), 134–48.

15. Brigitte Fuchs, "Orientalizing Disease: Austro–Hungarian Policies of 'Race', Gender, and Hygiene in Bosnia and Herzegovina, 1874–1914", in *Health, Hygiene and Eugenics in Southeastern Europe to 1945*, ed. Christian Promitzer et al. (Budapest and New York, 2011), 57–85; 좀더 포괄적으로는 Anne McClintock, *Imperial Leather: Race, Gender, and Sexuality in the Colonial Context* (London and

New York, 1995).

16. József Szlávy in 1882, cited in Zoltán Fónagy, "Bosznia–Hercegovina integrációja az okkupáció után", *Történelmi Szemle*, 56 (2014), 27–60 (33).

17. Diana Reynolds–Cordileone, "Displaying Bosnia: Imperialism, Orientalism, and Exhibitionary Cultures in Vienna and Beyond: 1878–1914", *AHY*, 46 (2015), 29–50 (32).

18. Marian Wenzel, "Bosnian History and Austro–Hungarian Policy: The Zemaljski Muzej, Sarajevo, and the Bogomil Romance", *Museum Management and Curatorship*, 12 (1993), 127–42.

19. Nevenko Bartulin, *The Racial Idea in the Independent State of Croatia: Origins and Theory* (Leiden, 2014), 53–6.

20. Christopher Clark, *The Sleepwalkers: How Europe Went to War in 1914* (London, 2012), 105, 291.

21. Clark, *The Sleepwalkers*, 49.

제29장 세계대전과 해체

1. *The Times* (London), 29 June 1914, 9.

2. Sean McMeekin, *The Russian Origins of the First World War* (Cambridge, MA, 2011), 27; Christopher Clark, *The Sleepwalkers: How Europe Went to War in 1914* (London, 2012), 403.

3. Alexander Watson, *Ring of Steel: Germany and Austria-Hungary at War, 1914–1918* (London, 2014), 105; Manfried Rauchensteiner, *The First World War and the End of the Habsburg Monarchy, 1914–1918*, 2nd ed. (Vienna, Cologne, and Weimar, 2014), 95–96.

4. John Leslie, "Österreich–Ungarn vor dem Kriegsausbruch", in *Deutschland und Europa in der Neuzeit. Festschrift für Karl von Aretin*, ed. Ralph Melville (Stuttgart, 1988), 661–84 (675).

5. Rauchensteiner, *The First World War*, 108.

6. 오스트리아–헝가리의 최후통첩에 관한 말들은 Rauchensteiner, *The First World War*, 113.

7. Steven Beller, *The Habsburg Monarchy 1815–1918* (Cambridge, 2018), 248.

8. Watson, *Ring of Steel*, 91.

9. Watson, *Ring of Steel*, 153.

10. 동부 전선의 상황은 Béla Zombory–Moldován, *The Burning of the World—A Memoir of 1914* (New York, 2014).

11. Mark Thompson, *The White War: Life and Death on the Italian Front 1915–1919* (London, 2008), 2; F. R. Bridge, *The Habsburg Monarchy Among the Great Powers, 1815–1918* (New York, Oxford, and Munich, 1990), 364.

12. Jakub S. Beneš, "The Green Cadres and the Collapse of Austria–Hungary in 1918", *Past and Present*, 236 (2017), 207–41.

13. Available at https://vimeo.com/132427132 (last accessed 18 February 2019).

14. "가장 흥미로운 인종의 실제 사례인 러시아 군인들"은 *Offizieller Katalog der Kriegsausstellung* (Vienna, 1916), 125.

15. Maureen Healy, "Exhibiting a War in Progress: Entertainment and Propaganda in Vienna, 1914–1918", *AHY*, 31 (2000), 57–85 (85).

16. *Offizieller Katalog der Kriegsausstellung*, C.

17. John Deak and Jonathan E. Gumz, "How to Break a State: The Habsburg Monarchy's Internal War, 1914–1918", *American Historical Review*, 122 (2017), 1105–36 (1123); Martin Moll, "Österreichische Militärgerichtsbarkeit im Ersten Weltkrieg—'Schwert des Regimes'?" *Mitteilungen des Steiermärkischen Landesarchivs*, 50 (2001), 301–55 (315, 323).

18. Wienbibliothek im Rathaus, Polizeidirektion, *Stimmungsberichte aus dem Kriegszeit,* vol. 1916, no 2, 6 July, 13 July.

19. 요제프 레들리히의 일기는 Z. A. B. Zeman, *The Break-Up of the Habsburg Empire 1914–1918* (Oxford, 1981), 98. 또한 Wienbibliothek im Rathaus, Polizeidirektion, *Stimmungsberichte aus dem Kriegszeit*, vol. 1916, no 2, 26 October, 23 November; Maureen Healy, *Vienna and the Fall of the Habsburg Empire: Total War and Everyday Life in World War One* (Cambridge, 2004), 305–9.

20. Alan Sked, *The Decline and Fall of the Habsburg Empire 1815–1918* (London and New York, 1989), 261.

21. 카를 1세를 둘러싼 농담조의 조롱은 Holger H. Herwig, *The First World War: Germany and Austria-Hungary 1914–1918*, 2nd ed. (London and New York, 2014), 241. 참모 본부에서 카를 1세가 한 말은 Rauchensteiner, *The First World War*, 643.

22. 1918년 윌슨 대통령의 선언은 Bridge, *The Habsburg Monarchy Among the Great Powers*, 368.

결론

1. Richard Mullen, "Otto von Habsburg", *Contemporary Review*, 293 (September 2011), 274–86.

2. Berta Zuckerkandl, *My Life and History*, trans. John Sommerfield (London, 1938), 133.

3. Personal conversation, March 1990.

인명 색인

가르시아 2세 Garcia II 226
가티나라 Mercurino di Gattinara 121
간테(페터르 수도사) Gante, Pedro de 126, 255, 257
게오르크 George, Johann 216-217
게오르크(브란덴부르크) Georg von Brandenburg 138
그레고리우스 10세 Gregorius X 50
그릴파르처 Grillparzer, Franz 200, 299

노이만 Neumann, Philipp von 385-386, 389, 400-401
니콜라이 1세(니콜라이 황제) Nikoláy I 375, 411

데아크 페렌츠 Deák Ferenc 416-417, 419-420
도리아 Doria, Giovanni Andrea 168
돈 카를로스 Don Carlos 158, 181
돈 후안 Don Juan of Austria 161-163, 167-168, 170-172, 336
돈 홀리오 Don Julio 182
뒤러 Dürer, Albrecht 94, 99-100, 183-184, 186, 188
디 Dee, John 185-186

디미트리예비치 Dimitrijević, Dragutin 487-488
디즈레일리 Disraeli, Benjamin 415, 480
디트리히슈타인 Dietrichstein, Adam von 180

라데츠키 Radetzky, Joseph Wenzel 392-393, 401, 452
라디슬라우스 Ladislaus 83, 91
라코치 페렌츠 Rákóczi Ferenc 282
라토우어 Latour, Baillet von 391, 393, 399-400, 402
라트보트 Radbot 33-34, 36-37, 507
란프트 Ranft, Michael 317
러요시 2세 Lajos II 108-109, 112, 130-134, 136, 138
럼베르그 페렌츠 Lamberg Ferenc 397-399
레너 Renner, Karl 468, 507
레들리히 Redlich, Joseph 503
레르마 공작 Duque de Lerma 213, 261
레오폴디네 Leopoldine, Maria 367, 375, 423
레오폴트(미남 프리드리히의 동생) Leopold 65

레오폴트(창건자 루돌프의 동생) Leopold 79

레오폴트 1세 Leopold I 240-249, 251-254, 271, 278-280, 282

레오폴드 1세(벨기에) Leopold I of Belgium 427

레오폴트 2세 Leopold II 352, 357-358, 361, 385

레케센스 Requesens, Luis de 163, 167, 170-171

로스 Loos, Adolf 453, 465, 467

로타르 3세 Lothar III 41-42

루돌프(13세기 왕) Rudolf 19, 21-22, 43-44, 49, 51-54, 56-59, 61-62, 69, 106, 221, 452

루돌프(루돌프 왕의 아들) Rudolf 63

루돌프(칸첼린의 아들) Rudolf 33

(늙은)루돌프 Rudolf the Old 42-44, 49

(창건자)루돌프 Rudolf the Founder 69-72, 75-77, 79, 84, 91-92, 220

루돌프 2세 Rudolf II 176-177, 179-182, 184-189, 193-194, 198-205, 208-209, 234, 278, 452

루돌프 황태자 Rudolf Franz Karl Joseph 426, 437, 449-450, 467, 472-474, 483, 491, 512

루이 14세 Louis XIV 235, 239, 242-244, 247-248, 252-253, 260, 265, 269, 282, 305

루이 15세 Louis XV 295-296

리처드(콘월) Richard of Cornwall 48, 50, 55

루터 Luther, Martin 117-118, 122, 140

루트비히(비텔스바흐 가문) Ludwig I, House of Wittelsbach 64-65

루트비히 대공 Erzherzog Ludwig 387

리슐리외 Richelieu, Armand Jean du Plessis 233

마네 Manet, Édouard 436

마렐라 Marela, Josefa 432

마르가레테 Margarethe 103, 107-108

마르가레테(오스트리아) Margarethe von Österreich 54-55

(허풍선이)마르가레테(티롤) Margarete Maultasch 74-75

마르게리타(파르마) Margherita di Parma 162, 336

마리(러요시 2세의 아내) Mary 108-109, 131, 134, 138

마리(부르고뉴) Marie de Bourgogne 90, 95, 97, 103, 112

마리아(아그레다) María de Jesús de Ágreda 262

마리아 아나 여대공 Anna, Josepha Antonia Maria 314, 334-335, 354

마리아 안토니아(마리 앙투아네트) Maria Antonia 346, 358-359

마리아 폰 외스터라이히 여대공(헝가리의 마리) Maria von Österreich 144, 162, 336

마리아나(오스트리아) Mariana de Austria 335-336

마젤란 Magellan, Ferdinand 113, 165

마티아스 Matthias 171, 200-205, 208-212, 215, 220

막시밀리안(멕시코 황제) Maximilian, Ferdinand 424-437, 491

막시밀리안 1세 Maximilian I 23, 90-91, 93-109, 111-112, 117, 123, 126, 130, 146, 255, 335

막시밀리안 2세 Maximilian II 127, 174, 176, 180-181, 185, 187, 193, 195, 201,

203

막시밀리안 공작(바이에른) Maximilian von Bayern 208-209, 215-217, 231, 306

메테르니히 Metternich, Klemens von 364, 368-377, 379-385, 387-389, 400

메헬 Mechel, Christian von 462

모저 Moser, Johann Jacob 238

모차르트 Mozart, Wolfgang Amadeus 352-355, 363

몬테쿠콜리 Montecuccoli, Raimondo 245, 249

무질 Musil, Robert van 447

바이스바흐 Weisbach, Augustin 460-461

바일루 Baillou, Giovanni de 308

바흐 Bach, Alexander 410-411

발데스 Valdés, Alfonso de 120, 123

버차니 러요시 Batthyány Lajos 397, 403-404

(경건한)베르너 Werner the Pious 34-35, 38, 42

베르흐톨트 Berchtold, Leopold 487, 493

베체라 Vetsera, Marie 472

베틀렌 가보르 Bethlen Gábor 215

벡 Beck, Friedrich von 480

벨조요소 Ludovico, Count di Belgiojoso 343-344

보니파키우스 8세 Bonifacius VIII 63

보른 Born, Ignaz von 311-312, 314, 325, 334, 354

보치카이 이슈트반 Bocskai István 199-200

볼스트(윌리엄 볼츠) Bolst, Willem 303-305, 309

볼테르 Voltaire 316, 325

부르크마이어 Burgkmair, Hans 101

부크 카라지치 Vuk Karadžić 482

브루켄탈 Brukenthal, Samuel von 312

브루크 Bruck, Karl Ludwig von 412-413

브와디스와프 2세 Władysław II 108, 112, 131

비스마르크 Bismarck, Otto von 415, 480

빈디슈그레츠 General Windischgrätz 391-392, 395, 399-402

빈털터리 프리드리히(티롤의 프리드리히) Friedrich mit der leeren Tasche 79

빌란트 Wieland, Christoph 355

빌럼(윌리엄 3세) Willem III van Oranje 252

빌헬름 2세(독일) Wilhelm II 476, 492, 497, 504-505

빌헬름 공작(바이에른) Wilhelm IV von Bayern 195

(담대한)샤를(샤를 1세) Charles the Bold 89-91, 260

샤를 8세 Charles VIII 103-104

샤를로테 Charlotte, Anna 339, 341

샤를로트 Charlotte, Marie 427, 429-432, 434, 436

서포여이 야노시 Szapolyai János 136-138

성 라우렌시오 St Lawrence 145

셀렙체니 대주교 Archbishop Szelepcsényi 245

셀림 2세 Selim II 166, 174

수니가 공작 Baltasar de Zúñiga 213-214

술레이만 대제 Süleyman I 132, 137,

164, 166, 242

슈바르첸베르크 Schwarzenberg, Felix 402, 405-407

슈바르첸베르크 공작 Fürst zu Schwarzenberg, Karl Philipp 369, 401

슈테판 Stephan, Franz 286, 291-292, 294, 301, 307-310, 314, 333, 339

슈토스 Stoss, Veit 99

슈퇴거 Stöger, Ferdinand 343

슈트리겔 Strigel, Bernhard 111-112, 130-131

슈프랑거 Spranger, Bartholomeus 187-188

스비턴 Swieten, Gerard van 311, 317-318, 348-349, 355-356

시드니 Sidney, Philip 181, 201

시카네더 Schikaneder, Emanuel 354-355

아그네스(루돌프 왕의 손녀) Agnes 69

(마리아)아나 Anna, Maria 205-206, 208

아나(헝가리) Anna of Hungary 109, 131, 136

아돌푸스 Adolphus, Gustavus 231-232

아돌프(나사우) Adolf of Nassau 62-63

아로 Haro, Don Luis de 262

아르침볼도 Arcimboldo, Giuseppe 187

아우구스테 Auguste, Karoline 362

아퀼레이아 총대주교 Patriarch of Aquileia 73

알렉산다르 1세 Aleksandar I 437, 487

알렉산더 Alexander, Karl von Lothringen 339-341

알렉산드라 왕비 Queen Alexandra 423

알렉산드르 1세 Aleksandr I 366, 369, 373-374

알리 Ali, Muhammed 377

알바 공작 Gran Duque de Alba 156-157

알베르토 Alberto, Carlo 393

알브레히트(프리드리히 3세의 동생) 83, 85, 91

알브레히트(작센) Albrecht Casimir, Duke of Teschen 342-345

(부유한)알베르히트 Albrecht the Rich 38, 42

(절름발이)알브레히트 Albrecht the Lame 66, 69, 81

알브레히트 1세 Albrecht I 62-64

알브레히트 2세 Albrecht II 79-81, 83

알브레히트 7세 Albrecht VII 336-337

암프링겐 Ampringen, Johann 245-246

얀 3세 소비에스키 Jan III Sobieski 248, 250

언드라시 줄러 Andrássy Gyula 419, 422, 479-480

에드문도 오고만 Edmundo Ogorman 429-430

에라스뮈스 Erasmus, Desiderius 24-25, 120-121, 141

에우세비우스 Eusebius, Albrecht Václav z 229

에우헤니아(알브레히트 7세의 아내 이사벨) Eugenia, Isabel Clara 336-337

엘리자베스 1세 Elizabeth I 163, 181

(마리아)엘리자베트 Elisabeth, Maria 340

엘리자베트(시시) Elisabeth von Bayern 417-420, 422-423, 425-426, 437

엘리자베트(알베르히트 2세의 아내) Elisabeth 80-81

예카테리나 2세 Ekaterina II 297, 323, 423

오타카르 2세 Ottokar II 50, 54-59, 61, 452

오토 Otto von Habsburg 510
오트로코시 포리시 페렌츠 Otrokócsi
　Fóris Ferenc 246
옥센셰르나 Oxenstierna, Axel 232
올리바레스 백공작 Count-Duke of
　Olivares 262, 265
외젠(사부아) Eugene of Savoy 253,
　259, 278, 282, 462
요시프 옐라치치 Josip Jelačić 397-402,
　404, 440, 477
요제프 Joseph, Franz 22, 395, 400-401,
　403-407, 411-422, 424-427, 429-
　430, 436, 439, 444-447, 449, 451,
　454-459, 461-463, 467, 473-477,
　480, 491-494, 500, 502-503
요제프 2세 Joseph II 288, 293, 298-
　299, 303, 307, 309, 314, 322-324,
　330, 333, 340-343, 349, 351, 356-
　357, 362, 376, 407, 409, 469
요커이 모르 Jókai Mór 450
요한 대공(오스트리아) Erzherzog Johann
　von Österreich 314, 388, 395
요한 파리키다 John Parricida 63
윌슨 Wilson, Thomas Woodrow 505
이온 브러티아누 Ion Brătianu 492
이타 Ita 33-35, 507
일그 Ilg, Albert 464

자킨 Jacquin, Nikolaus Joseph von 308
잘바토어 Salvator, Franz 500
조넨펠스 Sonnelfels, Joseph von 323,
　351, 355
조피 여대공 Sophie, Erzherzogin von
　Österreich 387, 392, 399, 401, 424
지기스문트 Sigismund 79-80

체르넴블 Tschernembl, George 197

첼테스 Celtes, Konrad 94
초코 Csokor, Franz 471
초테크 Chotek, Sophie 474, 476
치로 트루헬카 Ćiro Truhelka 485
침부르가 Cimburga 81

카노바 Canova, Antonio 342
카라 무스타파 Kara Mustafa 247, 249,
　251
카로이 미하이 Mihály Károlyi 507
카를 Karl, Franz 388, 400-401
카를(로트링겐) Karl von Lothringen
　249-250
카를(슈타이어마르크) Karl von Steier-
　mark 157, 194
카를 1세(20세기) Karl I 33, 503-507, 510
카를 4세 Karl IV 65-66, 69, 71-72, 74
카를 5세(헨트의 카를) Karl V 25, 27,
　103, 108-110, 112-129, 131, 142, 144,
　155, 159, 161-162, 194, 256-257,
　280-281, 335, 426, 430
카를 6세(카를 대공) Karl VI 18-21, 28,
　72, 193, 196, 205, 271, 280-284, 286,
　290-292, 305, 307, 309, 333-334,
　338-340
카를 7세 Karl VII 292-294
카를 대공(육군 원수) Karl 365-366,
　388, 400
카를로스 2세 Carlos II 252, 268-270,
　279-280, 335
카스파어 Kaspar, Mizzi 472-473
카우니츠 대공 Kaunitz-Rietberg,
　Wenzel Anton Reichsfürst von 295-
　296, 298, 300, 303, 358
칸첼린 Kanzelin 33
캐슬레이 Castlereagh, Robert Stewart
　373-374

케플러 Kepler, Johannes 183, 230

켈리 Kelley, Edward 185-186

켐펠렌 Kempelen, Wolfgang von 286-287, 289

코르디에 Cordier, Charles 255

코르비누스 Corvinus, Matthias 91, 108

(에르난)코르테스 Cortés, Hernán 113, 152

(마르틴)코르테스 Cortés, Martín 154

코슈트 러요시 Kossuth Lajos 381, 397-399, 404, 416, 441

콕스 Coxe, William 37

콜로브라트-립슈타인스키 Kolowrat-Liebsteinsky, Franz Anton von 382-383, 389

크로체 Croce, Benedetto 271-272

크리스티나(미미) Christina, Maria 341-345, 347

크리스티네 Christine, Elisabeth 290, 333

클레슬 Klesl, Melchior 196-197, 200, 212

클루시우스 Clusius 306

테레사 Teresa, Margarita 241

테레지아 Theresia, Maria 72, 286, 288-298, 301-304, 307, 311, 317-320, 322, 329, 332-334, 339, 341-342, 346-351, 378-379, 423, 462-463

퇴쾨이 임레 Thököly Imre 247-248, 251

티치아노 Tiziano, Vecellio 119, 174, 175, 186

파스케비치 Paskevich, Ivan 404

파펜하임 Pappenheim, Gottfried Heinrich Graf zu 228

페드루 1세 Pedro I of Brazil 367

페드루 2세(콩고) Pedro II 226

페르난도 Fernando de Aragón 104, 107-108, 113

페르디난트(대공) Ferdinand, Franz 31-32, 44, 458, 467, 473-475, 487-488, 491, 493, 504

페르디난트(티롤의 페르디난트, 오스트리아의 페르디난트) Ferdinand of the Tyrol 194-221, 229-235

페르디난트 1세(16세기) Ferdinand I 108-109, 112, 118-120, 125, 127, 129-138, 140-143, 164, 174

페르디난트 1세(19세기) Ferdinand I 382-383, 386-388, 390, 392, 394-395, 398-399, 401, 404

페르디난트 2세(알브레히트 대공) Ferdinand II 386

페르디난트 2세(슈타이어마르크의 페르디난트) Ferdinand II 204-220, 229-235, 245, 291

페르디난트 3세 Ferdinand III 233-234, 236, 239-241

페르디난트 4세 Ferdinand IV 240

페치 Pécs 82

페테르 파즈마니 Péter Pázmány 209

펠리페 2세 Felipe II 113, 122, 126-127, 144-149, 151-152, 154-163, 166-167, 170-176, 180-181, 208, 223, 261, 336

펠리페 3세 Felipe III 213-214, 266

펠리페 4세 Felipe IV 234, 260-262, 264-265, 268, 336

포르셰 Porsche, Ferdinand 497

프란츠 2세 Franz II 359-360, 362-369, 371-373, 375-376, 379, 381-382

프랑수아 1세 François I 115, 117, 122, 134

(미남)프리드리히 Friedrich der Schöne 64-66

(현명한)프리드리히(작센) Friedrich der

Weise von Sachsen 118
(붉은 수염)프리드리히 1세 Friedrich I
　Barbarossa 42, 46-48, 71
프리드리히 2세(바벤베르크) Friedrich II
　54, 67
프리드리히 2세(슈타우펜) Friedrich II
　42, 48-49, 51, 69
프리드리히 2세(프로이센) Friedrich II
　289, 292-297, 358
프리드리히 3세(케른텐과 크라인의 공
　작) Friedrich III 82-86, 88-93, 108
프리드리히 5세(팔츠) Friedrich V von
　Pfalz 214-217, 229, 231
프리드리히 빌헬름 2세 Friedrich Wilhelm II
　358
프리드리히 빌헬름 4세 Friedrich Wilhelm IV
　375
프린체프 Princep, Gavrilo 488, 490
프림 Prim, Juan 435
플레너 Plener, Ignaz von 413
피우스 2세(에네아실비오 피콜로미니)
　Pius II 82
피우스 5세 Pius V 166-167, 170, 174
피우스 6세 Pius VI 325-326
피우스 9세 Pius IX 434
피트 Pitt, William 365

필러스도르프 Pillersdorf, Franz von
　389

하네만 Hahnemann, Samuel 312
하르덴베르크 공작 Hardenberg, Karl
　August, Fürst von 373
하우크비츠 백작 Haugwitz, Friedrich
　Wilhelm von 297-298
하이나우 Haynau, Julius Jacob von
　404-405
하인리히(룩셈베르크) 63-64
하인리히 5세 Heinrich V 35
하인리히 7세 Heinrich VII 54
헤겔린 Hägelin, Franz Karl 351, 355
헨리 8세 Henry VIII 116-117
호르마이어 Hormayr, Joseph von 448,
　450
호엔베르크 Hohenberg, Johann
　Hetzendorf von 314
홀룹 Holub, Emil 459, 462
회첸도르프 Hötzendorf, Conrad von
　487, 493
후아나 Juana 107-108, 158, 162
후안 Juan 108
흄 Hume, David 113